GREGORIUS XIII
PONTIFEX OPTIMUS MAXIMUS
BONCOMPAGNUS BONONIENSIS
ELECTUS ANNO DOMINI M.D.LXXIII.

A. RACINET & A. DUPONT-AUBERVILLE

Complete coloured reprint of / Vollständiger kolorierter Nachdruck von / Réimpression complète en couleur de

L'Ornement polychrome (1869–1888) & L'Ornement des tissus (1877)

Introduction by / Einleitung von / Introduction par

David Batterham

TASCHEN

Bibliotheca Universalis

L'ORNEMENT
POLYCHROME

CENT PLANCHES EN COULEURS

OR ET ARGENT

CONTENANT ENVIRON 2,000 MOTIFS DE TOUS LES STYLES

ART ANCIEN ET ASIATIQUE

MOYEN AGE

RENAISSANCE, XVIIe ET XVIIIe SIÈCLE

RECUEIL HISTORIQUE ET PRATIQUE

PUBLIÉ SOUS LA DIRECTION

DE M. A. RACINET

L'UN DES DESSINATEURS DU MOYEN AGE ET LA RENAISSANCE, DES ARTS SOMPTUAIRES, DE LA COLLECTION SOLTIKOFF, ETC.

AVEC DES NOTICES EXPLICATIVES

ET UNE INTRODUCTION GÉNÉRALE

PARIS

LIBRAIRIE DE FIRMIN DIDOT FRÈRES, FILS ET Cie

IMPRIMEURS DE L'INSTITUT

RUE JACOB, N° 56

ART INDUSTRIEL

L'ORNEMENT

DES

TISSUS

RECUEIL HISTORIQUE ET PRATIQUE

PAR

M. DUPONT-AUBERVILLE

AVEC DES NOTES EXPLICATIVES ET UNE INTRODUCTION GÉNÉRALE

OUVRAGE ÉDITÉ SOUS LA DIRECTION DE M. BACHELIN-DEFLORENNE

PARIS

LIBRAIRIE GÉNÉRALE DE L'ARCHITECTURE ET DES TRAVAUX PUBLICS

DUCHER et Cie

Éditeurs de la Société centrale des Architectes

51, RUE DES ÉCOLES, 51

1877

The World of Ornament

by David Batterham

The need or desire for ornament and decoration in our lives appears to be a universal one – an aspect of the human condition which can be found in the caves of pre-historic man, in the pyramids and tombs of Ancient Egypt, in the temples of Greece, through Etruscan times, the Middle Ages, the geometric ornament of Islam, and in the patterned wallpapers and textiles of today.

Before the development of printing, styles and methods of decoration were based on a progressive accumulation of traditions, religious influences, technical advances – as well as the availability of materials, the exigencies of climate, the wealth and stability of societies, and the whims and ambitions of individual men, whether tyrants or artists.

With the invention of printing there arose the possibility of producing 'pattern-books' to promote ideas and to influence patrons and builders. The earliest of these books were the various editions of Vitruvius' *De Architectura* (*Ten Books on Architecture*), of which there were many through the 17th and 18th centuries. These were followed by the pattern-books of decorators such as Thomas Chippendale (1718–1779), Robert Adam (1728–1792), Pierre-François-Léonard La Fontaine (1762–1853), and Charles Le Brun (1619–1690), among others in France, and Karl Friedrich Schinkel (1781–1841) in Germany.

By the early years of the 19th century, with the progress of the Industrial Revolution leading to a huge increase in the number of manufactured goods, the increased wealth of the expanding middle classes led to a demand for a new kind of pattern-book – the pattern-book of patterns. These in turn were made possible (and popular) by advances in the technology of printing and by the development of commercial publishing, which was aimed not just at architects and gentlemen but at artisans and craftsmen as well.

The books produced in this field during the 19th century fell broadly into three categories. Firstly there were those which sought to re-interpret the styles of the past for modern use – particularly, in England, the Gothic style. Among these would be Henry Shaw's *The Encyclopaedia of Ornament* (1842) and *The Decorative Arts, Ecclesiastical and Civil, of the Middle Ages* (1851), Owen Jones (1809–1874) *One Thousand and One Initial Letters* (1864), and later in the century Maurice (1865–1957) and George Ashdown (1838–1925) Audsley's superb *The Practical Decorator and Ornamentist* (1892), with 100 plates printed by Firmin-Didot. Or in France the works of Eugène Emmanuel Viollet-le-Duc (1814–1879), such as *Peintures murales des chapelles de Notre-Dame de Paris* (1870).

In the second category were the works of those designers who sought to introduce new modern styles of ornament appropriate to contemporary taste. These innovative 'artist' decorators were relatively few, but their influence was very great. The

Detail, plate / Tafel / planche 33

earliest significant figure in England was August Pugin (1812–1852), whose modern approach to the re-interpretation of Gothic motifs was evident in his *Glossary of Ecclesiastical Ornament and Costume* (1846) and *Floriated Ornament* (1849), and later Christopher Dresser (1834–1904; *Studies in Design*, 1874–1876) and William Morris (1834–1896). Christopher Dresser, who had already embraced mass-production methods in his silverware, created a new style of surface pattern ornament, deliberately breaking with established tradition. By contrast, Morris eschewed technology; his floral and plant-based patterns evoked a lost past – with supposed echoes of medieval tapestries, though they were in fact startlingly fresh in the context of late-Victorian taste.

In France the most innovative work came later in the century with the development of the style now known as Art Nouveau, for example in Eugène Grasset's (1845–1917) two-volume work *La Plante et ses applications ornementales* (1896). In Germany and Austria new styles of ornament emanated from the work of Alexander Koch in Darmstadt and the more austere work of such artists as Koloman Moser (1868–1918) and Joseph Maria Olbrich (1867–1908).

The third category into which the published pattern-books fell might be called the encyclopaedic. These were historical compilations or anthologies of decorative styles from the past re-presented as inspirational suggestions books for the modern designer or decorator. One of the earliest of these was *Ornamente aller klassischen Kunstepochen* (1831), the work of the German editor Wilhelm Zahn (1800–1871), who somehow imbued his historical survey with a distinctly modern, neo-classical feel. A later popular German collection by Heinrich Dolmetsch (1846–1908), *Der Ornamentenschatz. Ein Musterbuch stilvoller Ornamente aus allen Kunstepochen*, 1897 (also published in English and French editions) now seems to have a dull and unimaginative feel to it.

In England Owen Jones, who had made his name with books decorated in the style of medieval MSS, produced a huge folio entitled *The Grammar of Ornament* (1856). Again, although this was a comprehensive survey it also seemed tinged with Jones' love of the Middle Ages. In Italy it was not until the early 20th century that we have collections; although claiming to be universal in scope, it had a distinctly Mediterranean air about it, with an emphasis on architecture. Owen Jones' *Details and Ornaments from the Alhambra* (2 vols.; 1836/1845) should also be mentioned, though it does not fall neatly into any of our three categories. Ruari McLean comments on the contrast between this work and another great lithographic work of the same period, David Roberts' (1796–1864) *The Holy Land* (1855). Where Roberts' work depicted the architecture in a series of views or paintings, Jones concentrated on the ornament and patterns. Jones' *Alhambra* was the first work to be printed by chromolithography in England, and Ruari McLean comments (in his *Victorian Book Design*, 1972): "Jones' mastery of the new art is complete. Foundations were laid for a new school of design: the pilers-on of reproduced ornament."

August Pugin and Owen Jones believed, like Viollet-le-Duc and Auguste Racinet (1825–1893) himself, that ornament was and should be an integral part of the overall design of a building, or indeed of any man-made artefact. Yet it must be admitted that, in the 19th century, the urge to produce more and more objects was accompanied by an inclination to decorate any available surface – not always with the most harmonious or pleasing results.

There was a clear 'cart before the horse' effect in the market-place for books of ornament. The increase in wealth during the 19th century led to a rapid expansion of the textile industry and to textiles being incorporated in the interior designs of houses, shops, and public spaces. The building boom in Paris during the Second Empire also led to a demand for pattern and suggestions books. A number of publishing firms grew up to cater for this demand, particularly in Paris, Vienna, and Leipzig. These books were mostly published in loose sheets and issues in card portfolios. There were a great many such publishers, and they frequently merged or changed their names over the years. Two of the largest in France were the Librairie Centrale d'Architecture and Editions Thézard of Dourdan, a town lying to the south-west of Paris. Hundreds of titles were produced, ranging in quality from humble school text-books on the development of repeating patterns to such magnificent works as J. Lacroux and C. Detain's *Constructions en brique. La brique ordinaire du point de vue décoratif* (1878–1884), showing the ornamental possibilities of brick in house building.

One of the most important series was the *Journal Manuel de Peintres* (1850–1886), which was published monthly. Each part contained several coloured plates,

suggestions for mural or ceiling decorations, or sometimes imitation wood or marble finishes. Other plates showed designs for shop-fronts, and there were suggestions for lettering and sign-writing. Each plate was accompanied by instructions to the craftsman for mixing the colours and creating the finishes. The publishers also produced occasional volumes of extracts from these journals. The plates from the manual were printed in chromolithography, as were most of the best works in the field – many by the leading French firms of Firmin-Didot and Lemercier & Cie.

Another important but more modest work that was published serially in the early part of the 20th century was the *Dekorative Vorbilder* (1890–1928, also printed in French, English, and Italian editions). Each volume comprised 60 coloured plates of decorative suggestions, and each volume was very much a mixture, which might contain designs from Pompeii and from turn-of-the-century Vienna, as well as panels of flowers or fruit – or even young women.

We have already seen how the history of ornamental pattern books in the 19th century is closely connected to developments in printing technology and in particular to the emergence of chromolithography. As the century advanced it became possible to mass-produce the sheets that made up the books, even in colour. However, chromolithography was expensive, and the plates for the collection reproduced here were originally underwritten by a subscriber edition and issued in instalments, thereby assuring the publisher of a market and a profit. What made the process expensive was the fact that many plates or 'stones' were required in order to print each colour separately and sequentially. And of course it called for great technical accuracy and high-quality paper and ink. Two of the great Parisian printers, Lemercier and Firmin-Didot, whom we have already mentioned, developed from earlier publishing entrepreneurs meeting the challenge of providing coloured illustrations.

The link between pattern books and the publishing world continued with the introduction of the *pochoir* method of colour reproduction. *Pochoir*, the French word for stencil, is used internationally to describe the use of stencils to provide illustrations for books. The colours are applied directly to the paper through a waxed stencil, producing a rich matt finish – in some ways comparable to watercolour. The method was widely used for illustrating books. One of the best-known examples of its use was in the prestigious fashion journal *Gazette du Bon Ton* (1912–1925), edited by Lucien Vogel. The leading Parisian atelier or studio for producing *pochoirs* was that of Jean Saudé. The pattern books produced by the *pochoir* technique reached the height of artistic and technical brilliance in the 1920s with works such as Edouard Benedictus' *Relais* (1930) or *Prismes* by Eugène-Alain Séguy (1890–1985).

It is also worth mentioning here that large-scale stencils were widely used by decorators to apply repeating-pattern decorative motifs, and some pattern books were in effect sample-books from which stencils, special brushes, and colours could be purchased.

In *The World of Ornament* we bring together the work of two of the great encyclopaedic collections of ornament from the 19th-century chromolithographic tradition, Auguste Racinet's *L'Ornement polychrome* (2 vols., 1869–1888) and Auguste Dupont-Auberville's *L'Ornement des tissus* (1877).

Little is known about Racinet beyond the fact that he trained at first to be a painter. Fortunately for us, however, at the Ecole de la Ville de Paris he seems to have recognised at an early stage that he lacked the imagination to be an artist and instead devoted his remarkable skill as a draughtsman to recording and reproducing the decorative images of the past. In fact he was now following in his father's footsteps, his father being a printer. He worked on a number of books during the period 1845–1865 and showed a particular understanding of and fondness for the Renaissance period. Although an encyclopaedist in the sense of attempting to bring all the accumulated knowledge of the past to the service of the present, he was more than simply a technician. As a Renaissance man, he believed in the power of art to enrich our lives. His work is re-offered to the public in the same spirit.

Racinet begins his introduction to his great work with some notes on his ideas concerning the purpose of ornament and an analysis of what he sees as the three basic types – imitation, formulation of natural forms such as plants or shells, and *trompe-l'œil* type copying. He then describes each historical period in some detail, deriving the historical information as well as the patterns themselves from many sources.

Dupont-Auberville's background was very different. He was a rich man, a passionate and erudite collector of antiquities, mainly porcelain and textiles. His textile collection was exhibited at the Musée des Arts Décoratifs in 1880, and part of his collection was offered for sale at the Hôtel Drouot, the Parisian saleroom, in a two-day sale in February 1885. Further sales followed his death in 1891. Superficially, Dupont-Auberville's approach was similar to that of Racinet, but being concerned with textiles it was also fundamentally different in some important ways.

The fact that the two works are presented in a similar format suggests that perhaps Dupont-Auberville was inspired by the earlier work to complement it with one dealing with textiles, based primarily on his own collection. Ever since Isaac gave Joseph his coat of many colours, decorated textiles have played an important part in our cultural and even our political lives, for so often they are associated with status or used in connection with symbols and ritual. In our own day, when textiles are mass-produced and we take them for granted, it is easy to forget or overlook how different things were in the past.

Dupont-Auberville shows, in his introduction and with the aid of specially commissioned drawings by Charles Kreutzberger, how materials and skills have influenced ornamental styles from the linens of ancient Egypt, silks from China and Persia, and the sumptuousness of the Renaissance to the elaborate richness of 17th and 18th-century Europe. Although each period drew upon the past, it is remarkable how fresh and distinct each one seems, and looking ahead to the 20th century we can trace this inventive force continuing with the austere 'modern' lines of the 1920s, the pastel shades of the 1930s, and the jazzy 1950s and 60s.

Dupont-Auberville took his examples not only from his own collection but also from a great range of sources – museums and private collections and in some cases representations of fabrics in paintings and drawings, particularly from China. This extensive provenance demonstrates the thoroughness, energy, and scholarship to which we are being given access here. The notes to each plate (nearly all of which reproduce a number of examples) are particularly informative in relating one period to another, tracing for example the echoes of early Chinese and Persian motifs in subsequent eras.

Yet for all their scholarship and meticulous attention to detail, Racinet and Dupont-Auberville were undoubtedly men of their time. And ultimately this is very much a 19th-century collection – a celebration of confidence, technical achievement, and sheer enjoyment!

Detail, plate / Tafel / planche 66

17
7
8

Die Welt der Ornamente

von David Batterham

Das Bedürfnis – oder der Wunsch – nach Ornament und Dekoration scheint allen Menschen eigen zu sein und zu den Grundbedingungen des menschlichen Daseins zu gehören. Seine Ausprägungen sind in prähistorischen Höhlen, altägyptischen Pyramiden und Grabanlagen, griechischen Tempeln, bei den Etruskern, im Mittelalter, in der geometrischen Ornamentik des Islam wie in heutigen gemusterten Tapeten und Textilien zu finden.

Vor der Erfindung des Buchdrucks beruhten die Dekorationsstile und -verfahren auf der zunehmenden Anhäufung von Überlieferungen, religiösen Einflüssen und technischen Fortschritten, aber auch auf der Verfügbarkeit von Werkstoffen, auf klimatischen Bedingungen, auf dem Wohlstand und der Stabilität von Gesellschaften sowie auf den Vorstellungen und Bestrebungen einzelner Menschen, ob dies nun Herrscher oder Künstler waren.

Nach der Erfindung des Buchdrucks boten sich vermehrt Möglichkeiten, Auftraggebern und Baumeistern mit Hilfe von „Musterbüchern" Anregungen und Vorlagen zu liefern. Die frühesten dieser Bücher waren verschiedene Ausgaben von Vitruvs *De Architectura (Zehn Bücher über Architektur)*, die im 17. und 18. Jahrhundert in zahlreichen Auflagen erschienen. Es folgten die Musterbücher von Innenarchitekten wie Thomas Chippendale (1718–1779), Robert Adam (1728–1792), Pierre-François-Léonard La Fontaine (1762–1853), Charles Le Brun (1619–1690) und anderen in Frankreich sowie Karl Friedrich Schinkel (1781–1841) in Deutschland.

Zu Beginn des 19. Jahrhunderts führte die fortschreitende Industrialisierung zu einem gewaltigen Anstieg massengefertigter Waren und Güter. Der wachsende Wohlstand des Bürgertums ließ das Bedürfnis nach einer neuen Art Musterbuch entstehen: dem Musterbuch, das Muster präsentiert. Ermöglicht und gefördert wurde diese Entwicklung durch die technischen Fortschritte des Verlags- und Druckwesens, und die in immer höheren Zahlen publizierten Bücher richteten sich nicht nur an Architekten und Bauherren, sondern auch an Kunsthandwerker und Gewerbetreibende.

Die im 19. Jahrhundert produzierten Musterbücher lassen sich in drei Kategorien einordnen. An erster Stelle sind die Veröffentlichungen zu nennen, in denen die Stilrichtungen der Vergangenheit – in England vor allem die Gotik – für den modernen Gebrauch neu interpretiert wurden. Dazu gehören *The Encyclopaedia of Ornament* (1842) und *The Decorative Arts, Ecclesiastical and Civil, of the Middle Ages* (1851), beide von Henry Shaw, *One Thousand and One Initial Letters* (1864) von Owen Jones (1809–1874) und gegen Ende des Jahrhunderts *The Practical Decorator and Ornamentist* (1892), ein herrlicher Band von Maurice (1865–1957) und George Ashdown (1935–1925) Audsley mit 100 von Firmin-Didot gedruckten Tafeln; schließlich in Frankreich die Werke von

Detail, plate / Tafel / planche 17

Eugène Emmanuel Viollet-le-Duc (1814–1879), insbesondere *Peintures murales des chapelles de Notre-Dame de Paris* (1870).

Die zweite Kategorie umfasst die Arbeiten jener Innenarchitekten, die moderne, dem Zeitgeist angepasste Ornamentstile einzuführen suchten. Die Zahl dieser innovativen „Ausstattungskünstler" ist zwar klein, doch ihr Einfluss ist umso größer. Zu ihren bedeutendsten englischen Vertretern gehört August Pugin (1812–1852), der mit der modernen Neuinterpretation gotischer Motive in seinen beiden Werken *Glossary of Ecclesiastical Ornament and Costume* (1846) und *Floriated Ornament* (1849) den Anfang bildete, gefolgt von Christopher Dresser (1834–1904) mit seinen *Studies in Design* (1874–1876) und von William Morris (1834–1896). Dresser, der für seine Silberobjekte Verfahren der Massenproduktion übernommen hatte, schuf eine neue Art von Oberflächenmustern, deren Stil mit feststehenden Traditionen brach. Im Gegensatz dazu lehnte Morris die Technik ab und beschwor in seinen Blüten- und Blattmustern eine verloren gegangene Vergangenheit – mit angeblichen Rückbezügen auf mittelalterliche Tapisserien, doch in Wirklichkeit verblüffend neu im Umfeld der spätviktorianischen Kultur.

In Frankreich trat der innovativste Ansatz erst gegen das Jahrhundertende mit der Entwicklung des heute als Art Nouveau bekannten Stils in Erscheinung, für den das zweibändige Werk *La Plante et ses applications ornementales* (1896) von Eugène Grasset (1845–1917) ein anschauliches Beispiel liefert. In Deutschland und Österreich wurden neue Ornamentstile durch das Wirken des Verlegers Alexander Koch in Darmstadt und das klaren Formen verpflichtete Werk von Künstlern wie Koloman Moser (1868–1918) sowie Joseph Maria Olbrich (1867–1908) begründet.

Die dritte Kategorie von Musterbüchern könnte man als enzyklopädisch bezeichnen. Dabei handelt es sich um historische Kompilationen oder Anthologien von Dekorationsstilen der Vergangenheit, die Vorlagen und Anregungen für den modernen Designer oder Innenarchitekten enthalten. Eines der frühesten dieser Werke, *Ornamente aller klassischen Kunstepochen* (1831), wurde von Wilhelm Zahn (1800–1871) herausgegeben, dessen historischer Überblick durch eine entschieden moderne, klassizistische Sehweise geprägt ist. Gegen Ende des Jahrhunderts veröffentlichte Heinrich Dolmetsch (1846–1908) *Der Ornamentenschatz. Ein Musterbuch stilvoller Ornamente aus allen Kunstepochen* (1887), einen seinerzeit beliebten Band, der auch in französischen und englischen Ausgaben veröffentlicht wurde, doch aus heutiger Sicht als langweilige und fantasielose Zusammenstellung erscheint.

In England gab Owen Jones, der sich mit seinen im Stil mittelalterlicher Handschriften verzierten Büchern einen Namen gemacht hatte, den Folianten *The Grammar of Ornament* (1856) heraus. Obwohl es sich hier ebenfalls um einen Gesamtüberblick handelt, zeugt der Band von Jones' Vorliebe für das Mittelalter. In Italien erschien das erste Sammelwerk dieser Art erst im frühen 20. Jahrhundert; obwohl auch dieser Band den Anspruch auf Universalität erhob, war er auf den Mittelmeerraum und insbesondere auf dessen Architektur ausgerichtet. Einen Sonderfall bildet Owen Jones' *Details and Ornaments from the Alhambra* (2 Bde., 1836/1845), da es keiner der drei Kategorien eindeutig zugeordnet werden kann. Im Gegensatz zu einem weiteren Prachtband mit Lithografien aus derselben Zeit, *The Holy Land* (1855) von David Roberts (1796–1864), der die Architektur in verschiedenen Ansichten oder Gemälden vorstellte, konzentrierte sich Jones auf Ornamente und Muster. Laut Ruari McLean (*Victorian Book Design*, 1972), der sich mit den Unterschieden zwischen beiden Werken befasste, war Jones' *Alhambra* das erste Buch in England, dessen Reproduktionen in Chromolithografie gedruckt waren: „Jones beherrschte die neue Technik in meisterhafter Weise. Hier wurden die Fundamente für eine neue Designschule gelegt, die Grundmauern des vervielfältigten Ornaments."

August Pugin und Owen Jones, aber auch Viollet-le-Duc und selbst Auguste Racinet (1825–1893) waren der Auffassung, dass das Ornament ein integrierender Bestandteil im Gesamtentwurf eines Gebäudes oder in der Gestaltung eines von Menschen geschaffenen Kunsterzeugnisses zu sein habe. Allerdings verstärkte die zunehmende Massenproduktion im 19. Jahrhundert die Tendenz, alle sich anbietenden Flächen zu verzieren, wobei die Ergebnisse nicht immer harmonisch oder gelungen waren.

Auf dem Markt für Ornamentbücher kam es also durchaus vor, dass man das Pferd vom Schwanz her aufzäumte. Der wachsende Wohlstand während des 19. Jahrhunderts führte zu einer raschen Expansion der Textilindustrie, und Textilien fanden immer stärker Eingang in die Innenausstattung von Wohnhäusern, Geschäften und öffentlichen Räumen. Als Paris im Second Empire vom Bauboom erfasst wurde, stieg

auch die Nachfrage nach Muster- und Vorlagenbüchern sprunghaft an. Zahlreiche Verlage wurden gegründet, um diesen Bedarf zu decken, insbesondere in Paris, Wien und Leipzig. Am häufigsten wurden Loseblatt- und Mappenwerke veröffentlicht. Viele dieser Verlagsfirmen fusionierten und wechselten im Laufe der Jahre ihre Namen. In Frankreich waren die Librairie Centrale d'Architecture und die Editions Emile Thézard in Dourdan südwestlich von Paris marktführend. Zahllose Titel wurden produziert, von bescheidenen Textbüchern über die Entwicklung von Rapportmustern für den Schulgebrauch bis zu Prachtbänden wie *Constructions en brique. La brique ordinaire du point de vue décoratif* (1878–1884) von J. Lacroux und C. Detain, das den ornamentalen Möglichkeiten des Backsteins im Bau gewidmet ist.

Eine der bedeutendsten Publikationen war die monatlich erscheinende Zeitschrift *Journal Manuel de Peintres* (1850–1886). Jede Ausgabe enthielt mehrere Farbtafeln, Vorlagen für Wand- oder Deckendekorationen und gelegentlich für Holz- oder Marmorimitate. Andere Tafeln zeigten Entwürfe für Geschäftsfassaden und Muster für Schriften und Zeichen. Jede Tafel war von einer Anleitung für den Flachmaler begleitet, die das Mischen von Farben oder die Ausführung eines bestimmten Putzes erklärten. Gelegentlich erschien eine Auswahl an Tafeln aus solchen Zeitschriften in Buchform. Die Bildtafeln wurden wie fast alle guten Musterbücher von führenden französischen Verlagshäusern, zum Beispiel Firmin-Didot oder Lemercier & Cie, in Chromolithografie gedruckt.

Ein weiteres wichtiges, allerdings bescheideneres Reihenwerk aus dem späten 19. und frühen 20. Jahrhundert trägt den Titel *Dekorative Vorbilder* (1890–1928; auch in Französisch, Englisch und Italienisch erschienen). Jeder Band enthielt 60 Farbtafeln mit bunt gemischten Vorlagen aus den verschiedensten Bereichen: von Pompeji bis zum Wiener Jugendstil, aber auch Darstellungen von Blumen, Früchten oder sogar Mädchen.

Wie bereits erwähnt, ist die Geschichte der Ornament-Musterbücher des 19. Jahrhunderts eng mit den Fortschritten in der Drucktechnik und insbesondere mit dem Verfahren der Chromolithografie verbunden. Im Laufe des Jahrhunderts wurde es möglich, selbst farbige Bildtafeln in hohen Auflagen zu produzieren. Die Chromolithografie war jedoch teuer, und die Tafeln für die hier zusammengestellte Sammlung wurden ursprünglich zur Subskription angeboten und in Raten bezahlt, um dem Verleger auf diese Weise Absatz und Gewinn zu sichern. Das Verfahren war kostenaufwendig, weil jede Farbe einzeln von einem eigenen Stein zu drucken war. Dies setzte nicht nur eine hohe technische Präzision, sondern auch qualitätsvolle Papiersorten und Farben voraus. Zwei der bedeutenden Pariser Druckereien, von denen bereits die Rede war, Lemercier und Firmin-Didot, entwickelten sich von Verlagshäusern zu Spezialisten für farbige Reproduktionen.

Eine weitere technische Neuerung, die für die Herausgeber von Musterbüchern Bedeutung erlangte, war die Einführung der Pochoir-Technik für farbige Abbildungen. „Pochoir" ist der französische Ausdruck für „Schablone", wird jedoch in vielen Sprachen benutzt, um die Verwendung von Schablonen zur Herstellung von Buchillustrationen zu bezeichnen. Durch eine gewachste Schablone, die ein schön mattiertes Finish in der Art eines Aquarells erzeugt, werden die Farben direkt auf das Papier aufgetragen. In Pochoir-Technik wurden nicht nur zahlreiche Buchillustrationen gedruckt, sondern auch die Farbtafeln der angesehenen, von Lucien Vogel herausgegebenen Modezeitschrift *Gazette du Bon Ton* (1912–1925). Die führende Pariser Druckerei zur Herstellung von Pochoirs gehörte Jean Saudé. Die mit Pochoir-Tafeln ausgestatteten Musterbücher erreichten in den 1920er Jahren einen Höhepunkt an künstlerischer und technischer Vollkommenheit mit Werken wie *Relais* (1930) von Edouard Benedictus oder *Prismes* von Eugène-Alain Séguy (1890–1985).

In diesem Zusammenhang sei vermerkt, dass die Innenarchitekten großformatige Schablonen verwendeten, um Wände mit Rapportmustern zu schmücken, und einige Musterbücher sind eigentlich Kataloge, nach denen Bauherren und Handwerker Schablonen, Spezialpinsel und Farben bestellen konnten.

Das vorliegende Buch vereint Tafeln aus zwei Sammelwerken des 19. Jahrhunderts, die zur Kategorie der in Chromolithografie gedruckten enzyklopädischen Ornamentbücher gehören: *L'Ornement polychrome* (2 Bde., 1869–1888) von Auguste Racinet und *L'Ornement des tissus* (1877) von Auguste Dupont-Auberville.

Auguste Racinet, über dessen Leben recht wenig bekannt ist, wollte zunächst Maler werden, scheint jedoch in der Pariser Kunstakademie bereits früh erkannt zu haben, dass ihm die zum Künstlertum nötige Fantasie fehlte. So setzte er sein bemerkens-

wertes Zeichentalent dazu ein, Ornamente der Vergangenheit festzuhalten und wiederzugeben. Damit trat er in die Fußstapfen seines Vaters, der Drucker war. In den Jahren 1845–1865 war er an der Herausgabe zahlreicher Bücher beteiligt und zeigte ein besonderes Verständnis und eine Vorliebe für die Renaissance. Obwohl man ihn insofern als Enzyklopädisten bezeichnen kann, als er bemüht war, das gesammelte Wissen der Vergangenheit in den Dienst der Gegenwart zu stellen, darf man ihn nicht einfach als Techniker verstehen. Wie die Menschen der Renaissance glaubte er daran, dass die Kunst in der Lage sei, unser Leben zu bereichern. In diesem Geist wird sein Werk hier dem Publikum wieder zugänglich gemacht.

An den Anfang der Einführung in sein großes Werk setzte Racinet einige Überlegungen über den Zweck des Ornaments und über dessen drei hauptsächliche Darstellungsformen: Nachahmung, Abbildung natürlicher Formen wie Pflanzen oder Muscheln sowie Kopie in *Trompe-l'œil*-Technik. Anschließend charakterisierte er jede historische Periode mit einigen Hinweisen, wobei die geschichtlichen Angaben wie die Ornamente aus verschiedensten Quellen zusammengetragen sind.

Dupont-Auberville hatte einen ganz anderen Hintergrund als Racinet. Gut situiert, war er ein leidenschaftlicher und zugleich systematischer Sammler von Antiquitäten, Porzellan und Textilien. Seine Textiliensammlung war 1880 im Pariser Musée des Arts Décoratifs ausgestellt. Im Februar 1885 wurde ein Teil seiner Sammlung an zwei Tagen im Hôtel Drouot in Paris versteigert, und weitere Auktionen folgten 1891 nach seinem Tod.

Auf den ersten Blick scheinen sich Dupont-Auberville und Racinet in ihren Ansätzen ziemlich ähnlich zu sein. Da sich der Sammler jedoch ausschließlich mit Stoffen befasste, gibt es in verschiedener Hinsicht gewichtige Unterschiede. Dass die beiden Werke in gleicher Aufmachung erschienen sind, legt den Schluss nahe, Dupont-Auberville hätte sich von dem früheren Werk anregen lassen, das er durch einen hauptsächlich seine eigene Sammlung präsentierenden Band über Textilien ergänzen wollte.

Seit der Zeit, als Isaak seinem Sohn Joseph einen bunten Rock schenkte, spielten gemusterte Stoffe eine wichtige Rolle in unserem kulturellen und sogar politischen Leben, da sie häufig mit einem bestimmten Rang verknüpft oder in Verbindung mit Symbolen und Riten verwendet wurden. Heute allerdings sind Textilien ein Massenprodukt, das uns so selbstverständlich erscheint, dass wir leicht vergessen oder übersehen, dass dies in der Vergangenheit völlig anders war. In seiner Einleitung zeigt Dupont-Auberville anhand einiger von Charles Kreutzberger eigens angefertigter Zeichnungen, wie Materialien und handwerkliche Kenntnisse die Dekorstile beeinflussten: von altägyptischem Leinen, chinesischer und persischer Seide bis zu den Prunkstoffen der Renaissance und den kunstvollen europäischen Textilien des 17. und 18. Jahrhunderts.

Obwohl jedes Zeitalter auf das vergangene aufbaut, ist es erstaunlich, wie frisch und neuartig jede Periode in Erscheinung tritt, und bei einem Blick ins 20. Jahrhundert ist festzustellen, wie diese innovativen Kräfte in den strengen „modernen" Linien der zwanziger Jahre, den Pastelltönen der dreißiger oder den knalligen Farben der fünfziger und sechziger Jahre weiter wirkten.

Seine Beispiele entnimmt Dupont-Auberville nicht nur seiner eigenen Sammlung, sondern auch zahlreichen anderen Quellen. Sie stammen aus Museen und Privatsammlungen, gelegentlich auch aus Darstellungen von Stoffen in Gemälden und Zeichnungen, insbesondere aus Indien und China. Diese vielfältigen Provenienzen spiegeln die Gründlichkeit, Tatkraft und Gelehrsamkeit des Autors. Die Kommentare zu den – zahlreiche Beispiele vereinenden – Tafeln sind besonders aufschlussreich, wenn einzelne Perioden miteinander verknüpft werden, wenn beispielsweise auf die Nachklänge früher chinesischer und persischer Motive in späteren Textilien hingewiesen wird.

Mit ihrem Wissen und der Aufmerksamkeit, die sie jedem Detail widmeten, waren Racinet und Dupont-Auberville typische Vertreter ihrer Zeit. Das vorliegende Sammelwerk ist ein Zeugnis des 19. Jahrhunderts, ein Loblied auf Zukunftsgläubigkeit, technische Vollendung und reine Lebensfreude.

Detail, plate / Tafel / planche 17

4

L'Univers de l'ornement

de David Batterham

Il semble que le besoin ou le désir d'ornement et de décoration soit universel et représente un aspect essentiel de la condition humaine. On en trouve les traces dans les cavernes de l'homme préhistorique, dans les pyramides et les tombes de l'ancienne Egypte, dans les temples grecs, chez les Etrusques, au Moyen Age, dans l'ornementation géométrique de l'Islam et sur les papiers peints et textiles à motifs d'aujourd'hui.

Avant l'invention de l'imprimerie, les styles décoratifs et les méthodes correspondantes étaient basés sur l'accumulation progressive de traditions, d'influences religieuses, d'avancées techniques mais aussi sur l'accessibilité des matériaux, les exigences du climat, la prospérité et la stabilité des sociétés et les lubies et les ambitions des individus, qu'ils soient des tyrans ou des artistes.

Les recueils de motifs décoratifs qui voient le jour avec l'invention de l'imprimerie permettent de donner des idées et de fournir des modèles aux patrons et aux entrepreneurs de manière plus intense que par le passé. Les plus anciens sont les diverses éditions de Vitruve *De Architectura (Dix livres sur l'architecture)*, parus en grand nombre tout au long du XVIIe et du XVIIIe siècle. Ils seront suivis par les livres de motifs conçus par des décorateurs comme Thomas Chippendale (1718–1779), Robert Adam (1728–1792), Pierre-François-Léonard La Fontaine (1762–1853) et Charles Le Brun (1619–1690), pour ne citer qu'eux en France, et Karl Friedrich Schinkel (1781–1841) en Allemagne.

Au début du XIXe siècle, l'industrialisation galopante entraîne une augmentation énorme du nombre de produits manufacturés ; la prospérité croissante des classes moyennes génère la demande d'un nouveau genre d'album de motifs décoratifs – celui qui présente des motifs. Cette évolution a été rendue possible et est devenue populaire grâce aux progrès de la technologie de l'imprimerie et de l'édition, et les livres publiés en de plus en plus grand nombre ne s'adressent pas seulement aux architectes et aux personnes faisant bâtir mais aussi aux artisans et aux hommes de métier.

On peut généralement classer les livres de motifs décoratifs produits au XIXe siècle dans l'une des trois catégories suivantes. La première rassemble les ouvrages qui cherchent à réinterpréter les styles du passé et à les adapter aux utilisations modernes – en Angleterre, c'est surtout le cas du style gothique. *The Encyclopaedia of Ornament* (1842) et *The Decorative Arts, Ecclesiastical and Civil, of the Middle Ages* (1851) de Henry Shaw, *One Thousand and One Initial Letters* (1864) d'Owen Jones (1809–1874), et plus tard *The Practical Decorator and Ornamentist* (1892) de Maurice (1865–1957) et George Ashdown (1835–1925) Audsley, un ouvrage superbe comprenant 100 planches imprimées par Firmin-Didot, en font partie. En France on peut citer les travaux d'Eugène Emmanuel Viollet-le-Duc (1814–1879), par exemple *Peintures murales des chapelles de Notre-Dame de Paris* (1870).

Detail, plate / Tafel / planche 55

La seconde catégorie comporte les travaux des designers qui ont cherché à introduire de nouveaux styles modernes d'ornementation adaptés au goût de leur époque – ces « artistes de la décoration » innovants ne sont guère nombreux, mais leur influence est capitale. Ses représentants essentiels en Angleterre sont August Pugin (1812–1852) dont l'approche moderne de la réinterprétation des motifs gothiques saute aux yeux dans *Glossary of Ecclesiastical Ornament and Costume* (1846) et *Floriated Ornament* (1849), plus tard Christopher Dresser (1834–1904) avec ses *Studies in Design* (1874–1876) et William Morris (1834–1896). Christopher Dresser, qui a déjà adopté les méthodes de la fabrication en série pour son argenterie, crée un nouveau style de motifs de surface qui rompt délibérément avec la tradition établie. Contrairement à lui, Morris rejette toute technologie ; ses motifs floraux et végétaux évoquent un passé lointain, supposé faire écho aux tapisseries médiévales, bien qu'ils soient en fait nés dans le contexte du goût victorien tardif.

En France, le travail le plus innovant apparaît vers la fin du siècle sous la forme du style aujourd'hui connu sous le nom d'Art nouveau, par exemple dans l'ouvrage en deux volumes d'Eugène Grasset (1845–1917), *La Plante et ses applications ornementales* (1896). En Allemagne et en Autriche, de nouveaux styles ornementaux émergent de l'œuvre d'Alexander Koch à Darmstadt et du travail plus austère d'artistes comme Koloman Moser (1868–1918) et Joseph Maria Olbrich (1867–1908).

La troisième catégorie de livres de motifs décoratifs publiés jusqu'ici pourrait être qualifiée d'encyclopédique. Il s'agit de compilations historiques ou d'anthologies de styles décoratifs du passé qui présentent des modèles et des suggestions au designer moderne ou au décorateur. L'un des premiers, intitulé *Ornamente aller klassischen Kunstepochen* (1831), est l'œuvre de l'éditeur allemand Wilhelm Zahn (1800–1871), dont le panorama historique est marqué par un sentiment néoclassique résolument moderne. A la fin du siècle, l'Allemand Heinrich Dolmetsch (1846–1908) publiera *Der Ornamentenschatz. Ein Musterbuch stilvoller Ornamente aus allen Kunstepochen*, (1887), un ouvrage populaire à l'époque et également publié en anglais et en français, mais qui semble bien terne et ennuyeux au lecteur actuel.

En Angleterre, Owen Jones qui s'est fait un nom avec ses livres décorés dans le style des manuscrits médiévaux, publie un énorme volume in-folio intitulé *The Grammar of Ornament* (1856). Bien qu'il s'agisse ici une fois encore d'un panorama complet, l'ouvrage témoigne de l'amour de Jones pour le Moyen Age. En Italie il faut attendre le début du XXe siècle pour trouver le premier ouvrage de ce genre ; malgré sa prétention à l'universalité, ce livre est clairement orienté vers le bassin méditerranéen en général et son architecture en particulier. Il convient également de citer *Details and Ornaments from the Alhambra* (2 volumes, 1836/45) d'Owen Jones bien qu'il n'entre pas vraiment dans l'une ou l'autre de nos trois catégories. Contrairement à une autre grande œuvre lithographique de la même époque, *The Holy Land* (1855), de David Roberts (1796–1864) qui décrit l'architecture dans une série de vues ou de peintures, Jones se concentre sur l'ornementation et les motifs. L'*Alhambra* de Jones sera la première œuvre en Angleterre dont les reproductions seront imprimées par chromolithographie, et dans son ouvrage *Victorian Book Design* paru en 1972, Ruari McLean qui étudie les contrastes entre les deux ouvrages, écrit : « Jones maîtrise parfaitement le nouvel art. Les fondations d'une nouvelle école du design ont été posées ici, les soubassements de l'ornement reproduit. »

A l'instar de Viollet-le-Duc et d'Auguste Racinet (1825–1893) lui-même, August Pugin et Owen Jones croyaient que l'ornement devait être une partie intégrante de la conception d'un bâtiment, ou de la forme de tout objet manufacturé. Néanmoins il faut admettre qu'au XIXe siècle, le besoin de produire de plus en plus d'objets va de pair avec une tendance à décorer toute surface disponible, les résultats n'étant pas toujours des plus harmonieux et des plus plaisants.

Sur le marché des livres ornementés, il arrive donc vraiment qu'on attelle la charrue devant les bœufs. La prospérité croissante au cours du XIXe siècle génère une expansion rapide de l'industrie textile et les textiles sont de plus en plus souvent utilisés dans la décoration intérieure des habitations, des magasins et des espaces publics. L'essor de la construction à Paris sous le Second Empire entraîne aussi une forte demande de motifs et d'ouvrages offrant des modèles et des suggestions. De nombreuses maisons d'édition sont fondées pour satisfaire à ces besoins, en particulier à Paris, Vienne et Leipzig et publient le plus souvent des ouvrages présentés en feuilles sous portefeuille. Ces nombreuses maison d'édition fusionnent fréquemment ou changent de nom au fil du temps. En France, nous citerons deux des plus importantes,

la Librairie Centrale d'Architecture et les Editions Thézard situées à Dourdan, au sud-ouest de Paris. Des centaines de titres voient le jour, des humbles manuels scolaires traitant de l'évolution des motifs à répétition à des œuvres magnifiques, par exemple *Constructions en brique. La brique ordinaire du point de vue décoratif* (1878–1884), de J. Lacroux et C. Detain, qui montre les possibilités ornementales de la brique dans la construction d'habitations.

Une publication périodique essentielle est *Journal Manuel de Peintres* (1850–1886). Chaque numéro de ce mensuel contenait plusieurs planches colorées, des suggestions de décorations murales ou de plafonds ou, quelquefois, des imitations de bois ou de marbre. D'autres planches montraient des designs de façades de magasin et des modèles d'écriture et de signes. Chaque planche était accompagnée d'instructions destinées à l'artisan et lui expliquant comment mélanger les couleurs et créer des finitions. De temps en temps une sélection d'extraits de ces journaux paraissait sous forme livresque. Comme la plupart des meilleurs ouvrages dans ce domaine, les planches illustrées étaient imprimées en chromolithographie – un grand nombre le seront par les grandes maisons françaises Firmin-Didot et Lemercier & Cie.

Un autre ouvrage, important quoique plus modeste, est le *Dekorative Vorbilder* (1890–1928), paru en série au début du XXe siècle et publié aussi en français, en anglais et en italien. Chaque volume comprend soixante planches colorées présentant des idées décoratives en tout genre, de Pompéi au Jugendstil viennois, mais aussi des panneaux représentant des fleurs, des fruits et même des jeunes filles.

Nous avons déjà mentionné combien l'histoire des livres de motifs ornementaux du XIXe siècle est étroitement reliée à l'évolution des techniques d'impression et en particulier à l'émergence de la chromolithographie. Au cours du siècle, il deviendra même possible de fabriquer les planches colorées en série. Néanmoins, la chromolithographie coûte cher et les planches de la collection reproduite ici ont été à l'origine garanties par des souscripteurs et payées à crédit, ce qui assurait à l'éditeur un marché et un profit. Ce qui rend le procédé onéreux est le fait qu'il nécessite autant de matrices, de « pierres », qu'il y a de couleurs dans le dessin. Cela ne demande évidemment pas seulement une grande précision technique mais aussi du papier et de l'encre de grande qualité. Deux des grands imprimeurs parisiens, Lemercier et Firmin-Didot, dont il a déjà été question ici, étaient initialement des maisons d'édition avant de se spécialiser dans la reproduction en couleur.

Un autre événement important pour les éditeurs d'albums de motifs décoratifs est l'introduction de la technique au pochoir pour la reproduction en couleur. Cette méthode – le nom français est utilisé dans de nombreux pays – tire son nom du pochoir, du « patron », une plaque de carton dans lequel le contour d'un dessin est découpé et est utilisée pour illustrer des livres. La couleur est appliquée directement sur le papier à travers une plaque cirée qui produit une belle finition mate, comparable à celle de l'aquarelle. De nombreuses illustrations livresques seront coloriées au pochoir, mais aussi les planches de la prestigieuse revue de mode *Gazette du Bon Ton*, éditée par Lucien Vogel (1912–1925). Les ateliers de l'enlumineur parisien Jean Saudé occupent la première place dans le domaine de la production d'illustrations coloriées au pochoir. Au cours des années vingt, les albums de motifs décoratifs présentant des planches coloriées au pochoir atteignent un sommet de perfection artistique et technique avec des œuvres comme *Relais* (1930) d'Edouard Benedictus ou *Prismes* d'Eugène-Alain Séguy (1890–1985).

Il faut remarquer dans ce contexte que les décorateurs utilisaient des pochoirs de grande taille pour appliquer sur les murs des motifs se répétant. Certains albums de motifs décoratifs sont tout simplement des catalogues dans lesquels les maîtres d'œuvre et les artisans pouvaient commander des pochoirs, des pinceaux spéciaux et des couleurs.

Le présent ouvrage réunit les planches de deux grandes collections encyclopédiques faisant partie de la tradition chromolithographique du XIXe siècle, *L'Ornement polychrome* (deux volumes, 1869–1888) d'Auguste Racinet et *L'Ornement des tissus* (1877) d'Auguste Dupont-Auberville.

La vie de Racinet ne nous est guère connue, toutefois nous savons qu'il voulait devenir peintre. Heureusement pour nous, il semble cependant avoir rapidement pris conscience à l'Ecole de la Ville de Paris qu'il n'avait pas assez d'imagination pour devenir un artiste, et il a employé son remarquable talent pour le dessin à fixer sur le papier et reproduire les images décoratives du passé. En fait il suivait ainsi les traces de son père qui était imprimeur. De 1845 à 1865 il travailla sur de nombreux livres, montrant une com-

préhension particulière et une prédilection pour la Renaissance. Si on peut le qualifier d'encyclopédiste dans la mesure où il s'efforçait de mettre tout le savoir accumulé au cours du passé au service du présent, il était davantage qu'un simple technicien. A l'instar des hommes de la Renaissance il croyait que l'art est capable d'enrichir nos vies, et c'est dans cet esprit que son œuvre est ici à nouveau présentée au public.

Racinet commence l'introduction de son grand ouvrage en livrant quelques réflexions sur le but de l'ornement et sur ce qu'il considère comme les trois principaux types de base – imitation, représentation de formes naturelles, des plantes ou des coquillages par exemple, et copie en trompe-l'œil. Il décrit ensuite chaque période historique de manière détaillée, tirant de sources nombreuses ses informations historiques aussi bien que les motifs eux-mêmes.

Dupont-Auberville est issu d'un milieu très différent. Riche et cultivé, il a une passion pour les antiquités, principalement pour la porcelaine et les textiles qu'il collectionne. Sa collection de textiles sera exposée au Musée des Arts Décoratifs en 1880, et une partie de sa collection mise en vente à l'Hôtel Drouot à Paris durant deux jours en février 1885. D'autres enchères auront lieu après sa mort en 1891.

Un examen superficiel semble montrer que l'approche de Dupont-Auberville est semblable à celle de Racinet. Mais étant donné qu'il s'intéresse uniquement aux textiles, elle présente des différences capitales à certains égards. Le fait que les deux œuvres soient présentées dans un format similaire nous incite à penser que Dupont-Auberville s'est peut-être inspiré de l'ouvrage antérieur, le complétant avec un volume présentant des textiles, surtout basé sur sa propre collection.

Depuis qu'Isaac a offert une tunique bigarrée à son fils Joseph, les textiles décorés ont joué un rôle important dans notre vie culturelle et même politique, car ils sont souvent associés à notre position sociale ou utilisés en relation avec des symboles et des rituels. Aujourd'hui cependant les textiles sont fabriqués en série, et cela nous semble si naturel que nous oublions facilement ou feignons d'ignorer que les choses étaient tout à fait différentes autrefois. Dans son introduction, et en s'appuyant sur des dessins spécialement réalisés à cet effet par Charles Kreutzberger, Dupont-Auberville montre comment, des toiles de l'ancienne Egypte aux textiles artistement élaborés de l'Europe des XVIIe et XVIIIe siècles, en passant par les soieries chinoises et perses et les étoffes somptueuses de la Renaissance, les matériaux et les connaissances artisanales ont influencé les styles ornementaux.

Bien que chaque époque puise dans celles qui l'ont précédée, chacune d'elles semble remarquablement fraîche et distincte, et un regard sur le XXe siècle nous permet de suivre cette force inventive qui continue d'opérer dans les austères lignes « modernes » des années vingt, les tons pastel des années trente et les couleurs criardes des années cinquante et des années soixante.

Dupont-Auberville ne tire pas seulement ses exemples de sa propre collection mais de nombreuses autres sources – musées et collections particulières et, dans quelques cas, représentations de tissus dans des peintures et des dessins, particulièrement ceux qui sont issus d'Inde et de Chine. Ces origines multiples démontrent la méticulosité, l'énergie et l'érudition de l'auteur. Les commentaires relatifs à chaque planche – presque toutes illustrent de nombreux exemples – sont particulièrement instructifs lorsque des périodes isolées sont reliées entre elles, quand par exemple ils retrouvent l'écho de motifs chinois et persans dans des textiles réalisés ultérieurement.

Avec toute leur érudition et l'attention minutieuse qu'ils portaient au détail, Racinet et Dupont-Auberville étaient indubitablement des hommes de leur temps. Finalement, le présent ouvrage est un témoignage du XIXe siècle, une célébration de la confiance en l'avenir, de la perfection technique, et de la pure joie de vivre.

Pages / Seiten / pages 26–27:
Detail, plate / Tafel / planche 36

Detail, plate / Tafel / planche 8

1

Primitive Art

FABRICS, CARVING, AND PAINTING

Although the motifs included in this plate stem from a wide variety of sources, the civilizations that produced them bear certain similarities to one another.

No. 1. Fabric (Oceania). **No. 2.** Fabric (Central Africa). **No. 3.** Plaited vegetable fabric (Central Africa). **No. 4.** Braided fabric (Oceania). **No. 5.** Braided leather (Central Africa). **Nos. 6–11.** Painted sunken carving on wooden utensils (Central Africa). **No. 12.** Round fan made of coloured feather vanes (Oceania). **No. 13.** Border on a painted wooden utensil (Central Africa). **Nos. 14–17.** Painted ornament on canoes and utensils (Oceania). **Nos. 18–21.** Painted ornament on Peruvian utensils. **Nos. 22–47.** Mexican manuscript illumination.

1

Kunst der Naturvölker

STOFFE, PLASTIKEN UND MALEREIEN

Die auf dieser Tafel vereinten Motive sind zwar unterschiedlicher Herkunft, stammen jedoch von Völkern, die durchaus miteinander verglichen werden können.

Nr. 1: Stoff (Ozeanien). **Nr. 2:** Stoff (Zentralafrika). **Nr. 3:** Aus Pflanzen geflochtener Stoff (Zentralafrika). **Nr. 4:** Mit Litzen besetzter Stoff (Ozeanien). **Nr. 5:** Mit Litzen besetztes Leder (Zentralafrika). **Nrn. 6–11:** Bemalte Hohlplastiken auf Holzgegenständen (Zentralafrika). **Nr. 12:** Runder Fächer aus gefärbten Federkielen (Ozeanien). **Nr. 13:** Randleiste auf bemaltem Holzgerät (Zentralafrika). **Nrn. 14–17:** Malereien auf Einbäumen und Gebrauchsgegenständen (Ozeanien). **Nrn. 18–21:** Malereien auf peruanischen Gebrauchsgegenständen. **Nrn. 22–47:** Mexikanische Buchmalereien.

1

Art primitif

TISSUS, SCULPTURES ET PEINTURES

Voici à quelles sources différentes, mais se rattachant à des civilisations qui ont entre elles une certaine analogie, ont été puisés les motifs reproduits dans cette planche :

N° 1 : Etoffe (Océanie). **N° 2 :** Etoffe (Afrique centrale). **N° 3 :** Etoffe végétale tressée (Afrique centrale). **N° 4 :** Etoffe soutachée (Océanie). **N° 5 :** Cuir soutaché (Afrique centrale). **N°s 6–11 :** Sculptures en creux peintes sur des ustensiles en bois provenant d'Afrique centrale. **N° 12 :** Eventail rond construit en côtes de plumes coloriées (Océanie). **N° 13 :** Bordure sur un ustensile en bois peint (Afrique centrale). **N°s 14–17 :** Peintures, décors de pirogues et d'ustensiles (Océanie). **N°s 18–21 :** Décor peint d'ustensiles péruviens. **N°s 22–47 :** Peintures de manuscrits mexicains.

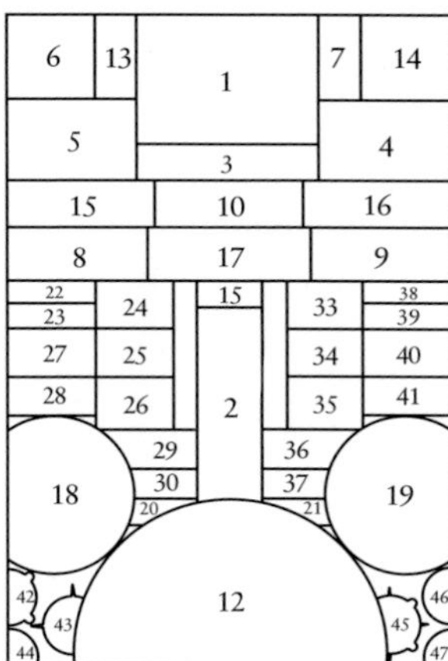

2

Egyptian Art

DECORATIVE PAINTING

The meaning of the principal objects featured in Egyptian ornament usually has to do with their hieroglyphic system of writing. For example, the pink sphere with the sparrowhawk's wings (**no. 6**) represents the rising sun. The aquatic flowers alternating with reeds along the bottom of the plate (**nos. 4 and 5**) are seen growing out of running water. The scarab, whose black body has the effect of brightening the background (**no. 12**), symbolizes immortality. Red, blue, and yellow formed the basis of the Egyptian palette, with black and white for outlines; green, mainly used for stalks and parts of flowers, was in fact often replaced by blue, the use of which goes back further.

Nos. 1–3. Painted bouquets.

2

Ägyptische Kunst

DEKORATIVE MALEREIEN

Der Sinn der wichtigsten Motive, die in der ägyptischen Ornamentik verwendet werden, erschließt sich gewöhnlich aus den Hieroglyphen. So stellt zum Beispiel die rosa Kugel mit Sperberflügeln (**Nr. 6**) die aufgehende Sonne dar. Die Wasserpflanzen und das Schilf zuunterst auf der Tafel (**Nrn. 4 und 5**) wachsen in fließendem Wasser. Der Skarabäus, dessen Schwarz den Grund belebt (**Nr. 12**), symbolisiert die Unsterblichkeit. Für die ägyptischen Künstler bildeten Rot, Blau und Gelb die Grundlage der Farbpalette. Hinzu kamen Schwarz und Weiß für die Umrisse. Grün wird vor allem für Pflanzenstengel und einen Teil der Blüte gebraucht, dort aber auch, vor allem in älteren Stücken, häufig durch Blau ersetzt.

2

Art égyptien

PEINTURES DÉCORATIVES

La signification des principaux objets employés dans l'ornementation égyptienne se rattache en général au système du langage hiéroglyphique. Ainsi, par exemple, la sphère rose aux ailes d'épervier (**n° 6**) représente le soleil levant. Les fleurs aquatiques mêlées de roseaux formant le bas de la planche (**n°s 4 et 5**) s'élèvent sur des eaux courantes. Le scarabée, dont le noir égaye le fond (**n° 12**), symbolise l'immortalité.

Le rouge, le bleu et le jaune formaient, pour les Egyptiens, le fond de leur palette avec du noir et du blanc pour assurer les contours. Le vert s'employait surtout comme couleur locale, tige et partie de la fleur, à laquelle même on substituait souvent le bleu, qui est de l'usage le plus reculé.

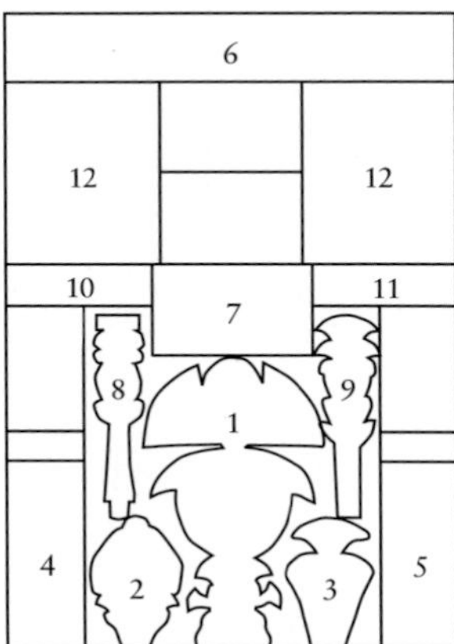

7
8
1
9
2
3

Nos. 4 and 5. Backgrounds, borders, and stylobates of a colonnade from Thebes.
No. 6. Painted carving from the Memnonium, Thebes.
No. 7. Continuous frieze.
Nos. 8 and 9. Painted carving. Wooden colonnettes.
Nos. 10 and 11. Continuous friezes.
No. 12. Ceilings.

Nrn. 1–3: Gemalte Bouquets.
Nrn. 4 und 5: Fond, Zierleisten und Sockel, aus Theben.
Nr. 6: Bemalte Plastik aus dem Memnonium in Theben.
Nr. 7: Laufende Bänder.
Nrn. 8 und 9: Bemalte Plastiken, Holzsäulchen.
Nrn. 10 und 11: Laufende Bänder.
Nr. 12: Deckenmalereien.

Nos 1–3 : Bouquets peints.
Nos 4 et 5 : Fonds, bordures et soubassements provenant de Thèbes.
No 6 : Sculpture peinte, provenant du Memnonium de Thèbes.
No 7 : Frises courantes.
Nos 8 et 9 : Sculptures peintes. Colonnettes en bois.
Nos 10 et 11 : Frises courantes.
No 12 : Plafonds.

3

Egyptian Art

JEWELLERY

These intact specimens of Egyptian jewellery come from tombs. They are of enormous interest to ornamentists. The broad, inflexible character of Egyptian design, which found such excellent expression in metal work, was also a most effective instrument in the hands of the lapidary. We can count ourselves fortunate that Egyptian custom required the dead man to be buried wearing at least his necklace.
No. 1. Naos or pectoral in cloisonné enamel with a cartouche bearing the name of Ramses II (c. 1298–1213 B. C.; 19th dynasty).
No. 2. Piece of cloisonné jewellery; the compartments are framed with gold and filled with slabs of glass. This and the pectoral both come from the Memphis Serapeum.
No. 3. Lapis lazuli scarab with glass-bead wings. To the Egyptians the scarab symbolized immortality.
No. 4. Necklace featuring the head of Apis.
Nos. 5–7. Cloisonné enamel bracelets.
Nos. 8 and 9. Rings and their unrolling.

3

Ägyptische Kunst

SCHMUCK

Diese unversehrten Schmuckstücke, die für Ornamentkünstler von besonderem Interesse sind, stammen aus den Totenstädten der Ägypter. Die großflächige und starre Zeichnung, die sich im metallischen Umriss so gut ausdrückt, passt vorzüglich zur Steinplastik. Glücklich sein darf man über den Umstand, dass das ägyptische Ritual vorschrieb, jeden Verstorbenen zumindest mit seiner großen Halskette auszustatten.
Nr. 1: Naos oder Brustplatte mit Zellenschmelz; über dem Fries die Namenskartusche von Ramses II. (um 1298–1213 v. Chr.; 19. Dynastie).
Nr. 2: Goldemailschmuck, mit Glasplättchen gefüllt. Diese beiden Schmuckstücke stammen aus dem Serapeum von Memphis.
Nr. 3: Skarabäus aus Lapislazuli mit Glasperlenflügeln. Der Skarabäus symbolisierte für die Ägypter die Unsterblichkeit.
Nr. 4: Halskette mit Apis-Kopf.
Nrn. 5–7: Armbänder mit Zellenschmelz.
Nrn. 8 und 9: Fingerringe und ihre Abwicklungen.

3

Art égyptien

BIJOUTERIE

C'est des nécropoles que viennent ces types intacts de la bijouterie égyptienne d'un si haut intérêt pour les ornemanistes. Le large et inflexible dessin des Egyptiens, qui s'exprime si bien par le linéament métallique, convient au travail lapidaire par excellence, et nous devons nous féliciter aujourd'hui du rituel qui prescrivait que chaque défunt fût revêtu, au moins, de son grand collier.
No 1 : Naos ou pectoral à émaux cloisonnés, portant au-dessous de la frise le cartouche prénom de Ramsès II (vers 1298–1213 av. J.-C. ; XIXe dynastie).
No 2 : Bijou à cloison d'or, empli de plaquettes de verre. Ces deux bijoux proviennent du Serapeum de Memphis.
No 3 : Scarabée en lapis à ailes en perlettes de verre. Le scarabée était pour les Egyptiens le symbole de l'immortalité.
No 4 : Collier à tête d'Apis.
Nos 5–7 : Bracelets à émaux cloisonnés.
Nos 8 et 9 : Bagues avec leur développement.

Nos. 10–26. Earrings, necklace, and amulets.
No. 27. A sphinx or human-headed lion taken from a stele. (The symbolism of the sphinx has yet to be satisfactorily explained. To the Greeks it symbolized both physical and intellectual strength.)
Nos. 28–33. Jewellery copied from Theban paintings.

Nrn. 10–26: Ohrringe, Halskette und Amulette.
Nr. 27: Sphinx, Löwe mit Menschenkopf, zu einer Stele gehörend. (Die Sphinxsymbolik ist ungewiss. Für die Griechen symbolisiert die Sphinx die körperliche und die geistige Kraft.)
Nrn. 28–33: Schmuck nach Malereien in Theben.

Nos 10–26 : Boucles d'oreilles, collier et amulettes.
Nº 27 : Sphinx pris d'une stèle, composée du lion androcéphale. (Le symbolisme du sphinx n'a pas encore été suffisamment éclairci. Selon les Grecs il symbolisait la force par excellence, la force physique et la force intellectuelle.)
Nos 28–33 : Bijouterie d'après les peintures de Thèbes.

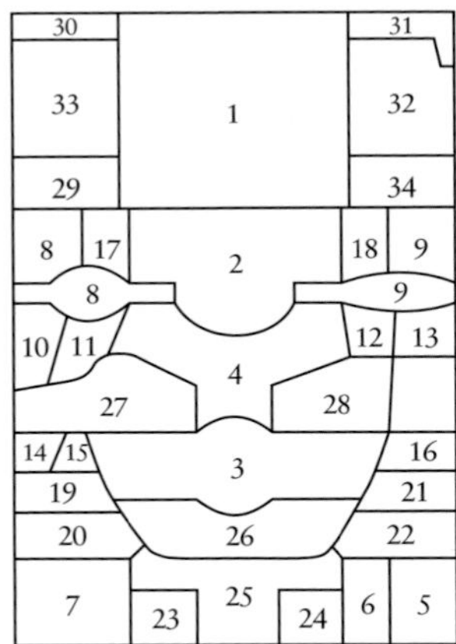

— 4 —

Egyptian Art

COLOURED HIGH AND BAS-RELIEFS, PAINTINGS, AND ASSORTED OBJECTS

Our purpose in bringing together in one plate items as disparate in size as these colossal figures from architectural monuments and a hand-sized bottle (**no. 18**) or an eye-ointment jar (**no. 13**), in contrasting examples of straight painting and bas-relief, is to draw attention to the nature and abundance of the resources employed by the

— 4 —

Ägyptische Kunst

KOLORIERTE HOCH- UND FLACHRELIEFS, MALEREIEN, VERSCHIEDENE GEGENSTÄNDE

Wenn auf dieser Tafel so verschiedene Gegenstände, wie es die Kolosse, die zur Monumentalarchitektur gehören, Handfläschchen (**Nr. 18**) und Augensalbengefäße (**Nr. 13**) sind, wenn einfache Malereien und Flachreliefs zusammen erscheinen, geschieht das, um Eigenart und Reichtum der Gestaltungsmittel zu zeigen, mit

— 4 —

Art égyptien

HAUTS ET BAS-RELIEFS COLORIÉS, PEINTURES, OBJETS DIVERS

En rapprochant, dans cette page, des éléments aussi essentiellement différents que le sont des colosses appartenant à la grande architecture, et des objets du volume d'un flacon de main (**nº 18**), d'un vase à collyre (**nº 13**), en y mettant en regard de simples peintures et des bas-reliefs, nous avons pour but d'indiquer la nature et l'abondance

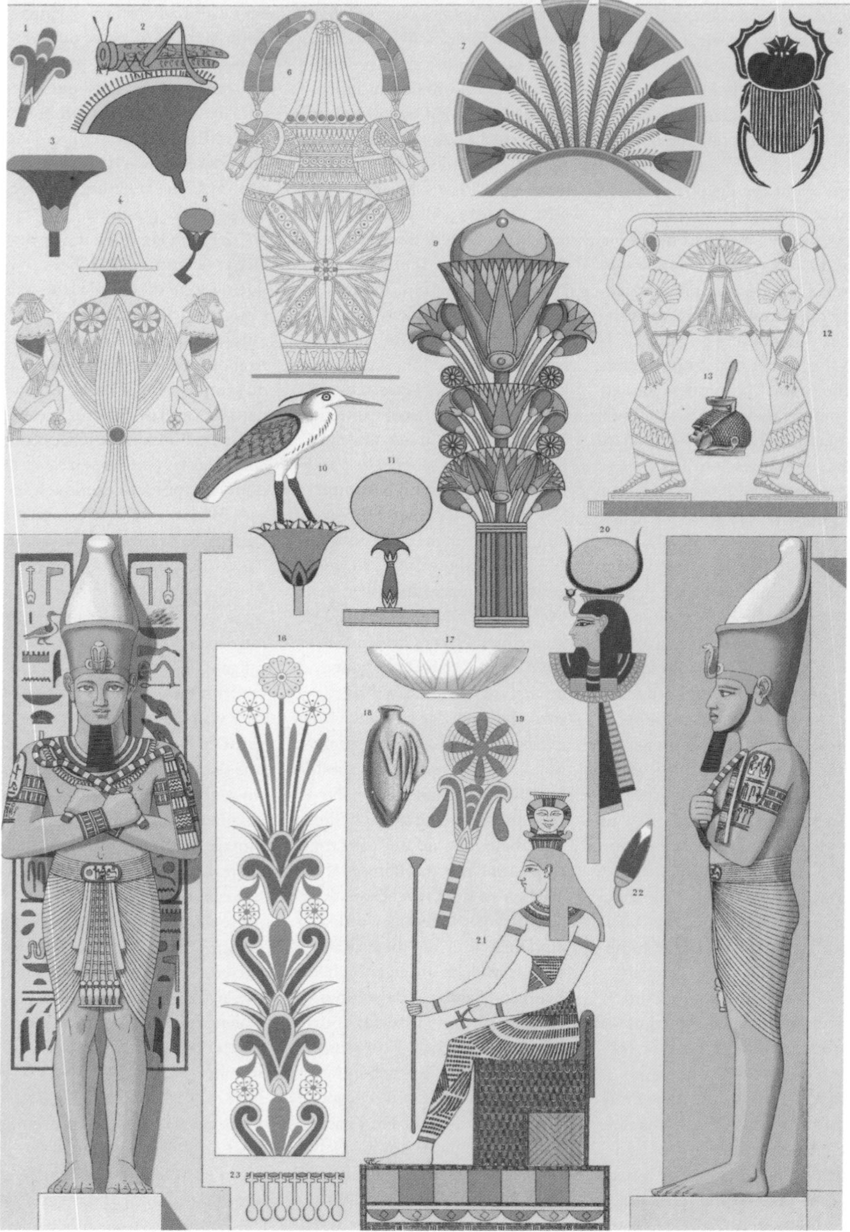
1
2
3
4
5
6
7
8
9
10
11
12
13
16
17
18
19
20
21
22
23

Egyptians in the context of the stylistic unity of their decorative schemes. For reasons of space we can do no more here than indicate some of the sub-genera, look at some of the symbolic references, and say something in general terms about the Egyptian artist's plastic language.

Flanking the lower part of the plate (**nos. 14 and 15**) are front and side views of a high-relief pillar figure from the temple of Phre, the sun god, at Ipsambul (Abu Simbel); he was the 'Father of the ears of grain' to the Arabs. The goddess (**no. 21**) is from the temple of Isis on Philae, an island in the Nile; the standard is that of Ramses Sesostris.

The human figure occurs again in paintings **no. 4 and no. 12**, which are based on exotic types. The vase (**no. 4**) with its characteristic stopper is a balsam bottle; the perfume in it came to Egypt in the form of a tribute of the kind that the conquering Ramses pharaohs imposed on Syria. Both the little hedgehog that has lent its form to the eye-ointment jar (**no. 13**) – shown here complete with its spatula – and the beautifully rendered Kingfisher (**no. 10**) represent insectivores, animals friendly to man in the natural scheme of things; this particularly endeared them to the Egyptians.

The sacred scarab (**no. 8**) is a bas-relief from the door of the tomb of Ramses V at Thebes. According to the ancient authors only a dozen varieties of these coleopterans were true 'sacred scarabs,' forming the object of a special cult.

Nos. 1, 3, 9, 16, 19, and 22 are carved or painted lotus flowers that are depicted either open or in bud, singly or in bunches. The lotus on its stem, bearing the solar disk, is also shown in **no. 5**; here it forms

denen die Ägypter einen einheitlichen Dekorationsstil hervorbrachten. Einige Untergattungen und symbolische Funktionen sollen die verschiedenen Gestaltungsmittel der ägyptischen Künstler, aber auch die allgemeine Ausdrucksweise ihrer Plastik belegen.

Nrn. 14 und 15: Hochrelief. Vorder- und Seitenansicht eines Karyatiden-Pfeilers vom Tempel des Re (Sonne) in Ipsambul, arabisch: Abu Simbel, Vater der Ähren. Die Göttin (**Nr. 21**) stammt aus dem Isis-Tempel von Philae, das Banner gehört zu Ramses Sesostris. Menschliche Gestalten exotischen Charakters sind in den Objekten **Nr. 4 und 12** zu sehen. Die Vase (**Nr. 4**) ist für Balsam bestimmt und weist daher einen Stöpsel auf. Das in ihr enthaltene Parfum war Teil jener Tributzahlungen, wie sie etwa die Ramses-Pharaonen dem besiegten Syrien auferlegten. Der kleine Igel (**Nr. 13**), dessen Körper ein Augensalbengefäß bildet und noch die Spachtel bzw. Nadel besitzt, wie auch der gut gezeichnete Eisvogel (**Nr. 10**) gehören zu den nützlichen Tieren, deren Abbilder besonders geschätzt waren. **Nr. 8** zeigt in Flachrelief einen heiligen Skarabäus, der auf der Eingangstüre zum Grab von Ramses V. in Theben zu finden ist. Den antiken Schriftstellern zufolge wurde nur ein Dutzend Arten dieser Käfer verehrt, welche die eigentlichen heiligen Skarabäen darstellten.

Nrn. 1, 3, 9, 16, 19 und 22: Lotusblüten, geöffnet, als Knospen, einzeln oder im Strauß gebunden, gemalt oder skulptiert. Die gleiche Blüte mit Stiel stellt **Nr. 5** dar; es handelt sich dabei um die Galionsfigur eines Schiffes, und der Lotus trägt die Sonnenscheibe. Das gleiche Motiv, jedoch strenger ausge-

des ressources dont les Egyptiens disposaient sous l'unité du style de leurs décors. Indiquer quelques-uns des sous-genres, et aussi quelques-unes des intentions du symbolisme, doit suffire ici pour montrer l'étendue des ressources de l'artiste égyptien, ainsi que la nature générale du langage de sa plastique.

N°s 14 et 15 : Haut-relief. Vue de face et de profil d'un pilier-caryatide du *spéos* ou temple consacré à Phrè, le soleil, à Ibsamboul ; Abou-Simbel, le père de l'épi, pour les Arabes. La déesse (**n° 21**) provient du temple d'Isis, à Philæ. L'étendard est celui de Ramsès Sésostris. La figure humaine se rencontre encore dans les peintures **n°s 4 et 12** dont les types sont exotiques. Le vase (**n° 4**) est du type balsamaire, caractérisé par son bouchon, et c'est à un tribut, comme ceux que les Ramsès vainqueurs imposèrent à la Syrie, que l'Egypte devait le parfum que le vase contient. L'animalcule du genre hérisson (**n° 13**) dont on a emprunté la physionomie pour en faire un petit vase à collyre, encore garni de sa spatule ou aiguille, ainsi que l'excellente silhouette du martin-pêcheur, **n° 10**, représentent ces auxiliaires de l'homme, dont l'image devait être particulièrement chère. Le **n° 8** est un scarabée sacré, traité en bas-relief, et figurant sur la porte d'entrée du tombeau de Ramsès V, à Thèbes. Selon les auteurs anciens, une douzaine seulement de variétés de ces coléoptères étaient l'objet d'une sorte d'adoration, et représentent réellement les scarabées sacrés.

N°s 1, 3, 9, 16, 19 et 22 : Fleurs de lotus, écloses et en bouton, en bouquet ou isolées, peintes ou sculptées. On trouve encore cette fleur sur sa tige dans le fragment **n° 5** ; c'est la proue d'une embarcation

the prow of a ship. The same idea rather more rigidly executed underlies the design of the commonest type of metal hand mirror (**no. 11**). **No. 17** is a glazed earthenware bowl successfully decorated with spear-shaped leaves, and **no. 23** shows part of a necklace made of gold and lapis lazuli.

führt, schmückt den Handspiegel **Nr. 11**, der zum weit verbreiteten Typ der Metallspiegel gehört. **Nr. 17** zeigt eine Schale aus emaillierter Fayence, die mit lanzettförmigen, die Schale einfassenden Blättern verziert ist. Fragment **Nr. 23** gehört zu einer Halskette aus Lapislazuli und Gold.

où le lotus porte le disque solaire. C'est la même idée, mais avec une rigidité plus régulière, qui a servi à composer le miroir à main, **nº 11** ; miroir métallique et d'un type des plus répandus. Le **nº 17** est une coupe en faïence émaillée, heureusement décorée par des feuilles lancéolées qui embrassent la forme. Le fragment **nº 23** provient d'un collier en lapis-lazuli et en or.

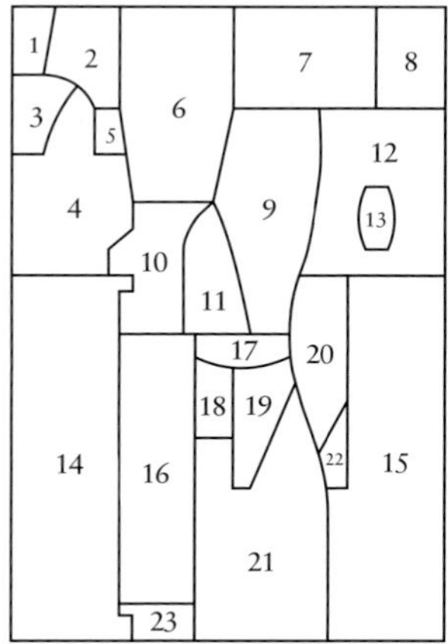

— 5 —

Egyptian Art

Nos. 1 and 2. Pillars from the Palace of Tutmes III at Karnak (18th dynasty): Lotus and papyrus stems with open flowers; the bare plants on a common ground. Bas-relief.
No. 3. Colonnette used in aediculae (shrines), of a type going back to the 4th dynasty, when building was done in wood: single stem bearing a bud, at the base of which young shoots are bound with a scarf wound round five times, marking the beginning of

— 5 —

Ägyptische Kunst

Nrn. 1 und 2: Pfeiler aus dem Palast von Thutmosis III. in Karnak (18. Dynastie). Lotus- und Papyrusstengel mit geöffneten Blüten; die unbemalten Pflanzen auf gemeinsamem Sockel. Flachrelief.
Nr. 3: Kleine Säule für kleine Bauten; der Typ geht auf die Holzbauweise aus der Zeit der 4. Dynastie zurück. Der einzige Stengel trägt eine Knospe, unter der Schösslinge, durch ein fünffach geschlungenes Band zusammengehalten, das Prin-

— 5 —

Art égyptien

Nos 1 et 2 : Piliers du palais de Thoutmès III, à Karnak, XVIIIe dynastie. Tiges de lotus et de papyrus à fleur épanouie. Les plantes nues sur un sol commun. Bas-relief.
Nº 3 : Colonnette employée dans les édicules, et dont le type remonte à la IVe dynastie, aux âges de la construction en bois. Tige unique portant un bouton, à la base duquel de jeunes pousses, liées par un lacet qui est une cravate en cinq tours, commencent le principe du

the cluster principle. The dado is very low; the earth forms the base.

Nos. 4 and 5. Tops of similar colonnettes but in polychrome wood.

No. 6. Colonnette from an aedicula with the flower shown half-open, placing greater emphasis on the decoration. This opulence is echoed in the more developed buds of the young shoots that form a larger bouquet.

Nos. 7 and 8. Columns from stone buildings. Here the capital is in the form of a closed bud, truncated to receive a square dado as wide as the diameter of the bud. This was the earliest and most widely used type of capital in Egyptian stone architecture. **No. 7** is a clustered column of the kind found in the buildings of Amenophis III at Thebes and Tutmes III at Karnak (both 18th dynasty).

No. 8 is from the Palace of Kurnah, known as the Menephtheum after its founder Menephta I, whose reign followed that of Amenophis III (the Greeks' 'Memnon').

No. 9. Capital of a column from the hypostyle hall of the Ramesseum, Thebes (19th dynasty).

The Egyptian flowered capital found its supreme expression – a beautiful blend of elegance and power – when, as here, the open flower formed an inverted bell. The outer 'wrapping,' which at first obscured only part of the cluster of stalks, has become total here.

No. 10. Digited capital from the Great Temple, Philae. This capital, also in the shape of an inverted bell, uses the pointed leaves of the date palm to form a kind of basketwork pattern with the stems. Clusters of dates and even the scales of the trunk occasionally figure in these capitals, which vary as

zip des Straußes erkennen lassen. Niedriger Würfel, Pflanzenerde als Sockel.

Nrn. 4 und 5: Oberer Teil von kleinen Säulen gleicher Art, deren Holz jedoch bemalt ist.

Nr. 6: Kleine Säule, deren Blüte halb geöffnet ist. Die Dekoration erscheint gewichtiger, da auch die dickeren Knospen der Schösslinge den Umfang des Straußes vergrößern.

Nrn. 7 und 8: Diese Säulen gehören zu Gebäuden aus Stein. Die geschlossene Knospe, die einen eckigen Würfel von der Breite des Durchmessers der runden Knospe trägt, stellt die älteste Blütenart dar, die meist bei Steinbauten verwendet wurde. **Nr. 7** zeigt eine gebündelte Säule, die typisch ist für die Gebäude von Amenophis III. in Theben und Thutmosis III. in Karnak, beide aus der 18. Dynastie.

Nr. 8 stammt aus dem Palast von Kurnah, dem Menephteum. Es trägt den Namen nach seinem Gründer Menephta I., dem Memnon der Griechen, der auf Amenophis III. folgte.

Nr. 9: Säulenkapitell aus der Säulenhalle des Ramesseums in Theben, 19. Dynastie.

Die offene Blüte bildet hier ein sich nach oben verbreiterndes Kapitell, das elegant und kraftvoll zugleich erscheint. Wurden zuerst nur einzelne Partien teilweise verkleidet, so sind nun die gebündelten Stengel ganz zugedeckt.

Nr. 10: Fingerförmiges Kapitell, großer Tempel von Philae. Die Blätter der Dattelpalme schließen dieses Kapitell ab, das sich ebenfalls nach oben verbreitert. Die aneinander gefügten Palmwedel bilden eine Art Korb, dessen Dekoration aus den Blättern besteht. Dattelbüschel und sogar die Schup-

bouquet. Le dé très bas ; la terre végétale pour base.

N°s 4 et 5 : Partie supérieure de colonnettes de même caractère, mais dont le bois est peint.

N° 6 : Colonnette d'édicule dont la fleur est à demi épanouie, ce qui donne plus d'importance à la décoration, cette opulence étant secondée par le volume du bouquet dans lequel le bouton des jeunes pousses est plus formé.

Nos 7 et 8 : Colonnes appartenant aux constructions en pierre, et dont la floraison en forme de bouton fermé, supportant un dé carré de la largeur du diamètre du bouton rond, représente le genre le plus ancien et le plus généralement employé dans l'architecture en pierre. Le **n° 7** représente la colonne à faisceau des édifices d'Aménophis III, à Thèbes, et de ceux de Thoutmès III, à Karnak, tous deux de la XVIIIe dynastie.

Le **n° 8** provient du palais de Kournah, le Menephtheum du nom de son fondateur Menephta Ier dont le règne est postérieur à celui d'Aménophis III, le Memnon des Grecs.

N° 9 : Chapiteau des colonnes de la salle hypostyle du Ramesseum, à Thèbes. XIXe dynastie.

C'est par la fleur épanouie figurant un chapiteau de forme évasée que le genre devait recevoir son expression la plus belle, en alliant l'élégance à la puissance. On vient de voir l'application du système de l'enveloppe des détails, qui fut d'abord partielle ; ici c'est une enveloppe totale qui supprime toutes les tiges du faisceau.

N° 10 : Chapiteau dactyliforme. Grand temple de Philæ. Ce sont les feuilles du dattier ayant la forme de palmes qui forment ce chapiteau ayant aussi son sommet évasé. Les feuilles jointes forment une

9
7
8
3
6
4
5
10

much as their model – the date palm – varies in nature.

pen des Stammes erscheinen gelegentlich auf solchen Kapitellen, wobei die einzelnen Palmen auf den Säulen wie in der Natur verschieden sein können.

espèce de corbeille dont la décoration est constituée par les rameaux ; les régimes de dattes et jusqu'aux écailles de la tige apparaissent quelquefois dans les chapiteaux de ce genre, dont les espèces varient dans la nature ainsi que dans les colonnes égyptiennes.

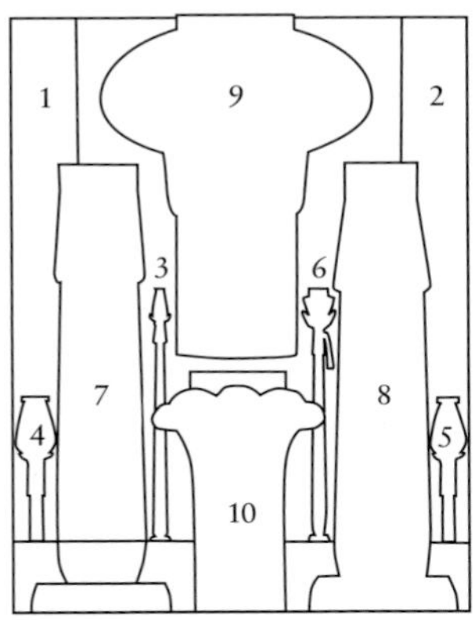

— 6 —

Egyptian Art

WALL PAINTINGS, DECORATED HANGINGS: CONTINUOUS GROUNDS AND FRIEZES

With the exception of the friezes (**nos. 4 and 5**), all these paintings represent ceiling decorations from the Theban necropolis and from tombs of various periods. The compositions are purely imaginative. We still find the lotus flower; but the stem, when included, has lost its vegetal character and become an ornamental loop (**no. 6**); elsewhere the stem is cut and the flower used with complete freedom – the artist's only concern

— 6 —

Ägyptische Kunst

WANDMALEREIEN, WANDBEHÄNGE: ENDLOSGRUND UND LAUFENDE FRIESE

Ausgenommen die Friese **Nrn. 4 und 5**, handelt es sich bei all diesen Malereien um Deckenornamente, die aus der Totenstadt von Theben und aus Gräbern unterschiedlichen Alters stammen. Die Gestaltung ist hier mehr imaginärer Art. Zwar findet sich noch die Lotusblüte; sitzt sie jedoch auf ihrem Stengel, verliert dieser sein eigentliches Aussehen, um sich in eine ornamentale Linie zu verwandeln (**Nr. 6**). Man begegnet hier

— 6 —

Art égyptien

PEINTURES MURALES, ORNEMENTATIONS DES TENTURES : FONDS SANS FIN ET FRISES COURANTES

A l'exception des frises **n°s 4 et 5**, toutes ces peintures sont des ornementations de plafonds, provenant de la nécropole de Thèbes et de tombeaux d'âges divers. Les agencements sont du domaine purement spéculatif ; on y rencontre bien encore la fleur du lotus, mais quand cette fleur est sur sa tige, cette dernière perd sa physionomie végétale pour se convertir en lacet d'ornement, comme on le voit sur la **n° 6** ; autrement on ne rencontre

being with the play of line set up by its silhouette – to form repetitive horizontal friezes (**nos. 4 and 5**) or, using alternate inversion, to fill bands of ground separated by horizontal strips (**nos. 1 and 3**). This play of line was backed up by the use of colour, and our examples illustrate, better than words could hope to describe, the mastery that the Egyptians achieved in this field. Notice too that the ornamentation in these paintings is of a quite specific and very clearly defined character; it is in fact the typical decor of the hangings that were so widely used throughout oriental antiquity.

In the splendid unity of Egyptian architecture, hangings played an important part. Tapestries were suspended along walls or fixed between columns to divide a large hall into compartments; they were used as floor coverings and hung in doorways; and our examples, primarily ceiling decorations, prove that tapestries were also used for this purpose.

nur noch geschnittenen Lotusblumen, über die der Dekorateur frei verfügt, indem er die Blütenumrisse in Linienspiele umsetzt und Bänder formt, bei denen die Blüten entweder in einer Reihe sich wiederholend (**Nrn. 4 und 5**) oder gegenständig in einem regelmäßigen Feld angeordnet sind, das durch horizontale Streifen in kleinere Flächen unterteilt ist (**Nrn. 1 und 3**). Was das Farben- und Linienspiel betrifft, in dem sich die Ägypter besonders auszeichneten, sprechen die Zeichnungen für sich. Diese Malereien besitzen noch eine andere Eigenart: ihre Dekoration weist nämlich deutliche Merkmale der Muster von Wandbehängen auf, die während des gesamten Altertums im Orient weit verbreitet waren.

In der ägyptischen Architektur spielten Wandbehänge eine große Rolle. Man bedeckte mit ihnen Mauern, hängte sie zwischen Säulen auf, um einen großen Raum zu unterteilen, bedeckte mit ihnen den Boden oder hängte sie vor Türöffnungen. Schließlich zeigen die hier abgebildeten Beispiele, bei

plus ici que des fleurs de lotus à la tige coupée, dont le décorateur dispose en toute liberté, et sans autre préoccupation que celle du jeu des lignes procurées par les silhouettes de la fleur, formant des frises par son image répétée sur un seul rang (**nos 4 et 5**), ou disposée en contresens dans le semis régulier peuplant les fonds divisés par des bandes horizontales, comme le sont les **nos 1 et 3.** A propos de ce jeu des lignes secondé par celui des couleurs, auxquels les Egyptiens ont excellé, nos dessins parlent d'eux-mêmes. Mais il y a dans ces peintures un autre intérêt, c'est que l'ornementation qu'elles représentent est d'une nature particulière, très nettement accusée, et que leur caractère, en somme, est celui du décor propre aux tentures, dont toute l'Antiquité orientale faisait un si large usage.

Dans la grande unité de l'architecture égyptienne, les tentures jouaient un rôle important. On suspendait les tapisseries le long des murailles ; ou bien, accrochées d'une colonne à l'autre, elles servaient à diviser une grande salle en plusieurs compartiments ; on

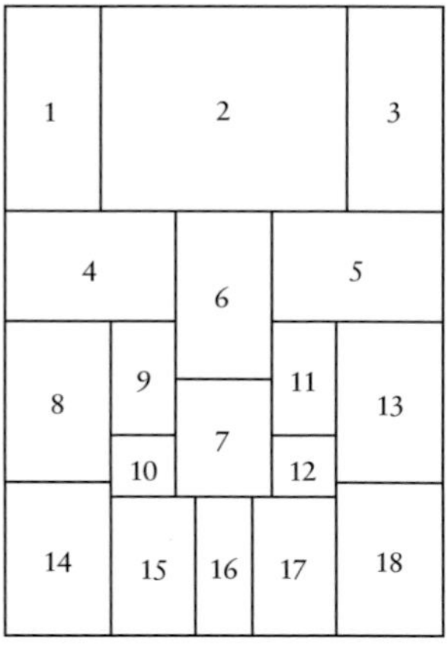

1 2 3
4 6 5
8 9 11 13
7
10 12
14 15 16 17 18

denen es sich vor allem um Deckenornamente handelt, dass man die Wandbehänge auch zur Dekoration der Zimmerdecken benutzte.

en recouvrait le sol ou encore elles étaient posées devant l'ouverture des portes. Enfin nos spécimens montrent qu'on employait encore les tentures à la décoration du plafond des chambres.

7

Egyptian Art

LINEN AND WOOL

When it comes to the craft industry that concerns us here, the Egyptians were the most highly-versed people of antiquity in both scientific and artistic terms. They left us designs that we have only been able to imitate since. It is difficult to believe that, during Bonaparte's expedition to Egypt at the end of the 18th century, cemeteries in which the bodies of that country's pharaohs had lain for more than 3,000 years yielded up fabrics that were more delicate, more even – in fact, more perfect than anything we possessed. The collection assembled at the time is now one of the glories of the Turin Museum. It contains pieces of fine linen, embroidery, and fabrics decorated with various designs either worked in the material or painted on its surface. The ancients, in fact, used the same three decorative processes as we use today: weaving, embroidery, painting.
Our plate sets out to record these three methods of ornamentation. For instance, the sample with the leaf-bearing branch courant (**no. 1**) is a piece of embroidery using serrated application copied from the Turin Museum. The blue and white border below it (**no. 2**), which shares the same provenance, appears to have been embroidered.

7

Ägyptische Kunst

LEINEN UND WOLLE

Die Ägypter waren das Volk der Antike, das im Kunsthandwerk und Kunstgewerbe, die uns hier interessieren, am besten bewandert war. Sie hinterließen uns Muster, die wir seither lediglich nachahmen konnten. Es erscheint fast unglaublich, dass während Bonapartes Ägyptenfeldzug in den Grabanlagen, in denen die Pharaonen seit mehr als dreitausend Jahren ruhten, Stoffe gefunden wurden, die feiner, regelmäßiger und vollkommener sind als unsere vollendetsten Arbeiten. Die Sammlung, die damals entstand, gehört zu den Wundern, die im Museum von Turin zu bestaunen sind. Sie enthält feines Leinen, Stickereien und Gewebe mit verschiedenen Mustern, die in den Stoff eingearbeitet oder auf ihn gemalt waren. In der Antike ebenso wie in der Moderne bediente man sich also dreier Dekorationsverfahren: Web-, Stick- und Malkunst.
Auf unserer Tafel sind alle drei Techniken vertreten. So ist das Beispiel in der linken oberen Ecke (**Nr. 1**) eine in Turin kopierte ausgeschnittene Stickarbeit, die auf eine Leinwand appliziert wurde; die darunter befindliche blauweiße Bordüre gleicher Herkunft (**Nr. 2**) könnte eine Nadelstickerei sein.

7

Art égyptien

LIN ET LAINE

Les Egyptiens furent le peuple le plus instruit de l'Antiquité dans les sciences et dans les arts, au point de vue de l'industrie qui nous occupe. Ils nous ont laissé des modèles que nous n'avons su qu'imiter depuis. Est-il possible de croire, que, lors de l'expédition d'Egypte, par Bonaparte, on retrouva dans les nécropoles où dormaient depuis plus de trente siècles les Pharaons, des tissus plus fins, plus réguliers, plus parfaits enfin que nos plus parfaits ouvrages ! La collection qui en fut formée alors est une des merveilles que l'on admire au musée de Turin. Elle contient des pièces de lin fin, des broderies, des étoffes décorées de dessins divers ou pris dans le tissu, ou peints à sa surface. Les anciens comme les modernes se servirent donc de trois procédés décoratifs, à savoir : le tissage, la broderie, la peinture.
Notre planche a pour but de constater ces trois modes d'ornementation. Ainsi l'échantillon à l'angle gauche, en haut de la page (**nº 1**), où se remarque une branche courante de feuilles, est une broderie en application découpée, copiée du musée de Turin. La bordure bleue et blanche de la même provenance, placée dessous (**nº 2**), paraît avoir été brodée à l'aiguille.

The next piece (**no. 3**) down is one of the finest in the whole collection in the former Piedmontese capital. This is decorated with strips woven in the material showing the sacred goat and some lotus foliage – both of which featured heavily in Egyptian religion.
In the bottom left-hand corner of the page (**no. 5**) we find a piece of material decorated with rows of scales and edged with a border of diamond shapes. Together with the specimen on the other side of the plate (**no. 8**), with its dots and red and black lines on a yellow ground, these are painted on the fabric without dressing. The rest of the plate, which was copied in Turin and Naples, comprises decorations executed on fabrics whose surface has been coated in the manner adopted by sarcophagus painters.
In conclusion, note that England and France also possess a number of precious samples of these fabrics. The British Museum has some, as do the Louvre and St. Germain museums in Paris; there are other interesting pieces in Marseilles, as well as a few in Lyons.

Das folgende Stück (**Nr. 3**) ist eines der schönsten in der Sammlung der ehemaligen piemontesischen Hauptstadt. Es ist mit in den Stoff gewebten Streifen verziert, auf denen die Ziege und Lotusblätter, Symbole der ägyptischen Religion, dargestellt sind.
In der linken unteren Ecke der Seite (**Nr. 5**) befindet sich ein Stoff, der mit Schuppenreihen und einer Rautenbordüre geschmückt ist. Wie bei dem dritten Stück der rechten Hälfte (**Nr. 8**), das mit roten Punkten sowie mit roten und schwarzen Linien auf gelbem Grund verziert ist, handelt es sich um eine ungrundierte bemalte Leinwand. Die übrigen in Turin und Neapel kopierten Motive der Tafel sind Dekorationen auf Leinwand in der Art von Sarkophagmalereien.
Abschließend sei erwähnt, dass in England und Frankreich einige wertvolle Muster dieser Stoffe zu finden sind, insbesondere im British Museum in London, im Louvre in Paris und im Musée des Antiquités Nationales in Saint-Germain-en-Laye; darüber hinaus gibt es einige interessante Stücke in Marseille und Lyon.

La pièce qui lui fait suite (**n° 3**) est une des plus belles de la collection de l'ancienne capitale piémontaise. Elle se montre décorée des bandes tissées dans l'étoffe où l'on voit la représentation de la chèvre sacrée et des feuilles du lotus, fétiches de la religion égyptienne.
Au bas de la page, à l'angle gauche (**n° 5**), se remarque une étoffe ornée de rangs d'écailles et d'une bordure en losange. Ce sont, avec le troisième échantillon, à compter du haut de la page à droite qui se voit pointillé et tracé de rouge et noir sur fond jaune (**n° 8**), des toiles peintes sans apprêt. Tout le reste de la feuille, copié à Turin et à Naples, sont des décorations exécutées sur toiles, enduites à la manière des peintures des sarcophages.
Terminons en disant que l'Angleterre et la France possèdent aussi quelques précieux échantillons de ces tissus. A Londres, le Britisch Museum en conserve ; à Paris les musées du Louvre et de Saint-Germain-en-Laye en montrent également ; enfin nous en avons remarqué d'intéressants, à Marseille, et quelques-uns à Lyon.

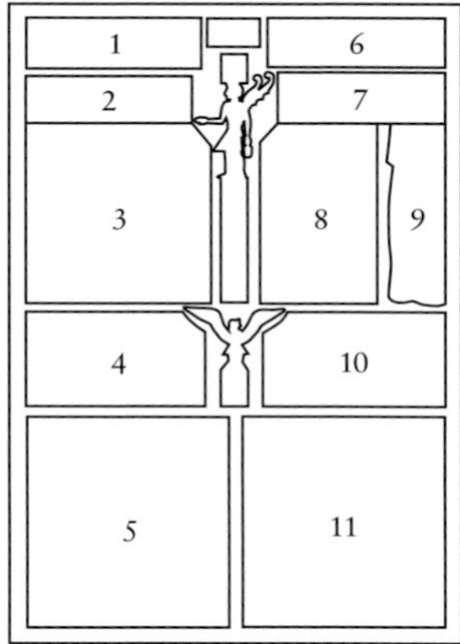

8

Assyrian Art

POLYCHROME MOTIFS

Assyrian art falls into two distinct periods. The first, which saw the foundation of Babylon by the Nabataeans in an alluvial plain with no stone quarries, used only brick for building, so that its architecture was necessarily limited.
The second period was that of the foundation of Nineveh by the Scythian conquerors of Babylon in a region where the presence of basalt and stone quarries made possible a monumental architecture of a kind the Babylonians had never achieved.
The majority of the copious monumental fragments in the museums of London and Paris date from this Ninevite or Scytho-Assyrian period, as do the motifs reproduced here.
Nineveh – Palace of Khorsabad
Nos. 1–4. Painted carvings.
No. 5. Coloured inlaid bricks.
Nos. 6–10. Glazed bricks.

8

Assyrische Kunst

POLYCHROME MOTIVE

In der assyrischen Kunst lassen sich zwei Perioden unterscheiden. Während der ersten, die auf die Gründung Babylons durch die Nabatäer in einem Schwemmgebiet ohne Steinbrüche folgte, konnte nur mit Backstein gebaut werden, und die Möglichkeiten architektonischer Gestaltung waren dementsprechend eingeschränkt. Während der zweiten Periode, jener von Ninive, das die Skythen, die das alte Babylon erobert hatten, in einer Gegend gründeten, in der Basalt und Steinbrüche vorhanden waren, entstand eine Monumentalarchitektur, die die Babylonier nicht gekannt hatten.
Im Allgemeinen gehören die Überreste von Bauwerken, die man in großer Zahl in den Museen von London und Paris sehen kann, zur zweiten Periode, jener von Ninive, die man die skytho-assyrische nen-

8

Art assyrien

MOTIFS DE POLYCHROMIE

On peut signaler dans l'art assyrien deux périodes bien distinctes : une première époque, celle de la fondation de Babylone par les Nabatéens sur un terrain d'alluvion privé de carrières de pierre, époque caractérisée par l'emploi exclusif de la brique et le système architectonique forcément rétréci qui en était la conséquence ; puis une seconde époque, celle de Ninive fondée par les Scythes, conquérants de la Babylone primitive, dans une région où l'existence de basaltes et de carrières de pierre rendit possible une architecture monumentale que les Babyloniens n'avaient pas connue.
C'est en général à cette période ninivite, que l'on pourrait appeler scytho-assyrienne, que se rapportent les restes de monuments recueillis en grand nombre dans les musées de Londres et de Paris. Telle est aussi l'origine des divers motifs que nous reproduisons.

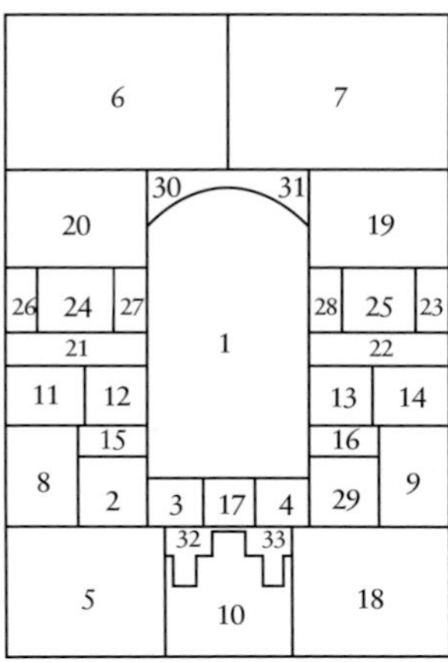

Nos. 11–18. Assorted motifs.
Nos. 19 and 20. Paintings.
Nos. 21–23. Restorations.
Persepolis
Nos. 24–33. Restorations.

— 9 —

Greek Art

CONVENTIONAL FLORA, FRETS OR KEY PATTERNS

Conventional flora in Greek ornament are far from representing in detail particular species of plant. They are based purely on the broad lines of plant structure; there is little variety of type, and the painted ornament on architectural monuments is of exactly the same kind as that used on a smaller scale to decorate vases. Nevertheless a number of these representations come quite close to nature, with laurel, ivy, vine and aloe being as a rule easily recognizable.
Our plate shows, on the one hand, flora taken from the monuments of Greece itself, and on the other hand the same flora treated with greater freedom on vases from Apulia.
No. 1. Painted antefix from the Temple of Zeus Panhellenios, Aegina.
Nos. 2–4. Terracottas, Athens.
Nos. 5 and 6. Vase paintings.
No. 7. Vase paintings, Campana.
Nos. 8–12. Vase paintings.
Nos. 13–16. Ovoli with heart rays, including a wave frieze.

nen könnte. Dies gilt auch für die hier abgebildeten Motive.
Ninive – Palast von Khorsabad
Nrn. 1–4: Bemalte Plastiken.
Nr. 5: Farbig eingelegte Backsteine.
Nrn. 6–10: Emaillierte Backsteine.
Nrn. 11–18: Verschiedene Motive.
Nrn. 19 und 20: Malereien.
Nrn. 21–23: Restaurierte Motive.
Persepolis
Nrn. 24–33: Restaurierte Motive.

— 9 —

Griechische Kunst

PFLANZENMOTIVE, WELLENBÄNDER ODER MÄANDER

Die konventionelle griechische Darstellung von Pflanzen ist von der genauen Wiedergabe bestimmter Pflanzenarten weit entfernt. Sie nimmt lediglich auf ihre allgemeine Struktur Rücksicht. Es gibt nur wenige Typen, und die gemalten Dekorationen auf den Bauwerken sind von gleicher Art wie jene, die sich in verkleinertem Maßstab auf den Vasen finden. Einige Darstellungen jedoch sind naturnäher: Lorbeer, Efeu, Weinlaub und Aloe sind gewöhnlich leicht zu erkennen.
Die Tafel zeigt einerseits Pflanzendarstellungen auf Bauten aus Großgriechenland, andererseits dieselben Motive, nun jedoch freier behandelt, auf apulischen Vasen.
Nr. 1: Bemalter Stirnziegel, Tempel des Panhellenischen Jupiter in Ägina.
Nrn. 2–4: Terrakotta aus Athen.
Nrn. 5 und 6: Vasenmalereien.
Nr. 7: Vasenmalerei, Campana.
Nrn. 8–12: Vasenmalereien.
Nrn. 13–16: Eierstabmotive mit Herzlaub, zudem ein Wellenband.

Ninive – Palais de Khorsabad
Nos 1–4 : Sculptures peintes.
No 5 : Briques incrustées en couleur.
Nos 6–10 : Briques émaillées.
Nos 11–18 : Motifs divers.
Nos 19 et 20 : Peintures.
Nos 21–23 : Restaurations.
Persépolis
Nos 24–33 : Restaurations.

— 9 —

Art grec

FLORE CONVENTIONNELLE, FRETTES OU MÉANDRES

La flore conventionnelle grecque est très éloignée de la représentation particulière des espèces de la plante. Elle s'inspire seulement des grandes lignes de leur construction ; les types sont peu variés et les ornements peints des monuments d'architecture sont exactement de la même nature que ceux, de moindres proportions, qui courent sur des vases. Plusieurs de ces représentations se rapprochent cependant de la nature : le laurier, le lierre, la vigne et l'aloès y sont, en général, faciles à reconnaître.
Nous donnons d'une part la flore des monuments de la grande Grèce et, d'autre part, cette même flore traitée avec une liberté plus grande, recueillie sur des vases de l'Apulie.
No 1 : Antéfixe peinte, temple de Jupiter panhellénien, à Egine.
Nos 2–4 : Terres cuites, provenant d'Athènes.
Nos 5 et 6 : Peintures de vases.
No 7 : Peintures de vases, Campana.
Nos 8–12 : Peintures de vases.
Nos 13–16 : Oves à rais de cœur, parmi lesquelles une frise d'ondes.

Nos. 17–20. Paintings from Apulian vases.
Nos. 21–30. Frets or key patterns. (The Greeks used wave or key-pattern ornament to distinguish water and land).

Nrn. 17–20: Apulische Vasenmalereien.
Nrn. 21–30: Wellenbänder oder Mäander. Die Griechen benutzten das Wellen- oder Mäandermotiv zur Unterscheidung von Wasser und Land.

N°s 17–20 : Peintures tirées de vases apuliens.
N°s 21–30 : Frettes ou méandres. (Les Grecs se servaient de l'ornement en ondes ou en méandres pour distinguer l'eau de la terre.)

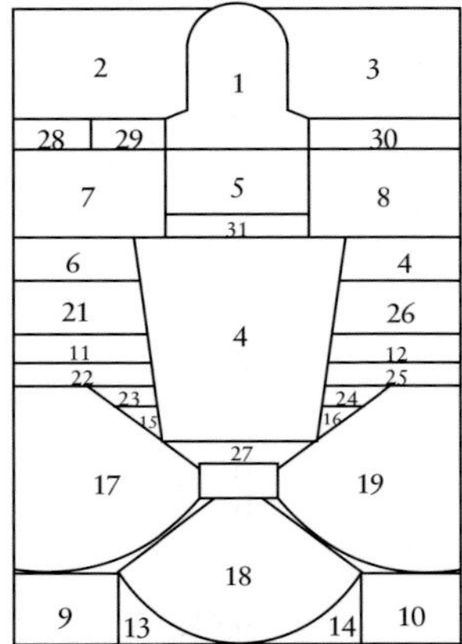

10

Greek and Greco-Roman Art

POLYCHROME MOTIFS

This plate comprises a number of polychrome ornamental motifs taken from various periods of Greek art.
Nos. 1–3. Frieze ornaments and ornaments in dripstone coffers, based on the restored Parthenon, Athens. **No. 4.** Frieze ornament from the temple of the Wingless Victory, Athens. **No. 5.** Classical fragment; dripstone coffer. **No. 6.** Antefix from the Temple of the Wingless Victory. **Nos. 7–9.** Classical fragments from various Athenian monuments. **No. 10.** Decora-

10

Griechische und griechisch-römische Kunst

POLYCHROME MOTIVE

Die Tafel zeigt eine Reihe polychromer Dekorationen aus verschiedenen Epochen der griechischen Kunst.
Nrn. 1–3: Fries- und Kranzgesimskassetten-Dekorationen, Parthenon in Athen. **Nr. 4:** Fries, Tempel der Nike Apteros, Athen. **Nr. 5:** Antikes Fragment, Kranzgesimskassette. **Nr. 6:** Stirnziegel, Tempel der Nike Apteros, Athen. **Nrn. 7–9:** Antike Fragmente von verschiedenen athenischen Bauten. **Nr. 10:** Supraporte, Tempel der Minerva Polias, Athen. **Nr. 11:** Fries, Tempel von

10

Art grec et gréco-romain

MOTIFS DE POLYCHROMIE

On trouve réunis dans la planche ci-contre de nombreux motifs d'ornementation polychrome empruntés à l'art grec de diverses époques.
N°s 1–3 : Ornements de frises et de caissons de larmier, d'après la restauration du Parthénon d'Athènes. **N° 4 :** Ornement de frise du temple de la Victoire Aptère, à Athènes. **N° 5 :** Fragment antique ; caisson de larmier. **N° 6 :** Antéfixe du temple de la Victoire Aptère. **N°s 7–9 :** Fragments antiques, pris de divers monuments d'Athènes. **N° 10 :** Dessus de porte du temple de Minerve

4
10
15
1
11
5
35
35
6
2
12
13
34
34
21
14
24
25
26
7
29
16
23
18
20
19
3
22
27
30
31
28
17
8
32
33
9

tion over the door of the Temple of Athena Polias, Athens. **No. 11.** Frieze ornament from the temple at Paestum. **Nos. 12 and 13.** Frieze ornaments from the Temple of Zeus Panhellenios, Aegina. **No. 14.** Star of the Propylaea. **No. 15.** Cyma in the form of a gutter, found among the ruins of a temple at Metapontum. **No. 16.** Face and soffit of a terracotta ornament found at Metapontum, where it had been used to face beams. **No. 17.** Painted mouldings. **Nos. 18 and 19.** Running dogs. **Nos. 20 and 21.** Key patterns. **No. 22.** Detail of a sarcophagus with painted ornaments, found at Girgenti. **No. 23.** Wall coping from the Temple of Nemesis, Rhamnus. **No. 24.** Mosaic fragment found in Sicily.
Nos. 25–27, 29. Interlacing (Greco-Roman style). **No. 28.** Key pattern (Greco-Roman style). **Nos. 30–33.** Ornaments on terracottas found at Palazzolo Acreide. **No. 34.** Ornaments. **No. 35.** Palmettes.

Paestum. **Nrn. 12 und 13:** Friese, Tempel des Panhellenischen Jupiter in Ägina. **Nr. 14:** Stern, Propyläen von Athen. **Nr. 15:** Leiste einer Dachrinne, aus den Ruinen eines Tempels von Metapont. **Nr. 16:** Außen- und Unterseite einer Terrakotta-Dekoration, die zur Verkleidung von Balken diente, aus Metapont. **Nr. 17:** Gemalte Zierleisten. **Nrn. 18 und 19:** Laufende Hunde. **Nrn. 20 und 21:** Mäander. **Nr. 22:** Detail eines Sarkophags mit gemalten Dekorationen, aus Agrigent. **Nr. 23:** Decken- und Hinterwandbekrönung, Nemesis-Tempel von Rhamnus. **Nr. 24:** Mosaikfragment aus Sizilien. **Nrn. 25–27 und 29:** Flechtbänder (griechisch-römischer Stil). **Nr. 28:** Mäander (griechisch-römischer Stil). **Nrn. 30–33:** Terrakotta-Dekorationen aus Palazzolo Acreide. **Nr. 34:** Verzierungen. **Nr. 35:** Palmetten.

Poliade, à Athènes. **N° 11 :** Ornement de frise du temple de Paestum. **N°s 12 et 13 :** Ornements de frise du temple de Jupiter panhellénien, à Egine. **N° 14 :** Etoile des Propylées. **N° 15 :** Cimaise, formant chêneau, trouvée parmi les ruines d'un temple, à Métaponte. **N° 16 :** Face et soffite d'un ornement en terre cuite trouvé à Métaponte et servant de revêtement aux poutres. **N° 17 :** Moulures peintes. **N°s 18 et 19 :** Postes. **N°s 20 et 21 :** Méandres. **N° 22 :** Détail d'un sarcophage avec ornements peints, trouvé à Girgenti (Agrigente). **N° 23 :** Couronnement de mur de *posticum* et de plafond, tiré du temple de Némésis, à Rhamnus. **N° 24 :** Fragment de mosaïque, trouvé en Sicile. **N°s 25–27, 29 :** Entrelacs (style gréco-romain). **N° 28 :** Méandre (style gréco-romain). **N°s 30–33 :** Ornements de terres cuites trouvés à Pallazolle. **N° 34 :** Ornements. **N° 35 :** Palmettes.

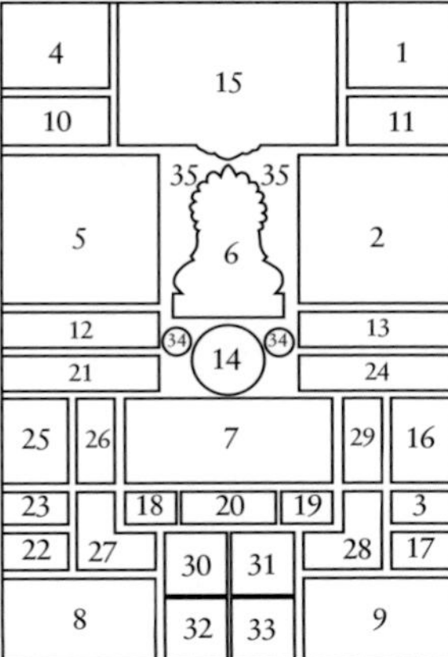

Greek Art

STANDARD POLYCHROME AND MONOCHROME ORNAMENTS FROM THE BEST PERIODS

Nos. 2 and 12–14 are Ionic capitals (**nos. 12 and 13** are front and side views of the same capital showing how the volute is coiled). These details are from the temple of the Wingless Victory (Nike Apteros) and the Erechtheion, both on the Athens Acropolis. The colour, simple illumination, in this type of architectural decoration was either laid on flat within the outlines of the design or applied to the reliefs in the Egyptian manner.

The details of ceramic ornament (**nos. 1, 3–8, 10, and 11**) illustrate two very different principles. On the one hand we have monochrome vases with yellow figures painted on a black ground or black figures on a yellow ground; on the other hand we have the much smaller body of ware painted in several colours (yellow, red, blue, green) on a white ground.

No. 11 is from an amphora found at Chiusi, Italy in 1851 and is completely Etruscan in character. **No. 3** shows a decorative band from a vase; several species of marine life including an octopus are shown swimming in their element, as indicated by the running dogs above and below.

The subject of **no. 4** (Ganymede's abduction from Mount Ida by Zeus in the form of an eagle) combines aerial and terrestrial elements; the mountain is suggested by one of those ferns that grow on walls exposed to the hot sun.

No. 10. Detail of a bacchand.

Griechische Kunst

EIN- UND MEHRFARBIGE STANDARD-DEKORATIONEN AUS DEN BESTEN EPOCHEN

Die **Nrn. 2 und 12–14** stellen ionische Kapitelle dar (**Nrn. 12 und 13** dasselbe Kapitell von vorne und von der Seite, um die eingerollten Voluten zu zeigen). Sie stammen vom Tempel der Nike Apteros, der ungeflügelten Nike, und vom Erechtheion auf der Akropolis von Athen. Die Kolorierung bestand in einer einfachen Bemalung, wobei die Farben entweder auf die Vorzeichnung oder nach ägyptischer Weise auf die Reliefs aufgetragen wurden.

Die Keramikverzierung der **Nrn. 1, 3–8, 10 und 11** beruht auf zwei unterschiedlichen Prinzipien: einfarbige Vasen mit gelben Figuren auf schwarzem Grund oder schwarzen Figuren auf gelbem Grund einerseits, mehrfarbige Vasen in beschränkter Zahl, mit gelben, roten, blauen und grünen Farben auf weißem Grund andererseits.

Nr. 11 stammt von einer etruskischen Amphore, die 1851 bei Chiusi gefunden wurde. **Nr. 3** gehört zu jenen Mustern, die auf den Vasen dekorative Ringe bilden; hier ist die Meereswelt mit einigen Tieren, darunter einem Tintenfisch, dargestellt. Die Tiere sind auf geometrische Weise abgebildet, kleine Schneckenzüge deuten das Wasser an.

Das Sujet des Stücks **Nr. 4** – Jupiter in der Gestalt eines Adlers entführt Ganymed vom Berg Ida – ist luft- und erdbezogen zugleich. Das Gebirge ist durch einen jener Farne angedeutet, die auf sonnenbeschienenen Mauern wachsen.

Art grec

L'ORNEMENTATION COURANTE AUX MEILLEURES ÉPOQUES, LA POLYCHROMIE ET LES MONOCHROMATA

Les **n°s 2 et 12–14** sont des chapiteaux de l'ordre ionique (**n°s 12 et 13**, le même chapiteau vu de face, et de côté pour montrer l'enroulement du coussinet). Ces fragments proviennent du temple de la Victoire Aptère, la victoire sans ailes, et de l'Erechtheïon, élevés sur l'acropole d'Athènes. Les colorations étaient de simples enluminures, les tons étant couchés à plat dans des linéaments du dessin, ou posés sur les reliefs, selon le mode égyptien.

Les fragments du décor de la céramique (**n°s 1, 3–8, 10 et 11**) sont de deux principes très différents, les monochromata se distinguant en vases peints à figures jaunes sur fond noir, ou à figures noires sur fond jaune ; sans compter la série, restreinte d'ailleurs, des vases à plusieurs couleurs, jaune, rouge, bleu et vert sur fond blanc.

Le **n° 11** provient d'une amphore de caractère complètement étrusque, trouvée à Chiusi en 1851. Le **n° 3** est l'une de ces zones qui faisaient office de bague décorative sur les vases ; le monde marin y est représenté par quelques sujets, dont le poulpe, qui se profilent géométralement dans leur élément, indiqué par la course des petites postes.

Le sujet du fragment **n° 4**, Ganymède enlevé sur le mont Ida par Jupiter sous la forme d'un aigle, est tout à la fois aérien et terrestre. La montagne est caractérisée par une de ces fougères qui poussent sur les murs exposés aux ardeurs du soleil.

Nos. 1, 3, 4 and 10. From Apulian vases. The Greeks founded a number of colonies in southern Italy, and most Apulian vases are connected in some way with the cult of Dionysus, the Roman Bacchus whom the Greeks imported into Etruria.
No. 9. A decorative plaque in mosaic bas-relief. It depicts a personification of Hope (*Elpis* to the Greeks, *Spes* to the Romans), which was the object of a special cult among both peoples.

Nr. 10 zeigt eine dionysische Szene. Die **Nrn. 1, 3, 4 und 10** gehören zu apulischen Vasen. Die Griechen hatten in Süditalien zahlreiche Kolonien gegründet; die apulischen Vasen beziehen sich meist auf den Kult des Dionysos, des römischen Bacchus, den die Griechen nach Etrurien mitbrachten.
Nr. 9: Flachrelief in Mosaik, dekorative Tafel. Die Figur ist eine Personifizierung der Hoffnung, griechisch *Elpis*, lateinisch *Spes*, die beide Völker besonders verehrten.

Le **n° 10** est le fragment d'une bacchanale.
Les **n°s 1, 3, 4 et 10** sont empruntés à des vases apuliens. Les Grecs avaient fondé plusieurs colonies dans l'Italie méridionale, et les vases de l'Apulie se rattachent principalement au culte de Dionysos, le Bacchus des Romains, que ces Grecs importèrent en Etrurie.
N° 9 : Bas-relief en mosaïque. Plaque décorative. Cette figure est une personnification de *l'Espérance*, en grec *Elpis*, *Spes* pour les Romains, objet d'un culte spécial chez les deux peuples.

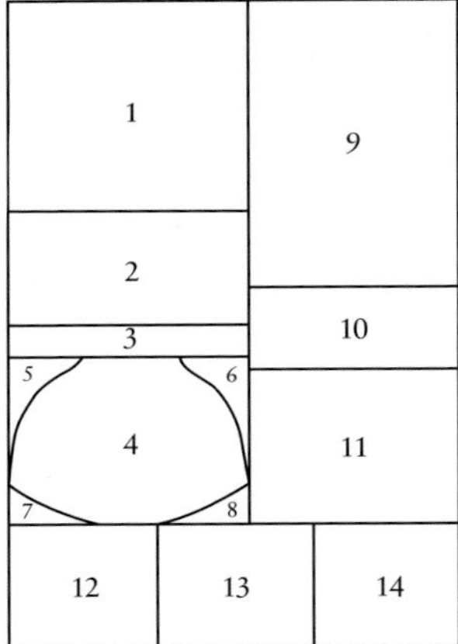

Etruscan Art

JEWELLERY

The earliest pieces represented here would appear to go back no further than the late Roman republic. The choice of motifs shows clear signs of Greek and Egyptian influence, particular evidence of the latter being the frequent use of the scarab. The fibula at the top – in the form of a hand wearing a ring and a bracelet and ending as a snake – is thought to be Greek; the gem in the middle of the ring at bottom right (**no. 2**), which could be used as a seal, also appears to be of Greek origin. The earrings are considered masterpieces of Etruscan jewellery. The type represented at top right, with the tiny figure of a child hanging by its arms, belongs to the finest period. The necklace (**no. 1**) has been scaled down to half its actual size. **Nos. 2 and 3** are rings; **nos. 6 and 7** represent earrings, also reduced in scale. **Nos. 4 and 5** are hairpin heads; the latter (a hand of Venus holding Paris' apple) may be Greek. Some of the other pieces, the purpose of which is less obvious, show clear signs of later Byzantine and even Gothic influence, which casts doubt on their Etruscan attribution.

Etruskische Kunst

SCHMUCK

Die ältesten der hier abgebildeten Gegenstände scheinen aus den letzten Jahren der Römischen Republik zu stammen; bei den verwendeten Motiven sind griechische und ägyptische Einflüsse zu erkennen, die letzteren vor allem am häufigen Gebrauch des Skarabäus.

Die Fibel in Form einer Hand mit Fingerring und Armband, die in eine Schlange ausläuft, wird für griechisch gehalten (Abbildung oben Mitte). Die Gemme, der ein Ring als Fassung dient und die als Siegel benutzt werden kann (**Nr. 2**), scheint gleicher Herkunft zu sein. Ohrringe gelten als die Meisterwerke des etruskischen Schmucks. Aus der besten Zeit stammt der Ohrring mit einem an seinen Armen hängenden Kind oben rechts auf der Tafel. Die Halskette (**Nr. 1**) ist auf die Hälfte des Originals verkleinert. Bei den **Nrn. 2 und 3** handelt es sich um Abwicklungen von Ringen. Die **Nrn. 6 und 7** stellen verkleinerte Ohrringe dar, die **Nrn. 4 und 5** vielleicht Haarnadelköpfe. Die Hand der Venus, die den Apfel des Paris hält (**Nr. 5**), ist vielleicht griechischen Ursprungs. Bei einigen Gegenständen, deren Zweck unbekannt ist, lässt sich der späte Einfluss der byzantinischen und gotischen Zeit erkennen, wodurch ihre Zuordnung zu den Etruskern zweifelhaft wird.

Art étrusque

BIJOUX

Les plus anciens des objets représentés ne paraissent pas remonter plus loin que les derniers temps de la République romaine ; on peut reconnaître dans le choix des motifs les influences grecque et égyptienne, cette dernière visible surtout par l'emploi si fréquent du scarabée.

La fibule formée d'une main avec bague et bracelet terminée en forme de serpent est considérée comme grecque. L'intaille figurant au milieu d'un chaton de bague (**n° 2**), et pouvant servir de cachet, paraît être de la même provenance. Les pendants d'oreilles sont considérés comme les chefs-d'œuvre de la bijouterie étrusque. Le type dit à *selle*, dont on peut voir la disposition dans le motif représentant un enfant suspendu, en haut de la planche à droite, appartient à la meilleure époque. Le collier (**n° 1**) est réduit à la moitié de l'original. Les **n°s 2 et 3** sont des développements de bague. Les **n°s 6 et 7** représentent des pendants d'oreilles réduits. Les **n°s 4 et 5** représentent des têtes d'épingle à cheveux. La main de Vénus tenant la pomme de Pâris (**n° 5**) est peut-être grecque. On reconnaîtra facilement dans certains objets d'une destination indéterminée l'influence tardive des époques byzantine et gothique, ce qui rend douteuse leur attribution aux Etrusques.

6
7
1
4
5
3
2

13

Greco-Roman Art

DECORATIVE ARCHITECTURE – THE POMPEIIAN STYLE

The conventionalised, purely decorative architecture in the paintings of Herculaneum and Pompeii belongs much more to the realm of the imagination than to that of reality. The man behind these architectural compositions – so elegantly improbable, often combined with maritime scenes or landscapes or peopled with various figures – is traditionally thought to have been Lidius, a painter who lived at the time of Augustus. They were executed by Greek artists or by Etruscans working under Greek influence. They delighted the Latins, who sought in them not the familiar forms of their own architecture (characterized chiefly by the use of vaulting and arcades) but the elegance and poetry of Greek art, for which they had enormous admiration. Only the two figures have been added; they did not form part of the original decor. The lower one, a dancer on a black background, comes from the Torre Annunziata excavations. It is the finest of twelve figures found in the same room and belongs to the type referred to by Pliny as libidines. The little winged figure with the Bacchic attributes in the upper medallion was found during the excavations at Cività Castellana.

13

Griechisch-römische Kunst

DEKORATIVE ARCHITEKTUR – POMPEJANISCHER STIL

Weniger dem Bereich der Wirklichkeit als jenem der Fantasie ist jene konventionelle, rein dekorative Architektur zuzuordnen, die auf den Wandmalereien von Herculaneum und Pompeji zu sehen ist. Die Tradition schreibt die Erfindung dieser auf elegante Weise unwahrscheinlichen Bauten, die oft mit Meeresszenen oder Landschaften abwechseln oder mit verschiedenen Figuren belebt sind, dem Maler Lidius zu, der zur Zeit des Augustus lebte. Von griechischen Künstlern oder unter ihrer Anleitung stehenden Etruskern gemalt, entzückten sie die Lateiner, die in ihnen nicht die gewöhnlichen Formen ihrer eigenen Architektur – Gewölbe oder Arkaden – suchten, sondern den eleganten und poetischen Charakter der griechischen Kunst, die sie bewunderten. Die beiden einzelnen Figuren finden sich nicht auf dem Original, sondern wurden hier hinzugefügt. Die Tänzerin auf schwarzem Grund stammt aus den Ausgrabungen bei Torre dell'Annunziata; sie ist die schönste von zwölf Figuren, die in derselben Wohnung gefunden wurden, und gehört zu jenen, die Plinius Libidines nennt. Der kleine geflügelte Genius mit seinen bacchischen Attributen, der das obere Medaillon füllt, wurde bei Ausgrabungen in Cività Castellana gefunden.

13

Art gréco-romain

ARCHITECTURE DÉCORATIVE – STYLE POMPÉIEN

C'est bien moins au domaine de la réalité qu'à celui de la fantaisie qu'appartient cette architecture de convention, purement décorative, représentée par les peintures d'Herculanum et de Pompéi. La tradition attribue au peintre Lidius, qui vivait sous Auguste, l'invention de ces compositions architecturales, si élégamment invraisemblables, souvent mélangées de scènes maritimes, de paysages, ou animées de figures diverses. Exécutées par des artistes grecs ou par des Etrusques travaillant sous leur influence, elles charmaient les Latins, qui n'y cherchaient point les formes ordinaires de leur propre architecture, caractérisée surtout par l'emploi de la voûte et des arcades, mais l'élégance et la poésie de l'art grec, dont ils étaient épris. Les deux figures seules ont été rajoutées au décor général, dont elles ne font pas partie dans l'original. L'une, celle de la danseuse sur fond noir, provient des fouilles de la Torre dell'Annunziata. C'est la perle des douze figures qui furent trouvées dans le même appartement : elle est du genre de celles que Pline désigne sous le nom de Libidines. Quant au petit génie ailé, chargé d'attributs bachiques, qui occupe le médaillon du haut, il a été trouvé dans les fouilles de Cività Castellana.

14

Greco-Roman Art

MOSAICS, PAINTED BAS-RELIEFS, AND WALL PAINTINGS

Mosaic has been in use from very early times; the word comes from the Greek *Μοῦσα*, 'Muse.' It is difficult to establish exactly when the Greeks – and the Romans after them – took the step from ornamental paving to actual figured mosaics. What is certain is that the luxury of mosaic paving only emerged among the Greeks under the Asian influence of the heirs of Alexander. According to a passage in Pliny, there is reason to believe that mosaics made from artificial crystals – necessary to imitate painting – did not appear in Rome until around the time of Vespasian (reg. 69–79 AD).

The motifs in our plate are from the following sources:

Nos. 1–7. Mosaics found at Herculaneum and Pompeii; **no. 6** is

14

Griechisch-römische Kunst

MOSAIKE, BEMALTE FLACHRELIEFS UND WANDMALEREIEN

Das Mosaik ist schon seit ewigen Zeiten in Gebrauch; den Namen führt man auf griechisch *Μοῦσα*, die Muse, zurück. Es ist schwierig, den genauen Zeitpunkt festzustellen, an dem die Griechen, und mit ihnen die Römer, von einem einfach verzierten Bodenbelag zu Figurenmosaiken übergegangen sind. Sicher ist, dass bei den Griechen der Luxus von Bodenmosaiken erst unter dem asiatischen Einfluss der Nachfolger Alexanders des Großen aufkam. Einer Textstelle bei Plinius zufolge lässt sich annehmen, dass das Mosaik mit künstlichen Kristallen, die man zur Nachahmung der Malerei benötigt, in Rom erst zu Zeiten Vespasians (reg. 69–79 n. Chr.) eingeführt wurde.

Die Motive der Tafel sind folgendermaßen aufgeteilt:

14

Art gréco-romain

MOSAÏQUES, BAS-RELIEFS PEINTS ET PEINTURES MURALES

La mosaïque est de l'usage le plus ancien ; son nom lui vient du grec *Μοῦσα*, Muse. Il est difficile de déterminer avec précision les époques où les Grecs, et les Romains à leur suite, passèrent du pavé simplement orné aux mosaïques à figures. Ce qu'il y a de certain, c'est que le luxe des pavés en mosaïques ne se développa chez les Grecs que sous l'influence asiatique des successeurs d'Alexandre. D'après un passage de Pline, il est permis de croire que la mosaïque à cristaux artificiels, nécessaires pour l'imitation de la peinture, ne parut à Rome que vers l'époque de Vespasien (reg. 69–79 ap. J.-C.).

Les motifs réunis dans notre planche se répartissent ainsi :

Les **n°s 1–7** sont des mosaïques trouvées à Herculanum et Pompéi.

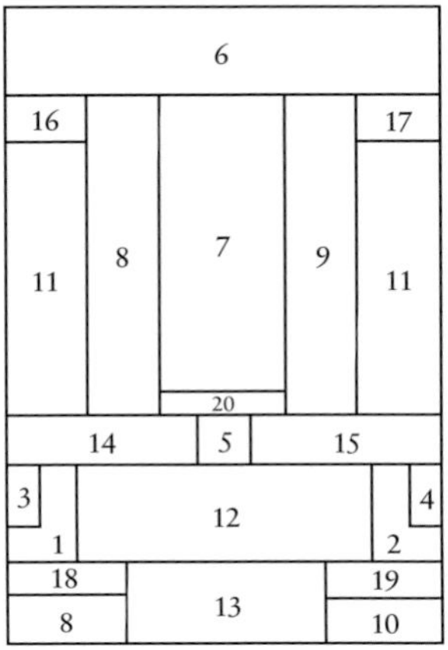

6
16 17
11 8 7 9 11
20
14 5 15
3 12 4
1 2
18 19
8 13 10

from the House of the Faun and **no. 7** is from the House of Polybius, both at Pompeii.
Nos. 8 and 9. Painted reliefs from the same source.
Nos. 10–20. Taken from panels, borders, friezes, and wall paintings.

15

Greco-Roman Art

WALL PAINTINGS, COLOURED BAS-RELIEFS AND THEIR IMITATION, THE ELEMENTS OF ARCHITECTURAL DECORATION – THE POMPEIIAN PALETTE

Nos. 1 and 2 are details of a temple (apparently of Venus) near the forum in Pompeii. Something of an architectural mongrel, the temple was built in the Doric style and subsequently decorated in the Corinthian style with the aid of stucco and added ornaments, even on the capitals. Colour was used in a complementary fashion to stress the divisions and broad outlines and bring out the detailed motifs carved in bas-relief.
No. 3 is an example of an architectural decor painted to simulate relief. It is from a temple at Pompeii said to have been dedicated to Jupiter.
No. 4 shows a base, also painted on a flat wall but imitating a combination of black and brown building materials that offers a richer composition than the rudimentary base shown above. The simple, straightforward device of a change of colour is enough to

Die **Nrn. 1–7** stellen in Herculaneum und Pompeji gefundene Mosaike dar. **Nr. 6** stammt aus dem Haus des Fauns, **Nr. 7** aus dem Haus des Polybius, beide in Pompeji.
Die **Nrn. 8 und 9** zeigen bemalte Reliefs gleicher Herkunft.
Die **Nrn. 10–20** stammen von Tafeln, Randleisten, Friesen und Wandmalereien.

15

Griechisch-römische Kunst

WANDMALEREIEN, ECHTE UND GEMALTE FARBIGE RELIEFS, DIE ELEMENTE DER ARCHITEKTONISCHEN ORNAMENTIK – BEISPIELE AUS POMPEJI

Die Fragmente **Nrn. 1 und 2** stammen aus einem Tempel, der in der Nähe des pompejanischen Forums lag und anscheinend der Venus geweiht war. Die Architektur dieses Bauwerks ist eine charakteristische Mixtur. Ursprünglich dorisch, wurde es später mit Stuck und aufgesetzten Ornamenten, selbst bei den Kapitellen, korinthisch verziert. Die Farbe dient der Dekoration; sie betont die Felder und Linien und bringt die kleinen Motive in Flachrelief zur Geltung.
Nr. 3: Bauschmuck, der durch Farben ein Relief vortäuscht. Dieses Beispiel stammt von einem pompejanischen Tempel, der wahrscheinlich Jupiter geweiht war.
Nr. 4: Sockel, auf die flache Wand gemalt. Die Darstellung schwarzer und brauner Baumaterialien lässt ihn reicher erscheinen als die darüber abgebildete einfache Basis. Der Farbwechsel genügt, um mit einfachsten Mitteln verschiedene Ebe-

Le **n° 6** provient de la maison du Faune et le **n° 7** de la maison de Polybe, toutes deux pompéiennes.
Les **n°s 8 et 9** représentent des reliefs peints pris à la même source.
Les **n°s 10–20** sont empruntés à des panneaux, bordures, frises et peintures murales.

15

Art gréco-romain

PEINTURES MURALES, LES BAS-RELIEFS COLORÉS, LEUR SIMULATION ; LES ÉLÉMENTS DE L'ORNEMENTATION ARCHITECTONIQUE – LA PALETTE POMPÉIENNE

Les fragments **n°s 1 et 2** proviennent d'un temple proche du forum de Pompéi, et qui paraît avoir été dédié à Vénus. L'architecture de cet édifice est d'un caractère mixte, bâtard ; construit d'abord sur le mode dorique, on l'a décoré, après coup, à la corinthienne, à l'aide du stuc et des ornements rapportés, même aux chapiteaux. La couleur y figure comme un complément de l'ornementation ; elle a pour effet d'accentuer les compartiments, les grandes lignes, et de faire valoir les motifs de détail sculptés en bas-reliefs.
N° 3 : Décor architectural à l'aide de la peinture simulant le relief. Cet exemple provient d'un temple désigné comme dédié à Jupiter à Pompéi.
N° 4 : Soubassement également peint sur le plat du mur, en y figurant des matériaux de construction, noirs et bruns, dont la combinaison offre plus de richesse que la

Méheux, lith.
Imp. Firmin-Didot & Cie Paris

give the appearance of different planes and of mouldings. This detail is taken from the walls of the *comitium*, which formed part of the portico of the forum.

Our second example of decorative architecture painted on a wall (**no. 5**) is taken from a monument originally known as the Pantheon, which appears to have been set aside for ceremonies in general, e. g. the burial of a public figure, public sacrifices, or a major political event.

The last detail (**no. 6**) is so delicate in design that it might have figured on a piece of glassware. This type of painted ornament occurs frequently above and below Pompeiian decors.

nen und Simse vorzutäuschen. Das Beispiel stammt aus dem *comitium*, das zum Säulenumgang des Forums gehörte.

Nr. 5: Dieses Beispiel für gemalte Baudekoration stammt von einem Gebäude, das man zuerst Pantheon nannte. Es scheint allgemein der Durchführung von Festen, wie Begräbnissen wichtiger Personen, öffentlichen Opferungen oder großen politischen Veranstaltungen, gedient zu haben.

Nr. 6: Diese zarte Zeichnung scheint gut zum Schmuck von Glasfenstern zu passen. Solche Muster finden sich häufig am oberen und unteren Rand der pompejanischen Dekorationen.

base rudimentaire ci-dessus. Le changement de couleur suffit pour donner une apparence de différences de plans et comme des moulures, en n'usant que de moyens simples et francs. Provient des murailles du *comitium* qui faisait partie du portique du Forum.

N° 5 : Cet exemple de l'ornementation architectonique peinte sur un mur est emprunté à un monument auquel on a donné d'abord le nom de Panthéon, qui paraît avoir été destiné aux festins en général, comme, par exemple, à l'occasion de l'enterrement d'un grand personnage, de sacrifices publics ou d'un grand événement politique.

N° 6 : La légèreté du dessin de ce fragment paraît convenir au décor des verrières. On en trouve, fréquemment, en haut comme en bas des décors pompéiens.

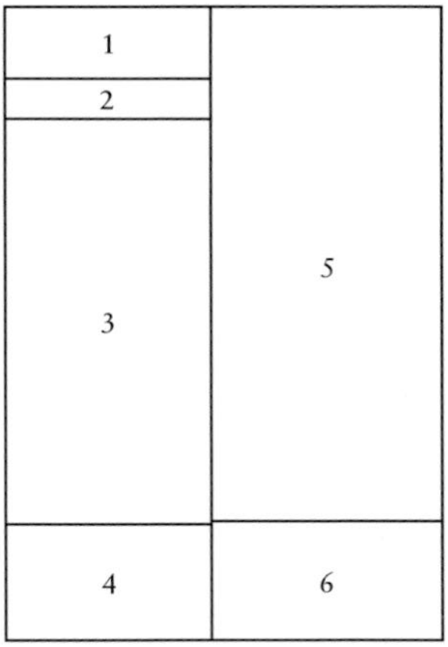

1
2
3
4
5
6

Late Antiquity

FABRICS (REPRODUCTIONS); POMPEIIAN TYPES

The only extant specimens of the kinds of fabric decoration used by the Greeks and Romans are those we find reproduced on the walls of Pompeii or in the classical paintings currently housed in the lower rooms of the Museo Archeologico Nazionale in Naples. This is where we have had to go to supplement so far as possible the accounts given by classical authors. Everyone knows the marvellous state of preservation of the works of art and assorted curios that were buried in 79 AD at Herculaneum (more than 20 metres deep beneath the lava of Vesuvius) and at Pompeii (beneath a thick layer of volcanic ash). In the unfortunate city of Pompeii, each *casa* or house of any note is named either after its presumed owner or after its original purpose or, in some cases, after some famous visitor beneath whose gaze the subsequent excavation proceeded. In one of the latter houses, dearer to all Italy because of the name it bears, that of Princess Margarita, in the area next to the vault you will find the curious drapery that adorns the upper part of our plate (**no. 2**). Farther on, in the Via Stabia, in a house some distance from the baths, a wall to the left of the entrance displays the red curtain motif adorned with dolphins and fantastical animals that occupies the centre of our plate (**no. 9**).
A niche in the so-called 'new dig' part of the building contains the painted decoration representing embroidered fabrics (**no. 16**).

Spätantike

STOFFE (REPRODUKTIONEN); POMPEJANISCHE MUSTER

Die Stoffmuster der Griechen und Römer haben sich lediglich in Darstellungen auf den Hauswänden Pompejis oder auf den heute im Museo Archeologico Nazionale in Neapel ausgestellten antiken Wandbildern erhalten. Dort mussten wir, so weit dies möglich war, ergänzen, was von den antiken Schriftstellern zu erfahren ist.
Alle kennen die wunderbar erhaltenen Kunstwerke und Merkwürdigkeiten, die in Herculaneum unter der 20 m dicken Lava des Vesuv und in Pompeji unter einer riesigen Anhäufung von Vulkanasche jahrhundertelang begraben lagen. In der zuletzt erwähnten glücklosen Stadt, die im Jahr 79 n. Chr. zerstört wurde, ist jede Casa, das heißt jedes wichtigere Wohnhaus, durch den Namen des vermutlichen Besitzers, durch seine ehemalige Funktion oder durch den Namen eines berühmten Besuchers bezeichnet, der Augenzeuge der Ausgrabung war. In einem Haus, das nach einer berühmten Besucherin benannt wurde und das in Italien aufgrund dieses Namens bedeutender als alle anderen Gebäude ist, im Haus der Principessa Margerita, findet man direkt unterhalb des Deckengewölbes die eigenartige Draperie, die auf unserer Tafel zuoberst abgebildet ist (**Nr. 2**). In einiger Entfernung zu den Thermen ist in der Via Stabia auf der Wand zur Linken eines Hauseingangs der rote Vorhang zu sehen, der, mit Delfinen und Chimären verziert, das Zentrum der Tafel bildet (**Nr. 9**). Der Wand-

Antiquité tardive

TISSUS (REPRODUCTIONS) ; TYPES POMPÉIENS

Il ne nous reste aujourd'hui d'autres spécimens de la décoration des tissus employés chez les Grecs et les Romains que ceux dont nous retrouvons les reproductions graphiques sur les murs mêmes de Pompei, ou sur les peintures antiques qui décorent actuellement les salles basses du Museo Archeologico Nazionale de Naples. C'est là qu'il nous a fallu aller compléter, autant que cela est possible, les récits de nos auteurs classiques.
Chacun sait la miraculeuse conservation des œuvres d'art et des curiosités enfouies à Herculanum sous les laves du Vésuve, à plus de soixante pieds de profondeur ; à Pompeï, sous un immense amas de lapilli. Dans cette dernière et malheureuse cité, détruite en l'an 79 de notre ère, chaque *casa*, ou maison remarquable, est désignée tantôt par le nom de celui qui en fut le propriétaire supposé, tantôt par l'appropriation que lui imposa jadis son antique destination, tantôt, enfin, par l'adoption du nom de quelque illustre visiteur, sous les yeux duquel la fouille a été opérée. Dans l'une de ces dernières, plus chère à l'Italie que toutes les autres par le nom qu'elle porte, celle de la *Principessa Margarita*, se rencontre, dans la partie voisine de la voûte la curieuse draperie qui décore le haut de notre planche (**n° 2**). Plus loin, dans la Via Stabia, à quelque distance des bains, se trouve, dans la paroi s'élevant à la gauche de l'entrée d'une autre maison, le rideau rouge, orné de dauphins et d'animaux chimériques, placé au

All the other motifs – cushions, strips (**nos. 1, 3, 5, 7, 12–15 and 17**), peplum and toga fragments (**nos. 8, 10 and 11**), seat decorations (**nos. 4 and 6**) – all these pieces are from the Museo Archeologico Nazionale in Naples, where they will be found easily.

schmuck mit der Darstellung gestickter Stoffe, der zuunterst in der Mitte abgebildet ist (**Nr. 16**), befindet sich im Inneren einer Nische im so genannten Bereich der neuen Ausgrabungen. Alle übrigen Motive – Kissen und Streifen (**Nrn. 1, 3, 5, 7, 12–15 und 17**), Fragmente von Peplen und Togen (**Nrn. 8, 10 und 11**) sowie Dekorationen von Sitzen (**Nrn. 4 und 6**) – stammen aus dem Museo Archeologico Nazionale in Neapel, wo sie ohne Weiteres zu finden sind.

centre (**n° 9**). Dans la portion dite des nouvelles fouilles se voit, à l'intérieur d'une niche, la décoration peinte représentant des tissus brodés, que nous avons figurée au milieu du bas de la planche (**n° 16**). Tous les autres motifs, coussins et rayures (**n°s 1, 3, 5, 7, 12–15 et 17**), fragments de péplums et de toges (**n°s 8, 10 et 11**), décorations de sièges (**n°s 4 et 6**), proviennent du Museo Archeologico Nazionale de Naples, où ils seront faciles à découvrir sans autre désignation.

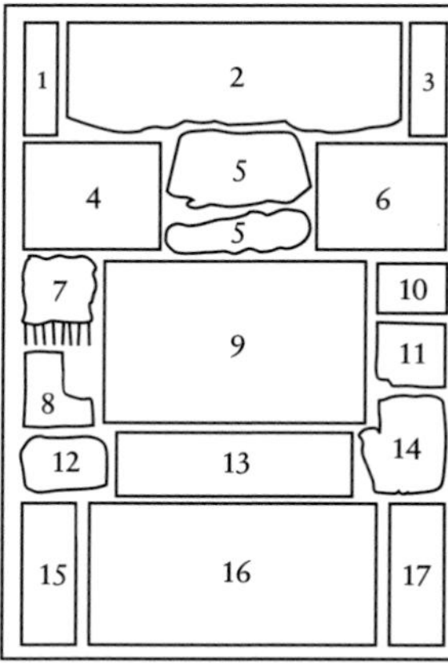

17

Chinese and Japanese Art

CLOISONNÉ ENAMEL WORK

We have no hesitation in presenting this assortment of cloisonné enamel work under the joint heading 'Chinese and Japanese.' The motifs shown do in fact belong to one and the same style, the art of ornamentation having emerged in Japan under Chinese influence, and they evince no particular characteristics of their own to account for the high regard in which that country's products are held other than their perfect workmanship and superior individual taste.

Nos. 1–17, 22, and 23: Chinese.

Nos. 18–21: Japanese.

17

Chinesische und japanische Kunst

ZELLENSCHMELZARBEITEN

Die verschiedenen chinesischen und japanischen Zellenschmelzarbeiten erscheinen hier gemeinsam, da sie in einem einheitlichen Stil gehalten sind. Die Kunst der Ornamentik entwickelte sich in Japan unter chinesischem Einfluss und weist keine eigenständigen Merkmale auf, abgesehen von ihrer sicheren Gestaltung und hervorragenden Ausführung, beides Eigenschaften, um derentwillen die japanischen Produkte gewöhnlich hoch geschätzt werden.

Nrn. 1–17, 22 und 23: Chinesisch.

Nrn. 18–21: Japanisch.

17

Art chinois et japonais

EMAUX CLOISONNÉS

Nous n'avons pas craint de réunir sous cette rubrique commune, art chinois et japonais, les divers échantillons d'émaux cloisonnés rassemblés dans notre planche. Ils appartiennent en effet à un seul et même style, l'art de l'ornementation s'étant formé au Japon sous l'influence des Chinois. Ne présentant pas de caractère particulier, seules la perfection de la fabrication et la supériorité du goût individuel expliquent l'estime dans laquelle on tient les produits de ces deux pays.

N°s 1–17, 22 et 23 : Chinois.

N°s 18–21 : Japonais.

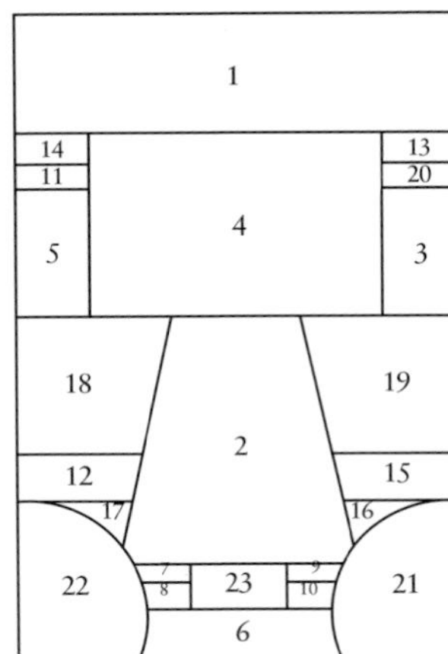

4
2
17
16
7
23
9
8
6
10

18

Chinese and Japanese Art

SILKS AND CONTINUOUS PATTERNS

The piece of silk forming the main motif here (**no. 1**) – the binding on a Chinese book – is one of the finest examples of woven fabric decoration to be found anywhere. The background yellow was the livery of the T'ai-tsing dynasty, the rulers of China at that time. The four-clawed dragons would tell any Chinese the owner's rank in the hierarchy. Notice that this piece of material obtains its effect not by gradations of colour but by direct contrasts; also the insulating white outline leaves the eye no room for indecision as it moves across the pattern. This outline is thin enough to take on the adjacent colours, except in the case of the broader (and consequently brighter), more luminous white crest that surrounds the dragons and, as it were, creates an atmos-

18

Chinesische und japanische Kunst

SEIDEN UND LAUFENDE MOTIVE

Das Hauptmotiv dieser Tafel (**Nr. 1**) ist ein Seidenstoff, der ein chinesisches Buch bedeckt und als eines der schönsten Beispiele für Stoffdekorationen gelten kann. Das Gelb des Grundes ist die Kleiderfarbe der chinesischen T'ai-tsing-Dynastie. Die Drachen mit vier Tatzen zeigten jedem Chinesen den Rang des Trägers eines solchen Stoffes an. Die besondere Wirkung der Zeichnung wird nicht durch abgestufte Farbtöne, sondern durch deutliche Gegensätze erzielt, aber auch dadurch, dass die weiße Trennungslinie beim Betrachten der Zeichnung nichts im Unbestimmten lässt. Diese Umrisslinie ist dünn genug, um durch die angrenzenden Farben mitbestimmt zu werden, im Gegensatz zur breiten und leuchtend weißen Rückenleiste der Drachen, die eine besondere Atmosphäre um die

18

Art chinois et japonais

SOIERIE ET DESSINS COURANTS

La soierie, recouvrant un livre chinois, qui fait le principal motif de cette planche (**n° 1**) est un des plus beaux exemples de décoration d'étoffe tissée que l'on puisse étudier. Le jaune en fait le fond : c'est la livrée de la dynastie des Tai-thsing, ayant régné en Chine. Les dragons à quatre griffes qui la sillonnent indiquaient pour tous les Chinois le rang hiérarchique du destinataire. On peut voir que dans ce tissu l'effet est obtenu, non par des dégradations de teintes, mais par l'opposition franche des couleurs, et que le contour blanc séparateur ne permet à l'œil aucune indécision dans le parcours du dessin ; ce contour est assez étroit pour être teinté par les couleurs avoisinantes, à la différence de la crête de blanc, plus large et partant plus intense, plus lumineuse, qui entoure les dragons

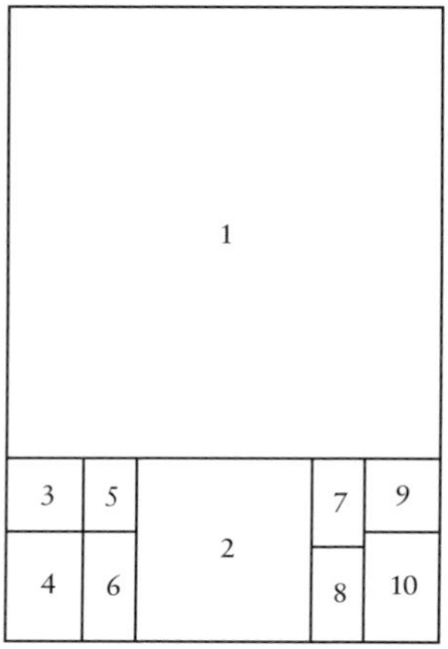

1

3 5 2 7 9

4 6 8 10

phere for them to move in. By graduating the background colour we have tried to imitate the play of light on woven silk. The main motif on a black background at bottom centre of the plate is Chinese (**no. 2**); the two smaller motifs on the same background and the other motifs on either side are Japanese (**nos. 3–10**).

Ungeheuer schafft. Mit einem unterschiedlich gefärbten Grund haben wir versucht, das Schillern des Seidenstoffes im Licht nachzuahmen. Das Motiv auf schwarzem Grund unten auf der Tafel ist chinesischen Ursprungs (**Nr. 2**). Die kleinen Seitenmotive auf diesem Grund sind, wie alle anderen, japanisch (**Nrn. 3–10**).

et crée comme une atmosphère où le monstre s'agite. Nous avons, en graduant la teinte du fond, essayé d'imiter les jeux du tissu soyeux sous l'action de la lumière. Le motif sur fond noir du bas de la planche est chinois (**n° 2**) ; les petits motifs latéraux sur ce fond noir et tous les autres sont japonais (**n°s 3–10**).

19

Chinese and Japanese Art

CONTINUOUS PATTERNS

It is no simple matter to produce such powerful effects with such economy of means, and the ornamentist can never devote too much time and attention to studying both the means that Asian taste employed and the bold juxtapositions of bright colours of which it made such successful use.
Nos. 1–7 are of Chinese origin; the remaining motifs are Japanese.

19

Chinesische und japanische Kunst

LAUFENDE MOTIVE

Es ist nicht leicht, mit solchen einfachen Mitteln so große Wirkungen zu erzielen. Zugleich wird deutlich, mit welchen kühnen Gegenüberstellungen die Künstler in Asien intensive Farben miteinander erfolgreich kombinieren.
Nrn. 1–7: Chinesisch. Alle anderen Motive sind japanisch.

19

Art chinois et japonais

ORNEMENTS COURANTS

Il est difficile de produire des effets aussi puissants avec une pareille simplicité de moyens ; on ne saurait trop s'appliquer à l'étude de ces moyens et de la hardiesse heureuse des rapprochements de couleurs intenses, dont le goût asiatique sait tirer un si grand parti.
N°s 1–7 : Provenance chinoise. Tous les autres motifs sont japonais.

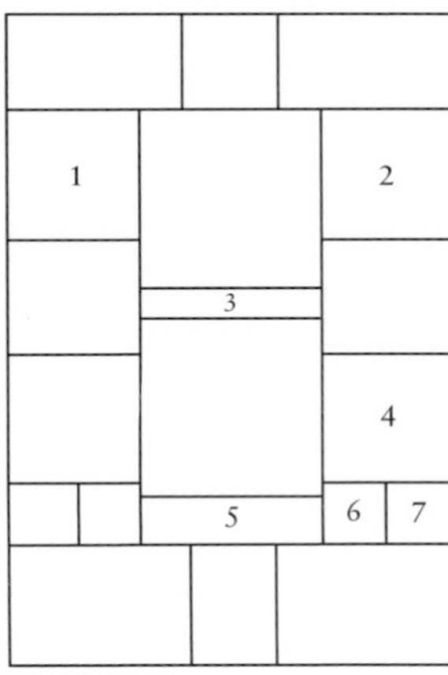

20

Chinese Art

FRETS AND LAMBREQUINS

The motifs collected here are taken from bronze vases inlaid with pewter, silver or gold; some are modern, others extremely ancient.
Most of them appear in the engraved catalogue (in forty-two folio volumes, Bibliothèque nationale, Paris) of all the vases in the Peking Imperial Museum, a great many of which were unfortunately lost at the time of the looting of the Summer Palace. There can be few more rewarding studies for the ornamentist than that of these animated frets, so different from the linear rigidity of their Greek counterparts. With their cleverly varied symmetry these ornamental compositions give a magnificent impression of the decorative art of the ancient Chinese and can find numerous applications in the field of modern industry.

20

Chinesische Kunst

MÄANDER UND LAMBREQUINS

Die auf dieser Tafel vereinten Motive stammen von Bronzevasen, die mit Zinn, Silber oder Gold eingelegt sind; zum Teil sind sie modern, zum Teil sehr alt.
Die meisten finden sich in den zweiundvierzig Foliobänden des Katalogs, der alle Vasen des Kaiserlichen Museums von Peking erfasste (Bibliothèque nationale, Paris). Bei der Eroberung des Sommerpalastes wurden leider viele von ihnen zerstört. Für den Ornamentkünstler sind diese lebendigen Mäander äußerst interessant; trotz gleicher Grundform unterscheiden sie sich deutlich von den griechischen Mäandern und ihrer linearen Strenge. Diese Ornamente und ihre mannigfaltig variierte Symmetrie beweisen den hohen Stand der dekorativen Kunst der alten Chinesen und könnten auch heute noch verschiedenste Anwendungen finden.

20

Art chinois

MÉANDRES ET LAMBREQUINS

Les motifs contenus dans cette planche proviennent de vases en bronze, incrustés d'étain, d'argent, ou d'or ; les uns sont modernes, les autres de la plus haute Antiquité.
La plus grande partie figure dans le catalogue gravé, en 42 volumes in-folio (Bibliothèque nationale, Paris), de tous les vases déposés au musée impérial de Pékin, dont un très grand nombre a malheureusement été détruit lors de la prise du palais d'été. Du point de vue de l'ornemaniste, peu d'études sont aussi intéressantes que celle de ces méandres animés, si différents, malgré la parité du genre, des méandres grecs avec leur rigidité linéaire. Ces constructions ornementales, dont la symétrie est si ingénieusement variée, donnent de l'art décoratif des anciens Chinois une haute idée, et peuvent, dans nos industries modernes, recevoir de nombreuses applications.

Chinese Art

FREE OR PARALLEL-INVERSE DECORATION

In the upper part of the plate, on a green ground, we have an example of the Asian delight in total freedom, regardless of the relationships of the objects among themselves. The juxtapositions of and contrasts between colours are of a high degree of refinement. Reddish-brown highlights and the occasional use of black banish any suggestion of insipidness, giving the background an airy serenity and lightness. In the motif with the muddy yellow ground – a fragment of embroidered material – the gradations of effect are more plainly stated and the lines of force more sweeping. A model of its kind, it uses the splendid device of white outlining to insulate the pattern from the enormously heavy ground and make it stand out as firmly and as brightly as could be desired.

Chinesische Kunst

FREI ODER IN PARALLELUMKEHRUNG LAUFENDE DEKORATION

Den oberen Teil der Tafel füllt auf grünem Grund eines jener dekorativen Muster, die die asiatischen Künstler, unbekümmert um die Proportionen zwischen den einzelnen Elementen, in spielerischer Freiheit gestalten. Die Farben sind genau aufeinander abgestimmt. Durch das kräftig aufgetragene Rotbraun und durch die gelegentliche Verwendung von Schwarz wird jegliche Blässe vermieden; der Grund erscheint auf diese Weise heiter und leicht. Bei dem Muster auf ockergelbem Grund handelt es sich um ein Stück bestickten Stoffes, das deutlichere Abstufungen zeigt und strenger gehalten ist. Durch ungewöhnliche Umrisse in Weiß setzt sich die Zeichnung gegen den eher schweren Grund mit dem nötigen Nachdruck durch.

Art chinois

DÉCOR COURANT LIBRE OU À RENVERSEMENT EN PARALLÈLE

Le haut de la planche sur champ vert est un de ces fragments décoratifs où le goût asiatique, insoucieux du rapport des choses entre elles, aime à se jouer en toute liberté. Les rapprochements, les oppositions de tons y sont des plus fins. Les réveillons d'un brun rouge intense, et parfois l'emploi du noir, écartent heureusement toute fadeur, en procurant au fond, une sérénité et une légèreté aériennes. Le motif sur champ jaune ocreux est un fragment de broderie d'étoffe où les gradations d'effet sont plus franchement écrites et où les vigueurs sont plus générales ; véritable modèle du genre, c'est par le cloisonnement en blanc, moyen d'isolement sans égal, que le dessin surmonte la valeur écrasante du fond et s'y enlève avec toute la fermeté et tout l'éclat désirables.

22

Chinese Art

REAL AND IMITATION EMBROIDERY

The two motifs reproduced here are both of an official character. One is the pectoral of a civil mandarin; the other is a detail from the border around the bottom of a ceremonial robe. China had a total of eighteen ranks of civil and military mandarins and each rank wore a different pectoral, a piece of material attached to the robe and embroidered or painted with a real or legendary bird (civil mandarins) or with a quadruped (military mandarins). Our example depicts the Chinese phoenix and was the insignia of a civil magistrate of the first rank.
The purpose of the naturalistic, yet emblematic decor filling this small square is plain: it represents a cosmos, which the presence of the fabulous bird invests with its true meaning – namely, the miraculous spectacle of each day's awakening to the enchantment of light under the resurrecting influence of the sun.
From the sun we descend to the Deluge. This detail from the bottom of a ceremonial robe shows a segment of a circular horizon. A robe being round, it recalls the shape of the earth (of whose roundness the ancient Chinese were so well aware that they had even worked out the flattening of the poles). This flood scene around the bottom of the robe of every public servant from the emperor downwards was an ingenious piece of symbolism in that it made the men responsible for establishing and maintaining order, the leaders

22

Chinesische Kunst

ECHTE UND IMITIERTE STICKEREIEN

Die beiden hier abgebildeten Beispiele zeigen Dekorationen, die der offiziellen Etikette folgen. Beim ersten handelt es sich um den Brustschmuck eines zivilen Mandarins, beim zweiten um ein Stück der unteren Bordüre eines Ehrengewands. Es gab in China je neun Ränge von zivilen und militärischen Mandarinen – insgesamt achtzehn –, und jeder dieser Beamten trug auf seinem Rock einen gestickten oder bemalten Brustschmuck. Dieser bestand aus einem Stück Stoff, auf das bei den zivilen Mandarinen Vögel, bei den militärischen Vierbeiner gestickt oder gemalt waren. Bei diesen Tieren, die sich je nach Rang unterschieden, konnte es sich um wirk-liche oder um Fabeltiere handeln. Der Brustschmuck mit der Darstellung des chinesischen Phönix war das Zeichen der zivilen Beamten im ersten Rang.
Die naturalistische und zugleich emblematische Dekoration dieses kleinen Vierecks stellt den Kosmos dar. Der Fantasievogel gibt dieser Welt ihren wahren Sinn, das wunderbare Schauspiel des täglichen Erwachens im belebenden Licht der Sonne.
Vom Kosmos zum Chaos. Das Fragment vom unteren Rand des Ehrengewands gehört zu einem kreisförmigen Horizont. Das Kleid ist rund, und der Kreis erinnert an die runde Erde, deren Form die alten Chinesen, einschließlich der abgeplatteten Pole, kannten. Die Sturmflut auf dem unteren Rand des Rocks der öffentlichen Beam-

22

Art chinois

BRODERIES RÉELLES ET FEINTES

Nos deux exemples proviennent l'un et l'autre de décors selon l'ancienne étiquette officielle. L'un est le pectoral d'un mandarin civil ; l'autre, un fragment de la bordure du bas d'une robe d'honneur. Il y a en Chine neuf rangs de mandarins civils et militaires qui se dédoublent en dix-huit rangs, chacun de ces fonctionnaires portant sur sa robe un pectoral brodé ou peint. Le pectoral est une pièce d'étoffe attachée à la robe, et sur laquelle sont brodées ou peintes des figures d'oiseaux pour les mandarins civils, et de quadrupèdes pour les mandarins militaires. Les animaux ainsi portés par les mandarins (les *kwan* de leur vrai nom) sont réels ou fabuleux, et diffèrent selon le rang. Le *pou-fou* ou le pectoral représentant le *foung-hoang*, le phénix des Chinois, est l'insigne des magistrats civils du premier rang.
L'intention du décor contenu dans ce petit carré, décor tout à la fois naturaliste et emblématique, est des plus nettes. C'est un cosmos. L'oiseau fantastique donne à ce petit cosmos son vrai sens, celui du merveilleux spectacle du réveil de chaque jour dans la lumière enchanteresse, sous l'action du soleil, le résurrectionniste constant et sans égal.
Et maintenant, passons au déluge. Le fragment du bas de la robe d'honneur provient d'un horizon circulaire ; une robe est ronde et le cycle qu'elle forme rappelle la rondeur de la terre, que les anciens Chinois connaissaient si bien qu'ils avaient constaté jusqu'à l'aplatisse-

of society who wore on their chests the very image of ordered normality, appear quite literally to rise above the chaos of nature. The design of these two motifs is conventional. The Deluge is executed in silk embroidery; the pectoral is painted to look like embroidery.

ten, auch auf jenem des Kaisers, gehört zu einem allgemeinen Typ. Durch dieses Emblem tauchen aus der Unordnung der Natur die Führer auf, die Ordnung schaffen und erhalten sollen, indem sie auf ihrer Brust das Bild regelmäßiger Tätigkeit tragen. Die Dekorationen sind konventionell gezeichnet. Bei der Sturmflut handelt es sich um eine Seidenstickerei, beim Brustschmuck um eine Malerei, die eine Stickarbeit imitiert.

ment de ses pôles. Ce déluge au bas de la robe des fonctionnaires publics, y compris celle des empereurs, est un type général ; et c'est un emblème ingénieux que celui qui semble faire émerger du désordre de la nature les chefs chargés d'abord d'y remettre tout en ordre, de le maintenir ensuite, en portant sur leur poitrine l'image du fonctionnement régulier. Ces décors sont d'un dessin conventionnel ; le diluvien est une broderie de soie, le pectoral est une peinture, et la facture est au fond la même, cette peinture étant une simulation de la broderie.

23

Chinese Art

PAINTED AND GILDED ORNAMENTAL MOTIFS ON LACQUERED WOOD

In principle this type of ornament resembles the bas-reliefs on Egyptian walls: an engraved outline isolates the motif, which does not project at all but remains in the plane of the surface; other engraved lines emphasize details, or lines are left as ridges between hollows. The Chinese used this process so skilfully that they could make things look as if they really were carved in relief, compounding the illusion by imparting artificial wear to parts of the gilding in order to simulate the wear that, with time, would have affected the raised portions of relief carving. Although it is produced by the same means, this Chinese ornament is very different in its liveliness from the stiff decoration typical of ancient Egypt. The Chinese

23

Chinesische Kunst

GEMALTE UND VERGOLDETE MOTIVE AUF LACKARBEITEN

Diese Dekorationsweise gleicht jener der ägyptischen Flachreliefs: Ein eingeschnittener Umriss betont das nicht vorspringende Motiv, das seine Flächigkeit bewahrt; eingeritzte Linien geben Details wieder oder sind Kanten von Aussparungen. Der chinesische Künstler gebraucht dieses Verfahren mit solcher Geschicklichkeit, dass er auf diese Weise bei Lebewesen und Dingen einen reliefartigen Eindruck hervorzurufen vermag. Die Illusion wird noch dadurch verstärkt, dass auf den oberen Teilen der Vergoldung eine Abnützung vorgetäuscht wird, wie sie auf vorstehenden Flächen durch Berührung entstehen könnte.
Von dieser gemeinsamen Technik abgesehen, klafft zwischen der chinesischen Ornamentik und der

23

Art chinois

LE SEMIS DES MOTIFS ORNEMANESQUES PEINTS ET DORÉS SUR LES BOIS LAQUÉS

En principe le mode de ces ornementations est celui des bas-reliefs des murailles égyptiennes : un contour incisé détache le motif qui ne fait point saillie, et reste dans le plan général de la surface ; des traits gravés dessinent les détails ; ou encore ces traits sont les arêtes d'évidements intérieurs. Le Chinois emploie ce procédé avec une telle adresse qu'il sait procurer aux êtres et aux choses représentés de cette façon l'illusion d'un relief, illusion qu'il parachève, en quelque sorte, en simulant sur les parties supérieures de la dorure une usure que le temps et l'usage produiraient par le frottement sur des saillies.
A cette communauté de procédé près, l'ornementation chinoise, si vivante, est bien différente des rigidités décoratives de la vieille

expressed life with an intensity and abundance encountered nowhere else to the same degree. Both civilizations used ornament as a language, but it was not the same language: the Chinese, skilful and observant, were much more naive than the symbol-conscious Egyptians.

Looking at the variety of motifs in a decor such as this one (motifs taken from all realms of nature, some of them showing evidence of immediate contact with creatures observed in their natural element), we catch a glimpse of what must have been man's earliest attempts to formulate a language of the eye, a language that has nothing to do with hieroglyphics and needs no Jean-François Champollion to decipher it.

The motifs distributed over this plate are found similarly distributed around the frame of a very large and magnificent 16th-century screen.

dekorativen Strenge des Alten Ägyptens ein Abgrund. Der chinesische Lebensausdruck ist von unvergleichlicher Intensität und Überschwänglichkeit. In beiden Kulturen ist die Ornamentik eine Sprache, wird jedoch anders artikuliert; der beobachtende und einfallsreiche chinesische Künstler erweist sich als viel naiver als der ägyptische Symbolist.

Wenn man die verschiedenen hier abgebildeten Motive betrachtet, die aus allen Bereichen der Natur stammen und zum Teil auf genauen Naturbeobachtungen beruhen, kann man in ihrem Ausdruck ein direktes Abbild von dem finden, was die ersten Versuche in der Augensprache gewesen sein müssen, bei der es sich nicht um Hieroglyphen handelt, die ein Jean-François Champollion entziffern müsste.

Die auf dieser Tafel vereinten Motive finden sich in einem ähnlichen Muster auf dem Rahmen eines übergroßen Prunkparavents aus dem 16. Jahrhundert.

Egypte. Chez le Chinois, l'expression de la vie se présente avec une intensité et une abondance qui ne se rencontrent nulle part au même degré. De part et d'autre, l'ornementation est un langage, mais point de la même nature, et le Chinois, observateur et ingénieux est beaucoup plus naïf que le symbolique égyptien.

En examinant la variété des motifs semés dans les décors du genre de celui-ci, motifs empruntés à tous les règnes de la nature, et dont certains décèlent un contact immédiat avec les créatures observées dans leur élément, on retrouve dans leur expression ample et simple un reflet direct de ce que durent être les premiers essais de la formation du langage oculaire, qui n'est point l'écriture hiéroglyphique, et n'a pas besoin d'un Jean-François Champollion pour être entendu.

Les motifs semés dans cette planche se sont rencontrés de même et en un semis analogue sur les marges d'encadrement d'un paravent d'apparat, de la plus grande taille du XVIe siècle.

Chinese Art

EMBROIDERY AND DECORATIVE PAINTING

The Chinese used two main types of drawing, depending on what they were decorating. Most embroidery uses a conventionalised manner backed up by an equally conventional use of colour that can be full of power, brilliance, or harmony, as required. Using broad, synthetic forms the Chinese achieved a decorative flow and a kind of exuberance of expression matched by no people either before or since.
This piece of embroidery on a black ground (a detail of a robe; **no. 5**) is a sample of their skill in this field. Line and colour are both thoroughly conventional. Yet when one looks straight at this butterfly-type creature flying full tilt at one through a whirl of luminous vapours dispersing in threads, one is involuntarily seized with the feeling that a real insect is flying into one's eye. Is it large or small, dangerous or harmless? There is no time to tell: it is a monster on the attack.
The second manner used by the Chinese is nature painting that is characterized by an illusion of naivety almost bordering on whimsy. The small paintings reproduced here (they are about 20 in. high) all use a limited number of components. The branch of a tree, birds, leaves, and flowers, plucked as though out of thin air, are usually all that is present, and yet one traces with real delight the varied harmonies of these paintings that are bathed in light.
Upright panels of the kind reproduced here (the commonest type

Chinesische Kunst

STICKEREIEN UND DEKORATIVE MALEREIEN

Die Chinesen kennen zwei Zeichentechniken, die sie je nach dem zu verzierenden Gegenstand einsetzen. Die Stickereien bewahren gewöhnlich nicht nur die traditionelle Zeichnung der alten Arbeiten, sondern auch deren konventionelle Farben, die je nach Bedarf mächtig, glanzvoll oder ausgeglichen sein können. Auf diese Weise erzielen sie großzügige, synthetische Formen, eine lebendige Dekoration und einen überschwänglichen Ausdruck, den kein anderes Volk je erreicht hat.
Das Stück von einem Kleid unten auf der Tafel (Stickerei auf schwarzem Grund; **Nr. 5**) gibt dafür ein Beispiel. Zeichnung und Farben sind konventionell. Doch wer kann sich angesichts dieses schmetterlingsartigen Geschöpfs, das in einem Wirbel von Lichtstrahlen direkt auf das Auge des Betrachters zufliegt, dem bedrohlichen Eindruck entziehen, dass tatsächlich ein fliegendes Insekt das menschliche Auge anzugreifen scheint? Groß oder klein, mit Stachel versehen oder nicht, es bleibt keine Zeit, genau zu unterscheiden. Es handelt sich um ein Ungeheuer!
Die zweite chinesische Zeichenweise ist die Malerei nach der Natur; von Naivität gelenkt, kann das Natürliche aber auch höchst willkürlich werden. Nur wenige Elemente sind auf jedem der kleinen Bilder (etwa 50 cm hoch) vertreten. Zweig und Vogel, Blatt und Blüte, in freier Umgebung dargestellt, bilden gewöhnlich das gesamte Motiv. Die Anmut dieser

Art chinois

BRODERIE, PEINTURES DÉCORATIVES

Les Chinois ont deux principes de dessin dont ils usent selon la nature de l'objet qu'ils ont à décorer. Les broderies, en général, conservent le dessin conventionnel des vieux monuments, avec les ressources d'une coloration également conventionnelle, pleine de puissance, d'éclat ou d'harmonie, selon le besoin. Ils obtiennent ainsi, sous des formes larges et synthétiques, un mouvement décoratif et en quelque sorte une exubérance d'expression que nul peuple, ancien ou moderne, n'a su mettre en relief comme eux.
Notre morceau de robe (broderie sur fond noir; **n° 5**) est un petit échantillon de leur savoir-faire en ce genre. Dessin et couleurs, tout y est de convention. Cependant, à regarder cette espèce de papillon au regard direct, dans le tourbillon d'une vapeur lumineuse qui se disperse en filets, on éprouve la sensation que l'insecte approchant de l'œil humain va l'assaillir ! Gros ou petit, armé ou non, on n'a pas le temps de distinguer. C'est un monstre.
La seconde manière des Chinois, c'est la peinture au naturel ; sous une naïveté de commande, ce naturel prend toutes les allures du caprice. Les éléments de chacun des petits tableaux reproduits (50 cm de hauteur environ) sont en nombre restreint. Pour ce genre, la branche d'arbre et l'oiseau, la feuille et la fleur, isolés dans un milieu dégagé, aérien, font généralement tous les frais du décor ; et c'est avec un charme réel que l'on suit ces pein-

of Chinese painting; **nos. 1–4 and 6**) simulate the narrow aperture of a window through which is glimpsed a random fragment of the outside world. These small watercolours were used to decorate interiors. They were hung in the living quarters of a house in sets of two, four, six or sometimes even twelve.

Malerei beruht auf ihrer ganz in Licht getauchten Harmonie.
Die hier abgebildeten schmalen, hohen Tafeln (**Nrn. 1–4 und 6**) gehören zu einem weit verbreiteten Genre, das eine Fensteröffnung vortäuscht, durch die ein kleiner zufälliger Ausschnitt der Außenwelt zu sehen ist. Solche Aquarelle dienten dem Schmuck von Innenräumen, in denen sie zu zweit, zu viert und zu sechst oder gelegentlich zu zwölft aufgehängt wurden.

tures en leurs harmonies variées, partout inondées de lumière. Les panneaux en bandes verticales comme ceux que nous représentons (**n°s 1–4 et 6**), et qui sont du genre le plus répandu, simulent l'étroite ouverture d'une fenêtre par laquelle on n'aperçoit qu'un fragment du monde extérieur, vu au hasard de ce que l'œil en saisit. Les petits tableaux de cette sorte, peints à l'aquarelle, servent à l'ornementation des intérieurs ; on les suspend systématiquement dans les pièces habitées par jeux de deux, de quatre, de six et quelquefois par jeux de douze.

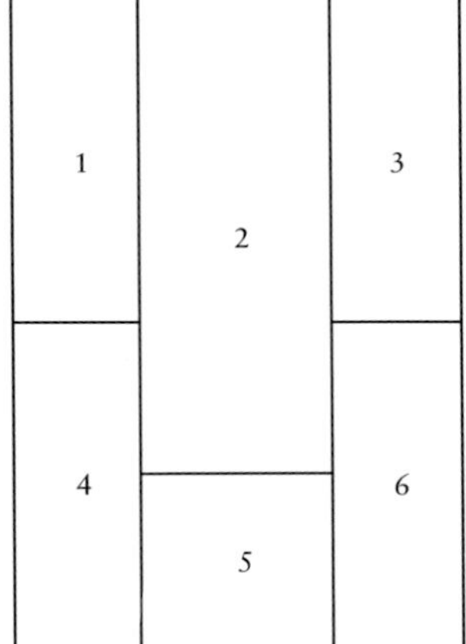

— 25 —

Chinese Art

NATURE PAINTINGS, EMBROIDERY, FABRIC PRINTING

In this and the previous plate 24 we find various expressions of the Chinese decorative manner, which was followed more or less faithfully by the Japanese depending on whether it was executed in paint on silk or paper, in embroidery, or in printed fabrics.

To the three upright nature paintings (**nos. 1–3**), which given the narrowness of their fields are of astonishing breadth and opulence, we have added a horizontal composition showing a bird perched on a branch of a flowering tree (**no. 4**). This is a delightful example of one of the devices employed in this gay, airy, genuinely poetic manner at which the Chinese and Japanese showed themselves so expert.

The two strips of embroidery on a black ground (**nos. 5 and 6**) constitute a quite different kind of

— 25 —

Chinesische Kunst

MALEREIEN NACH DER NATUR, GESTICKTE UND BEDRUCKTE STOFFE

Wie auch auf der vorhergehenden Tafel 24 finden sich hier verschiedene chinesische Dekorationsweisen, denen die japanischen Künstler mehr oder weniger folgen, je nachdem, ob es sich um Malereien auf Seide oder Papier, um Stickereien oder bedruckte Stoffe handelt.

Zu den hochformatigen, nach der Natur gemalten Sujets (**Nrn. 1–3**), deren Fülle angesichts der schmalen Flächen bemerkenswert ist, kommt auf der vorliegenden Tafel eine breitformatige Dekoration hinzu, die den blühenden Zweig eines Baumes mit einem Vogel zeigt (**Nr. 4**). Dieses hübsche Beispiel steht hier für ein fröhliches, spielerisches und poetisches Genre, das Chinesen und Japaner vollendet beherrschen.

Bei den zwei Streifen auf schwarzem Grund (**Nrn. 5 und 6**) handelt es sich hingegen um Stickereien,

— 25 —

Art chinois

PEINTURES AU NATUREL, BRODERIES, IMPRIMÉS

Ainsi que dans la planche 24, on trouve dans cette page des expressions diverses du mode décoratif des Chinois, plus ou moins suivis par les Japonais, selon qu'il s'agit de la libre peinture sur soie ou sur papier, de la broderie, ou de l'impression sur étoffes.

Aux sujets en hauteur (**nos 1–3**) de la peinture au naturel, dont la riche ampleur est ici si remarquable, étant donnée l'étroitesse du champ, nous joignons un décor en largeur, composé de la chute d'une branche d'arbre fleurie sur laquelle s'est perché un oiseau (**no 4**). Cet exemple montre d'une façon charmante l'un des expédients du genre clair, gai, et aérien, si véritablement plein de poésie, et dans lequel Chinois et Japonais font preuve de tant de ressources.

Les deux bandes sur fond noir (**nos 5 et 6**) sont des broderies for-

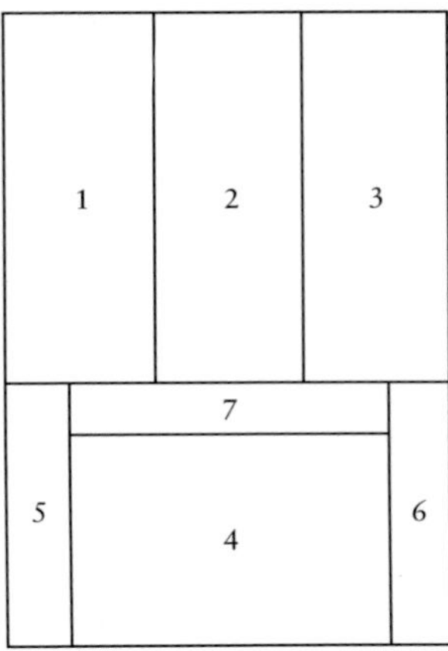

Chataignon, lith.

Imp. Firmin Didot & Cie, Paris.

natural decoration. All the colouring on these black grounds (plants, flowers, birds, insects, even the ripples on the water) stands out in highlights of greater or lesser degrees of sharpness, to which the sheen of the silk lends an added brilliance where necessary. Each of these discontinuous motifs forms a kind of bouquet set with insects, birds, etc., drawn with a realism that rivals that of the nature paintings above.
The band with the crimson-brown ground (**no. 7**) is of an altogether higher order. This is a detail of a piece of printing using the most rudimentary procedure. The drawing, a cloisonné arrangement, is printed together with the ground, and the addition of a few flat colours gives the design variety and animation. In this type of ornament the particular harmony of the design is subordinate to the dominant ground, in accordance with the laws of good chromatics. The Chinese excelled at this kind of thing, and a detail like this reveals the practised eye of a people who produced some of the world's finest enamels. The bird depicted here, the Chinese phoenix, is part of the vocabulary of classical Chinese decoration.

die völlig anders verziert sind. Pflanzen, Blumen, Vögel, Insekten bis hin zum sich wellenden Wasser, alle Farben heben sich hell und leuchtend vom schwarzen Grund ab, und die schillernde Seide bringt, wo es nötig ist, zusätzlichen Glanz. Jedes dieser fortlaufenden Muster bildet einen Strauß, eine Art Traube mit Insekten oder Vögeln, die naturgetreu dargestellt sind.
Das Band auf karmesinbraunem Grund ist von höherem Rang (**Nr. 7**). Bei diesem mit einfachsten Mitteln bedruckten Stoff wird die nach Cloisonné-Technik gebildete Zeichnung mit dem Grund zusammen gedruckt. Einige zusätzliche matte Farbtöne beleben die Dekoration, die in diesem Genre gemäß den chromatischen Gesetzen dem dominierenden Grund untergeordnet ist. Die chinesischen Künstler übertreffen sich in solchen Werken. Man findet hier das geübte Auge von Personen, die einige der schönsten Schmelzarbeiten hervorbrachten. Beim Fantasievogel auf diesem Band handelt es sich um den chinesischen Phönix, der im Reich der Mitte zu den klassischen Dekorationen gehört.

mant un décor de nature tout opposée. Végétaux, fleurs, oiseaux, insectes et jusqu'aux ridés aquatiques, toutes les colorations sur ces fonds noirs se détachent en clairs plus ou moins brillants, auxquels le chatoiement de la soie communique, où il en est besoin, le plus grand éclat. Chacun de ces motifs ininterrompus, forme un bouquet, une espèce de grappe où se trouvent logés des insectes, des oiseaux, etc., dont le dessin a d'ailleurs la prétention de se rapprocher des rendus au naturel.
La bande sur fond marron cramoisi est d'un ordre plus élevé (**n° 7**). C'est un fragment d'impression dont les moyens typiques sont des plus rudimentaires. Le dessin, formant des cloisonnés, est imprimé avec le fond même ; et c'est par l'adjonction de quelques tons plats que le décor est varié, et prend son animation. Dans ce genre, l'harmonie particulière du décor est subordonnée au fond dominateur, selon les lois de la bonne chromatique. Les Chinois excellent dans ces dérivés, et dans un fragment comme celui-ci on retrouve l'œil exercé des gens qui ont produit les plus beaux émaux qui soient au monde. L'oiseau fantastique dont le vol sillonne ce motif est le *foung-hoang*, qui, par son caractère, appartient aux décorations classiques.

Chinese Art

VARIOUS PERIODS

Regarding the Chinese as being ahead of us and very much our masters in textile art, one tends to think that one is going to find, in China, models that are not only more numerous but also older. However, such a conjecture is by no means justified by the facts, and there is nothing rarer than to come across a specimen of oriental fabric dating from the distant past. This is partly because of the prohibitive system that China has always practised towards other countries. Very few Chinese products were ever exported, and time has not been kind to what did reach the West.

None of the public museums of Europe and none of its private collections contain, so far as we are aware, a particularly large collection of old Chinese (or Japanese) fabrics. The only documents that can be consulted to gain an appreciation of the art of that country from the point of view of fabric ornamentation are manuscripts and early paintings originating from China, where we find all manner of decorated fabrics. Even ancient porcelains reveal minute details of the robes of the mandarins depicted thereon. There is evidence everywhere that the gap we have just been talking about is not hard to fill. In fact, as far back in history as it is possible to go we find the same motifs being used as are still in use today. Clearly, they are faithful copies of their earlier counterparts.

Our plate presents a varied collection of samples in which we have

Chinesische Kunst

VERSCHIEDENE EPOCHEN

Zieht man in Betracht, dass die Chinesen unsere Vorgänger und Lehrmeister in der Webkunst waren, so darf man davon ausgehen, bei ihnen die zahlreichsten und ältesten Vorlagen zu finden. Die Wirklichkeit sieht allerdings völlig anders aus, und nichts ist seltener als ein fernöstlicher Stoff aus frühester Zeit. Der Grund dafür ist die Abkapselung, mit der sich China seit jeher vor anderen Nationen schützte; so gelangten nur wenige Produkte außer Landes, die zudem vom Zahn der Zeit nicht verschont blieben.

Kein staatliches Museum in Europa und keine Privatsammlung besitzen unseres Wissens eine umfangreiche Sammlung alter japanischer oder chinesischer Stoffe. Die einzigen Zeugnisse, die wir zu Rate ziehen können, um chinesische Stoffdekorationen zu würdigen, sind alte Handschriften und Malereien aus diesem Land, die uns gemusterte Stoffe aller Art zeigen, aber auch Darstellungen auf alten Porzellanen, die alle Details der Mandaringewänder wiedergeben. Der von uns bedauerte Mangel ist leicht zu beheben, denn so weit man auch zeitlich zurückgehen will, stets begegnet man den heute noch in Gebrauch stehenden Motiven; diese sind die getreue Kopie dessen, was in Vorzeiten Usus war.

Auf unserer Tafel sind verschiedene Stücke vereint, mit denen wir den zu unterschiedlichen Zeiten vorherrschenden Geschmack zu dokumentieren suchten. Die Stoffe mit grauem Grund in der linken oberen Ecke (**Nr. 1**) und mit schwarzem

Art chinois

EPOQUES DIVERSES

Si l'on considère que les Chinois sont nos devanciers et nos maîtres dans l'art de tisser, on est porté à croire que l'on va retrouver chez eux les modèles les plus nombreux et les plus anciens. Les faits sont loin cependant de justifier cette conjecture, et rien n'est plus rare que de rencontrer un spécimen d'étoffe orientale de date reculée. La raison en vient du système prohibitif que de tous temps la Chine exerça envers les autres nations ; son commerce ne laissa pénétrer que bien peu de produits, que le temps n'a en outre pas épargnés.

Aucun des musées publics d'Europe, aucune des collections particulières ne renferme, que nous sachions, une réunion très ancienne de tissus japonais ou chinois, les seuls documents qui puissent être consultés pour apprécier l'art de ce pays, au point de vue de la décoration des étoffes, sont ceux que fournissent les manuscrits et les peintures anciennes de ces contrées. Ils nous montrent dans leurs compositions des étoffes ornées de toutes sortes, et il n'est pas jusqu'aux vieilles porcelaines où nous ne voyions les minutieux détails des robes des mandarins qui y sont représentés. Partout on constate que la lacune que nous signalons est facile à combler puisque, aussi loin qu'il est possible de remonter, on rencontre les motifs employés de nos jours ; ils sont donc la copie fidèle de ceux qu'on utilisait jadis.

Notre planche présente une réunion d'échantillons variés dans lesquels nous avons essayé de faire apprécier le goût de diverses époques.

tried to give an impression of the tastes of different periods. The gold-on-grey specimen (**no. 1**) and the one with a black ground (**no. 4**) are the earliest types, which were first copied in Persia and Asia and subsequently in Europe. The two specimens with a scattered-flower and vermicular design (**nos. 6 and 7**) were being manufactured as early as the 15th century. The other piece at the top (**no. 2**) contains motifs that French manufactories were copying in the 17th century, while the remaining two samples (**nos. 3 and 4**) are more modern and show the influence of European taste.

Grund in der Tafelmitte (**Nr. 4**) gehören zu den ältesten; sie wurden zunächst in Persien und Asien sowie später in Europa kopiert. Die beiden Stücke mit Streublumen- und Würmchenmuster (**Nrn. 6 und 7**) wurden bereits im 15. Jahrhundert angefertigt. In der rechten oberen Ecke sind Motive zu sehen, die im 17. Jahrhundert von den französischen Werkstätten kopiert wurden (**Nr. 2**), während die beiden Stoffe, die in der Mitte das zentrale Muster rahmen (**Nrn. 3 und 5**), jüngeren Datums sind und europäische Einflüsse erkennen lassen.

L'étoffe à fond gris à l'angle gauche en haut (**n° 1**) de la feuille et celle à fond noir du milieu (**n° 4**) sont les types les plus anciens, d'abord copiés en Perse et en Asie, ensuite en Europe. Les deux échantillons du bas de la page (**n°s 6 et 7**) à dessin semé de fleurs et vermicelle se fabriquaient déjà au XVe siècle. L'angle droit, en haut (**n° 2**), nous montre des motifs que copiaient au XVIIe siècle nos fabriques françaises ; enfin, les deux échantillons placés à droite et à gauche du spécimen du milieu (**n°s 3 et 5**) sont de fabrication plus moderne où l'on remarque l'influence du goût européen.

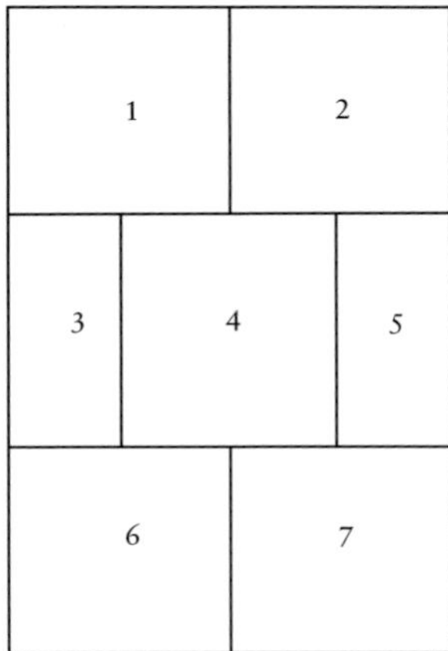

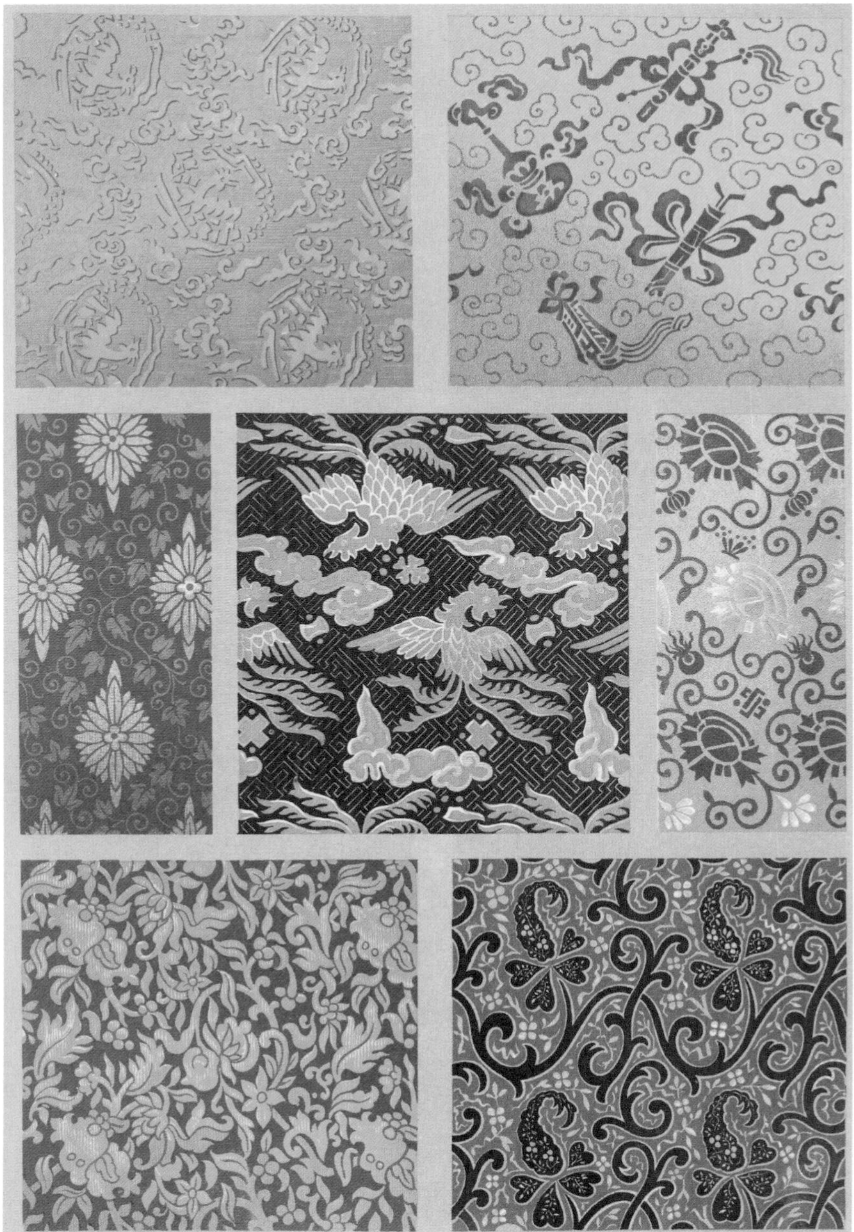

27

Japanese Art

CLOISONNÉ ENAMEL WORK

The motifs in this plate are all taken from one piece: a copper dish decorated on both sides with cloisonné enamel work. The upper part of the plate shows a portion of the whole, while grouped in the lower part are all the individual motifs appearing on the piece. Japanese art made highly ingenious use of combinations of geometrical lines, but it did not always confine itself to this. We also find flowers and animals treated with great purity, and it is remarkable how the internal divisions inherent in the nature of the process invariably leave the silhouette and outward form of the object intact. As to the colour, it corresponds to that of the original as far as relative values are concerned but is slightly less dark as a whole. It seemed to us that a little more freshness and brightness might give a better impression of the original state of the piece and would, in any case, make it a more useful model for modern industry to imitate.

27

Japanische Kunst

ZELLENSCHMELZARBEITEN

Die Tafel vereint zahlreiche Motive, die alle von einer Kupferschale mit beidseitigem Zellenschmelz stammen. Oben sieht man eine Teilansicht der Schale, unten sind alle Einzelmotive zusammengestellt. Erfindungsreich in der Verwendung und Kombination geometrischer Linien, beschränkt sich die japanische Kunst aber nicht allein auf diesen Bereich: auch Blumen und Tiere werden sehr genau wiedergegeben. Die inneren Aufteilungen, die die Emailarbeit erfordert, lassen die Silhouette und äußere Form der Gegenstände stets intakt. Die Abstimmung der Farbtöne entspricht dem Original, das jedoch im Ganzen dunkler gehalten ist. Etwas mehr Frische und Glanz würden, so unsere Vorstellung, einen besseren Eindruck vom Originalzustand der Schale geben und sie für das moderne Kunsthandwerk zu einem nachahmenswerteren Gegenstand werden lassen.

27

Art japonais

EMAUX CLOISONNÉS

La planche ci-contre réunit un grand nombre de motifs, tous tirés d'un même objet : un plat en émail cloisonné sur cuivre à deux faces. Le haut de la planche est occupé par une portion de l'ensemble, dont tous les motifs détachés sont groupés dans la partie inférieure. Très ingénieux dans l'emploi et la combinaison des lignes géométriques, l'art japonais ne borne pas là toutefois son domaine : les figures de fleurs et d'animaux y sont aussi traitées avec beaucoup de pureté, et il est à remarquer que les divisions intérieures, inhérentes à la nature du travail, laissent toujours intactes la silhouette et la forme extérieure des objets. Quant à la couleur, elle est conforme à celle de l'original en ce qui touche la valeur relative des tons, mais un peu moins sombre dans l'ensemble ; nous avons pensé qu'un degré de plus de fraîcheur et d'éclat rendrait peut-être mieux l'état original du modèle et en ferait, en tout cas, un objet d'imitation plus utile pour l'industrie moderne.

28

Japanese Art

DECORATION IN VARIOUS METALS: GUARDS, RINGS, AND HANDLES OF KNIVES AND SWORDS

The Japanese decorate the tiny surfaces of the hilts, guards, etc. of their side arms with gold, silver, steel, copper, bronze, and an alloy known as 'Sawa metal,' which comes in two types, *chibuichi* and *shakudo*. The metals are inlaid and the decoration completed by means of engraving and chasing. The motifs reproduced here speak for themselves, and we need hardly insist on the merits of the process. Indeed some of these examples are miracles of skill and good taste. The Japanese are past masters at turning everything (and even, it would seem, almost nothing) to good account. The mythology of the 'Empire of the Rising Sun' occupies little place here. For the most part this decoration uses figures and objects that are as familiar to us as to the Japanese. We too have our flowering apple trees, water plants, vines, little birds fighting, ducks bobbing on the water, high-flying birds apparently in communion with the stars, horses, fish, butterflies, insects, etc.

28

Japanische Kunst

METALLDEKORATIONEN: HEFTE, RINGE UND GRIFFE VON MESSERN UND SÄBELN

Für die kleinflächigen Verzierungen auf den Griffen und Stichblättern blanker Waffen werden Gold, Silber, Eisen, Kupfer, Bronze und eine Legierung verwendet, die unter dem Namen Sawa-Metall bekannt ist und sich in die Unterarten *Shibushi* und *Shakudo* aufteilt. Die verschiedenen Metalle werden eingelegt und zudem graviert und ziseliert.
Die abgebildeten Gegenstände lassen es überflüssig erscheinen, über den Wert dieser Technik zu diskutieren. Einige Beispiele stellen wahre Wunder an Geschicklichkeit dar. Der japanische Künstler kann aus allem – oder aus nichts – etwas machen. Die Mythologie des Reiches der aufgehenden Sonne spielt in der Ornamentik nur eine untergeordnete Rolle; meist sieht man Lebewesen und Dinge, die in Europa ebenso bekannt sind wie in Japan. Hier wie dort gibt es blühende Apfelbäume, kleine Zweige und Wassergräser, Reben, sich streitende Vögel, Enten im Wasser, hoch fliegende Vögel, die mit den Gestirnen in Verbindung zu stehen scheinen, Pferde, Fische, Schmetterlinge, Insekten etc.

28

Art japonais

LE DÉCOR EN MÉTAUX DIVERS : GARDES, ANNEAUX ET MANCHES DES COUTEAUX ET DES SABRES

On emploie pour l'ornementation des surfaces exiguës des poignées, gardes, etc. des armes blanches, l'or, l'argent, l'acier, le cuivre, le bronze, et une composition connue sous le nom de métal de Sawa, dont les sous-genres sont le *chibouchi* et le *shakudo.* Les métaux divers sont incrustés et leur jeu se complète par la gravure et la ciselure.
Les objets reproduits parlent assez d'eux-mêmes pour qu'il n'y ait pas à insister sur la valeur du procédé. Quelques-uns de ces exemples sont de véritables merveilles d'adresse et de goût. Le Japonais se montre habile à tirer parti de tout, et aussi de rien, ou peu s'en faut. La mythologie de l'empire du soleil levant ne tient qu'une place restreinte parmi ces ornementations ; dans le surplus, on ne voit que des êtres et des choses qui ne sont pas moins familiers chez nous qu'ils le sont au Japon. Nous aussi nous avons des pommiers en fleurs, des brindilles terrestres et aquatiques, de la vigne, des oiselets qui se disputent, des canetons glissant sur une vague, des oiseaux de haut vol qui semblent en correspondance avec les grands astres, des chevaux, des poissons, des papillons, des insectes, etc.

Japanese Art

DECORATION ON WEAPONS AND UTENSILS

As a continuation of plate 28, we reproduce here a number of decorated pommels, together with a few other objects. The Japanese, who wear no jewellery as such, love to decorate with gold and other precious metals all kinds of everyday objects including furniture. Medicine chests, silver teapots, netsuke, candy boxes, little chests of drawers, pipe stems, covered bowls, flower vases – all were covered with decorative metalwork using all the nuances of gold, silver, and copper in innumerable combinations modified *ad infinitum*. The Japanese alone know the secret of heightening or dulling the brilliance of those nuances with a skill that enables us to talk in terms of a metallic 'palette' as rich and varied as any painter's. Among the tricks used by the Japanese to achieve this wealth of effects is that of deliberately leaving in their copper traces of sulphur, arsenic, iron, or lead, and even adding further quantities of these and other materials to it. For example, the correct admixtures of lead give a purple copper, a black copper and a green copper that we do not have. (These are the alloys known as *chido*, *udo* and *seido*.) Others are *sentokudo*, *shakudo*, *schinchiu* and *chibuichi*, of which the last-named contains 40 per cent silver. This body colour is distinct from the surface colouring achieved by quite other means. Using gravers, they are able to work on the skin of the metal to

29

Japanische Kunst

DEKORATIONEN AUF WAFFEN UND GEBRAUCHSGEGENSTÄNDEN

Diese Tafel schließt an die vorhergehende an. Zu den Säbelheften und -ringen, zu den Griffen der kleinen Messer, die zu diesen Waffen gehören, fügt diese Seite Knaufverkleidungen und mehrere Gegenstände unterschiedlicher Bestimmung hinzu. Der Japaner, der keinen Schmuck trägt, liebt es, Gebrauchsgegenstände und sogar Möbel mit solchen Verzierungen zu versehen. Ob Medizindosen, silberne Teekannen, Netsukes (Gürtelknöpfe), Konfektdosen, Schubladenschränkchen, Pfeifenstiele, Deckenschalen oder Blumenvasen, überall finden sich solche Dekorationen, die Gold, Silber und Kupfer auf hundert verschiedene Weisen kombinieren.
Einzig der japanischen Geschicklichkeit ist es möglich, den Glanz der einzelnen Töne zu beleben oder zu dämpfen und diese Art von Ornamentik zu einer unerschöpflichen Quelle zu machen. Um die Metallarbeiten so mannigfaltig gestalten zu können, werden auf dem Kupfer absichtlich etwas Schwefel, Arsen, Eisen, Blei oder andere Stoffe aufgebracht. Mit Blei erhält man violettes, schwarzes und grünes Kupfer, das in Europa unbekannt ist. Diese Legierungen werden *Shido*, *Udo* und *Seido* genannt. Dazu gibt es noch das *Sentokudo*, *Shakudo*, *Shinshiu* und *Shibuishi*; beim letzteren sind vier Zehntel Silber beigefügt. Es handelt sich dabei um eigene Farben, nicht um Farbtönungen. Das Metall zu kolorieren, ist ein anderer

29

Art japonais

DÉCOR DES ARMES ET DES OBJETS USUELS

Cette planche fait suite à la précédente. Aux gardes et anneaux des sabres, aux manches des petits couteaux qui appartiennent à ces armes, cette page ajoute des recouvrements de pommeaux et quelques spécimens d'objets de destinations variées. Le Japonais aime à parer d'ornements d'orfèvrerie de cette sorte, lui qui ne porte pas de bijoux, nombre d'ustensiles familiers et jusqu'à des meubles. Boîtes à pharmacie, théières d'argent, netsuke, bonbonnières, cabinets à tiroirs, tuyaux de pipes, bols à couvercle, vases à fleurs, il met de cette orfèvrerie partout, la diversifiant avec toutes les nuances de l'or, de l'argent et du cuivre, combinés, modifiés de cent manières.
Seul le Japonais a le secret d'aviver ou d'assourdir l'éclat de ces nuances avec une habileté telle que les variétés des tons imprimés à ses métaux offrent la richesse d'une palette véritable. Pour procurer à leurs métaux leur gamme harmonieuse et riche, les Japonais y laissent à dessein des traces de soufre, d'arsenic, de fer ou de plomb ajoutant au cuivre ces mêmes matières et plusieurs autres. Les mélanges dosés du plomb leur procurent du cuivre violet, du cuivre noir, du cuivre vert, que nous n'avons pas. Ce sont ces derniers alliages qu'ils nomment le *chido*, l'*udo* et le *seido*. Il y a encore le *sentokudo*, le *shakudo*, le *schinchiu*, le *chibuichi ;* dans ce dernier, l'argent entre pour quatre dixièmes. Ce sont là des couleurs franches

make it rougher or smoother, giving it the softness and silkiness of a peach, the woven texture of a piece of material, the veins of a leaf, the hairy appearance of fur, the grain of shagreen leather, or the spongy look of certain stones. Applications of acid help to produce these effects.

Vorgang, als es in der Masse zu mischen. Der Grabstichel verändert die Metalloberfläche, macht sie glatt oder rauh, samtig wie eine Frucht, einem Stoff oder einem Blatt ähnlich, pelzartig, körnig wie Leder oder schwammartig wie gewisse Steine, und die Säure wirkt dabei mit.

que'il faut distinguer des colorations de surface ; car teindre l'épiderme du métal est encore une autre opération que celle des mélanges dans la masse. Le ciselet change la peau du métal, le rend rugueux ou poli, doux et soyeux comme un fruit, tissé comme une étoffe, nervé comme une feuille, poilu comme une fourrure, grenu comme le chagrin, spongieux comme certaines pierres, et l'acide contribue à produire ces effets.

30

Japanese Art

EARLY FABRIC DESIGNS

The motifs reproduced here are from the same source as those in the following plate 31, namely a pair of 'hundred-sample screens.' They exploit the principle of subdued colours forming discreet harmonies, and they show unfailing good taste. Certain designs use a primitive weaving motif, looking like marquetry and recalling certain Oceanian works made of plant fibres and plaited rushes or decorating wooden canoe paddles and various utensils. These fabric samples, brocaded and woven, constitute retrospective collections of the very greatest value and interest, being the product of factories going back to the 17th and 18th centuries.

30

Japanische Kunst

DEKORATIONEN AUF ALTEN STOFFEN

Diese Motive sind gleicher Herkunft wie jene der folgenden Tafel 31; sie stammen von so genannten Hundert-Muster-Paravents. Auch sie sind in gedämpften Tönen und diskreten, geschmackvollen Harmonien gehalten. Manche Muster erinnern an einfache Gewebe, die wie Holzintarsien aussehen, oder an ozeanische Arbeiten, die, aus Pflanzenfasern und geflochtenem Rohr gefertigt, das Holz von Paddeln und verschiedenen Gebrauchsgegenständen zieren. Diese gewirkten und gewebten Stoffmuster bilden eine außerordentlich wichtige historische Sammlung, da sie im 17. und 18. Jahrhundert angefertigt wurden.

30

Art japonais

DÉCOR DES ANCIENS TISSUS

Ces motifs appartiennent à la suite des spécimens dont est composée la planche 31 et proviennent de la même source : les paravents aux cent échantillons. C'est, dans leur variante, le même principe de tons assourdis, d'harmonies discrètes et de bon goût. Certaines formules annoncent la primitivité du tissage, à physionomie de marqueterie, qui rappelle certains travaux des Océaniens, faits des fibres des végétaux, avec des joncs tressés, qui ornent le bois des pagaies et de certains ustensiles. Nous rappelons que les échantillons de ces étoffes, brochées et tissées, forment des collections rétrospectives du plus sérieux intérêt, puisque ces motifs sont le produit de fabrications remontant approximativement aux XVIIe et XVIIIe siècles.

Lestel, lith.

Imp. Firmin-Didot & Cie, Paris

Lestel, lith.

Imp. Firmin-Didot & Cie, Paris

31

Japanese Art

FABRIC DESIGNS, HUNDRED-SAMPLE SCREENS

One of the processes used by the Japanese to decorate the leaves of their screens was to cover them with samples of various brocaded and woven materials, thus forming retrospective collections of very great interest indeed. The samples are distributed in a fairly regular arrangement, with the motifs remaining independent of one another; each one offers the complete design unit, which would then be developed by repetition. The motifs reproduced here are taken from two such hundred-sample screens. We could have no more reliable source of information about the Japanese textile industry, for these are fragments of products made and in use in the 17th and 18th centuries.

31

Japanische Kunst

DEKORATIONEN AUF STOFFEN, HUNDERT-MUSTER-PARAVENTS

Zu den verschiedenen Verfahren, nach denen die Japaner die Flügel ihrer Paravents verzieren, gehört jenes, eine Anzahl gewirkter und gewebter Stoffmuster auf ihnen zu vereinen und auf diese Weise eine Stoffsammlung größten historischen Interesses zusammenzustellen. Die Stücke werden ziemlich gleichmäßig angeordnet, während die einzelnen Motive für sich allein stehen; jedes von ihnen zeigt ein vollständiges Muster (Rapport), das sich in Wiederholungen entwickelt. Von zwei Hundert-Muster-Paravents stammen die hier vorgestellten Motive. Keine Quelle zum japanischen Kunsthandwerk kann zuverlässiger sein als diese, da die Muster von Stücken stammen, die im 17. und 18. Jahrhundert angefertigt und gebraucht wurden.

31

Art japonais

DÉCOR DES TISSUS, LES PARAVENTS AUX CENT ÉCHANTILLONS

Parmi les divers procédés dont usent les Japonais pour décorer les feuilles de leurs paravents, il en est un qui consiste à y disposer des échantillons d'étoffes diverses, brochées et tissées, formant des collections rétrospectives d'un très sérieux intérêt. Ces fragments sont distribués dans un ordre assez régulier, les motifs demeurant indépendants les uns des autres ; chacun d'eux offre la racine complète du décor que la répétition développera. C'est de deux de ces paravents, dits *aux cent échantillons*, que proviennent les types réunis ici. Aucun renseignement sur l'industrie japonaise ne saurait être plus sûr que celui-là, puisque ce sont des fragments de produits fabriqués et en usage aux XVIIe et XVIIIe siècles.

Schmidt lith
Imp. Firmin Didot & Cie, Paris.

32

Japanese Art

PRINTED WALLPAPERS – STANDARD MANUFACTURE IN CHINA AND JAPAN

Printed papers for decorating the walls of rooms were in use in China and Japan long before they were introduced to Europe. Their wallpapers, however, differ from European ones not only in design but also in method of manufacture. Instead of being reeled off by the mile in continuous rolls and cut into strips for sale, they are printed from small-format plates, with even the cheapest kinds using hand-made paper. Consequently the pattern is generally on a fairly small scale, the limited size of the squares making it impossible to develop the kind of sweeping design so common in our wallpapers. Japanese wallpapers are decorated with remarkable restraint, showing a quiet discretion that can truly be regarded as superior,

32

Japanische Kunst

BEDRUCKTE TAPETEN – FABRIKATIONEN AUS CHINA UND JAPAN

Die bedruckten Tapeten, die man in China und Japan schon lange als Wandverkleidung benutzte, unterscheiden sich von den europäischen durch ihre Dekoration und ihre altertümliche Herstellungsweise. Weit davon entfernt, Kilometer von endlosem Papier, das zum Verkauf abgeschnitten und aufgerollt wird, herzustellen, werden sie in kleinen Formaten von Platten abgezogen, und die billigsten Tapeten werden auf diese Weise auf Papier in gängigen Größen gedruckt. Dadurch ist die Dekoration recht eingeschränkt. Die verhältnismäßig kleinen Papierflächen schließen Muster in der Art europäischer Tapeten aus. Aus den Dekors der bedruckten japanischen Tapeten spricht eine bemerkenswerte Nüchternheit

32

Art japonais

PAPIERS IMPRIMÉS POUR LA TENTURE – FABRICATION COURANTE EN CHINE ET AU JAPON

Les papiers imprimés pour la tenture des appartements, dont on usait bien avant nous en Chine et au Japon, sont aussi différents de nos papiers peints, par le goût de leur décor que par le mode arriéré de leur fabrication. Loin d'être confectionnés sur des kilomètres de papier sans fin, et divisés en rouleaux pour la vente, ils sont tirés à la planche, sur de petits formats, et les tentures les plus économiques s'impriment ainsi sur du papier à la forme. Le décor a généralement peu d'ampleur ; en effet, l'exiguïté relative de ces carrés de papier s'oppose à la constitution d'un appareil ornemental de l'importance de ceux que l'on rencontre fréquemment dans nos papiers peints. C'est avec une sobriété remarquable, une sagesse supérieure, et bien souvent

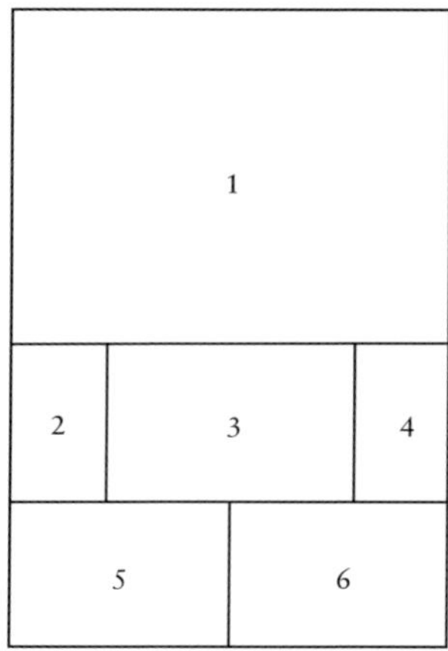

very often in combination with a delightful use of the imagination. The Japanese repaper their houses at least once a year, so the product has to be inexpensive.
Except for the sheet with the little blue birds (**no. 5**), the examples in the lower part of our plate use only two colours (**nos. 2–4, 6**); the matt grounds are laid on with a brush, the metallic tones by some similar means. The pattern is printed in a single impression – opaque, of course, whether done in white, in a colour, or in metal. Each sheet has a cutting line round it to make fitting easier, and it needs to be trimmed before pasting.
As well as such economy papers there are also luxury papers of the kind shown in the upper part of the plate (**no. 1**). Here the paper itself is of superior quality; the ground is laid on with a brush, possibly in several coats. The original sheet, not all of which we have been able to reproduce here, measures 24.8 x 20 in. The Chinese and Japanese sometimes use an endless pattern repeat requiring only one engraving, as in the three examples across the middle of our plate (**nos. 2–4**); sometimes they print the plates in twos or threes, joining them up in the same way as their woodblock prints. The two examples at the bottom are of this latter kind (**nos. 5 and 6**).

und Klugheit. Mindestens einmal jährlich erneuern die Japaner ihre Wohnungen – dieser hohe Verbrauch sichert einen guten Absatz. Mit Ausnahme des Blatts, auf dem kleine blaue Vögel umherschwirren (**Nr. 5**), weisen die Beispiele unten auf der Tafel nur zwei Töne auf (**Nrn. 2–4, 6**). Die matten Farben sind gebürstet, und die metallischen Farben werden durch ein ähnliches Verfahren erzielt. Das Muster wird in einem einzigen Druck mit Deckfarben hergestellt, ob es sich nun um Weiß, um metallische oder andere Farben handelt. Um das Aneinandersetzen der Stücke zu erleichtern, ist jedes Blatt von einer Schnittlinie eingerahmt und muss vor dem Aufkleben zurechtgeschnitten werden.
Neben diesen billigen Drucken gibt es auch Luxustapeten, zu denen das Muster oben auf der Tafel gehört (**Nr. 1**). Das feste Papier ist von besserer Qualität, der Grund wird vermutlich mehrmals gebürstet. Bei diesem Blatt, das im Original 62 x 50 cm misst, handelt es sich um ein auf drei Seiten beschnittenes Stück, so dass hier nicht das vollständige Muster wiedergegeben werden kann. Zum Teil verwenden Chinesen und Japaner die Endloszeichnung mit fortlaufenden Anschlüssen, die wie bei den drei Mustern in der Tafelmitte nur eine Gravur benötigt (**Nrn. 2–4**); zum Teil werden die Tafeln zu zweit und zu dritt gedruckt und nach der Art ihrer Holzschnitte miteinander verbunden. Zu diesem Genre gehören die beiden Beispiele unten auf der Tafel (**Nrn. 5 und 6**).

avec un caprice charmant, que les Japonais décorent leurs papiers imprimés. La toilette de leur habitation par les tentures se renouvelle au moins une fois par an. Aussi cet usage nécessite-t-il le bon marché du produit employé.
Sauf la feuille où voltigent de petits oiseaux bleus (**n° 5**), les spécimens de la partie inférieure de la planche ne comportent que deux tons (**n°s 2–4, 6**) ; les fonds mats sont couchés à la brosse, les tons métalliques par quelque moyen analogue. Le dessin se forme en une seule impression à la presse, opaque, bien entendu, qu'il s'agisse du blanc, de quelque couleur, ou du métal ; chacune de ces feuilles est entourée d'un filet de coupe pour faciliter les raccords ; il faut les ébarber toutes pour le collage.
Outre ces feuilles économiques, on fabrique aussi des papiers de luxe. Le spécimen du haut de notre planche appartient à cette catégorie (**n° 1**). Le papier, très consistant, est d'une qualité supérieure ; le fond est couché à la brosse, peut-être en plusieurs fois. Cette feuille, qui dans l'original mesure 62 sur 50 cm, n'est qu'un fragment coupé de trois côtés en pleine impression, ce qui ne nous permet pas de donner la dimension du papier original dans son entier. Les Chinois et les Japonais usent tantôt du dessin sans fin, à raccords perpétuels, n'exigeant qu'une gravure, comme les trois modèles du milieu de notre planche (**nos 2–4**) ; tantôt, ils impriment les planches trois par trois, deux par deux, en les faisant se raccorder à la manière de leurs estampes. Les deux exemples du bas de notre planche sont de ce dernier genre (**nos 5 et 6**).

Japanese Art

VIBRANT DECORATION ON PLANE SURFACES

The Japanese are very good at using simple means to produce a variety of effects on plane surfaces such as fabrics or wallpapers. Our plate shows a number of examples of what one might call 'vibrant' decoration. In love with movement and life and seeking to impart both to their decorative work, the Japanese carefully observe the phenomena of nature as manifested either in actual or latent locomotion or in optical effects that give an illusion of movement, e. g. the scintillation of the stars or the flash of a firework.

This continuum of movement, which is life itself and which is manifested in so many ways by the metamorphoses of nature, underlies several of the designs reproduced here, particularly **nos. 1–3**.

The dark black design (**no. 2**) on a lighter black ground is formed of wavy serpentine lines dividing the ground.

No. 3 is a variation of the wave or serpentine theme; it is superimposed on an independent background and branches out into additional undulations.

The birds in **no. 4** are outlined in white against a blue sky that shows through them as if their bodies had no substance. This is well-observed; when the sun is at its zenith the dazzled eye often registers the passage of a bird overhead as no more than a fluid movement of the air itself.

No. 6 is inspired by scientillation, the phenomenon which makes the stars twinkle, or appear to oscillate,

33

Japanische Kunst

SCHWINGENDE FLÄCHENDEKORATIONEN

Die japanischen Künstler sind Meister darin, mit einfachen Mitteln auf den Stoffen und Papiertapeten verschiedenste Wirkungen zu erzielen. Die Tafel vereint einige Muster eines Genres, das man schwingende Dekoration nennen könnte. Der Bewegung und dem Leben zugetan, beobachtet der Künstler, der seine Verzierung zum Schwingen bringen will, genau die Naturerscheinungen, die sich teils in offener oder versteckter Bewegung befinden, teils durch optische Wirkungen eine solche vortäuschen wie etwa funkelnde Sterne oder Feuerwerkskörper.

Die unaufhörliche Bewegung, die das Leben selbst darstellt oder die sich in den Metamorphosen der Natur zeigt, hat mehrere Muster, insbesondere die **Nrn. 1–3**, inspiriert.

Nr. 2, eine tiefschwarze Zeichnung auf etwas hellerem Grund, besteht aus sich gegeneinander bewegenden Linien, die ein wellenartiges Muster bilden.

Nr. 3 zeigt eine andere Anwendung desselben Wellenprinzips, diesmal auf einem eigenständigen Grund und mit zusätzlichen Verzweigungen.

Auf **Nr. 4** scheinen die Vögel, die in schnellem Flug mit weißen Linien in einen überall durchscheinenden blauen Himmel gezeichnet sind, keinen festen Körper zu haben. In der Tat können, wenn die Sonne am höchsten steht, vorbeifliegende Vögel oft nur als eine kaum spürbare Luftbewegung wahrgenommen werden.

33

Art japonais

LE DÉCOR VIBRANT SUR DES SURFACES PLANES

Les Japonais excellent à produire, avec des moyens simples, des effets variés sur des surfaces planes, comme le sont des étoffes ou des papiers de tenture. Notre planche réunit quelques spécimens d'un genre que l'on peut appeler leur décor vibrant. Amoureux du mouvement, de la vie, voulant faire vibrer son décor, le Japonais s'ingénie à observer les phénomènes de la création, se manifestant tantôt par une locomotion vive ou latente, tantôt par des effets optiques qui donnent l'illusion d'un mouvement, comme les scintillations sereines ou l'éclat des pyrotechnies.

Cette action continuelle, qui est la vie même, et qui se manifeste de tant de façons dans le métamorphosisme de la nature, a inspiré ici plusieurs de nos décors, les **n°s 1–3** principalement.

Le **n° 2**, dessin noir intense sur un fond noir mitigé, se compose de la contre-position de lignes serpentines formant ce qu'on appelle des ondoyantes. Le **n° 3** offre une autre application du principe ondoyant sur un fond indépendant, avec l'addition de ramifications.

Le **n° 4**, avec ses oiseaux au vol rapide, tracés en blanc dans un ciel bleu qui transparaît partout, comme si ces oiseaux avaient un corps sans consistance. C'est un fait bien observé : quand le soleil est à son zénith, le passage de l'oiseau n'est souvent sensible pour l'œil ébloui que par une agitation à peine formulée du fluide aérien.

N° 6 : La scintillation, dont l'origine est également atmosphérique

especially when the atmosphere is not still.
No. 7 is like an ephemeral sun, spinning on its axis and spitting fire.
All these designs are taken from clothing fabrics and from the wallpapers used to decorate the partition walls of houses.

Nr. 6: Das Sterngefunkel, das aus einer Bewegung des Sternlichts besteht und auf die unruhige Atmosphäre zurückgeht, hat dieses Muster inspiriert.
Nr. 7 scheint eine kurzlebige Sonne zu sein, die sich um ihre Achse dreht und ihr Licht versprüht.
All diese Zeichnungen finden sich auf Kleiderstoffen oder auf Papiertapeten, mit denen Wohnräume ausgestattet werden.

et qu'on observe dans le mouvement des étoiles, surtout lorsque l'atmosphère n'est pas tranquille mais vibrante, a inspiré ce décor.
Quant au **n° 7**, il semble être un soleil éphémère tournant sur son axe, en crachant la lumière.
Ce sont là les dessins des étoffes dont les gens sont habillés, ou ceux des papiers de tenture qui décorent les cloisons divisionnaires des appartements.

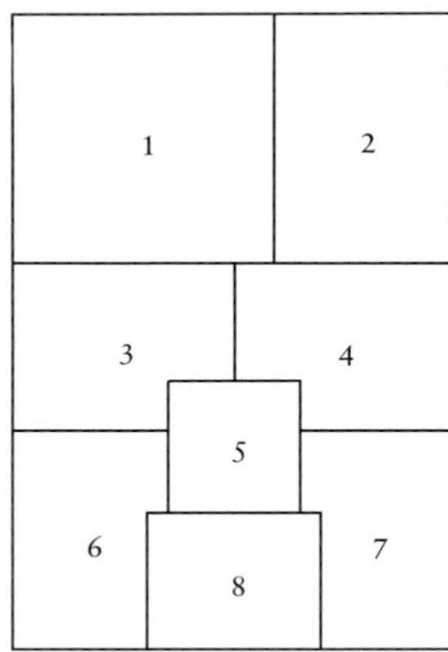

34

Japanese Art

POPULAR ORNAMENT AND ITS SYMBOLISM

Most of the motifs collected here are of a purely invented nature (frets, interlacing, strapwork, etc.; **nos. 4–6, 11, and 14**) and we do not know whether there is any symbolism in the arrangements used. On the other hand we can say, on the basis of the symbolism involved, that the attractive detail with the wispy butterflies flitting across it (**no. 19**) is probably from a dress worn at a wedding ceremony.

Another symbol that occurs very frequently in Japanese ornamentation and appears to carry a wide variety of meanings is the crane. At wedding ceremonies, among the images of the gods and the patron saints of the two families, we always find a representation of the first couple, accompanied by their time-honoured attributes, the

34

Japanische Kunst

DIE VOLKSTÜMLICHE ORNAMENTIK UND IHRE SYMBOLIK

Unter den hier vereinten Mustern finden sich einige, die durch Mäander, Flechtwerk und Bänder gebildet werden (**Nrn. 4–6, 11 und 14**) und der künstlerischen Einbildungskraft zuzuschreiben sind; ob ihnen auch eine symbolische Funktion zukommt, ist unbekannt. Das Stück **Nr. 19** allerdings, auf dem Schmetterlinge zu sehen sind, scheint von einem Hochzeitskleid zu stammen.

Der Kranich ist eine jener Tierfiguren, denen man in der japanischen Ornamentik immer wieder begegnet; er steht als Symbol für Verschiedenes oder umfasst zumindest ein weites Bedeutungsspektrum. Bei der Hochzeitsfeier und im Zusammenhang mit den Bildern der Götter und der Schutzheiligen beider Familien sieht man stets kleine Figuren, die das erste Paar,

34

Art japonais

L'ORNEMENTATION SELON LES ARTS POPULAIRES, LE SYMBOLISME

Parmi les motifs réunis ici, les uns sont de simples spéculations de l'esprit, du genre des méandres, des entrelacs, des rubanés, etc. (**nos 4–6, 11 et 14**). Nous ignorons si ces ordonnances ont quelque sens symbolique. Cependant nous pouvons indiquer ici que le joli fragment **no 19**, sillonné par le passage de légers papillons, paraît provenir d'une robe de cérémonie nuptiale.

La grue est une des images que l'on rencontre le plus fréquemment dans les ornementations japonaises. C'est un symbolisme qui paraît avoir des sens divers ou, tout au moins, un sens très étendu. Dans la célébration des noces, et en regard des images des dieux et des saints, patrons des deux familles, on voit toujours des figurines personnifiant le premier couple, accompagné de ses vénérables attributs, la

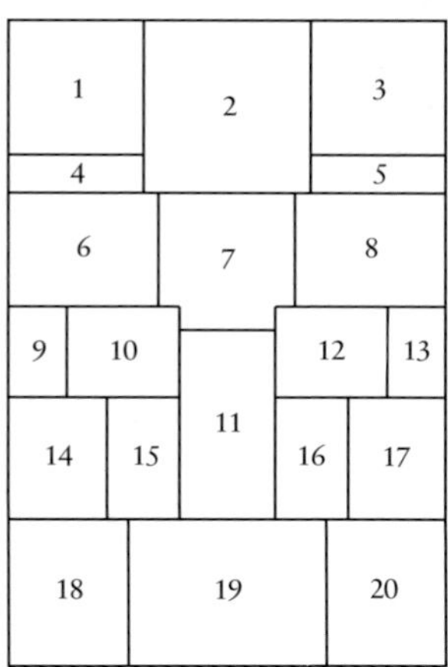

crane and the tortoise. We also find the crane set in a disc (like our **no. 2**, but in simple gilding) on the bride's *norimon* or covered litter, and pairs of cranes are painted naturalistically two by two on the walls of the nuptial chamber, where this lady is about to enter. Our second example of cranes (**no. 7**) has three of them filling a hexagon to form a design suitable for execution in mosaic.

In Japan only wallpapers are printed; other hangings are embroidered or hand-painted. These printed papers in fact offer a very clear picture of folk art in Japan, and the spirit that breathes life into their ancient formulae is given a profoundly national character by the dictates of fashion. All the motifs reproduced here are from this source.

begleitet von seinen ehrwürdigen Attributen, dem hundertjährigen Kranich und der ebenso alten Schildkröte, symbolisieren. Der Kranich als Scheibe (**Nr. 2**), nur einfach vergoldet, findet sich auch auf der Sänfte der Braut; des Weiteren sieht man auf den Trennwänden der Hochzeitskammer nach der Natur gemalte Kraniche in Zweiergruppen. Das zweite Beispiel (**Nr. 7**) zeigt drei Kraniche in einem Sechseck, ein Muster, das dem Mosaik nahesteht.

In Japan wurden nur die Papiere bedruckt, die zum Verkleiden von Wänden und Holzarbeiten dienten. Die anderen Verzierungen wurden mit der Hand gemalt oder gestickt. So stellen die bedruckten Wandtapeten eine Form echter Volkskunst dar, in der sich alte Regeln und modische Nachfrage treffen und auf die alle Motive dieser Tafel zurückgehen.

grue et la tortue centenaires. Nous voyons dans nos albums la grue en disque, du genre de notre **n° 2**, mais simplement dorée, sur le *norimon* d'une mariée ; et sur les cloisons de la chambre nuptiale où va entrer cette dame, des grues, deux par deux, et peintes au naturel. Notre second exemple (**n° 7**) offre la combinaison de trois grues meublant un hexagone et constituant un décor dont le caractère convient à la mosaïque.

On n'imprime au Japon que les papiers destinés à tapisser des murs ou des boiseries ; les autres décors sont brodés ou peints à la main. Les imprimés représentent, en réalité, les arts populaires avec une netteté précieuse, et l'esprit qui vivifie leurs vieilles formules reçoit de la facture qu'impose la mode un caractère profondément national. C'est à cette source unique que nous avons puisé les motifs qui composent cette planche.

頼朝奥州平泉合戦水責之圖
白井権
假名手本忠臣蔵
三段目

Japanese Art

CARTOUCHES

The Japanese use cartouches rather like the Chinese, distributing them almost at random over a piece of ornamentation (that they have the effect of relegating to the background), creating a diversion that successfully enlivens the uniformity of the background design.
Alternatively they use the cartouche in the same way as European mapmakers, placing it in the corners of an illustrated sheet. As we see from this plate, the Japanese cartouche is defined by a simple outline and its surface is flat. The shapes used are often bizarre. It is a strange taste indeed that, from the logic of the simple scroll (top right), flies in the face of verisimilitude by giving its cartouches the shape of a butterfly with wings spread (complete with antennae) or the silhouette of a bird at rest. More restrained forms are taken from the plant world, water leaf or sabre guards. The figure most often used is that of the folding or fixed fan. Simple, regular geometrical shapes are also employed.
As a rule the ornamentation inside the cartouche (usually a landscape) bears no relation to its shape. When the human face is used it has the curious effect of turning the cartouche into a sort of spyhole. The faces are usually caricatures and may represent either sex. Briefly, the defining characteristic of this whimsical genre in the hands of the Japanese is the unity of design they give it.
However discreet or outrageous in shape, all these cartouches give the impression of something light and

Japanische Kunst

KARTUSCHEN

Die Japaner verwenden Kartuschen oft, um sie nach chinesischer Manier wie zufällig auf eine Dekoration zu streuen, die sich ihnen unterordnen muss. Ihre Vielfalt belebt die sonst einheitlichen Zeichnungen des Grundes. Daneben verwenden sie Kartuschen in der Art der Verzierungen von Landkarten, indem sie sie in die Ecken ihrer illustrierten Blätter setzen. Durch einen einfachen Umriss wird die Form des Rahmens bestimmt, dessen Fläche eben ist. Die Formen können sehr ausgefallen sein. Es scheint merkwürdig und gegen jede Logik zu sein, die Form einer Kartusche von einem Schmetterling mit Antennen und ausgebreiteten Flügeln oder von einem ruhenden Vogel zu übernehmen. Die regelmäßigsten Formen stammen von Pflanzen, Wasserblättern oder Säbelheften, am häufigsten werden jedoch die Formen von faltbaren oder festen Fächern verwendet. Es gibt aber auch einfache geometrische Formen.
Die Füllung dieser Kartuschen hat keine Beziehung zu ihrer Form. Gewöhnlich handelt es sich um Landschaften. Die menschliche Gestalt zeigt sich auf besondere Weise, da der Rahmen hier eine Art Luke entstehen lässt. Meist erscheinen nur männliche oder weibliche Grimassenschneider. Trotz ihrer ausgefallenen Formen bleibt bei diesen Kartuschen eine gewisse Einheitlichkeit gewahrt. Ob ausgeglichen oder bizarr, verleihen sie dem Stück den Eindruck von spielerischer Beweglichkeit, als ob es sich um Spielmarken han-

Art japonais

CARTOUCHES

Les Japonais font usage de cartouches qu'ils sèment souvent à la manière des Chinois comme au hasard, sur une ornementation qu'ils relèguent au second plan. Leur heureuse diversion réveille l'uniformité des dessins de fond. Autrement ils disposent le cartouche à la façon des ornées de nos cartes géographiques, en le mettant à l'angle de leurs feuilles illustrées. C'est par un simple contour que le Japonais détermine la forme de son cartouche dont la surface est plane. Les formes sont l'objet de beaucoup de bizarreries. C'est un goût vraiment étrange que celui qui va, contre toute vraisemblance, emprunter les formes des cartouches au papillon aux ailes déployées et conservant ses antennes, à la silhouette de l'oiseau replié sur lui-même. Les formes les plus sages sont celles qui ont été fournies par le monde végétal, les feuilles d'eau, la garde des sabres. La figure de l'emploi le plus fréquent est celle de l'éventail à feuillets ou de l'éventail fixe. D'autres fois la forme utilisée est géométrique, simple et régulière.
L'ornementation intérieure de ces cartouches est, généralement, sans relation avec leur forme. Le plus souvent ce sont des paysages. La figure humaine se présente dans ces cartouches d'une façon singulière, car il semble que par elle le cadre restreint devient celui d'une espèce de lucarne. La plupart du temps les figures qui apparaissent dans les cartouches ne sont que celles de grimaciers de l'un et de l'autre sexe. En somme, la qualité maîtresse et

easily moved – a sort of chip or token. This is a great merit; moreover the variety of shape is a necessity when we consider the use to which these cartouches were put: they were often superposed in the finest lacquers in twos and threes without producing sufficient thickness to impair the unity of the ground.

delte. Hinzu kommt die Vielfalt der Formen, die unbedingt erforderlich ist, wenn man bedenkt, dass solche Kartuschen auf den feinsten Lackarbeiten oft zwei- oder dreifach übereinander gelegt werden, ohne dass deswegen die Einheit des Ganzen gestört würde.

signalétique de ce genre capricieux, c'est l'unité du plan qu'ils lui conservent. Ces cartouches aux formes plus ou moins sages, et plus ou moins risquées, produisent toujours l'impression que la pièce est légère, d'une facile mobilité, ce sont des jetons. C'est une grâce en pareille matière, comme aussi la variété des formes y est une nécessité en considérant l'usage que l'on fait des cartouches, souvent superposés dans les plus fins laqués par deux et trois, et sans qu'il en résulte une épaisseur assez forte pour nuire à l'unité du plan de fond.

36

Indian Art

NIELLO WORK AND ENGRAVED METAL

Most of the motifs in our plate would be difficult to date – as indeed are so many of the products of a civilization in which an immutable religious and political system was reflected, so far as the arts were concerned, in a kind of frozen perfection. Added to which, we have that typically Oriental faculty of exact imitation that enables them to turn out modern products looking just like antiques, though collectors usually prefer the latter. Nevertheless, one has to admire the organization, the discretion, and the eye for overall effect that distinguish these delicate metal decorations. The motifs illustrated here are all taken from everyday objects, as follows:

Nos. 1–6. Details from two narghiles or hookahs.

Nos. 7–9. Details of a ewer, a ewer bowl, and a perforated lid.

No. 10. Details of a ewer.

No. 11. Details of a dish.

36

Indische Kunst

NIELLO- UND GRAVIERTE METALLARBEITEN

Eine Datierung der meisten hier wiedergegebenen Motive ist schwierig, da die Kunstwerke dieser Kultur des Fernen Ostens, deren religiöses und politisches System kaum Wandlungen ausgesetzt ist, eine bestimmte Unbeweglichkeit aufweisen. Hinzu kommt die Fähigkeit aller Orientalen, die Dinge genau kopieren zu können, so dass sich moderne nur schwer von alten Werken, die der Sammler bevorzugt, unterscheiden lassen. Bewundernswert ist die weise Anordnung und die allgemeine Harmonie, die diese feinen Metalldekorationen auszeichnet.

Alle Motive stammen von Gegenständen des täglichen Gebrauchs:

Nrn. 1–6: Details von zwei Wasserpfeifen.

Nrn. 7–9: Details einer Wasserkanne, eines Wasserbeckens und eines durchbrochenen Deckels.

Nr. 10: Details einer Wasserkanne.

36

Art indien

NIELLES ET MÉTAUX GRAVÉS

Il serait difficile d'assigner une date à la plupart des motifs reproduits dans notre planche. Cette difficulté se présente presque toujours lorsqu'il s'agit des productions de cette civilisation de l'Extrême-Orient, où l'immuabilité du système religieux et politique a pour conséquence, du point de vue de l'art, une sorte d'immobilité. A cette cause vient se joindre cette faculté d'imitation exacte, si caractérisée chez les Orientaux, qui leur permet d'obtenir dans la fabrication des produits modernes l'aspect des ouvrages anciens, généralement plus estimés des amateurs. On admirera certainement l'ordre, la sagesse, l'entente de l'effet général qui distinguent ces délicates décorations de métaux. Voici la nomenclature des motifs réunis dans la planche, tous empruntés à des objets d'usage courant :

N°s 1–6 : Détails de deux narghilés.

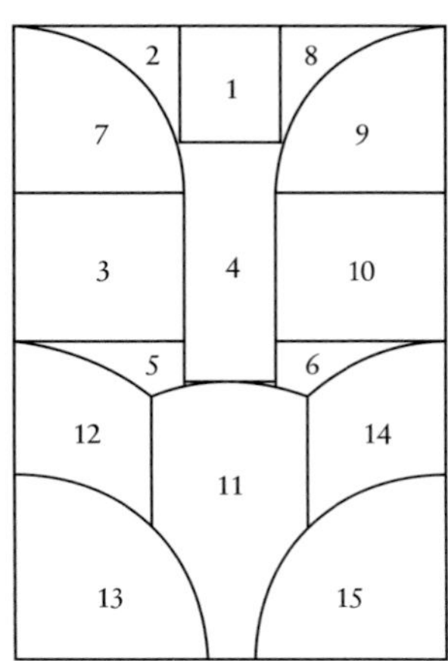

Nos. 12–15. Details of the belly of a ewer and dishes.

Nr. 11: Details einer Schale.
Nrn. 12–15: Details einer Wasserkanne und verschiedener Schalen.

Nos 7–9 : Détails d'une aiguière, d'un bassin d'aiguière et d'un couvercle ajouré.
N° 10 : Détails d'une aiguière.
N° 11 : Détails d'un plat.
Nos 12–15 : Détails d'une panse d'aiguière et de plats.

37

Indian Art

PAINTING AND NIELLO WORK

Most of the motifs reproduced here, typical of all the brilliant richness and harmony of the Oriental style, are taken from decorated weapons.
Nos. 1–4. Motifs taken from a bow.
Nos. 5 and 6. Dagger sheath.
Nos. 7 and 8. From the scabbard of a sword. **No. 9.** Motifs taken from a weapon. **Nos. 10–12.** Motifs on the neck of a bottle. **No. 13.** Motifs taken from a weapon.
No. 14. The border of a ewer.

37

Indische Kunst

MALEREIEN UND NIELLO-ARBEITEN

Die verschiedenen hier vereinten Motive stellen Waffendekorationen dar und zeigen den ganzen Reichtum und die Harmonie des orientalischen Stils.
Nrn. 1–4: Motive von einem Bogen.
Nrn. 5 und 6: Dolchscheide.
Nrn. 7 und 8: Abwicklung einer Schwertscheide. **Nr. 9:** Motiv auf einer Waffe. **Nrn. 10–12:** Motive auf einem Flaschenhals. **Nr. 13:** Motive auf einer Waffe. **Nr. 14:** Randleiste einer Wasserkanne.

37

Art indien

PEINTURES ET NIELLES

Les divers motifs reproduits ci-contre, dans lesquels brillent toute la richesse et toute l'harmonie du style oriental, servent à décorer des armes.
Nos 1–4 : Motifs tirés d'un arc. **Nos 5 et 6 :** Gaine de poignard. **Nos 7 et 8 :** Développement d'un fourreau d'épée. **N° 9 :** Motif tiré d'une arme. **Nos 10–12 :** Motifs tirés d'un col de bouteille. **N° 13 :** Motifs tirés d'une arme. **N° 14 :** Bordure d'aiguière.

6 2 12
1 7 3
13 9
10 11
14 5 4 8

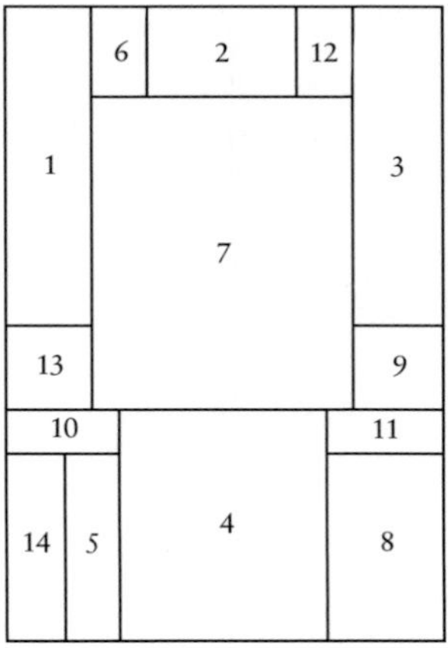

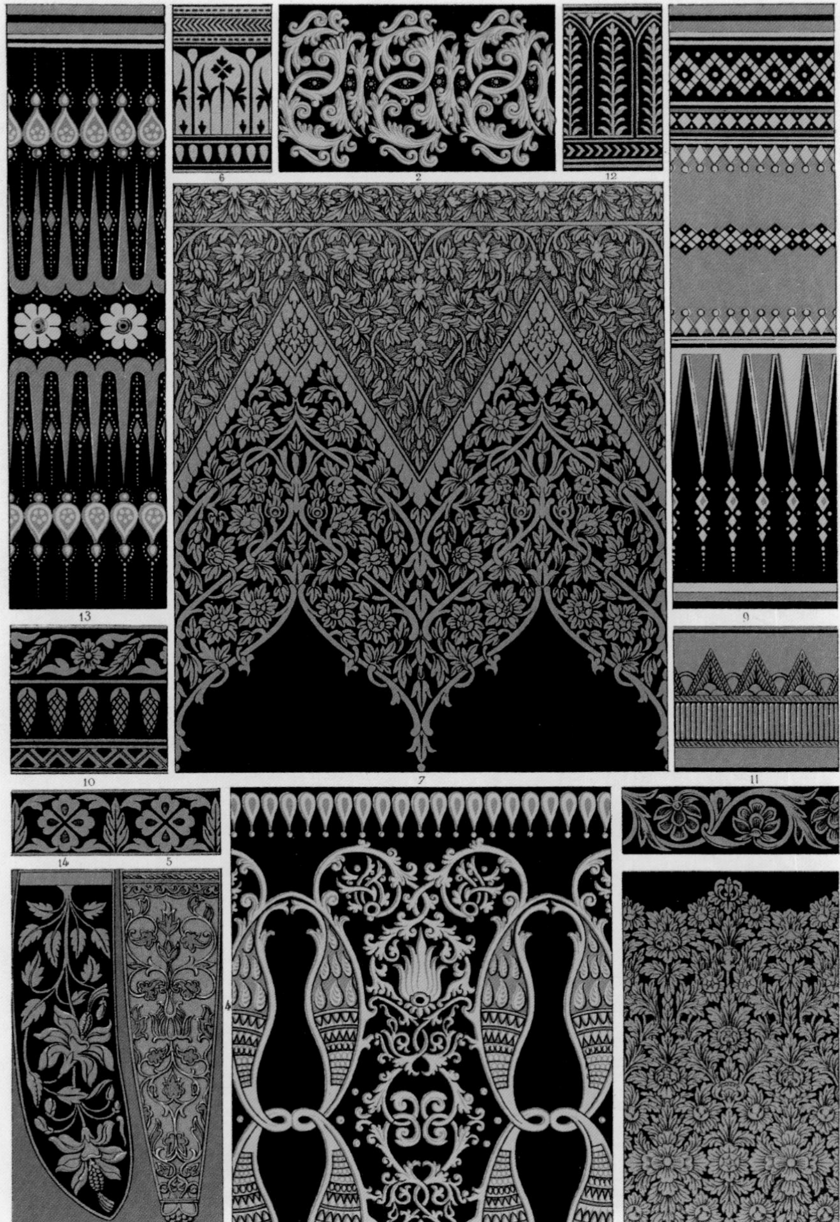
6
2
12
3
13
9
10
7
11
14
5
4
8

Lith. par Durin
FIRMIN-DIDOT FRÈRES FILS & Cie ÉDITEURS
Imp. Lemercier & Cie Paris

38

Indian Art

EMBROIDERY, PAINTING, AND NIELLO WORK: FLORA AND CONTINUOUS ORNAMENTS

No. 1. Embroidered fabric.
Nos. 2–23. Borders and backgrounds taken from manuscript paintings.
Nos. 24 and 25. Enamel work.
Nos. 26 and 27. Embroidery.
Nos. 28–31. Niello work.

38

Indische Kunst

STICKEREIEN, MALEREIEN UND NIELLOARBEITEN: PFLANZEN UND LAUFENDE MOTIVE

Nr. 1: Stickerei.
Nrn. 2–23: Bordüren und Hintergründe, nach Buchmalereien.
Nrn. 24 und 25: Zellenschmelzarbeiten.
Nrn. 26 und 27: Stickereien.
Nrn. 28–31: Nielloarbeiten.

38

Art indien

BRODERIES, PEINTURES ET NIELLES : FLORE ET ORNEMENTS COURANTS

N° 1 : Broderie d'étoffe.
N°s 2–23 : Bordures et fonds, d'après des peintures manuscrites.
N°s 24 et 25 : Emaux cloisonnés.
N°s 26 et 27 : Broderies.
N°s 28–31 : Nielles.

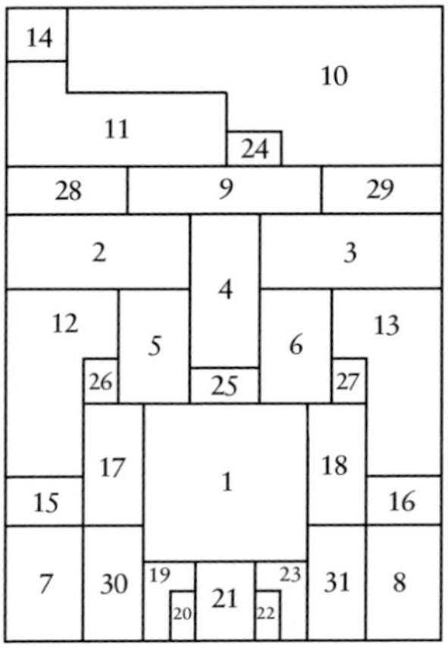

14 10 11 24 28 9 29 2 4 3 12 5 6 13 26 25 27 17 1 18 15 16 7 30 19 21 23 31 8 20 22

39

Indian Art

MODERN DECORATION

Without going into the general characteristics of this style, we shall simply list the motifs reproduced here according to what they are taken from:

No. 1. Painted wooden support.

No. 2. Fragment of an Indian shoe, embroidered and spangled on velvet.

No. 3. Fragment of an Indian shoe, embroidered with gold and mother-of-pearl on a velvet ground.

Nos. 4 and 5. Motifs taken from a dagger; the ground is in onyx, the cloisonné work in gold.

Nos. 6 and 7. Cup on pedestal.

Nos. 8 and 9. Borders from miniatures.

Nos. 10 and 11. Palms from fabrics, taken from miniatures.

No. 12. Tray (painted cardboard).

Nos. 13–15. Cups made of the same material.

Nos. 16–19. Decoration on objects of painted cardboard.

39

Indische Kunst

MODERNER DEKOR

Ohne auf die allgemeinen Merkmale dieses Stils zurückzukommen, werden hier die abgebildeten Motive ihrer Herkunft nach aufgezählt:

Nr. 1: Stütze aus bemaltem Holz.

Nr. 2: Teil eines indischen Schuhs, bestickter und mit Pailletten besetzter Samt.

Nr. 3: Teil eines indischen Schuhs, mit Gold und Perlmutt bestickter Samt.

Nrn. 4 und 5: Motive auf einem Dolch, Onyx-Grund, Goldcloisonné.

Nrn. 6 und 7: Schale auf kleinem Sockel.

Nrn. 8 und 9: Randleisten auf Miniaturen.

Nrn. 10 und 11: Palmen auf Stoffen, nach Miniaturen.

Nr. 12: Tablett (bemalter Karton).

Nrn. 13–15: Schalen aus demselben Material.

Nrn. 16–19: Dekor auf Gegenständen aus bemaltem Karton.

39

Art indien

DÉCOR MODERNE

Nous nous bornerons ici, sans revenir sur les caractères généraux de ce style, à une simple énumération des motifs reproduits d'après leur origine.

N° 1 : Support en bois peint.

N° 2 : Fragment de chaussure indienne brodée et pailletée sur velours.

N° 3 : Fragment de chaussure indienne brodée en or et nacre sur fond de velours.

N°s 4 et 5 : Motifs pris sur un poignard, fond onyx, cloisonnés or.

N°s 6 et 7 : Coupe sur piédouche.

N°s 8 et 9 : Bordures de miniatures.

N°s 10 et 11 : Palmes sur des étoffes, d'après des miniatures.

N° 12 : Plateau (carton peint).

N°s 13–15 : Coupes de même matière.

N°s 16–19 : Décors d'objets en carton peint.

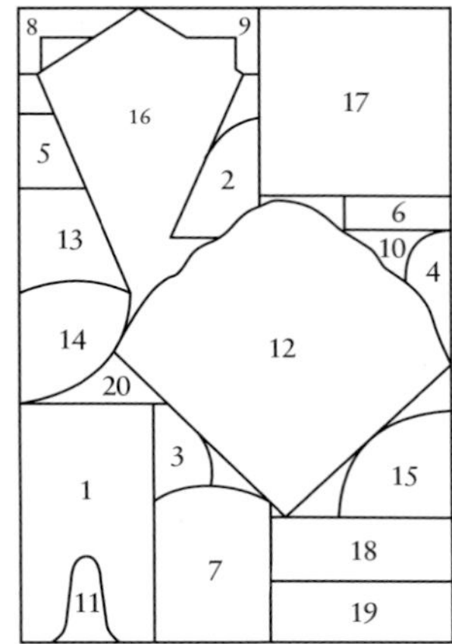

16
8
9
5
2
13
17
12
6
10
4
14
20
1
3
7
15
18
19
11

Indian Art

ENAMELLED COPPERWARE, CLOISONNÉ ENAMEL, NIELLO WORK, AND CHASED STEEL

The details reproduced here are from plates, cups, and vases manufactured in North India, specifically in Kashmir, Little Tibet, and Turkestan, an exception being the enamelled gold pendant (**no. 3**), which is from Rajputana, the home of the finest enamels produced in India.
The decoration on copperware varies depending on whether it is meant for the belly of a vessel or for the upper surface of plates and bowls. The compartments on circular surfaces are usually laid out radially; since the belly stands upright, its decoration is arranged vertically. In the two types of combination represented by **nos. 2, 4, 8, 10, 13, and 14** the ornamentation imparts a continuous decor to the object, the rounded effect coming from the repetition of one basic motif.

40

Indische Kunst

EMAILLIERTE KUPFER-, ZELLENSCHMELZ- UND NIELLOARBEITEN, STAHLZISELIERUNGEN

Diese Muster stammen von nordindischen Schüsseln, Schalen und Vasen, vor allem aus Kaschmir, aus dem „kleinen Tibet" und Turkestan, ausgenommen der Goldemail-Anhänger (**Nr. 3**), der aus Radschputana kommt, wo die schönsten indischen Emailarbeiten hergestellt wurden.
Die Dekoration der Kupfergegenstände wechselt je nachdem, ob es sich um Verzierungen auf Rundungen oder auf den Flächen von Schüsseln und Schalen handelt. Die Felder der kreisförmigen Flächen sind im allgemeinen strahlenförmig angeordnet; die Rundung einer Kanne erfordert eine vertikale Anordnung. Bei den beiden Kombinationsarten, die auf den **Nrn. 2, 4, 8, 10, 13 und 14** erkennbar sind, läuft das Muster weiter, wobei sich das Hauptmotiv wiederholt.

40

Art indien

CUIVRES ÉMAILLÉS, ÉMAIL CLOISONNÉ, NIELLES ET CISELURES DE L'ACIER

Ces ornementations sont empruntées à des plats, des coupes et des vases de l'Inde septentrionale. Elles proviennent particulièrement de la province de Cachemire, du petit Tibet, du Turkestan, sauf le bijou de suspension en or émaillé, **n° 3**, qui est du Radjpoutana où l'on produit les plus beaux émaux de l'Inde.
Le décor des objets en cuivre varie, en principe, selon qu'il s'agit de l'ornementation des panses ou de celle de la surface des bartan, les plats et les coupes. Les compartiments des surfaces circulaires sont généralement disposés en rayonnement ; la panse debout appelle leur disposition verticale. Dans les deux genres de combinaisons, représentées par les **n°s 2, 4, 8, 10, 13 et 14**, l'ornementation forme à l'objet un décor continu, dont la plénitude

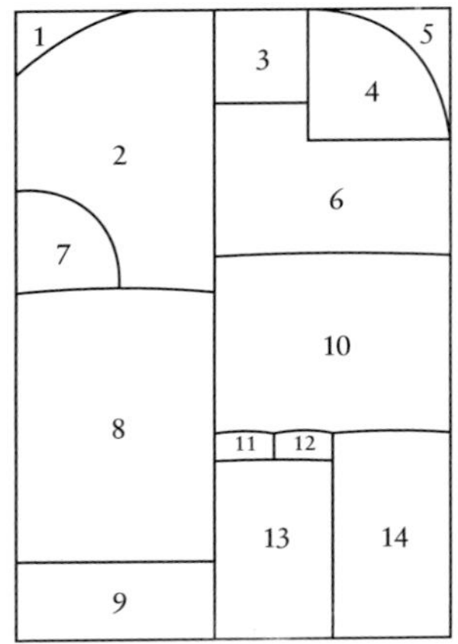

The robust candour of the other details in this series that do not incorporate niello work is particularly noteworthy. The method of enamelling is that used by the ancient Egyptians and is considered to be the earliest of all; the metal is cut away, leaving the design in the plane of the surface, the hollows are filled with enamel, and after firing the enamel is polished. The breadth of the design and the ingenuity of the combinations in **nos. 8, 10, and 13** illustrate this medium's decorative potential. In **no. 14** the copper is silver-plated. **Nos. 7 and 9** are taken from Indian armour; the steel is chased and the designs are gilded. In **no. 7** the gilding is surrounded by an engraved line filled with black, which gives a pleasant firmness to the design. **No. 3** is a delicate piece of enamelled gold jewellery.

Die Linienführung der weiteren Motive dieser Serie, die kein Niello aufweisen, ist bemerkenswert. Das Verfahren, nach dem das Kupfer emailliert ist, gilt als das älteste: es handelt sich um den Grubenschmelz der alten Ägypter. Man vertieft das Metall, indem man die Zeichnung stehen lässt, und füllt die Vertiefungen mit der Emailmasse, die nach dem Brennen poliert wird. Die **Nrn. 8, 10 und 13** zeigen, wie dekorativ dieses Verfahren sein kann. Bei **Nr. 14** handelt es sich um versilbertes Kupfer. Die **Nrn. 7 und 9** stammen von indischen Waffen aus Stahl, die ziseliert und mit vergoldeten Motiven verziert sind. Bei **Nr. 7** ist die Vergoldung zudem von einer schwarz überzogenen Gravur umgeben, die das Muster kräftiger hervortreten lässt. Der Goldemail-Anhänger (**Nr. 3**) ist eine besonders feine Arbeit.

est obtenue par la répétition d'un motif fondamental.
La robuste franchise des autres motifs de cette série, qui ne comportent pas l'addition des nielles, est particulièrement remarquable. Le procédé de l'émaillerie de ces cuivres est tenu pour le plus antique de tous, c'est celui de l'émail en table des anciens Egyptiens ; on creuse le métal en laissant le dessin à fleur, et on remplit les parties creusées avec la pâte des émaux, lesquels, après la cuisson, reçoivent un polissage. L'ampleur du dessin, et l'ingéniosité des combinaisons des **n°s 8, 10 et 13**, montrent combien ce genre est décoratif. Le no 14 est du cuivre argenté. Les **n°s 7 et 9** proviennent d'armures indiennes, dont l'acier est ciselé et les dessins dorés. Dans le **n° 7**, la dorure est contournée, en outre, par une gravure enduite de noir qui donne une fermeté utile en ce genre. Le **n° 3** est un bijou en or émaillé. C'est un cloisonné de la plus grande délicatesse.

41

Indo-Persian Art

APPLIQUÉ WORK,
PAINTED MOTIFS

The main detail here is a piece of Indian cloth-on-cloth appliqué work braided with white piping. In this special kind of patchwork the white piping outlines all the pieces, large and small; it defines the internal divisions at the same time as it ramifies the flower bouquets with stems that vibrate according to the intensity of the ground. This piping, which in the borders forms a continuous running design, has the same parti-

41

Indo-persische Kunst

APPLIKATIONEN,
GEMALTE MOTIVE

Das Hauptstück, eine indische Arbeit, ist mit Stoff-auf-Stoff-Applikationen verziert, die weiß eingefasst sind. Dieser weiße Besatz zeichnet den Umriss aller großen und kleinen Stücke nach und betont auch die Binnenzeichnung, zudem versieht er die Blüten je nach Untergrund mit mehr oder weniger schwungvollen Stengeln. Diese Umrandung, die in den Bordüren eine kontinuierliche Gerade bildet, erfüllt die gleiche Funktion wie

41

Art indo-persan

LE DÉCOR EN APPLIQUES,
MOTIFS PEINTS

Le fragment principal provient d'un décor composé avec des appliques de drap sur drap, soutachées par un gansé blanc. C'est un travail hindou. Dans cette marqueterie spéciale, le gansé blanc arrête le contour de toutes les pièces, grandes ou petites ; il en dessine les divisions intérieures, en même temps qu'il ramifie les floraisons avec des tiges plus ou moins vibrantes selon l'intensité des dessous. Ce gansé, qui dans les bordures forme un dessin courant

tioning function as the wire fillets in cloisonné enamel work. Its presence throughout the design serves to link the colours together by imposing an overall chromatic key. The design is strictly symmetrical and exemplifies the Indian preference for filling the available area. The division into major fields of colour gives the design life and vibrancy, though it is a discreet vibrancy in that the medium does not offer the same relief as embroidery, and the matt texture of the material used lacks the sheen of silk.
The four border motifs are Indo-Persian in style, as is the motif at the bottom of the plate, which is shown decorating the material of a tent. These five specimens are taken from 16th-century manuscript paintings.

eine Cloisonné-Arbeit; sie verbindet alle Farbtöne miteinander und verleiht dem Ganzen eine besondere Wirkung. Die Zeichnung ist streng symmetrisch und bedeckt nach indischer Weise sämtliche Flächen. Die Aufteilung in farbige Felder wirkt belebend und vermittelt Glanz; er ist nur schwach, da hier die Reliefwirkung der Stickereien fehlt und der matt glänzende Stoff nicht wie Seide schillert.
Die Randleisten und das Motiv unten auf der Tafel, das im Original einen Zeltstoff schmückt, sind indo-persischen Ursprungs. Die fünf Beispiele stammen aus einer schönen Handschrift des 16. Jahrhunderts.

fait l'office d'un cloisonné, et sert de lien entre tous les tons, en communiquant à l'ensemble une note générale, une chromatique particulière. Le dessin est étroitement symétrique et, selon le goût hindou, de plénitude parfaite, c'est-à-dire couvrant toutes les parties de la pièce. C'est par les grandes divisions des champs colorés que le décor s'anime, et vibre de l'éclat qui lui est propre : éclat discret d'ailleurs, ce genre n'offrant pas les reliefs de la broderie, et la matité du drap n'ayant point les chatoiements de la soie.
Les bordures qui accompagnent ce fragment hindou sont du caractère indo-persan, ainsi que le motif du bas de la planche qui, dans la peinture originale, figure sur l'étoffe d'une tente. Ces cinq spécimens proviennent de belles pages manuscrites, peintes au XVIe siècle.

42

Indo-Persian Art

DECORATIVE PATTERNS

These details are taken from a series of large-format paintings depicting scenes from history or legend and forming a unity to which, as yet, we lack the key. They are believed to date from the 16th century. The motifs we have selected come mainly from interiors of houses that are full of this kind of powerful ornamentation. Their firmness and clarity of design turn these decorative patterns into statements of truly outstanding interest.

42

Indo-persische Kunst

DEKORATIVE MUSTER

Diese Fragmente stammen aus einer Serie von Buchmalereien, die in großem Format historische oder romanhafte Szenen wiedergeben und eine Folge bilden, die noch nicht identifiziert ist. Sie entstanden wahrscheinlich im 16. Jahrhundert. Die hier vereinten Muster zieren vor allem Innenräume, die in den Malereien häufig dargestellt sind. Ihr kraftvoller und klarer Entwurf lässt sie besonders bemerkenswert erscheinen.

42

Art indo-persan

FORMULES DÉCORATIVES

Ces fragments sont empruntés à une série de peintures originales dont les pages, de très grand format, retracent des scènes historiques ou romanesques, et forment une suite dont, jusqu'à présent, on ne possède pas la clef. On les considère comme datant du XVIe siècle. Les fragments réunis ici proviennent surtout de l'intérieur de l'habitation, souvent représenté dans ces feuilles. Les détails d'une ornementation d'un caractère puissant y abondent. La fermeté claire du décor donne à ces affirmations un intérêt exceptionnel.

43

Indo-Persian Art

DECORATIVE PATTERNS

These motifs, from 16th-century manuscript paintings, show a kind of ornamentation whose clarity and decorative intensity make it of the very greatest interest. Here the strength or softness of the grounds throws into differentiated relief extremely simple motifs, mere repetition of which, backed up by this variety in the grounds, produces designs of opulent serenity. The middle rosette has all the primitive character of plaited rush work or of the kind of marquetry that uses mainly regular cubes. It constitutes an interesting type, made even more interesting by the fact that it is contemporary with the rosettes above and below it. Note that it is divided into five segments.

43

Indo-persische Kunst

DEKORATIVE MUSTER

Diese Motive stammen aus Buchmalereien des 16. Jahrhunderts, die eine besonders klare und eindrucksvolle Dekoration zeigen. Die kräftigen oder zarten Gründe geben den einfachsten Motiven eine je eigene Prägung, und allein das Prinzip der Wiederholung, zu dem der wechselnde Grund hinzukommt, genügt, um eine reiche und ausgeglichene Verzierung entstehen zu lassen. Die mittlere Rosette zeichnet sich durch den ursprünglichen Charakter von geflochtenem Schilf oder von Einlegearbeiten aus, die hauptsächlich mit regelmäßigen Würfeln geschmückt sind; sie ist umso interessanter, da sie zur gleichen Zeit wie die übrigen Rosetten entstanden ist. Man beachte, wie perfekt sie in fünf Partien aufgeteilt ist.

43

Art indo-persan

FORMULES DÉCORATIVES

Ces motifs proviennent de peintures de manuscrits du XVIe siècle. Elles comportent une ornementation dont la clarté et l'intensité décorative sont des plus intéressantes. La vigueur ou la tendresse des fonds font valoir ici différemment des motifs des plus simples et dont la seule répétition, secondée par la variété de ces fonds, suffit pour produire des décors d'une opulente sérénité. La rosace du milieu offre tous les caractères primitifs des tressés de joncs, et aussi des marqueteries où les cubes réguliers auraient la plus grande part ; c'est un type dont l'intérêt s'accroît par sa contemporanéité avec ses voisins. Cette rosace est ingénieusement divisée en cinq parties.

Indo-Persian Art

PAINTED ORNAMENTS, CONTINUOUS BORDERS

The motifs in this plate are from the same source as those in plates 42 and 43. This plate comprises mainly borders and as such rounds off the series, because borders were an extremely important element in Persian art; they were used frequently on the friezes and lintels of buildings, and few tapestry hangings were without their illuminated border.

As regards completing our study of this type of ornament (for which Persian ceramics with their immense clarity of design provide the detailed forms), we could have no more useful source than these manuscript paintings going back to the 16th century and showing us details on a quite exceptional scale. Not only do we find here a variety of examples of the colouring used in this kind of ornamentation; the painting itself is handled with tremendous decorative breadth. Note that a number of these borders have indigo grounds. In India, with the light being so much more intense, indigo generally serves to give an effect of black and is often used in place of it. This substitution contributes, of course, to the unity of the decor involved, unity being the overriding principle of Indo-Persian ornamental painting. These borders are so skilfully composed that the whole area is filled, without any interruption of continuity, either by the interweaving of foliated scrolls or by the device of placing meandering wreaths of smoke over a background of vegetal ornament.

44

Indo-persische Kunst

GEMALTE MUSTER, LAUFENDE BORDÜREN

Die Motive dieser Tafel sind gleichen Ursprungs wie jene der beiden vorhergehenden Tafeln 42 und 43. Die hier vereinten Randleisten, die die Serie vervollständigen, sind besonders wichtig bei diesem Genre. Auf Architekturfriesen und Architraven und um Wandteppiche einzurahmen, werden die ornamentalen Randleisten immer wieder gebraucht. Zur Vervollständigung unserer Analyse dieser Muster, deren Details die persischen Fayencen mit ihrer deutlichen Hervorhebung der Zeichnung liefern, sind die hier vereinten Stücke sehr nützlich, da sie einerseits ins 16. Jahrhundert zurückgehen, andererseits in außergewöhnlich großem Maßstab gehalten sind. Es handelt sich nicht nur um verschiedenste Beispiele für die diesen Mustern eigene Farbgebung, sondern die Malerei ist überdies in überwältigender dekorativer Fülle wiedergegeben. Für den Fond wird häufig Indigo verwendet. Im hellen indischen Licht ersetzt das Indigo bei gefärbten Stücken und auf Malereien gewöhnlich das Schwarz. Diese Verschiebung trägt zur Einheit der flachen Dekoration bei, die das Hauptprinzip der indo-persischen Ornamentmalerei darstellt. Die Zeichnungen der Randleisten sind so geschickt gestaltet, dass die Flächen sich ohne Unterbrechungen füllen, sei es durch Blattwerk, das in entgegengesetzte Richtungen läuft, sei es durch vielfältig sich überlagernde Rauchfahnen, die in einfallsreichen Mäandern die Flora des Grundes durchziehen.

44

Art indo-persan

ORNEMENTS PEINTS, BORDURES À DESSIN COURANT

Les motifs de cette planche sont de la même source que les ornements indo-persans des planches précédentes. Les bordures, dont celle-ci est principalement composée et qui complètent la série, sont d'une importance capitale en ce genre, où l'emploi du dessin des bordures est si fréquent dans les frises et les linteaux de l'architecture, ainsi que dans les tapis de tenture dans lesquels l'encadrement par des bordures historiées est presque de règle. Pour compléter l'étude des ornements de ce caractère, dont les faïences persanes avec l'affirmation si nette de leur dessin donnent les formes de détail, rien ne saurait être plus utile que les éléments fournis par ces peintures manuscrites, donnant des rudiments traités à une échelle exceptionnelle, et remontant au XVIe siècle. Non seulement on rencontre ici des exemples variés de la coloration propre aux ornementations de cette nature, mais la peinture en est formulée avec une grande ampleur décorative. En Inde, avec la vive lumière chaude, l'indigo suffit en général pour donner l'accent du noir, et le remplace souvent. Cet atermoiement contribue à l'unité du décor plan, qui est le grand principe de la peinture ornementale des Indo-Persans, dont les dessins sont si habilement agencés dans les bordures que les superficies se trouvent meublées tantôt par le double jeu des rinceaux mélangeant leur sens contraire, tantôt par la diversion de la superposition des fumées sillonnant des caprices de leurs méandres l'ornementation végétale des fonds.

45

Indo-Persian Art

MANUSCRIPT ILLUMINATION

This page from a 15th- or 16th-century Qur'an, resplendent with all the brilliance of oriental decoration, deserves closer analysis of the means employed to fill it with so much life and movement. What we have here (and it is not common in this type of ornamentation) is an extended and highly successful example of the double-tracery system.

This consists in laying down a background motif of delicate, regular plant tracery typical of Indo-Persian art and then laying on top of this another and quite different network of bands of varying thickness, beginning and ending in the form of tongues and featuring voluted knots (singly or in clusters). These bands thread their contorted way about the design like wreaths of pipe smoke. This is in fact precisely what they represent. The knots are the smoke curling in arbitrary spirals before disappearing after a few turns as it began, namely in tapering tongues. What the ornamentist has tried to express with all this swirling movement superimposed on a magnificent tapestry pattern is the feeling of someone tracing the combinations and harmonies of a fixed design through the shifting skein of the smoke from his pipe. In the border the smoke is sometimes pale pink, sometimes pale green; and the wisps are joined up in an arrangement that is formal yet full of movement. In the corner of the inner rectangle the smoke is light blue and wafts where it will; else-

45

Indo-persische Kunst

DEKORATIONEN IN HANDSCHRIFTEN

Diese Seite eines Korans aus dem 15. oder 16. Jahrhundert, die die ganze Pracht orientalischer Dekoration in sich vereint, verdient eine genauere Analyse der verwendeten Mittel, mit denen die in der Verzierung spürbare Bewegung erzielt wird. Das Außergewöhnliche dieser Ornamentik, das der Seite ihr besonderes Aussehen gibt, geht auf das Prinzip des Doppelmusters zurück.

Nach diesem Prinzip wird zunächst ein Hauptmotiv eingeführt, das hier durch regelmäßiges Rankenwerk mit blühender Vegetation gebildet wird, wie man dies von indo-persischen Dekorationen gewohnt ist. Darüber wird ein zweites Muster anderer Art gelegt, ein Netz, dessen unterschiedlich dicke Fäden zungenförmig beginnen und enden und in ihrem kurvenreichen Verlauf einzelne oder sich häufende geschnörkelte Knoten aufweisen. Der Lauf der Fäden erinnert an Verdrehungen, aber auch an Rauchfahnen. In den Knoten dreht sich der Rauch zu Spiralen und verschwindet, wie er begonnen hat, in zungenartigen Formen. Mit diesem Pfeifenrauch, der sich über ein prachtvolles Teppichmuster legt, wollte der Dekorateur zum Ausdruck bringen, wie ein Pfeifenraucher die harmonischen Kombinationen einer feststehenden Dekoration durch den sich kräuselnden Rauch seiner Pfeife verfolgt. In der Randleiste bildet der teils zartrosa, teils grünliche Rauch ein regelmäßiges, doch sehr bewegtes Netz. In der Ecke des in-

45

Art indo-persan

ORNEMENTATION DES MANUSCRITS

Cette page d'un Coran du XVe ou XVIe siècle, dans laquelle les splendeurs de la décoration orientale se montrent avec tant d'éclat, mérite que, par l'analyse des moyens employés, on cherche à se rendre compte de l'animation, du mouvement qu'on y sent circuler. C'est au système du double réseau, peu commun, et dont cette page nous montre une si large et si heureuse application, qu'est due la physionomie particulière de son ensemble.

Ce système consiste : 1° dans la construction du motif foncier comportant les évolutions régulières des délicats rinceaux de la végétation fleurie, habituelle aux Persans et aux Hindous ; 2° dans la superposition sur cette première ordonnance à trame végétale d'un second réseau de filets d'épaisseur variable, commençant et s'achevant en forme de langues, et offrant dans leur sinueux parcours des espèces de nœuds en volutes, isolés ou s'accumulant. Ces filets dont les évolutions ressemblent à des contorsions sont vaporeux comme une fumée ; les nœuds sont le tournoiement de cette vapeur aux spirales capricieuses qui, après plusieurs évolutions disparaissent comme elles ont commencé, sous forme de langue. Ce que le décorateur s'est proposé d'exprimer avec cette fumée circulant sur une ornementation qui est celle d'un magnifique tapis, c'est la sensation de l'Oriental suivant les combinaisons et les harmonies d'un décor fixe à travers la mobilité des méandres de la fumée de sa pipe. Dans la bordure, cette fumée,

where it is a browny-bronze colour. We find this pipe-smoke device in a number of our Indo-Persian motifs.

neren Rechtecks bewegt er sich hellblau in völliger Freiheit, während er sonst von dunkler, goldbrauner Farbe ist. Diesem Pfeifenrauch begegnet man in zahlreichen indo-persischen Mustern.

tantôt rose tendre, tantôt d'un vert léger, forme des filets reliés en une ordonnance régulière, et cependant très mouvementée. A l'angle intérieur du tapis, la fumée bleu clair circule dans la liberté de son caprice ; ailleurs elle devient d'un bistre mordoré. Nous retrouverons la fumée de pipe dans nombre de nos motifs indo-persans.

46

Indo-Persian Art

MANUSCRIPT ILLUMINATION

This is part of a page of a 15th- or 16th-century Qur'an. 'Oriental luxury' being what it is, however, and considering that this painting constitutes one of the most magnificent carpets imaginable, we are perhaps entitled to regard this piece of manuscript decoration not as a mere vignette but as a first-hand record of an object that did actually exist.

The principle underlying these ornaments is in fact the same as that of the decorative details on public buildings: its character is refined, as we see for example in the finest oriental ceramics used in architecture; and the original device (so dear to the Persians and even more so to the Indians) of interlocking two ornamental figures produces a double flower pattern like the one in the border shown here. The blue and gold grounds interpenetrate alternately, each time giving rise to a complete figure outlined in white, the most insulating colour there is.

Comparing this plate with the last, we get some idea of the varied

46

Indo-persische Kunst

DEKORATIONEN IN HANDSCHRIFTEN

Auch hier handelt es sich um die Dekoration einer Koranseite (15. oder 16. Jahrhundert). Da diese Malerei einen der prachtvollsten Teppiche darstellt, den man sich vorstellen kann, darf man hier wohl nicht nur von Buchschmuck, sondern auch von der Wiedergabe eines echten Teppichs sprechen.

Das Prinzip dieser Muster findet sich in den Detaildekorationen von Objekten wieder, die es besonders klar zeigen, wie zum Beispiel die schönsten in der Architektur verwendeten orientalischen Fayencen. Gemäß diesem Prinzip, das die Perser und besonders die Inder hochhielten, werden zwei Pflanzenmotive miteinander verknüpft, so dass ein Muster aus Blumen entsteht. Dies ist hier im breiten Rand zu sehen, in dem der blaue und der goldene Grund abwechselnd ineinander vordringen und gemeinsam eine vollständige Figur bilden, die jeweils durch einen weißen Umriss streng begrenzt ist; Weiß isoliert am besten von allen Farben.

Vergleicht man diese Seite mit der Malerei von Tafel 45, erhält man

46

Art indo-persan

ORNEMENTATION DES MANUSCRITS

Ce décor est celui d'une page de Coran du XVe ou XVIe siècle ; cette peinture constituant l'un des plus magnifiques tapis que l'imagination puisse rêver, il semble que l'on puisse considérer cette décoration manuscrite, non plus comme une vignette, mais comme le souvenir direct d'un objet qui a existé. Le principe de ces ornements est d'ailleurs le même que celui des décorations de détail, dans les monuments où leur caractère est épuré, comme on le voit, par exemple, dans les plus belles faïences orientales employées dans l'architecture, et où le mode original, cher aux Persans et plus particulièrement encore aux Hindous, de l'enchevêtrement de deux figures d'ornement, à physionomie végétale, produit en renversement deux fleurs en contrepartie, comme on le voit ici dans la grande marge où les fonds bleus et les fonds d'or se pénètrent en alternant, offrant chacun une figure complète, fermement cloisonnées toutes deux par un contour blanc, le ton le plus isolateur de tous. En rapprochant cette page de

resources of this genre. In plate 45, with its double-tracery design (one vegetal, one of pipe-smoke), the artist used his second web of tracery rather in the manner of insects disturbing the surface of a pool of water; looking at it, the eye finds the background tracery slightly confusing. On this page, where no smoke tracery appears in the broad margin, the design is all firmness and clarity. In each case the ornamentist's intentions are nicely demonstrated. At the same time we find chromatic differences between the two pages, both equally opulent, both by the same hand and yet not at all alike.

einen Eindruck von den vielfältigen Möglichkeiten, die dieses Verfahren bietet. Beim vorhergehenden Beispiel mit dem Doppelmuster, bei dem sich das obere mit dem unteren Muster nicht vermischt, sondern die verzierte Fläche mit Fäden durchzieht, deren Bewegungen jenen des Pfeifenrauchs gleichen, gelang es dem Künstler, das untere Pflanzenmuster unklar erscheinen zu lassen, wie etwa Wasserspinnen die Oberfläche eines Sees, über den sie huschen, trüben. Hier hingegen, wo der Rauch im breiten Rand nicht vorkommt, verdeutlicht sich alles auf eine Weise, in der die Absicht des Dekorateurs klar zu erkennen ist. Zugleich kann man die Unterschiede in der reichen Farbgebung beobachten, die zwischen den beiden Malereien desselben Künstlers bestehen.

la peinture de la planche 45, on peut se rendre compte des ressources variées du genre. Dans l'ornementation où nous avons signalé la présence d'un double réseau, celui qui occupe le plan supérieur ne se mélangeant pas à l'autre, et sillonnant la surface ornée avec les filets d'une vapeur, dont les évolutions et les contorsions sont celles de la fumée de la pipe, l'artiste a fait en sorte que – le réseau supérieur sillonnant le décor végétal comme le feraient des arachnides qui troubleraient la surface de l'eau – le plan inférieur de son décor soit en effet d'une certaine confusion pour les yeux. Dans la page présente, où le réseau de fumée ne figure plus dans la grande marge, tout s'affirme, au contraire, avec une fermeté, une netteté, qui démontre bien l'intention du décorateur dans les deux cas. En même temps, on peut observer les modifications de la chromatique entre ces deux pages, également riches et point semblables, émanant de la même main.

47

Indo-Persian Art

MANUSCRIPT ILLUMINATION: CLOISONNÉ ENAMEL WORK

The **no. 1** is a painted motif from a richly decorated Qur'an painted by Mir-Imad, first calligrapher to Shah Abbas I and the man responsible for the lovely margin arabesques reproduced in plate 49. The exquisite Persian dagger of which we show the pommel, the handle, the beginning of the damascened blade, and the sheath (**no. 2**) is nothing short of a work

47

Indo-persische Kunst

DEKORATIONEN IN HANDSCHRIFTEN: ZELLENSCHMELZARBEITEN

Die prachtvolle Einrahmung (**Nr. 1**) stammt aus einem Koran, den Mir-Imad, erster Kalligraf von Schah Abbas I., malte; derselbe Künstler schuf auch die Randarabesken auf Tafel 49.
Der schöne persische Dolch, von dem der Griff, die Oberansicht des Knaufs, der Anfang der damaszierten Klinge und die Scheide abgebildet sind (**Nr. 2**), gehört zu jenen

47

Art indo-persan

ORNEMENTATION DES MANUSCRITS : ÉMAUX CLOISONNÉS

La décoration de page (**n° 1**) provient d'un Coran. Cette riche ornementation, de premier ordre en son genre, a été peinte par Mir-Imad, qui nous a fourni les belles arabesques marginales de la planche 49, et qui était le premier calligraphe de Shah Abbas Ier. Le joli poignard persan dont nous donnons la poignée, avec le dessus du pommeau à part, et la naissance

Schmidt, lith.
Imp. Firmin-Didot&Cie Paris

of art. The material is ivory inlaid with metal wires for the foliated scrolls and the compartments of the cloisonné enamel ornament. Sheathed, the weapon is 11.6 in. in length.

The other dagger (**no. 3**), enamelled by the older champlevé method, is Indian. It comes in fact from Rajputana, which has produced the finest enamels of all India – which is to say of the entire world. This beautiful weapon with its remarkable unity of decoration combined with forceful colouring will surely cast no doubt on this claim. The dagger measures 17.6 in. in length.

erlesenen Waffen, die wahre Kunstwerke sind. Der Griff besteht aus Elfenbein, das mit Metallfäden für das Rankenwerk und die Begrenzungen der mit Email eingelegten Felder verziert ist. Mit der Klinge in der Scheide ist diese Waffe 29 cm lang.

Der andere, in der älteren Grubenschmelztechnik verzierte Dolch (**Nr. 3**) ist indischer Herkunft. Er stammt aus Radschputana, wo man die schönsten Emailarbeiten Indiens, wenn nicht der Welt herstellte. Auch diese 44 cm lange Waffe mit ihren kräftigen und dennoch harmonischen Farben wird diese Feststellung nicht widerlegen.

de la lame damasquinée, et à côté le fourreau de cette lame, (**nº 2**) est une véritable œuvre d'art. La matière est de l'ivoire incrusté de fils métalliques traçant les rinceaux et les compartiments de l'ornementation, enrichie d'émaux cloisonnés par le métal. Cette belle arme mesure 29 cm de hauteur, avec la lame dans le fourreau.

L'autre poignard, (**nº 3**) d'un principe plus antique, décoré d'émaux en champ levé, est de fabrication indienne. C'est un des produits du Radjpoutana, où se font les plus beaux émaux de l'Inde, qui sont, en réalité, ainsi que nous avons eu l'occasion de le dire déjà, les plus beaux du monde entier ; et ce n'est assurément pas cette belle arme, décorée avec une si remarquable unité dans sa puissante coloration qui fera invalider cette assertion. Elle mesure 44 cm de hauteur.

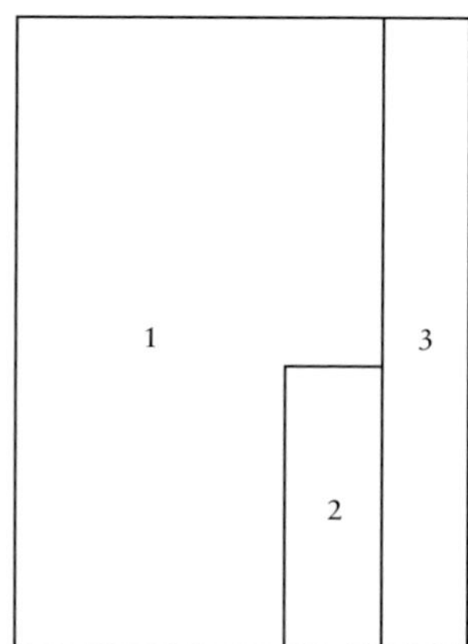

Indo-Persian Art

MINIATURES, NIELLOED COPPER: FUNDAMENTAL PRINCIPLES OF ORNAMENTATION

No. 1 is a remarkably sophisticated piece of work representing a decorated window frame, in the aperture of which a silk blind is shown partly raised to make room (in the original) for the bust portrait of some Rajput prince of the Mogul period. The portion of this elegant composition reproduced here is (with the exception of the silk blind, of course) repeated below to complete the frame. This is a standard type of miniature-portrait frame. The underlying idea of the decoration around an outside window comes out in the architectural structure; in fact it is the basic laws of stone and wooden construction that dictated the division into four ornamented panels within an enclosing frame.

Indo-persische Kunst

MINIATUREN, NIELLIERTES KUPFER: HAUPTPRINZIPIEN DER ORNAMENTIK

Das Hauptmotiv, der Rahmen **Nr. 1**, gehört zu einer außergewöhnlichen Dekoration. Er dient als äußere Verzierung für ein Fenster, in dessen Öffnung im Original bei hochgezogenem Seidenvorhang ein radschputischer Prinz aus der Mogulzeit in Halbfigur erscheint. Der elegante, symmetrisch ge-schmückte Rahmen setzt sich nach unten durch die Wiederholung des abgebildeten Teils (ohne den Vorhang) fort. Diese Art der Einrahmung eines Miniaturporträts ist typisch. Die Ornamentik eines von außen gesehenen Fensters muss den Prinzipien des architektonischen Aufbaus gehorchen. Die Stein- oder Holzbauweise mit ihren einfachen Gesetzen lieferte dem Dekorateur die Aufteilung in vier Felder, die

Art indo-persan

MINIATURES, CUIVRE NIELLÉ : PRINCIPES SUPÉRIEURS DANS L'ORNEMENTATION

Le motif principal de l'encadrement **n° 1** comporte un décor remarquable et représente la parure extérieure d'une fenêtre, dans l'ouverture de laquelle, le store de soie étant suffisamment relevé, le miniaturiste fait apparaître dans l'original, le portrait à mi-corps d'un seigneur hindou, quelque prince rajpoute de l'époque des Mogols. L'ensemble de ce décor, d'une symétrie régulière et formant un cadre de forme élégante, se complète par la répétition en contrepartie du fragment représenté, et, bien entendu, sans celle du store tombant. Ce genre d'encadrement du portrait-miniature est typique. L'idée fondamentale de l'ornementation d'une fenêtre à l'extérieur devait s'affirmer par une distribution conforme aux principes de la

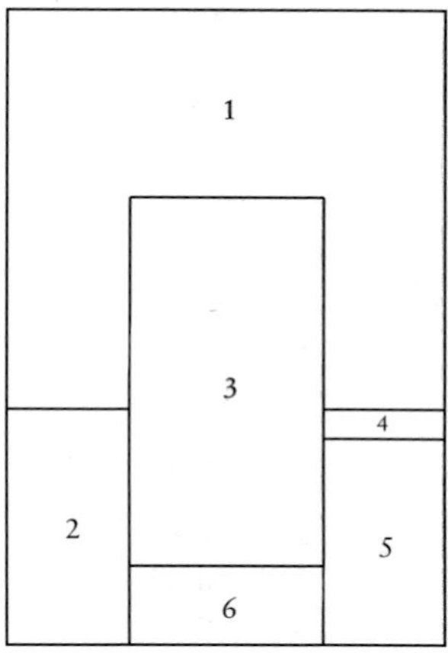

Nos. 2–5 are manuscript paintings, each showing a main motif edged with borders. In character these ornamental details are related above all to textile design. The borders are like braiding, and the broad lines of the ornamentation have the look of appliqué work laid on an embroidered ground and surrounded with white piping. For all their abundance of detail, these compositions are strictly symmetrical. They could have been treated as effectively on a larger scale.
Finally, **no. 6** shows a repetitive frieze motif engraved in copper and nielloed.

von einer Randleiste eingefasst werden.
Die **Nrn. 2–5** stellen Malereien aus Handschriften dar, bei denen je ein Hauptmotiv von Randleisten eingerahmt ist. Der Charakter dieser Ornamente entspricht jenem von Stoffdekorationen. Die Bordüren erscheinen als Tressen, und die Hauptlinien der Verzierung sehen wie weißer Litzenbesatz auf besticktem Grund aus. Trotz all ihrer Vielfalt ist die Anordnung auch hier symmetrisch, und die Motive könnten ebenfalls in größerem Maßstab verwendet werden.
Bei **Nr. 6**, einem sich bandartig wiederholenden Motiv, handelt es sich um eine Nielloarbeit auf Kupfer.

construction architecturale ; ce sont, en effet, les lois de la construction en pierre ou en bois, dans ce qu'elles ont de plus simple et de plus élémentaire, qui ont fourni au décorateur les lignes distributives des quatre panneaux de son ornementation, contenue dans la bordure d'un encadrement général.
Les **n°s 2–5** sont des peintures de manuscrits, offrant chacune un motif principal limité par des bordures. Le caractère de ces ornementations est surtout celui de la décoration des étoffes ; les bordures semblent des galons, et les grands linéaments de l'ornementation ont la physionomie de soutachés gansés de blanc, et appliqués sur des fonds de broderie. Malgré cette richesse, la construction ornementale est symétrique, et ces motifs aussi pourraient être traités à une échelle supérieure sans dommage.
Le **n° 6**, donnant le dessin d'un motif à répétition se développant en frise, est un ornement gravé et enduit.

49

Persian Art

MANUSCRIPT ILLUMINATION: MARGIN DECORATIONS

These margin decorations are from a superb manuscript edition of the poems of Saadi, calligraphed at Shiraz by Schams and painted by Mir-Imad in 1609, during the reign of Shah Abbas I. Saadi (1213/19–1292) was one of Persia's greatest poets. It was from him that the French writer La Fontaine borrowed the fable *The Grasshopper and the Ant*, although in Saadi's

49

Persische Kunst

BUCHMALEREIEN: RANDVERZIERUNGEN

Diese Randverzierungen sind einer prachtvollen Handschrift mit den Gedichten Saadis entnommen, die von Schams in Schiras geschrieben und 1609, zur Zeit von Schah Abbas I., von Mir-Imad illuminiert wurde. Saadi (1213/19–1292) gilt als einer der größten persischen Dichter. Auf seine Fabel von der Nachtigall und der Ameise geht Lafontaines

49

Art persan

PEINTURES DES MANUSCRITS : L'ORNEMENTATION MARGINALE SELON LA NATURE DES TEXTES

Ces décorations de marges proviennent d'un magnifique manuscrit des poésies de Saadi, calligraphié à Schiraz par Schams, et peint par Mir-Imad en 1609, du temps de Shah-Abbas Ier. Saadi (1213/19–1292) est l'un des plus grands poètes de Perse. C'est à lui que nous devons *La cigale et la fourmi* de notre fabuliste, qui chez Saadi sont un rossignol et une fourmi.

original the grasshopper was a nightingale.

The decorations reproduced here are of a highly deliberate character and in their delicacy bear no relation to the facile doodles of the run-of-the-mill illuminator which so often replaced them. Each of our motifs is a logical composition almost in the manner of a piece of discreetly enamelled goldsmith's work. The elegant, sweeping foliage is skilfully distributed in such a way as to equalize the light showing through the interstices; at the same time the solid areas formed by the conventionalized flower heads provide visual reference points, giving the design richness without robbing it of lightness.

In two of these examples the foliage unfolds in a single plane. The other two are double-tracery designs of the kind we looked at in plate 45, the vegetal tracery being overlaid with a meandering pipe-smoke motif. The latter is treated here in the manner of gold cloisonné work in a series of colours dominated by the beautiful blue of the lapis lazuli of which Persia was the world's supplier. The religious ban on Muslim artists depicting men, animals, insects, and even actual flowers clearly did not prevent an artist of Mir-Imad's calibre from generating a certain amount of excitement and feeling. A genuinely artistic people will always find a way of making its material products in some way reflect its inner being.

berühmte Fabel *Die Grille und die Ameise* zurück.

Die hier abgebildeten Randverzierungen zeichnen sich durch ihre Kraft aus und sind nicht zu vergleichen mit den wertlosen Malereien, durch die sie oft ersetzt wurden. Jede Umrahmung stellt eine auf das Ideal eines zurückhaltend emaillierten Goldschmucks hin entworfene Konstruktion dar. Das elegante Rankenwerk lässt durch sein Gitter genügend Licht eindringen, und die konventionellen Blumenmuster vermitteln einen Eindruck von Dichte, ohne schwerfällig zu wirken.

Auf zwei Rändern ist Blattwerk zu sehen, das sich auf einer Ebene entwickelt. Die beiden anderen zeigen zwei übereinander liegende, deutlich unterscheidbare Ebenen. Die Pflanzenmotive ordnen sich unter, und die darüber liegenden Wolkenmäander stellen, wie schon bei der indo-persischen Tafel 45 erklärt, Pfeifenrauch dar. Die Wölkchen sind hier in der Art von Goldemail in wechselnden Tönen gehalten, bei denen das in Persien weitverbreitete Lapislazuliblau dominiert. Die religiösen Vorschriften, die den Mohammedanern jegliche Darstellung von Lebewesen oder belebten Dingen, vom Menschen bis zum Vogel, vom Insekt bis zur Blume, verbieten, hinderten den Ornamentkünstler nicht daran, gewisse Emotionen hervorzurufen, wie die Randverzierungen Mir-Imads zeigen. Ein künstlerisch veranlagtes Volk wird immer einen Weg finden, um sich frei auszudrücken.

Les décorations marginales représentées ici sont d'un caractère fortement voulu, et leurs délicatesses n'ont rien à voir avec les débauches des pinceaux faciles des enlumineurs de pacotille. Chacun de nos encadrements est une construction, logique dans l'idéal d'une espèce d'orfèvrerie discrètement émaillée ; et les grands et élégants rinceaux donnent lieu à des déductions savamment réparties, pour procurer à la claire-voie des pénétrations de lumière d'une valeur égale ; en même temps que les parties pleines de la floraison, toute conventionnelle assurent l'opulence de l'ensemble sans nuire à la légèreté.

Deux de ces marges sont composées d'un feuillage se développant sur un seul plan. Les deux autres offrent deux enchevêtrements distincts et se superposant. La trame végétale est inférieure, et ainsi que nous l'expliquons dans la planche indo-persane 45, le beau méandre aux formes nuageuses qui passe au-dessus, c'est la fumée de la pipe. L'ingénieux sillon en floconneux développements est ici traité en orfèvrerie cloisonnée, aux tons changeants. La note dominante est de ce beau bleu du lapis-lazuli dont la Perse a été le magasin général. Les prescriptions religieuses qui ont interdit aux mahométans la représentation des êtres et des choses animés, depuis l'homme jusqu'à l'oiseau, depuis l'insecte jusqu'à la fleur, n'empêchent pas l'ornemaniste de parvenir à procurer certaines sensations, comme on peut en juger par les marges de Mir-Imad. Un peuple véritablement artiste trouve toujours le moyen d'imprimer à ses productions matérielles quelque reflet de son être intime.

50

Persian Art

PRINTED FABRICS: FLORAL AND ANIMAL DESIGNS

So-called 'Persian' fabrics have long been popular in the West, where they still play an important part in the popular home-furnishing trade. Particularly during the 18th century, European manufacturers producing such fabrics enjoyed quite a boom. Even in our own century, however, their use is sufficiently widespread to justify our reproducing the finest original models in order to keep up the standard of imitation and prevent the genre from becoming debased. Our plate shows various fabric fragments of eastern manufacture in which the Persian style properly so-called seems at points to come close to the art of the Indian subcontinent. The fragments show Persian flora, animal figures (mainly birds), and even the human figure treated in a manner that steers a middle course between imitation of nature and decorative convention. In some cases the motifs are launched freely into space as if at random; in others they are organized in the form of a regular ornamental composition, as in the fragment shown at bottom left.

50

Persische Kunst

BEDRUCKTE STOFFE: BLUMEN- UND TIERMUSTER

Seit langem erfreuen sich die so genannten persischen Stoffe in Europa großer Beliebtheit und spielen bei der Wohnungsausstattung eine wichtige Rolle. Während des 18. Jahrhunderts wurden sie in französischen Werkstätten oft nachgeahmt, und die moderne Industrie greift allzu gern auf sie zurück. Um das Charakteristische dieses Genres zu bewahren und der Gefahr zu großer Abweichung zu begegnen, sollen hier die besten Originalvorlagen abgebildet werden.

Auf den orientalischen Stoffen dieser Tafel, deren persischer Stil sich manchmal der indischen Kunst anzunähern scheint, findet man vereint: persische Flora, Tierfiguren (vor allem Vögel) und selbst menschliche Gestalten. Die Darstellung steht genau zwischen Naturnachahmung und konventioneller Dekoration, und die Figuren sind teilweise frei und wie zufällig über die Fläche verteilt, teilweise zu regelmäßigen ornamentalen Formen zusammengestellt, wie etwa auf jenem Stoff, der sich auf der Tafel unten links befindet.

50

Art persan

TOILES IMPRIMÉES : FIGURES DE FLEURS ET D'ANIMAUX

Nous n'avons pas besoin de rappeler ici la faveur dont, depuis longtemps, jouissent chez nous les étoffes dites perses, et le rôle qu'elles jouent encore dans l'ameublement usuel. C'est surtout au XVIIIe siècle que l'imitation de ces tissus par la fabrique française a pris un développement considérable ; mais l'industrie moderne en fait encore trop d'usage pour qu'il ne soit pas utile, afin de conserver le caractère du genre et de l'empêcher de dévier, d'en reproduire les meilleurs modèles originaux.

Dans les fragments d'étoffes que représente la planche ci-contre, étoffes de fabrication orientale, où le style persan proprement dit semble se rapprocher en quelques points de l'art indien, on trouvera réunies : la flore persane, les figures d'animaux (d'oiseaux particulièrement), et même la figure humaine, traitées dans une manière qui tient un juste milieu entre l'imitation naturelle et la convention décorative, et tantôt jetées librement et comme au hasard dans l'espace, tantôt groupées dans une forme d'ornement régulière, comme dans le fragment bas de la planche, à gauche.

Persian Art

NIELLO DECORATION

The dark backgrounds in these ornaments are obtained by hatching and coating, as seen in **no. 1.** Consequently they are not solid, as it would appear from the reduced scale of our reproductions, which means that their effect is even richer and more harmonious on the actual objects.
Nos. 1 and 2. Backgrounds taken from a basin.
Nos. 3 and 4. Background border patterns taken from vases.
Nos. 5 and 6. Continuous fields.
Nos. 7–12. Borders taken from a basin.
No. 13. Borders taken from a tobacco box.
No. 14. Borders of a vase.
No. 15. Cartouche taken from a bowl.

51

Persische Kunst

NIELLO-DEKORATIONEN

Der schwarze Grund dieser verschiedenen Ornamente wird durch eingelegte gekreuzte Linien erzielt, wie es bei Motiv **Nr. 1** zu sehen ist. Das Schwarz ist also nicht so gleichmäßig, wie es in der Verkleinerung erscheinen mag, und wirkt in Wirklichkeit noch reicher und harmonischer.
Nrn. 1 und 2: Fonds zweier Becken.
Nrn. 3 und 4: Muster gewinkelter Hohlleisten-Fonds, nach Vasen.
Nrn. 5 und 6: Laufender Fond.
Nrn. 7–12: Randleisten auf einem Becken.
Nr. 13: Randleisten auf einem Tabakstopf.
Nr. 14: Randleisten auf einer Vase.
Nr. 15: Kartusche auf einem Becken.

51

Art persan

DÉCORATIONS NIELLÉES

Les fonds noirs de ces divers ornements sont obtenus par des lignes croisées et enduites, comme on le voit dans le motif **n° 1.** Le noir de ces fonds n'est donc pas absolu, comme la proportion de nos réductions nous a contraint de le faire ; de là un effet plus riche encore et plus harmonieux.
N°s 1 et 2 : Fond pris sur un bassin.
N°s 3 et 4 : Développements de fonds de gorges en angles, d'après des vases.
N°s 5 et 6 : Fond courant.
N°s 7–12 : Bordures prises sur un bassin.
N° 13 : Bordures prises sur un pot à tabac.
N° 14 : Bordures sur un vase.
N° 15 : Cartouche pris sur un bassin.

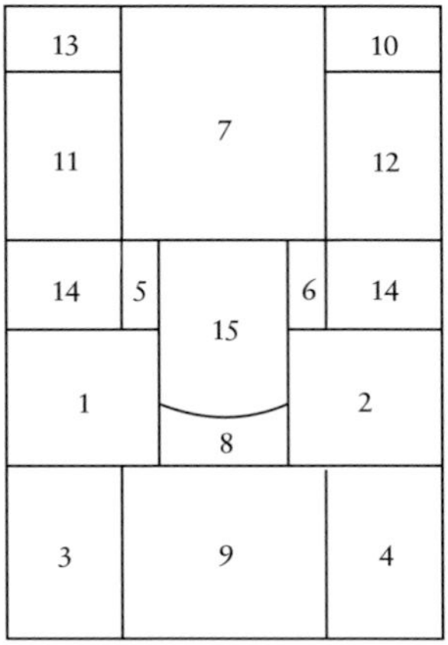

<table>
<tr><td>13</td><td colspan="3" rowspan="2">7</td><td>10</td></tr>
<tr><td>11</td><td>12</td></tr>
<tr><td>14</td><td>5</td><td rowspan="2">15</td><td>6</td><td>14</td></tr>
<tr><td colspan="2" rowspan="2">1</td><td colspan="2" rowspan="2">2</td></tr>
<tr><td>8</td></tr>
<tr><td>3</td><td colspan="3">9</td><td>4</td></tr>
</table>

52

Persian Art

CERAMICS

The motifs assembled here give a very good idea of the system of decoration generally employed on Persian ceramic ware. This is usually based on pure arabesque, often in conjunction with ornamental flowers more or less resembling natural types. Among them the rose, marigold, tulip, hyacinth, etc. are easily recognizable. Sometimes this decor provides the setting for some fantastic creature, such as the bird in the middle of the splendid dish at top centre (**no. 1**).

Nos. 1–10. Plates and dishes.
Nos. 11–14. Glazed tiles.

52

Persische Kunst

FAYENCEN

Die verschiedenen Motive auf dieser Tafel vermitteln ein recht genaues Bild der Dekoration, die die persischen Fayencen gewöhnlich zeigen.
Die Dekoration geht meist von reinen Arabesken aus, die oft mit Blumenmotiven kombiniert werden. Unter den Blumen, die mehr oder weniger naturnah gezeichnet sind, lassen sich die Rose, die Sammetblume, die Tulpe, die Hyazinthe usw. leicht erkennen. Manchmal wird die Dekoration durch irgendein Fabeltier belebt, wie etwa den Vogel, der die Mitte der prachtvollen Schale **Nr. 1** ziert.

Nrn. 1–10: Schalen.
Nrn. 11–14: Glasierte Verkleidungsplatten.

52

Art persan

FAÏENCES

Les divers motifs dont se compose la planche ci-contre peuvent donner une idée exacte du système de décoration généralement employé dans les faïences persanes.
Il procède le plus souvent de l'arabesque pure, combinée fréquemment avec la fleur d'ornement, dont le dessin se rapproche plus ou moins de types naturels, parmi lesquels il est facile de reconnaître la rose, l'œillet d'Inde, la tulipe, la jacinthe, etc. Parfois aussi ce décor s'anime de quelque animal chimérique, tel que l'oiseau qui occupe le centre du magnifique plat **n° 1**.

Nos 1–10 : Plats.
Nos 11–14 : Plaques de revêtements vernissées.

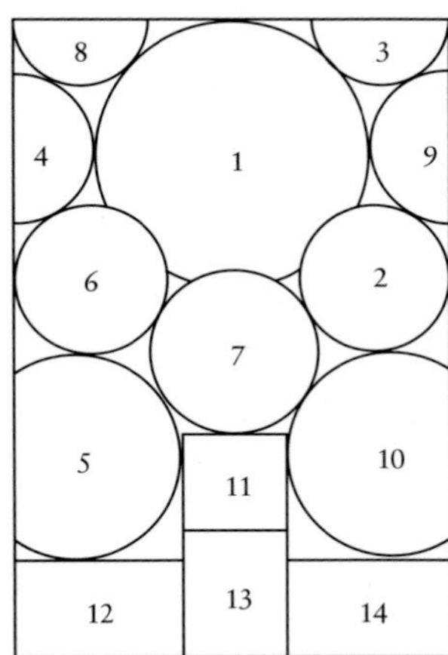

53

Persian Art

TAPESTRY AND CONTINUOUS ORNAMENTS

The carpet illustrated here dates from the heyday of Persian art, the 16th century. The natural flowers used so often by the Persians play a very minor part here; the conventional flora, on the other hand, is represented in all its splendour. This carpet features the principal varieties of the Oriental palm. The colour composition is typical and extremely successful.
The nine continuous ornamental motifs are taken from two different copies of the *Shah-nameh* (see plate 54). They are composed of highly interesting geometrical elements, although as far as this type of ornament is concerned the Persians have never really been a match for the Arabs or Moors.

53

Persische Kunst

WANDTEPPICHE UND LAUFENDE MOTIVE

Der abgebildete Teppich gehört in die Blütezeit der persischen Kunst, das heißt ins 16. nachchristliche Jahrhundert. Naturalistische Blumen, die die Perser sonst oft verwenden, spielen hier nur eine Nebenrolle, während die konventionelle Flora voll zur Geltung kommt. Der Teppich weist die wichtigsten Varianten der orientalischen Palme auf; typisch ist auch die gelungene Farbverteilung.
Die neun Muster mit laufenden Motiven gehören zu den Miniaturmalereien in den beiden Exemplaren des *Schah-name* (Königsbuch; vgl. Tafel 54). Sie setzen sich aus interessanten geometrischen Elementen zusammen, obwohl die Perser im Gebrauch dieser Dekorationsweise gewöhnlich nicht die Araber und Mauren erreichten.

53

Art persan

TAPISSERIE ET ORNEMENTS COURANTS

Le tapis représenté appartient à la belle époque de l'art persan, le XVIe siècle de notre ère. La fleur naturelle que les Persans ont si souvent employée n'y joue qu'un rôle très secondaire, mais la flore conventionnelle y étale toute sa splendeur. Ce tapis contient les variétés les plus importantes de la palme orientale ; la répartition des couleurs y est des plus heureuses et tout à fait typique.
Les neuf motifs d'ornementation courante proviennent des peintures de deux exemplaires du *Schah Nameh* (voir pl. 54). Ils sont composés d'éléments géométriques très intéressants, bien que dans l'emploi de cette nature d'ornement les Persans n'aient pas, en général, égalé les Arabes et les Maures.

54

Persian Art

MANUSCRIPT ILLUMINATION

This plate is made up of ornaments from pages of two different manuscripts of the *Shah-nameh* (1010), a verse history of the ancient kings of Persia by Abu Ol-Qasem Mansur Ferdowsi (935–1020).
The poem has 60,000 couplets, took 30 years to compose, and is dedicated to the celebrated Mahmud of Ghazna (969–1030).

54

Persische Kunst

DEKORATIONEN IN HANDSCHRIFTEN

Auf dieser Tafel sind zu sehen: der Ausschnitt einer Manuskriptseite des *Schah-name* (1010) sowie der Ausschnitt einer Seite aus einem anderen handschriftlichen Exemplar dieses Werkes. Das *Schah-name* ist eine Versgeschichte der alten persischen Könige, verfasst von Abol Ghasem Mansur Firdausi (Ferdausi; 935–1020) der dreißig Jahre daran arbeitete. Das aus 60 000 Distichen bestehende Gedicht widmete er dem berühmten Mahmud von Ghasna (969–1030).

54

Art persan

ORNEMENTS DE MANUSCRITS

Les deux sujets qui composent la planche ci-contre représentent, le premier une page de manuscrit du *Chah Namèh* ou *Schah Nameh* (1010); le second une page d'un autre exemplaire aussi manuscrit du même ouvrage. Le *Schah Nameh* est une histoire en vers des anciens rois de Perse par Aboul Casim Firdousi ou Ferdoucy (935–1020), qui travailla trente ans à son poème, composé de 60 000 distiques, et le dédia au célèbre Mahmoud le Ghaznévide (969–1030).

55

Persian Art

CARPET

This plate shows the ground and borders of a Persian-made prayer mat, remarkable both for its bold elegance of line and for its perfect harmony of colouring. The cloth ground is braided with embroidered appliqué ornament in the same material edged with silk. The flower designs on the two embroidered borders – one with a black and the other with a white ground – as well as on the black ground in the corners of the main subject, clearly illustrate the influence Indian and Persian artists had on each other and how closely their work was linked.

55

Persische Kunst

TEPPICH

Diese Tafel zeigt Grund und Bordüren eines persischen Gebetsteppichs, der sich durch die kühne Eleganz der Schnörkel und die Harmonie seiner Farben auszeichnet. Der Grund aus Tuch ist mit bestickten Appliken besetzt, die aus demselben Stoff und mit Seide eingerahmt sind. Die besondere Form der Blumen, die die Stickereien auf weißem und schwarzem Grund wie auch die Ecken auf schwarzem Grund des Hauptsujets schmücken, veranschaulicht gut den wechselseitigen Einfluss, den die indische und die persische Kunst aufeinander ausübten, und das enge Band, das sie vereint.

55

Art persan

TAPIS

La planche ci-contre reproduit le fond et les bordures d'un tapis de prière, de fabrication persane, aussi remarquable par l'élégance hardie des enroulements que par l'harmonie parfaite des diverses couleurs qui concourent à l'effet général. Le fond de drap est soutaché de broderies d'applique en même étoffe, bordées de soie. La forme particulière des fleurs qui ornent les deux broderies, à fond blanc et à fond noir, ainsi que les coins sur fond noir du sujet principal, montre bien l'influence que les arts indien et persan ont exercée l'un sur l'autre, et le lien étroit qui les unit.

56

Persian Art

PEWTER DECORATED WITH GILDING AND PRECIOUS STONES; GILDED, SILVER-PLATED, ENGRAVED, AND NIELLOED COPPER

The text accompanying plate 67, concerning engraved copper motifs in Arab art, explains how oriental craftsmen emphasize ornamentation on the surface of metal objects: the indentations made with the graver and the contours of the motifs in relief are coated with black.
Here we shall only talk of pewterwork. **No. 14** shows an example of a plate that expresses the polychrome duality of the metals, supplemented by gemstones.
Among the engraved copper motifs reproduced here, there are close similarities to the Arab ones presented in plate 67 of this volume. We confess to being slightly mystified at times as to the distinctions on which these attributions are

56

Persische Kunst

MIT GOLD UND EDELSTEINEN VERZIERTES ZINN, VERGOLDETES UND VERSILBERTES, GRAVIERTES UND NIELLIERTES KUPFER

Im Text zur Tafel 67 ist das Verfahren beschrieben, nach dem die orientalischen Künstler Metallflächen mit Blumenmustern verzierten. Dabei wurden die mit dem Stichel hergestellten Vertiefungen und die auf den Metallflächen eingeschnittenen Umrisslinien mit kräftigem Schwarz eingelegt.
Hier soll nur von den Zinnarbeiten die Rede sein. **Nr. 14** zeigt eine Platte, die die Farbwirkung von mit Edelsteinen besetzten Metallen veranschaulicht.
Die abgebildeten Kupferobjekte zeigen Ähnlichkeiten mit den arabischen Motiven der Tafel 67. Die unterschiedlichen Zuschreibungen bilden ein schwieriges Kapitel. Gewisse überlieferte Zuordnungen, die ihre Berechtigung in der

56

Art persan

L'ORFÈVRERIE D'ÉTAIN ORNÉE DE DORURES ET DE PIERRERIES ; LES CUIVRES DORÉS ET ARGENTÉS, GRAVÉS ET ENDUITS

Au sujet des cuivres gravés, on trouve, dans la notice de la planche 67, ce qui concerne le procédé par lequel les Orientaux obtiennent la mise en valeur des ornements à fleur sur la surface des métaux, les fonds creusés par le burin étant enduits d'un noir énergique, ainsi que les incisions formant des contours mâles sur les plénitudes métalliques.
Nous nous arrêterons ici sur l'orfèvrerie d'étain, dont notre planche offre un spécimen **n° 14**, le plat reproduit donnant une expression de la dualité polychromique des métaux, additionnés de pierreries fines. Parmi les cuivres gravés qui figurent ici, il y a des analogies étroites avec les motifs de la planche 67, dont l'ensemble est

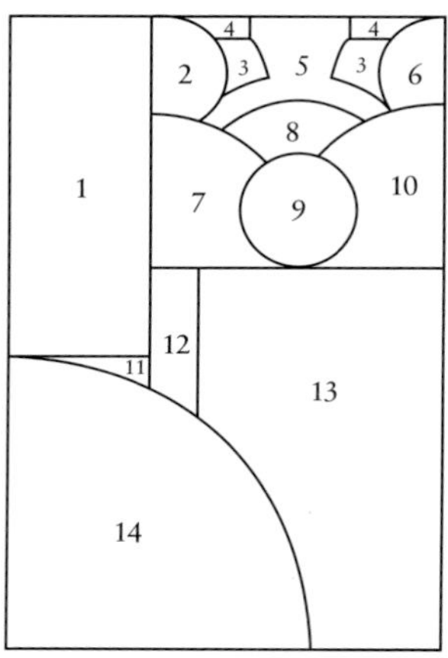

based. This is a difficult area, and in some cases we have had simply to accept the attribution given us, which may possibly have something to do with the shape of the object concerned.
Both in plate 67 and here (**no. 1**) we find birds placed face to face on an escutcheon in the old Persian and Syrian manner. This motif is from a brass cup with silver damascening. The quatrefoil medallions set in a handsome design divided into zones (**no. 13**) have been left vacant here because the objects engraved in them in the original, with all the delicacy of etching, are wholly independent of their ornamental surround. These medallions can contain all types of scenes, including (despite what the Qur'an says) the heraldic animals mentioned in plate 67. **No. 1** derives from a brass cup with silver damascene work.

Form der dargestellten Gegenstände finden mögen, müssen hier übernommen werden.
Wie auch auf der erwähnten Tafel findet man hier Vögel (**Nr. 1**), die sich nach alter persischer und syrischer Weise auf einem Schild gegenüberstehen. Auf einem anderen Muster, das in seiner Zweiteilung eine schöne einheitliche Dekoration bildet (**Nr. 13**), sind Vierblattmedaillons zu sehen, die hier leer bleiben, da die feinen Radierungen auf dem Original von der Verzierung unabhängig sind, auch wenn sie diese ergänzen. Trotz aller Koranvorschriften lassen sich auf ihnen alle möglichen Szenen anbringen, auch mehr oder weniger heraldische Tiere; davon ist im Text zu Tafel 67 die Rede. **Nr. 1** zeigt die Dekoration einer Messingschale mit Silberdamaszierungen.

présenté sous la rubrique arabe. Nous avouons ne pas toujours saisir les différences sur lesquelles sont basées les attributions ; c'est une matière délicate, et nous devons accepter dans certains cas les désignations qui nous sont données, et qui peuvent avoir leur raison d'être dans la forme des objets. Ainsi que dans la planche citée, on rencontre ici des oiseaux qui, dans leur écusson, sont affrontés sur le vieux mode persan et syrien (**n° 1**). Et l'on trouve aussi, en une même pièce disposée en deux zones et formant un beau décor d'ensemble (**n° 13**), des médaillons de forme quadrilobée que nous avons laissés vides, parce que les objets qui y sont gravés avec les finesses de l'eau-forte dans l'original sont indépendants du décor ornemental, quoiqu'ils le complètent. On y peut loger des scènes de toutes sortes, malgré les prescriptions du Coran, et aussi des animaux tenant plus ou moins de l'héraldique, ainsi qu'il en est parlé dans la notice à laquelle nous renvoyons. Le **n° 1** provient d'une coupe en laiton avec damasquinures d'argent.

57

Persian Art

GLAZED CERAMIC FACINGS

The basic building material throughout central Asia was brick; architects disguised it with stucco, marble, and above all glazed-ceramic facings. This latter material, composed of rectangular tiles laid edge to edge, produces a brilliant pattern made even richer and more beautiful by the fact that

57

Persische Kunst

GLASIERTE WANDFLIESEN

Der Backstein bildet in Zentralasien das am meisten verwendete Baumaterial. Die Architekten verkleiden ihn gern mit Stuck, Marmor und vor allem mit glasierter Fayence. Die rechtwinkligen Fliesen werden Kante an Kante zusammengefügt und bilden eine umso reichere und schönere Einheit, als

57

Art persan

LES FAÏENCES DE REVÊTEMENT ÉMAILLÉES ET VERNISSÉES

La brique forme, en général, la base de la construction en Asie centrale ; les architectes la dissimulent en la parant de stucs, de marbres, et surtout de faïences émaillées. Ces dernières, disposées en carreaux de forme rectangulaire et que l'on contrepose, produisent une marqueterie brillante, d'autant

each piece is not a uniformly coloured cube as in a mosaic ornament but actually constitutes the basic unit of a design that unfolds over a vast expanse whose only limits are the lines of the building. The character of this ornamentation was dictated by the Qur'an, which forbids the straightforward depiction of creatures and animate objects. The conventional designs reproduced here date from the period when, after centuries of Arab domination, Persia was beginning once more to enjoy a life of its own under the Seljuk dynasty that lasted from 1037 to 1193.

No. 1. This magnificent fragment measures 21.3 in. in height and is from the top of the mihrab of an abandoned mosque in Damascus.

No. 2. Fragment of a panel, 9.6 in. in height.

No. 3. Continuous border of horizontal tiles 10 in. in length; the joint falls in the middle of the palmette.

No. 4. Continuous border of horizontal tiles 5.6 in. in length; the joint falls at the tip of the flower.

jedes Stück nicht ein einfarbiger Mosaikwürfel ist, sondern eine Verzierung trägt, die in Kombination mit den anderen Fliesen ein Endlosmuster bildet, dem nur die Linien und Formen der Architektur ein Ende setzen. Die Ornamentik wird durch die Koranvorschriften bestimmt, die jede Darstellung von Lebewesen untersagen. Ihre konventionellen Elemente stammen aus jener Zeit, als sich Persien von der arabischen Herrschaft befreite und unter den Seldschuken (1037–1193) eine neue Ära begann.

Nr. 1: Dieses Fragment misst an seiner längsten Stelle 54 cm. Es stammt von der Bekrönung der Gebetsnische einer aufgegebenen Moschee in Damaskus.

Nr. 2: Fragment einer Tafel, 24 cm hoch.

Nr. 3: Laufende Bordüre, durch aufeinander folgende längliche Fliesen gebildet, von Achse zu Achse, das heißt von der Mitte jeder Palmette aus, 25 cm breit.

Nr. 4: Laufende Bordüre, durch aufeinander folgende Fliesen gebildet. Der Verbindungspunkt liegt

plus riche et vraiment belle que chaque pièce de rapport n'est pas le dé de couleur uniforme de la mosaïque, mais contient elle-même le rudiment d'un ornement qui, en principe, et par les contrepositions, se développe en une broderie sans fin, n'ayant de limites que les lignes ou les formes de l'architecture. Les formules de cette ornementation tiennent leur caractère des prescriptions du Coran, interdisant la naïve représentation des êtres et des choses animés. Ces formules conventionnelles datent de l'époque où la Perse, délivrée du joug des Arabes, a pu recommencer à avoir une existence propre, c'est-à-dire au temps des Seldjoukides (1037–1193).

Nº 1 : Ce magnifique fragment mesure dans sa plus grande hauteur 54 cm. C'est le revêtement en couronnement du *mihrab* d'une mosquée abandonnée à Damas.

Nº 2 : Fragment de panneau, hauteur 24 cm.

Nº 3 : Bordure courante, formée par la succession de carreaux en longueur, mesurant 25 cm d'axe en

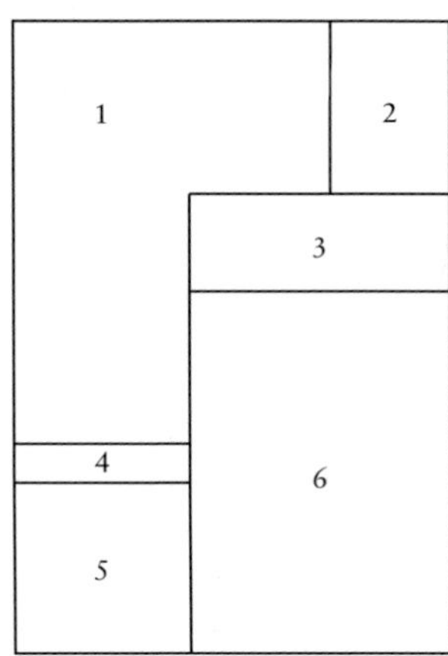

No. 5. Tile, 12.8 in. high, forming the basis of an endless design; the original is in the Musée national de la céramique in Sèvres.
No. 6. This handsome fragment consists of a crowning border, a framing border and an area decorated with a design that ends at the frame but is in principle endless. The crowning-border tiles measure 8.7 in. from joint to joint. The framing-border tiles measure 10 in. from joint to joint; the joint falls in the middle of the rosette, and there is a corner tile. The square tiles bearing the endless design also measure 10 in. and join at the lines where they are shown abutting the frame.

beim Endstück der Blumen, die Breite beträgt 14 cm.
Nr. 5: Fliese, die das Grundmuster einer Endloszeichnung trägt. Das Original befindet sich im Musée national de la céramique in Sèvres. Höhe: 32 cm.
Nr. 6: Dieses Stück setzt sich aus der bekrönenden Bordüre, einer Rahmenleiste und einer dekorierten Fläche zusammen, deren Muster durch den Rahmen begrenzt, im Prinzip jedoch endlos ist. Die längliche Bekrönungsfliese misst von Achse zu Achse 22 cm, die Rahmenleiste von Achse zu Achse 25 cm; der Verbindungspunkt befindet sich in der Mitte der Rosette, und es gibt ein Eckstück; die Fläche mit dem Endlosmuster ist 25 cm hoch und breit. Die Verbindungspunkte sind durch den Schnitt des Rahmens angezeigt.

axe, c'est-à-dire du milieu de chaque palmette où est le joint.
N° 4 : Bordure courante, composée par la succession de carreaux posés dans le même sens ; le joint est à la terminale de chaque fleur, la longueur est de 14 cm.
N° 5 : Carreau formant la base d'un dessin sans fin. L'original se trouve au Musée national de la céramique de Sèvres. Hauteur 32 cm.
N° 6 : Ce fragment se compose d'une bordure de couronnement, d'une bordure d'encadrement et d'une surface décorée par un dessin limité par le cadre, mais du principe sans fin. Le carreau en longueur du couronnement mesure 22 cm d'axe en axe. Le carreau en longueur de la bordure d'encadrement mesure 25 cm d'axe en axe ; le joint est au milieu de la rosace, et il y a un carreau d'angle ; quant au carreau, formant le dessin sans fin, il a 25 cm de chaque côté. Les joints sont indiqués par la coupure de l'encadrement.

58

Persian Art

GLAZED CERAMICS

No. 1. Plate with a flat bottom and raised edge; diameter 12.8 in. The vitrified glaze on this piece of ceramic ware is not fired as glazes usually are but applied cold like a lacquer. **No. 2.** Corner motif, apparently regular although the central dividing line is a curve. **No. 3.** Continuous border, horizontal tiles 6.4 in. in length. **No. 4.** Continuous border, horizontal tiles 9.6 in. in length; the joint falls in the middle of the rosette.

58

Persische Kunst

GLASIERTE FAYENCEN

Nr. 1: Schüssel mit flachem Spiegel und ausgestellter Fahne, Durchmesser 32 cm. Die glasartige Schicht auf der Keramik ist nicht, wie dies für Glasuren üblich ist, gebrannt, sondern kalt wie ein Firnis aufgetragen. **Nr. 2:** Regelmäßiges Eckmotiv. Die mittlere Trennlinie beschreibt eine Kurve. **Nr. 3:** Laufende Bordüre, längliche Fliese, von Achse zu Achse 16 cm. **Nr. 4:** Laufende Bordüre, längliche Fliese, von Achse zu Achse 24 cm. Der

58

Art persan

FAÏENCES ÉMAILLÉES ET VERNISSÉES

N° 1 : Plat au fond plan et aux bords évasés. Diamètre 32 cm. La couverture vitrifiée des poteries porte le nom de vernis. Ce plat est une faïence vernissée. **N° 2 :** Motif d'angle, d'apparence régulière, quoique la ligne de division centrale soit une courbe. **N° 3 :** Bordure courante, carreau en longueur, mesurant 16 cm d'axe en axe. **N° 4 :** Bordure courante, carreau en longueur, mesurant 24 cm d'axe en axe. Le joint est au milieu de chaque

No. 5. Continuous border, horizontal tiles 6 in. in length; from the mihrab of an abandoned mosque in Damascus, converted into a powder magazine. **No. 9.** Upright panel, vertical tiles 11.4 in. in height; the joint falls between the points of the cartouches; from the same source as **no. 5. No. 10.** Facing divided into panels; this fragment, including its border measures 12.6 in. in height; from the same source as **no. 5. No. 6.** Continuous border, horizontal tiles 6.7 in. in length. **No. 7.** Continuous border, horizontal tiles 9.5 in. in length. **No. 8.** Continuous border; this fragment is 19.7 in. in length. **No. 11.** Running dog 2.4 in. in height. **No. 12.** Framing border with corner tile; the long side of this fragment measures 20.5 in.

Verbindungspunkt liegt in der Mitte jeder Rosette. **Nr. 5:** Laufende Bordüre, längliche Fliese, von Achse zu Achse 15 cm. Stammt aus der Gebetsnische einer in ein Pulvermagazin umgewandelten Moschee in Damaskus. **Nr. 9:** Hoch stehende Tafel, übereinander gesetzte Fliesen, die von Achse zu Achse 29 cm messen; der Verbindungspunkt liegt zwischen den Spitzen der Kartuschen. Teil der Verkleidung der Gebetsnische derselben Moschee (**Nr. 5**). **Nr. 10:** Getäfelte Verkleidung gleicher Herkunft. Die Höhe des abgebildeten Fragments beträgt mit Bordüre 32 cm. **Nr. 6:** Laufende Bordüre, längliche Fliese, von Achse zu Achse 17 cm. **Nr. 7:** Laufende Bordüre, längliche Fliese, von Achse zu Achse 24 cm. **Nr. 8:** Laufende Bordüre, Länge des abgebildeten Teils: 50 cm. **Nr. 11:** Bordüre mit Schneckenzugmotiv, 6 cm hoch. **Nr. 12:** Bordüre eines Rahmens, mit Winkelstück; der abgebildete Teil misst in seiner größten Höhe 52 cm.

fleur en rosace. **N° 5 :** Bordure courante, carreau en longueur, mesurant 15 cm d'axe en axe. Provient du *mihrab* d'une mosquée abandonnée, convertie en poudrière, à Damas. **N° 9 :** Panneau en hauteur, carreaux se superposant en ce sens mesurant 29 cm d'axe en axe ; le joint est entre la pointe des cartouches. Provient du revêtement du *mihrab* de cette même mosquée (**n° 5**). **N° 10 :** Revêtement général divisé en panneaux, de même source. Le fragment représenté, y compris la bordure, mesure en hauteur 32 cm. **N° 6 :** Bordure courante, carreau en longueur, mesurant 17 cm d'axe en axe. **N° 7 :** Bordure courante, carreau en longueur, mesurant 24 cm d'axe en axe. **N° 8 :** Bordure courante, longueur du fragment représenté, 50 cm. **N° 11 :** Bordure en poste, hauteur 6 cm. **N° 12 :** Bordure d'encadrement, avec carreau d'angle, dans sa plus grande hauteur, ce fragment mesure 52 cm.

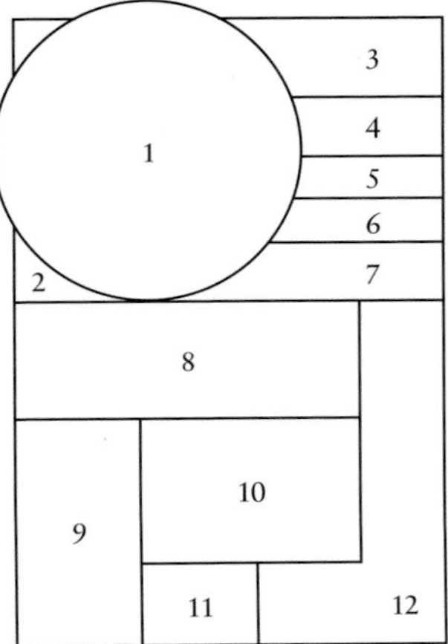

Persian Art

CERAMIC WALL FACINGS: USED FOR INTERIOR AND EXTERIOR DECORATION

Nos. 1, 13, 16, and 17 represent fragments from the Palace of the Sultans at Konya, the former Iconium, which the Seljuks of Rum made the capital of their empire but since reduced the status of the administrative centre of a *pachalik*. Unlike the Ottomans, the Seljuks had no objection to depicting animate figures. The result can be seen in the border running along the top of our plate (**no. 1**), which is closer to actual plant growth than anything else pictured here. **Nos. 16 and 17** are fleurons that were used to decorate the insides of the stucco cornice pendentives. The fleurons are independent of the geometrie construction of the niches and corbels whose depth is traditionally determined by their height. They were all of different shapes, so casting was evidently not used in their manufacture. The remaining motifs are taken from a mosque in Tabriz in Azerbaijan. Despite the Qur'an's ban on the use of gold to decorate religious buildings, in both the Tabriz Mosque and the mosque built at Brusa (now Bursa) by Sultan Murad I (1362–1389), an Ottoman ruler, the walls and pillars were covered with gilded ornaments. As for the use of ceramics, inside and out, one example, likewise from Bursa, must suffice. The Green Mosque (so-called because of the colour of the tiles covering its minarets) was built at Bursa by Sultan Muhammad I, the grand-

Persische Kunst

WANDDEKORATIONEN: FLIESEN FÜR INNEN- UND AUSSENWÄNDE

Nrn. 1, 13, 16 und 17: Fragmente aus dem Sultanspalast von Konya, dem alten Iconium, der Hauptstadt des Seldschukenreiches, die zum Hauptort eines *Paschalik* abgesunken ist. Im Gegensatz zu den Osmanen hatten die Seldschuken keine Einwände gegen die Darstellung von Lebewesen. Das ist auf der Bordüre **Nr. 1** zu sehen, deren Muster der Pflanzenwelt näher steht als die übrigen Motive der Tafel.
Die **Nrn. 16 und 17** stellen Fleurons dar, die aus dem Inneren von Hängezwickeln stammen und in Stuck gearbeitet sind. Von der geometrischen Bauweise der ausgekragten Nischen, bei denen gewöhnlich die Höhe die Tiefe bestimmt, sind sie unabhängig. Da jeder dieser Fleurons, die den flachen Grund des Zwickelinneren bedecken, eine andere Form hat, ist anzunehmen, dass keine Abgüsse verwendet wurden. Die übrigen, anders gearteten Motive stammen von der Dekoration einer Moschee in Täbris.
Trotz der Koranvorschriften, nach denen die Verwendung von Gold zum Schmuck religiöser Gebäude untersagt war, wiesen die Wände und Pfeiler der Moschee von Täbris und der Moschee, die Sultan Murad I. (1362–1389), einer der osmanischen Prinzen, in Bursa bauen ließ, Goldschmuck auf. Was die Verwendung von Fliesen auf Innen- und Außenwänden betrifft, so genügt hier ein Beispiel, das ebenfalls aus Bursa stammt. Die von Sultan Mohammed I., dem

Art persan

DÉCORATIONS MURALES : FAÏENCES DES RECOUVREMENTS DE L'ARCHITECTURE INTÉRIEURE ET EXTÉRIEURE

N°s 1, 13, 16 et 17 : Fragments provenant du palais des sultans à Konya, l'ancien Iconium, capitale de l'empire seldjoukide. Ce qui distingue les Seldjoukides des Osmanlis, c'est qu'ils ne professaient pas, comme ces derniers, l'horreur de la représentation des figures animées. La conséquence de ce principe se fait sentir dans la bordure **n° 1**, dont le dessin est plus proche de la nature des végétaux que partout ailleurs dans cette planche. Nos **n°s 16 et 17** sont des fleurons de l'intérieur des pendentifs de la corniche, faite en stuc : fleurons indépendants de la construction géométrique des niches en encorbellement dont, selon l'usage, la hauteur détermine la profondeur. Les fleurons meublant le fond plan de chaque intérieur des pendentifs, étant tous de formes variées, on pense qu'aucun moulage n'était employé dans l'exécution de ces ornements. Tous les autres motifs, d'un ordre différent, proviennent de la décoration d'une mosquée de Tabriz. Malgré les prescriptions du Coran qui défendaient d'employer l'or pour la décoration des édifices religieux, dans la mosquée de Tabriz, ainsi que dans la mosquée bâtie à Brousse par le sultan Mourad Ier (1362–1389), l'un des princes osmanlis, les murs, les piliers, étaient couverts d'ornements dorés. Quant à l'emploi des faïences à l'extérieur comme à l'intérieur, un seul exemple, pris également à Brousse, suffira ici. La mosquée verte, Yechil-Djami, ainsi désignée à cause de la couleur des faïences qui

son of Sultan Murad I. Its walls are faced inside and out with Persian tiles decorated in relief.

Enkel Murads, errichtete Grüne Moschee, die ihren Namen nach der Farbe der ihre Minarette verzierenden Fliesen erhielt, ist innen und außen mit persischen, reliefartig geschmückten Fayencen verkleidet.

ornaient ses minarets, la mosquée verte bâtie par le sultan Mahomet Ier, petit-fils du sultan Mourad, est revêtue à l'extérieur et à l'intérieur de faïences de Perse, dont les ornements sont en relief.

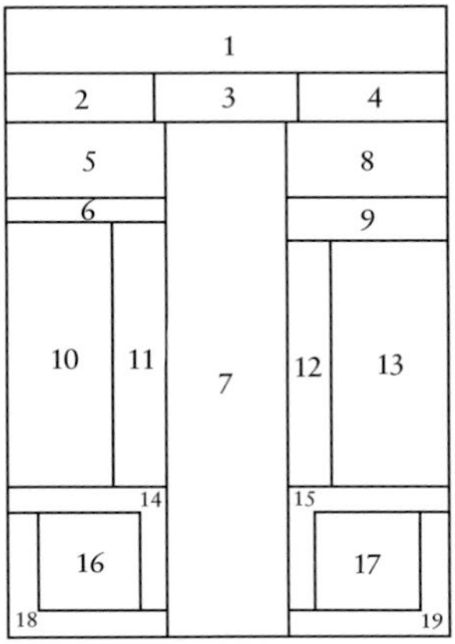

1 2 3 4 5 8 6 9 10 11 7 12 13 14 15 16 17 18 19

60

Persian Art

GLAZED CERAMIC FACINGS

It appears to have been an age-old tradition among Asian peoples to cover their buildings inside and out with brilliant ornamental facings. The wooden buildings of the Phaeatian kings described in the *Odyssey* were clad with sheets of metal in what we recognize to have been the Median manner, also practised by the Chaldeans, Phoenicians, and Assyrians. There was another tradition of building in brick and facing with thin slabs of stone worked and carved in bas-reliefs, painted in various colours, or with large glazed tiles that made up a kind of

60

Persische Kunst

GLASIERTE WANDFLIESEN

Glänzende Verkleidungen für Innen- wie Außenwände entsprechen einer uralten Tradition der asiatischen Kulturen. Die in der *Odyssee* beschriebenen Holzbauten der phäakischen Herrscher waren mit Metallplatten beschlagen. Darin erkennt man den medischen Einfluss, der sich auch bei den Chaldäern, den Phöniziern und den Assyrern auswirkte. Backsteinmauern wurden aber auch mit dünnen Steinplatten verkleidet, deren Oberfläche als Relief gestaltet und mehrfarbig bemalt war. Schließlich kamen glasierte Fayencen, die in ihrer Gesamtheit eine Art Wand-

60

Art persan

FAÏENCES ÉMAILLÉES OU VERNISSÉES

C'est en raison de hautes traditions que les Asiatiques ont employé pour les revêtements de leur architecture des parures brillantes. Dans les constructions en bois des rois phéaciens, décrites dans *l'Odyssée*, et dont les recouvrements étaient de feuilles de métal, on reconnaît le mode médique, qui fut pratiqué par les Chaldéens, les Phéniciens, les Assyriens. Les constructions en briques étaient parées avec de minces dalles de pierre travaillées et sculptées dont les bas-reliefs étaient diversement colorés, ou dont les revêtements furent de grandes briques émaillées formant

wall painting. **No. 14** represents a tile 16 in. square that forms a complete design unit over four rows of four tiles placed with different sides up, i. e. this one element produces a pattern measuring 5 ft. 4 in. each way. **No. 5** is a variant of this system, with the single basic element needing to be produced for industrial application in a reversed version as well; two straight and two reversed tiles complete the design unit over a square. **No. 9** works on the same principle. Of the examples reproduced here only **no. 6** uses graduated colouring. These nuances are clearly not shadows but simply a device for making the colours vibrate more forcefully. This kind of facing material comes in all sizes and is even made for furniture. Here, of course, the character of the ornamentation varies extensively, and there is greater delicacy and apparent freedom of execution; at the same time the use of a single colour makes such ornamentation more discreet. An example of this type is **no. 2**.

gemälde bildeten, zur Anwendung. **Nr. 14**, im Original 40 cm hoch und breit, stellt eine Fliese dar, deren Muster sich erst bei mindestens sechzehn nebeneinander gelegten Stücken voll entfaltet. Das Stück liefert also einen Dekor, der in beiden Richtungen eine Länge von 160 cm hat. Die Fliesen nach Art von **Nr. 5** werden auf andere Weise zusammengelegt. Es handelt sich zwar um ein einziges Muster, doch muss, um die ganze Fläche damit zu bedecken, auch ein Gegenstück mit umgekehrtem Muster hergestellt werden. Auch Fliese **Nr. 9** gehört zu diesem Typ. Bei **Nr. 6** werden die Farben durch verschiedene Tönungen nuanciert. Bei den Abstufungen handelt es sich nicht um Schattierungen, wie leicht zu sehen ist; die Farbgebung soll belebt werden. Solche Fliesen werden in allen Größen hergestellt, auch für transportable Gegenstände, deren Dekoration allerdings einen anderen Charakter hat. Sie sind feiner und reicher gestaltet und wirken aufgrund des einheitlichen Tons unauffälliger, wie **Nr. 2** belegt.

par leur réunion des peintures murales. Le **nº 14**, mesurant dans l'original 40 cm de hauteur et de largeur, est un carreau fournissant une ornementation dont on n'obtient l'expression complète que dans l'ensemble minima de seize carreaux contreposés en simple évolution, c'est-à-dire que ce fragment donne à lui seul un décor qui, dans les deux sens, a une longueur de 1,60 m. La contreposition du carreau **nº 5** offre une variante. Le dessin de l'étalon est de même unique, mais pour l'application industrielle, il faut que le modèle soit exécuté en renversement pour former la contrepartie des motifs. Le carreau **nº 9** appartient au même système. Le **nº 6** comporte des colorations nuancées par des dégradations. Ces nuances dégradées ne sont pas des ombres, et n'ont pour but que de faire vibrer les couleurs. On fait de ces sortes de revêtements à toutes les échelles, et jusque pour les mobiliers. Pour ces derniers le caractère de l'ornementation varie volontiers ; l'exécution y prend plus de finesse et de liberté ; l'unité du ton du décor est plus discret. Ce genre est représenté par le fragment **nº 2**.

1 2 3
4 6 8
5 7 9
10 11
12 13 14 15 16

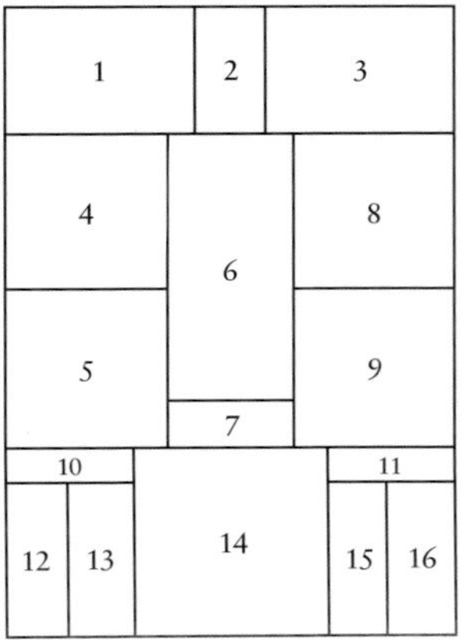

61

Persian Art

GLAZED
CERAMICS

The principle of these decorative patterns, simply and firmly outlined and coloured without any kind of relief or modelling so that nothing interferes with the evenness of the surface, hardly needs further recommendation. Certain peoples, with a deep understanding of colour, have remained faithful to these ancient styles of decoration, seeking no more in them than that purity of colouring to which they lend themselves so readily and so perfectly. In this context Persian artists have shown themselves particularly good at varying a limited number of basic elements, namely arabesques alone or a highly conventionalized flora. While our reproductions cannot hope to convey the full vibrancy and movement of the originals, they do give some idea of the bold play of colour

61

Persische Kunst

GLASIERTE
FAYENCEN

Diese Muster, die mit kräftigem Strich umrissen und in gedämpften Farbtönen gehalten sind, ohne dass zusätzliche Modellierungen die Flächen verfälschen können, beruhen auf einem altbewährten Prinzip. Die Künstler, die wahre Farbenliebhaber waren, hielten an diesen alten Verfahren fest, die die Reinheit der Farbtöne gewährleisteten. So erzielten sie Muster, die in ihrer Einfachheit vollkommen erscheinen können. Die persischen Künstler zeichneten sich darin aus, ihre Fayencen auf diese Weise zu verzieren, ohne je mehr als eine beschränkte Anzahl von Grundelementen, zum Beispiel der Arabesken oder konventioneller floraler Motive, einzusetzen.
Die unter dem Email schwingenden Farben dieser Fayencen können in ihrer Bewegung und ihrem Zauber im Druck kaum richtig

61

Art persan

FAÏENCES ÉMAILLÉES
OU VERNISSÉES

La facture de ces éléments décoratifs, simplement contournés d'un trait ferme et coloriés de tons plats, sans aucune espèce de modelé, de sorte que rien ne vient fausser les surfaces, est d'un principe qu'il n'est plus besoin de recommander. Les peuples vraiment coloristes ont maintenu avec persévérance ces modes antiques, si favorables à la pureté des tons colorants, auxquels ils ne demandent que la seule vertu qui leur est propre pour en obtenir des décors qui restent comme des types parfaits dans leur rudiment. Les artistes persans ont excellé à varier les formules de ce décor de leurs faïences, tout en n'y employant qu'un nombre restreint d'éléments fonciers, le jeu des arabesques seules, ou une flore toute conventionnelle.
Les colorations de ces faïences, vibrantes sous l'émaillerie, sont de

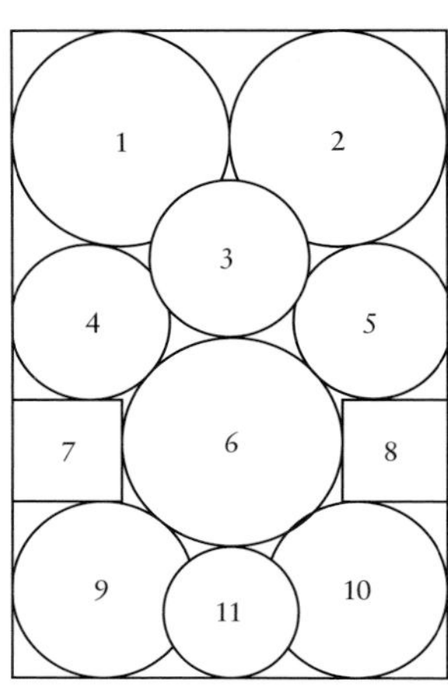

beneath the crystalline layer of glaze.
Finally, scale being an important factor in ornamentation, we give the diameters of the nine plates reproduced here (**nos. 7 and 8** are wall tiles from the Mosque of Omar, Qubbet-es-Sakhrah). Original diameters: **no. 1**: 16 in., **no. 2**: 15.2 in., **no. 3**: 11.2 in., **no. 4**: 10.8 in., **no. 5**: 12 in., **no. 6**: 14.8 in., **no. 9**: 16 in., **no. 10**: 14.8 in., **no. 11**: 4.8 in.

wiedergegeben werden; doch erhält man wenigstens einen Eindruck vom Spiel dieser unverfälschten Farben unter der Emailschicht, die sie auf den Originalen bedeckt. Da die Originalgröße in der Ornamentik eine wichtige Rolle spielt, werden im Folgenden die Maße von neun Originalen angegeben (die **Nrn. 7 und 8** sind Fliesen aus der Moschee von Omar, dem Felsendom in Jerusalem). Durchmesser der Originale: **Nr. 1**: 40 cm; **Nr. 2**: 38 cm; **Nr. 3**: 28 cm; **Nr. 4**: 27 cm; **Nr. 5**: 30 cm; **Nr. 6**: 37 cm; **Nr. 9**: 40 cm; **Nr. 10**: 37 cm; **Nr. 11**: 12 cm.

celles que nos impressions ne sauraient rendre dans le mouvement et le charme de leur centre ; toutefois on peut ici se rendre compte du jeu de ces tons francs sous la couche cristalline de l'émail qui les recouvre dans les originaux. Enfin, l'échelle d'un décor ayant aussi son importance, nous l'indiquons pour obvier à l'inconvénient de nos réductions obligées (les deux carreaux **n°s 7 et 8** proviennent de la mosquée d'Omar, Qoubbet-es-Sakhrah). Diamètre des originaux : **N° 1** : 40 cm ; **n° 2** : 38 cm ; **n° 3** : 28 cm ; **n° 4** : 27 cm ; **n° 5** : 30 cm ; **n° 6** : 37 cm ; **n° 9** : 40 cm ; **n° 10** : 37 cm ; **n° 11** : 12 cm.

62

Persian Art

VARIOUS TYPES

The immobility of Oriental peoples in the matter of art and their absolute respect for tradition make it impossible to assign specific dates to the very large quantity of works they produced. The reference points that normally help the archaeologist in his investigations let him down completely here – with the result that he has to sound a very much more cautious note in his judgements. Even so, we believe we can state with authority that the design on a green ground running the whole width of our plate (**no. 3**) can be classed among the many examples representing animals affrontee that Italian manufactories were copying as early as the 13th century.
The palm-leaves forming the two compositions above were reproduced in every period, and it can-

62

Persische Kunst

VERSCHIEDENE MUSTER

Die künstlerische Unbeweglichkeit der orientalischen Länder und ihr absoluter Respekt der Tradition machen es uns unmöglich, zahlreichen ihrer Erzeugnisse ein genaues Alter zu geben. Anhaltspunkte, die anderenorts die Archäologen in ihren Forschungen leiten, fehlen hier völlig und zwingen sie, sich in ihrem Urteil sehr zurückhaltend zu zeigen. Allerdings glauben wir sagen zu können, dass das Muster auf grünem Grund in der Mitte der Tafel (**Nr. 3**) zu den zahlreichen Beispielen mit Darstellungen gegenständiger Tiere gehört, die seit dem 13. Jahrhundert von italienischen Werkstätten kopiert wurden.
Die Palmetten der beiden Muster in der oberen Reihe wurden zu allen Zeiten nachgeahmt; es ist interessant, einen Blick auf die orientalischen Muster zu werfen,

62

Art persan

TYPES DIVERS

L'immobilité des Orientaux en matière d'art, leur respect absolu de la tradition ne permettent pas d'assigner une date certaine aux produits si nombreux de leur fabrication. Les points de repère qui dirigent ailleurs l'archéologue dans ses recherches, lui font ici totalement défaut et l'obligent à se montrer très réservé dans ses appréciations. Cependant, nous croyons pouvoir affirmer que le dessin sur fond vert, placé au milieu de notre planche (**n° 3**), peut être classé parmi les nombreux spécimens qui représentaient des animaux affrontés et que copiaient, dès le XIIIe siècle, les fabriques d'Italie.
Les palmes formant les deux compositions en tête de la feuille ont été reproduites à toutes les époques et il ne peut être sans intérêt d'apprécier les divers types orientaux

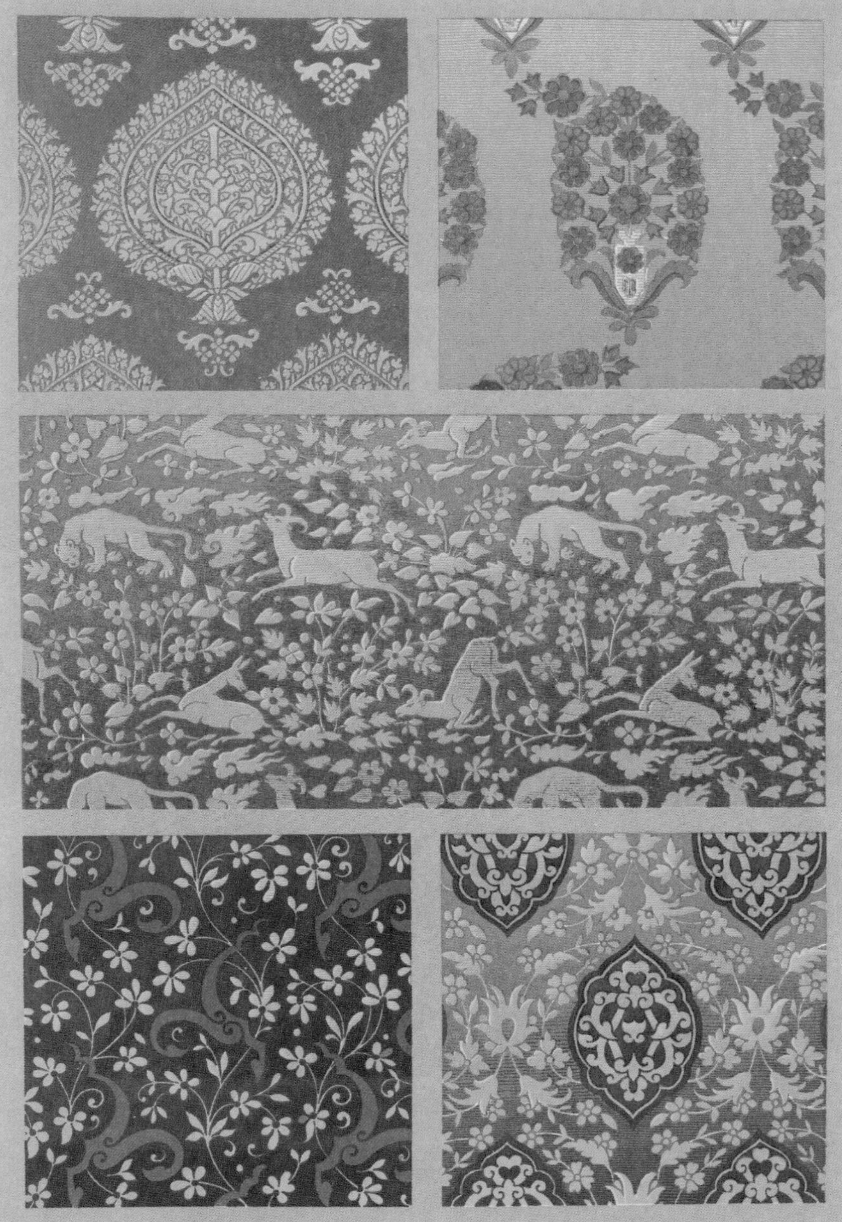

not be without interest to note the various oriental types that were most frequently imitated in Europe. The fabric represented by the design executed in gold on a red ground and woven with silk (**no. 1**) was used to make a sumptuous costume, while the other, which has a coloured weft heightened with gold *lamé* (**no. 2**), is today used to cover a book of edicts issued by the city of Venice in 1400. Two other specimens can be seen beneath the green centrepiece. The first, featuring a brown ground decorated with red designs and yellow running-foliage motifs (**no. 4**), is the model for numerous fabrics copied in Venice and in France in the early-17th century; the second, where a blue ground is decorated with cartouches enhanced with gold and running-foliage motifs, also in gold (**no. 5**), was and is still copied all the time by French manufacturers of oriental-type carpets.

die am häufigsten in Europa imitiert wurden. Der in Seide gewirkte Stoff mit dem goldenen Muster auf rotem Grund (**Nr. 1**) diente zur Anfertigung eines prachtvollen Gewandes, und das mit farbigen Schussfäden gewebte, goldlamierte Stück zur Rechten (**Nr. 2**) bildet heute den Einband eines Verordnungsbuches der Stadt Venedig aus dem Jahr 1400.

Das Beispiel in der linken unteren Ecke mit rotem Dekor und gelbem Blattwerk auf braunem Grund (**Nr. 4**) diente als Vorlage zahlreicher im frühen 17. Jahrhundert in Venedig und Frankreich nachgeahmter Stoffe, während das letzte Stück mit goldgehöhten Kartuschen und goldenem Blattwerk auf blauem Grund (**Nr. 5**) auch heute noch tagtäglich von unseren Herstellern orientalischer Teppiche kopiert wird.

qui ont été le plus fréquemment imités en Europe. L'étoffe représentée par le dessin exécuté en or sur fond rouge (**n° 1**) et tissée de soie était employée à la confection d'un riche costume ; l'autre, à trames de couleurs, lamée d'or (**n° 2**), sert aujourd'hui de couverture à un livre d'ordonnances de la ville de Venise datant de 1400.

Deux autres motifs figurent au bas de notre feuille : le premier, dont le fond est brun (**n° 4**) à décor rouge et à branches courantes jaunes, est le modèle de nombreuses étoffes copiées à Venise et en France au commencement du XVIIe siècle ; le second, sur fond bleu (**n° 5**), avec cartouches rehaussés d'or et branches courantes, aussi en or, a été et est encore journellement copié par nos fabricants de tapis de genre oriental.

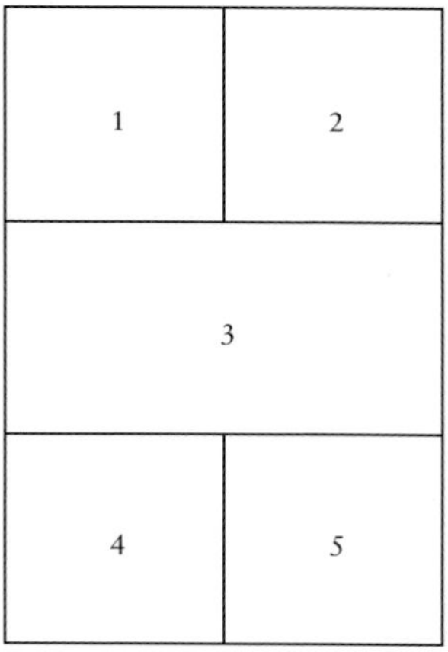

1	2
3	
4	5

63

Persian Art

SILKS: STRIPED PATTERNS

Rectilinear and curved stripes were introduced into Persian decoration at an early stage and remain one of its favourite ornaments. So in attributing these specimens to the 16th century we are not so much seeking to assign their use to a particular period as to make clear that from that century they enjoyed wider use. They succeeded the animals affrontee that were so extensively copied in the West during the 14th and 15th centuries. We might add that, while a number of old inventories speak of *Panni Virgati* or 'striped fabrics', mention of 'Animal tales' is far more common. The square illustration (**no. 4**) presents a silk and silver fabric that is older than the others. It was found in the Italian city of Siena and must have been used to face an item of church furniture.
The piece framing it on three sides (**no. 3**), with curved red and blue

63

Persische Kunst

SEIDE: STREIFENMUSTER

Die Streifen mit geraden und schlangenförmigen Linien sind bereits früh im persischen Kunsthandwerk zu finden und gehören auch heute noch zu den Lieblingsmotiven des Landes. Wenn wir sie hier ins 16. Jahrhundert datieren, so geht es weniger darum, ihren Gebrauch einer bestimmten Epoche zuzuordnen, als um die Feststellung, dass sie seit dieser Zeit ganz allgemein Anwendung fanden. Sie lösten die Muster mit gegenständigen Tieren ab, die bekanntlich im 14. und 15. Jahrhundert am häufigsten im Westen kopiert wurden. In einigen alten Inventaren sind außerdem *panni virgati* oder „gestreifte Tücher" verzeichnet, allerdings lange nicht so häufig wie „Tierbilder".
Das quadratische Stück in der Tafelmitte (**Nr. 4**), ein Stoff aus Seide und Silber, ist älter als die übrigen Beispiele; es wurde in

63

Art persan

SOIERIES : TYPES À RAYURES

Les rayures à lignes droites et lignes serpentines furent de bonne heure introduites dans la décoration persane, et en sont encore aujourd'hui l'un des ornements favoris ; aussi, en leur attribuant ici la date du XVIe siècle, voulons-nous moins assigner à leur emploi une époque précise que bien constater qu'elles furent dès lors plus généralement employées. Elles succédèrent aux animaux affrontés qui, pendant les XIVe et XVe siècles firent, on le sait, tous les frais de nos copies occidentales. Nous devons ajouter que quelques anciens inventaires signalent les *Panni Virgati* ou draps rayés ; mais la mention en est toujours plus rare que celle des « Histoires d'animaux ».
La pièce carrée, placée au centre de notre planche (**n° 4**), est un tissu de soie et d'argent plus ancien que ceux qui l'accompagnent ; elle a été retrouvée à Sienne (Italie), et

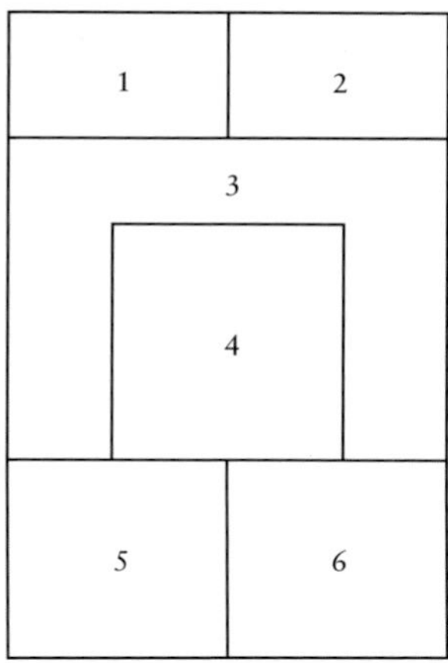

stripes filled with gold decoration, likewise belongs to the category of ancient fabrics that can be attributed to the 16th century.
The other four specimens (**nos. 1, 2, 5 and 6**) were copied at the retrospective costume exhibition opened in 1874 in the Palais de l'Industrie in Paris. They show us some of the varieties of what we call the 'striped patterns' from different periods, the lower two being self-evidently older than the other, much more modern samples.

Siena gefunden und dürfte als Schmuck eines Kirchenmöbels gedient haben.
Der Stoff, der ihm als Rahmen und Hintergrund dient (**Nr. 3**), weist goldverzierte schlangenförmige Streifen in Rot und Blau auf und gehört ebenfalls zu den Stücken, die man ins 16. Jahrhundert datieren kann.
Die vier übrigen Beispiele (**Nrn. 1, 2, 5 und 6**) stammen aus der historischen Kleiderausstellung, die 1874 im Palais de l'Industrie in Paris eröffnet wurde; sie zeigen uns Streifenmuster aus verschiedenen Epochen. Die beiden Stücke, die den unteren Abschluss der Tafel bilden, sind augenscheinlich sehr viel älter als die moderneren Stoffe der oberen Reihe.

devait très certainement servir de parement à quelque meuble d'église.
La pièce qui l'encadre et qui lui sert de fond (**n° 3**), à rayures serpentines rouges et bleues, chargées d'ornements d'or, appartient également à la catégorie des tissus anciens qu'on peut attribuer au XVIe siècle.
Les quatre autres spécimens (**nos 1, 2, 5 et 6**), ornant le haut et le bas de la page, ont été copiés àl'exposition rétrospective du costume, inaugurée en 1874, au Palais de l'Industrie ; ils nous fournissent certaines variétés des Types à rayures à diverses époques. Les deux échantillons se trouvant au bas de la feuille sont, on le voit, plus anciens que les deux autres.

Arab Art

BOOKBINDING

This plate shows part of the binding of an enormous Qur'an measuring 40.9 by 20.5 in. Whereas the manuscript ornamentation reproduced in the following plates offers something of a mixture of Persian and Arab styles, this magnificent binding represents the pure Arab style with its characteristically firm geometrical construction.

The main design (**no. 1**) is one of those combinations of linear rosettes of which the Arabs made such varied and ingenious use. In this type of composition the eye is particularly drawn to the incidental figure arising out of the meeting of two rosettes of unequal dimensions and serving to link them together. This is well worth studying in the present example, where the geometrical linking itself offers a rich arrangement with the generously spaced paired

Arabische Kunst

BUCHEINBAND

Diese Tafel zeigt den Einband eines Korans von eindrucksvollem Format: Er ist 104 cm hoch und 52 cm breit. Obwohl die Dekoration der folgenden illuminierten Seiten Persisches und Arabisches mischt, ist der Einband im reinsten arabischen Stil gehalten und durch eine strenge geometrische Konstruktion gekennzeichnet.

Die Hauptzeichnung (**Nr. 1**) besteht aus miteinander kombinierten Rosetten, deren Linien den Arabern unzählige abwechslungsreiche Anordnungen ermöglichten. Bei dieser Art von Komposition liegt das Hauptinteresse auf jener Figur, die aus dem Zusammentreffen von zwei Rosetten unterschiedlicher Größe entsteht und sie miteinander verbindet. Im vorliegenden Fall ist dieses Aufeinandertreffen besonders interessant, da die Verklammerung selbst eine geometrische Figur darstellt, die

Art arabe

RELIURE

Cette planche représente la reliure d'un grand Coran. Ce Coran, ainsi que la reliure qui le recouvre, est de la plus grande dimension. Il ne mesure pas moins de 1,04 m de hauteur sur 52 cm de large. Si l'ornementation manuscrite des pages reproduites plus loin offre un certain mélange de persan et d'arabe, c'est le style arabe pur qui brille dans cette belle reliure, caractérisé par la fermeté de la construction géométrique.

Le dessin principal (**nº 1**) appartient à la combinaison des rosaces dont les lignes ont fourni aux Arabes tant d'arrangements variés et ingénieux. Dans ce genre de composition, l'intérêt est particulièrement porté sur la figure incidente née de la rencontre de deux rosaces de grandeur inégale, figure appelée à leur servir de jonction. Cette incidence est digne d'intérêt dans l'exemple présent, car l'agrafe

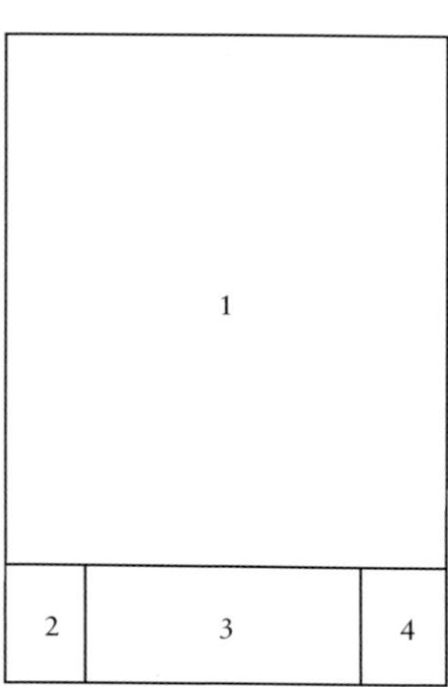

heptagons combating any monotony in what is potentially a monotonous procedure. The motif at bottom centre (**no. 3**) is a corner border from the same binding. The other borders (**nos. 2 and 4**) are taken from the inside and outside boards.

mit ihrem doppelten Heptagon die sonst leicht entstehende Monotonie vermeiden hilft. Das Motiv in der Tafelmitte unten (**Nr. 3**) ist eine Eckrandleiste desselben Einbands. Die anderen Randleisten (**Nrn. 2 und 4**) stammen von den inneren und äußeren Flächen.

géométrique est elle-même un agencement riche dont le double heptagone, largement disposé, combat la monotonie que ce genre pourrait offrir. Le motif du milieu en bas de la planche (**n° 3**) est une bordure d'angle de cette même reliure. Les autres bordures (**n°s 2 et 4**) sont prises aux plats intérieurs et extérieur.

65

Arab Art

MANUSCRIPT ILLUMINATIONS: ROSETTES

Arab art, as the rosettes in this plate illustrate, was characterized not only by a total absence of living creatures (which religious law forbade artists to depict) but also by the power of its geometrical compositions. We find here several typical features of Arab ornamentation, e. g. continuous winding curves attached to a single centre and radiating as far as the circumference, as in the rosette forming the centrepiece of our plate. The use of flowers in conjunction with, and as an integral part of, linear ornament is clear evidence of Persian influence.

65

Arabische Kunst

ILLUMINIERTE HANDSCHRIFTEN: ROSETTEN

In den hier vereinten Rosetten tritt die Eigenart der arabischen Kunst besonders deutlich hervor: die Abwesenheit lebender Figuren, deren Abbildung die Religion untersagte, und die Kraft der geometrischen Komposition. Des Weiteren sind mehrere typische Merkmale der arabischen Ornamentik zu erkennen, wie zum Beispiel in der Rosette in der Tafelmitte die fortlaufende Schnörkelbewegung von Linien, die von einem einzigen Zentrum aus strahlenförmig nach außen laufen. Die Verbindung von Blumen und linearen Motiven lässt in dieser arabischen Dekoration einen deutlichen persischen Einfluss erkennen.

65

Art arabe

ENLUMINURES DE MANUSCRITS : ROSACES

L'art arabe se caractérise bien dans les rosaces groupées ci-contre, non seulement par l'absence complète des figures vivantes, dont la représentation était interdite par la loi religieuse, mais encore par la puissance de la combinaison géométrique. On y remarquera plusieurs des caractères typiques dans l'ornementation arabe, comme, par exemple, l'enroulement continu de courbes rattachées à un centre unique et rayonnant jusqu'à la circonférence, notamment dans la rosace qui constitue le centre de la planche. L'emploi de la fleur mêlée à l'ornement linéaire, dont elle fait partie, accuse dans cette ornementation arabe une influence manifeste de l'art persan.

66

Arab Art

MANUSCRIPT ILLUMINATIONS: DECORATED INSCRIPTIONS

Taken from the same source as the rosettes in the last plate 65 (a large illuminated Qur'an) the details that make up this plate further illustrate what we have been saying about the general style of this type of painting. The subjects reproduced here are from the surrounds of decorated inscriptions in Kufic lettering (the early form of Arabic writing) inserted between the one hundred and fourteen *suras* or chapters into which the text is divided. In fact we find examples of Kufic characters in the two details flanking the central rosette. The nature of these ornaments makes them particularly suitable as richly varied models for the enamelled-jewellery industry. We have already mentioned the influence of Persian art on this type of ornamentation; here we find no less recognizable traces of the Byzantine style, for example in the detail occupying the bottom left-hand corner of the plate.

66

Arabische Kunst

ILLUMINIERTE HANDSCHRIFTEN: VERZIERTE INSCHRIFTEN

Die hier vereinten Motive sind derselben Quelle entnommen wie die Rosetten der vorhergehenden Tafel 65: der großen illuminierten Koran-Handschrift. Was dort allgemein über den Stil dieser Malereien gesagt wurde, gilt auch hier. Die abgebildeten Motive stammen von den Einrahmungen der verzierten Inschriften in kufischen Buchstaben (alte arabische Schrift), welche die 114 Suren voneinander trennen.
Beispiele für solche Buchstaben finden sich in den beiden Mustern, die die Mittelrosette rahmen. Der Charakter dieser Ornamente lässt sie besonders geeignet erscheinen, der Goldemailkunst zahlreiche Vorlagen zu liefern. Nachdem schon der persische Einfluss auf diese Ornamentik festgestellt worden ist, zeigen sich hier nicht weniger deutlich Spuren des byzantinischen Stils, zum Beispiel in der linken unteren Tafelecke.

66

Art arabe

ENLUMINURES DE MANUSCRITS : INSCRIPTIONS ORNÉES

Les fragments dont cette planche est composée ont été pris à la même source que ceux de la planche de rosaces qui précède (65) ; ils sont tirés du grand Coran enluminé. Ce que nous avons dit du style général de ces peintures est encore applicable ici. Les sujets reproduits sont empruntés aux entourages des inscriptions ornées en lettres coufiques (ancienne écriture arabe) qui séparent les cent quatorze surates ou divisions principales du texte. On trouve même des exemples de ces caractères dans les deux fragments qui figurent de chaque côté de la rosace du milieu. La nature de ces ornements les rend essentiellement propres à fournir des modèles d'une grande variété à l'industrie de l'orfèvrerie émaillée. Après avoir constaté déjà l'influence de l'art persan sur cette ornementation, nous trouvons ici d'autre part des traces non moins reconnaissables du style byzantin, par exemple dans l'angle qui occupe, à gauche, le bas de la planche.

67

Arab Art

DAMASCENING: CAMAIEU ORNAMENT

The oriental damascener, having engraved his design, raised little pockets with his burin along the sides and bottom of the grooves to grip the gold or silver strip or wire that was to be inlaid. This wire was then hammered into the groove, forcing metal into the notches and leaving a surface that could be chased. A simpler process was to engrave the metal in such a way as to outline the ornament in relief; the hollows were then filled with black.

In the East damascening is an extremely ancient art, although in putting a date on the oldest-known vases of copper, bronze, or other alloy (engraved and damascened, covered with ornaments and coats of arms, and inscribed with long thin Arabic letters surrounded with arabesques and other tracery) we can hardly go back earlier than the 12th century. From the 12th and 13th centuries we have many pieces that were engraved for Muslim princes and even for the Frankish barons of the Latin colonies in Syria. There were two distinct schools: that of Mosul or Al Jazira, and the Syrian school with its principal workshops in Damascus and Cairo. The first grew up in Mesopotamia, a region in which the Muslim spirit quickly lost much of its fanaticism, and its most striking feature is its constant use of human and animal figures; in Damascus and Cairo, on the other hand, the Syrian artists remained true to pure ornament and lettering. It is not until

67

Arabische Kunst

DAMASZENERARBEITEN: MUSTER IN CAMAIEU

Der orientalische Tauschierkünstler, der die Zeichnung zuerst einritzt, versieht mit Hilfe des Stichels die Ränder und den Grund der Kerben mit kleinen Einbuchtungen, um daran die Plättchen oder den Gold- und Silberdraht, der zum Tauschieren dient, zu befestigen. Der Draht wird mit einem Hammer in die Kerben hineingetrieben, um auf diese Weise eine glatte Oberfläche zum Ziselieren zu erhalten. Nach einem einfacheren Verfahren wird das Metall direkt graviert, um die erhabenen Ornamente von einem mit Schwarz überzogenen Grund abzuheben.

Die Damaszenerarbeit ist schon recht alt; doch dürften die ältesten bekannten Vasen nicht vor dem 12. Jahrhundert entstanden sein. Aus Kupfer, Messing oder anderen Legierungen angefertigt, werden sie graviert und tauschiert sowie mit Ornamenten, Wappen und Inschriften in langen schlanken arabischen Buchstaben verziert, geschmückt von Arabesken und Schnörkeln.

Aus dem 12. und 13. Jahrhundert datieren viele für islamische Prinzen und sogar für die fränkischen Ritter der syrischen Kolonien gravierte Gegenstände. Sie stammen aus zwei verschiedenen Schulen: jener von Mossul oder al-Dschasira und der syrischen, die vor allem in Damaskus und Kairo ansässig war. In Mesopotamien, einem Land, in dem der Islam schon früh viel von seinem Fanatismus verlor, bildete sich die erste Schule, deren auffälligstes Merkmal die ständige

67

Art arabe

DAMASQUINURES : ORNEMENTS EN CAMAÏEU

Le damasquineur oriental, après avoir gravé en entaille le dessin qui devait être incrusté, levait de petites encoches au burin sur les bords et le fond du creux, pour retenir la lame ou le fil de métal d'or ou d'argent servant à damasquiner. Ce fil était fixé à l'aide du marteau qui le faisait pénétrer de force dans ces encoches. Cette applique offrait alors une surface propre à la ciselure. Plus simplement le métal était directement gravé de manière à détacher les ornements en relief sur des fonds enduits de noir.

La damasquinure orientale est fort ancienne ; mais on ne peut guère remonter au-delà du XIIe siècle pour assigner un âge aux plus anciens vases connus de cuivre, de laiton ou de métal d'alliage, gravés et damasquinés, couverts d'ornements et d'armoiries, chargés d'inscriptions en lettres arabes longues et déliées, dans lesquelles se jouent les arabesques et les entrelacs.

Les XIIe et XIIIe siècles ont laissé beaucoup d'objets gravés pour des princes musulmans et même pour les barons francs des colonies latines de Syrie. Les productions sortent de deux écoles distinctes : celle de Mossoul ou du Djeza'ireh, et la Syrienne qui eut ses principaux ateliers à Damas et au Caire. C'est en Mésopotamie, pays où l'esprit musulman avait, de bonne heure, perdu beaucoup de son fanatisme, que s'est formée la première école dont le caractère le plus frappant est l'emploi constant des figures d'hommes et d'animaux, tandis qu'à Damas et au Caire, le

Schmidt, lith.
Imp. Firmin-Didot & Cie. Paris

around the mid-13th century that we find products of the Syrian school featuring heraldic animals such as the eagle. Some of the vases made at that time for Europeans depict not only human figures but even religious subjects, and the content of their ornate inscriptions is Christian.
This type of decoration was applied to a whole host of objects including huge bowls (*sedrieh*), cups, flagons, candlesticks (*chemaah*), lamps, trays, ink-stands, and many other utensils.

Verwendung von Menschen- und Tiergestalten ist, während sich die syrischen Künstler in Damaskus und Kairo auf reine Ornamentik und Buchstaben beschränkten. Erst in der Mitte des 13. Jahrhunderts tauchen auch auf Gegenständen dieser Werkstätten heraldische Tiere wie der Adler oder verschiedene Fabeltiere auf. Die für die Franken hergestellten Vasen weisen oft nicht nur Personen, sondern auch religiöse Sujets auf, und die Wappensprüche in verzierten Buchstaben haben einen christlichen Sinn. Diese Dekorationen finden sich auf allen möglichen Arten von Gegenständen, u.a. auf großen Zierbecken (*sedrieh*), Schalen, Kannen, Kerzenleuchtern (*schemah*), Lampen, Platten und Schreibzeug.

burin des artistes syriens, se livrant à la même fabrication, se renferma dans l'ornementation pure et dans la lettre. Ce n'est que vers le milieu du XIIIe siècle que l'on voit apparaître sur les objets sortis de ces ateliers, les animaux héraldiques, tels que l'aigle et la martichore. Les vases faits alors pour les Francs représentaient parfois, non seulement des personnages, mais même des sujets religieux, et les devises, en caractères ornés, ont elles un sens chrétien.
Ces décorations s'appliquaient sur toutes sortes d'objets, les grandes vasques (*sedrieh*), les coupes, les buires, les chandeliers (*chemaah*), les lampes, les plateaux, les écritoires, et bien d'autres ustensiles propres à une foule d'usages.

68

Arab Art

MANUSCRIPT ILLUMINATION: SACRED INSCRIPTIONS

These ornaments, each one complete in itself, are from a magnificent, large-format Qur'an manuscript (the 'Glorious Book,' as Mohammad termed it) with pages measuring 40 in. in height by 20 in. in width. In the original these decorated inscriptions are no less than 12 in. long. In fact the manuscript, which dates from the 15th or possibly the 14th century, is truly Arab only by virtue of the text; in detail the style is Persian – and very good Persian, too.
An inscription of the kind reproduced here heads each of the book's 114 *suras* or chapters. Ara-

68

Arabische Kunst

BUCHMALEREIEN: TAFELN MIT HEILIGEN INSCHRIFTEN

Diese Ornamente, die jedes für sich eine Einheit bilden, sind einem Koran, dem „Glorreichen Buch" nach einem Ausdruck Mohammeds, entnommen; es handelt sich dabei um ein Prachtexemplar ungewöhnlichen Formats. Jede Seite ist 100 mal 50 cm groß, so dass jeder Rahmen im Original nicht weniger als 30 cm lang ist. Die Handschrift aus dem 15. oder vielleicht 14. Jahrhundert, ist eigentlich nur der Art des Textes nach arabisch, während die Details persisch und in einem hochstehenden Stil gehalten sind.
Jeder der hundertvierzehn Suren dieses Korans geht eine Inschrift

68

Art arabe

PEINTURES DES MANUSCRITS : TABLEAUX D'INSCRIPTIONS DU CARACTÈRE SACRÉ

Ces ornementations, formant chacune un décor complet, proviennent d'un Coran, le « Livre glorieux », selon l'expression de Mahomet magnifique d'un format exceptionnel, la page y ayant un mètre de hauteur et cinquante centimètres de largeur, de sorte que, dans l'original, chacun de ces cadres d'inscription ne mesure pas moins de trente centimètres en longueur. Ce manuscrit, datant du XVe siècle, et peut-être même du XIVe siècle de notre ère, n'est véritablement arabe que par la nature du texte ; par les détails, le genre est persan, et d'un style des plus estimés.

Lestel, lith.

Imp. Firmin-Didot & Cie, Paris

bic inscriptions are often in Kufic script, the primitive Arabic alphabet said to have been invented in Al-Kufa (Iraq), a city of ancient Chaldea. Of the various types represented here the one called 'rectangular Kufic' is easily recognizable (**nos. 2, 4, and 8**); its fine poise, virile line, and firm angularity forming a delightful contrast with the delicate foliage that plays around it.

A Kufic character will often constitute an ornamental motif in its own right by virtue of the detail given to it. In fact so decorative is this beautiful script that European architects and artists of the Middle Ages and the Renaissance often used it on Christian religious monuments, oblivious of the possible meaning of sentences that we sometimes find in the very halo surrounding Christ's head.

The illustration of manuscript margins differs according to the nature of the text, and the ornamentation of the margins of a Qur'an, where we never find anything but isolated rosettes, is entirely stellar in character. We reproduce here one of these brilliant stars or so-called Arab 'points' projecting its vertical rays up (**no. 10**) and down as well as two similar examples projecting a horizontal ray (**nos. 3 and 6**). The latter give the fragment of the sacred text that they highlight almost the appearance of a meteoric trail, with the point as the nucleus and the margin as its tail. The text (the codifying word) confirms what this astral image augurs; the symmetry of the ornamentation recalls the order of the universe, its elaboration the richness of creation.

von der Art der hier abgebildeten voraus. Solche Inschriften sind oft in kufischen Buchstaben geschrieben, in der alten arabischen Schrift, die ihren Namen von Kufa, einer Stadt im früheren Chaldäa, hat, wo sie erfunden worden sein soll. Unter den verschiedenen Schreibweisen der Inschriften ist die rechtwinklige kufische Schrift leicht zu erkennen (**Nr. 2, 4 und 8**). Ihre gewichtige und eckige Zeichnung kontrastiert mit den leichten Rankenornamenten, die sie umspielen. Ein kufischer Schriftzug kann durch einzelne Ausschmückungen ebenfalls zu einem Ornament werden. Diese schöne Schrift ist so dekorativ, dass im Mittelalter und während der Renaissance die christlichen Architekten und Künstler sie oft auch für Sakralobjekte verwendeten, ohne sich um den Sinn zu kümmern, den die Sprüche haben könnten. So findet man kufische Schriftzüge sogar im Strahlenkranz um das Haupt Christi.

Die Randverzierungen der Handschriften wechseln je nach Art des Textes. In einem Koran, in dem man nur einzelnen, so genannten arabischen Rosetten und Kreisen begegnet, sind sie im Allgemeinen sternartig. Einer dieser Kreise mit prismatischem Glanz, der einen Strahl senkrecht nach oben und nach unten aussendet (**Nr. 10**), und zudem zwei Beispiele für Kreise mit ähnlich angeordneten waagrechten Strahlen sind hier abgebildet (**Nrn. 3 und 6**). Diese Kreise geben dem durch sie hervorgehobenen Textteil eine gewisse meteorische Erscheinung. In eine feuerartige Bewegung hineingezogen, erscheint das kodifizierende Wort hier wie das Funkeln einer Sternschnuppe; der Kreis ist der Kopf,

Chacune des cent quatorze *sourates* de ce Coran est précédée d'une inscription du genre de celles que nous représentons. Les inscriptions orientales sont souvent formulées en lettres coufiques, l'écriture primitive des Arabes, tenant son nom de Koufa, une ville de l'ancienne Chaldée, où elle aurait été inventée. Entre les diverses écritures de nos inscriptions, la coufique que l'on appelle rectangulaire est facilement reconnaissable (**n°s 2, 4 et 8**) ; son bel aplomb, son dessin mâle, ses fermetés anguleuses, contrastent heureusement avec les légers rinceaux d'ornement dans lesquels on la fait jouer. Le caractère coufique est lui-même, souvent, un motif ornemental par le dessin de détail qu'on lui donne. Cette belle écriture est tellement décorative que les architectes chrétiens du Moyen Age et de la Renaissance l'ont souvent employée jusque dans nos monuments religieux, sans prendre souci du sens que pouvaient avoir des sentences que l'on retrouve jusque dans certaines auréoles entourant la tête du Christ. L'illustration des marges des manuscrits diffère selon la nature des textes, et l'ornementation des marges d'un Coran, où l'on ne rencontre jamais que des rosaces isolées, des points, du genre dit arabe, est, en principe, d'un mode tout stellaire. Nous donnons ici un de ces points brillants d'un éclat prismatique, avec le rayon vertical, projeté en haut et en bas par la sereine constellation, et de plus (**n° 10**), deux exemples du point projetant un rayon horizontal, et de figure analogue (**n°s 3 et 6**). Les points horizontaux donnent aux fragments du texte sacré mis en vedette une certaine apparence météorique. Entraînée dans le mouve-

der Rand eine Art Schwanz dieses seltsamen Kometen. Der Text bestätigt, was die Sternenwelt ahnen lässt; die symmetrische Ornamentik der Inschriften erinnert an das geordnete Weltall und ihr Luxus an den Reichtum der Schöpfung.

ment d'un empyrée, la parole qui codifie y apparaît comme la fulguration du sillon de l'étoile filante ; le point est le noyau, et le cadre est comme la queue de cette sorte de comète. Le texte certifie ce que le merveilleux du monde astral fait pressentir ; l'ornementation symétrique des inscriptions rappelle l'ordre de l'univers, son luxe la richesse de la création.

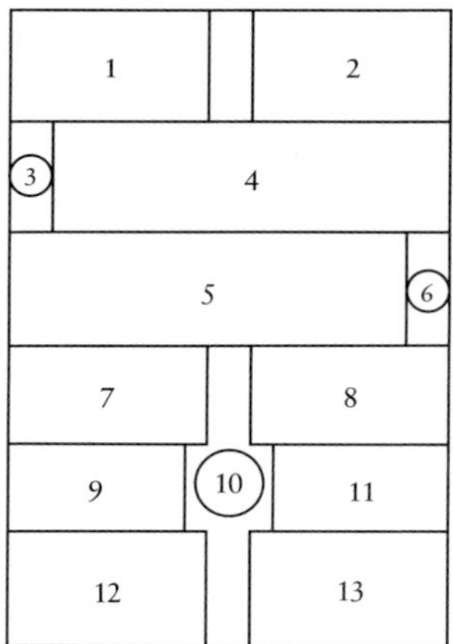

69

Arab Art

MANUSCRIPT ILLUMINATION: DECORATED INSCRIPTIONS

This plate is a continuation of plate 68. Here one is particularly interested in the ornamentation, given on a larger scale, of the various forms of Kufic script used in most of these inscriptions: either expressed in virile isolation or delicately contrasted with foliage. One should imagine all these frames

69

Arabische Kunst

BUCHMALEREIEN: DEKORATIONEN VON INSCHRIFTEN

Diese Seite schließt sich an die Motive der Tafel 68 an. Die abgebildeten Fragmente sind weniger verkleinert als die Gesamtansichten, um Einzelheiten und vor allem die Ornamentik der kufischen Schrift deutlicher hervortreten zu lassen. Diese wird bei den meisten Inschriften verwendet und

69

Art arabe

PEINTURES DES MANUSCRITS : ORNEMENTATION DES INSCRIPTIONS

Cette page forme une suite aux motifs de la planche 68. Les fragments reproduits ici sont traités à une échelle moins réduite que celle des ensembles, de façon à faciliter l'étude des détails, et particulièrement l'ornementation de l'écriture coufique, qui est surtout employée dans la plupart de ces

completed by the double blue line we see in other examples.
The tradition of decorating the written word in this way goes back to the ancient Persians. In fact these little compositions represent one expression of a generic type, like so many links in an ancient chain in which ornament underwent certain modifications in the course of time (notably as a result of the Qur'anic ban on the depiction of figures, which as it were clipped the Zoroastrian artist's wings) without departing from its time-honoured traditions other than by the introduction of Arabic script in place of the old Chaldean alphabet. The principle, however, is the same, and the 'Arab' manuscript from which we have taken these motifs is above all a work of Persian art. Here as elsewhere it is important to bear in mind that the term 'Arab art' (indeed the whole attribution to the Arabs of the architectural and decorative solutions encountered in Muslim countries) has been fiercely contested by certain authors who are aware of the great debt it owed to Byzantine and Persian stylistic influences.

steht teils für sich allein, teils in Verbindung mit Rankenwerk. Die Umrahmungen sind durch den doppelten blauen Faden zu ergänzen, der bei den anderen Beispielen zu sehen ist.
Die das geschriebene Wort einfassenden Motive stehen in der Tradition einer Illustrationsweise, deren Ursprung weit zurückliegt und bei den Persern zu suchen ist. So erscheinen diese kleinen Verzierungen als Ausdruck eines bestimmten altertümlichen Typs. Aufgrund der Koranvorschriften, die mit ihren Verboten aus dem alten Zarathustra-Anhänger, der Figuren aller Art zeichnete, einen Künstler mit gestutzten Flügeln machten, erfährt die Dekoration zwar gewisse Veränderungen, gibt jedoch die alte Tradition nur insofern auf, als die arabische Schrift an die Stelle des alten chaldäischen Alphabets tritt. Diese Unterschiede sind nicht so groß, als dass man nicht von einem zu Grunde liegenden einheitlichen Prinzip sprechen kann; das heißt, die arabische Handschrift, der die Beispiele entnommen sind, ist eigentlich ein persisches Werk. Was arabische Kunst genannt wird, müsste genauer bestimmt werden. Einige Kunstkritiker bestreiten, dass die architektonischen Formen in den islamischen Ländern und ihre Dekorationen den Arabern zuzuordnen sind; sie heben ihrerseits die Verwandtschaft mit dem byzantinischen und persischen Stil hervor.

inscriptions, tantôt avec l'expression la plus mâle et la plus franche dans son isolement, tantôt en superposant ses délicatesses à celles des rinceaux d'un principe végétal. Ces encadrements doivent tous être complétés par le double filet bleu que l'on voit aux autres.
Nous avons assez indiqué l'espèce de logique de ces riches ornementations, enchâssant de leur magie celle de la parole révélée, des sources des plus lointaines appartenant en propre aux Persans, en même temps que nous faisions observer que l'ornementation de ces tableaux d'inscription est du genre persan. De sorte que ces petits décors apparaissent comme l'une des expressions d'un type générique, comme autant de chaînons d'un système antique. Dans celui-ci l'ornement, conforme aux prescriptions du Coran qui, par ses interdictions a fait du vieux Zoroastrien, maniant jadis les figures de toute sorte, un artiste aux ailes coupées, aurait subi les modifications du temps, sans sortir des vieilles traditions directes autrement que par l'introduction de l'écriture arabe en place de l'ancien alphabet chaldéen. Ces différences n'excluent point l'unité du principe, et, en somme, le manuscrit soi-disant arabe qui a fourni ces modèles est avant tout une œuvre persane. Il faut indiquer le sens de ce qu'on appelle l'art arabe. La justesse de l'attribution aux Arabes des formules de l'architecture et de celles de son décor dans les pays musulmans, a été vivement contestée, car certains auteurs ont pu reconnaître sur place la parenté du style byzantin et du persan.

Bénard, lith. Imp. Firmin-Didot & Cie, Paris

70

Arab Art

COTTON, LINEN, AND SILK FABRICS

It would exceed the scope of this work to make an intensive study of the art of fabric ornamentation of strictly Arabic provenance. An essentially nomadic people, the Arabs drew from sources all over the East and in every period most of the decorative motifs that they then handed on to other nations, either by way of their settlements in Sicily and Spain or through the medium of the markets of Asia and Constantinople.

Our plate offers a glimpse of the main sources upon which the Arabs drew – without of course neglecting what appears to be of their own invention.

Egypt, undoubtedly, was the original cradle of the five pieces of woven cotton illustrated here, the first two of which show triangles placed one above the other (**no. 1**) and red diamonds against a white

70

Arabische Kunst

STOFFE AUS BAUMWOLLE, LEINEN UND SEIDE

Eine umfassende Untersuchung über die Stoffdekoration der Araber würde den Rahmen dieses Werkes sprengen. Dieses mehrheitlich von Nomaden gebildete Volk bezog die meisten Muster und Motive aus dem ganzen Orient und aus allen Epochen, um sie an andere Nationen weiterzugeben, sei es in Sizilien und Spanien, wo sie sich ansiedelten, sei es über Handelsplätze und Märkte in Asien und in Konstantinopel.

Unsere Tafel vermittelt einen Überblick über die Hauptquellen, die den Arabern Anregungen lieferten, ohne zu vernachlässigen, was ihrer eigenen Erfindungsgabe zugeschrieben werden könnte.

Zweifellos war Ägypten die Wiege der fünf Baumwollstoffe, von denen die beiden ersten in den oberen Ecken unserer Tafel übereinander gesetzte Dreiecke zur Linken (**Nr. 1**)

70

Art arabe

TISSUS DE COTON, LIN ET SOIE

Il ne saurait entrer dans le plan de notre ouvrage de faire une étude approfondie de l'art décoratif des tissus de provenance arabe proprement dite. Ce peuple, essentiellement nomade, a puisé partout en Orient et à toutes les époques, la plupart des motifs d'ornements qu'il a transmis aux autres nations, soit au moyen de ses établissements en Sicile et en Espagne, soit par la voie des marchés d'Asie et de Constantinople.

Nous donnons dans notre planche un aperçu des sources principales auxquelles les Arabes ont eu recours, sans négliger ce qui paraît être le propre de leur invention.

L'Egypte est, à n'en pas douter, le berceau primitif des cinq pièces tissées en coton et dont les deux premières, placées aux angles de la partie supérieure de notre feuille (**n° 1**), montrent, l'une des triangles

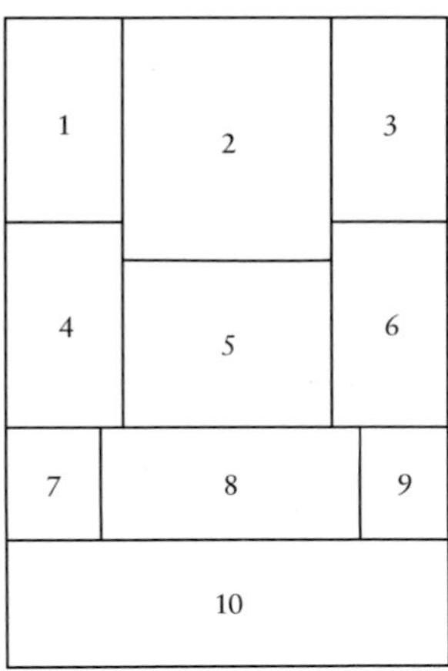

ground (**no. 2**). Similar arrangements clearly recur in the three smaller motifs that we have placed on either side of the piece of gold-embroidered red silk (**nos. 6 and 8**). This curious specimen bears some writing – a verse from the Qur'an, no doubt. The large piece above it, decorated in three colours (gold, blue, and red) on a white ground tinted with grey (**no. 3**), and the piece below with its blue, yellow, and green decoration (**no. 9**) are nationally inspired. The much more modern influence of Persia and Constantinople can be seen in the remaining two specimens composed of palms (**no. 5**) and rosettes (**no. 4**).

und rote Rauten auf weißem Grund zur Rechten (**Nr. 2**) zeigen. Die gleiche Anordnung findet man in den drei kleineren Motiven auf beiden Seiten des goldverzierten roten Seidenstoffes (**Nrn. 6 und 8**), dessen arabische Schriftzeichen einen Koranvers wiedergeben. Das darüber abgebildete Stück in Gold, Blau und Rot auf grauem Grund (**Nr. 3**) und der blau, gelb und grün gefärbte Stoff, der die unterste Reihe füllt (**Nr. 9**), sind arabische Kreationen.

Der sehr viel modernere Einfluss Persiens oder Konstantinopels bestimmt die beiden übrigen mit Palmetten und Rosetten verzierten Stücke (**Nrn. 4 und 5**).

superposés, et l'autre des losanges rouges sur fond blanc (**n° 2**). La même disposition se retrouve, on le voit, dans les trois plus petits motifs figurant à droite et à gauche du morceau de soie tissé d'or à écriture arabe (**n°s 6 et 8**). Ce curieux échantillon reproduit sans doute un verset du Coran ; la pièce qui le domine dont les trois couleurs, or, bleu et rouge, sont sur fond blanc teinté de gris (**n° 3**), ainsi que le spécimen placé au-dessous et que relèvent des tons de bleu, jaune et vert (**n° 9**), sont dus à l'inspiration nationale.

L'influence beaucoup plus moderne de la Perse ou de Constantinople, se fait remarquer dans les deux autres sujets composés de palmes et de rosaces (**n°s 4 et 5**).

71

Moorish Art

MOSAICS, GLAZED TERRACOTTAS

All the motifs in this plate are taken either from the Alhambra Palace in Granada or from the Alcazar Palace in Seville, Spain. In general they derive from Arab art in all its geometrical purity. Some of them, however, which feature floral ornament, already belong to the Hispano-Moorish style. The individual tiles, which by contrapuntal use of a single type of ornament form a rich, never-ending design, are of enormous interest to modern industry.

71

Maurische Kunst

MOSAIKE, GLASIERTE TERRAKOTTA

Alle Muster dieser Tafel stammen aus der Alhambra von Granada und dem Alcázar von Sevilla. Sie sind im Allgemeinen im rein geometrischen arabischen Stil gehalten, obwohl bei einigen, die Blumenmotive aufweisen, spanisch-maurischer Einfluss erkennbar ist. Die einzelnen Fliesen, die aus einem einzigen Typ durch einfache Aneinanderreihung eine reiche Endloszeichnung entstehen lassen, sind auch heute noch von großem Interesse.

71

Art mauresque

MOSAÏQUES, TERRES CUITES ÉMAILLÉES

Tous les motifs de cette planche proviennent de l'Alhambra de Grenade et de l'Alcazar de Séville. Ils découlent en général du principe arabe dans toute sa pureté géométrique ; quelques-uns cependant, où apparaît la flore d'ornement, se rattachent déjà au genre hispano-mauresque. Les carreaux isolés, qui d'un type unique font un dessin riche et sans fin dû à la simple contreposition, sont toujours d'un grand intérêt.

72

Moorish Art

ARCHITECTURAL DECORATION

The motifs assembled in this plate all come from the Alhambra, that marvellous palace of the Moorish kings at Granada, where we find the most complete expression of a style that, while it borrowed its principal components from Byzantium, developed them with a new richness and breadth. The most striking feature of this system of decoration (which was an enormous plus as far as decorating architecture was concerned) is that the broad lines of the design obey actual constructional principles, with the details completing the whole. This is why, despite their minimal superposed relief, these ornaments appear by a happy illusion actually to contribute to the solidity of the buildings they decorate.

72

Maurische Kunst

DEKORATIVE ARCHITEKTUR

Die Motive auf dieser Tafel stammen aus der Alhambra, dem Palast der maurischen Könige in Granada. Man findet hier den vollkommenen Ausdruck dieses Stils, der seine Hauptelemente von Byzanz übernahm, sie jedoch vielfältiger weiterentwickelte. Was am meisten auffällt – und dabei handelt es sich um einen wichtigen Vorteil für Architektur-Dekorationen –, ist der Umstand, dass die Umrisse dieser Dekoration zugleich den Prinzipien eines wirklichen Baus entsprechen, was durch die Anordnung im Einzelnen noch unterstrichen wird. So scheinen diese Verzierungen trotz ihrer flachen, darauf gelegten Reliefs durch eine angenehme Täuschung zur Festigkeit des Gebäudes, das sie zieren, beizutragen.

72

Art mauresque

DÉCORATION D'ARCHITECTURE

Les divers motifs réunis dans la planche ci-contre proviennent tous de l'Alhambra, du merveilleux palais des rois maures de Grenade, où l'on trouve l'expression la plus complète de ce style qui a emprunté au byzantin ses principaux éléments, en les développant avec plus de richesse et de largeur. Ce qui frappe le plus dans ce système (et c'est là un mérite de premier ordre dans une décoration architecturale), c'est que les grands linéaments de l'ornementation contiennent les principes d'une construction réelle que vient compléter la répartition des détails. C'est pourquoi, malgré leurs faibles reliefs superposés, ces ornements semblent concourir, par une agréable illusion, à la solidité de l'édifice qu'ils décorent.

Moorish Art

CERAMIC MOSAIC AND GLAZED BRICKS

The Arab architecture of Algeria, from which our motifs are taken, is quite different in expression from the older tradition of the 8th and 9th centuries, as represented on the one hand by the famous Cordoba mosque and on the other by the Ibn Tulun Mosque in Cairo. Among the various phases that Arab architecture went through, scholars have noted a transformation so distinctive and so important that it is believed to reflect a major political upheaval. The first signs of this change go back to the 11th and 12th centuries, but it is above all in studying the ornaments and mosaics of the 14th century that we are able to distinguish the architectural style known as 'Moorish' or 'African.' The monuments of Algeria confirm both by their character and their date that there was an influx of new craftsmen into the country.
The geometrical problems addressed graphically here belong properly to the type known to specialists as 'Syro-Arabian.' As our examples illustrate, nearly all Moorish tracery is based either on the triangular or hexagonal system or on the quadrangular and octagonal system. **No. 6**, where the straight lines give way to curves, represents an apparently capricious type that is in fact no less strictly organized than the others. **No. 5** represents a further, even more resourceful type where the distribution of colour within a single plane of tracery gives the illusion of two separate planes; the large motifs

Maurische Kunst

MOSAIKE AUS FAYENCE UND GLASIERTE BACKSTEINE

Die arabische Architektur Algeriens, zu der die hier abgebildeten Beispiele gehören, unterscheidet sich deutlich von der älteren Architektur des 8. und 9. Jahrhunderts, der die berühmte Moschee von Cordoba und die Ibn-Tulun-Moschee in Kairo zuzurechnen sind. In der Entwicklung der arabischen Architektur lässt sich eine deutliche und wichtige Zäsur feststellen, die auf politische Veränderungen zurückgeht. Ist dieser Einschnitt schon an Bauten des 11. und 12. Jahrhunderts zu erkennen, so kann der so genannte maurische oder afrikanische Architekturstil doch am besten an Dekorationen und Mosaiken aus dem 14. Jahrhundert untersucht werden. Die algerischen Bauten bestätigen durch ihre Merkmale und Entstehungszeiten das Wirken von Handwerkern, die nach Algerien und Spanien eingewandert waren.
Die geometrischen Probleme, die mit Kalamus (Schreibrohr) und Zirkel grafisch gelöst werden, gehören zum so genannten syroarabischen Genre. Die eckigen maurischen Schnörkel sind fast alle nach dem drei- oder sechseckigen und dem vier- oder achteckigen Typ konstruiert. Die abgebildeten Beispiele bestätigen dies. Unter ihnen stellt **Nr. 6** eine Art dar, bei der die in Kurven auslaufenden Geraden ebenso regelmäßig gestaltet sind wie die eckigen Linien der anderen Muster. Einen reicheren Typ zeigt **Nr. 5**: Die Verteilung der Farben auf einer Ebene täuscht hier zwei übereinander gelegte

Art mauresque

MOSAÏQUES DE FAÏENCE ET BRIQUES ÉMAILLÉES

L'architecture dite arabe de l'Algérie, d'où proviennent nos spécimens offre une expression qui diffère essentiellement de l'ancienne architecture des VIIIe et IXe siècles, représentée par la mosquée de Cordoue, et par la mosquée d'Ibn Touloun au Caire. Parmi les diverses phases que le style architectural des Arabes a subies, on a remarqué une transformation si caractéristique, si importante, qu'on en attribue la cause à quelque commotion politique. On fait remonter au XIe ou au XIIe siècle l'apparition de cette transformation ; c'est surtout en observant les ornements et les mosaïques du XIVe siècle qu'on arrive à distinguer le style architectural qu'on appelle mauresque ou africain. Les monuments de l'Algérie confirment pleinement, par leur caractère et par leurs dates, l'intervention d'ouvriers nouveaux en Algérie comme en Espagne.
Les problèmes géométriques traduits graphiquement par le calame et le compas appartiennent en propre au genre désigné par les spécialistes sous le nom de syro-arabe. Les entrelacs mauresques, à physionomie anguleuse et gothique, sont presque tous construits sur le type triangulaire ou hexagonal et sur le type quadrangulaire et octogonal. Nos exemples confirment pleinement cette assertion, et parmi eux le **n° 6**, dont les lignes droites aboutissent à des développements curvilignes, représente un genre dont le caprice apparent n'est pas moins réglé que les autres. Enfin au **n° 5** la distribution des colorations dans

arranged in quincunx seem to be held in place by white netting. **No. 1** shows a detail from the superbly effective ceramic mosaics covering almost the entire upper part of the Sidi-Bu-Medina Minaret, near Tlemcen (1339). The monumental gate of the former palace of M'dersa Tachfinya (Tlemcen, 1335–1340) is also decorated with magnificent ceramic mosaics and elaborate paving. **Nos. 3 and 4** come from the ruins of this building, some of whose rooms serve today as shops. **Nos. 5, 6, and 8** are from the gate of the M'dersa of Sidi-Bu-Medina, whose extremely beautiful ceramic mosaics are in a fairly good state of preservation. Finally, **nos. 2 and 7** offer interesting examples of simple enamel bricks forming highly distinctive designs as a result of the way in which they are chamfered and laid. Both motifs are from the ruins of the 14th-century mosque at Sidi-Ben-Issak.

Flächen vor, da die großen schachbrettförmigen Felder unter einem Netz zu liegen scheinen.
Muster **Nr. 1** stammt vom Minarett der Sidi-Bu-Medina-Moschee bei Tlemcen (1339), das in seinem oberen Teil fast vollständig mit Fayence-Mosaiken verkleidet ist. Das riesige Tor des alten Palastes von M'dersa Tachfinya (Tlemcen, 1335–1340) ist mit prachtvollen Fayence-Mosaiken und Fliesen dekoriert. Die **Nrn. 3 und 4** stammen aus den Ruinen dieses Gebäudes, dessen Räume teilweise als Läden benutzt wurden. Das Eingangstor der M'dersa von Sidi-Bu-Medina ist ebenfalls mit gut erhaltenen Fayence-Mosaiken verziert (**Nrn. 5, 6 und 8**). Die Stücke **Nr. 2 und 7** zeigen glasierte Backsteine, deren charakteristische Muster auf dem Schnitt und der Anordnung der Steine beruhen; sie kommen aus den Ruinen der Moschee von Sidi-ben-Issak (14. Jahrhundert).

un tracé de même plan est celle de l'illusion de deux plans superposés, les grands caissons disposés en quinconce y paraissent tenus sous les filets d'une résille.
Le minaret de Sidi-Bou-Médine (près de Tlemcen, 1339) a conservé de belles mosaïques de faïence qui couvrent presque entièrement sa partie supérieure et y produisent un grand effet. Le **n° 1** en provient. La porte monumentale de l'ancien palais de la M'dersa Tachfinya (Tlemcen, 1335–1340) est décorée de magnifiques mosaïques de faïence et de dallages très riches. Nos **n°s 3 et 4** appartiennent à ces ruines dont quelques salles servent aujourd'hui de magasins. La porte d'entrée de la M'dersa de Sidi-Bou-Médine est également décorée de très belles mosaïques de faïence assez bien conservées, et nos **n°s 5, 6 et 8** proviennent de ce monument. Enfin les fragments **n°s 2 et 7** offrent des exemples intéressants de la simple brique émaillée dont l'ornementation très caractéristique est due au biseautage de la pièce, et à sa pose systématique ; ils proviennent des ruines de la mosquée de Sidi-Ben-Issak.

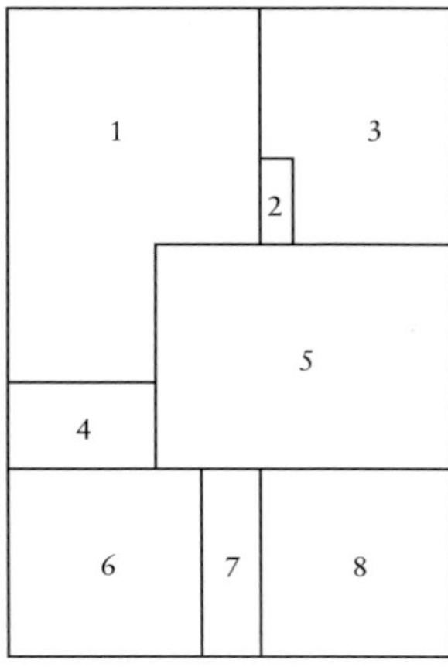

74

Ottoman Art

WALL TILES, PAINTED AND GLAZED TERRACOTTA, MARQUETRY

The ordinary brick clay used to make the wall tiles in this plate was carefully worked and fired to give a fine, uniform body, pure and hard-wearing but still retaining a measure of porosity; the tiles were covered with a coat of kaolin. Sometimes they were modelled in raised or sunken relief before being coated or filled, as the case might be, with coloured enamels; this design was then surrounded with a cupric product that formed a black line around it after firing and prevented the enamel from spreading, mixing, or spilling. The result was not unlike cloisonné enamel work. Or they might be enamelled in slabs that were then cut up to form mosaics.

The detail of this ornamentation represents a degeneration of Persian art, a process that we can see

74

Osmanische Kunst

WANDFLIESEN, BEMALTE UND GLASIERTE TERRAKOTTA, HOLZINTARSIEN

Die Wandfliesen dieser Tafel bestehen aus dem gewöhnlichen Lehm, mit dem man Backsteine herstellt. Sie sind jedoch sorgfältig getrocknet und gebrannt, um eine feine, gleichmäßige und widerstandsfähige Masse zu erhalten, die noch etwas porös ist. Diese Fliesen wurden mit einer Kaolinschicht überzogen. Oft formte man sie reliefartig, bevor sie überzogen oder gegebenenfalls mit verschiedenfarbigem Schmelz versehen wurden. Dabei wurde das Motiv mit einer Kupfermischung, die sich beim Brennen schwarz färbte, umrissen, um ein Verlaufen der Deckschicht zu vermeiden, ein Verfahren, das gewisse Ähnlichkeiten mit dem Zellenschmelz aufweist. Nach einer anderen Methode wurden Platten glasiert und sodann zerteilt, um auf diese Weise Mosaike zu bilden.

74

Art ottoman

FAÏENCES MURALES, TERRES CUITES PEINTES ET ÉMAILLÉES, MARQUETERIES

Les carreaux de revêtement qui figurent dans notre planche sont de l'argile plastique commune dont on fait les briques ordinaires, mais confectionnée avec un grand soin, pétrie et cuite de manière à obtenir une pâte fine et bien égale, suffisamment pure et résistante, tout en ayant conservé un peu de porosité ; on recouvrait ces carreaux d'une couche de kaolin. Tantôt on les modelait en relief ou en creux avant de les recouvrir ou de les remplir, selon le cas, d'émaux de diverses couleurs, et l'on entourait le dessin ainsi formé d'un produit cuivrique qui le circonscrivait en noir à la cuisson, en empêchant la couverte de se répandre et d'occasionner des mélanges et des bavures, ce qui offrait une certaine similitude avec les émaux cloisonnés ; tantôt, au contraire, on les émaillait

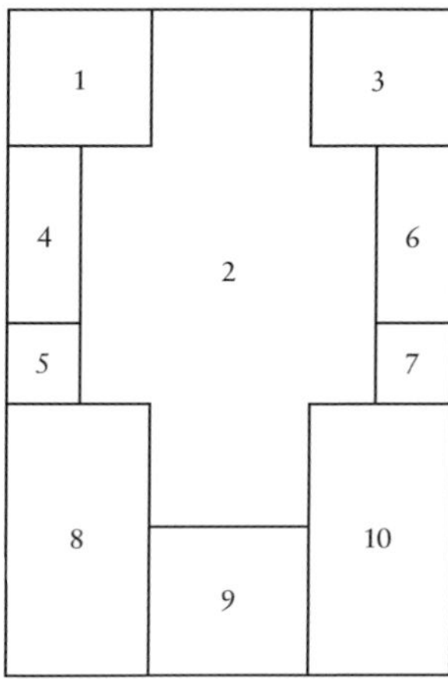

2
1
3
4
6
5
7
8
9
10

increasing as time goes on and that by the Ottomans' own admission was brought about by the influence of the French painters and sculptors who were attracted by Sultan Ahmed III's reputation for lavishness, and who arrived in the wake of the engineers that that sovereign had summoned to carry out special works for him. As a result of these contacts, Ottoman artists began using ornamentation that was closer and closer to contemporary European types. This was the heyday of the so-called 'Pompadour' style, whose pompoms, chicories, and rocailles, grafted onto the traditional severe tracery, gave it the slightly overblown fulness that appealed to the Ottoman taste.

The splendid motif at the upper centre of our plate (**no. 2**) is the only decoration on a rectangular panel (which we have had to encroach on here). The four smaller motifs to the left and right of it (**nos. 4–7**) are marquetry fragments found in the ruins of various ancient monuments in Cairo. The smaller pair, reversed figures alternating in black and a light colour, belong to a particularly fine class of ornament.

Bei diesen Dekorationen handelt es sich um eine Degeneration der persischen Kunst, die im Laufe der Zeit zunahm. Sie erfolgte nach Aussage der Osmanen selbst unter dem Einfluss französischer Maler und Bildhauer; vom berühmten Hof Achmeds III. angezogen, waren sie den französischen Ingenieuren gefolgt, die der Sultan für bestimmte Arbeiten hatte rufen lassen. Die osmanischen Künstler kamen der zeitgenössischen europäischen Ornamentik immer näher, in der der Pompadour-Stil mit seinen Quasten, krausen Besätzen und Muscheln triumphierte; er gab dem früheren strengen Rankenwerk jenes überladene Aussehen, das den Osmanen gefiel.

Das prachtvolle Motiv in der oberen Mitte (**Nr. 2**) bildet die einzige Dekoration einer Tafel, deren rechteckiger Grund beschnitten werden musste. Die vier kleinen Motive zur Rechten und Linken (**Nrn. 4–7**) sind nicht Fayencen, sondern Holzintarsien aus verfallenen Bauwerken Altkairos. Das kleine Paar, das dasselbe Motiv in Umkehrung, teils in schwarzer, teils in heller Farbe zeigt, gehören einem besonders beliebten Typ an.

en plaques que l'on découpait ensuite pour former des mosaïques. Cette ornementation de détail n'est, virtuellement, qu'une dégénérescence de l'art persan, dont on peut ici observer la marche ; l'altération va croissant à mesure que le temps avance et, ce sont les Ottomans qui le disent, ce changement de physionomie s'accomplit sous l'influence de peintres et de sculpteurs français, attirés par la réputation de magnificence du sultan Ahmed III, à la suite d'ingénieurs que ce souverain avait appelés pour l'exécution de travaux spéciaux. Les artistes ottomans se rapprochèrent de plus en plus des types de l'ornementation européenne de ce temps-là, c'est-à-dire l'époque du triomphe du style Pompadour, des pompons, des chicorées et des rocailles, qui firent greffer sur les anciens et sévères rinceaux des plénitudes qui plurent aux Ottomans.

Le magnifique décor disposé sur le principe du point dit arabe (**n° 2**) fait l'unique ornementation d'un panneau dont nous avons dû circonscrire le fond rectangulaire. Les quatre petits motifs qui occupent les deux côtés de ce point ornemental (**n°s 4–7**), ne sont pas des faïences, mais des marqueteries recueillies dans les ruines des vieux monuments du Caire. Les spécimens dans lesquels le même ornement se représente en figure renversée, tantôt noire et tantôt claire, sont d'une famille particulièrement estimée.

75

Celtic Art

MANUSCRIPT ORNAMENTATION

Celtic is the name generally applied by modern researchers to the style often referred to as Anglo-Saxon. Seen by some critics as a blend of Scandinavian and Byzantine elements, it is considered by others as an indigenous style inspired by the particular genius of the primitive inhabitants of the British Isles. Key features of the early period of this style have been identified as 1) the absence of any imitation of foliage or plant life; 2) almost exclusive reliance on simple geometrical figures, ribbon tracery, diagonals, spirals, etc.

7th Century

Nos. 1, 3, 5–7, 9, 11–13, 25, and 28–30. The *Book of Durrow* (c. 675; Trinity College Library, Dublin). Symbols of the Evangelists and ornamental pages.

Nos. 4 and 33. Frontispieces of the Gospels of St. Mark and St. Luke.

75

Keltische Kunst

DEKORATIONEN IN HANDSCHRIFTEN

Keltisch ist heute die gebräuchlichste Bezeichnung für jenen Stil, der oft auch angelsächsisch genannt wurde. Wenn ihn auch einige Kritiker als eine Mischung aus skandinavischen und byzantinischen Elementen ansehen, so kann er doch in erster Linie als eigenständiger Stil betrachtet werden, den die ersten Bewohner der Britischen Inseln entwickelten. Zu den wichtigsten Kennzeichen der frühen Periode gehören: 1. das Fehlen jeglicher Nachahmung von Blatt und Pflanzenwerk; 2. der fast ausschließliche Gebrauch einfacher geometrischer Figuren, Flechtbänder, diagonaler Linien, Spiralen etc.

7. Jahrhundert

Nrn. 1, 3, 5–7, 9, 11–13, 25 und 28–30: Evangeliar, so genanntes *Book of Durrow* (um 675; Trinity College Library, Dublin). Evangelistensymbole und Schmuckseiten.

75

Art celtique

ORNEMENTATION DES MANUSCRITS

Celtique, tel est le nom que donnent généralement aujourd'hui à ce style, appelé souvent aussi anglo-saxon, ceux qui l'ont le plus récemment étudié. Présenté par certains critiques comme un mélange de scandinave et de byzantin, il est surtout considéré comme indigène et dû au génie particulier des habitants primitifs des Iles britanniques. Comme caractères essentiels de ce genre dans sa première période on signale : 1° l'absence de toute imitation de feuillages ou de végétaux ; 2° l'emploi presque exclusif de simples figures géométriques, entrelacs de rubans, lignes diagonales ou spirales, etc.

VIIe siècle

Nos 1, 3, 5–7, 9, 11–13, 25 et 28–30 : Evangéliaire *Book of Durrow* (vers 675 ; Trinity College Library, Dublin). Symboles des Evangélistes et pages ornementales.

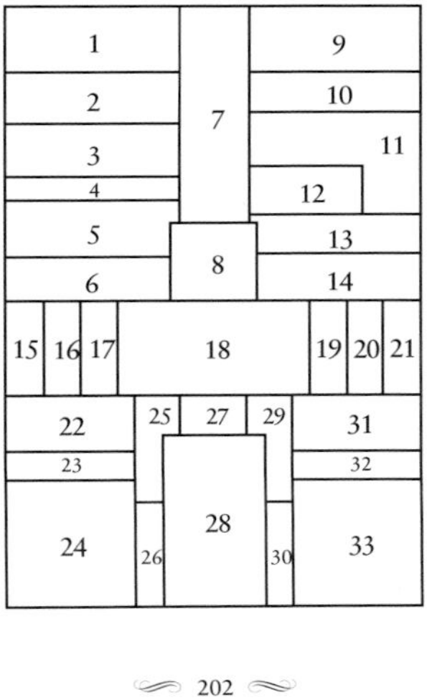

1
2
3
4
5
6
7
8
9
10
11
12
13
14
15
16
17
18
19
20
21
22
23
25
26
27
28
29
30
31
32
33

No. 26. The *Lindisfarne Gospels* (before 698; British Library, London): Ornamental page.
Nos. 22 and 31. Gospel of St. Luke (British Museum, London). Frontispiece.
8th Century
No. 18. Commentaries on the Psalms, by Cassiodorus, 'manu Bedae' (Durham Cathedral Library). David the conqueror.
Nos. 8 and 24. The Royal Psalmist.
Nos. 2 and 14. Gospel of St. Matthew, with the symbols of the Evangelists (Library, St. Gallen).
9th Century
No. 6. Latin gospel (Library, St. Gallen): Ornamental page and glorification of Jesus Christ.
No. 10. Manuscript (Library, St. Gallen): Crucifixion.
No. 27. Psalter of St. John, Cambridge: Victory of David over Goliath and the lion and beginning of Psalms 1 and 102.
Like most of the above, the minor motifs numbered **nos. 15–17, 19–21, 23, and 32** are also taken from various manuscripts in the Bodleian Library, Oxford, the monastery library, St. Gallen, and the library of Trinity College, Dublin.

Nrn. 4 und 33: Titelblätter des Markus- und Lukas-Evangeliums.
Nr. 26: Evangeliar, *Book of Lindisfarne* (vor 698; British Library, London). Schmuckseite.
Nrn. 22 und 31: Lukas-Evangelium (British Museum, London). Frontispiz.
8. Jahrhundert
Nr. 18: Psalmenkommentar des Cassiodorus, „manu Bedae" (Durham Cathedral Library). David als Sieger.
Nrn. 8 und 24: Der Königliche Psalmist.
Nrn. 2 und 14: Matthäus-Evangelium mit den Evangelistensymbolen (Kantonsbibliothek St. Gallen).
9. Jahrhundert
Nr. 6: Lateinisches Evangeliar (Kantonsbibliothek St. Gallen). Schmuckseite und Verherrlichung Christi.
Nr. 10: Handschrift (Kantonsbibliothek St. Gallen). Die Kreuzigung.
Nr. 27: Johannes-Psalter von Cambridge. Der Sieg Davids über Goliath und den Löwen; Beginn der Psalmen 1 und 102.
Aus verschiedenen Handschriften der Bodleian Library in Oxford, des Klosters St. Gallen und des Trinity College in Dublin stammen die Nebenmotive mit den **Nrn. 15–17, 19–21, 23 und 32.**

Nos 4 et 33 : Frontispice des Evangiles de saint Marc et de saint Luc.
No 26 : Evangiles dits de *Book of Lindisfarne* (avant 698; British Library, Londres). Page ornementale.
Nos 22 et 31 : Evangile de saint Luc (British Museum, Londres). Frontispice.
VIIIe siècle
No 18 : Commentaires sur les Psaumes par Cassiodore, «manu Bedae» (Bibliothèque de la Cathédrale de Durham). David vainqueur.
Nos 8 et 24 : Le Royal Psalmiste.
Nos 2 et 14 : Evangile de saint Matthieu, avec les symboles des Evangélistes (Bibliothèque du couvent de Saint-Gall).
IXe siècle
No 6 : Evangile latin (Bibliothèque de Saint-Gall). Page ornementale et glorification de Jésus-Christ.
No 10 : Manuscrit de la même bibliothèque. Crucifiement.
No 27 : Psautier de Saint-Jean à Cambridge. Victoire de David sur Goliath et sur le Lion, et commencement des Psaumes 1 et 102.
C'est également à divers manuscrits de la Bibliothèque Bodléienne à Oxford, de celle du couvent de Saint-Gall et du Collège de la Trinité à Dublin, que se rapportent les motifs secondaires portant les **nos 15–17, 19–21, 23 et 32.**

— 76 —

Celtic Art

MANUSCRIPT ORNAMENTATION

The last plate and the first twelve motifs in this plate typify the first period of the Celtic style, a period characterized by the exclusive use of purely linear, geometrical compositions. A change begins, however, with motifs **nos. 13, 15, and 16** (8th and 9th centuries), in which we find fanciful animal heads intertwined with tracery; and as we move forward into the 9th and 10th centuries the lines increasingly lose their mathematical regularity, with shapes becoming freer and beginning to take on something of the variety and unpredictability of nature. It is this second period, which has been dubbed the exfoliation period, that produced the motifs numbered **nos. 18–33** (10th and 11th centuries). Finally, the four magnificent initials numbered **nos. 34–37** present a perfect blend of the two elements – fantasy and symmetry – that no well-designed ornament can afford to separate.

7th Century

Nos. 1–6. *The Book of Durrow* (Trinity College Library, Dublin).

Nos. 7 and 8. *The Book of Kells* (c. 800; Trinity College Library, Dublin).

Nos. 9 and 10. Royal manuscripts (British Museum, London).

7th and 8th Centuries

No. 11. *Codex Aureus* (c. 750; Royal Library, Stockholm).

8th Century

No. 12. Gospel of St. Thomas, abbot of Hohenaugia (Capitular Library, Trier).

— 76 —

Keltische Kunst

DEKORATIONEN IN HANDSCHRIFTEN

Die vorhergehende Tafel zeigte vor allem den frühen keltischen Stil, der sich durch den ausschließlichen Gebrauch linearer und geometrischer Kombinationen auszeichnet und zu dem auch noch die ältesten Dokumente auf dieser Tafel gehören (**Nrn. 1–12**). Etwas Neues kündigt sich bei den **Nrn. 13, 15 und 16** (8. und 9. Jahrhundert) an: Die Schnörkel werden mit den Körpern von Fabeltieren verflochten. Während des 9. und 10. Jahrhunderts verlieren die Linien zunehmend ihre mathematische Gleichmäßigkeit, und die Formen entwickeln sich freier und natürlicher. Aus dieser zweiten Periode, die auch „Exfoliationszeit" genannt wurde, stammen die **Nrn. 18–33** (10. und 11. Jahrhundert). In den vier prachtvollen Initialen der **Nrn. 34–37** schließlich finden sich Fantasie und Symmetrie, die jedes gute Ornament aufweisen sollte, auf vollkommene Weise vereint.

7. Jahrhundert

Nrn. 1–6: *Book of Durrow* (Trinity College Library, Dublin).

Nrn. 7 und 8: *Book of Kells* (um 800; Trinity College Library, Dublin).

Nrn. 9 und 10: Königliche Handschriften (British Museum, London).

7. und 8. Jahrhundert

Nr. 11: *Codex Aureus* (um 750; Kunigliga Biblioteket, Stockholm).

8. Jahrhundert

Nr. 12: Thomas-Evangelium des Abts von Hohenaugia (Stiftsbibliothek Trier).

— 76 —

Art celtique

ORNEMENTATION DES MANUSCRITS

La planche précédente présentait surtout le style celtique dans sa première phase, caractérisée par l'emploi exclusif des combinaisons purement linéaires et géométriques, et à laquelle se rattachent encore les plus anciens des documents réunis dans celle-ci (**nos 1–12**). Mais le genre commence à se modifier dans les **nos 13, 15 et 16** (VIIIe et IXe siècles), où l'on voit apparaître les têtes d'animaux chimériques mêlées aux courbes des entrelacs qu'elles terminent, et ensuite, plus on avance dans les IXe et Xe siècles, plus la ligne perd de sa régularité mathématique, plus la forme devient libre et emprunte à la nature ses variétés et ses caprices. C'est à cette période nouvelle, appelée la période d'exfoliation, que se rapportent les **nos 18–33** (Xe et XIe siècles). Enfin, dans les quatre magnifiques initiales qui portent les **nos 34–37**, on trouve réunis dans une mesure parfaite ces deux éléments de fantaisie et de symétrie que l'ornement bien conçu ne doit pas séparer.

VIIe siècle

Nos 1–6 : *Livre de Durrow* (Collège de la Trinité, Dublin).

Nos 7 et 8 : *Livre de Kells* (Collège de la Trinité, Dublin).

Nos 9 et 10 : Manuscrits royaux (British Museum).

VIIe et VIIIe siècles

No 11 : *Codex Aureus* (vers 750 ; Bibliothèque royale de Stockholm).

VIIIe siècle

No 12 : Evangiles de Thomas, abbé de Hohenaugia (Bibliothèque capitulaire de Trèves).

No. 13. Commentaries on the Psalms, by Cassiodorus (Durham Cathedral Library).
8th and 9th Centuries
No. 14. Gospels of St. Chad (Lichfield Cathedral).
9th Century
No. 15. Psalter (St. John's College, Cambridge).
Nos. 16 and 17. The MacDurnan Gospels (Lambeth Palace Library).
10th Century
No. 18. Latin gospels (Trinity College, Cambridge).
Nos. 19–21. *Codex Vossianus* (Bodleian Library, Oxford).
No. 22. Benedictional of St. Aethelwold.
11th Century
Nos. 23 and 24. Great Latin Psalter (Public Library, Bologna).
Nos. 25–33. Arundel Psalter (British Museum).
Nos. 34–37. Initials from the Abbey of St. Germain des-Prés.

Nr. 13: Psalmenkommentar des Cassiodorus (Durham Cathedral Library).
8. und 9. Jahrhundert
Nr. 14: Evangeliar von St. Chad (Kathedrale von Litchfield).
9. Jahrhundert
Nr. 15: Psalter (St. John's College, Cambridge).
Nrn. 16 und 17: Evangeliar von MacDurnan (Palace Library, Lambeth).
10. Jahrhundert
Nr. 18: Lateinisches Evangeliar (Trinity College, Cambridge).
Nrn. 19–21: *Codex Vossianus* (Bodleian Library, Oxford).
Nr. 22: Segensbuch von St. Aethelwold.
11. Jahrhundert
Nrn. 23 und 24: Großer lateinischer Psalter (Biblioteca communale, Bologna).
Nrn. 25–33: Arundel-Psalter (British Museum).
Nrn. 34–37: Initialen, aus der Abtei Saint-Germain-des-Prés.

N° 13 : Commentaires sur les Psaumes, par Cassiodore (Bibliothèque de la Cathédrale de Durham).
VIIIe et IXe siècles
N° 14 : Evangiles de Saint-Chad (Cathédrale de Litchfield).
IXe siècle
N° 15 : Psautier (Saint-Jean Collège de Cambridge).
Nos 16 et 17 : Evangiles de Mac Durnan (Bibliothèque archiépiscopale de Lambeth).
Xe siècle
N° 18 : Evangiles latins (Collège de la Trinité, Cambridge).
Nos 19–21 : *Codex Vossianus* (Bibliothèque Bodléienne, Oxford).
N° 22 : Benedictional, de Saint-Æthelwold.
XIe siècle
Nos 23 et 24 : Grand Psautier Latin (Biblioteca communale, Boulogne).
Nos 25–33 : Psautier d'Arundel (British Museum).
Nos 34–37 : Initiales provenant de l'abbaye de Saint-Germain-des-Prés.

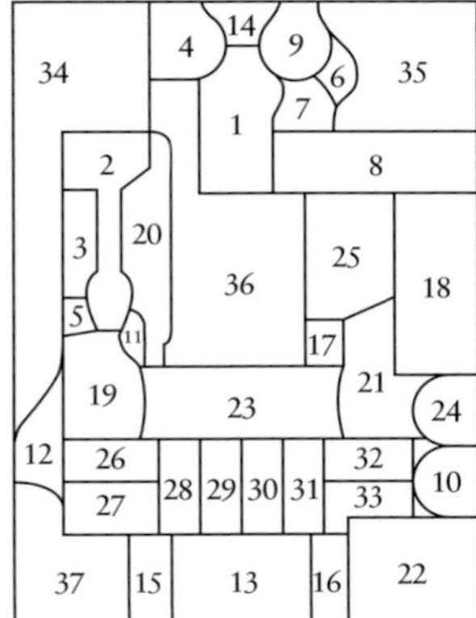

CELTIC-BYZANTINE.
KELTISCH-BYZANTINISCH
SCS MICHAEL
SCS GABRIEL
Cottelot lith.
Imp. Firmin-Didot & Cie. Paris

77

Celtico-Byzantine Art

MANUSCRIPT ILLUMINATIONS

Types of decorative painting, 6th–9th centuries; enamelled goldsmith's work, 10th century; colour in Romanesque architecture, 11th century.
Foliage in the exfoliated Byzantine style, the human figure of the Greek tradition, and Celtic strapwork, with or without animal heads (three features particularly of motifs **nos. 1, 2, and 4** of this plate) justify our use of the term 'Celtico-Byzantine' to describe this selection, as do the places of origin of the manuscripts from which it is drawn, namely Sweden, Denmark, England, and the German Rhineland.
Careful study of these ornaments reveals that they were not simply dreamed up by illuminators but are the work of experts in the various types of decoration practised at the time, whether we are talking

77

Keltisch-byzantinische Kunst

ILLUMINIERTE HANDSCHRIFTEN

Dekorative Malerei, 6.–9. Jahrhundert; Goldschmiedekunst mit Email, 10. Jahrhundert; Farben in der romanischen Architektur, 11. Jahrhundert.
Blatt- und Rankenwerk im byzantinischen Exfoliationsstil, menschliche Figuren nach griechischer Tradition und keltisches Flechtwerk mit einfachen oder in Tierköpfe auslaufenden Bändern, wie man sie auf den **Nrn. 1, 2 und 4** sieht, rechtfertigen die Bezeichnung „keltisch-byzantinisch". Auch die Herkunft der verschiedenen Beispiele – Schweden, Dänemark, England und das Rheinland – kann zur Erklärung beitragen.
Eine Tatsache grundlegender Bedeutung machen die Zeichnungen deutlich: Es handelt sich bei ihnen nicht um irgendwelche Einfälle von Buchmalern, sondern um Werke von Personen, die mit den

77

Art celtico-byzantin

ENLUMINURES DES MANUSCRITS

Types de la peinture décorative, VIe–IXe siècles ; l'orfèvrerie émaillée, Xe siècle ; coloration de l'architecture du style roman, XIe siècle
Les rinceaux et feuillages du style byzantin exfolié, la figure humaine de tradition grecque et les entrelacs du caractère celtique, en simples lacets ou aboutissant en têtes d'animaux, comme on les voit aux **nos 1, 2 et 4**, justifient la rubrique sous laquelle nous présentons ces ornementations. Les milieux originaires de ces documents l'expliquent également, ces types provenant de la Suède, du Danemark, de l'Angleterre et de l'Allemagne rhénane.
De l'étude de ces graphies se dégage un fait qui leur donne une importante signification : ce ne sont point là des caprices de simples enlumineurs, mais les œuvres de gens experts dans les diverses spécialités du décor usuel à leur époque, qu'il

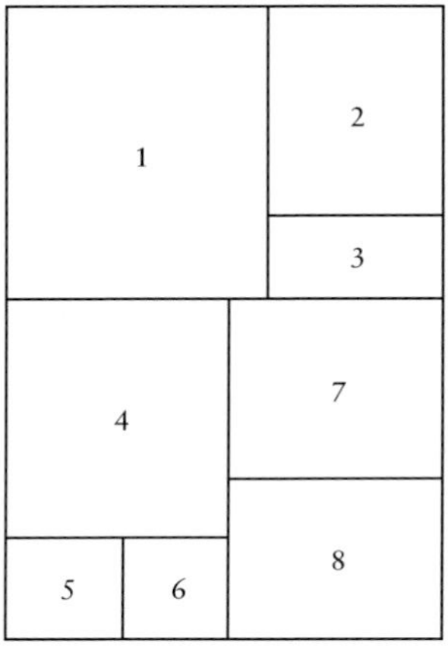

1 2 3 4 5 6 7 8

about the hieratic character of chancel mosaics, the framed inscription panel, or highly specialized crafts such as enamelled goldsmith's work, of which **no. 1** in our plate furnishes a magnificent specimen. It was drawn by a hand familiar with all the craftsman's secrets and captured in the pages of a psalter as an irrefutable witness to the state of a flourishing industry in a period for which none of our museums can boast so delicate and so comprehensive a piece of documentation.

The Byzantine, neo-Greek tradition is revivified here not only by Celtic infusions. It is very clear, for example, that the representation of the human figure shown here goes back directly to the traditions of Greek art, the decadence of which was only too explicable in such troubled times; it is no less clear, as archaeologists have also pointed out, that paintings like **nos. 2, 3, and 4** constitute a direct link between the expression of material beauty as conceived by the Greeks, who deified serenity, and the expression of moral beauty as conceived by the Christian decorators of the catacombs of Rome and their successors, the mosaicists and painters of the High Middle Ages.

verschiedenen Dekorationsweisen der Zeit gut vertraut waren, ob es nun um sakrale Wanddekorationen in Heiligtümern, Malereien oder Mosaike, um rahmenlose Inschriftenbilder oder um Goldschmiedearbeiten mit Email geht. Ein Beispiel für letztere zeigt **Nr. 1**. Von einer erfahrenen Hand gezeichnet, blieb es in den Blättern eines Psalters erhalten als unwiderlegbarer Zeuge für ein zu jener Zeit blühendes Kunsthandwerk. In den Museen dürfte sich kaum ein derart feines und vollständiges Stück finden.

Die byzantinischen und neugriechischen Stilrichtungen sind hier nicht nur durch Zutaten keltischen Ursprungs verjüngt. Die Darstellung der menschlichen Gestalt steht in der Tradition der griechischen Kunst, deren Niedergang in unruhigen Zeiten nur allzu gut zu erklären ist. Wie auch die Archäologen betonen, stellen zudem Malereien wie jene der **Nrn. 2, 3 und 4** eine direkte Verbindung zwischen dem Ausdruck sinnlicher Schönheit, den die nach Harmonie strebenden Griechen suchten, und dem Ausdruck sittlicher Schönheit her, den die Christen in den Dekorationen der römischen Katakomben schufen. Auf ihren Spuren bewegten sich die Mosaikkünstler und Maler des Hochmittelalters.

s'agisse du caractère hiératique de la décoration murale des sanctuaires, peintures ou mosaïques, du tableau d'inscription sous cadre, ou de fabrications tout à fait spéciales, comme celle de l'orfèvrerie émaillée, dont notre **n° 1** fournit un magnifique spécimen, tracé par une main initiée à tous les secrets de l'artisan, et demeuré dans les feuillets d'un psautier comme un témoin irréfutable de l'état d'une industrie florissante à une époque dont on chercherait vainement dans nos musées une aussi délicate et aussi complète représentation.

Les modes byzantins, néo-grecs, ne sont point ici rajeunis seulement par des adjonctions du genre celtique ; s'il est fort sensible que la représentation de la figure humaine s'y rattache directement aux traditions de l'art grec, dont la décadence ne s'explique que trop en des temps si profondément troublés, il n'est pas moins sensible, ainsi que le signalent de fins archéologues, que, par les peintures du caractère des **n°s 2, 3 et 4**, il existe un lien très direct entre l'expression de la beauté matérielle, telle que la concevaient les Grecs divinisant la sérénité, et l'expression de la beauté morale conçue par les chrétiens, décorateurs des catacombes de Rome, sur la trace desquels marchèrent les mosaïstes et les peintres du haut Moyen Age.

78

Celtic Art

MANUSCRIPT ORNAMENTATION: STRAPWORK AND DRAKSLINGORS

Motifs from the 7th century: **nos. 1 and 4** are from a Gospel of St. Matthew; **nos. 3, 7, 9, 10, 12, 17, and 19** are from the *Book of Durrow* (both in the library of Trinity College Library, Dublin); **no. 6** is from a manuscript in the British Museum. 8th century: **nos. 2 and 5** are from another Gospel of St. Matthew; **no. 8** is from the *Lindisfarne Gospels* and dates from the early part of the century. 9th century: **nos. 11 and 13** are from the MacDurnan Gospels in Lambeth Palace; **nos. 15, 16, 18, and 20** are from manuscripts in the monastery library of St. Gallen, Switzerland.

Celtic strapwork, so different from the geometrical, square-and-compasses designs of Semitic ornamentists, forms a play of lines whose tangled projections (stiff and curvilinear by turns) give them a

78

Keltische Kunst

DEKORATIONEN IN HANDSCHRIFTEN: FLECHTWERK UND DRAKSLINGOR-MOTIVE

Motive aus dem 7. Jahrhundert: **Nrn. 1 und 4**, aus einem Matthäus-Evangeliar (Trinity College Library, Dublin). **Nrn. 3, 7, 9, 10, 12, 17 und 19**: *Book of Durrow* (Trinity College Library, Dublin). **Nr. 6**: Handschrift des British Museum. Beispiele aus dem 8. Jahrhundert: **Nrn. 2 und 5**: aus einem Matthäus-Evangeliar. **Nr. 8**: *Book of Lindisfarne* (Anfang 8. Jahrhundert). Das 9. Jahrhundert ist vertreten mit den **Nrn. 11 und 13** aus den Evangelienbüchern von MacDurnan, Schloss Lambeth, und mit den **Nrn. 15, 16, 18 und 20** aus St. Gallener Handschriften.

Das keltische Flechtwerk, dessen Gestaltung von der mit Winkelmaß und Zirkel gezogenen geometrischen Zeichnung semitischer Ornamentkünstler grundverschieden ist, besteht aus einem verwi-

78

Art celtique

ORNEMENTATION DES MANUSCRITS : LES LACETS ET LES DRAKSLINGOR

Motifs du VIIe siècle : **Nos 1 et 4**, provenant d'un Evangile de saint Mathieu (Trinity College Library, Dublin). **Nos 3, 7, 9, 10, 12, 17 et 19** : *Livre de Durrow* (Trinity College Library, Dublin). **No 6**, manuscrit du British Museum. Exemples du VIIIe siècle : **Nos 2 et 5**, empruntés à un Evangile de saint Mathieu. **No 8**, provenant des *Evangiles de Lindisfarne*, datant du commencement du siècle. Le IXe siècle est représenté par les **nos 11 et 13**, provenant des Evangiles de Mac-Durnan, Palais de Lambeth, et par les **nos 15, 16, 18 et 20**, tirés des manuscrits de Saint-Gall.

Les lacets celtiques dont les répartitions diffèrent si sensiblement du dessin géométrique ouvertement tracé à l'aide de l'équerre et du compas des ornemanistes de souche sémitique, sont, au contraire, un jeu

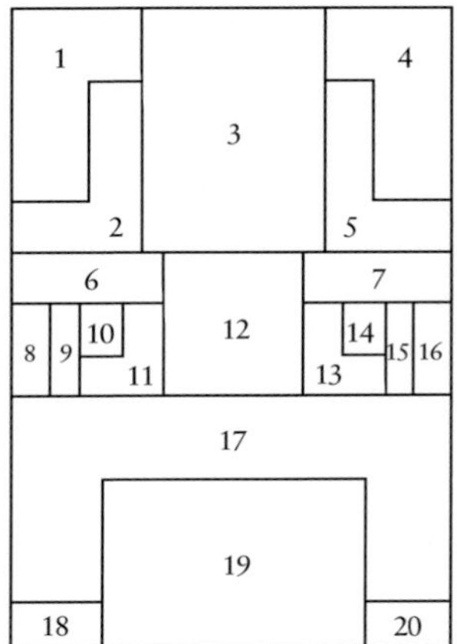

delightful air of logical caprice. The work of true artists, this organized freedom of line gave rise to such animated decoration that it was but a step from this kind of plain strapwork to using coiled and intertwined animals – not that it was a neat step historically speaking, because the two forms continued side by side and were even used in conjunction.
The *drakslingors* (coiled dragons) whose elaborate convolutions so beautifully decorate runic stones occur in similar forms and even greater abundance on metal objects from Viking times found on the island of Gotland, Sweden. Those on the Irish manuscripts also belong to the same family. Archaeologists think that bronze was imported into Scandinavia around 1000 B. C. by a Celtic tribe that arrived there at that time, bringing both the metal and this type of decoration. In any event, strapwork and *drakslingors* make their first appearance on weapons and jewellery made there in the early Iron Age.

ckelten Linienspiel von Kurven und Geraden, das sich durch seine Logik und Kreativität auszeichnet. Die künstlerisch hochstehende Lebendigkeit dieser Dekorationsweise bringt diese einfachen Bänder in die Nähe von Verschlingungen aus dem tierischen Bereich, und die Drachen, die sich anstelle der Bänder oder in ihren Knoten einrollen, datieren aus der gleichen Zeit wie das Flechtwerk.
Die *Drakslingor* verzieren Runensteine und finden sich auch auf Metallarbeiten der Insel Gotland, von der die meisten Beispiele für solche Muster stammen, und auf Gegenständen aus der Wikingerzeit. Die Archäologen vermuten, dass die Einführung der Bronze in Skandinavien um 1000 v. Chr. mit der Landung eines keltischen Volkes zusammenfällt, das dieses Metall und dessen Dekorationen mitbrachte. Auf den Waffen und Schmuckstücken der ersten Periode der Eisenzeit tauchen das Flechtwerk und die *Drakslingor* zum ersten Mal auf.

de lignes dont les projections enchevêtrées, tour à tour rigides et curvilignes, prennent la physionomie d'un caprice logique et charmant. Ce sont de véritables artistes que les créateurs d'un genre où le caprice réglé prend une animation décorative si réelle, qu'il n'y avait qu'un pas à faire pour que les simples lacets de cette sorte engendrassent des enroulements de nature animale ; aussi ce pas fut-il immédiatement accompli, car l'âge des dragons s'enroulant à la place des lacets, ou dans leurs nœuds, est le même que celui du lacet seul.
Les *drakslingor* qui font une belle parure aux pierres runiques, se retrouvent du même genre dans le décor des métaux de l'île de Gotland, qui a fourni les souvenirs les plus abondants de cette ornementation, sur des objets du temps des Vikings. Ceux des manuscrits irlandais sont également d'une même famille. Les archéologues présument que l'importation du bronze en Scandinavie, mille ans environ avant l'ère chrétienne, y coïncide avec l'arrivée d'un peuple de race celtique qui aurait tout à la fois apporté le métal et son décor. C'est, en tous les cas, sur les armes et les parures de la première période de l'âge du fer que l'on voit apparaître les lacets et les enroulements des *drakslingor*.

Celtico-Scandinavian Art (7th–9th Centuries)

ILLUMINATED LETTERING

No. 1. Part of the first page of the Gospel of St. Matthew in Stockholm Library's *Golden Book* (7th or 8th century). The text of this first page is written in Uncial characters, as was the custom at the time. The initial group is a monogram using the first three letters of the Greek word *χριστος*, Christ. The ornamental detail surrounding this monogram and extending along the first line of the text is remarkable in its delicate opulence. The artist has harnessed all the resources of the Scandinavian style, varying his motifs to avoid monotony. Celtic strapwork appears in all sorts of guises, with Byzantine-style birds and animals as it were imprisoned in its coils. Sometimes the simple foliage has a similarly Byzantine clarity and logic.
Part of the area is covered with spirals that suggest the surface of

79

Keltisch-skandinavische Kunst (7.–9. Jahrhundert)

INSCHRIFTEN

Nr. 1: Teil der ersten Seite des Matthäus-Evangeliums aus dem so genannten *Goldenen Buch* der Stockholmer Bibliothek, 7. oder 8. Jahrhundert. Der Text der ersten Seite ist nach damals gebräuchlicher Weise in römischen Unzialen geschrieben. Am Anfang steht ein griechisches Monogramm, beginnend mit Chi (X), dem ersten Buchstaben des Worts *χριστος*, von dem sich *christianus*, Christ, ableitet. Die Verzierung dieses Monogramms, das auf der ersten Linie des Textes steht, ist außergewöhnlich reich und fein. Alle Möglichkeiten des skandinavischen Genres werden ausgeschöpft; Variationen vermeiden jede Monotonie. Keltische Flechtbänder sind auf verschiedenste Weise miteinander verbunden, und Vögel und Vierbeiner byzantinischen Charakters erscheinen wie Gefangene. Das

79

Art celtico-scandinave (VIIe–IXe siècles)

DOCUMENTS ÉPIGRAPHIQUES

No 1 : Partie de la première page de l'Evangile de saint Mathieu, provenant du *Livre d'or* de la Bible de Stockholm, VIIe ou VIIIe siècle. Le texte de cette première page, selon un usage répandu alors, est écrit en lettres onciales du caractère romain. Le début est un monogramme en lettres grecques, le chi (X) est la première lettre du mot *χριστος*, d'où est venue la désignation de *christianus*, chrétien. Les détails de l'ornementation de ce monogramme, qui s'étendent à la première ligne du texte, sont d'une finesse et d'une richesse des plus remarquables. L'artiste y a employé toutes les ressources du genre scandinave, en variant les formules pour empêcher la monotonie des détails. Les lacets celtiques s'y combinent de toutes sortes de façons ; les oiseaux, les quadrupèdes, d'un caractère byzantin, s'y débattent

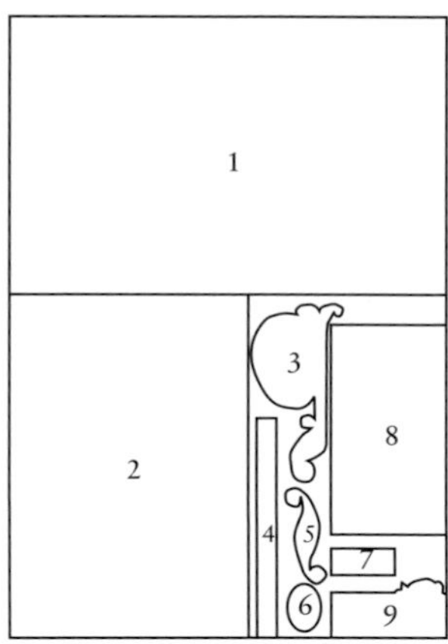

MIDDLE AGES. MOYEN-AGE. MITTEL ALTER.

Cottelot, lith. Imp. Firmin-Didot & Cie. Paris.

the sea with its ceaseless wave-motion or perhaps even more the atmospheric eddies and swirling winds for which the Chinese found such effective decorative expression, as they did for so many other intangible natural phenomena.

No. 2. Another Christ monogram, this one with an extremely elongated initial. It appears on the first page of an eighth or 9th century Gospel of St. Matthew in the monastery library of St. Gallen, Switzerland. This includes examples of *drakslingors*, the coiled dragons used to such effect on runic stones, together with diagonal compositions of angular ornamentation that have a Chinese look about them. Rows of regularly spaced dots are another major feature of this style; they are used singly along the bands surrounding compartments. This same manuscript is our source for **nos. 7–9**.

Nos. 3–6. The initial Q, the O, the double spiral motif, and the border with the regular interlaced design date from the 7th century and are from the *Book of Durrow* (Trinity College, Dublin).

Rankenwerk besteht zuweilen aus einfachem Gezweig.

Spiralen und Kreisel bedecken einen Teil der Flächen und erinnern an Meereswogen in ihrer unaufhörlichen Bewegung oder mehr noch an atmosphärische Wellen und Windwirbel nach Art der Chinesen, die in ihren Dekorationen viele schwer wiederzugebende Naturerscheinungen erfasst haben. Die Kreisfiguren entsprechen jenen, die ein Windstoß im Staub aufwirbeln kann.

Nr. 2: Ein weiteres Monogramm Christi, in griechischen Buchstaben mit einem langgezogenen X. Erste Seite eines Matthäus-Evangeliums aus der Stiftsbibliothek St. Gallen, 8.–9. Jahrhundert. Zu finden sind hier Beispiele für Drachenmotive oder *Drakslingor*, die vor allem Runensteine zieren, sowie Kombinationen eines diagonal angeordneten eckigen Ornaments chinesischen Charakters. Auch die gleichmäßig verteilten Punkte gehören zu diesem Stil; meist folgen sie einander einzeln auf den Streifen, die einzelne Felder umgeben.

Die **Nrn. 7–9** sind zur Ergänzung derselben Handschrift entnommen.

Nrn. 3–6: Die Initiale Q, der Buchstabe O, das Spiralmotiv und die Bordüre mit regelmäßigen Schnörkeln sind Beispiele aus dem 7. Jahrhundert (*Book of Durrow*, Trinity College, Dublin).

comme des captifs. Parfois les rinceaux sont de simples branchages dont le déroulement clair a ce même dernier caractère. Les spiraux, auxquels conviendrait aussi le nom de giratoires, couvrent une partie des surfaces de leur mouvement, qui rappelle celui des vagues de la mer, et plutôt encore celui des tourbillons de vent exprimés par le dessin, à la manière des Chinois qui ont su ainsi traduire dans leurs décors tant de phénomènes de la nature qui paraissaient insaisissables. Les figures giratoires sont exactement du genre de celles que forme, sur un sol lisse, la poussière agitée par un vent tourbillonnant.

N° 2 : Autre monogramme du Christ, en lettres grecques, dont le X est de forme très allongée. Première page du texte d'un Evangile de saint Mathieu de la bibliothèque de Saint-Gall, VIIIe ou IXe siècle. On trouve ici des exemples des entrelacements du dragon, les *drakslingor* dont les pierres runiques offrent de si merveilleux enlacements, et aussi les combinaisons de l'ornement angulaire, disposé en diagonale, qui a le caractère chinois. Les points semés régulièrement sont aussi fort employés dans ce style. En général ils se suivent un par un sur les bandes des compartiments. Les motifs **nos 7–9**, tirés du même manuscrit, complètent ce qui est dit de ce genre.

Nos 3–6 : L'initiale Q, la lettre O, le motif en spirale et la bordure en entrelacs réguliers sont des exemples du VIIe siècle (*Livre de Durrow*, Trinity College, Dublin.

Byzantine Art (4th–6th Centuries)

CAMAIEU DESIGNS: NEO-GREEK DECORATION, COLOURING THROUGH BUILDING MATERIALS

No. 1. Detail of a door of the Coptic church in Old Cairo (sycamore), attributed to St. Helena, the mother of Constantine.
Nos. 2, 4, and 6. Marble openwork panels from S. Vitale, Ravenna. The marble stands out with delicate strength against the dark, effectively black background. **Nos. 2 and 6** are apertures in the wall; **no. 4** occurs in a pavement. All three use the endless-design principle, although in fact they are framed with full borders.
Nos. 5 and 7. Rectangular windows with openwork decoration, each having an overall design that uses a variety of effects to cover the whole window.
No. 3. Round window or oculus of the kind peculiar to church façades. The oculus became fashionable for Latin basilicas at a very early stage and was the prototype of the Gothic rose window. The materials used in this window (in the Basilica of Pomposa) are of various kinds and colours. The earliest examples of the use of this principle are to be found in Greece and the Arab countries. Alternate use of stone and brick (white and black, or white and red) is frequent in early neo-Greek architecture. The church of S. Vitale, built at the same time as Hagia Sophia in Constantinople, makes an important study in this respect. It is virtually certain that S. Vitale was built

Byzantinische Kunst (4.–6. Jahrhundert)

CAMAIEU-TAFEL: NEUGRIECHISCHE DEKORATIONEN, KOLORIERUNG DURCH BAUSTOFFE

Nr. 1: Teil einer koptischen Kirchentür in Altkairo (Sykomorenholz), die Helena, die Mutter Konstantins, gestiftet haben soll.
Nrn. 2, 4 und 6: Durchbrochener Marmor, aus San Vitale in Ravenna. Das Material hebt sich gut vom dunklen, fast schwarzen Grund ab. Bei den **Nrn. 2 und 6** handelt es sich um verzierte Wandöffnungen, **Nr. 4** gehört zu einem Bodenbelag. Alle Beispiele beruhen auf dem Prinzip des Endlosmusters, sind jedoch in Wirklichkeit von einer massiven Bordüre eingefasst.
Nrn. 5 und 7: Rechtwinklige Fenster mit gleichfalls durchbrochener Dekoration. Jede Öffnung bildet eine durchkomponierte Einheit. Unterschiedliche Wirkungen ergeben sich, je nachdem, ob es sich um flache oder hochkantige Mäander oder um bogenförmig geschwungenes Rankenwerk handelt.
Nr. 3: Rundfenster oder Ochsenauge von einer Kirchenfassade. Diese Form gab es schon an alten römischen Basiliken, und sie bildet das Vorbild der gotischen Rosetten. Das Mauerwerk um dieses Fenster, das aus der Basilika von Pomposa stammt, ist aus Baustoffen unterschiedlicher Natur und Farbe gefertigt. Bei Griechen und Arabern findet man die ältesten Beispiele für eine solche Bauweise. Bei den älteren neugriechischen Bauten kommt der Wechsel von Stein und Backstein, Weiß und Schwarz oder

Art byzantin (IVe–VIe siècles)

PLANCHE EN CAMAÏEU : LE NÉO-GREC, LA COLORATION PAR LES MATÉRIAUX DE CONSTRUCTION

N° 1 : Fragment d'une porte de l'église copte au vieux Caire (bois de sycomore), attribuée à sainte Hélène, mère de Constantin.
N°s 2, 4 et 6 : Claires-voies de marbre, provenant de Saint-Vital, la cathédrale de Ravenne. La matière se détache avec une vigueur délicate sur les fonds obscurs dont la note équivaut à du noir. Les **n°s 2 et 6** sont des ouvertures ornées dans le mur ; le **n° 4** fait partie d'un pavement. Les uns et les autres sont du principe du dessin sans fin ; en réalité, ils sont circonscrits par des encadrements à bordure pleine.
N°s 5 et 7 : Fenêtres rectangulaires à décoration également ajourée, mais dont la composition offre pour chacune de ces ouvertures un dessin d'ensemble. Les effets varient dans ces deux fenêtres, selon qu'il y s'agit du méandre plat, à arêtes sur les bords, ou des rinceaux arrondis.
N° 3 : Fenêtre circulaire ou œil-de-bœuf particulier à la façade des églises. Le mode en existait très anciennement dans les basiliques latines. L'œil-de-bœuf est l'origine des roses du style ogival. Les matériaux de l'appareil de construction de cette fenêtre, provenant de la basilique de Pomposa, sont de plusieurs natures et de diverses couleurs. C'est en Grèce et chez les Arabes que l'on rencontre les plus anciens exemples de ce genre d'appareil. Dans les anciens édifices

under the supervision of Greek artists, as Hagia Sophia was built by Anthemius of Tralles and Isidore of Miletus.

The tracery and foliage of this period show little relief; generally thin, sharply contoured, and tastefully entwined, they have a character of their own that we come across in most 12th-century European architecture.

Weiß und Rot häufig vor. In diesem Zusammenhang ist die Kirche San Vitale in Ravenna, die aus der gleichen Zeit wie die Hagia Sophia in Konstantinopel datiert, von großer Bedeutung. Vermutlich wurden die Arbeiten an San Vitale von griechischen Künstlern geleitet, wie die Hagia Sophia das Werk von Anthemius von Tralles und Isidor von Milet ist. Schnörkel und Blattwerk aus dieser Zeit springen kaum vor; gewöhnlich dünn, spitz und kunstvoll eingerollt, zeigen sie Merkmale, die man an den meisten westlichen Bauten aus dem 12. Jahrhundert wiederfindet.

néo-grecs, l'emploi alternatif de la pierre et de la brique, blanche et noire, ou blanche et rouge, est fréquent. La cathédrale de Ravenne, dont la construction est contemporaine de celle de Sainte-Sophie de Constantinople, offre, sous ce rapport, un sujet d'étude d'une importance capitale. On tient pour certain que les travaux de Saint-Vital furent conduits par des artistes grecs, comme ceux de Sainte-Sophie l'ont été par Anthémius de Tralles et Isidore de Milet. Les entrelacs et feuillages de ce temps sont peu saillants ; généralement minces, aigus, enroulés avec goût, ils ont une physionomie spéciale que l'on retrouve dans la plupart des monuments occidentaux du XIIe siècle.

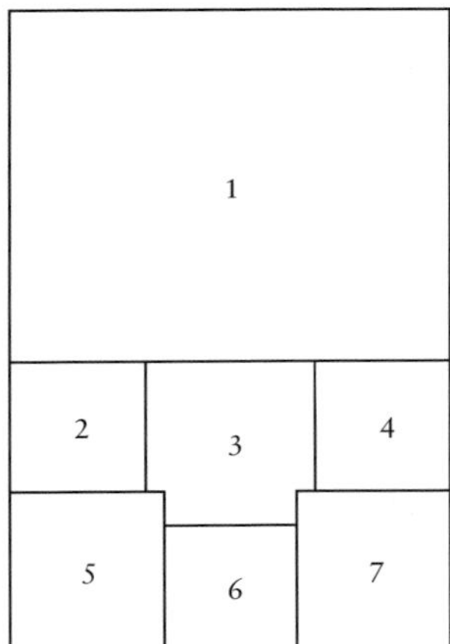

81

Byzantine Art

WALL PAINTINGS, MOSAICS, AND MANUSCRIPT PAINTINGS

The motifs reproduced in this plate are, in chronological order, as follows:

Nos. 1–5. Wall paintings from Hagia Sophia at Constantinople; dating from the 6th century, these are still very close in style to Greek art. **No. 6.** Mosaic from St. George, Thessalonica. **Nos. 7–16.** Paintings found in Constantinople, 7th and 8th centuries. **No. 17.** Glazed border. **Nos. 18–28.** Marginal paintings, 8th and 9th centuries, showing little alteration of classical ornaments. **Nos. 29 and 30.** Paintings from a manuscript executed around 860 for Emperor Basil the Macedonian. **Nos. 31 and 32.** Manuscript. **Nos. 33 and 34.** Mosaics, the first from Palermo, Sicily, the second from Monreale, Sicily; 12th century. **Nos. 35–40.** Details taken from various manuscripts.

81

Byzantinische Kunst

WANDMALEREIEN, MOSAIKEN UND BUCHMALEREIEN

Die hier abgebildeten Motive werden in ihrer geschichtlichen Aufeinanderfolge aufgeführt:

Nrn. 1–5: Malereien aus der Hagia Sophia, 6. Jahrhundert; diese Malereien stehen dem griechischen Stil noch sehr nahe. **Nr. 6:** Mosaik aus der Georgskirche in Thessaloniki. **Nrn. 7–16:** Malereien aus Konstantinopel, 7. und 8. Jahrhundert. **Nr. 17:** Emaillierte Randleiste. **Nrn. 18–28:** Randmalereien, 8. und 9. Jahrhundert; alte, kaum veränderte Verzierungen. **Nrn. 29 und 30:** Malereien in einer Handschrift, die um 860 für Kaiser Basilius Mazedonius angefertigt wurde. **Nrn. 31 und 32:** Handschrift. **Nrn. 33 und 34:** Mosaiken aus Palermo und Monreale, 12. Jahrhundert. **Nrn. 35–40:** Details aus verschiedenen Handschriften.

81

Art byzantin

PEINTURES MURALES, MOSAÏQUES ET PEINTURES DE MANUSCRITS

Nous classons les motifs reproduits ci-contre dans l'ordre historique, en commençant par ceux qui remontent à l'époque la plus ancienne. **N°s 1–5 :** Peintures de Sainte-Sophie, remontant au VIe siècle. Ces peintures appartiennent encore de très près au style grec. **N° 6 :** Mosaïque de l'église de Saint-Georges, à Thessalonique. **N°s 7–16 :** Peintures recueillies à Constantinople, VIIe et VIIIe siècles. **N° 17 :** Bordure émaillée. **N°s 18–28 :** Peintures marginales, VIIIe et IXe siècles ; anciens ornements peu altérés. **N°s 29 et 30 :** Peintures d'un manuscrit exécuté vers 860 pour l'empereur Basile le Macédonien. **N°s 31 et 32 :** Manuscrit. **N°s 33 et 34 :** Mosaïques : la première de Palerme, la seconde de Monreale, XIIe siècle. **N°s 35–40 :** Détails provenant de divers manuscrits.

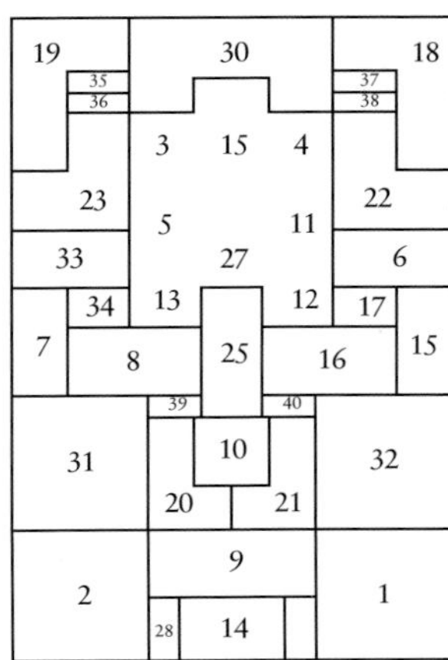

Byzantine Art

MOSAICS, INLAID AND NIELLO WORK, AND PAINTINGS

THE sources of the motifs arranged in this plate are as follows:
Nos. 1–4. Churches of St. George, St. Demetrios, and St. Sophia, Thessalonica.
Nos. 5 and 6. Ravello Cathedral.
Nos. 7 and 8. Monreale Cathedral.
Nos. 9 and 10. Ziza Chapel, Palermo.
No. 11. Palatine Chapel, Palermo.
Nos. 12–19. Greek manuscripts.
Nos. 20–22. Motifs from a 19th-century source.

82

Byzantinische Kunst

MOSAIKEN, EINLEGE- UND NIELLOARBEITEN, MALEREIEN

Hier die Kennzeichnung auf der Tafel und die Herkunft der verschiedenen Motive:
Nrn. 1–4: Georgs-, Demetrius- und Sophienkirche in Thessaloniki.
Nrn. 5 und 6: Dom von Ravello.
Nrn. 7 und 8: Dom von Monreale.
Nrn. 9 und 10: Zisa-Kapelle in Palermo.
Nr. 11: Cappella Palatina in Palermo.
Nrn. 12–19: Griechische Handschriften.
Nrn. 20–22: Motive aus einer Quelle des 19. Jahrhunderts.

82

Art byzantin

MOSAÏQUES, INCRUSTATIONS, NIELLES ET PEINTURES

Voici l'indication des numéros à mettre sur la planche et des désignations qui s'y rapportent :
Nos 1–4 : Eglises Saint-Georges, Saint-Démétrius et Sainte-Sophie, à Thessalonique.
Nos 5 et 6 : Cathédrale de Ravello.
Nos 7 et 8 : Cathédrale de Monreale.
Nos 9 et 10 : Chapelle de la Ziza, à Palerme.
No 11 : Chapelle Palatine de Palerme.
Nos 12–19 : Manuscrits grecs.
Nos 20–22 : Motifs provenant d'une source du XIXe siècle.

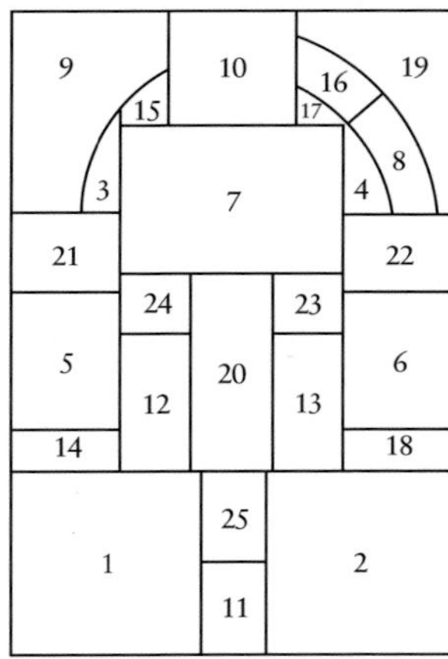

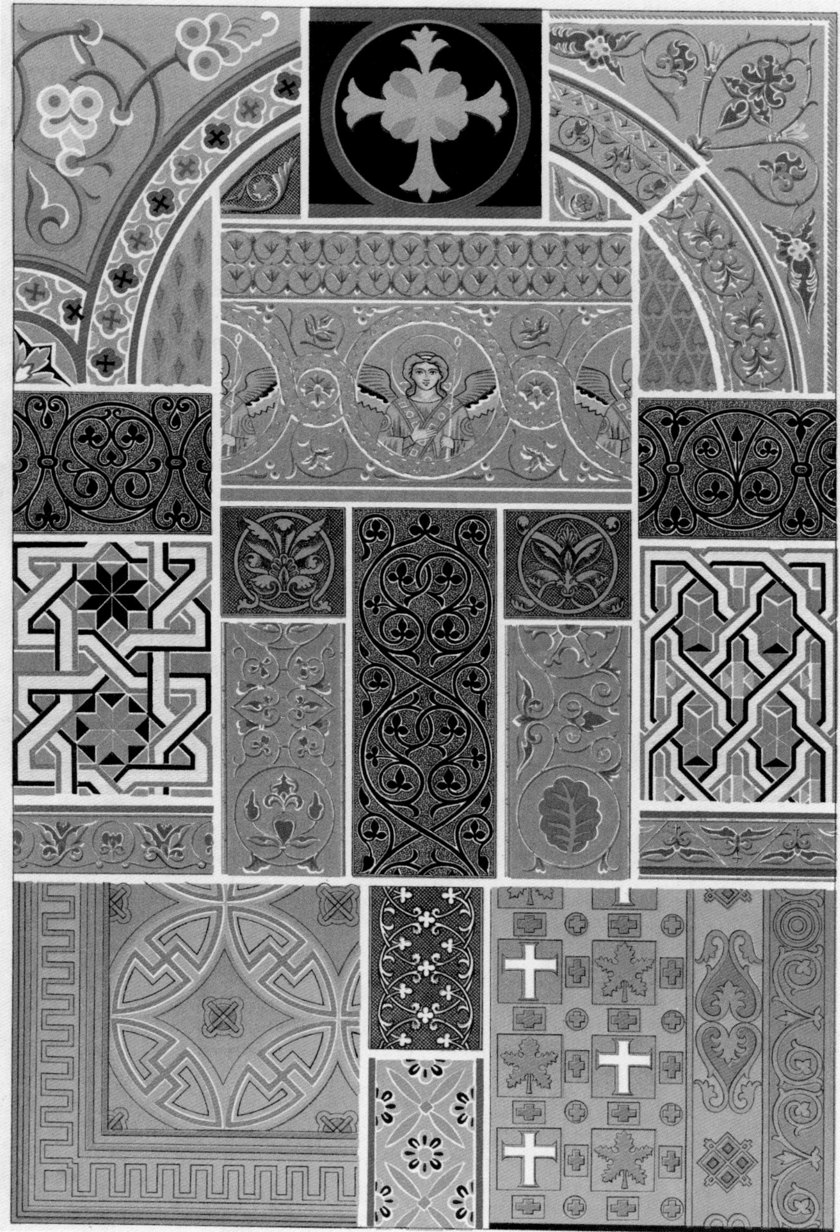

83

Byzantine Art (11th Century)

MANUSCRIPT ORNAMENTATION

Highly interesting from both the historical and artistic points of view, the ornaments illustrated here are with one exception all taken from a most curious manuscript entitled the *Gospel-book or Apocalypse of Aquitaine or of Spain* (in the Bibliothèque nationale, Paris). The exception is the fleuron at top centre, which comes from another Greek manuscript.
Apart from the inherent value of these fragments from a little-known source, they are interesting as providing very clear evidence of Byzantine influence on Arab art. In fact it is a not uncommon historical phenomenon for conquering civilizations to take over and adapt the arts of the peoples they have conquered.
The red and yellow foliage on a pink ground in **no. 1** and the foli-

83

Byzantinische Kunst (11. Jahrhundert)

DEKORATIONEN IN HANDSCHRIFTEN

Diese historisch und künstlerisch bedeutsamen Verzierungen finden sich alle, mit Ausnahme des Fleurons in der Mitte des oberen Teils, in einer merkwürdigen Handschrift, die *Evangeliar oder Apokalypse Aquitaniens oder Spaniens* genannt wird (Bibliothèque nationale, Paris). Der mittlere Fleuron stammt aus einer weiteren griechischen Handschrift. Unabhängig vom Eigenwert dieser Motive, die einer kaum bekannten Quelle entnommen sind, ist darauf hinzuweisen, wie deutlich gerade anhand dieser Beispiele der Einfluss der byzantinischen auf die arabische Kunst wird. Es handelt sich hier um eine Erscheinung, die in der Geschichte der Völker häufig vorkommt: Die Eroberer eignen sich die Kunst der eroberten Nationen an.

83

Art byzantin (XIe siècle)

ORNEMENTATION DES MANUSCRITS

Ces ornements, très intéressants au double point de vue historique et artistique, sont tous, à l'exception du fleuron qui occupe le centre de la partie supérieure, empruntés à un très curieux manuscrit appelé *Evangéliaire ou Apocalypse d'Aquitaine ou d'Espagne* (Bibliothèque nationale, Paris).
Le fleuron central est tiré d'un autre manuscrit grec.
Indépendamment de la valeur originale de ces fragments pris à une source peu connue, il est intéressant de signaler, d'après les exemples mêmes qu'ils offrent, l'influence bien manifeste de l'art byzantin sur l'art arabe, phénomène qui n'est pas rare dans l'histoire des peuples, où l'on voit souvent les civilisations conquérantes emprunter, pour se les adapter, les arts des civilisations conquises.

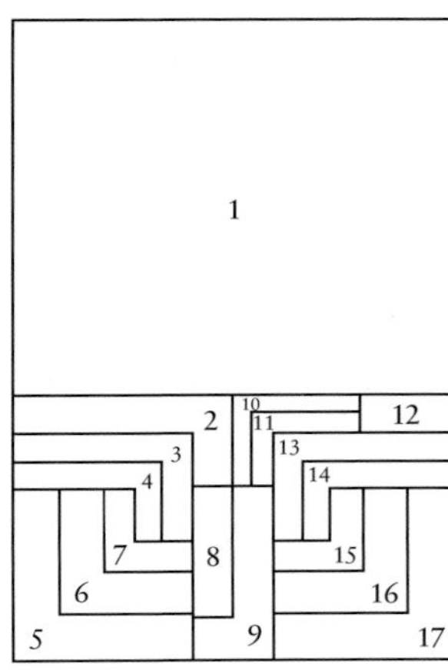

1.
2
3
4
5
6
7
8
9
10
11
12
13
14
15
16
17

age of **nos. 5–9 and 13–17** are good examples of the types of silhouette adopted by Arab artists, who interpreted them with greater breadth and simplicity and incorporated them in designs of more powerful conception.

84

Byzantine Art

MOSAICS, FILIGREE ENAMELS, AND EMBROIDERY

Nos. 1–7. Mosaics from the Ziza Chapel, Palermo.
Nos. 8–11. Filigreed cloisonné enamels providing the settings for precious stones. They are taken from a gospel book in the Musée du Louvre.
Nos. 12–19. Taken from frescos in a monastery near Trebizond. They represent details of the embroidered fabrics decorated with pearls

Vor allem im roten und gelben Blattwerk auf rosa Grund bei **Nr. 1** und in den **Nrn. 5–9 und 13–17** findet man die Umrisse und allgemeinen Formen, die sich die arabische Kunst zu eigen machte, indem sie sie großzügiger und vereinfachter weiterverwendete und in stärker durchkonstruierte Kompositionen einarbeitete.

84

Byzantinische Kunst

MOSAIKEN, FILIGRANEMAIL UND STICKEREIEN

Nrn. 1–7: Mosaike aus der Zisa-Kapelle in Palermo.
Nrn. 8–11: Filigran- und Zellenschmelzarbeiten, die zur Umschließung von gefassten Steinen dienen, nach einem Evangeliar des Musée du Louvre.
Nrn. 12–19: Sie stammen von Fresken eines Klosters bei Trapezunt und stellen Muster jener bestickten, mit Perlen und Edelsteinen

C'est surtout dans le feuillage rouge et jaune sur fond rose du **n° 1** et dans ceux des **nos 5–9 et 13–17**, que l'on retrouve les silhouettes et les formes générales que l'art arabe s'est appropriées, en les traduisant avec plus de largeur et de simplicité et en les rattachant à des compositions plus fortement conçues.

84

Art byzantin

MOSAÏQUES, ÉMAUX FILIGRANÉS ET BRODERIES

Les **nos 1–7** sont des mosaïques provenant de la chapelle de Ziza, à Palerme. Les **nos 8–11** sont des émaux cloisonnés et filigranés servant d'entourage à des pierres montées, d'après un Evangéliaire du Musée du Louvre.
Les **nos 12–19** sont tirés des fresques d'un monastère près de Trébizonde. Ils représentent des fragments de ces étoffes brodées,

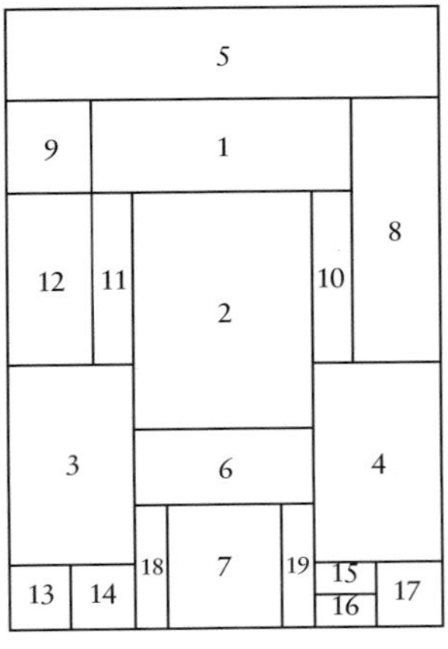

MARCVS
ECCEMA
TER
+BEATRIX MEINHONORE
DEIO

and precious stones that Byzantines used to wear and with which they even covered their shoes. It was this widespread taste for products of highly delicate workmanship that made St. John Chrysostom say, "The goldsmiths and weavers of today have all our admiration."

geschmückten Stoffe dar, in die sich die Byzantiner bis hin zu den Schuhen kleideten. Es ist diese Vorliebe für wertvolle Arbeiten, die Johannes Chrysostomus sagen ließ: „All unsere Bewunderung gilt heute den Goldschmieden und Webern."

ornées de perles et de pierres précieuses, dont les Byzantins se couvraient et qu'ils employaient jusque sur leurs chaussures. C'est ce goût si répandu pour les objets d'un travail précieux qui faisait dire à saint Jean Chrysostome : « Toute notre admiration aujourd'hui est réservée pour les orfèvres et les tisserands. »

— 85 —

Greco-Byzantine Art

PAINTED AND MOSAIC ORNAMENTATION

Nos. 2–4. Motifs taken from a Greek Gospels, Acts, and Epistles manuscript painted in Asia Minor around 800. Silhouetted against the vellum itself or against gold grounds, these ornaments retain something of the traditional Greek clarity, and the rational development of their sweeping foliage often differs from that on Greek vases only

— 85 —

Griechisch-byzantinische Kunst

GEMALTE UND MOSAIK-DEKORATIONEN

Nrn. 2–4: Motive aus einer griechischen, um 800 in Kleinasien angefertigten Handschrift, mit Evangelien, Apostelgeschichte und Episteln. Die auf Pergament oder auf Goldgrund angebrachten Ornamente zeigen noch etwas von der alten griechischen Klarheit, und ihr Rankenwerk unterscheidet sich von jenem auf antiken Vasen oft

— 85 —

Art gréco-byzantin

ORNEMENTATION PEINTE ET EN MOSAÏQUE

N°s 2–4 : Motifs tirés d'un manuscrit grec, peint en Asie Mineure, vers 800, Evangiles, actes et épîtres. Ces ornementations silhouettées sur le champ du vélin ou sur des fonds d'or conservaient encore quelque chose de la vieille clarté grecque, et le développement rationnel de leurs grands rinceaux ne diffère souvent de celui des rinceaux

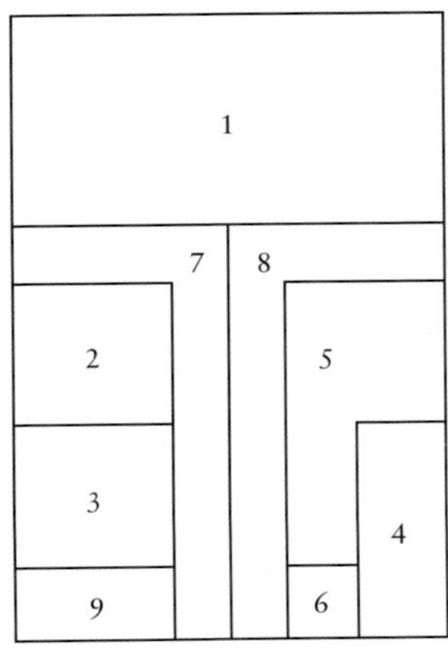

in the types of flowers and fruit used. The repetition of a single motif (sometimes a tiny one) over the whole or part of a surface, was one of the commonest means employed here, and the ornamentists of the period showed consummate skill in avoiding any unwanted concentric play of lines, as we see here in **nos. 2 and 3** as well as in the circles and semicircles of the large mosaic detail (**no. 1**).

By and large, whether we look at miniature or large-scale decoration, the ornamental system hardly differs in the Eastern and Western Greek schools, and we can fairly say that a common principle of restrained freedom and discreet colouring governed the vignettist's brush and the way in which the mosaicist laid his cubes. Painters using gold grounds did little more than vary the monochrome effects.

No. 1. Vast mosaic on the ceiling of one of the aisles of the Basilica of St. Mark, Venice (9th century). In view of what we have just been saying about the general character of the ornamentation of the Greek school, we need hardly stress the value of this example. In a Byzantine style more restrained than that of the Eastern school, it evinces a discretion unsurpassed even by the ancients.

Nos. 5 and 6. Page frame in the form of a portico, taken from a manuscript in the Grenoble Library, probably painted in Lombardy some time during the 10th century and evidently inspired at several points by the Greek style. This style constitutes a subgenus, and the manuscript is attributed to the Lombardo-Greek school, 650–1100.

Nos. 7 and 8. Strapwork page frames retaining the angular folds

nur durch die Art der Blumen und Früchte. Die Wiederholung eines einzigen, oft winzigen Motivs, das einen Teil oder die ganze Fläche bedeckt, ist bei diesem Genre eines der am häufigsten eingesetzten Mittel. Wie die Bögen der **Nrn. 2 und 3** und die Kreise und Halbkreise des Mosaiks **Nr. 1** veranschaulichen, vermeiden die Ornamentkünstler jener Zeit geschickt die Nachteile eines konzentrischen Linienspiels.

Ob es sich nun um kleine oder große Dekorationen handelt, verwenden die östliche und die westliche griechische Schule dieselben Muster. Maler und Mosaikkünstler folgen dem gemeinsamen Prinzip maßvoller Freiheit und diskreter Farbgebung. Auf Goldgrund setzt der Maler nur Camaieu-Farben.

Nr. 1: Mosaik von riesigen Ausmaßen, das die Decke in einem Seitenschiff von San Marco in Venedig schmückt (9. Jahrhundert). Was über den allgemeinen Charakter der griechischen Ornamentik gesagt wurde, gilt auch hier. Der byzantinische Stil erscheint bei diesem Beispiel nüchterner als der orientalische und erreicht eine Vollendung, zu der selbst die Antike nie gefunden hat.

Nrn. 5 und 6: Seiteneinrahmung in Form eines Portikus, nach einer Handschrift der Bibliothek von Grenoble, während des 10. Jahrhunderts vermutlich in der Lombardei gemalt und in mancherlei Hinsicht vom griechischen Stil beeinflusst. Die Handschrift kann der lombardisch-griechischen Schule von 650 bis 1100 zugeordnet werden.

Nrn. 7 und 8: Seiteneinrahmungen mit Bandornamenten, die die eckigen Windungen griechischer Mäander wieder aufnehmen. Diese

des vases antiques que par la nature des floraisons ou des fructifications. La répétition d'un même motif, parfois des plus exigus, couvrant tout ou partie des surfaces, est un des moyens les plus usuels en ce genre, et c'est avec une habileté consommée que les ornemanistes de cette époque savaient éviter l'inconvénient du jeu concentrique des lignes, comme on peut l'observer dans les cintres des **nos 2 et 3**, ainsi que dans les cercles et demi-cercles du **no 1**.

En somme, qu'il s'agisse de productions minuscules ou de décors de grande échelle, le système ornemental ne différait guère dans l'école grecque orientale ou occidentale, et l'on peut dire qu'en principe une loi commune, celle d'une liberté contenue et celle de la discrétion dans les colorations, régissait le pinceau du vignettiste et l'emploi des cubes du mosaïste. Sur les fonds d'or, le peintre ne fait guère que varier des camaïeux.

No 1 : Mosaïque exécutée sur des dimensions colossales et servant de plafond à l'une des nefs latérales de Saint-Marc, à Venise, travail du IXe siècle. Ce qui vient d'être dit sur le caractère général des ornementations de l'école grecque nous dispense d'insister sur la valeur de ce document, d'un style byzantin plus sobre que l'oriental, et d'une sagesse que l'antique même n'a point dépassée.

Nos 5 et 6 : Encadrement de page en forme de portique, d'après un manuscrit de la bibliothèque de Grenoble, peint dans le courant du Xe siècle, probablement en Lombardie, et inspiré dans plusieurs de ses parties par le style grec. Ce manuscrit est attribué à l'école lombardo-grecque, de 650 à 1100.

of the Greek fret. These ingenious variations on a classical theme occur in a German manuscript dating from the first half of the 12th century.
No. 9. Motif in the style of the 12th-century Norman school.

Variationen eines antiken Themas finden sich in einer deutschen Handschrift aus der ersten Hälfte des 12. Jahrhunderts.
Nr. 9: Motiv im Stil der normannischen Schule des 12. Jahrhunderts.

Nos 7 et 8 : Encadrements de pages en jeux de rubans conservant les replis anguleux des méandres grecs. Ces ingénieuses variations sur le thème antique se trouvent dans un manuscrit allemand de la première moitié du XIIe siècle.
No 9 : Motif du caractère de l'école normande au XIIe siècle.

86

Romano-Byzantine Art

ENAMELLED AND HARD-STONE MOSAICS AND PAVING

Nos. 10, 15, 16, 18, and 20. Details of the paving in the Basilica of S. Maria in Cosmedin, Rome. This 'ornamented' S. Maria (*kosmeo*, in Greek, is 'to adorn') owes its name to the magnificence with which Pope Adrian I had it decorated in 728. The paving is executed in porphyry and precious marble mosaic and covers the entire floor of the nave.

86

Romanisch-byzantinische Kunst

EMAIL- UND STEINMOSAIKE, FUSSBÖDEN UND WANDVERKLEIDUNGEN

Nrn. 10, 15, 16, 18 und 20: Teile eines Fußbodens der Basilika Santa Maria in Cosmedin in Rom (griechisch *kosmesis*: Schmuck). Santa Maria „die Verzierte" verdankt ihren Beinamen der Pracht, mit der sie Papst Hadrian I. im Jahre 728 ausstattete. Der Stil des in Porphyr und wertvollem Marmor ausgeführten Mosaiks, das den gesamten

86

Art romano-byzantin

MOSAÏQUES ÉMAILLÉES ET EN PIERRES DURES, PAVAGES ET RECOUVREMENTS

Nos 10, 15, 16, 18 et 20 : Fragments du pavage de la basilique de Sainte-Marie In Cosmedin, à Rome (*cosmedin*, en grec, ornement). Sainte-Marie ornementée dut son surnom à la magnificence avec laquelle, en 728, le pape Adrien Ier la fit décorer. Le style de ce pavage, en mosaïques exécutées en porphyres et marbres précieux, et couvrant

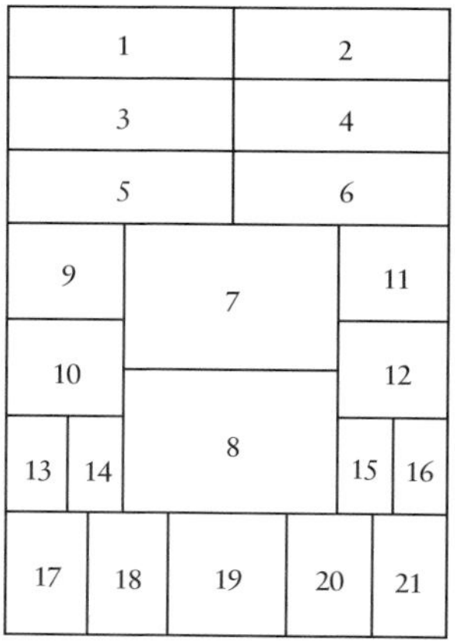

1 2
3 4
5 6
9 7 11
10 12
13 14 8 15 16
17 18 19 20 21

Nos. 9, 11–14, 17, 19, and 21. Mosaics of a similar type, using the rarest marbles in conjunction with jasper, porphyry, and serpentine. These are in the chancel of the Church of Saint-Benoît-sur-Loire (France), to which they were brought from Italy by Cardinal Antoine Duprat, who carried out extensive restorations to the church in the 16th century.
Nos. 1–8. Enamelled mosaics in the geometrical style of those in the Palatine Chapel, Palermo, which dates from the first half of the 12th century. These are from S. Cesarea, Rome.

87

Russian Art (12th–15th Centuries)

GRISAILLE PLATE: MANUSCRIPTS AND CHASED METALWORK

For the space of several centuries the national art of Russia was to some extent stifled by imitations of Western art. Russian art proper, representing the ancient genius of the race, reappeared on curiously chased dishes, ewers, round-bellied samovars surmounted by archaic beasts, and on the matt silver of inscription bands written in Palaeo-Slavonic characters. The decorative value of this national style of ornamentation is now generally recognized. Possessing something of the character of architecture, it

Boden des Hauptschiffs bedeckt, war zur Zeit des Papstes dominierend.
Nrn. 9, 11–14, 17, 19 und 21: Mosaike ähnlicher Art, für die seltener Marmor, Jaspis, Porphyr und Serpentin verwendet wurde. Sie befinden sich im Chor der Kirche von Saint-Benoît-sur-Loire (Frankreich), wurden jedoch erst im 16. Jahrhundert durch den Kardinal Antoine Duprat, der zu jener Zeit die Kirche umbauen ließ, aus Italien dorthin gebracht.
Nrn. 1–8: Emailmosaike, Wandverkleidungen mit geometrischen Mustern wie in der Cappella Palatina in Palermo, die aus der ersten Hälfte des 12. Jahrhunderts datiert. Diese Beispiele stammen aus der Kirche Santa Cesarea in Rom.

87

Russische Kunst (12.–15. Jahrhundert)

GRISAILLE-TAFEL: SCHRIFTDOKUMENTE UND ZISELIERARBEITEN

Während mehrerer Jahrhunderte wurde die eigenständige russische Kunst von westlichen Nachahmungen in den Hintergrund gedrängt. Als diese alte Kunst auf seltsam ziselierten Schalen, Wasserkannen und dickbäuchigen, von archaischen Tieren gekrönten Samowaren sowie auf dem unpolierten Silber altslawischer Schriftbänder wieder zum Vorschein kam, verstand jedermann den dekorativen Wert dieser Verzierungen, die der Architektur nahe stehen, sich jedoch auch für Edelmetallarbeiten gut eignen.

toute la superficie de la nef principale de l'église, se reporte au siècle du pontife. **Nos 9, 11–14, 17, 19 et 21 :** Mosaïques d'un genre analogue, où les marbres les plus rares, les jaspes, des porphyres et des serpentines sont employés. Celles-ci se trouvent dans le chœur de l'église de Saint-Benoît-sur-Loire (département du Loiret), mais elles y ont été apportées d'Italie au XVIe siècle par le cardinal Antoine Duprat, qui, à cette époque, fit exécuter des réparations importantes dans cette église.
Nos 1–8 : Mosaïques émaillées, de la famille des recouvrements à dessins géométriques, en pièces de rapport, de la chapelle Palatine à Palerme, laquelle est de la première partie du XIIe siècle. Spécimens provenant de l'église Sainte-Césarée, à Rome.

87

Art russe (XIIe-XVe siècles)

PLANCHE EN GRISAILLE : DOCUMENTS SCRIPTURAUX ET CISELURES

Pendant plusieurs siècles l'art national russe s'était en quelque sort trouvé étouffé par les imitations de l'art occidental. Lorsque l'art russe proprement dit, l'art ancien, celui qui est un fruit naturel de la race, réapparut sur les plats curieusement ciselés, sur les aiguières, les samovars à la panse renflée, surmontés d'animaux archaïques, sur l'argent mat des cordons d'inscription en lettres slavonnes, tout le monde comprit la valeur décorative de ces ornementations du style national, que leur caractère rattache

is nevertheless perfectly adapted to the working of precious metals. Our plate gives some idea of the resources of the genre, with its paten rosettes (**nos. 4 and 7**) and their borders (**nos. 8 and 9**), its rectangular surfaces (**nos. 11 and 12**) covered with a single intertwined design, its corners (**nos. 1 and 10**), fleurons (**nos. 2, 13, 17, 18, 20, and 21**), initials (**nos. 15 and 16**), and other details (**nos. 3, 5, 6, 14, 19, and 22**). The majority of these motifs date from the 13th and 14th centuries. A few (**nos. 7, 10, 13, 17, 19, 20, and 22**) show Asian influence and date from the 15th century.

Eine Auswahl aus den Möglichkeiten dieses Genres wird hier gegeben mit Patenenrosetten, **Nrn. 4 und 7**, mit deren Randleisten (**Nrn. 8 und 9**), mit rechteckigen Flächen (**Nrn. 11 und 12**), die ganz mit einer durchlaufenden Dekoration bedeckt sind, mit Eckmotiven (**Nrn. 1 und 10**), Fleurons (**Nrn. 2, 13, 17, 18, 20 und 21**), Initialen (**Nrn. 15 und 16**) und weiteren Stücken (**Nrn. 3, 5, 6, 14, 19 und 22**). Die meisten Motive datieren aus dem 13. und 14. Jahrhundert, einige mit asiatischen Merkmalen (**Nrn. 7, 10, 13, 17, 19, 20 und 22**) aus dem 15. Jahrhundert.

à la grande architecture, en même temps qu'elles s'approprient si parfaitement au travail des métaux précieux.
On peut juger ici des ressources qu'offre ce genre, par les rosaces de patènes **n°s 4 et 7**, avec leurs bordures, **n°s 8 et 9** ; par les surfaces rectangulaires, **n°s 11 et 12**, couvertes entièrement par un décor relié dans toutes ses parties ; par les angles, **n°s 1 et 10** ; les fleurons, **n°s 2, 13, 17, 18, 20 et 21** ; les initiales, **n°s 15, 16**, et les fragments, **n°s 3, 5, 6, 14, 19 et 22**. La majeure partie de ces motifs date des XIIIe et XIVe siècles. Quelques-uns se ressentent de l'influence asiatique, et sont du XVe siècle : ce sont les **n°s 7, 10, 13, 17, 19, 20 et 22**.

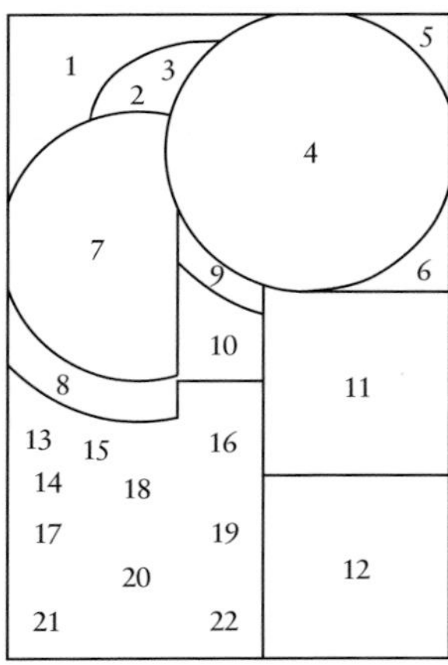

88

Russian Art (14th Century)

GRISAILLE PLATE: SLAVO-RUSSIAN MANUSCRIPT ORNAMENTATION

As early as the 12th and 13th centuries Russia had its national masters who were free of all foreign influence, i. e. that of the Greeks on the one hand, and on the other that of the Lombard master-masons called in by Andrei Georgievich to build the Uspensky (Assumption) Cathedral in the city of Vladimir. Russia's relations with the Greek world were hampered by the Mongol invasion, and it is to the isolation arising from this that we must attribute the originality of Slavo-Russian ornamentation, which has a character of its own, quite unlike the Byzantine style and its derivative, the Romanesque.
In the motifs reproduced in this plate the Celtico-Scandinavian influence is so obvious that we need not dwell on it. Yet we find

88

Russische Kunst (14. Jahrhundert)

GRISAILLE-TAFEL: DEKORATIONEN IN SLAWO-RUSSISCHEN HANDSCHRIFTEN

Schon während des 12. und 13. Jahrhunderts gelang es russischen Künstlern, sich von den griechischen Einflüssen und jenen der lombardischen Baumeister zu befreien. Die letzteren hatte Andrei Georgewitsch ins Land gerufen, um die Kathedrale Mariä Himmelfahrt in Wladimir bauen zu lassen. Da die Beziehungen Russlands zur griechischen Welt durch die mongolische Invasion abgeschnitten wurden, dürfte die Eigenständigkeit der slawo-russischen Ornamentik, die sich vom byzantinischen und romanischen Stil deutlich unterscheidet, auf diese Isolierung zurückzuführen sein. Bei den Zeugnissen in der Art der hier abgebildeten springt der keltisch-skandinavische Einfluss ins Auge. Doch zeigen sich in den

88

Art russe (XIVe siècle)

PLANCHE EN GRISAILLE : ORNEMENTATION DES MANUSCRITS SLAVO-RUSSES

Aux XIIe et XIIIe siècles, il y avait déjà en Russie des maîtres nationaux affranchis de l'influence des Grecs et de celle des maîtres en bâtiment de la Lombardie. Ces derniers avaient été appelés par André Georgievitch pour bâtir la cathédrale de l'Assomption de la Vierge dans la ville de Vladimir. Les relations de la Russie avec le monde grec s'étant trouvées entravées par suite de l'invasion des Mongols, ce serait à cette circonstance, à cet isolement, qu'il conviendrait d'attribuer l'originalité de l'ornementation slavo-russe, qui a son caractère propre, différant du style byzantin et de son dérivé, le style roman.
L'influence celtico-scandinave est si évidente, dans les documents du caractère de ceux que nous reproduisons ici, qu'il serait inutile d'in-

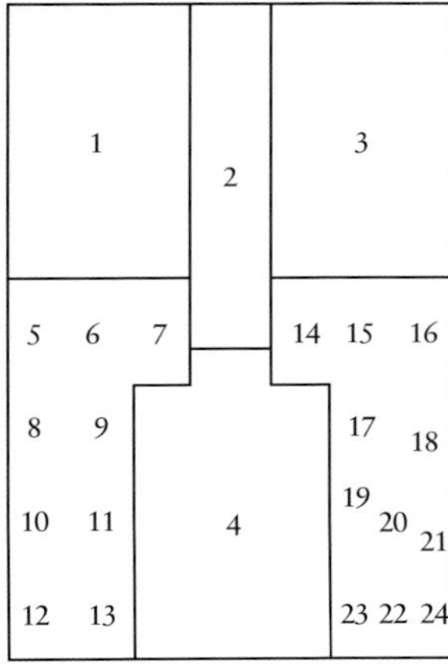

1
2
3
4
5
6
7
8
9
10
11
12
13
14
15
16
17
18
19
20
21
22
23
24

here a certain way of organizing and distributing the intertwined tracery and animals that gives a special (**nos. 1–4**), genuinely national stamp to these ingenious, powerfully conceived ornaments that are so much more than mere vignettes. Indeed there is not a single motif here that is not a logical construction; if one needed to, one could produce forgeries. We see this even in the Palaeo-Slavonic capitals (**nos. 5–24**) now used in inscriptions and playing the same role in Russian ornamentation as Kufic script in the ornamentation of the Persians and Arabs.
These Slavo-Russian manuscripts appear in the 11th century and go on until the 18th, but Russian ornamentation retains its spontaneous character only between the 12th and 16th centuries; from the 17th century onwards Western influences intervene. It is interesting, in our view, to see how a nation's taste can change – and how frequently, through the medium of foreign styles, the national genius will still find expression.

slawo-russischen Arbeiten eine besondere Anordnungsweise und mit Figuren vermischte Schnörkelkombinationen (**Nrn. 1–4**), die diesen Dekorationen, die mehr als Vignetten sind, ein besonderes, eigenständiges Aussehen verleihen. Jedes Motiv der Tafel beruht auf einer logischen Konstruktion, die sich weiter verfeinern ließe. Dies gilt bis zu den altslawischen Initialen (**Nrn. 5–24**), die die Schriftbänder füllen und in der russischen Ornamentik die gleiche Rolle spielen wie die kufischen Lehrsprüche in der persischen und arabischen. Die slawo-russischen Handschriften finden sich vom 11. bis ins 18. Jahrhundert; doch bleibt die Spontaneität der russischen Dekoration nur vom 12. bis 16. Jahrhundert bewahrt. Vom 17. Jahrhundert an zeigen sich westliche Einflüsse. Es ist jedoch interessant zu beobachten, wie sich der Geschmack eines Volkes verändert, und wie sich die nationale Eigenart auch in übernommenen Formen durchzusetzen vermag.

sister. On observe dans les tracés slavo-russes un esprit d'ordonnance, de répartition, des combinaisons d'entrelacs mélangés de figures (**nos 1–4**), qui donnent un cachet particulier, véritablement national, à ces ingénieux ornements fortement conçus et qui sont beaucoup plus que des vignettes. Il n'est pas en effet un seul des motifs de notre planche qui ne soit une construction logique, qu'au besoin on pourrait forger. On peut le constater jusque dans ces initiales slavonnes (**nos 5–24**) que l'on fait maintenant courir dans les cordons d'inscription, et qui jouent dans l'ornementation russe le même rôle que les sentences coufiques dans l'ornementation des Persans et des Arabes.
Les manuscrits slavo-russes apparaissent au XIe siècle et s'étendent jusqu'au XVIIIe ; mais le caractère spontané de l'ornement russe s'y maintient seulement du XIIe siècle au XVIe. A partir du XVIIe siècle le goût occidental intervient. Cependant il nous parait intéressant de voir comment le goût d'une nation peut s'altérer, en même temps que l'on peut aussi observer combien souvent, sous des factures étrangères, le génie national trouve encore à se manifester.

Russian Art

ENGRAVED AND CHASED ROSETTES AND BORDERS ON PATENS

The character of this ornamentation, which is from various periods and represents various manners (some closer to what we have called the 'national' style than others) has the great merit of remaining, beneath the layers of foreign influence, a vehicle for the expression of a people's special genius. Each symmetrical motif is the product of sound organization and distribution; even the most intricately entwined remain logical in composition and clearly legible. The composition and the degree of opulence varies, but the design is invariably rhythmical.

Looked at in this way, it would seem that the Slavo-Russians were subject to foreign influences on an entirely voluntary basis, as people of good taste who were not insensitive to the charm of new solutions that could be grafted onto the old, as it were. While unfortunately impairing the vitality of the old national style in the belief that they were in fact improving it by introducing types of ornamentation imported from East or West, depending on the period, Russia's craftsmen did nevertheless contrive to draw some advantage from those types of ornamentation by harnessing them to the native taste. So effectively did the national genius of the Slavo-Russian people govern the exploitation of these various ornamental solutions for its own ends that, through all the transformations, we can always (without difficulty) recognize its work.

89

Russische Kunst

GRAVIERTE UND ZISELIERTE ROSETTEN UND BORDÜREN AUF PATENEN

Diese Verzierungen unterschiedlichen Alters, die dem so genannten Nationalstil mehr oder weniger nahestehen, sind trotz aller fremden Einflüsse Manifestationen des besonderen Genius eines Volkes. Sie zeigen echte Qualitäten wie symmetrische Ordnung, Gesamtplan, logische Konstruktion und eine selbst in allen Verwicklungen bewahrte Klarheit. Während sich Komposition und ornamentaler Reichtum verändern, bleibt die Dekoration immer rhythmisch. Man könnte fast sagen, die slawo-russischen Künstler hätten sich den fremden Einflüssen nicht unterworfen, sondern sie hätten sie freiwillig übernommen, da ihnen der Reiz neuer Möglichkeiten, die sich mit den alten verbinden ließen, nicht entging. Obschon durch die Einführung orientalischer und, zu anderen Zeiten, westlicher Typen die Kraft des alten Nationalstils geschwächt wurde, gelang es den russischen Künstlern, aus der Übernahme Vorteile zu ziehen und sie dem eigenen Geschmack anzupassen. Diese Anverwandlung geschah so wirkungsvoll, dass man trotz aller Veränderungen in den verschiedenen, maßvoll verwendeten Dekorationen sofort den slawo-russischen Charakter erkennt.

89

Art russe

ORNEMENTS GRAVÉS ET CISELÉS DES ROSACES ET BORDURES DES PATÈNES

Le caractère de ces ornementations, d'un âge plus ou moins ancien, et de genres plus ou moins proches du style, dit national, conserve sous les influences exotiques un mérite foncier, par lequel le génie d'un peuple continue à se manifester. Toutes ces ornementations symétriques, où chaque décor résulte d'une sage ordonnance, d'une répartition d'ensemble, offrent dans leurs enchevêtrements une construction toujours logique, d'une clarté constamment lisible, quelles que soient les complications. La physionomie se modifie, l'opulence varie, mais le décor est toujours rythmique.

A ce point de vue, on pourrait presque dire que les Slavo-Russes n'ont point subi les influences étrangères ; ils semblent surtout les avoir admises, en gens de goût auxquels n'échappent point le charme de formules nouvelles de nature à se greffer, en quelque sorte, sur les anciennes. L'artisan, tout en altérant malheureusement la verdeur du vieux style national, croyant l'améliorer par l'introduction des types importés de l'Orient ou de l'Occident, selon les temps, a su, toutefois, tirer parti de ces types en les assujettissant au goût natif de la race. Le génie national a si réellement réglé l'emploi des diverses formules de l'ornementation à son usage que, malgré toutes les transformations, on reconnaît toujours, et généralement avec facilité, les productions slavo-russes.

90

Russian Art

CHASING AND ILLUMINATION: PANELS, BORDERS, HINGES, ORNAMENTAL NODES, FLEURONS

Although no longer so closely bound up with the primitive national style, these ornamental motifs are still extremely interesting. In general they are well designed and successfully executed; in a number of them we find what might be described as a late flowering of old Celtic strapwork, either enriched with Byzantine exfoliations or enlivened by threaded arabesques terminating on the same principle.

The majority of the intertwined motifs have the character of good wrought-iron work, in other words of a thoughtful art calling for as much maturity in the conception of the design as in the manner of varying its layout. Clearly, the elements of this ornamentation being of an extremely simple nature, it is the different combinations of them that produce the effect of abundance. Everything here is intellectual; imitation of nature plays no part in it. Consequently we sense no real youthfulness here, nor are we aware of a declining art. In a way these motifs find renewal in themselves, through the abundant and effortless play of the craftsman's imagination; they are all are stamped with a certain unity in which we recognize the native good taste of an artistic people that knows what it wants in the simplest or in the most elaborate decoration: ingenuity, clarity, and rhythm.

90

Russische Kunst

ZISELIERARBEITEN UND BUCHMALEREIEN: TAFELN, RANDLEISTEN, TÜRBESCHLÄGE, SCHMUCKKNOTEN, FLEURONS

Diese Dekorationen, die nur noch einen lockeren Bezug zum so genannten Nationalstil haben, sind dennoch aufschlussreich. Geschickt entworfen und gestaltet, scheinen einige ihrer Schnörkel von einem nochmaligen Aufleben der alten keltischen Flechtbänder zu künden, die teils mit byzantinischen Exfoliationen bereichert, teils durch spielerische, nach demselben Prinzip gestaltete Arabesken belebt werden.

Die meisten Schnörkel gleichen Schmiedearbeiten, die in Entwurf und Gestaltung künstlerische Reife voraussetzen. Da die Elemente dieser Ornamentik ihrer Natur nach recht einfach sind, erscheint der Reichtum vor allem in den verschiedenen Kombinationsmöglichkeiten. Die Fantasie dominiert, und die Nachahmung der Natur spielt kaum eine Rolle. In der geistigen Haltung ist zwar keine jugendliche Kraft, aber auch keine Überlebtheit zu spüren. Diese Dekorationsweisen schöpfen ihre Erneuerungskraft aus sich selbst. Die Einbildungskraft des Künstlers scheint mühelos mit den verschiedenen Elementen zu spielen und verleiht den Typen ein einheitliches Aussehen, aus dem, ob es sich nun um eine einfache oder überladene Dekoration handelt, Einfallsreichtum und künstlerisches Gespür für Klarheit und Rhythmus sprechen.

90

Art russe

CISELURES ET ENLUMINURES : PANNEAUX, BORDURES, PENTURES, NŒUDS D'ORNEMENT, FLEURONS

Ces motifs, d'une ornementation qui n'est plus étroitement du caractère du style national primitif, restent encore fort intéressants. Ils sont généralement bien conçus, agencés, et en un certain nombre de ces enroulements on rencontre comme un épanouissement tardif des vieux lacets celtiques, tantôt enrichis des exfoliations byzantines, tantôt égayés par le jeu des légers filets de l'arabesque dont les terminales émanent de ce même principe.

La majeure partie de ces enroulements a le caractère de bonnes ferronneries, c'est-à-dire celui d'un art réfléchi, et nécessitant autant de maturité pour la conception du décor que pour la manière d'en varier les dispositions. On reconnaît ici que, de leur nature, les éléments de cette ornementation étant fort simples, c'est dans leurs diverses combinaisons que l'abondance se produit. Tout y est fictif, et l'imitation de la nature n'y joue aucun rôle. Dans ces conceptions toutes mentales, on ne sent point de jeunesse réelle, et cependant on n'y sent point non plus de caducité. Ces modes trouvent, leur renouveau en eux-mêmes, par l'abondance imaginative de l'artisan qui s'y joue sans effort et de manière à imprimer aux types divers un certain cachet d'unité par lequel se décèle toujours le goût natif d'une race artistique, sachant ce qu'elle veut, qu'il s'agisse des décors les plus simples ou les plus opulents : de l'ingéniosité, de la clarté et du rythme.

Russian Art

CHASING: NODES, CORNERS, BORDERS, FIELD MOTIFS

This is the fifth in our series of largely monochrome plates dealing with Russian ornament (plates 87–90). For all the differences of type, a certain uniformity of character underlies all the work represented. The intertwining in these surface ornaments invariably has an appearance of logic, forming links of the kind that would be necessary to impart solidity to an actual structure – for example to a building with a great deal of openwork, which was one of the wood carver's favourite forms of ornamentation and one the *mujik* or Russian peasant used freely to decorate certain parts of his house. This concern on the part of the ornamentist who had started out as a builder gives the work illustrated here a continuing unity through every change of style, which is all the more remarkable for the fact that their geographical situation meant that the Russians had to choose between two major currents of cultural influence that, if not actually incompatible, were at least different in many respects. Whatever the Russians may have borrowed from Asian artists, the ornamentation of their precious metalwork is not that of Persian ceramics, nor is it that of the isolated, unconnected motifs used with such imperturbable repetitiveness by the Indians; it relies neither on the arbitrary foliage of Chinese and Japanese cloisonné work nor on the scattered orna-

Russische Kunst

ZISELIERARBEITEN: SCHMUCKKNOTEN, ECKEN, RANDLEISTEN UND GRUNDMOTIV

Diese Beispiele schließen sich an jene der Tafeln 87 bis 90 an; ihre Herkunft wurde im Zusammenhang mit Tafel 87 festgehalten. In allen Abwandlungen bleibt ein einheitlicher Geist am Werk. Die Gestaltung dieser flächigen Dekorationen erscheint immer logisch und entspricht den Bedingungen einer tatsächlichen Konstruktion, die mit durchbrochenen Elementen verziert wird. Diese Art Holzschnitzerei war sehr beliebt und diente zur Verzierung der *Isba* und des so genannten Häuschens, des kleinen Zimmers, das sich in der Mitte des Dachs über dem eigentlichen Haus befindet und gewöhnlich ein rustikales Aussehen erhält. Die Nähe zur wirklichen Bauweise gibt diesen Dekorationen trotz aller stilistischen Unterschiede ihre Einheitlichkeit. Dies ist umso bemerkenswerter, als die Russen sich aufgrund ihrer geografischen Lage zwischen zwei wenn nicht gegensätzlichen, so doch unterschiedlichen Strömungen zu entscheiden hatten. In ihrer Goldschmiedekunst übernehmen sie weder die Verzierungen der persischen Fayencen noch die repetitiven, unverbundenen Einzelmotive indischer Herkunft, geben sich weder mit dem Blattwerk chinesischer und japanischer Zellenschmelzarbeiten noch mit dem Streumuster auf Lackarbeiten und Porzellanen zufrieden.
Bei einigen hier abgebildeten Dekorationen, die an Holzschnitzereien europäischer Ornament-

Art russe

CISELURES : NŒUDS D'ORNEMENT, ANGLES, BORDURES ET MOTIF DE FOND

Ces documents appartiennent à la série des planches 87 à 90 dont la provenance est indiquée dans la notice de la première de ces planches. Sous la déviation des types nationaux, un certain esprit foncier se maintient dans toutes ces productions. L'enchevêtrement de ces ornementations de superficie a toujours une apparence de logique, formant des liens de la nature de ceux qui seraient nécessaires pour la solidité d'une construction réelle, dans laquelle seraient pratiqués des ajourés, un des modes favoris dans l'industrie des bois, et dont le moujik use si volontiers pour la parure de son *isba*, et de la maisonine, la petite chambre élevée au milieu du toit et au-dessus de la maison, qui reçoit principalement la toilette rustique. Ce souci de l'ornemaniste né constructeur donne à ces productions un caractère d'unité, qui sous la transformation du style ne se dément pas, et il est d'autant plus à remarquer qu'en raison de leur situation géographique, les Russes ont eu à opter entre deux grands courants, sinon contraires, au moins différents en bien des points ; quels que soient les emprunts que les Russes aient faits aux arts de l'Asie, l'ornementation de leur orfèvrerie ne vient pas de celle des faïences de la Perse, ni des motifs isolés, sans lien entre eux, qui se répètent imperturbablement sur les surfaces hindoues ; ils ne recourent pas non plus au caprice des rinceaux des cloisonnés de la

mentation of their lacquer work and porcelain.
In adopting ornamental constructions like a number of those reproduced here, the components of which give the illusion of carved wood so dear to our own 16th- and 17th-century ornamentists, the Slavo-Russians can truly be said to have acted in accordance with their national instincts, despite the fact that, as a result, their national style proper suffered an unfortunate reverse lasting for three centuries.

künstler des 16. und 17. Jahrhunderts erinnern, ist immer noch der slawo-russische Kunstsinn zu spüren, obwohl sich der so genannte Nationalstil drei Jahrhunderte lang nicht mehr frei entfalten konnte.

Chine et du Japon, pas plus qu'ils ne se contentent du semis des laques et des porcelaines.
On peut dire qu'en adoptant des ornements construits dans le genre de plusieurs de ceux qui figurent ici, et dont les éléments ont cette apparence du bois travaillé dans le goût de nos ornemanistes des XVIe et XVIIe siècles, les Slavo-Russes ont véritablement agi dans le sens de leurs instincts nationaux, quoique leur style véritablement national en ait reçu une regrettable atteinte pendant trois siècles.

92

Russian Art (16th Century)

COPPER, SILVER, ENAMELLED AND GEMSTONE JEWELLERY

Four types of jewellery are represented here: firstly, **nos. 2, 5, 7, 8, 14, 16, 21, and 45** are haloes in the form of diadems from *panagiae*, the small folding cases containing an image of the Blessed Virgin Mary that bishops of the Greek Orthodox church wear on their breast. The two parts may be hinged with rings, as in **no. 8**. A bulge on one side of the crescent constitutes the halo round the head of the Infant Jesus as he lies on his mother's arm (**nos. 2, 5, 7, 8, 14, 16, 21, and 45**).
Secondly we have a number of pendant crosses, representing another type of sacred jewellery; these are **nos. 12, 18, and 24** (front and back), **nos. 20, 22, 28, and 29** (front and back), **nos. 30, 32, and 34** (front and back), **nos. 33 and 39**

92

Russische Kunst (16. Jahrhundert)

GOLD- UND JUWELIER-ARBEITEN, EMAILLIERTES UND EDELSTEINVERZIERTES KUPFER UND SILBER

Diese Tafel enthält: 1. *Panagiae*-Schmuck, Strahlenkränze oder Nimben, die wie Diademe oder teilweise wie Ringkragen aussehen. Die beiden Teile können durch bewegliche Ringe miteinander verbunden sein, wie **Nr. 8** zeigt. Wenn sich auf einer Seite des Strahlenreifs ein Kreisabschnitt befindet, der über die Ringform hinausragt, so handelt es sich dabei um den Nimbus des Jesuskindes, das seine Mutter auf dem Arm trägt (**Nrn. 2, 5, 7, 8, 14, 16, 21 und 45**).
2. Hängekreuze; ihr inneres Bild macht sie zu Sakralschmuck (**Nrn. 12, 18 und 24:** Vorder- und Rückseite; **20, 22, 28 und 29:** Vorder- und Rückseite; **30, 32, und 34:** Vorder- und Rückseite; **33 und 39:** Vorder- und Rückseite; **36, 37, 40, 42 und 44:** Vorder- und Rückseite).

92

Art russe (XVIe siècle)

L'ORFÈVRERIE-JOAILLERIE, LE CUIVRE ET L'ARGENT, ÉMAILLÉS ET GEMMÉS

Cette planche comporte : 1° Des parures de *panagiæ*, consistant en auréoles ou nimbes, ayant l'aspect de diadèmes, parfois celui de hausse-cols ; les deux pièces pouvant être reliées par des anneaux mobiles, comme on le voit au **n° 8**. Lorsque, à l'un des côtés de l'auréole en diadème, se trouve une section de cercle qui dérange la forme de l'auréole en débordant sur le côté, ce fragment est le nimbe de l'Enfant Jésus dans les bras de sa mère (**n°s 2, 5, 7, 8, 14, 16, 21 et 45**).
2° Des croix de suspension, dont l'image intérieure détermine le caractère, celui de bijoux sacrés (**n°s 12, 18 et 24, face** et revers ; **20, 22, 28 et 29**, face et revers ; **30, 32 et 34**, face et revers ; **33 et 39**, face et revers ; **36, 37, 40, 42 et 44**, face

(front and back), **nos. 36, 37, 40, 42, and 44** (front and back). Examples of these first two types account for most of the motifs here. They are reproduced from actual pieces on a uniform scale.
We also have (thirdly) various details of painted ornamentation taken from 16th-century Slavo-Russian manuscripts, i. e. belonging to the same period as the actual jewellery shown here; they bear a strong resemblance to enamel work (**nos. 1, 3, 4, 6, 9–11, 13, 15, 17, 19, 23, 25, 27, 31, 35, 38, 41, and 43**). Lastly we include a sample of an imported style (**no. 26**), here used to decorate the binding of a late-17th century book that was a part of Moscow's Imperial Treasure. It is the former Gospel-book of Czarina Natalya (d. 1693), second wife of Czar Alexis Mikhailovich, mother of Peter the Great and regent during her son's minority.

Diese beiden ersten Serien, die den Hauptteil der Tafel füllen, bilden die Gegenstände im selben Maßstab ab.
3. Ornamentmalereien aus slawo-russischen Handschriften des 16. Jahrhunderts; aus der gleichen Zeit wie der abgebildete Schmuck. Die Fleurons stehen Emailarbeiten nahe (**Nrn. 1, 3, 4, 6, 9–11, 13, 15, 17, 19, 23, 25, 27, 31, 35, 38, 41 und 43**).
4. Ein Muster für den Importstil, Buchschmuck aus der zweiten Hälfte des 17. Jahrhunderts (**Nr. 26**). Das Original gehörte zum Moskauer Kronschatz; es handelt sich um das Evangeliar der Zarin Nathalia, geborene Nariskin, der zweiten Frau Zar Alexis' Michailowitsch und Mutter Peters des Großen, die für ihren minderjährigen Sohn die Regentschaft führte und im Jahre 1693 starb.

et revers). Ces deux premières séries, qui forment la partie principale de notre planche, sont des reproductions d'après nature, à l'échelle uniforme.
3° Des fragments d'ornementation peinte, provenant des manuscrits slavo-russes du XVIe siècle, c'est-à-dire contemporains de la joaillerie représentée ici, et d'un caractère qui rapproche ces fleurons des émailleries (**nos 1, 3, 4, 6, 9–11, 13, 15, 17, 19, 23, 25, 27, 31, 35, 38, 41 et 43**).
4° Un échantillon du style d'importation (**n° 26**), décorant le plat d'un livre de la dernière partie du XVIIe siècle. L'original faisait partie du trésor impérial de Moscou ; c'est l'Evangéliaire de la tzarine Nathalie, née Naryskine, seconde femme du tzar Alexis Mikhailovitch, mère de Pierre le Grand et régente pendant la minorité de son fils, morte en 1693.

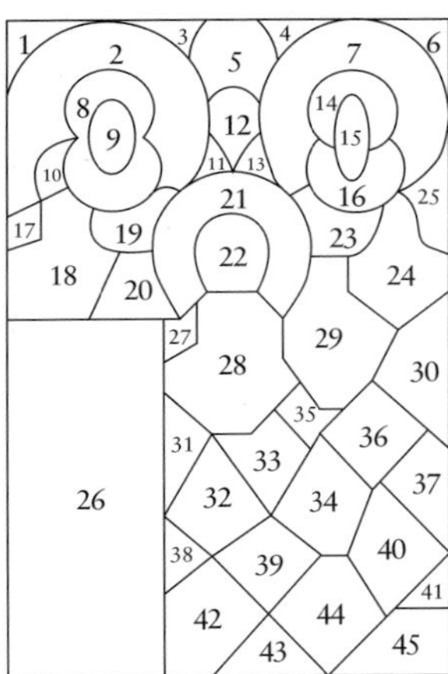

Spiégel lith
Imp. Firmin-Didot & Cie. Paris

Russian Art (16th Century)

MANUSCRIPT ORNAMENTATION: FLORAL ESPARTO WORK

We have just been looking (plate 92) at some 16th-century Russian jewellery, with its delicate plant motifs looking as if they were inspired by wild flowers and its enamel colouring, combined with the warm tones of the metal, seeming to offer a direct glimpse of the steppes in spring. The floral esparto work featured in this plate reveals, as it were in full bloom, what in the jewellery was still perhaps to some extent hypothetical. The elements employed here, the nature of the floral motifs, the softness of the colouring are such that we are left in no doubt as to the ornamentist's intentions and are able to rediscover the basic type. This was a new field, and progress was hesitant at first, but following it in our plate we see with perfect clarity how this basic type emerged in one of the most felicitous of decorative conceits, achieving an effect of opulence with great simplicity of means.
These motifs, from three different manuscripts, offer examples of the final metamorphosis of Celtic strapwork, which the Slavs had from the beginning divested of its animal connotations. **Nos. 9 and 11** still use combinations of flat ribbons, but in **no. 9** small rounded protuberances distributed symmetrically over the design give a slightly vegetal look to the strapwork, and this is confirmed by the flower motifs projecting stiffly from the corners.

Russische Kunst (16. Jahrhundert)

DEKORATIONEN IN HANDSCHRIFTEN: BLUMENFLECHTWERK

Die Malereien runden das Bild ab, das die Schmuckstücke vermitteln (Tafel 92). Das Blattwerk dort scheint Feldblumen nachempfunden, und die glasierten Farben, die sich mit den warmen Metalltönen verbinden, erscheinen wie das Bild einer frühlingshaften Steppe.
Das Blumenflechtwerk, das diese Tafel hauptsächlich füllt, zeigt auf gelungene Art, was beim Schmuck erst andeutungsweise zu erkennen war. Die Art der Blumen und die zarte Kolorierung lassen die Intention und den ursprünglichen Typ deutlich hervortreten. Auf der Tafel lässt sich die – zunächst zögernde – Suche nach dem Neuen mitvollziehen, bis ein in sich geschlossener Dekorationstyp gefunden ist, dessen Reichtum mit einfachsten Mitteln erzielt wird.
Die Beispiele sind drei verschiedenen Handschriften entnommen und stellen die letzte Weiterentwicklung des keltischen Flechtwerks dar, aus dem die Slawen zuvor die Tiere verbannt hatten.
Die **Nrn. 9 und 11** zeigen noch Muster des flachen keltischen Flechtbands, doch findet man bei **Nr. 9** hier und da kleine Knoten, die gleichmäßig über die Bänder verteilt sind und ihnen ein pflanzenartiges Aussehen verleihen, das durch die streng axialen Blumen in den Ecken verstärkt wird.
Bei **Nr. 11** weisen die Bänder keine Knoten auf; die obere Ecke füllt eine starr gezeichnete Blume,

Art russe (XVIe siècle)

ORNEMENTATION DES MANUSCRITS : UNE SPARTERIE EN FLEURS

Nos documents peints viennent compléter ce qui a été observé sur la physionomie des orfèvreries-joailleries du XVIe siècle (planche 92), dont la parure en brindillons végétaux semble avoir été empruntée à la délicate flore des champs, et où les colorations émaillées, se combinant avec la chaleur du ton du métal, apparaissent comme un reflet direct de la steppe printanière. La sparterie en fleurs, dont notre planche est principalement meublée, montre ce qui pouvait paraître plus ou moins hypothétique avec les orfèvreries ; les éléments de cette sparterie, la nature de ses floraisons, la tendresse des colorations, rien ne manque ici pour démontrer l'intention, et retrouver le type primordial. En suivant dans cette page la marche de la recherche nouvelle d'alors, on voit parfaitement ce type primordial se dégager pour arriver dans la plénitude du genre à l'une des plus heureuses conceptions d'un agencement décoratif, rendu opulent avec une grande simplicité de moyens.
Ces documents proviennent de trois manuscrits différents, et offrent des exemples de la dernière transformation du lacet celtique, dont les Slaves avaient, au préalable, écarté le principe animal. Les **nos 9 et 11** sont encore des combinaisons du lacet celtique plat ; cependant, on trouve de temps en temps dans le **no 9** quelques petits nœuds arrondis, répartis symétri-

In **no. 11** the strapwork has no vegetal protuberances, but again there is the stiff flower at the upper corner while the lower corner receives the full foliage treatment.
Nos. 2, 12, and 14 are from a second manuscript. Celtic strapwork is still the principal element, but this time it follows a geometrical, rectilinear course that would appear to indicate Arab or Persian influence. The Slavonic note is there, however, in the overtly vegetal stem produced from the bottom corner of the two latter motifs.

während unten schon Blattwerk erscheint.
Die **Nrn. 2, 12 und 14**, die einer anderen Handschrift entnommen sind, beruhen hauptsächlich auf dem flachen keltischen Flechtband, das einer geradlinigen Geometrie arabischer und persischer Herkunft zu gehorchen scheint. Der slawische Künstler bringt jedoch etwas Neues hinein, indem er jedes der Motive seitlich auf der verlängerten Grundlinie von einem Pflanzenstengel begleiten lässt.

quement dans le parcours enchevêtré de ces lacets, leur communiquant un aspect quelque peu végétal, confirmé par les terminales des angles, où les fleurs sont projetées dans la rigidité de leur axe. Au **n° 11**, les lacets n'ont pas de nœud végétal ; l'angle du haut est également formé par une fleur rigide, mais c'est déjà un feuillage évoluant qui se relève à l'angle du bas.
Les **nos 2, 12 et 14**, provenant d'un second manuscrit, ont encore pour principal élément le lacet celtique plat ; celui-ci obéit à une géométrie rectiligne qui semble indiquer l'influence arabe, persane. Mais le Slave y apporte sa nouvelle note, une tige franchement végétale qui accompagne latéralement chacun de ces motifs, en s'élevant de leur base prolongée.

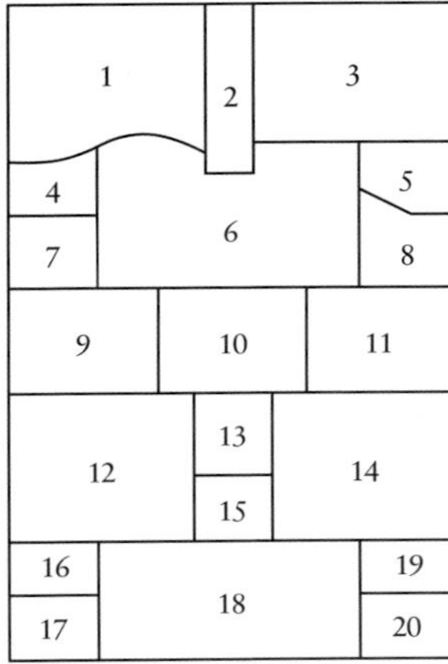

Russian Art

CHASING, CORNERS OF BORDERS

This completes our series of plates (87–94) examining the decoration of Slavo-Russian precious metalwork at various periods. This plate adds some useful material, and craftsmen in the field will be quick to recognize the practical value of these corner compositions with details of their accompanying borders. Representing a variety of sizes and degrees of ingenuity, they are capable, as it were, of meeting every need.

These motifs no longer bear the stamp of the primitive style. Some show Asian influence; others resemble European work of the late 16th and early 17th centuries. A number of them, however, feature arrangements in which wood (worked in varying degrees and boldly accented) is used as a structural component, and this is the Russian element coming out. We have already mentioned how one is aware in all these little compositions of the persistence of the national taste, that native quality underlying all the metamorphoses of the original style and repeatedly making its presence felt in the logical character of the tracery. This dominant quality even extends to the conventional flora (inspired by 15th-century European models) that Slavo-Russian goldsmiths introduced into their decorative work.

In the hands of such goldsmiths this type of chasing occasionally achieved a breadth of design more usually associated with sculpture. This is illustrated by some of the

Russische Kunst

ZISELIERARBEITEN, ECKEN VON RANDLEISTEN

Diese Tafel schließt die Reihe von Ornamenten ab (Tafel 87–94), die zu verschiedenen Zeiten der slawo-russischen Goldschmiedekunst als Gestaltungselemente dienten. Sie liefert nützliche Anwendungsmöglichkeiten, und die Praktiker werden die Eckkombinationen mit den beginnenden Randleisten zu schätzen wissen, die ihrer Vielfalt und wechselnden Bedeutung wegen vielseitig verwendbar sind. Die Ornamente, die kaum etwas vom ursprünglichen Stil bewahrt haben, erinnern teils an asiatische, teils an europäische Muster aus dem 16. und aus der ersten Hälfte des 17. Jahrhunderts. Gelegentlich zeigen sie Anordnungen, denen mehr oder weniger bearbeitetes Holz als Grundlage dient, was lokalen Einfluss verrät. Wie schon gesagt, sind in all diesen kleinen Arbeiten Qualität und nationale Eigenart zu spüren, die sich bei allem Wandel des ursprünglichen Stils immer im logischen Aufbau der Schnörkel zeigen. Diese Eigenschaften finden sich auch in den konventionellen floralen Motiven wieder, die die slawo-russischen Goldschmiede in ihre Dekoration einführten und die von Vorbildern aus dem europäischen 15. Jahrhundert inspiriert wurden.

Manchmal zeigt sich in den Ziselierarbeiten dieser Art eine Großzügigkeit, die der Plastik angemessen ist. Dies wird bei einigen hier hinzugefügten Stücken deutlich, die zugleich beweisen, dass die slawo-russische Ornamentik bei aller regelmäßigen Symmetrie kei-

Art russe

CISELURES, ANGLES DES BORDURES

Cette page complète la série des ornementations (planches 87–94) de diverses époques servant de décor à l'orfèvrerie slavo-russe ; elle vient apporter d'utiles ressources pour l'application du genre, et les praticiens éprouveront ce que valent ces combinaisons d'angles comprenant l'amorce des bordures, et pouvant, par leur ingénieuse diversité et leur plus ou moins d'importance, répondre, en quelque sorte, à tous les besoins. Ces ornementations, qui ne conservent plus l'empreinte du style primitif, tiennent tantôt de l'asiatique, tantôt des productions européennes de la seconde moitié du XVIe siècle et de la première partie du XVIIe. Elles présentent parfois des arrangements dans lesquels le bois, plus ou moins ouvré et franchement accusé, sert d'élément de constructions, ce qui est un fait de l'influence locale. Ainsi que nous l'avons déjà fait remarquer, on sent, dans toutes ces petites compositions, la persistance du goût national, la qualité native qui, sous toutes les transformations du style d'origine, se montre toujours dans les développements logiques des enchevêtrements.

Cette qualité maîtresse se retrouve jusque dans la flore conventionnelle que les orfèvres slavo-russes faisaient entrer dans leurs décorations où l'on voit cette flore s'inspirer de notre XVe siècle.

Entre les mains de ces orfèvres, les ciselures de ce genre ont parfois l'ampleur du dessin qui convient à la sculpture, ainsi qu'on en peut juger par les quelques fragments

details reproduced here, which incidentally show that even when strictly symmetrical Slavo-Russian ornamentation is never dull; the arrangement in the craftsman's mind (always full of life and movement) must find expression if his eye is to be satisfied.

neswegs langweilig wirken muss. Der Künstler zeigt sich erst zufrieden, wenn er einer solchen Ordnung, die immer reich und vielfältig ist, Ausdruck geben konnte.

que nous ajoutons ici, et qui montrent, en outre, que même avec la régularité symétrique, l'ornementation slavo-russe n'est jamais fade. L'ordre est dans l'esprit de l'artisan, et ce n'est qu'à ce prix que son œil se satisfait, mais c'est toujours un ordre riche, mouvementé.

95

Armenian Art

MANUSCRIPT ORNAMENTATION

These motifs are taken from a 16th-century manuscript Gospel-book, but there is every indication that the style of ornamentation used goes back very much earlier. One need only compare this plate with the three motifs reproduced from a Greek manuscript painted in Asia Minor around 800 (plate 85; nos. 2, 3, and 4 are specimens of Greek ornamentation as modified by Asian influence) to be convinced of the great antiquity of certain features present here. We see particularly how that Asian influence became more and more marked in Armenian ornamentation. Yet it is a remarkable fact that, in spite of the obvious Indo-Persian influence in most of the fleurons, the Armenians nevertheless managed to give their work a character of its own. There were other neighbouring cultures that probably contributed towards maintaining this autonomous character. We find here something of the logic underlying those ingenious interlacings that appealed to the Slavo-Russian taste. Moreover there is a very serious aspect to the work represented here. The minia-

95

Armenische Kunst

DEKORATIONEN IN HANDSCHRIFTEN

Die Motive dieser Tafel stammen aus einem Evangeliar des 16. Jahrhunderts, dessen Illuminationen noch nicht veröffentlicht wurden. Die Zeitangabe bezieht sich auf die Vollendung der Handschrift; die Art der Dekoration dürfte älter sein. Um sich von ihrem Alter zu überzeugen, genügt es, sie mit einer griechischen Buchmalerei zu vergleichen, die um 800 in Kleinasien angefertigt wurde und von der drei Motive auf der Tafel 85 abgebildet wurden: die Nrn. 2, 3 und 4 zeigen byzantinisch beeinflusste griechische Motive. Bei den hier abgebildeten, späteren Beispielen nimmt dieser asiatische Einfluss in der armenischen Ornamentik immer mehr zu. Trotz der indo-persischen Einwirkungen, die insbesondere in fast allen Fleurons zu bemerken sind, hat die armenische Dekoration einen eigenständigen Charakter bewahrt, wozu vermutlich auch andere Nachbarvölker beitrugen.

In Gestaltung und Ausführung findet man die Logik der slawo-russischen Schnörkel. Der Maler dieser fein und sorgfältig gearbeiteten Motive gehörte nicht zu jenen, die

95

Art arménien

ORNEMENTATION DES MANUSCRITS

Ces motifs proviennent d'un évangéliaire du XVIe siècle dont on avait fait relever les enluminures, restées inédites. Le millésime indiqué par l'annotation n'implique nullement la date du style de l'ornementation, que tout démontre avoir des sources lointaines. Il suffit, pour se convaincre, de rapprocher cette planche des enluminures d'un manuscrit grec, peint en Asie Mineure vers 800, dont on trouve trois motifs dans la planche gréco-byzantine 85 ; les nos 2, 3 et 4 y sont des spécimens de l'ornementation grecque modifiée par l'influence asiatique. Dans les exemples présents, postérieurs à ce temps, on voit que cette influence asiatique s'accuse de plus en plus dans les ornementations arméniennes. Toutefois, il est remarquable que, malgré les influences indo-persanes si sensibles dans la plupart des motifs formant fleuron, les Arméniens aient néanmoins conservé à leur ornementation un caractère qui lui est propre. Il y avait d'autres voisins qui ont vraisemblablement contribué à maintenir cette physionomie particulière.

On retrouve dans ces agencements l'espèce de logique des enchevêtre-

turist who put together these elaborate ornaments, wedding breadth with delicacy and a fine decorum, was no mere scribbler; he was an artist of quality, whose vignettes meet every prerequisite for models to be executed in metal and enamel as delightful pieces of jewellery.
The obvious affinity in terms of ornamental composition between this Armenian work and the Slavo-Russian ornamentation in plate 93 justifies our using similar colouring in both cases.

sich durch die leichte Hand des Schreibers leiten ließen, sondern war ein ausgezeichneter Gestalter, dessen Vignetten auf jeden Fall als Vorlage für Goldemailschmuck dienen können; und es gibt keine besseren als diese hier, die eigentlich schon zur Goldschmiedekunst gehören.
Die offensichtliche Affinität der ornamentalen Komposition dieser armenischen Arbeiten mit den slawo-russischen Ornamenten (vgl. Tafel 93) zeigt sich in der ähnlichen Kolorierung.

ments ingénieux du goût slavo-russe, et ces productions sont marquées d'un coin vraiment sérieux ; le miniaturiste qui a construit ces ornements riches, alliant l'ampleur à la délicatesse, et offrant une si belle tenue, était de ceux qui ne se laissent pas entraîner par la facilité de la main du scribe ; c'est un compositeur d'excellente qualité, dont les vignettes sont dans toutes les conditions nécessaires à un modèle d'exécution pour l'orfèvrerie émaillée, et il n'en est guère qui soit plus charmante que celle-ci, en fait d'orfèvrerie-joaillerie. La parenté, qui se décèle ainsi par la qualité de la construction ornementale, entre ces productions arméniennes et les ornementations slavo-russes (voir planche 93), permet de rapprocher les deux genres lorsqu'il s'agit de la coloration.

96

1st–7th Centuries

SILKS: CONSULAR WHEELED TYPES

Following the expulsion of its kings five centuries before Christ, Rome placed executive power in the hands of consuls, and this supreme office of the Roman Republic lingered on for a long time after the fall of the republican form of government. It was not legally abolished until the 9th century.
The advent of these rulers gave rise to public festivals and savage entertainments known as "consular games." These were circus shows and fights between gladiators who went to their deaths before the eyes of the crowd, slain by their conquering rivals or mauled by some wild animal (**nos. 1 and 2**). On

96

1.–7. Jahrhundert

SEIDE: RADMUSTER DES KONSULORNATS

Nach der Vertreibung der Könige im 5. vorchristlichen Jahrhundert vertraute Rom die Regierungsgewalt den Konsuln an. Das höchste Staatsamt bestand lange nach der Abschaffung der Republik weiter, bis ins 9. Jahrhundert.
Der Amtsantritt dieser Magistraten war von öffentlichen Feierlichkeiten und wilden Spielen begleitet. Diese „Konsularspiele" bestanden aus Wagenrennen im Circus und Kämpfen, bei denen die Gladiatoren vor versammelter Menge durch das Schwert ihrer siegreichen Gegner getötet oder von den scharfen Zähnen der Raubtiere zerrissen wurden (**Nrn. 1 und 2**). Bei anderen

96

Ier–VIIe siècles

SOIERIES : TYPES CONSULAIRES ROÉS

Après l'expulsion de ses rois, cinq siècles avant Jésus-Christ, Rome confia à des Consuls le pouvoir exécutif, et cette charge suprême de la République subsista longtemps encore après la chute de cette forme de gouvernement. Elle ne fut légalement abolie qu'au IXe siècle.
L'avènement de ces magistrats donnait lieu à des réjouissances publiques, à des jeux sauvages, qui portèrent le nom de Jeux consulaires. Ils consistaient en représentations du cirque, en combats de gladiateurs expirant sous les yeux de la foule, sous le glaive de leurs rivaux vainqueurs ou sous la dent de quelque bête sauvage (**n°s 1 et 2**). D'autres fois

ARMÉNIEN
ARMENIAN
ARMENIER

other occasions, the Consul would return to Rome in triumph from some distant war. Mounted on a *quadriga*, he would drive about the city breathing in the incense of adulation and popularity (**no. 3**). Representations of these great events, these *fasti*, were kept for a long time and endlessly reproduced. Even after their abolition, they are found carved in marble, stone, ivory, and bronze – and even used to adorn fabrics. That is why we felt we must retain the same name for the products of this craft industry as so neatly fits all the others.

Of two motifs in the upper part of our plate, the one on the right is taken from the Musée du Louvre (**no. 2**) and was kindly communicated to us by Mr Barbet de Jouy; the one on the left (**no. 1**) is from the Kensington Museum, London (now Victoria & Albert Museum). The third design is from Aachen, where it may be seen among the relics kept in the Sacristy, which the cathedral treasurer, J. Lennartz, very kindly showed us. The Louvre has a specimen of the same fabric.

Gelegenheiten zog der Konsul nach einem siegreichen Feldzug im Triumph in die römische Hauptstadt ein. Auf einer Quadriga ließ er sich in den Straßen feiern und mit Lobpreis überschütten (**Nr. 3**). Die bildliche Wiedergabe dieser Feiern hat sich lange erhalten und wurde noch weitergeführt, als die Konsularspiele selbst längst abgeschafft waren. So findet man Darstellungen in Marmor, Stein, Elfenbein, Bronze und sogar auf Stoffen. Deshalb schien es uns gerechtfertigt zu sein, den Begriff Konsul, der für alle anderen Arbeiten benutzt wird, auf das Handwerk der Stoffherstellung zu übertragen. Von den beiden oberen Motiven stammt das rechte aus dem Louvre (**Nr. 2**, die Information verdanken wir Herrn Barbet de Jouy), während das linke im Kensington Museum (heute Victoria & Albert Museum) zu finden ist (**Nr. 1**). Das dritte stammt aus Aachen; dort wird es unter den Reliquien in der Sakristei aufbewahrt, die uns der Domschatzmeister, Herr J. Lennartz, mit größter Zuvorkommenheit zeigte. Das Musée du Louvre besitzt ebenfalls ein Stück desselben Stoffes.

le Consul revenait victorieux d'une guerre lointaine et triomphait à Rome. Monté sur un quadrige, il parcourait la ville en recevant l'encens de la louange et de la popularité (**nº 3**). La représentation de ces fastes fut longtemps conservée et longtemps reproduite. Même après leur abolition, on les rencontre traduits sur le marbre, la pierre, l'ivoire, le bronze, enfin sur le tissu lui-même. C'est pourquoi nous avons cru devoir conserver aux produits de cette industrie le même nom qui s'applique si bien à toutes les autres. Les deux motifs du haut de la planche sont empruntés, l'un, celui de droite, au Musée du Louvre (**nº 2**), et nous en devons l'obligeante communication à M. Barbet de Jouy ; l'autre, celui de gauche, au Musée de Kensington (aujourd'hui Victoria & Albert Museum, **nº 1**). Le troisième provient d'Aix-la-Chapelle, où il figure parmi les reliques conservées à la sacristie. Le domschatzmeister de la cathédrale, M. J. Lennartz, a mis la plus grande bienveillance à nous les montrer. Le Musée du Louvre possède aussi un spécimen de ce même tissu.

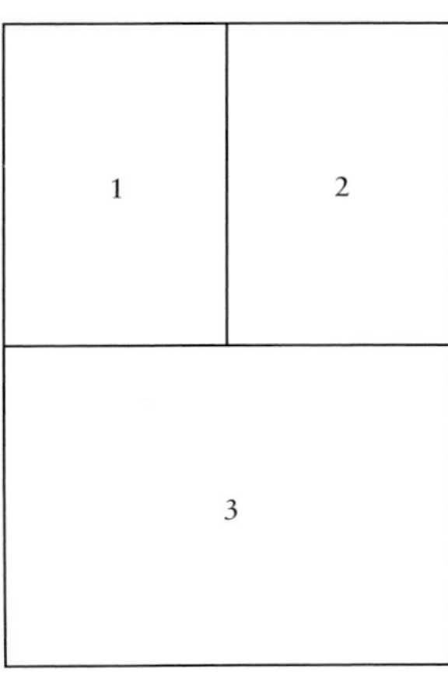

1st–8th Centuries

DIAMOND-SHAPED, STRIPED, OR WHEELED TYPES

We need to study what types of decoration were favoured in the earliest centuries of the Christian era since, by virtue of their symbolism, they were soon to find favour virtually throughout Europe. This will involve comparing the work of pagan artists with those of adherents of the new faith, which in turn will mean descending into the catacombs.
Long underground passageways run beneath the outskirts of Rome; carved into the tufa (*cubicula*) of their vault supports or resting on low walls are the tombs of early Christians. There we find a certain amount of figured decoration, which enables us to study the dress of the period. However, most of the subjects shown there are depicted in pale tints, and the types of ornament used would elude us completely were it not for the fact that comparison of the small number of visual documents found there with others existing elsewhere (at Pompeii, for instance, or in the palaces of the Caesars, or on the street of the tombs) make it possible to state positively that ancient motifs continued to provide most of the vocabulary of the new decorative artists, with Christian symbols simply being added.
In fact, how could it have been otherwise? For was it not these same pagans, now converted, who took the knowledge they had drawn from other sources and placed it at the service of the new faith?

97

1.–8. Jahrhundert

RAUTEN-, STREIFEN- UND RADMUSTER

Um die frühchristlichen Muster und Motive zu bestimmen, die sich aufgrund ihrer symbolischen Bedeutung rasch in fast ganz Europa ausbreiteten, muss man die Werke heidnischer Künstler mit jenen der Anhänger des neuen Glaubens vergleichen und in die Katakomben hinabsteigen.
In der Umgebung von Rom bestehen lange unterirdische gewölbte Gänge, in deren Seitenwände Grabnischen (*loculi*) in den Tuff gehauen sind. In ihnen oder in kleinen Kammern (*cubicula*) befinden sich die Grabstätten der frühen Christen. Dort sind einige figürliche Darstellungen erhalten, die zum Studium der Gewänder dienen können. Die meisten sind allerdings in sehr gedeckten Farben ausgeführt, und ihre Dekorationsweisen entgingen uns völlig, könnten wir nicht anhand des Vergleichs mit dem, was anderswo, in Pompeji, im römischen Kaiserpalast oder in der Gräberstraße, existiert, die Behauptung aufstellen, dass die alten Motive von den neuen Dekorateuren weiter verwendet und lediglich um christliche Symbole ergänzt wurden.
Wie könnte es denn auch anders sein? Sind es nicht die bekehrten Heiden, die ihr aus anderen Quellen gespeistes Wissen in den Dienst des neuen Glaubens stellen?
In den Calixtus-Katakomben und im Museo Laterano fanden wir lediglich zwei Darstellungen gemusterter Stoffe, die zuoberst auf der Tafel abgebildet sind (**Nrn. 1 und 2**). Das erste Beispiel zeigt

97

Ier–VIIIe siècles

TYPES LOSANGÉS, RAYÉS, OU ROÉS

Il convient de rechercher quels furent les types décoratifs des premiers siècles chrétiens, qui, par leur symbolisme, deviendront bientôt ceux de la quasi totalité de l'Europe. Dès lors, il nous faut comparer les œuvres des artistes païens aux travaux des néophytes de la foi nouvelle et descendre dans les catacombes.
De longs souterrains se développent aux abords de Rome ; sur les parois de la portée de leurs voûtes, sont entaillés dans le tuf (*cubicula*), ou reposent sur ces sortes de murailles, les sépultures des premiers chrétiens. Là se rencontrent quelques décorations à figures qui permettent d'étudier le costume ; mais la plupart des sujets sont traités en teintes plates, et le mode de leur ornementation échapperait entièrement, si la comparaison du petit nombre des documents qui s'y voient avec ce qui existe ailleurs, comme à Pompéi, aux palais des Césars ou à la via des tombeaux, ne permettait d'affirmer que les motifs anciens demeurèrent sur la palette des nouveaux décorateurs, et qu'on y ajouta seulement les symboles chrétiens.
Et comment en serait-il autrement ? Ne sont-ce pas, en effet, ces mêmes païens convertis qui mettent au service de la croyance nouvelle le savoir qu'ils ont puisé à d'autres sources ?
Aux catacombes de Calliste et au Musée Latran nous n'avons pu trouver que les deux représentations d'étoffes décorées qui sont placées en tête de la planche, l'une

In the Catacombs of Calixtus and in the Lateran Museum we could find only two representations of decorated fabrics, and these we have placed at the head of our plate. One is a diamond pattern of white on green (**no. 1**), the other a striped cushion using the same colours (**no. 2**). Note, incidentally, that this elongated cushion shape lasted until the end of the 15th century. We took our remaining specimens from the Basilica of St. Clement (**nos. 3–10**). They are all of the so-called 'wheeled' type or *holoserica rotata*, as the ancients used to say. And Viollet-le-Duc, in his book on French furniture (p. 363), seems to us to be confusing these with *panni virgati*, which were stripes (striped or laid cloth), when he writes 'the names *paile roé* (*paile* or striped silk) recur frequently in the literature.'

ein weißes Rautenmuster auf grünem Grund, das zweite ein grün gestreiftes Kissen. Nebenbei sei bemerkt, dass sich diese längliche Kissenform bis ins ausgehende 15. Jahrhundert erhalten hat.
Die restlichen Motive der Tafel (**Nrn. 3–10**) stammen aus der Basilika San Clemente und gehören zum Radmuster oder *holoserica rotata*, wie die Alten sagten. Auf Seite 363 seines *Mobilier français* scheint Viollet-le-Duc dieses Motiv (frz. *roé*) mit dem Streifenmuster der *panni virgati* verwechselt zu haben, wenn er feststellt: „Die Ausdrücke *paile roé* (*paile* [Brokat aus Alexandria] oder gestreifte Seide) werden in den Texten häufig erwähnt."

losangée blanc sur vert (**nº 1**), l'autre, un coussin, rayé de même couleur (**nº 2**). Notons, en passant, que cette forme longue du coussin se conserva jusqu'à la fin du XVe siècle.
Nous avons emprunté le reste de nos spécimens à la basilique de Saint-Clément (**nos 3–10**); ils sont tous du genre roé, c'est-à-dire à roues, *Holoserica rotata*, comme disaient les anciens. Et M. Violet-le-Duc, page 363 du *Mobilier français*, nous semble avoir confondu ceux-ci avec les *Panni virgati*, qui étaient les rayures (draps rayés ou vergés), quand il dit : « Les noms de *paile roé* (paile ou drap de soie rayée) reviennent fréquemment dans les textes. ».

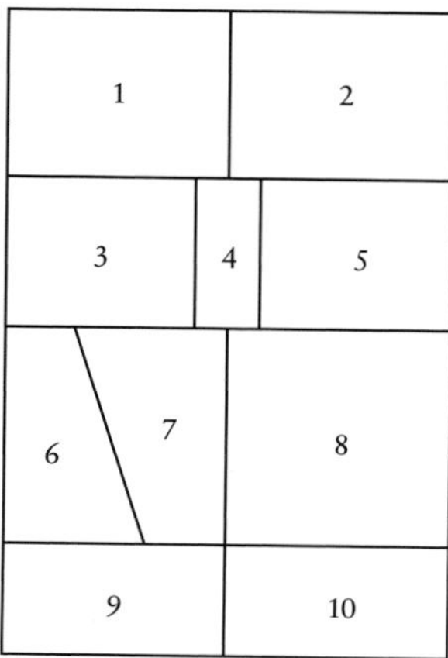

98

The Middle Ages (8th Century)

MANUSCRIPT ORNAMENTS

The thirty-eight motifs assembled here date from an extremely interesting transitional period between the Greco-Roman or Pompeiian style (traces of which can be seen particularly in **nos. 2, 3, 5, 7, 10, 11, 13, 18, 29, 30, and 32**) and the Byzantine style proper. They are all taken from manuscript illuminations, a genre that for a large part of the Middle Ages appears to have been something of a haven for ornamentists.

Nos. 1–26. Gospel-book of St. Sernin, Toulouse, a Latin manuscript written by Godescalc for Emperor Charlemagne.

Nos. 27–38. Gospel-book of St. Médard, Soissons, manuscript in Latin.

98

Mittelalter (8. Jahrhundert)

DEKORATIONEN IN HANDSCHRIFTEN

Die hier vereinten achtunddreißig Motive gehören zu einer interessanten Übergangszeit zwischen dem griechisch-römischen oder pompejanischen Stil (vor allem sichtbar in den **Nrn. 2, 3, 5, 10, 11, 13, 18, 29, 30 und 32**) und dem eigentlichen byzantinischen Stil. Alle stammen aus illuminierten Handschriften, in die sich die Ornamentkunst während eines beträchtlichen Teils des Mittelalters geflüchtet zu haben scheint. Hier die Herkunft:

Nrn. 1–26: Evangeliar von Saint-Sernin (Toulouse). Lateinische Handschrift, von Godescalc für Kaiser Karl den Großen geschrieben.

Nrn. 27–38: Evangeliar von Saint-Médard (Soissons). Lateinische Handschrift.

98

Moyen Age (VIIIe siècle)

ORNEMENTS DE MANUSCRITS

Les trente-huit motifs réunis dans la planche ci-contre appartiennent à une période de transition, très intéressante à étudier, entre le style gréco-romain ou pompéien (dont les traces sont visibles surtout dans les **nos 2, 3, 5, 7, 10, 11, 13, 18, 29, 30 et 32**) et le style byzantin proprement dit. Tous sont empruntés à des enluminures de manuscrits, genre dans lequel, pendant une grande partie du Moyen Age, semble s'être réfugié l'art ornemental. En voici l'indication :

Nos 1–26 : Evangéliaire de Saint-Sernin (de Toulouse). Manuscrit latin écrit par Godescalc pour l'empereur Charlemagne.

Nos 27–38 : Evangéliaire de Saint-Médard (de Soissons). Manuscrit latin.

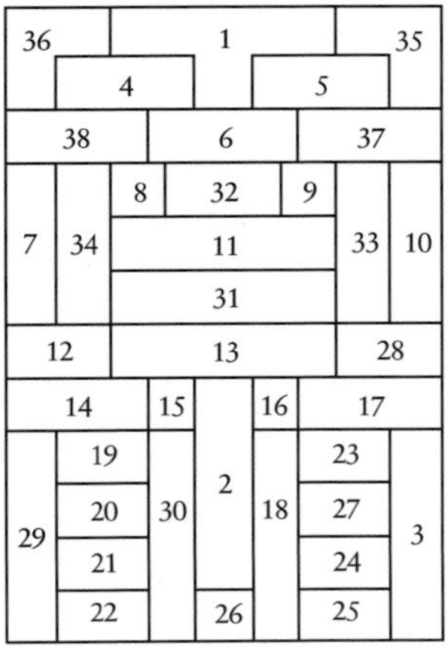

36 1 35
4 5
38 6 37
8 32 9
7 34 11 33 10
31
12 13 28
14 15 16 17
19 23
29 20 30 2 18 27 3
21 24
22 26 25

The Middle Ages (8th–10th Centuries)

MANUSCRIPT ORNAMENTATION – GALLO-FRANKISH AND ANGLO-SAXON SCHOOLS

In these examples of Byzantine foliage and Celtic strapwork, used separately or in conjunction, the different elements are clearly legible, and we confine ourselves to indicating the sources of our motifs. All the manuscripts concerned appear to be earlier than the year 1000; we list them in what archaeologists believe to be chronological order.

No. 8. The beginning of the Gospel of St. John (*'In principio'*) in a gospel-book that belonged to the church of St. Pierre, Liège, and dates from the 8th or 9th century. The decorated initials in this manuscript, although no more than line drawings, are superb specimens of Carolingian art. In the original this initial is 9.2 in. in height.

No. 3. An initial of the *drakslingor* type carved on Celtico-Scandinavian runic stones. This one is 9th century and is taken from a psalter (Cambridge University).

No. 7. Page ornament from the Gospel-book of the Emperor Lothair (d. 855). The manuscript was written and illuminated for him at the Royal Abbey of St. Martin, Tours. Gallo-Frankish school.

No. 2. Upper part of a page frame representing the Saviour and Redeemer of the world. Anglo-Saxon school, 10th century; note the Byzantine elements.

No. 4. Page frame using similar elements but in a more delicate

Mittelalter (8.–10. Jahrhundert)

DEKORATIONEN IN HANDSCHRIFTEN – GALLO-FRÄNKISCHE UND ANGELSÄCHSISCHE SCHULE

Auf den Abbildungen dieser Tafel sind das byzantinische Exfoliationsmotiv und das einfache oder komplexe keltische Flechtwerk leicht zu erkennen, so dass es genügt, hier ihre Herkunft anzugeben. Alle Handschriften scheinen vor dem Jahr 1000 entstanden zu sein. Die Beschreibung richtet sich nach der vermuteten chronologischen Reihenfolge.

Nr. 8: Verzierte Initiale, *In principio*, Beginn des Johannes-Evangeliums, aus einem Evangeliar, das der Kirche Saint-Pierre in Lüttich gehörte, 8. oder 9. Jahrhundert. Obwohl es sich nur um Strichzeichnungen handelt, sind die verzierten Initialen dieser Handschrift ausgezeichnete Beispiele der karolingischen Kunst. Das Original dieser Initiale ist 23 cm hoch.

Nr. 3: Initiale vom *Drakslingor*-Typ, wie er auf kelto-skandinavischen Runensteinen zu finden ist, 9. Jahrhundert. Aus einem Psalter der Universität Cambridge.

Nr. 7: Seitenverzierung aus dem Evangelienbuch Kaiser Lothars, der 855 starb; in der königlichen Abtei Saint-Martin von Tours für diesen Herrscher geschrieben und verziert. Gallo-fränkische Schule.

Nr. 2: Oberer Teil der Umrahmung einer Seite, die Christus, den Retter und Welterlöser, darstellt, 10. Jahrhundert. Byzantinische Elemente, angelsächsische Schule.

Nr. 4: Umrahmung einer Seite, die gleiche, doch feinere Elemente ver-

Moyen Age (VIIIe–Xe siècles)

ORNEMENTATION DES MANUSCRITS – ECOLES GALLO-FRANQUES ET ANGLO-SAXONNES

L'élément byzantin exfolié sur le type végétal et les lacets celtiques, seuls ou se combinant, sont ici d'une facile lecture, et il suffit d'indiquer la provenance de ces documents. Tous les manuscrits qui donnent ces renseignements paraissent antérieurs à l'an 1000, et nous en donnons la nomenclature selon l'ordre chronologique assigné par les archéologues.

No 8 : Initiale composée, *in principio*, début de l'Evangile selon saint Jean, provenant d'un Evangéliaire ayant appartenu à l'église de Saint-Pierre de Liège, et datant du VIIIe ou IXe siècle. L'ornementation des grandes initiales de ce manuscrit offre de superbes spécimens de l'art carolingien quoiqu'elles ne soient que des dessins au trait. L'original de cette initiale a 23 cm de hauteur.

No 3 : Initiale de la famille des *drakslingor*, gravés sur les pierres runiques celtico-scandinaves. IXe siècle. Provient d'un psautier d'un Collège de Cambridge.

No 7 : Ornement de page emprunté aux Evangiles de l'empereur Lothaire mort en 855. Livre écrit et orné pour ce souverain dans l'abbaye royale de Saint-Martin de Tours. Ecole gallo-franque.

No 2 : Partie supérieure de l'encadrement d'une page représentant le Sauveur, le Libérateur du monde. Xe siècle. Eléments byzantins, école anglo-saxonne.

manner, 10th century; from a donation made by King Edgar to Winchester Cathedral in 966.
No. 5. Initial I (of '*In principio*,' the beginning of the Gospel of St. John) representing the *Word made Flesh*, 10th century; a blend of Celtic and Byzantine elements.
No. 1. Initial B (of *Beatus*, the beginning of the Psalms of David), c. 1000; Anglo-Saxon. Celtic ornamentation is combined with Byzantine-style figures.
No. 6. Continuous border from the same source.

wendet, 10. Jahrhundert. Teil einer Schenkung König Edgars an die Kathedrale von Winchester im Jahre 966.
Nr. 5: Initiale, die das *Und das Wort ist Fleisch geworden* darstellt und den ersten Buchstaben des *In principio* bildet, mit dem das Johannes-Evangelium beginnt. Mischung aus keltischen und byzantinischen Elementen, 10. Jahrhundert.
Nr. 1: Initiale des *Beatus*, mit dem die Psalmen Davids beginnen, um 1000. Keltische Dekoration mit byzantinischen Figuren, angelsächsisch.
Nr. 6: Laufende Bordüre gleicher Herkunft.

N° 4 : Encadrement de page composé d'éléments de même sorte, traités avec plus de finesse, Xe siècle ; provient d'une donation faite par le roi Edgar à la cathédrale de Winchester, en 966.
N° 5 : Initiale représentant le *Verbe fait chair* et formant la première lettre de l'*in principio* par lequel commence l'Evangile selon saint Jean ; mélange de celtique et de byzantin. Xe siècle.
N° 1 : Initiale du *Beatus* par lequel commencent les Psaumes de David. An 1000 environ. Ornementation celtique, figures du caractère byzantin. Anglo-saxon.
N° 6 : Bordure courante de même source.

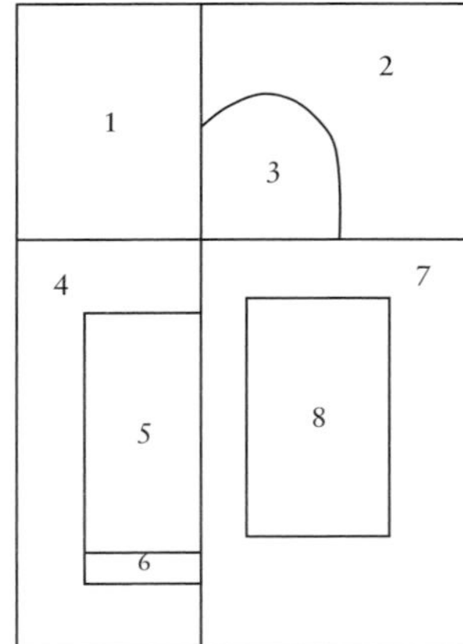

1 

4 

Lestel, lith.

Imp. Firmin-Didot & Cie, Paris

100

The Middle Ages (8th–11th Centuries)

SILKS

Returning to so remote a past, particularly as regards fabrics, would seem to be hardly possible today except by making a close study of the delicate miniatures enriching the few manuscripts to have come down to us from the Carolingian period. Even then we must be content with a fairly rough acquaintance with the type of design they reveal to us, and we must give up any idea of knowing the manufacturing processes used at the time. Delighted to have come across two examples of these age-old documents, we have gone to great trouble to make the reproductions worthy of their rarity. For while respecting the actual work of the weaver, time has considerably altered the colours. We were determined that our illustrations should not give a 'venerable but dilapidated' impression, and despite the reluctance of the chromolithographic process to meet the demands of graduated tones we have contrived to show (on the left-hand side of our plate) the current condition of our models and, by using imperceptible gradations, to restore them (on the right-hand side) to their original brightness.
The two specimens that make up our plate belong to the category of mixed fabrics, woven and crossed in the Oriental fashion; the warp is of coarse linen thread (almost fine string) stretched in the vertical plane; the weft is of gold-brocaded silk in the specimen shown above and of ordinary silk in the one shown below. These were

100

Mittelalter (8.–11. Jahrhundert)

SEIDE

Die Rückkehr zu einer so fernen Vergangenheit scheint heute, vor allem wenn es sich um Stoffe handelt, fast nur noch durch die aufmerksame Untersuchung feiner Miniaturen, mit denen einige wenige erhaltene Handschriften aus der Karolingerzeit geschmückt sind, ermöglicht zu werden. Dabei hat man sich zudem mit einer annähernden Kenntnis der Muster zu begnügen und muss völlig darauf verzichten, die ursprünglichen Herstellungstechniken in Erfahrung bringen zu wollen.
Wir haben zwei Stücke dieser mehr als tausendjährigen Originale gefunden und reproduzieren sie in einer Qualität, die ihrer Seltenheit entspricht. Auch wenn die Zeit die eigentliche Webarbeit respektiert, verändert sie doch die Farben erheblich. Unsere Zeichnungen beschreiten den Weg der Verjüngung statt der Alterung, und trotz der geringen Eignung der Chromolithografie für die Wiedergabe von Farbtönen ist es uns gelungen, (links auf der Tafel) den heutigen Zustand der Vorlagen zu präsentieren und dem Stoff durch die fast unmerkliche Verstärkung der Töne und Farben (auf der rechten Seite) seinen einstigen Glanz zurückzugeben.
Die beiden Muster unserer Tafel gehören zur Klasse der gemischten, in orientalischer Art gekreuzten Gewebe. Die Kette ist aus (fast schnurartigen) groben Leinenfäden, die wie auf einem Hochwebstuhl senkrecht gespannt sind, während der Schuss beim oberen

100

Moyen Age (VIIIe–XIe siècles)

SOIERIES

Le retour sur un passé si lointain, particulièrement en ce qui concerne les tissus, ne paraît plus guère possible, aujourd'hui, qu'à l'aide d'un examen attentif des délicates miniatures dont se trouvent enrichis le petit nombre de manuscrits qui nous restent d'époque carolingienne. Encore faut-il se contenter de la connaissance approximative du genre de dessin qu'ils nous révèlent, et renoncer entièrement à connaître les procédés de la fabrication primitive.
Assez heureux pour avoir rencontré deux pièces de ces originaux plus que séculaires, nous avons fait tous nos efforts pour rendre les reproductions dignes de leur rareté. Car, tout en respectant l'œuvre même du tisserand, le temps en a considérablement altéré les couleurs. Nous avons donc voulu que nos dessins suivissent la route opposée à celle de la vétusté, et, malgré les répugnances du procédé chromolithographique à se prêter aux exigences des tons gradués, nous sommes arrivés à présenter (coté gauche de la planche), l'état actuel de nos modèles, et, par l'emploi de tons insensibles, à les faire revivre et les montrer enfin dans tout leur éclat primitif.
Les deux échantillons qui figurent sur notre planche appartiennent à la classe des étoffes mélangées, tissées, croisées à la façon orientale ; leur chaîne est en gros fils de lin (presque de petites ficelles) tendus dans le sens vertical comme on le pratique sur le métier à haute lisse ; la trame de soie est brochée d'or

undoubtedly fabrics from our own [French] workshops that princes of the Church arranged to have manufactured on premises attached to their palaces for use in religious worship.

101

The Middle Ages (8th–12th Centuries)

MANUSCRIPT ORNAMENTATION: FRAMES AND FLEURONS

The corner motifs in this plate are secondary Anglo-Saxon in style and belong to the so-called 'exfoliation' period, a style common to England and Normandy between 800 and 1200. This type of ornamentation (and it truly is magnificent, based surely on a Byzantine prototype) was cultivated among the Anglo-Saxons in a quite remarkable way by a virtually isolated school confined within the walls of two Winchester monasteries, St. Swithun and New Minster. The school is supposed to have been instigated by St. Dunstan, an expert illuminator himself and one of the most distinguished bishops of the 10th century, and its products were known generically as *opus anglicum*.
Broadly speaking the style can be described as a free imitation of what the artists of the Eastern Empire were doing. Its leading light in the latter half of the 10th century was the miniaturist Godemann, the man responsible for the Devonshire Benedictional (so-called because it belongs to the

Stück aus goldbroschierter Seide und beim unteren aus Seide ist. Zweifellos handelt es sich um Stoffe aus einheimischen Werkstätten, die sich die geistlichen Würdenträger in den Nebengebäuden ihrer Paläste für den Gottesdienst anfertigen ließen.

101

Mittelalter (8.–12. Jahrhundert)

DEKORATIONEN IN HANDSCHRIFTEN: RAHMEN UND FLEURONS

Die Eckmotive dieser Tafel zeigen Rahmenteile, die in der Höhe wie in der Breite durch ihre Gegenstücke zu ergänzen sind. Sie sind im späteren angelsächsischen Stil der so genannten Exfoliationszeit gehalten, einem Stil, den man von 800 bis 1200 in England und der Normandie antrifft. Diese prachtvolle Verzierung, deren Vorbild byzantinisch ist, wurde bei den Angelsachsen durch eine Schule entwickelt, die sich in einem oder zwei Klöstern von Winchester, St. Swithun und New Minster, befand. Der heilige Dunstan, ein Meister der Buchmalerei und berühmter Bischof des 10. Jahrhunderts, war möglicherweise der Begründer dieser Schule, deren Werke als *opus anglicum* bezeichnet wurden.
Seinen Höhepunkt erreichte dieses Genre, das zwanglos griechische Vorbilder nachzuahmen sucht, während der zweiten Hälfte des 10. Jahrhunderts mit dem Miniaturmaler Godemann. Dieser verfasste das berühmte Segensbuch von Devonshire, das zur Bibliothek des Herzogs gleichen Namens gehörte

dans l'échantillon placé dans la partie supérieure, et de soie dans la partie inférieure. Ce sont là, sans aucun doute, des étoffes sorties de nos ateliers indigènes et que les prélats faisaient fabriquer dans les dépendances de leurs palais, pour le service du culte religieux.

101

Moyen Age (VIIIe–XIIe siècles)

ORNEMENTATION DES MANUSCRITS : ENCADREMENTS ET FLEURONS

Les motifs d'angles de cette planche représentent autant d'encadrements se formant en contrepartie, en hauteur comme en largeur. Leur style est l'anglo-saxon secondaire, de la période dite d'exfoliation, style commun à l'Angleterre et à la Normandie et datant de 800 à 1200. Ce genre d'ornementation, vraiment magnifique, et dont le prototype est assurément byzantin, a été développé chez les Anglo-Saxons de la manière la plus remarquable par une école pour ainsi dire isolée, confinée dans l'enceinte d'un ou deux monastères, celui de Saint-Swithun et celui de Newminster, l'un et l'autre à Winchester. On a prétendu que saint Dunstan qui excellait dans l'art de l'enluminure et qui fut l'une des lumières de l'épiscopat au Xe siècle, aurait été l'instituteur de cette école dont les productions furent caractérisées par le titre d'*opus anglicum*.
Ce genre, que l'on peut définir comme étant une imitation large et libre des productions de l'empire grec, fut représenté avec le plus grand éclat pendant la seconde

Bénard lith
Imp. Firmin-Didot&Cie Paris

library of the dukes of that name), a manuscript executed in the period 963–984 for Aethelwold, bishop of Winchester.
It is to Godemann or at least to an artist of his school that historians attribute the two manuscripts from which these framing pieces are taken. One is the Benedictional of Archbishop Robert (written for Aethelgar, sometime abbot of New Minster in Winchester who died as archbishop of Canterbury in 989); the other is that same Robert's missal, known as the Missal of Robert Champart or Robert the Norman, the archbishop of Canterbury who, on his banishment from England, took both manuscripts to Jumièges, the Benedictine abbey of which he had formerly been abbot and where he died in 1052 or 1056.

102

The Middle Ages (8th–12th Centuries)

MANUSCRIPT ORNAMENTATION: FOLIAGE, UPRIGHTS, CORNERS, BORDERS

No. 16. From Lothair's Bible; Gallo-Frankish, 750–800.
Nos. 15, 21, and 30. Latin manuscript, 900–950.
Nos. 6 and 7. Latin manuscript, 980.
Nos. 1 and 4. Latin manuscript; Greco-Lombard, 1100.
Nos. 8 and 10. Latin manuscript, 1100.
Nos. 9, 11, 17–29, 31–33 (**nos. 17 and 23** belong together, **no. 17** being the end of the motif). From a three-volume atlas folio *Biblia*

und von 963–984 für Aethelwold, Bischof von Winchester, angefertigt wurde.
Godemann oder einem seiner Schüler werden die beiden Handschriften zugeschrieben, aus denen die Einrahmungen stammen. Bei der einen handelt es sich um das so genannte Segensbuch des Erzbischofs Robert, das für Aethelgar, Abt von New Minster in Winchester, 989 gestorben als Erzbischof von Canterbury, geschrieben wurde. Die andere ist das Missale desselben Roberts, das so genannte Missale von Robert Champart, dem Normannen, Erzbischof von Canterbury, der nach seiner Verbannung aus England diese beiden Handschriften ins Kloster Jumièges mitbrachte, wo er Abt wurde und 1052 oder 1056 starb.

102

Mittelalter (8.–12. Jahrhundert)

BUCHMALEREIEN: RANKENWERK, LEISTEN, ECKEN, BORDÜREN

Nr. 16: Aus der so genannten Lothar-Bibel, gallo-fränkisch, 750–800.
Nrn. 15, 21 und 30: Lateinische Handschrift, 900–950.
Nrn. 6 und 7: Lateinische Handschrift, 980.
Nrn. 1 und 4: Lateinische Handschrift, 1100, griechisch-lombardisch.
Nrn. 8 und 10: Lateinische Handschrift, 1100.
Nrn. 9, 11, 17–29, 31–33 (**Nrn. 17 und 23** gehören zusammen, **Nr. 17**

moitié du Xe siècle par le miniaturiste Godemann, auteur du célèbre Bénédictionnaire, dit de Devonshire, parce qu'il fait partie de la bibliothèque du duc de ce nom, manuscrit exécuté de 963 à 984 pour Æthelwold, évêque de Winchester.
C'est à Godemann, ou à un artiste de son école, que sont attribués les deux manuscrits d'où proviennent nos exemples d'encadrements ; l'un est le Bénédictionnaire, dit de l'archevêque Robert, écrit pour Æthelgar, mort archevêque de Canterbury en 989 ; l'autre est le Missel de ce même Robert, dit le Missel de Robert Champart ou le Normand, archevêque de Canterbury, qui, à la suite de son bannissement de l'Angleterre, rapporta ces deux manuscrits au monastère de Jumièges dont il avait été abbé, et où il mourut en 1052 ou 1056.

102

Moyen Age (VIIIe–XIIe siècles)

PEINTURES DES MANUSCRITS : RINCEAUX, MONTANTS, ANGLES, BORDURES

No 16 : Tiré de la Bible, dite de Lothaire, 750–800 (gallo-franque).
Nos 15, 21, 30 : Manuscrit latin, 900–950.
Nos 6 et 7 : Manuscrit latin, 980.
Nos 1 et 4 : Manuscrit latin, 1100 (gréco-lombard).
Nos 8 et 10 : Manuscrit latin, 1100.
Nos 9, 11, 17–29, 31–33 (les **nos 17 et 23** vont ensemble ; le **no 17** est l'aboutissant du motif) : *Biblia sacra* en trois volumes in-folio atlantique, 1150 (gréco-anglais).

MIDDLE AGES.
MITTEL ALTER.
1
2
3
4
5
6
7
8
9
10
11
12
13
14
15
16
17
18
19
20
21
22
23
24
25
26
27
28
29
30
31
32
33
Bénard lith.
Imp. Firmin-Didot & Cie, Paris.

sacra; Greco-English, 1150. The work of Manerius of Canterbury, one of the masters of the Canterbury school, this manuscript is regarded as a rare and precious example of the Greco-Saxon style of the period. Its ornamentation bears some similarity to that of the famous Aethelgar manuscript in Rouen public library. In Manerius' set, however, we find a number of ingenious and virile solutions (e. g. **nos. 17, 22, 23, and 29**) that can be described as introducing new forms. **No. 25** also represents a new form; Byzantine in essence but profoundly Saxonized, it looks forward to the beautiful crozier borders of French cathedral windows. The crozier motif itself appears in **no. 32**.
Nos. 2, 3, and 5. Latin manuscript, 1150.
Nos. 12–14. Manuscript; French, 1190.

ist der Abschluss dieses Motivs): *Biblia sacra* in drei Foliobänden, 1150, griechisch-englisch. Diese Handschrift, die Manerius, Schreiber in Canterbury und einer der Meister der dortigen Schule, verfasste, gilt als seltenes Beispiel für den zeitgenössischen griechisch-sächsischen Stil. Die Dekoration ist mit der berühmten Ethelgar-Handschrift der Bibliothèque publique in Rouen verwandt. Bei Manerius findet man neuartige und unbekannte Lösungen wie die **Nrn. 17, 22, 23 und 29**; auch **Nr. 25** zeigt eine neue Form, ein in sächsischer Weise umgearbeitetes byzantinisches Motiv. Man sieht hier erstmals die Bordüren mit den Krümmen der Kathedralenfenster auftauchen. Eine weitere Krümme zeigt **Nr. 32**.
Nrn. 2, 5 und 3: Lateinische Handschrift, 1150.
Nrn. 12–14: Handschrift, um 1190, französisch.

Ce manuscrit, écrit par Manérius, écrivain de Canterbury et l'un des maîtres de l'école de ce nom, est considéré comme un type rare et précieux du style gréco-saxon de l'époque. Ses ornements ont des rapports avec ceux du célèbre manuscrit d'Æthelgar, qui se trouve à la Bibliothèque publique de Rouen. Toutefois, dans la série de Manérius, il se rencontre des agencements d'un caractère ingénieux et mâle, comme les **n°s 17, 22, 23 et 29**, dont on peut dire que la forme est nouvelle et inconnue ; le **n° 25** est aussi une forme nouvelle, une expression byzantine profondément modifiée par le génie saxon. On voit naître dans ce dernier exemple, les belles bordures en crosse des beaux vitraux de nos cathédrales. La crosse elle-même se rencontre au **n° 32**.
N°s 2, 5 et 3 : Manuscrit latin, 1150.
N°s 12–14 : Manuscrit, 1190 (français).

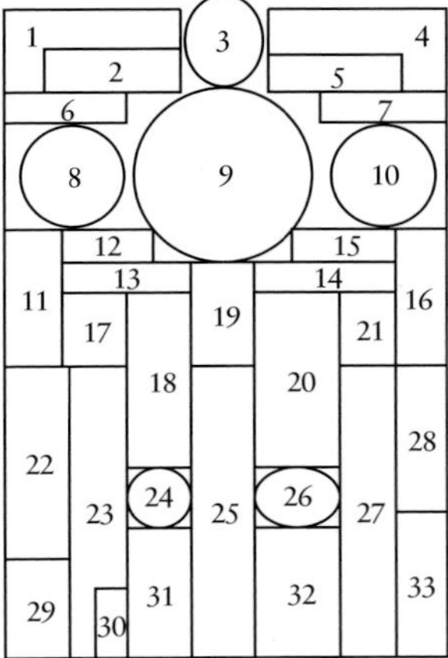

The Middle Ages (8th–13th Centuries)

MANUSCRIPT ORNAMENTATION: VARIOUS FOLIATED SCROLLS, EMBLEMATIC DESIGNS

No. 3. Strapwork motif in the Celtic manner taken from the Charlemagne Gospels, an 8th-century manuscript from the former monastery and royal priory of St. Martin des Champs, Paris. Gallo-Frankish school, flourished 700–950.

No. 2. Initial E from a German manuscript of the second half of the 11th century, a Latin gospel-book written for the use of Luxeuil Abbey in Franche-Comté.

Nos. 1 and 4. Details of page frames from one of the British Museum's Harleian manuscripts, a magnificent specimen of late 12th-century calligraphy. In keeping with the character of the ornamentation, which is that of the splendid wrought-iron hinges of the period, the very simple colouring is confined to the ground.

Nos. 5 and 7. Page frames from another Harleian manuscript, a two-volume Bible dating from the late-12th or early-13th century. In addition to the ample beauty of this firm foliage, there is an emblematic interest here. **No. 7** frames the first page of the 'Book of Jeremiah,' and in the original the band held by the prophet bears the inscription *Verba Jeremie*, 'The Words of Jeremiah.' At the beginning of the prophet's lamentations, which cover a period of 45 years, God tells Jeremiah, 'I make you this day a fortified city, an iron pillar and bronze walls,' and prom-

Mittelalter (8.–13. Jahrhundert)

DEKORATIONEN IN HANDSCHRIFTEN: RANKENWERK, SYMBOLISCHE DEKORATIONEN

Nr. 3: Motiv mit keltischem Schnörkelwerk. Aus dem Evangelienbuch Karls des Großen, einer Handschrift des 8. Jahrhunderts aus dem ehemaligen Kloster und dem königlichen Priorat von Saint-Martin des Champs in Paris. Gallofränkische Schule, die von 700 bis 950 in Blüte stand.

Nr. 2: E-Initiale aus einer deutschen Handschrift der zweiten Hälfte des 11. Jahrhunderts. Lateinisches Evangeliar, das für die Abtei Luxeuil in der Freigrafschaft Burgund geschrieben wurde.

Nrn. 1 und 4: Teile einer Seiteneinrahmung aus einer Handschrift der Harleian Library im British Museum. Die Farben dieser schönen kalligrafischen Beispiele vom Ende des 12. Jahrhunderts sind sehr einfach und decken nach Art der zeitgenössischen Türbeschläge nur den Grund.

Nrn. 5 und 7: Einrahmungen von Seiten einer weiteren Handschrift aus der Harleian Library im British Museum. Bibel in zwei Bänden, Ende 12./Anfang 13. Jahrhundert. Neben dem schönen Rankenwerk besitzen beide Verzierungen eine symbolische Bedeutung. **Nr. 7** rahmt eine Seite ein, auf der die Prophezeiungen Jeremias beginnen; auf dem Streifen, den der Prophet hält, steht im Original geschrieben: *Verba Jeremiae*, die Worte Jeremias. Schon zu Beginn der berühmten Klagen, die fünfundvierzig Jahre dauerten, versprach Gott Jeremia,

Moyen Age (VIIIe–XIIIe siècles)

ORNEMENTATION DES MANUSCRITS : RINCEAUX DIVERS, LE DÉCOR EMBLÉMATIQUE

Nº 3 : Motif formé d'entrelacs du genre celtique. Emprunté aux Evangiles de Charlemagne, manuscrit du VIIIe siècle provenant de l'ancien monastère et prieuré royal de Saint-Martin des Champs, à Paris. Ecole gallo-franque, en vigueur de 700 à 950.

Nº 2 : E, initiale tirée d'un manuscrit allemand de la seconde moitié du XIe siècle. Evangéliaire latin écrit pour l'usage de l'abbaye de Luxeuil, en Franche-Comté.

Nºs 1 et 4 : Fragments d'encadrements de pages provenant d'un manuscrit de la Bibliothèque Harléienne, au British Museum. Ce sont de magnifiques spécimens calligraphiés vers la fin du XIIe siècle. Les couleurs en sont très simples et ne couvrent que les fonds, ainsi qu'il convient à leur caractère, qui est celui des belles pentures en ferronnerie de l'époque.

Nºs 5 et 7 : Entourages de pages dont les motifs sont empruntés à un autre manuscrit de la Collection Harléienne au British Museum. Bible en 2 vol., calligraphiée vers la fin du XIIe siècle ou au commencement du XIIIe. Les deux ornementations offrent, outre la beauté ample de leurs fermes rinceaux, l'intérêt d'une intention emblématique. Le **nº 7** est l'entourage de la page où commencent les prophéties de Jérémie ; sur la bande que tient le prophète, le manuscrit porte dans l'original l'inscription : *Verba Jeremie*, paroles de Jérémie.

ises him that he will remain firm and unshakable no matter what his enemies try to do to him. This is what the artist has tried to express in the prophet's intrepid stance: he knows God is with him. The dragon he is trampling underfoot is a splendid ornamental conceit, alive and even articulate.

No. 6. Details of a page frame that can easily be reconstructed to form a regular whole. The motif is 12th-century and comes from the Missal of the former Abbey of St. Maur les Fossés in the diocese of Paris.

No. 8. Part of a page frame from the St. Denis Missal, 13th century.

ihn zur eisernen Säule und ehernen Mauer zu machen, damit er immer fest und unerschütterlich bleibe, was auch immer seine Feinde gegen ihn unternähmen. Dies drückte der Künstler durch die unerschrockene Haltung des Propheten aus, der weiß, dass Gott mit ihm ist; Jeremia steht auf einem Drachen, aus dessen Maul reiches Rankenwerk hervorschießt: die Sprache des bösen Geistes.

Nr. 6: Seiteneinrahmung; die fehlenden Teile sind leicht zu ergänzen, um eine Einheit zu bilden. Das Motiv stammt aus einem Missale des 12. Jahrhunderts, das für die ehemalige Abtei Saint-Maur les Fossés in der Diözese von Paris bestimmt war.

Nr. 8: Rahmenmotiv, das sich in einem Gegenstück wiederholt, nach dem Missale von Saint-Denis aus dem 13. Jahrhundert.

Dès le début des célèbres lamentations qui durèrent 45 ans, Dieu promet à Jérémie de le rendre comme une colonne de fer et un mur d'airain, et de faire en sorte qu'il demeure toujours ferme et inébranlable, quelques efforts que tous ses ennemis ensemble fassent contre lui ; c'est ce que l'artiste a exprimé par l'attitude intrépide du prophète, sachant que Dieu est avec lui, et foulant aux pieds le dragon dont l'ornemaniste a su faire un superbe motif de décoration, vivant et parlant, car le riche rinceau qui jaillit de la gueule du monstre est le langage de l'esprit du mal.

N° 6 : Entourage de page, dont les fragments sont faciles à reconstituer pour former l'ensemble régulier. Ce motif est du XIIe siècle, et provient du missel à l'usage de l'ancienne abbaye de Saint-Maur-des-Fossés, diocèse de Paris.

N° 8 : Motif d'entourage à répéter en contrepartie, d'après le missel de Saint-Denis, également du XIIIe siècle.

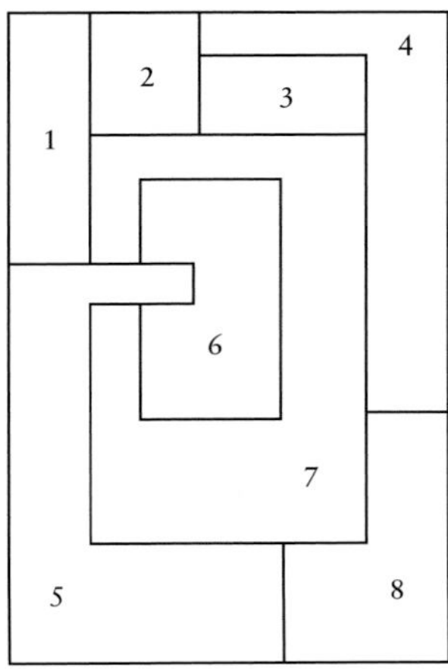

Taillefer, lith.

Imp. Firmin Didot & Cie, Paris

104

The Middle Ages (8th–13th Centuries)

EMBROIDERIES: CAROLINGIAN AND MEDIEVAL TYPES

To examine the history of embroidery is at the same time to round off the study of the fabrics it takes as its base. Moreover, the threads and strips of gold by which it is enhanced can be better seen and more easily appreciated on embroidered reliefs than when woven into a fabric, which suffers equally from wear all over, whereas projections have the effect of protecting the threads used for embroidery – on both sides of the material. For that reason we have kept these specimens of embroidered ornamentation apart and devoted a separate section to them. Our earliest specimens are taken from the time of Charlemagne. Already then we find satins and

104

Mittelalter (8.–13. Jahrhundert)

STICKEREIEN: KAROLINGISCHE UND MITTELALTERLICHE MUSTER

Mit dem Studium der Geschichte der Stickerei lässt sich diejenige der Stoffe ergänzen, auf der die erstere gründet. Zudem sind die Garne und Goldfäden bei erhabenen Stickereien leichter zu erkennen als im Gewebe eines Stoffs, der insgesamt unter der Abnutzung leidet; die erhabenen Partien schützen die Stickfäden auf der Ober- und Unterseite des Stoffs. So werden die gestickten Ornamente in diesem Buch gesondert behandelt. Unsere frühesten Beispiele datieren aus der Zeit Karls des Großen. Seit jener Zeit dienen Satin und Damast als Grundstoff für Stickereien mit schreitenden Tieren. Im ersten, blaugrundigen Stoff zuoberst auf der Tafel (**Nr. 1**) bedeckt

104

Moyen Age (VIIIe–XIIIe siècles)

BRODERIES : TYPES CAROLINGIENS ET MOYEN AGE

Étudier l'histoire de la broderie, c'est en même temps compléter l'histoire du tissu, sur lequel elle repose. En outre, les fils et lames d'or qui la rehaussent sont plus apparents et plus facilement appréciables sur les reliefs brodés que dans le tissage d'une étoffe, que l'usure altère également de toutes parts – les saillies protègent, soit en dessus, soit en dessous du travail, les fils employés à broder. C'est pourquoi nous avons séparé les spécimens d'ornementation brodée, et admis en leur faveur cette division dans notre livre.
Nous empruntons à l'époque de Charlemagne nos premiers spécimens. Dès cette époque, nous voyons le satin et le damas servir

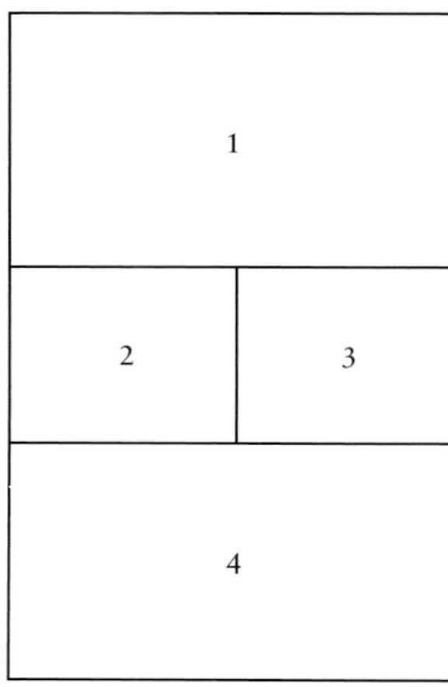

damasks employed as grounds for animals passant, and we find that the gold lending them extra richness is used in strips wound round linen thread, as in our first piece (with a blue ground; **no. 1**); the second (red-damask ground; **no. 2**) was exhibited in London, where it was described as being the fabric of the pillow bearing the finger of St. Luke that Charlemagne had given to Magnus, Archbishop of Sens. Both these samples are now in our possession. It is our belief that the latter is slightly older than the former; the gold in it is used in the same way. A piece of embroidery thus confirms what we had already noted in connection with fabric; the earlier specimens are mixed with gold lamé using twisted strips. So it was not until much later that, probably to save money, people began adopting the Chinese process, replacing the metal with (initially) gilded rubber, then with paper prepared in the same way, which continued to be used for passementerie until the early 16th century. Mr Brossard of the Musée historique des tissus in Lyons recently published a scholarly article on this question of papyriferous weaving and the use of gold, about which so little is known in connection with early periods. Reading these lines penned by a mind so concerned with knowledge, we regret all the more that the man's health and his preoccupations did not leave him time to enable us to publish the drawings he had made for us; the time required by the printer meant that we could wait no longer.

Of the two remaining specimens, the pictorial one (**no. 4**) has two round arches framing the scene of Pilate washing his hands; the char-

der Goldfaden, der ihn verziert, einen Leinenfaden. Das zweite Stück mit rotem Damastgrund (**Nr. 2**) war in London ausgestellt und wurde dort als Stoff für das Kissen bezeichnet, auf dem der von Karl dem Großen dem Erzbischof Magnus von Sens geschenkte Finger des heiligen Lukas lag. Beide Stoffe sind heute in unserem Besitz. Unseres Erachtens ist die zweite Arbeit etwas jünger als die erste; das Gold allerdings ist auf beiden in derselben Technik verwendet. Die Stickerei bestätigt folglich, was wir für den Stoff feststellten; die ältesten Stücke sind mit Gold und Silber lamiert. Erst sehr viel später zog man, vermutlich aus Gründen der Sparsamkeit, das chinesische Verfahren vor und ersetzte das Metall durch vergoldete Darmhäute und später durch vergoldetes Papier, das man bis ins frühe 16. Jahrhundert sogar für Posamenten einsetzte. Herr Brossard, Direktor des Musée historique des tissus in Lyon, veröffentlichte vor kurzem einen aufschlussreichen Artikel über die Frage des Papier enthaltenden Gewebes und der Verwendung von Gold, die für die frühen Zeiten noch kaum präzise beantwortet werden kann. Wenn wir die Zeilen dieses Gelehrten lesen, bedauern wir umso mehr, dass seine Gesundheit und seine Tätigkeit es nicht zuließen, uns die zur Veröffentlichung vorgesehenen Zeichnungen zu übergeben, während wir aufgrund der Herstellungstermine nicht länger warten konnten.

Zwei Stoffe sind noch zu beschreiben: Zuunterst auf der Seite (**Nr. 4**) rahmen Rundbögen die Szene, in der Pontius Pilatus sich die Hände wäscht; die Kleider der Personen und die Schnabelschuhe verweisen

de fond aux broderies d'animaux passants, et nous constatons que l'or qui les enrichit est employé en lames recouvrant un fil de lin, comme cela existe dans la première pièce, sur fond bleu, placée dans le haut de notre planche (**n° 1**) – la seconde, sur fond de damas rouge (**n° 2**), exposée à Londres, y était désignée comme étant l'étoffe du coussin sur lequel était placé le doigt de saint Luc, donné par Charlemagne à Magnus, archevêque de Sens. Ces deux pièces sont aujourd'hui en notre possession. Nous croyons ce dernier ouvrage un peu moins ancien que le précédent ; l'or y est monté de la même manière. La broderie vient donc confirmer ce que nous avons remarqué dans le tissu : les plus anciens sont mélangés d'or ou d'argent lamé en lames retorses. Ce n'est donc que beaucoup plus tard qu'on a employé, par économie sans doute, le procédé chinois, et qu'on a remplacé le métal, d'abord par la baudruche dorée, ensuite par le papier préparé, de même nature, et dont on se servit même pour la passementerie jusqu'au commencement du XVIe siècle. M. Brossard, directeur du Musée historique des tissus de Lyon, a publié récemment un article érudit sur cette question du tissage papyrifère et de l'emploi de l'or, encore si peu précis quand il s'agit de dates reculées. En lisant ces lignes, nous regrettons d'autant plus que sa santé et ses occupations ne lui aient pas laissé le loisir de nous donner, pour les publier, les dessins qu'il avait préparés pour nous, et que le temps exigé par la typographie ne nous a pas permis d'attendre.

Deux échantillons nous restent à décrire : l'un, au bas de la page (**n° 4**), nous montre des arcades

Bénard, lith.

Imp. Firmin-Didot & Cie, Paris.

acters' dress, notably the long pointed shoes, suggest the early-14th century. The last specimen (**no. 3**), which belongs to the aster type, is decorated with stars on red velvet and dates from the 15th century.

auf das frühe 14. Jahrhundert. Das letzte Beispiel (**Nr. 3**) mit einem Muster von Astern oder Sternen auf rotem Samt datiert aus dem 15. Jahrhundert.

en plein cintre avec la scène du lavement des mains de Pilate ; les costumes, les souliers en poulaines, indiquent le commencement du XIVe siècle. Le dernier spécimen du *type des Asters* (**nº 3**), ou étoiles sur velours rouge, est du XVe siècle.

105

The Middle Ages (9th–13th Centuries)

COLOURED-PASTE MOSAICS, ENAMELLED-GLASS, AND MARBLE MOSAICS

With the exception of the large initial (**no. 12**), all these motifs are taken from the Basilica of St. Mark, Venice, which was built between 976 and 1094, although of course much of the ornamentation (9th to 12th centuries) was added later. St. Mark's belongs to the second period of Byzantine art; a third period is regarded as beginning with the Venetian conquests.

The two rosettes (**nos. 1 and 2**) are among the most elaborate of their kind. The use of coloured glass paste and enamelled glass, together with the way in which these materials are laid out on a gold ground, give an illusion of relief to the ornamentation. These splendid examples, dating probably from the 12th century, are in the porch of the cathedral.

The upright and frieze borders (**nos. 7–10**) are of painted glass or glass inlaid with enamel. Transparent grounds lend them a rich animation. The remaining mosaic motifs (**nos. 3–6 and 11**) are done in marble and are from pavements. Their composition is based on the principle of marquetry, hardly a

105

Mittelalter (9.–13. Jahrhundert)

MOSAIKEN IN PASTOSEN FARBEN, GLASEMAIL UND MARMORMOSAIKEN

Mit Ausnahme der großen Initiale (**Nr. 12**) stammen alle Beispiele aus San Marco in Venedig. Der Bau wurde 976 begonnen und 1094 abgeschlossen, doch sind viele Einzelheiten erst später hinzugekommen. Architektur und Ausschmückung (9.–12. Jahrhundert) gehören zur zweiten Periode der byzantinischen Kunst, auf die nach den venezianischen Eroberungen eine dritte folgt.

Die beiden Rosetten **Nrn. 1 und 2** zeigen eine prunkvolle Dekoration. Die Verwendung von pastosen Farben und Glasemail auf Goldgrund und die Anordnung der Materialien bewirken den reliefartigen Charakter des Rankenwerks. Diese Mosaike, die etwa aus dem 12. Jahrhundert datieren, befinden sich in der Vorhalle von San Marco.

Die Bordüren auf waagrechten und senkrechten Leisten (**Nrn. 7–10**) sind aus bemaltem oder mit Email überzogenem Glas. Der durchsichtige Grund verleiht ihnen Bewegung. Bei den Marmormosaiken der **Nrn. 3–6 und 11** handelt es sich um Muster eines Fußbodens, die ähnlich wie Einlegearbeiten ange-

105

Moyen Age (IXe-XIIIe siècles)

MOSAÏQUES EN PÂTES DE COULEUR, EN VERRE ÉMAILLÉ ET MOSAÏQUES EN MARBRE

A l'exception de la grande initiale (**nº 12**), ces documents proviennent de l'église Saint-Marc, à Venise ; l'édification en fut commencée en 976 et achevée en 1094. Bien des détails sont postérieurs à cette dernière époque. L'architecture et ses ornementations, du IXe au XIIe siècle, appartiennent à la seconde période de l'art byzantin ; une troisième s'est formée à la suite des conquêtes vénitiennes.

Les deux rosaces, **nos 1 et 2**, représentent ici le décor ornemental le plus somptueux du genre. L'emploi des pâtes de couleur et du verre émaillé sur fond d'or, et la disposition des matériaux donnent l'illusion d'un certain relief de rinceaux d'ornement sur le fond. Ces belles mosaïques qui doivent dater du XIIe siècle environ, se trouvent dans le vestibule ou le porche de l'église Saint-Marc.

Les bordures, en montants et en frises, **nos 7–10**, sont du verre peint ou incrusté d'émaux. La transparence des fonds leur procure un mouvement qui les enrichit. Les mosaïques en marbre **nos 3–6 et 11** sont toutes des motifs de pavement,

flexible medium, and this probably explains why they have a more classical look than the other motifs. **No. 12** is a painting from a manuscript of the 12th or early-13th century.

ordnet sind. Ihr steiferes Aussehen, eine Folge der gestalterischen Orientierung an Intarsienarbeiten, lässt sie älter als die anderen Mosaiken erscheinen. **Nr. 12** ist eine Buchmalerei aus dem 12. oder frühen 13. Jahrhundert.

dont la composition est basée sur le principe des marqueteries, c'est-à-dire un genre peu souple, ce qui contribue probablement à leur physionomie plus antique que celle des mosaïques. Le **n° 12** est une peinture de manuscrit datant du XIIe siècle ou du commencement du XIIIe.

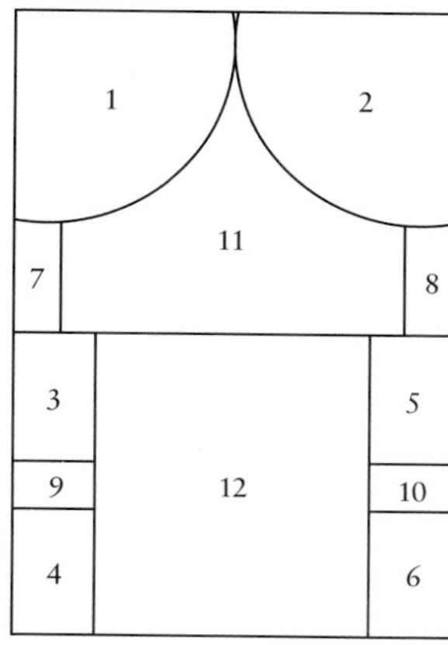

FIRMIN DIDOT FRÈRES FILS & Cie EDITEURS

106

The Middle Ages (11th and 12th Centuries)

ROMAN-STYLE PAINTINGS

The motifs assembled in this plate are drawn from two major manuscripts. The first is a large folio commentary on the Apocalypse by Beatus, a 12th-century manuscript reproducing on a larger scale most of the paintings from another manuscript that may date from the 8th century. The second is a folio Gospel whose rich ornamentation offers us a wide variety of specimens of the architecture and painting of the 11th and 12th centuries; it was written in the early 12th century for the use of Luxeuil Abbey in Franche-Comté, a daughter-house of the famous Abbey of St. Colomban.

Each Gospel is preceded by a page coloured purple or blue and decorated in the style of contemporary silks. Representing a series of fabulous beasts, these pages appear to

106

Mittelalter (11. und 12. Jahrhundert)

ROMANISCHER STIL – MALEREIEN

Die hier vereinten Motive stammen aus zwei wichtigen Handschriften. Bei der ersten handelt es sich um einen Beatus-Kommentar zur Apokalypse, eine Handschrift im Folio-Format aus dem 12. Jahrhundert, die in großem Maßstab die meisten Malereien einer Handschrift des 8. Jahrhunderts kopiert. Die zweite Handschrift stellt ein Evangeliar im Folio-Format dar, dessen reiche Ornamentik die unterschiedlichsten Beispiele für die Architektur und Malerei des 11. und 12. Jahrhunderts liefert; sie wurde zu Beginn des 12. Jahrhunderts zum Gebrauch der Abtei Luxeuil in der Freigrafschaft Burgund geschrieben, einer Gründung der berühmten Abtei Saint-Colomban.

Vor jedem Evangelium befindet sich ein purpurn oder blau koloriertes Blatt, das im Stil von Seiden-

106

Moyen Age (XIe et XIIe siècles)

STYLE ROMAN – PEINTURES

Les motifs réunis dans la planche ci-contre sont tirés de deux manuscrits importants. Le premier est un Commentaire grand in-folio de Béatus sur l'Apocalypse, manuscrit du XIIe siècle, qui reproduit dans une grande dimension la plupart des peintures d'un autre manuscrit qui peut remonter au VIIIe siècle. Le second est un Evangéliaire in-folio, dont la riche ornementation nous offre les spécimens les plus divers de l'architecture et des peintures des XIe et XIIe siècles ; il a été écrit au commencement du XIIe siècle pour l'usage de l'abbaye de Luxeuil en Franche-Comté, succursale de la célèbre abbaye de Saint-Colomban.

Au devant de chacun des Evangiles se trouve une page coloriée en pourpre ou en bleu et décorée dans le style des soieries du temps, repré-

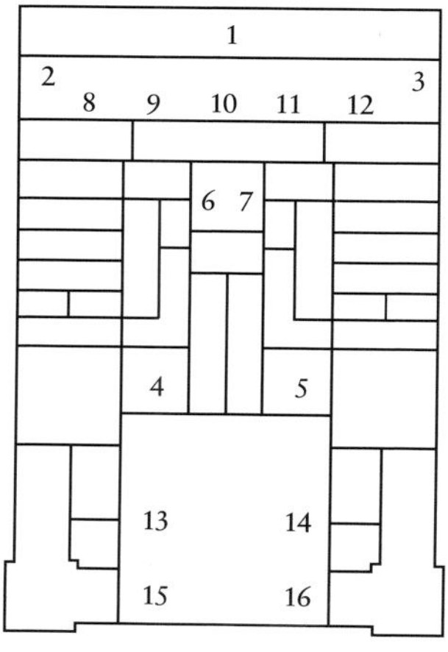

1
2 8 9 10 11 12 3
6 7
4 5
13 14
15 16

antedate the paintings in the manuscript. It was the custom at that time to cover each Gospel with a piece of woven silk or vellum bearing miniatures done in the style of tapestry work.
This material is Romanesque in character; that is to say, its origins are both Greek and Roman, i. e. Byzantine. The sweep of its vigorous, deeply indented foliage and its blend of natural and fantastical figures represent the final metamorphosis of classical ornamentation; they still belong to architecture, and in particular to the decoration of the semicircular arch. It was not until well into the 13th century that imitation of indigenous flora, trefoils, quatrefoils, and crozier volutes decisively altered the appearance of ornamentation in the direction of what came to be known as the Gothic style.
Motifs **nos. 1–16** are from the Beatus manuscript, the rest from the Luxeuil manuscript.

arbeiten jener Zeit verziert ist und fantastische Tiere aufweist. Diese Blätter scheinen älter zu sein als die übrigen Malereien der Handschrift und aus einer Zeit zu datieren, als jedes Evangelienbuch in Seide oder Pergament gebunden und mit Miniaturen in der Art von Tapisserien verziert war.
Die Dekoration ist romanisch, das heißt zugleich griechischen und römischen bzw. byzantinischen Ursprungs. Das üppige, kräftig geschnittene Blattwerk und die Mischung natürlicher und fantastischer Figuren künden von der letzten Verwandlung der ursprünglich antiken Ornamentik, die, was die Architektur betrifft, noch zum Rundbogenstil gehört. Erst während des 13. Jahrhunderts begannen die Nachahmung einheimischer Flora und die Verwendung von Kleeblättern, Vierpassrauten und Stabkrümmen die Ornamentik zum gotischen oder Spitzbogenstil umzuformen.
Die **Nrn. 1–16** gehören zur Beatus-Handschrift, die anderen zum Manuskript aus Luxeuil.

sentant des animaux fantastiques, et qui semble même d'une époque antérieure aux peintures du manuscrit. C'était l'usage en ce temps-là de revêtir chaque Evangile d'une étoffe de soie tissue ou d'un vélin, avec des miniatures dans le genre des tapisseries.
Le caractère de l'ornementation y est roman, c'est-à-dire d'origine à la fois grecque et romaine, autrement dit byzantine. L'ampleur des feuillages vigoureux, largement découpés, le mélange des figures naturelles et fantastiques, tout y atteste la dernière transformation de l'ornementation antique proprement dite, appartenant encore en architecture à la décoration du plein cintre. Ce n'est guère qu'au milieu du XIIIe siècle que l'imitation de la flore indigène, les trèfles, les quatre-feuilles, la volute des crosses sont venus changer l'aspect de l'ornementation dans le sens du style que l'on a appelé gothique ou ogival.
Dans la réduction ci-dessous les **nos 1–16** appartiennent au manuscrit de Béatus, les autres au manuscrit de Luxeuil.

107

The Middle Ages (11th and 12th Centuries)

MOSAICS AND PAINTINGS, GALLO-ROMAN AND ROMANESQUE PERIODS

Nos. 9 and 13. Gallo-Roman mosaics found at Bielle, France in 1842 and almost completely destroyed today. In style these mosaics are essentially Romanesque. Their execution (in tiny, 5 to 6 mm. cubes of stone, marble, and brick) is perfect. The reader should bear in

107

Mittelalter (11. und 12. Jahrhundert)

MOSAIKE UND MALEREIEN, GALLO-RÖMISCHE UND ROMANISCHE ZEIT

Nrn. 9 und 13: Gallo-römische Mosaiken, 1842 in Bielle, im Tal der Ossau (Basses-Pyrénées), entdeckt und später fast vollständig zerstört. Im Stil sind sie vor allem römisch beeinflusst. Die Ausführung in kleinen Stein-, Marmor- und Backsteinwürfeln von fünf bis sechs

107

Moyen Age (XIe et XIIe siècles)

MOSAÏQUES ET PEINTURES, ÉPOQUES GALLO-ROMAINE ET ROMAINE

Nos 9 et 13 : Mosaïques d'époque gallo-romaine, découvertes en 1842 à Bielle, vallée d'Ossau, département des Basses-Pyrénées, et détruites aujourd'hui à peu près complètement. Le style de ces décors est essentiellement romain. L'exécution en petits cubes de pierre, de

1
2
3
4
5
6
7
8
9
10
11
12
13

mind that the reduced scale of our reproductions inevitably falsifies the appearance of the originals in that it obscures the grid of white lines between the cubes (formed by the cement in which they are embedded), which from a distance looks like a veil of the most delicate lace and has the effect of toning down all the colours and 'fusing' them in a most satisfactory way. The black and red cubes, for example, which considered in isolation offer the most powerful colours, appear in the composition with a uniform admixture of white; this harmonizes the picture's colour relationships without in any way impairing its strength of line. Where the ground is black, as in **no. 2**, the white lines produce a grey. This is still extremely vigorous but has lost its hardness and with it the depth that, while appropriate in painting, is highly inappropriate to the mosaic medium, where total black would produce 'holes' falsifying the surface.
Nos. 7 and 11. Mosaics from Pondoly, near Jurançon, France. The baths from which these motifs are taken constitute a remarkable monument of Gallo-Roman decor-ative art.
No. 3. Border belonging to the sole remaining fragment of a Gallo-Roman mosaic covering about 15 m² (c. 15 yd²) found in the cemetery of Taron, France in 1860. The mosaic was laid on a bed of pink concrete. This masterly border offers an excellent design superbly executed; today it is almost completely destroyed.
Nos. 2 and 5. Detail and repeated motif (12th-century Romanesque) from the church of Sordes (France). Only the apse of the church, built at the end of the 11th century, is

Millimetern Seitenlänge ist vollkommen. Die verkleinerten Abbildungen zeigen die Mosaiken nicht so, wie sie eigentlich sind, mit den Verbindungslinien zwischen den einzelnen Würfeln, die in einen weißen Zement eingebettet und dadurch voneinander getrennt sind, so dass der Eindruck entsteht, ein Netz oder feinste Spitzen seien über das Mosaik gebreitet. Die Farbtöne scheinen gedämpft zu sein und ineinander überzugehen. Intensive Farben wie Schwarz oder Rot, die auf einem einzelnen Würfel sehr kräftig wirken, kommen im ganzen Mosaik nur mit Weiß gemischt vor. Diese Mischung stellt eine harmonische Verbindung zwischen allen Farben her, ohne dass die Muster dadurch verwischt würden. Wenn es sich wie bei Beispiel **Nr. 2** um einen schwarzen Grund handelt, ergibt sich daraus ein zwar noch kräftiges, doch nicht mehr hartes Grau ohne jene Tiefe, die der Malerei eigen ist. Ein dunkler Grund wäre umso weniger einem Mosaik angepasst, als das Schwarz auf der Fläche wie ein Loch wirkt.
Nrn. 7 und 11: Mosaiken aus Pondoly bei Jurançon (Basses-Pyrénées). Sie stammen aus einem Thermalbau, der sich durch seine gallo-römischen Dekorationen auszeichnet.
Nr. 3: Bordüre eines Fragments, einziger Überrest eines gallo-römischen Mosaiks von etwa fünfzehn Quadratmetern Fläche, das 1860 auf dem Friedhof von Taron (Basses-Pyrénées) ausgegraben wurde; das Mosaik befand sich auf einer Unterlage von rosa Mörtel. Muster und Ausführung der Bordüre sind gleichermaßen gelungen. Das Original ist fast vollständig zerstört.
Nrn. 2 und 5: Romanisches Fragment und repetitives Motiv, 12. Jahr-

marbre et de brique, de cinq à six millimètres de côté, est parfaite. Nos reproductions réduites ne nous permettent pas de donner le véritable aspect de ces mosaïques, dont les cubes minuscules sont incrustés dans un ciment blanc formant cloison entre toutes ces petites pièces, ce qui procure une espèce de réseau jetant sur l'ensemble comme le nuage d'une dentelle des plus délicates, qui offre l'avantage de mitiger tous les tons. Il en résulte que les couleurs les plus intenses, telles que le noir ou les rouges, qui peuvent avoir leur plus grande énergie dans chaque petit cube isolé, ne figurent dans l'ensemble qu'avec un mélange de blanc, produisant un rapport d'harmonie entre toutes les colorations, et cela sans que la fermeté du dessin s'en trouve affaiblie. Lorsqu'il s'agit d'un fond noir, comme celui du fragment **nº 2**, le résultat donne une superficie d'un gris encore vigoureux, mais sans dureté, et sans la profondeur qui appartient à la peinture, d'autant moins propre au décor de la mosaïque, que le noir absolu y ferait des trous faussant la surface.
Nºs 7 et 11 : Mosaïques de Pondoly, près de Jurançon (Basses-Pyrénées). Elles proviennent d'un établissement thermal, qui est un remarquable monument de l'art décoratif gallo-romain.
Nº 3 : Bordure appartenant à un fragment qui est le seul reste d'une surface de mosaïque gallo-romaine de quinze mètres carrés environ, mise au jour, en 1860, dans le cimetière de Taron (Basses-Pyrénées). La mosaïque était établie sur une forme en béton rose. Cette bordure magistrale joint au mérite d'une bonne exécution celui d'un dessin excellent. L'original est détruit aujourd'hui.

still standing. The church is predominantly Byzantine, but these mosaics are believed to represent a transitional Romanesque style.
Nos. 1, 4, 6, 8, and 10. Borders and fleuron taken from manuscript paintings in the Bible of St. Martial of Limoges. This bible is thought to reflect French Romanesque expression in the period 950–1200.
No. 12. Ornamental motif from a psaltery of the Grenoble Bible, 12th-century French Romanesque.

hundert, Kirche von Sordes (Landes). Von der Ende des 11. Jahrhunderts errichteten Kirche stehen nur noch die Apsiden, in denen sich die abgebildeten Mosaike befinden. Der byzantinische Stil bestimmt den Bau, doch die Mosaike markieren den Übergang zum romanischen Stil.
Nrn. 1, 4, 6, 8 und 10: Bordüren und Fleuron aus der Bibel von Saint-Martial in Limoges. Die Bibel aus romanischer Zeit ist im romanisch-französischen Stil der Zeit von 950 bis 1200 gehalten.
Nr. 12: Schmuckknoten aus dem Psalter der Bibel von Grenoble, 12. Jahrhundert, romanisch-französischer Stil.

Nos 2 et 5 : Fragment et motif à répétition de l'époque romane, du XIIe siècle, provenant de l'église de Sordes, département des Landes. La construction de cette église date de la fin du XIe siècle. Il n'en reste plus que les absides où se trouvent les mosaïques représentées. Le style byzantin domine dans cette construction, mais on considère les mosaïques comme une transition du style roman.
Nos 1, 4, 6, 8 et 10 : Bordures et fleuron, peintures de manuscrit provenant de la Bible de saint Martial de Limoges de la période romane, et donnant l'expression romane française de 950 à 1200.
No 12 : Nœud d'ornement, tiré d'un psalterium de la Bible de Grenoble. XIIe siècle, roman français.

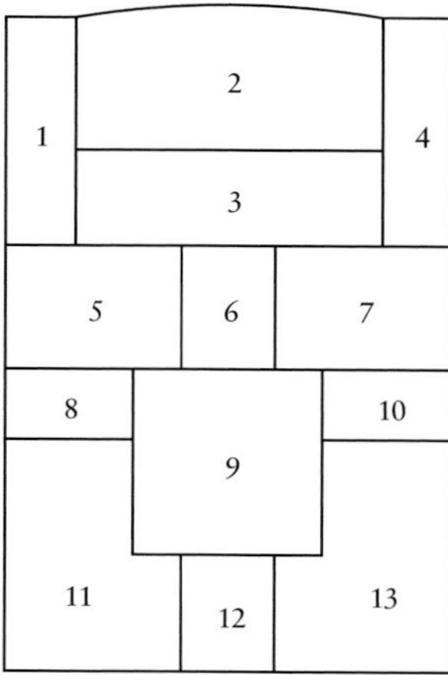

108

The Middle Ages (11th and 12th Centuries)

MOSAIC LETTERING IN GALLO-ROMAN AND ROMANESQUE STYLES

Nos. 4 and 5. Mosaics from Pondoly, near Jurançon, France. These interesting specimens of the decorative art of the Gallo-Roman period were found in the ruins of some thermae.
Nos. 1–3 and 6. Mosaics in the church of Sordes (France). The Romanesque church of Sordes was built at the end of the 11th century; only the apses survive. The mosaics appear to reflect a transitional style, with Byzantine elements still predominant. The elongated animal figures in **no. 1** belong to the heraldic type.

108

Mittelalter (11. und 12. Jahrhundert)

GALLO-RÖMISCHE UND ROMANISCHE MOSAIKE

Nrn. 4 und 5: Mosaike aus Pondoly bei Jurançon (Basses-Pyrénées). In gallo-römischen Thermen entdeckt, sind sie typisch für die dekorative Kunst jener Zeit.
Nrn. 1–3 und 6: Mosaike aus der romanischen Kirche von Sordes (Landes), die aus dem Ende des 11. Jahrhunderts datiert; nur die Apsiden sind erhalten. Die Mosaike stehen am Übergang zum romanischen Stil, wobei byzantinische Einflüsse noch überwiegen. Die länglichen Tierfiguren der Rosette gehören zum heraldischen Typ.

108

Moyen Age (XIe et XIIe siècles)

MOSAÏQUES DES CARACTÈRES GALLO-ROMAIN ET ROMAN

Nos 4 et 5 : Mosaïques de Pondoly, près de Jurançon (Basses-Pyrénées). Découvertes au milieu d'un établissement thermal gallo-romain, elles offrent d'intéressants spécimens de l'art décoratif de cette époque.
Nos 1–3 et 6 : Mosaïques dans l'église de Sordes (Landes). La construction de l'église romane de Sordes est de la fin du XIe siècle ; il n'en reste que les absides. Les mosaïques semblent indiquer la transition du style roman ; le style byzantin y domine. Les figures d'animaux à forme allongée de la rosace sont du type des figures héraldiques.

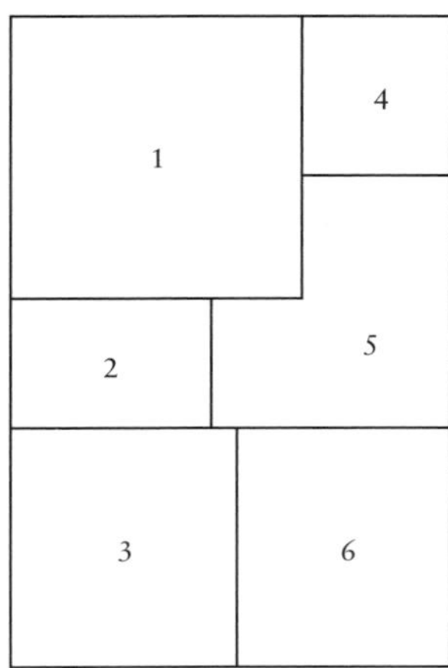

The Middle Ages (11th–14th Centuries)

BAS-RELIEFS, IRONWORK, AND PAINTED ORNAMENTATION – FRENCH SCHOOLS

School of Provence
Nos. 1 and 2. Bas-reliefs from Viviers Cathedral (Ardèche), Carolingian period. The first-floor chapel of this single-aisled church is roofed with a dome by Salardus and covered with *sigla* and stippling. Several courses are decorated with quite delicately carved friezes, foliage, and hunt animals, not in any organized way but as if the artist had allowed his imagination free rein.
School of Poitou
Here ornamentation was still dominated by the classical palmette.
Nos. 3 and 4. Ironwork from the doors of the Church of Neuvy-Saint-Sépulchre (Indre), a round church built in the 11th century on the model of the Church of the Holy Sepulchre and rebuilt in the 12th century.
Nos. 5, 6, and 7. Paintings from the church of the former priory of St. Désiré (Allier), of which the apse dates from the late 11th century, the nave from the 13th century, and the very remarkable crypt from the 9th or 10th century.
Burgundian School
Nos. 8 and 9. Carved borders from the wooden doors of the former Abbey of Charlieu (Loire), 11th and 12th centuries. All that is left of the church is the magnificent portal (one of the finest extant specimens of the Romanesque architecture of Burgundy), part of the cloister, rebuilt in the 15th cen-

Mittelalter (11.–14. Jahrhundert)

FLACHRELIEFS, BESCHLÄGE UND DEKORATIVE MALEREIEN – FRANZÖSISCHE SCHULEN

Provenzalische Schule
Nrn. 1 und 2: Flachreliefs, Karolingerzeit, Kathedrale von Viviers (Ardèche). Die hochgeschossige Kapelle dieser einschiffigen Kirche ist von einer Kuppel überwölbt, einem Werk von Salardus, und von Siegeln und punktierten Linien bedeckt. Verschiedene Mauern sind mit Friesen, Rankenwerk und Jagdtieren verziert, die fein gestaltet, doch ohne Ordnung und wie zufällig hingesetzt sind.
Schule des Poitou
Die Dekoration wird noch vom antiken Motiv der Palmette beherrscht.
Nrn. 3 und 4: Beschläge auf Türtäfelungen, Kirche von Neuvy-Saint-Sépulchre (Indre). Es handelt sich um einen Zentralbau aus dem 11. Jahrhundert, der die Heiliggrabkirche nachahmt, im 12. Jahrhundert neu erbaut.
Nrn. 5, 6 und 7: Malereien aus der Kirche des ehemaligen Priorats Saint-Désiré (Allier). Apsis vom Ende des 11., Schiff aus dem 13., bemerkenswerte Krypta aus dem 9. oder 10. Jahrhundert.
Burgundische Schule
Nrn. 8 und 9: Skulpiertes Holz, Türleisten, frühere Abtei von Charlieu (Loire), 11. und 12. Jahrhundert. Erhalten ist nur das Portal der Kirche, eines der vollkommensten Beispiele für die romanische Architektur Burgunds, ein Teil des im 15. Jahrhundert neuerbauten Kreuz-

Moyen Age (XIe–XIVe siècles)

BAS-RELIEFS, FERRURES ET ORNEMENTATIONS PEINTES – ECOLES FRANÇAISES

Ecole provençale
Nos 1 et 2 : Bas-reliefs, époque carolingienne, cathédrale de Viviers (Ardèche). La chapelle du premier étage de cette église à une seule nef est surmontée par une coupole, œuvre de Salardus, et couverte de sigles et de pointillés. Plusieurs de ses appareils sont ornés de frises, de rinceaux, d'animaux de chasse, assez finement sculptés, sans ordre aucun et comme par pure fantaisie.
Ecole du Poitou
Le principe de cette ornementation est encore la palmette antique.
Nos 3 et 4 : Ferrures des feuillets de porte, église de Neuvy-Saint-Sépulcre (Indre). C'est une église circulaire du XIe siècle, bâtie à l'imitation du Saint-Sépulcre, rebâtie au XIIe siècle.
Nos 5, 6 et 7 : Peintures, église de l'ancien prieuré de Saint-Désiré (Allier). Abside de la fin du XIe siècle, nef du XIIIe, crypte très remarquable du IXe ou du Xe siècle.
Ecole bourguignonne
Nos 8 et 9 : Bois sculpté, bordures de porte, ancienne abbaye de Charlieu (Loire) : XIe et XIIe siècles. Il ne reste que l'admirable portique de l'église, un des types les plus parfaits de l'architecture romane bourguignonne qui se soient conservés jusqu'à nous, une partie du cloître, reconstruit au XVe siècle et quelques bâtiments occupés antérieurement par le

tury, and one or two buildings formerly occupied by the prior. **No. 8** is a pearled fret, **no. 9** a counter-undulating double ribbon.

gangs und einige Gebäude, die der Prior benutzte. **Nr. 8** zeigt einen Perlenmäander, **Nr. 9** ein doppeltes, gegeneinander gewelltes Band.

prieur. Le **n° 8** est un méandre perle. Le **n° 9**, un double ruban contre-ondulé.

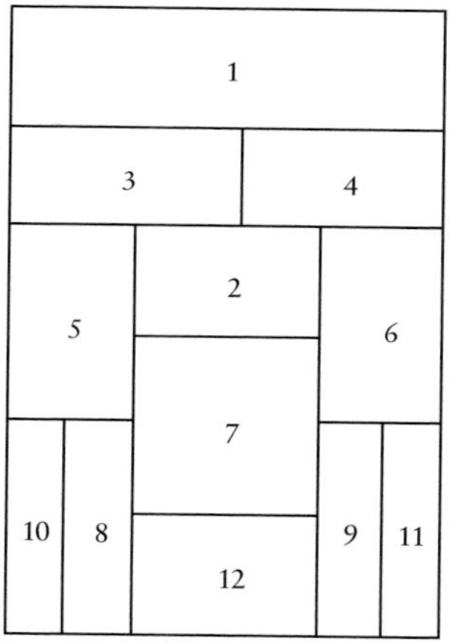

1

3 4

2

5 6

7

10 8 9 11

12

110

The Middle Ages (11th–14th Centuries)

PAINTED ORNAMENT – FRENCH SCHOOLS

This plate is a continuation of plate 109.

Norman School

Nos. 1–7. Painted friezes taken from the former Abbey of Hambye (Manche), founded in 1145, which was walled; part of the walls are still standing. To judge by the architectural style of the mortuary, the church was built some time in the 13th century. The walls of the mortuary as well as those of the chapter-house and the cloister were covered with paintings. **No. 3** is from a horizontal frieze; the remainder are from vault friezes.

110

Mittelalter (11.–14. Jahrhundert)

DEKORATIVE MALEREIEN – FRANZÖSISCHE SCHULEN

Die Motive schließen sich an jene der Tafel 109 an.

Normannische Schule

Nrn. 1–7: Malereien aus der früheren Abtei von Hambye (Manche). Die Abtei wurde 1145 gegründet, ihre Umfassungsmauern stehen teilweise noch. Die Kirche dürfte, nach der Architektur der Gruft zu schließen, im 13. Jahrhundert erbaut worden sein. Die Wände dieses Raums sowie jene des Kapitelsaals und des Kreuzgangs waren mit Malereien geschmückt. **Nr. 5** zeigt einen horizontalen Fries, bei den anderen handelt es sich um Gewölbefriese.

110

Moyen Age (XIe–XIVe siècles)

ORNEMENTATIONS PEINTES – ECOLES FRANÇAISES

Ces documents font suite à ceux de la planche 109.

Ecole normande

Nos 1–7 : Peintures, ancienne abbaye de Hambye (Manche). Sa fondation remonte à l'an 1145. Elle était ceinte de murs qui sont encore en partie debout. L'église paraît avoir été élevée au XIIIe siècle ; la salle des morts porte les caractères de l'architecture du XIIIe siècle. Les murs de cette salle ainsi que ceux de la salle capitulaire et du cloître étaient recouverts de peintures. Le **n° 5** est une frise horizontale, tous les autres sont des frises de voûte.

Ile-de-France School

Nos. 8 and 9. Painted ornamentation from the former Abbey of Saint-Jean-aux-Bois (Oise), dating from the first half of the 13th century. **No. 8** occurs on the arch of a tomb, **no. 9** on a beam end.

Nos. 10 and 11. Painted ornamentation in the Sainte-Chapelle, Paris, built under Louis IX (St. Louis) by Pierre de Montereau, 1242–1247. Major modifications were carried out on certain parts of the building in the 15th century, under Charles VII. The yellow in these details is in fact gold in the originals.

No. 12. Painted frieze in the Church of St. Jean, Poitiers. Often referred to as 'the Temple' because of the classical pediment surmounting its façade, this church was the former baptistery of the city and dates apparently from the 6th century. This fret is wholly classical in character.

No. 13. Painted frieze in Clermont-Ferrand Cathedral (Puy-de-Dôme), 14th century.

Nos. 14–16. Painted ornamentation in the Church of St. Philibert, Tournus (Saône-et-Loire), 13th and

Schule der Ile de France

Nrn. 8 und 9: Malereien aus der Kirche der früheren Abtei Saint-Jean-aux-Bois (Oise), erste Hälfte 13. Jahrhundert. **Nr. 8** befindet sich auf dem Bogen eines Grabmals, **Nr. 9** auf einem Balkenende.

Nrn. 10 und 11: Malereien aus der Sainte-Chapelle in Paris. Unter Ludwig dem Heiligen 1242–1247 von Pierre de Montereau erbaut. Im 15. Jahrhundert wurden unter Karl VII. verschiedene Umbauten vorgenommen. Die gelbe Farbe auf den Abbildungen entspricht dem Gold der Originale.

Nr. 12: Gemalter Fries, Kirche Saint-Jean in Poitiers (Vienne). Diese Kirche, die aufgrund des antike Proportionen aufweisenden Giebelfeldes der Fassade oft Tempel genannt wird, ist das frühere Baptisterium der Stadt, das aus dem 6. Jahrhundert datieren soll. Der abgebildete Mäander ist antik empfunden.

Nr. 13: Malerei, Kathedrale von Clermont (Puy-de-Dôme), 14. Jahrhundert.

Nrn. 14–16: Malereien, Kirche Saint-Philibert in Tournus (Saône-

Ecole de l'Ile-de-France

N°s 8 et 9 : Peintures, église de l'ancienne abbaye de Saint-Jean-aux-Bois (Oise). Première moitié du XIIIe siècle. Le **n° 8** se trouve sur l'arc d'un tombeau, le **n° 9** sur le bout d'une poutre.

N°s 10 et 11 : Peintures, Sainte-Chapelle de Paris (Seine). Bâtie sous saint Louis, par Pierre de Montereau, 1242–1247. Au XVe siècle, sous Charles VII, des travaux importants modifièrent certaines parties de l'édifice. La couleur jaune de ces détails est de l'or dans les originaux.

N° 12 : Peinture de frise, église de Saint-Jean, à Poitiers (Vienne). Cette église, que l'on appelle souvent Temple, parce que sa façade est surmontée d'un fronton dans les proportions antiques, est l'ancien baptistère de la ville ; il daterait du VIe siècle. Ce méandre est d'un caractère tout antique.

N° 13 : Peinture, cathédrale de Clermont (Puy-de-Dôme). XIVe siècle.

N°s 14–16 : Peintures, église Saint-Philibert de Tournus (Saône-et-Loire). XIIIe et XIVe siècles. Nous n'avons pas de détails historiques sur ce monument. Quant à ces

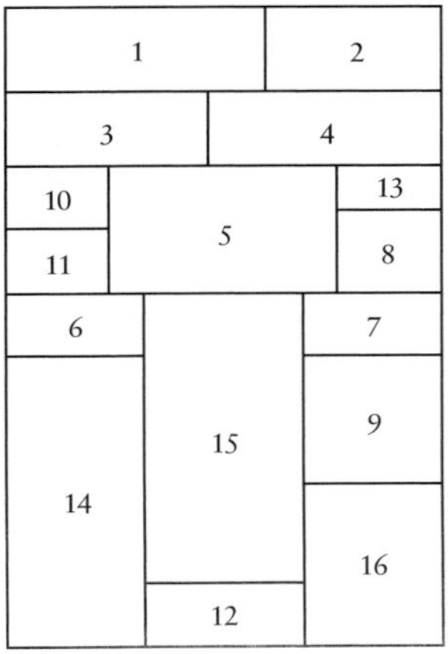

1 2
3 4
10 5 13
11 8
6 7
15 9
14 16
12

14th centuries. We have no historical details regarding this monument, but the paintings reproduced here, one featuring the classical acanthus motif and all as it were looking forward to the Renaissance, speak eloquently for themselves. There can hardly be a finer example of its kind than this fret with its fabulous, probably symbolic, beasts and the cross at the centre of each cluster.

et-Loire), 13. und 14. Jahrhundert. Über die Geschichte des Bauwerks wissen wir wenig. Die prachtvollen Malereien, in denen man den antiken Akanthus findet, sprechen allerdings für sich; sie erscheinen fast als eine Vorwegnahme der Renaissance. Der Mäander, der in seinen Feldern – vermutlich symbolische – Fabeltiere aufweist, bildet bei jedem Schmuckknoten ein Zentralkreuz.

peintures, dans lesquelles on retrouve l'acanthe antique, et qui apparaissent presque comme un pressentiment de la Renaissance, leur magnificence parle suffisamment aux yeux, et il n'est guère de méandre logeant dans ses compartiments des animaux fantastiques et probablement symboliques qui soit plus beau que celui-ci, formant une croix centrale à chaque nœud de l'ornement.

111

The Middle Ages (11th Century and after)

SILKS: CIRCLE OR WHEEL TYPES

Here we adopt a median date to indicate the period of the new type of design shown in our plate; we are able to assign its first use, as the paintings in the Basilica of St. Clement in Rome suggest, to a date that undoubtedly goes back to the 8th century and possibly beyond. However, we know that this type was variously employed at different times, not only by Christian artists but also by Arabs, who made use of it notwithstanding. The decorative principle was the same; it simply underwent changes. The powerful archaeological interest attaching to such fabrics has for some years now excited researchers and led to their being studied by academics. A fragment of such 'wheeled' material found in Charlemagne's shrine and kept at Aachen shows us, set against a red ground, a busy composition based on elephants that is surrounded with foliage borders in the purest oriental style (**no. 2**). The 'wheels' are linked and

111

Mittelalter (11. Jahrhundert und später)

SEIDE: RAD- ODER KREISMUSTER

Wir wählen hier ein mittleres Datum, um die Entstehungszeit des neuen Musters anzugeben, das unsere Tafel zeigt; die ursprüngliche Verwendung können wir, wie die Wandbilder der Basilika San Clemente in Rom belegen, im 8. Jahrhundert oder vielleicht noch früher ansetzen. Im Laufe der Zeit bedienten sich sowohl die christlichen Künstler als auch die Araber dieses Musters. Das Dekorprinzip blieb dabei stets dasselbe und erfuhr lediglich geringe Abänderungen. Das mächtige archäologische Interesse, das dieser Art Stoffen entgegengebracht wird, ist der Grund für die Forschungsarbeiten, die von den Gelehrten seit einigen Jahren unternommen werden. Das in Aachen aufbewahrte Fragment eines Stoffes mit Radmuster aus dem Schrein Karls des Großen zeigt auf rotem Grund ein Muster mit Elefanten im Zentrum, die von Blattbordüren im reinsten orientalischen Stil umgeben sind (**Nr. 2**).

111

Moyen Age (XIe siècle et suivants)

SOIERIES : TYPES DE CERCLES OU DE ROUES

Nous adoptons ici une date moyenne pour indiquer l'époque du nouveau genre de dessin que reproduit notre planche ; nous pouvons en classer l'usage primitif, ainsi que les peintures de la basilique de Saint-Clément, à Rome, nous l'indiquent, à une date remontant certainement jusqu'au VIIIe siècle et peut-être au-delà. Mais ce type fut, il est vrai, diversement employé à ces différents âges, tant par les artistes chrétiens que par les Arabes qui s'en servirent néanmoins. Le principe décoratif fut le même et ne subit que des transformations. Le puissant intérêt archéologique qui s'attache à ces sortes d'étoffes a excité, depuis quelques années les recherches et l'étude des savants. Un fragment de ces tissus *Roés*, découvert dans la châsse de Charlemagne et conservé à Aix-la-Chapelle, nous montre, sur fond rouge, la composition chargée au centre d'éléphants entourés de bordures de feuilles du plus pur style orien-

at the same time held apart by rosettes of identical design. This fine piece was reproduced in *Mélanges d'Archéologie* by Fathers Cahier and Martin as well as in Viollet-le-Duc's *Mobilier français*. Mention should also be made of the fabric taken from the study of Count de l'Escopier, which was donated to Amiens Museum and published in the above-mentioned *Mélanges archéologiques*. We ourselves were able, in connection with the catalogue of the Fortuny sale, to arrange for an engraving to be made of an unknown fragment of this type of fabric, manufacture of which can be attributed to the workshops of Moors settled in Spain.

Two of the specimens on the plate opposite (**nos. 1 and 3**) were copied in the Kensington Museum (now Victoria & Albert Museum) in London. The one in the middle is from our own collecton and comes from the Auvergne. The false Kufic lettering between the fillets surrounding each design suggests they are of Sicilian manufacture, which is the attribution we give to them.

Zwischen den Medaillons stehen Rosetten mit derselben Verzierung. Dieses schöne Stück wurde in den *Mélanges d'Archéologie* der Patres Cahier und Martin sowie in Viollet-le-Ducs *Mobilier français* abgebildet. Wir zeigen den Stoff aus der Sammlung des Comte de l'Escalopier, der heute aufgrund einer Schenkung dem Museum von Amiens gehört und in den *Mélanges* veröffentlicht wurde. Im Zusammenhang mit dem Katalog der Auktion Fortuny konnten wir selbst ein unveröffentlichtes Stück dieses Stofftyps reproduzieren, dessen Herstellung wir maurischen Werkstätten in Spanien zuschrieben.

Die beiden Beispiele (**Nrn. 1 und 3**), wurden im Kensington Museum (heute Victoria & Albert Museum) in London kopiert. Das mittlere Stück ist in unserem Besitz; wir erwarben es in der Auvergne. Die falschen kufischen Buchstaben, die in allen drei Fällen den Raum zwischen den beiden Kreislinien füllen, weisen auf eine sizilianische Herkunft hin.

tal (**n° 2**). Les pourtours se relient par une rosace de même décor qui les sépare entre eux. Cette belle pièce a été reproduite dans les *Mélanges d'Archéologie* des R. P. Cahier et Martin, et dans le *Mobilier français* de Viollet-le-Duc. Nous citerons aussi l'étoffe tirée du cabinet de M. le Comte de l'Escalopier, léguée au Musée d'Amiens et publiée dans les *Mélanges*,. Nous avons eu nous-même, à propos du livret de la vente Fortuny, l'occasion de faire graver une pièce inédite de ces sortes de tissus, dont nous pouvions attribuer la fabrication aux ateliers des Maures établis en Espagne.

Deux des spécimens de la planche ci-contre (**n°s 1 et 3**), placés l'un en haut et l'autre au bas de la feuille, ont été copiés à Londres, au Kensington Museum (aujourd'hui Victoria & Albert Museum). La pièce centrale nous appartient, nous l'avons reçue d'Auvergne. Les fausses lettres coufiques qui entourent, entre les listels, chacun des dessins, les rattachent à la fabrication sicilienne, à laquelle nous les attribuons.

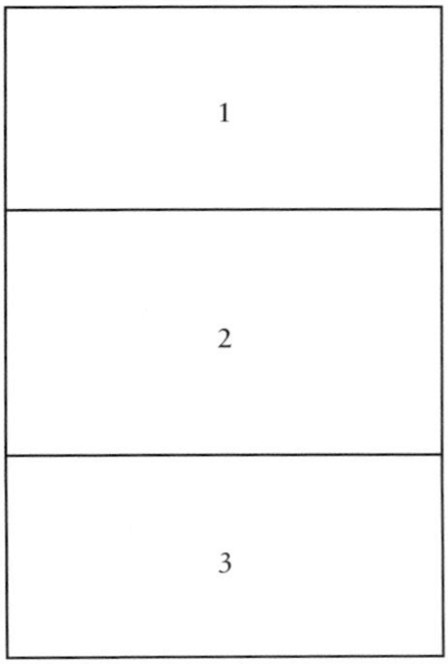

1
2
3

The Middle Ages (12th Century)

MOSAIC DECORATION

The sixteen mosaic motifs in this plate are from the following sources:
Nos. 1–12. Palatine Chapel, Palermo. When the Normans arrived in Sicily the province was rich in monuments. King Roger could not but admire them, and for his own building work he used Byzantine architects who had already borrowed and adopted the architectural innovations made by the Arabs. The churches erected by the new conquerors clearly represent a combination of Latin and Greek styles. One of the finest and most interesting of these basilicas to have survived was built by King Roger around 1129. This is the Palatine Chapel at Palermo, which uses exclusively pointed arches in conjunction with a coffered ceiling.
Nos. 13–15. Ziza Palace, Palermo.
No. 16. Salerno Cathedral.

112

Mittelalter (12. Jahrhundert)

MOSAIK-DEKORATIONEN

Die sechzehn Beispiele für Mosaik-Dekorationen auf dieser Tafel stammen von folgenden Orten:
Nrn. 1–12: Cappella Palatina in Palermo. Als die Normannen in Sizilien einfielen, war die Provinz reich an Baudenkmälern, die König Roger bewunderte. So stellte er für die Bauten, die er errichten ließ, byzantinische Architekten an, die die architektonischen Neuerungen der Araber bereits übernommen hatten. In den Kirchen der Eroberer vermischen sich deutlich der lateinische und der griechische Stil. Zu den schönsten und interessantesten erhaltenen Kirchenräumen jener Zeit gehört die königliche Kapelle in Palermo. Sie wurde 1129 von König Roger erbaut und weist Spitzbögen und eine Kassettendecke auf. **Nrn. 13–15:** Zisa, normannisches Lustschloss in Palermo.
Nr. 16: Dom von Salerno.

112

Moyen Age (XIIe siècle)

DÉCORATIONS EN MOSAÏQUE

Les seize motifs de décorations en mosaïque sur cette planche proviennent de : **Nos 1–12 :** Chapelle Palatine de Palerme. Quand les Normands arrivèrent en Sicile, cette province était riche en monuments. Le roi Roger ne put s'empêcher de les admirer, et, dans les constructions qu'il entreprit, il se servit d'architectes byzantins qui s'étaient déjà emparés des innovations faites en architecture par le goût arabe. Les églises que les nouveaux conquérants firent édifier offrent une combinaison évidente du style latin et du style grec. Parmi les plus belles et les plus belles et les plus curieuses basiliques de ce siècle parvenues jusqu'à nous : la chapelle royale de Palerme, bâtie vers 1129 par le roi Roger, dont toutes les arcades sont ogivales et le plafond divisé en caissons.
Nos 13–15 : Palais de la Ziza, Palerme.
No 16 : Cathédrale de Salerne.

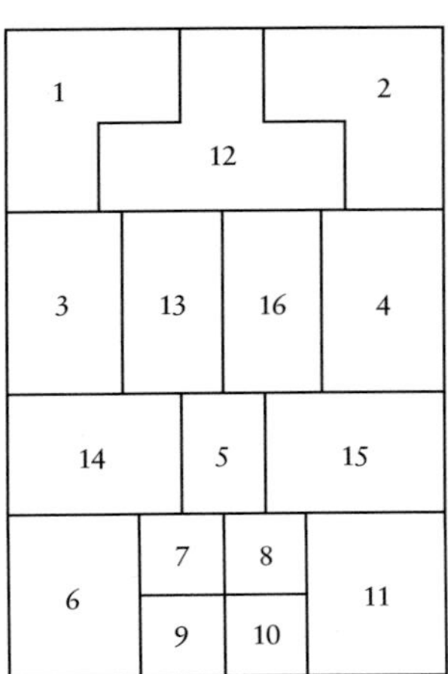

1
12
2
3
13
16
4
14
5
15
7
8

113

The Middle Ages (12th and 13th Centuries)

EMBROIDERY, PAINTING, AND ENAMEL WORK

Our sources for the motifs in this plate are as follows:
Nos. 1–4. Silk and gold fabrics, 12th century, found in the tombs of the Abbey of St. Germain des Prés.
Nos. 5–8. Wall paintings, 13th century, from the Notre-Dame de la Roche Chapel (Seine-et-Oise) and the Dominican monastery at Agen.
Nos. 9–15. Wall paintings from the churches of Amencharads-Rada and Edshult, Sweden.
Nos. 16–27. "The Search for the Famous Relics," enamels from the Aachen treasure.
Nos. 28 and 29. Miniature fragments.

113

Mittelalter (12. und 13. Jahrhundert)

STICKEREIEN, MALEREIEN, SCHMELZARBEITEN

Die verschiedenen Motive dieser Tafel verteilen sich ihrer Herkunft nach wie folgt:
Nrn. 1–4: Gold- und Seidenstoffe aus dem 12. Jahrhundert, aus den Gräbern der Abtei Saint-Germain des Prés.
Nrn. 5–8: Wandmalereien aus dem 13. Jahrhundert, aus der Kapelle Notre-Dame de la Roche (Seine-et-Oise) und dem Jakobinerkloster von Agen.
Nrn. 9–15: Wandmalereien aus der Amencharads-Rada- und Edshult-Kirche in Schweden.
Nrn. 16–27: „Die Suche nach den berühmten Reliquien", Schmelzarbeiten aus dem Schatz von Aachen.
Nrn. 28 und 29: Motive aus Handschriften.

113

Moyen Age (XIIe et XIIIe siècles)

BRODERIES, PEINTURES ET ÉMAUX

Voici comment se répartissent, quant à leur origine, les divers motifs contenus dans la planche.
Nos 1–4 : Etoffes de soie et d'or du XIIe siècle, trouvées dans les tombeaux de l'abbaye Saint-Germain des Prés.
Nos 5–8 : Peintures murales du XIIIe siècle, provenant de la chapelle Notre-Dame de la Roche (Seine-et-Oise) et du couvent des Jacobins d'Agen.
Nos 9–15 : Peintures murales tirées des églises Amencharads-Rada et Edshult, Suède.
Nos 16–27 : Emaux de la chasse des grandes reliques (Trésor d'Aix-la-Chapelle).
Nos 28 et 29 : Fragments de miniatures.

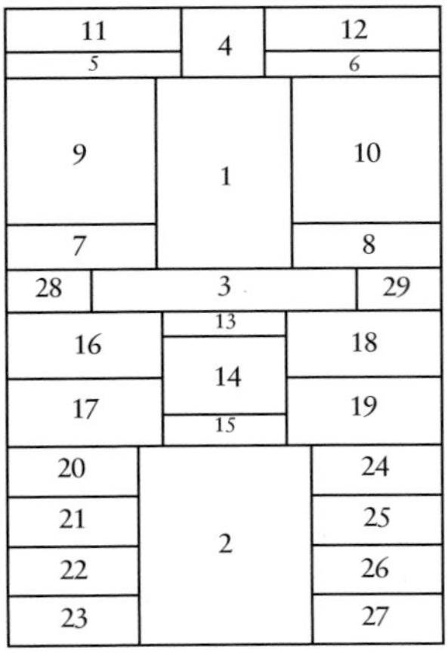

11 4 12
5 6
9 1 10
7 8
28 3 29
16 13 18
14
17 19
15
20 24
21 2 25
22 26
23 27

Durin lith.

FIRMIN-DIDOT FRÈRES, FILS & Cie ÉDITEURS.

Imp. Lemercier Cie Paris.

The Middle Ages (12th–14th Centuries)

TILES AND GLAZED FACINGS

Until the 12th century luxury paving and wall-facing was done with the aid of mosaic or squares of coloured stone – jasper, porphyry, marble, etc. – or alternatively with painted, glazed stones. It was in the 13th century that glazed tiles began to come into general use for this type of work.

12th Century

No. 1. Laon Cathedral; **nos. 2 and 3.** Rouen Museum; **no. 4.** St. Loup Abbey; **no. 5.** St. Omer Cathedral; **nos. 6 and 7.** Rouen Museum; **no. 8.** Fontenay (Côte d'Or); **nos. 9 and 10.** Rouen Museum; **no. 11.** Paris, Cluny Museum; **nos. 12–15.** Rouen Museum; **nos. 16 and 17.** Laon Cathedral; **no. 18.** Reims, Town Hall; **no. 19.** Fontenay; **no. 20.** Troyes; **no. 21.** Laon Cathedral; **no. 22.** St. Omer Cathedral; **no. 23.** Paris, Louvre; **no. 24.** Rouen Museum; **no. 25.** Laon Cathedral; **no. 26.** Troyes; **no. 27.** St. Omer Cathedral; **no. 28.** Troyes, Aube Department Record Office; **no. 29.** Fontenay; **no. 30.** Rouen, Law Courts; **nos. 31–33.** Rouen Museum.

13th and 14th Centuries

Nos. 34–43. Various manuscripts, Bibliothèque nationale, Paris.

The combinations of tiles used in the interests of economy of manufacture make a fascinating study for ornamentists. Our plate shows the types most widely used:

Nos. 1–8. Single tiles bearing a self-contained design.

Nos. 9–12. Tiles laid edge to edge to form borders.

Mittelalter (12.–14. Jahrhundert)

FLIESEN UND GLASIERTE BELÄGE

Bis ins 12. Jahrhundert bestanden luxuriöse Boden- und Wandbeläge aus Mosaiken oder aus Feldern mit farbigen Steinen wie Jaspis, Porphyr, Marmor usw. oder aus bemalten und emaillierten Steinen. Vom 13. Jahrhundert an wurden glasierte Fliesen immer wichtiger.

12. Jahrhundert

Nr. 1: Kathedrale von Laon; **Nrn. 2 und 3:** Musée des Beaux-Arts, Rouen; **Nr. 4:** Abtei von Saint-Loup; **Nr. 5:** Kathedrale von Saint-Omer; **Nrn. 6 und 7:** Musée des Beaux-Arts, Rouen; **Nr. 8:** Fontenay (Côte d'Or); **Nrn. 9 und 10:** Musée des Beaux-Arts, Rouen; **Nr. 11:** Musée de Cluny, Paris; **Nrn. 12–15:** Musée des Beaux-Arts, Rouen; **Nrn. 16 und 17:** Kathedrale von Laon; **Nr. 18:** Rathaus von Reims; **Nr. 19:** Fontenay; **Nr. 20:** Troyes; **Nr. 21:** Kathedrale von Laon; **Nr. 22:** Kathedrale von Saint-Omer; **Nr. 23:** Musée du Louvre, Paris; **Nr. 24:** Musée des Beaux-Arts, Rouen; **Nr. 25:** Kathedrale von Laon; **Nr. 26:** Troyes; **Nr. 27:** Kathedrale von Saint-Omer; **Nr. 28:** Archives de l'Aube, Troyes; **Nr. 29:** Fontenay; **Nr. 30:** Justizpalast von Rouen; **Nrn. 31–33:** Musée des Beaux-Arts, Rouen.

13. und 14. Jahrhundert

Nrn. 34–43: Diverse Handschriften der Bibliothèque nationale, Paris.

Für den Ornamentkünstler sind die Kombinationen interessant, die eine ökonomischere Herstellung der Fliesen ermöglichen. Die Tafel zeigt die gebräuchlichsten Varianten:

Moyen Age (XIIe–XIVe siècles)

CARREAUX ET REVÊTEMENTS VERNISSÉS

Jusqu'au XIIe siècle le pavage de luxe et le revêtement des parois de murs se faisaient à l'aide de la mosaïque ou de compartiments de pierres de couleur : jaspe, porphyre, marbre, etc. ou encore de pierres peintes et émaillées ; c'est à partir du XIIIe siècle que l'emploi des carreaux vernissés pour ce genre de travail commence à se généraliser.

XIIe siècle

No 1 : Laon, cathédrale ; **nos 2 et 3 :** Rouen, musée ; **no 4 :** Abbaye de Saint-Loup ; **no 5 :** Saint-Omer, cathédrale ; **nos 6 et 7 :** Rouen, musée ; **no 8 :** Fontenay (Côte-d'Or) ; **nos 9 et 10 :** Rouen, musée ; **no 11 :** Paris, musée de Cluny ; **nos 12–15 :** Rouen, musée ; **nos 16 et 17 :** Laon, cathédrale ; **no 18 :** Reims, hôtel de ville ; **no 19 :** Fontenay ; **no 20 :** Troyes ; **no 21 :** Laon, cathédrale ; **no 22 :** Saint-Omer, cathédrale ; **no 23 :** Paris, musée du Louvre ; **no 24 :** Rouen, musée ; **no 25 :** Laon, cathédrale ; **no 26 :** Troyes ; **no 27 :** Saint-Omer, cathédrale ; **no 28 :** Troyes, archives de l'Aube ; **no 29 :** Fontenay ; **no 30 :** Rouen, palais de Justice ; **nos 31–33 :** Rouen, musée.

XIIIe et XIVe siècles

Nos 34–43 : Tirés de divers manuscrits de la Bibliothèque nationale, Paris.

Les combinaisons usitées pour l'économie de la fabrication de ces carreaux sont des plus intéressantes pour l'ornemaniste. Notre planche offre les variétés les plus en usage :

Nos. 13–29. Tiles laid in squares of four to complete the design.
No. 30. Hexagonal tiles laid in fours round a square, making a new design.
No. 31. Three tiles laid in nines to form a larger design.
No. 32. Four tiles laid in sixteens to form a larger design.
Nos. 33–43. Bled-off designs on a single tile.

Nrn. 1–8: Einzelne Fliesen mit vollständigem Muster.
Nrn. 9–12: Horizontal nebeneinandergelegte Fliesen, die eine Leiste bilden.
Nrn. 13–29: Aus vier aneinandergelegten Fliesen gebildete Einheit.
Nr. 30: Sechseckige Fliesen, die, viermal um ein Verbindungsstück gesetzt, eine neue Einheit bilden.
Nr. 31: Drei Fliesen, die, neunfach aneinandergelegt, eine größere Einheit bilden.
Nr. 32: Vier Fliesen, in Sechzehnergruppen zusammengelegt, bilden eine weitere Vergrößerung.
Nrn. 33–43: Endlosmuster auf einer einzigen Fliese.

Nos 1–8 : Carreau isolé, dessin complet.
Nos 9–12 : Carreau contre-posé horizontalement, formant bordure.
Nos 13–29 : Carreau contre-posé quatre fois pour former l'ensemble.
No 30 : Pavé hexagone contre-posé quatre fois autour d'un carreau d'interséance ; nouvel ensemble.
No 31 : Trois carreaux contre-posés en neuf ; ensemble agrandi.
No 32 : Quatre carreaux contre-posés en seize ; nouvel agrandissement.
Nos 33–43 : Enfin, les dessins à fond perdu sur un seul carreau.

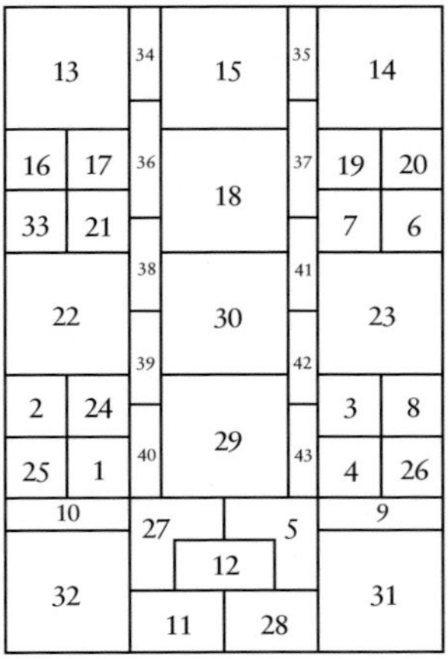

13 34 15 35 14
16 17 36 18 37 19 20
33 21 7 6
22 38 30 41 23
39 42
2 24 29 3 8
25 1 40 43 4 26
10 27 5 9
12
32 11 28 31

115

The Middle Ages (12th–14th Centuries)

STAINED-GLASS WINDOWS

Nos. 1–5. Chartres Cathedral. **Nos. 6–12.** Bourges Cathedral. **Nos. 13–15.** Cologne Cathedral. **No. 16.** Church of St. Cunibert, Cologne. **Nos. 17 and 18.** Soissons Cathedral. **Nos. 19–23.** Le Mans Cathedral. **Nos. 24–26.** Lyon Cathedral. **Nos. 27–29.** Angers Cathedral. **Nos. 30–33.** Church of St. Urbain, Troyes. **Nos. 34 and 35.** Strasbourg Cathedral. **Nos. 36–38.** Rouen Cathedral. **No. 39.** Sens Cathedral.

These windows, it goes without saying, are taken from the finest periods of religious stained glass. It is not possible to reproduce here their glowing transparency, but it seemed to us worthwhile to offer these designs and colour-combinations as models for an industry that is still very much alive today.

115

Mittelalter (12.–14. Jahrhundert)

GLASMALEREIEN

Nrn. 1–5: Kathedrale von Chartres. **Nrn. 6–12:** Kathedrale von Bourges. **Nrn. 13–15:** Kölner Dom. **Nr. 16:** Kunibertskirche in Köln. **Nrn. 17 und 18:** Kathedrale von Soissons. **Nrn. 19–23:** Kathedrale von Le Mans. **Nrn. 24–26:** Kathedrale von Lyon. **Nrn. 27–29:** Kathedrale von Angers. **Nrn. 30–33:** Kirche Saint-Urbain in Troyes. **Nrn. 34 und 35:** Straßburger Münster. **Nrn. 36–38:** Kathedrale von Rouen. **Nr. 39:** Kathedrale von Sens.

Die hier abgebildeten Scheiben stammen aus der besten Zeit der religiösen Glasmalerei. Ihr Glanz und ihre Transparenz können zwar kaum wiedergegeben werden, doch die Zeichnungen und Farbenkombinationen dürften dem auch heute noch sehr aktiven Kunsthandwerk gute Vorbilder liefern.

115

Moyen Age (XIIe–XIVe siècles)

VITRAUX

Nos 1–5 : Cathédrale de Chartres. **Nos 6–12 :** Cathédrale de Bourges. **Nos 13–15 :** Cathédrale de Cologne. **No 16 :** Eglise de Saint-Cunibert, Cologne. **Nos 17 et 18 :** Cathédrale de Soissons. **Nos 19–23 :** Cathédrale du Mans. **Nos 24–26 :** Cathédrale de Lyon. **Nos 27–29 :** Cathédrale d'Angers. **Nos 30–33 :** Eglise de Saint-Urbain, Troyes. **Nos 34 et 35 :** Cathédrale de Strasbourg. **Nos 36–38 :** Cathédrale de Rouen. **No 39 :** Cathédrale de Sens.

C'est, comme on le voit, aux meilleures époques de la verrerie religieuse qu'ont été empruntés ces vitraux, dont il n'est pas possible de rendre la transparence et l'éclat, mais dont il est bon d'offrir les dessins et les combinaisons de couleurs comme modèles à une industrie aujourd'hui encore en pleine activité.

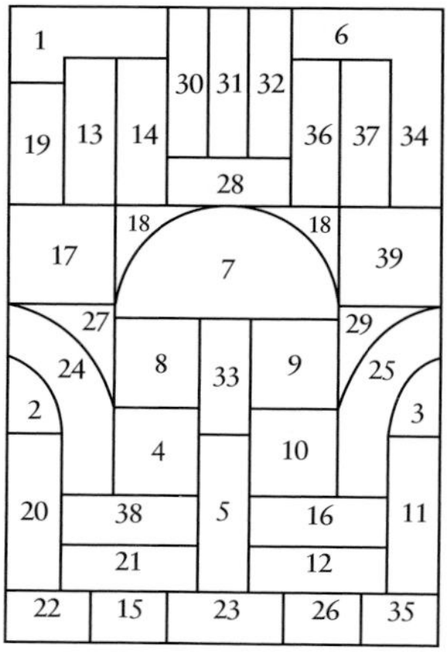

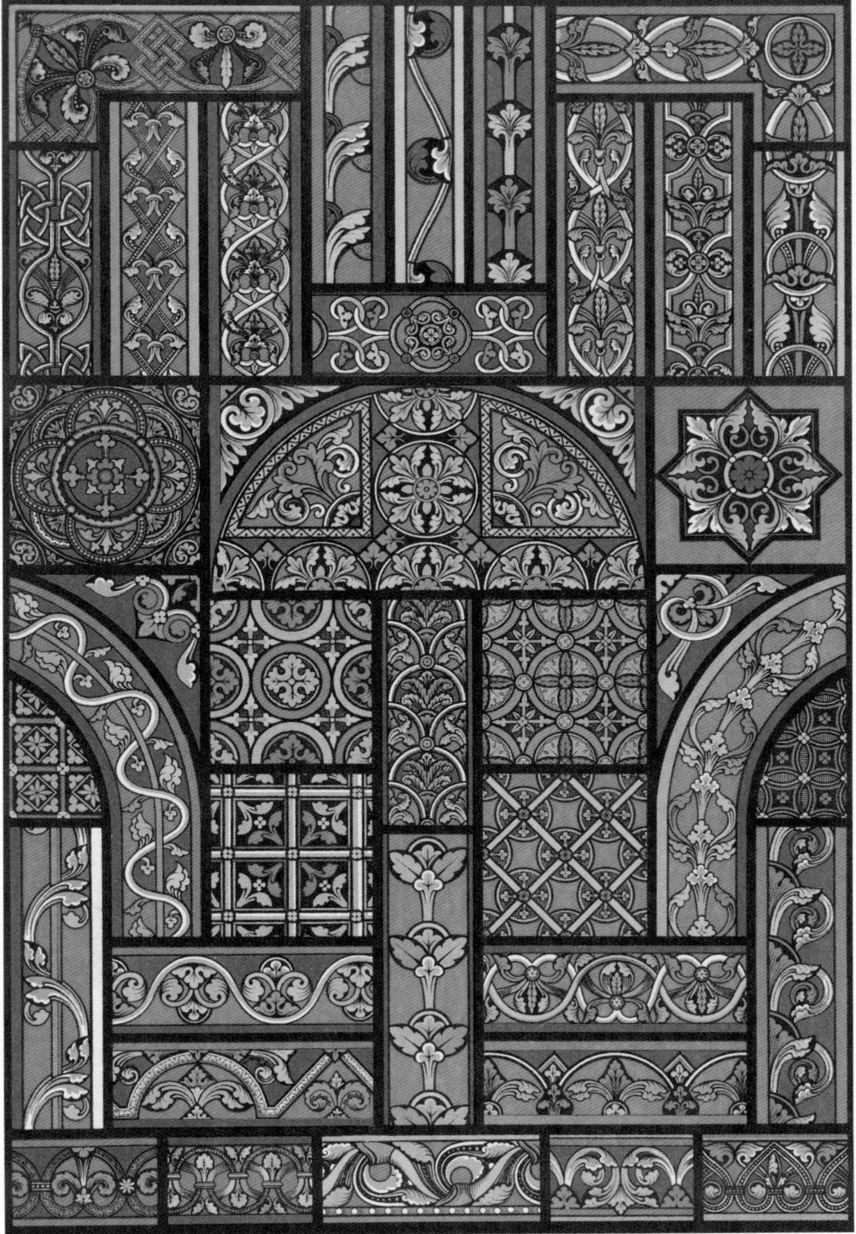

The Middle Ages (12th–14th Centuries)

STAINED GLASS: FOLIATED DECORATION IN THE GOTHIC WINDOW

Nos. 1 and 2. Borders, Angers Cathedral.
Nos. 3, 9, 14–16, 24, 27, and 28. Borders, Bourges Cathedral.
Nos. 23 and 29. Fields, Bourges Cathedral.
Nos. 5, 7, and 18. Borders, Chartres Cathedral.
Nos. 10 and 11. Borders, Church of St. Rémi, Reims.
No. 6. Field, Church of St. Rémi, Reims.
Nos. 20 and 22. Borders, Sens Cathedral.
Nos. 12, 13, 17, and 26. Fields, Sens Cathedral.
No. 25. Border, Soissons Cathedral.
Nos. 4 and 21. Borders, Strasbourg Cathedral.
No. 8. Border, Reims Cathedral.
No. 19. Field, chapterhouse of Salisbury Cathedral.

In the 12th to 14th centuries stained-glass windows formed an integral part of the buildings they served, having no other purpose but that of heightening the effect of the architect's work. Painting on glass did not become an art in its own right until the 15th century.

As far as its ornamentation is concerned, a stained-glass window comprises two zones with quite distinct functions. The border, which is the part that hugs the line of the arch, did not have to admit a great deal of light. Consequently it was here in particular that the glazier resorted to every possible device that would help to achieve the effect he wanted. The

Mittelalter (12.–14. Jahrhundert)

GLASMALEREIEN: MIT RANKENWERK VERZIERTE SPITZBOGENFENSTER

Nrn. 1 und 2: Bordüren, Kathedrale von Angers.
Nrn. 3, 9, 14–16, 24, 27 und 28: Bordüren und kleine Leiste, Kathedrale von Bourges.
Nrn. 23 und 29: Grund, Kathedrale von Bourges.
Nrn. 5, 7 und 18: Bordüren, Kathedrale von Chartres.
Nrn. 10 und 11: Bordüren, Saint-Rémi in Reims.
Nr. 6: Grund, Saint-Rémi in Reims.
Nrn. 20 und 22: Bordüren, Kathedrale von Sens.
Nrn. 12, 13, 17 und 26: Grund, Kathedrale von Sens.
Nr. 25: Bordüre, Kathedrale von Soissons.
Nrn. 4 und 21: Bordüren, Straßburger Münster.
Nr. 8: Grund, Kathedrale von Reims.
Nr. 19: Grund, Kapitelsaal von Salisbury.

Im 12., 13. und 14. Jahrhundert bildeten Glasfenster einen integrierenden Bestandteil eines Gebäudes, die das Werk des Architekten durch ihre Wirkung unterstützen sollten. Die Glasmalerei war noch keine eigenständige Kunst wie im 15. Jahrhundert.

Die Dekoration einer Fensterscheibe setzt sich aus zwei Elementen unterschiedlicher Funktion zusammen. Bei der Bordüre, die der architektonischen Spitzbogenform folgt, handelt es sich um einen Schmuck, der kein Licht durchlassen muss. Vor allem hier setzte der Glasmaler alle ihm zur Verfügung

Moyen Age (XIIe–XIVe siècles)

VITRAUX COLORÉS : LA FENÊTRE OGIVALE DÉCORÉE EN RINCEAUX D'ORNEMENTS

Nos 1 et 2 : Bordures, cathédrale d'Angers.
Nos 3, 9, 14–16, 24, 27 et 28 : Bordures et bordurette, cathédrale de Bourges.
Nos 23 et 29 : Fonds, même provenance.
Nos 5, 7 et 18 : Bordures, cathédrale de Chartres.
Nos 10 et 11 : Bordures, Saint-Rémi, Reims.
No 6 : Fond, même provenance.
Nos 20 et 22 : Bordures, cathédrale de Sens.
Nos 12, 13, 17 et 26 : Fonds, même provenance.
No 25 : Bordure, cathédrale de Soissons.
Nos 4 et 21 : Bordures, cathédrale de Strasbourg.
No 8 : Fond, cathédrale de Reims.
No 19 : Fond, salle capitulaire de Salisbury.

Aux XIIe, XIIIe et XIVe siècles les vitraux faisaient partie intégrante de la construction, et n'avaient d'autre prétention que de contribuer à l'effet de l'œuvre de l'architecte. La peinture sur verre n'était pas un art à part, comme elle le devint au XVe siècle.

L'ornementation de la verrière d'une fenêtre se compose de deux éléments distincts, dont le rôle diffère essentiellement. La bordure qui épouse la forme architecturale, en suivant l'ogive, est une parure n'ayant pas pour fonction d'éclairer. C'est particulièrement dans les bordures que le verrier recourait à tous les expédients propres à secon-

pieces of actual coloured glass that constituted the grounds (usually blue and red but occasionally green) were not only frosted on one side to reduce light penetration; they were often used double to deepen their colour. An even commoner practice was to give them a coat of paint to render them slightly opaque. The ornamentation of the main, central part of the bay, on the other hand, was logically dictated by the function of a window: to let in light. The models for the glazing of the field, where one wanted to admit a subdued daylight, were taken from fabric ornamentation: a ground of white silk damasked with little motifs in the oriental manner (**no. 23**) was decorated with a coloured motif, embroidered or appliquéd.

stehenden Mittel ein. Die in der Masse gefärbten Glasstücke, aus denen der einfarbige, meist blaue oder rote, gelegentlich auch grüne Grund gebildet ist, wurden nicht nur auf einer Seite matt geschliffen, um das Licht abzuschwächen; oft verdoppelte man sie, um ihnen mehr Bedeutung zu geben, und meist versah man sie mit Farbe, um eine gewisse Undurchsichtigkeit zu erzielen. Die Dekoration des Haupt- und Mittelteils der Fensteröffnung richtet sich nach der logischen Funktion des Fensters, das einen Raum erhellen soll. Der Scheibentyp, der das Tageslicht maßvoll eindringen lässt, leitet sich von weißen damastartigen Seidenstoffen ab, die mit kleinteiligen Mustern orientalischer Art verziert sind (**Nr. 23**). Auf diesen Grund sind die großen farbigen Dekorationen gesetzt, die gestickte und applizierte, oft mit Perlen und Girlanden geschmückte Motive aufweisen.

der l'effet à obtenir ; les morceaux de verre teints dans la masse qui formaient les fonds unis, généralement bleus et rouges, parfois verts, étaient dépolis d'un côté pour affaiblir l'activité de la lumière ; souvent on les doublait pour leur procurer plus d'accent, et plus souvent encore, on y couchait de la peinture pour leur donner une opacité relative. Le décor de la partie principale et centrale de la baie de la fenêtre était basé logiquement sur la fonction d'une fenêtre qui doit éclairer. Le type du vitrage laissant passer le jour mesuré est emprunté à la soierie blanche surtout, damassée en petits dessins du mode oriental (**n° 23**). C'est sur cette trame de fond que sont disposés les grands linéaments d'un décor en couleur, figurant des motifs brodés ou en appliques, parfois enrichis de perles et de festons.

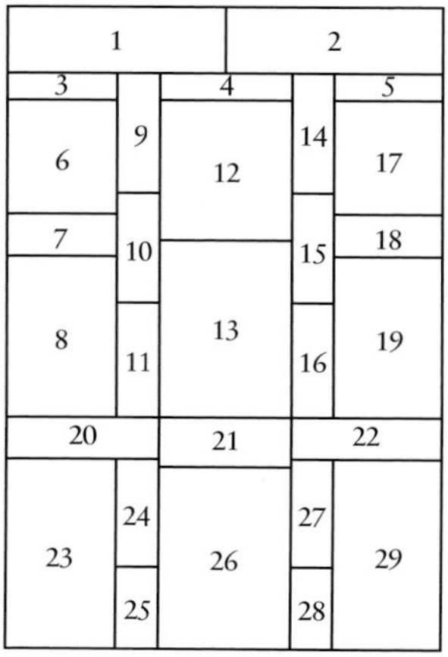

1 2
3 4 5
6 9 12 14 17
7 10 15 18
8 13 11 16 19
20 21 22
23 24 26 27 29
25 28

The Middle Ages (12th–15th Centuries)

TYPES OF ORNAMENT TREATED IN MONOCHROME OR VIRTUAL MONOCHROME

No. 4. This type of ornament appears on a great many art objects of the Louis IX period. The similarity to the wrought-iron work on the doors of Notre-Dame in Paris is striking. The School of Paris at that time drew most of its inspiration from the East. The crusaders, much impressed with the opulent foliage ornamentation developed by the Byzantines on the Greek model, brought it back to France and soon made it fashionable there. Artists like Biscornette, the man responsible for the Notre-Dame doors, handled the genre with the authority of true masters.

Nos. 6 and 7. Examples of one of the systems of manuscript ornamentation fashionable in France from 1130 to 1200, i. e. in the final period of the French Romanesque style.

Nos. 1 and 2. Margins of a 14th-century Latin Bible, decorated in silver and red with conventional foliage intricately entwined and featuring fantasy animals.

No. 13. Regular ornamentation of basically vegetal motifs, painted in Italy (probably Florence) around 1400.

No. 11. Very common type of margin ornamentation in manuscripts of the 14th and early-15th centuries. The *Manipulus florum* from which this motif was taken was painted in France around 1420.

Nos. 3, 5, 12, and 14. Plant motifs taken from fresco paintings and

117

Mittelalter (12.–15. Jahrhundert)

LAUFENDE MUSTER IN CAMAIEU

Nr. 4: Ein solches Muster findet sich auf vielen Kunstgegenständen aus der Zeit Ludwigs IX., des Heiligen. Die Ähnlichkeit mit den Schmiedeeisenarbeiten an den Türen von Notre-Dame in Paris ist auffallend. Die Pariser Schule jener Zeit griff vor allem auf östliche Formen zurück, die von den Kreuzfahrern aus dem Orient mitgebracht wurden, und das reiche Rankenwerk, das die byzantinische von der griechischen Kunst übernommen und weiterentwickelt hatte, kam auch im Westen in Mode. Handwerker wie Biscornette, der die Türbeschläge von Notre-Dame schmiedete, waren echte Meister ihres Faches.

Nrn. 6 und 7: Verzierungen, die in Frankreich zwischen 1130 und 1200 in Handschriften üblich waren; letzte Phase des französischen romanischen Stils.

Nrn. 1 und 2: Randverzierungen einer lateinischen Bibel aus dem 14. Jahrhundert in silbernem und rotem Camaieu. Konventionelles Rankenwerk, dessen Einrollungen sich komplizieren; Fabeltiere.

Nr. 13: Regelmäßig angeordnete Verzierungen pflanzlicher Art in Camaieu, um 1400 in Italien, wahrscheinlich in Florenz, gemalt.

Nr. 11: Randverzierung, deren Typ in Handschriften aus dem 14. und der ersten Hälfte des 15. Jahrhunderts weit verbreitet war. Der *Manipulus florum*, dem das Motiv entnommen ist, wurde in Frankreich um 1420 gemalt.

117

Moyen Age (XIIe–XVe siècles)

TYPES DE L'ORNEMENTATION COURANTE TRAITÉE EN CAMAÏEU

Nº 4 : Cette ornementation est celle d'un grand nombre d'objets d'art de l'époque de saint Louis. Son analogie avec les ferronneries des portes de Notre-Dame de Paris est frappante. L'école de Paris, à cette époque, s'alimentait surtout des doctrines orientales. Les croisés les trouvèrent en arrivant en Orient, et le goût de ces riches enroulements végétaux, de principe grec développé par les Byzantins, devint à la mode chez nous, où des artisans comme Biscornette, qui a forgé les pentures des portes de la cathédrale de Paris, ont traité ce genre avec la supériorité de véritables maîtres.

Nos 6 et 7 : Types de l'un des systèmes de l'ornementation des manuscrits en vogue en France de 1150 à 1200, c'est-à-dire à la dernière période du style roman français.

Nos 1 et 2 : Marges d'une Bible latine du XIVe siècle. Décoration en camaïeu, argent et rouge. Végétation conventionnelle dont les enroulements se compliquent ; animaux fantastiques.

Nº 13 : Décor régulier composé de clous d'ornements d'un principe végétal. Ce camaïeu a été peint en Italie, probablement à Florence, vers 1400.

Nº 11 : Type très répandu de la décoration marginale des manuscrits du XIVe siècle et de la première partie du XVe. Le *Manipulus florum*, auquel ce motif est emprunté, a été peint en France vers 1420.

carvings in the former Abbey and Church of St. Antoine de Viennois (Isère), 15th century.

No. 10. This motif uses a totally leafless shrub to form what is in fact a most harmonious piece of ornamentation; from a 15th-century manuscript.

Nos. 8 and 9. These superb foliated motifs using conventional flora exemplify one of the systems of manuscript ornamentation practised in Italy towards the end of the 15th century.

Nrn. 3, 5, 12 und 14: Pflanzenmotive auf Fresken und Skulpturen der früheren Abtei und Kirche Saint-Antoine in Viennois (Isère), 15. Jahrhundert.

Nr. 10: Dieses Beispiel für ein Motiv, aus den blätterlosen Zweigen eines Strauches, das sich zu einem harmonischen Ornament fügt, ist einer Handschrift aus dem 15. Jahrhundert entnommen.

Nrn. 8 und 9: Diese Pflanzenmuster mit konventionellen floralen Motiven sind Beispiele für eine Handschriftendekoration, die Ende des 15. Jahrhunderts in Italien gebräuchlich war.

Nos 3, 5, 12 et 14 : Motifs végétaux tirés des peintures à fresque et des sculptures de l'ancienne abbaye et de l'église de Saint-Antoine de Viennois (Isère), XVe siècle.

No 10 : Cet exemple d'une ornementation formée du bois d'un arbuste dépouillé de tout feuillage, et cependant produisant un décor des plus harmonieux, provient d'un manuscrit du XVe siècle.

Nos 8 et 9 : Ces superbes enroulements végétaux, dont la flore est conventionnelle, sont des spécimens de l'un des systèmes d'ornementation des manuscrits, en usage en Italie vers la fin du XVe siècle.

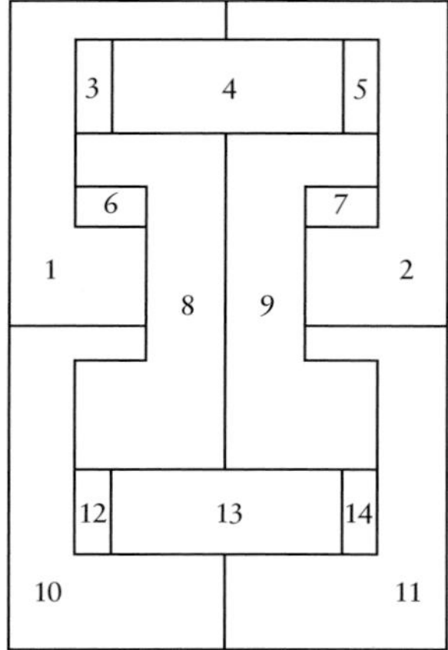

118

The Middle Ages (12th–17th Centuries)

PASSEMENTERIE: VARIOUS TYPES

Passementerie may be regarded as the obligatory complement of fabric ornamentation; as such, it

118

Mittelalter (12.–17. Jahrhundert)

POSAMENTEN: VERSCHIEDENE TYPEN

Da die Posamenterie ebenfalls zur Stoffdekoration gehört, können wir uns hier nicht der Aufgabe ent-

118

Moyen Age (XIIe–XVIIe siècles)

PASSEMENTERIES : TYPES DIVERS

La passementerie peut être considérée comme le complément obligé de l'ornementation du tissu ; à

could hardly be left out altogether, and we assemble here some of the varieties of braids and fringes that were most widely employed over the space of several centuries.

The different sub-divisions of our plate give a good idea of the general nature of this kind of ornamentation. In the first row we find a braid woven in silver on a ground of red silk (**no. 2**). The method used in its manufacture and the Byzantine nature of the design make this undoubtedly a product of the late 12th century. The two smaller pieces of braid lower down (**nos. 7 and 9**), both using diamonds, must date from the same period. Returning to the first row, we have a green fringe of what is known in English as petersham silk (**no. 1**) that adorned a piece of fabric dating from the 14th century and representing animals affrontee. On the other side (**no. 3**) is a fringe using three colours (green, yellow, and red) that is divided into equal, differently nuanced portions; this was found on a piece of fabric similar to the one before. Back in the third and fourth rows, we have two charming perforated fringes (**nos. 8 and 11**). These specimens, from the 15th and early 16th centuries, bear a very close resemblance to the lace types in such widespread use at the time. The two portcullis fringes above, one red and gold (**no. 4**), the other blue and silver (**no. 6**), are more sumptuous; these were in quite frequent use in the 16th century. At the bottom of the plate we reproduce an early 17th century curtain tieback (**no. 14**), the two parts of which fasten together by means of the toggle and loop that our illustration shows one above the other.

ziehen, einige Beispiele für Tressen und Fransen vorzustellen, die während mehrerer Jahrhunderte in Gebrauch waren.

Die verschiedenen Untergruppen unserer Tafel geben einen guten Überblick über diesen Bereich der Innendekoration. In der Mitte der obersten Reihe (**Nr. 2**) ist eine silberdurchwirkte Tresse aus roter Seide zu sehen; ihr Herstellungsverfahren und der byzantinische Charakter ihres Musters datieren sie eindeutig in das späte 12. Jahrhundert. Aus derselben Zeit stammen auch die beiden kleineren silberdurchwirkten Tressen mit Rautenmuster (**Nrn. 7 und 9**), die eine in Silber auf roter Seide, die andere in Silber auf goldfarbener Seide, die in der dritten Reihe links und rechts außen stehen. Am Rand befinden sich in der ersten Reihe: zur Linken grüne Fransen aus grobkörniger Seide, die einen Stoff mit der Darstellung gegenständiger Tiere aus dem 14. Jahrhundert zieren (**Nr. 1**), zur Rechten Fransen, die einen regelmäßigen Wechsel von Grün-, Gelb- und Rottönen zeigen und zu einem dem ersten vergleichbaren Stoff gehören (**Nr. 3**). Zwei reizvolle Beispiele für spitzenartige Fransen füllen in der dritten und vierten Reihe das Zentrum der Tafel (**Nrn. 8 und 11**). Sie datieren aus dem 15. und frühen 16. Jahrhundert und erinnern an damals weit verbreitete Spitzenarten. Die beiden Außenpositionen der zweiten Reihe nehmen reichere, netzartig angeordnete Fransen ein, die einen in Rot und Gold, die anderen in Blau und Silber, die im 16. Jahrhundert sehr beliebt waren (**Nrn. 4 und 6**).

Die fünfte und sechste Reihe sind einem Raffhalter aus dem frühen 17. Jahrhundert reserviert (**Nr. 14**),

ce titre, nous ne saurions nous dispenser de faire figurer dans notre ouvrage les quelques variétés de galons ou de franges qui, dans l'espace de plusieurs siècles, furent le plus communément employées.

Les différentes subdivisions de notre planche donneront facilement une idée du caractère général de ces sortes d'ornements. Au premier rang, en tête et au milieu de la feuille (**n° 2**), figure un galon tissé d'argent sur fond de soie rouge ; le procédé employé pour sa fabrication et la forme byzantine du dessin en font, à n'en pas douter, une œuvre de la fin du XIIe siècle. Les deux galons plus petits, losanges de la même manière (**nos 7 et 9**), l'un argent et soie rouge, l'autre argent et soie couleur d'or, qui se trouvent placés à droite et à gauche du troisième rang, près des marges, doivent remonter à la même époque. Près des marges, au premier rang, figurent : à droite, une frange verte, en soie à gros grain, qui garnissait une étoffe du XIVe siècle, représentant des animaux affrontés (**n° 1**) ; à gauche, une frange à trois tons, vert, jaune et rouge, divisée par parties égales de nuances diverses, retrouvée sur une étoffe analogue à la précédente (**n° 3**).

Deux charmantes franges dentelées occupent, aux troisième et quatrième rangs, le centre de la page (**nos 8 et 11**). Ce sont là des spécimens du XVe siècle et du commencement du XVIe, qui rappellent de très près les types de la dentelle dont l'usage était alors fort répandu. Au deuxième rang, près des marges, on voit deux franges à grilles, plus riches que les précédentes, l'une rouge et or, l'autre bleue et argent, et aussi fréquemment employées au XVIe siècle (**nos 4 et 6**). Les cinquième et sixième

Finally, completing the plate, we have two specimens of costume fastenings dating from the 16th century – one (**no. 5**) coloured blue and gold, the other (**no. 12**) in red and gold on a gold brocatelle; between the loop and the toggle is a small specimen of braid (gold on red silk) dating from the 16th century.

dessen beide Teile durch den auf unserer Tafel unter der Schlaufe abgebildeten Knauf zusammengehalten werden.
Zwei Beispiele für Haken und Ösen sind in Blau und Gold in der zweiten Reihe und in Rot und Gold auf goldenem Brokatell in der vierten Reihe zu sehen (**Nrn. 5 und 12**). Beide datieren aus dem 16. Jahrhundert. In der Mitte der vierten Reihe befindet sich eine Tresse in Gold und roter Seide aus dem 16. Jahrhundert.

rangs sont remplis par une embrasse de rideau du commencement du XVIIe siècle (**nº 14**), dont les deux parties se réunissent par l'olive placée dans notre dessin au-dessous de la boucle.
Enfin, deux modèles de passementerie pour agrafes de costumes se détachent : l'un, au second rang, en couleur bleue et or ; l'autre, au quatrième, en rouge et or, sur brocatelle d'or. Ces deux spécimens sont du XVIe siècle (**nos 5 et 12**). Entre l'attache et l'olive du dernier se trouve un petit modèle de galon d'or et soie rouge du XVIe siècle.

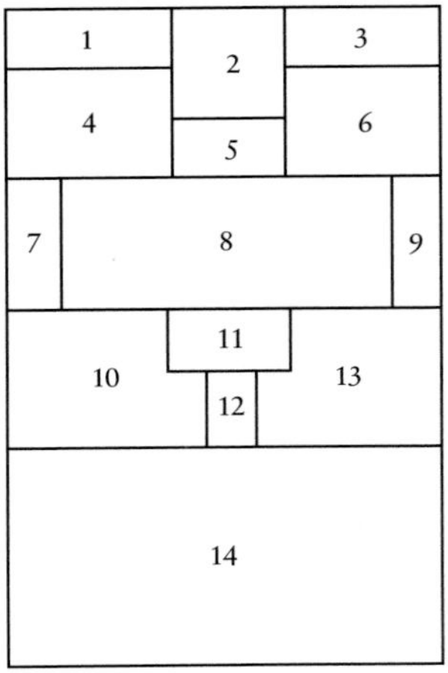

1 2 3
4 5 6
7 8 9
10 11 12 13
14

— 119 —

The Middle Ages (13th Century)

SILKS:
DECORATED HORIZONTAL STRIPES TYPE

We do not, so far as our subject is concerned, believe that anyone has yet tried to separate into types and

— 119 —

Mittelalter (13. Jahrhundert)

SEIDE:
MUSTER MIT VERZIERTEN HORIZONTALEN STREIFEN

Unseres Wissens hat bisher noch niemand versucht, den Ornamentenschatz, den uns die Völker des

— 119 —

Moyen Age (XIIIe siècle)

SOIERIES :
TYPE DES RAYURES HORIZONTALES ORNÉES

Nous ne croyons pas, en ce qui touche notre sujet, qu'on ait essayé jusqu'ici de séparer par *types* et de

arrange in order the ornamental heritage handed down to us by the peoples of the East. The fact is, however, that each one of those peoples, depending on the local climate, the animal and vegetable kingdoms of which it made use, and above all the influence of the religion it professed, received a range of inspirations that gave it a distinctive character, a kind of originality.
It is easy, with the help of a modicum of observation, to pick out and recognise the creations that are specific to one or other of them, whether like the Chinese they maintained the tradition exclusively, condemning themselves to total immobility, or whether they gave their descendants the freedom to propagate the fertile seed throughout the world, as did the Persians and the other inhabitants of Western Asia.
In the fabrics that make up our plate we find the same compositional elements as on the monuments and in the manuscripts of ancient Persia. Its sculptures and decorative miniatures are identical to our specimens. The comparison, incidentally, is foreshadowed in one of our plates.
Horizontal stripes constitute a separate type of which we give two fine examples here, taken from specimens drawn (so far as the first is concerned) from the Cluny Museum in Paris, the Kensington Museum (now Victoria & Albert Museum) in London, and the Victor Gay Collection in Paris. These fabrics strike us as being of Sicilian manufacture, based on purely Persian models.

Orients hinterließen, nach Mustern zu ordnen und übersichtlich darzustellen. Dennoch ist klar, dass jedes dieser Völker, bedingt durch die klimatischen Bedingungen seiner Heimat, das Verhältnis zu den Pflanzen und Tieren und vor allem den Glauben, zu dem es sich bekennt, verschiedenste Anregungen erhält, auf denen sein unverwechselbarer Charakter und seine Eigenart beruhen.
Mit etwas Beobachtungsgabe ist es ein Leichtes, die jedem Volk eigenen Schöpfungen zu erfassen und zu erkennen, sei es, dass dieses allein deren Überlieferung bewahrte und sich jede Veränderung verbot, wie die Chinesen, sei es, dass es seinen Nachkommen anheimstellte, sein künstlerisches Erbe über die ganze Erde zu verbreiten, wie die Perser und die übrigen Bewohner des Vorderen Orients.
In den Stoffen, die unsere Tafel füllen, findet man dieselben Kompositionselemente wieder wie in den Baudenkmälern und Handschriften der alten Perser, deren Skulpturen und Miniaturen mit unseren Beispielen identisch sind. Diese Annäherung wird denn auch in einer unserer Tafeln absichtlich vorgenommen.
Die horizontalen Streifen bilden ein eigenständiges Muster, von dem wir hier zwei schöne Beispiele zeigen – nach Stücken aus dem Musée de Cluny in Paris (oben), dem Kensington Museum (heute Victoria & Albert Museum) in London und der Sammlung Gay in Paris. Die Dessins beider Beispiele sind unserer eigenen Sammlung entnommen. Diese Stoffe wurden offenbar in Sizilien nach rein persischen Vorlagen hergestellt.

classer par ordre l'héritage ornemental qui nous a été transmis par les peuples de l'Orient. Cependant, chacun d'eux, par rapport au climat qu'il habite, aux règnes végétal et animal qu'il soumet à son usage et surtout sous l'influence de la religion qu'il professe, reçoit des inspirations diverses qui lui font un génie particulier, une sorte d'originalité.
Il est facile de saisir et de reconnaître, à l'aide d'un peu d'observation, les créations qui sont propres aux uns et aux autres, soit qu'ils en aient gardé exclusivement la tradition en se condamnant à une immobilité absolue, comme les Chinois, soit qu'ils aient donné à leurs descendants la liberté d'aller en propager le germe fécond sur tout autre point du globe, comme les Persans et les autres habitants de l'Asie occidentale.
On retrouve dans les étoffes qui composent notre feuille, les mêmes éléments de composition que dans les monuments et les manuscrits de l'ancienne Perse. Ses sculptures et ses miniatures d'enjolivement sont identiques à nos spécimens. Ce rapprochement a, d'ailleurs, été prévu dans l'une de nos planches.
Les rayures horizontales constituent un type à part dont nous donnons ici deux beaux exemples d'après des échantillons tirés, pour le premier, du musée de Cluny, à Paris, de celui de Kensington, à Londres, et de la collection Gay, à Paris. Les dessins des deux pièces sont empruntés à notre propre collection. Ces étoffes nous paraissent de fabrication sicilienne sur des modèles purement persans.

The Middle Ages (13th Century)

TYPE USING BIRDS AFFRONTEE AND PASSANT

Despite the fact that they belong to quite different genres, we have brought these two pieces together on one plate, pieces that have particular points of resemblance on the manufacturing side and are linked as regards date. They both belong to the second half of the 13th century.

The first one forms part of the collection in the Cluny Museum in Paris, where it is displayed (no one knows why) in the 'Golden Crowns' room on the first floor. It is a satin brocade that can be seen at a glance to differ completely from Italian fabrics. In place of the lightness that is the key feature of oriental copies, this material will seem heavy; the way it is woven, which is denser and in higher relief by the thickness of the silk, makes it look like actual velvet.

It is our belief that this first piece should be attributed to a workshop somewhere in northern Europe. The satin of which it is made (and which is incontestably very old) is evidently samite, this being a generic term for such fabric in the Middle Ages.

The second piece, which is enriched with gold (and is the oldest specimen we know of), belongs especially to the velvet type that was already (in this very early period) being widely produced

Mittelalter (13. Jahrhundert)

MUSTER MIT GEGENSTÄNDIGEN UND SCHREITENDEN VÖGELN

Obwohl sie völlig unterschiedlichen Gattungen angehören, haben wir diese beiden Stücke auf einer einzigen Tafel vereint, da sie hinsichtlich ihrer Herstellung und ihrer Entstehungszeit Ähnlichkeiten aufweisen. Beide sind in der zweiten Hälfte des 13. Jahrhunderts entstanden.

Das erste Beispiel gehört zur Sammlung des Musée de Cluny und ist aus unbekannten Gründen im „Saal der Goldkronen“ im ersten Stock ausgestellt. Es ist ein broschierter Satin, der bei näherer Prüfung nichts mit italienischen Stoffen gemein hat. Ist Leichtigkeit das Hauptmerkmal der nach orientalischen Vorlagen geschaffenen Erzeugnisse, so wirkt dieser Stoff schwer; sein dichteres Gewebe, das aufgrund der Stärke der Seide mehr Relief besitzt, sieht wie echter Samt aus.

Unserer Meinung nach ist dieses erste Stück einer nordeuropäischen Werkstatt zuzuschreiben. Bei dem Satin, aus dem es besteht und dessen Alter eindeutig feststeht, dürfte es sich um *Samit* handeln, ein Seidengewebe in einer Technik, die im Mittelalter weit verbreitet war.

Das goldverzierte zweite Stück ist das älteste uns bekannte Muster für einen Samtstoff, der bereits damals in großen Mengen hergestellt wurde.

Moyen Age (XIIIe siècle)

TYPE D'OISEAUX AFFRONTÉS ET PASSANTS

Quoique de genres entièrement différents, nous avons réuni sur la même planche ces deux pièces qui ont des points particuliers de ressemblance du point de vue de la fabrication et un rapprochement commun de date. Elles appartiennent l'une et l'autre à la seconde moitié du XIIIe siècle.

La première fait partie de la collection du Musée de Cluny et est exposée, on ne sait pourquoi, dans la Salle des Couronnes d'or, au 1er étage. C'est un satin broché qu'il suffit d'examiner pour le séparer complètement des tissus italiens. Au lieu de la légèreté, qui est le caractère essentiel des produits de copie orientale, l'étoffe dont il s'agit paraîtra lourde. Sa tissure, plus fournie et plus en relief par l'épaisseur de la soie présente à la vue l'aspect d'un véritable velours.

Nous croyons qu'il faut attribuer cette première pièce à quelque atelier du nord de l'Europe. Le satin qui la compose, et dont l'ancienneté est incontestable, semble ne devoir être autre chose que le *Samit*, nom générique de ces sortes d'étoffes au Moyen Age.

La seconde pièce, enrichie d'or, et qui est le spécimen le plus ancien que nous connaissions, appartient spécialement au genre velours qui, déjà à cette époque reculée, était l'objet d'une grande fabrication.

The Middle Ages (13th Century)

THE LION TYPE

Of all the representations of the animal kingdom that in ancient times appeared almost exclusively on fabrics, the lion was undoubtedly one of the earliest to play a decorative role. The lion was a native of the countries where the most precious fabrics were manufactured, and the fear that it inspired, together with the symbolic strength that had always attached to its image, marked it out to adorn the garments of the powerful.

The Tribe of Judah, for example, which according to Jacob was to hold sway until the coming of the Messiah, had a lion for its emblem. The same idea guided Jean-François Champollion, the founder of scientific Egyptology, in his hieroglyphic studies.

Our plate shows three splendid specimens of the symbolic-lion type. In the first (**no. 1**), the original of which belongs to ourselves, we see, set against a gold-brocaded red ground, lions couchant at the foot of palms arranged in horizontal lines, alternating with a line of birds – in this case representing geese – *Prudence coupled with strength.*

On the second specimen (**no. 2**), which is likewise of gold-brocaded silk against a red ground (and is in the possession of the Kensington Museum; now Victoria & Albert Museum), we find a similar arrangement, this time featuring lions and eagles – *Symbol of power and strength.*

The third (**no. 3**), in which the silk fabric is stronger and likewise bro-

121

Mittelalter (13. Jahrhundert)

LÖWENMUSTER

Von allen Darstellungen des Tierreiches, die in den alten Zeiten fast ausschließlich auf Stoffen vorkamen, war der Löwe wohl eines der frühesten Motive. In den Ländern heimisch, wo man die wertvollsten Stoffe herstellte, symbolisierte er aufgrund der Furcht, die er einflößte, die Kraft, die durch alle Zeiten hindurch mit seinem Bild verbunden blieb, und war deshalb am besten geeignet, die Kleider jener, die Macht ausübten, zu schmücken.

So hatte der Stamm Juda, der gemäß den Worten Jakobs das Zepter bis zur Ankunft des Messias vor Diebstahl zu bewahren hatte, den Löwen als Symbol. Dieselbe Vorstellung war auch dem Ägyptologen Jean-François Champollion bei der Entzifferung der Hieroglyphen behilflich.

Unsere Tafel präsentiert drei herrliche Beispiele für dieses symbolische Löwenmuster. Das Stück oben links (**Nr. 1**), dessen Original sich in unserem Besitz befindet, zeigt auf goldbroschiertem rotem Grund unter Palmen ruhende Löwen; sie sind in horizontalen Reihen angeordnet, die mit Reihen von Gänsen abwechseln – *Bündnis von Vorsicht und Kraft.*

Das zweite Stück (**Nr. 2**), das dem Kensington Museum (heute Victoria & Albert Museum) gehört und ebenfalls aus goldbroschierter Seide auf rotem Grund besteht, zeigt Löwen und Adler in gleicher Anordnung – *Symbol der Macht und der Kraft.*

Das dritte Beispiel im unteren Teil der Tafel (**Nr. 3**) stammt wiederum

121

Moyen Age (XIIIe siècle)

TYPE DU LION

De toutes les représentations du règne animal qui dans les temps anciens figurèrent presque exclusivement sur les étoffes, le lion fut certainement un des premiers types employés à leur décoration. Originaire des pays où l'on fabriquait les plus précieux tissus, la crainte qu'il inspira, le symbole de force qui de tout temps s'attacha à son image, le signala pour en orner les vêtements de ceux qui avaient la puissance.

C'est ainsi que la tribu de Juda qui, suivant la parole de Jacob, devait tenir le sceptre jusqu'à la venue du Messie, avait le lion pour emblème. Cette même idée guida Jean-François Champollion dans ses recherches des hiéroglyphes.

Notre planche présente trois magnifiques spécimens du type des lions symboliques. Dans le premier, à gauche de la feuille (**n° 1**), dont l'original nous appartient, se voient, sur fond rouge broché d'or, des lions reposant au pied de palmiers disposés en lignes horizontales, alternant avec une autre ligne d'oiseaux figurant des oies – *Alliance de prudence et de force.*

Sur le second spécimen (**n° 2**), également en soie brochée d'or sur fond rouge, que possède le Musée Kensington, on remarque dans la même disposition des lions et des aigles – *Symbole de puissance et de force.*

Dans le troisième spécimen, au bas de la feuille (**n° 3**), dans lequel l'étoffe de soie est plus forte et aussi brochée d'or, on voit des lions et des colombes — *Symbole de dou-*

caded with gold, shows lions and doves – *Symbol of gentleness and strength*. This third sample is our own.
Having once cast an eye over this threefold evidence of the selfsame thought, how could anyone be in any doubt that the artist, rather than let his imagination roam free on the random basis of some fleeting inspiration, had harnessed it to a determination to bring the emblematic significance of his product to the attention of the important personage who was to wear it? While attributing all three of our specimens to the same period (the 13th century), we date the creation of this type back to a time far earlier than these reproductions.

aus meiner Sammlung; zu sehen ist ein Muster mit Löwen und Tauben auf einem stärkeren, ebenfalls goldbroschierten Stoff – *Symbol der Zartheit und der Kraft*.
Angesichts dieses dreifachen Beweises derselben Denkweise lässt sich nicht mehr daran zweifeln, dass der Künstler nicht irgendeiner flüchtigen Laune seiner Einbildungskraft nachgab, sondern durch den Willen getragen wurde, die symbolische Bedeutung des Stoffes denjenigen Persönlichkeiten vor Augen zu führen, die sich darin kleiden sollten. Die drei Stoffe, von denen hier die Rede ist, wurden höchstwahrscheinlich alle im 13. Jahrhundert angefertigt, doch dürfte das Motiv selbst sehr viel früher entstanden sein.

ceur et de force. Ce troisième échantillon nous appartient.
Après avoir jeté les yeux sur cette triple preuve de la même pensée, on ne saurait douter que l'artiste ne laissait pas aller son imagination au hasard d'une inspiration passagère, mais qu'elle lui était suggérée par la volonté d'en rapporter la signification emblématique aux personnages qui devaient en faire usage. Nous plaçons à la date commune du XIIIe siècle les trois échantillons dont nous avons parlé, mais nous reportons la création du type à une date de beaucoup antérieure à celle de ces reproductions.

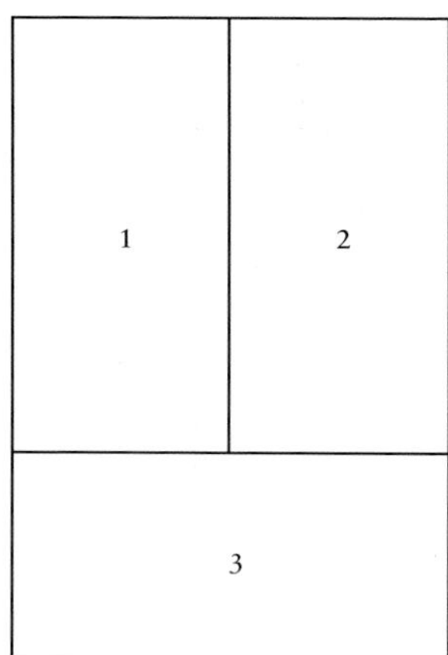

The Middle Ages (13th Century)

SILKS: ANGEL-FIGURE TYPES

The angelic figures that in general terms characterise the type of ornament illustrated here occur frequently in 13th-century decorative compositions. We find them used in painting on an altar-front panel in one of the apse chapels of San Spirito church in Florence. Similar figures were employed by Limoges enamellists in the champlevés of their shrines; and sculptors carved them in stone, either alternating them successively or enclosing them in the trefoil or quatrefoil ceiling roses that were particularly characteristic of the period. Eventually, they were adopted for the purpose of decorating fabrics.

The first of our specimens, a gold-brocaded damask manufactured in Sicily (**no. 1**), is probably one of those that used to be termed 'Cendal'. The second (**no. 3**) was copied in the Kensington Museum (now Victoria & Albert Museum);

it appears to date from the same period as the first as well as sharing the same provenance and belonging to the same type. These gold-brocaded angels are shown in three rows, adopting various postures; in the first row, the figures face towards the left with one of the hands swinging a censor; in the second row, they face towards the right and both hands hold a crown of thorns; the third row (which there was not room to illustrate) reproduces the first with the sole difference that a cross held upright takes the place of the censor.

Mittelalter (13. Jahrhundert)

SEIDE: MUSTER MIT ENGELSFIGUREN

Die Engelsfiguren, die unsere Tafel vereint, kommen in Darstellungen des 13. Jahrhunderts häufig vor. Als Beispiele lassen sich anführen: ein gemaltes Antependium in einer Chorkapelle der Kirche San Spirito in Florenz, Grubenschmelzarbeiten, mit denen die Emailmaler von Limoges ihre Reliquienschreine verzierten, und Steinreliefs, auf denen die Engel in Reihen erscheinen oder in für diese Zeit besonders typische drei- oder vierpassige Rosetten gesetzt sind; hinzukommen schließlich die Stoffmuster.

Das erste unserer Beispiele (**Nr. 1**) in der linken oberen Ecke ist ein goldbroschierter Damast aus Sizilien, der vermutlich zu dem früher „Cendal“ genannten Typ gehört.

Das zweite Stück in der unteren Hälfte (**Nr. 3**), das sich im Kensington Museum (heute Victoria & Albert Museum) befindet, scheint aus derselben Zeit zu datieren, dieselbe Provenienz aufzuweisen und zu demselben Typ zu gehören. Die goldbroschierten Engel sind in drei Reihen in verschiedenen Haltungen dargestellt. In der ersten Reihe wenden sie sich nach links und schwenken mit der linken Hand ein Weihrauchgefäß. In der zweiten Reihe schauen sie nach rechts und halten eine Dornenkrone in beiden Händen. In der dritten, die hier keinen Platz mehr hatte, nehmen sie dieselbe Haltung wie in der ersten ein, mit dem einzigen Unterschied, dass das Weihrauchfass durch ein aufrecht gehaltenes Kreuz ersetzt ist.

Moyen Age (XIIIe siècle)

SOIERIES : TYPES À FIGURES D'ANGES

Les figures d'anges qui forment le type général de notre planche se rencontrent fréquemment dans les compositions décoratives du XIIIe siècle ; nous en avons trouvé l'emploi en peinture sur un panneau de devant d'autel d'une des chapelles de l'abside de l'église du San Spirito, à Florence. Ces figures furent également employées par les émailleurs de Limoges, dans les champlevés de leurs châsses. Les sculpteurs les taillèrent dans la pierre, soit en les alternant successivement, soit en les enfermant dans les rosaces en trèfles ou à quatre lobes qui caractérisent particulièrement cette époque. Finalement elles furent appropriées à l'ornementation des tissus.

Le premier de nos spécimens, placé à l'angle gauche de la page (**n° 1**), est un damas broché d'or de provenance sicilienne, et probablement de ceux qui portaient autrefois le nom de Cendal ; le second, placé au bas de la feuille (**n° 3**), a été copié au musée de Kensington, il paraît être de la même époque, de la même provenance et du même genre que le précédent. Les anges brochés d'or s'y présentent sur trois rangs dans diverses attitudes ; sur le premier, les figures sont tournées sur la gauche, et une des deux mains agite l'encensoir ; sur le second, les faces regardent à droite et les deux mains soutiennent la couronne d'épines ; le troisième rang, qui n'a pas pu prendre place ici dans notre dessin, est la reproduction du premier, avec cette seule

The third specimen (**no. 2**), a white design on a blue ground, dates from the end of the century and also forms part of the collection of the Kensington Museum, which catalogues it as originating in Italy. We cannot agree; in fact, nothing indicates such a provenance. In our view, it is more likely to come from a workshop in northern Europe.

Das dritte Beispiel (**Nr. 2**) mit weißem Dessin auf blauem Grund datiert aus dem Ende des 13. Jahrhunderts und gehört ebenfalls dem Kensington Museum, das ihm eine italienische Herkunft zuschreibt. Wir können uns dieser Meinung nicht anschließen, da nichts auf einen solchen Ursprung hindeutet. Wir glauben eher, dass es aus einer nordeuropäischen Werkstatt stammt.

différence qu'une croix tenue debout y remplace l'encensoir.

Le troisième spécimen (**nº 2**) à dessin blanc sur fond bleu appartient à la fin du même siècle et fait aussi partie du musée de Kensington, qui l'a catalogué comme étant de provenance italienne. Nous ne saurions être du même avis, rien n'indiquant, d'ailleurs, une semblable origine. Nous croirions plutôt qu'il provient de quelque fabrique d'Europe du Nord.

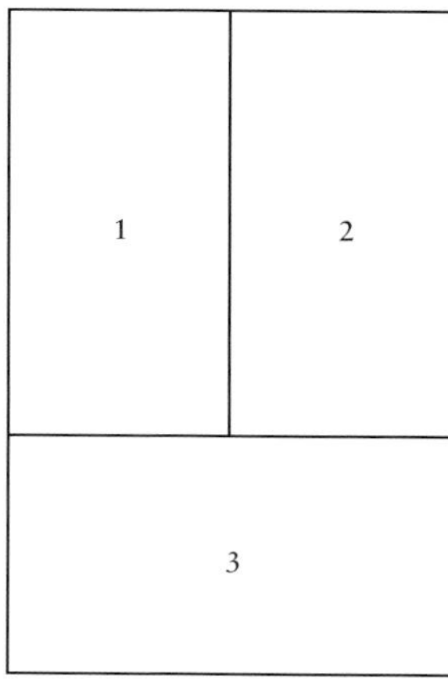

The Middle Ages (13th and 14th Centuries)

HOM MOTIF

Charles Lenormant, in a scholarly essay in *Mélanges d'Archéological* (vol. 3, p. 118) by Fathers Cahier and Martin and in the third volume of those interesting memoirs, defines what we should understand by the term *hom* in that he describes the type thus characterised. As an example of this sort of arrangement, he mentions a piece of fabric preserved at Chinon that we reproduce here (top right) in order that it shall give our readers the same sort of guidance as we have received from it ourselves. They will also appreciate how concerned we have been to preserve a name that scholarship has already enshrined.

"The hom," writes our author in the essay referred to, "is the sacred tree of Persian religion, recognisable in the elongated plant that is placed between two animals of the feline race, with spotted hide, slender necks, and relatively small heads, which can only be cheetahs – a variety of panther that Indians still use for hunting. These animals are chained by the collar to another object, whose shape recalls that of the pyre. Altogether, then, these representations offer a mixture of religious emblems and customs appropriate to the lives of Asian princes, and we know that none of those emblems is foreign to the cult of Zoroaster, as practised by the Sassanids."

That, however, is the extent of what we need to borrow from *Mélanges d'Archéological.* Since the publication of that anthology, the

Mittelalter (13. und 14. Jahrhundert)

DAS HOM-MOTIV

In einer gelehrten Untersuchung, die in den *Mélanges d'Archéologie* der Patres Cahier und Martin (Bd. 3, S. 118) erschienen ist, definiert Charles Lenormant, was man unter dem Ausdruck hom zu verstehen hat, indem er das Muster beschreibt, das so bezeichnet wird. Als Beispiel führt er einen in Chinon aufbewahrten Stoff an, den wir auf unserer Tafel oben rechts abbilden, damit er unseren Lesern ebenfalls als Anschauungsmaterial dienen kann; im Folgenden werden wir die Bezeichnung beibehalten, die bereits wissenschaftlich anerkannt ist.

„In der persischen Religion", führt Lenormant aus, „ist der hom ein heiliger Baum, der gewöhnlich als eine von zwei Tieren flankierte längliche Pflanze dargestellt ist. Diese Tiere, zwei Raubkatzen mit gesprenkeltem Fell, schlankem Hals und einem verhältnismäßig kleinen Kopf, können nur Geparden sein, eine Pantherart, die in Indien noch zur Jagd eingesetzt wird. Um den Hals tragen die Raubkatzen eine Kette; diese ist an einem weiteren Objekt befestigt, dessen Form an jene eines Feueraltars erinnert. Die Gesamtheit dieser Darstellungen bietet also eine Mischung aus religiösen Symbolen und Bräuchen, die für die Lebensweise asiatischer Fürsten typisch sind, und wir wissen, dass keines dieser Symbole dem von den Sasaniden ausgeübten Zoroastrismus fremd ist."

Seit die *Mélanges d'Archéologie* erschienen sind, erlaubten uns die

Moyen Age (XIIIe et XIVe siècles)

TYPE DU HOM

M. Charles Lenormant, dans une savante étude publiée à la page 118, volume 3 des *Mélanges d'Archéologie* des Révérends Pères Cahier et Martin, et dans le troisième volume de ces intéressants mémoires, définit ce que l'on doit entendre par le mot hom, en déterminant le type qu'il doit caractériser. Il donne, comme exemple de ce genre de dispositions, une étoffe conservée à Chinon, dont nous avons nous-mêmes reproduit le dessin en tête, à la droite de notre planche, pour qu'il serve à nos lecteurs de jalon conducteur comme il nous a servi à nous-mêmes. Ils apprécieront également le scrupule que nous mettons à conserver un nom déjà consacré par la science.

« Le hom », nous dit l'auteur que nous citons, « est l'arbre sacré de la religion persane, c'est lui qu'il faut reconnaître dans la plante allongée, placée entre deux animaux de race féline, à peau mouchetée, au cou mince et à la tête comparativement petite, qui ne peuvent être que des guépards, sorte de panthères dont les Indiens se servent encore pour la chasse. Ces animaux sont enchaînés par le cou à un autre objet dont la forme rappelle celle du Pyrée. L'ensemble de ces représentations offre donc un mélange d'emblèmes religieux et d'usages propres à ff la vie des princes de l'Asie, et nous savons qu'aucun de ces emblèmes n'est étranger au culte de Zoroastre professé par les Sassanides. »

Là s'arrêtent, toutefois, les emprunts que nous devons faire aux *Mélanges d'Archéologie.* Depuis leur

discovery and study of a larger number of fabrics has enabled us to divide them into types, and because of this we can accept neither the date 652 AD nor even that of some time during the 8th century, which Charles Lenormant's opponent ventures to assign to them; that date simply has to be moved forward to some time during the 13th or 14th centuries. Incidentally, one fact having to do with the technical side of the weaver's trade in these far-off times does deserve to be mentioned. The fabrics whose manufacture we have been able to analyse and that date back to the 12th, 13th, or 14th centuries were all (where they belong to the sort woven with gold) made with the aid of a particular process – that is to say, they derive their metallic sparkle from a thin strip of rubber or from pieces of gut gilded and cut into strips and then wound round a core of linen thread that is sometimes doubled and twisted, sometimes single. It is our belief that this observation applies only to fabrics from the period we are talking about; this settles the question of age, and such fabrics can be dated by the method of weaving alone. It should be added that beaten gold (formerly called 'Cyprus gold' or 'Lucca gold') appears in fabrics both earlier and later than those that concern us here. Our fabrics, based on rubber, are probably woven with the Samos gold of which classical authors speak. This, by the way, is a process that the Indians used to practise and that the Chinese still practise today, except that they use gilded paper in place of the animal substance gilded formerly.

Entdeckung und Untersuchung zahlreicher Stoffe, diese nach ihren Mustern zu ordnen, und wir können für das hier vorgestellte Stück weder das Jahr 652 unserer Zeitrechnung noch das 8. Jahrhundert akzeptieren, in das es Lenormants Widersacher datiert. Die Entstehungszeit ist sehr viel später, im 13. und 14. Jahrhundert, anzusetzen. Im Übrigen verdient ein Umstand erwähnt zu werden, der mit der Webtechnik dieser frühen Zeiten in Zusammenhang steht. Bei allen Stoffen, deren Anfertigung wir untersuchen konnten und die ins 12. bis 14. Jahrhundert zu datieren sind, ist der verwendete Goldfaden nach einem besonderen Verfahren hergestellt. Für dieses so genannte Häutchengold werden schmale Streifen von vergoldeten Darmhäutchen um eine Leinenseele gearbeitet, deren Faden teils doppelt und gezwirnt, teils einfach ist. Unseres Erachtens gilt diese Beobachtung einzig für Stoffe aus dem von uns genannten Zeitraum; damit wäre die Altersfrage gelöst, und die Herstellungstechnik würde die Entstehungszeit vorgeben. Blattgold, das früher so genannte Gold von Zypern oder von Lucca, fand in Stoffen Verwendung, die früher oder später als die hier untersuchten angefertigt wurden. Unsere Stücke, die Darmhäutchen aufweisen, sind vermutlich jene, die laut den alten Schriftstellern mit Gold von Samos gewebt wurden. Das gleiche Verfahren stand übrigens auch bei den Indern in Gebrauch und wird heute noch von den Chinesen angewandt, die allerdings vergoldetes Papier anstelle des früher üblichen vergoldeten Tierdarms einsetzen.

publication, la découverte et l'étude de plus nombreux tissus nous a permis d'en classer les types, et nous ne pouvons accepter pour celui-ci ni la date de 652 de notre ère, ni même celle du VIIIe siècle, que prétend lui assigner le contradicteur de M. Lenormant ; il faut forcément en reculer l'âge à une époque comprise entre le XIIIe et le XIVe siècle.

Un fait, d'ailleurs, qui appartient à la technique du métier de tisserand de ces époques reculées, mérite d'être signalé. Toutes les étoffes dont nous avons été à même d'analyser la fabrication et dont l'usage remonte aux XIIe, XIIIe et XIVe siècles, sont, du moment qu'elles appartiennent au genre tissé d'or, fabriquées à l'aide d'un procédé particulier, c'est-à-dire que l'éclat métallique y est obtenu au moyen d'une lamelle mince de baudruche ou de boyaux dorés et lamelles, puis enroulés sur une âme de lin dont le fil est quelquefois double et retors, quelquefois simple. Nous croyons que cette observation ne s'applique qu'aux tissus de l'époque que nous signalons ; dès lors la question d'âge serait vidée et la date serait pour ceux-ci établie par le tissage lui-même. Ajoutons que l'or battu, dit jadis or de Chypre et de Lucques, apparaît dans les étoffes soit antérieures, soit postérieures à celles dont nous nous occupons. Les nôtres alors, dont la baudruche fait le fond, seraient, sans doute, celles tissées de l'or de Samos, dont parlent les anciens écrivains. C'est, du reste, un procédé que les Indiens pratiquaient et que les Chinois pratiquent encore de nos jours, seulement ils emploient le papier doré au lieu de la substance animale qu'on dorait autrefois.

The Middle Ages (13th and 14th Centuries)

GRECO-SYRIAN FABRIC DECORATION

Oriental textiles, the finest of which came from Constantinople, Jerusalem, and via few Greek cities that evidently dominated the trade, were imported by the West from the early Middle Ages onwards, and for centuries their appearance seems hardly to have changed at all. Until the late 13th century the weavers of western Europe were little more than apprentices of their Eastern colleagues; virtually every piece of material that came from their looms was an imitation, no one daring to break away from the Greek, Persian, and Egyptian styles and try something new. In fact in the case of 'camocas,' the name given in the 14th century to certain heavy satin stuffs of which the finest had a woven design, one is struck by the fact that the treatment of the decoration often harks back to a much earlier period.

No. 3 is a detail of a repetitive border with an ingeniously animated foliage motif, the divisions being occupied by an eagle and a lion alternately. This is orphrey work, eminently Byzantine in character, but there is no accompanying note to indicate where it comes from.

Nos. 1 and 2 are the border and field decoration of a chasuble preserved at Saint-Rambert-sur-Loire. The material is half-diapered, crimson and violet, producing a purple effect in which the violet appears to emphasize the folds. All the opulence of old Byzantium is here, in one of the finest speci-

124

Mittelalter (13. und 14. Jahrhundert)

GRIECHISCH-SYRISCHE STOFFMUSTER

Die schönsten in den Westen gelangten orientalischen Stoffe kamen aus Konstantinopel, Jerusalem und einigen griechischen Städten, die vermutlich als Zwischenlager dienten. Ihr Aussehen scheint sich jahrhundertelang nicht verändert zu haben. Die Importe gehen bis ins Frühmittelalter zurück. Bis zum Ende des 13. Jahrhunderts waren die europäischen Weber die Lehrlinge der orientalischen Handwerker und stellten fast nur Nachahmungen her, ohne sich vom griechischen, persischen oder ägyptischen Stil befreien zu können. Was die Camocas betrifft, wie man im Frankreich des 14. Jahrhunderts bestimmte Stoffe aus festem Satin nannte, deren schönste Exemplare ein eingewebtes Muster aufweisen, so deutet ihre Verzierung in frühere Zeiten zurück.

Bei **Nr. 3** handelt es sich um das Fragment einer Bordüre mit repetitiven Motiven; jedes Feld ist abwechselnd mit einem Adler und einem Löwen verziert. Nichts weist auf den Ursprung dieser gewirkten Borte mit byzantinischen Merkmalen hin.

Die **Nrn. 1 und 2** zeigen Bordüre und Fond eines Messgewandes aus Saint-Rambert-sur-Loire. Dieser zinnoberrot und violett gefärbte Stoff zeigt eine Art Purpur, der die Falten zu betonen scheint, und stellt eines der schönsten Beispiele eines gewebten und nach überreicher byzantinischer Art verzierten Stoffes dar.

Nr. 4 befindet sich im Domschatz von Aachen. Die Ornamentik be-

124

Moyen Age (XIIIe et XIVe siècles)

LE DÉCOR DES TISSUS DU CARACTÈRE GRÉCO-SYRIEN

L'importation en Occident des étoffes orientales, dont les plus belles venaient de Constantinople, Jérusalem et de quelques villes grecques qui paraissent surtout en avoir été les entrepôts, remonte haut dans le Moyen Age, et pendant des siècles leur physionomie ne paraît guère s'être modifiée. Jusqu'à la fin du XIIIe siècle, chez nous, les ouvriers européens n'étant presque encore que des apprentis des tisseurs de l'Orient, tout ce que produisirent les fabriques occidentales reste à peu de chose près du domaine des contrefaçons, personne n'osant s'affranchir du style grec, persan, égyptien. Au sujet des camocas, du nom que l'on donnait, pendant le XIVe siècle, aux draps de soie d'un satin épais, dont les plus beaux étaient à dessins obtenus par le tissu, on peut remarquer que la facture de leur décor appartient souvent à des époques bien antérieures.

Le **n° 3** est le fragment d'une bordure à répétition ; chaque division est occupée tour à tour par un aigle et par un lion. C'est un travail d'orfroi, d'un caractère éminemment byzantin, dont aucune annotation n'indique l'origine.

Les **nos 1 et 2** montrent la bordure et le décor de fond d'une chasuble conservée à Saint-Rambert-sur-Loire. Cette étoffe diaprée en mi-parti, cramoisi et violet, produisant une espèce de pourpre dont le violet semble accuser les plis, c'est-à-dire du plus riche aspect selon la vieille opulence byzantine, est un

1
2
3
4
5

mens of woven fabric design to be found anywhere.
No. 4 is from the Aachen Treasure. The design clearly reflects the Christian, sacerdotal purpose the material was intended to serve while still retaining the formal framework of certain pagan types. Silk fabrics in various colours mixed with gold and even pearls seem for a long time to have been reserved for ecclesiastical vestments. Our last example (**no. 5**) appears to be one of the samites designed for use by the nobility; they were made up into the long tunics that from the late 12th century onwards knights wore over their coats of mail.

tont den kirchlichen Zweck des Stoffes und seinen christlichen Charakter, erinnert aber auch an gewisse heidnische Formen. Mehrfarbige, mit Gold und Perlen besetzte Seidenstoffe scheinen lange Zeit den Messgewändern vorbehalten gewesen zu sein. Das vorliegende Beispiel (**Nr. 5**) dürfte einer jener Gold- und Silberstoffe gewesen sein, die dem Adel für Waffenröcke, Oberkleider, Mäntel und die langen Hemden dienten und seit dem ausgehenden 12. Jahrhundert über dem Kettenpanzer getragen wurden.

des plus beaux spécimens des dessins tissus dans la trame que l'on puisse rencontrer. Le **n° 4** provient du trésor d'Aix-la-Chapelle. L'ornementation exprime nettement la destination sacerdotale de l'étoffe et son caractère chrétien, tout en restant dans la forme de certains types consacrés au temps du paganisme. Les étoffes de soies de couleurs diverses mêlées à l'or et même aux perles semblent avoir été longtemps réservées aux vêtements sacerdotaux. Le tissu présent (**n° 5**) paraît être un de ces samits à l'usage de la noblesse qui servaient pour les bliauts, les robes de dessus, les manteaux, les cottes longues que, dès la fin du XIIe siècle, les chevaliers portaient pardessus l'armure de mailles.

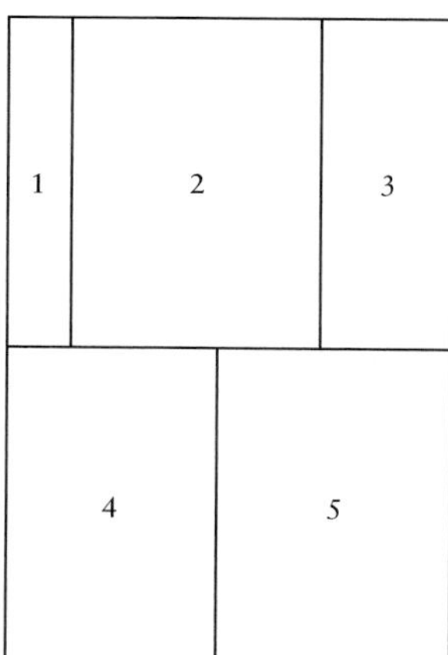

125

The Middle Ages (13th–15th Centuries)

GRISAILLE WINDOWS

Nos. 1–23. Cologne Cathedral.
Nos. 24–27. Borders taken from a monograph on Bourges Cathedral.
Nos. 28–31. Strasbourg Cathedral.
Nos. 33–35. Chartres Cathedral.
Nos. 36–39. Bourges Cathedral.
Nos. 32 and 40–42.
Tournai Cathedral.

The great age of glass painting was the 13th century. Its ornamental style, simple and noble at first, remained consistent during the 14th century before declining somewhat in the 15th as it became overloaded. This is illustrated by the fragments from Tournai Cathedral, where the windows date from 1475–1500.

125

Mittelalter (13.–15. Jahrhundert)

GRISAILLE-GLASMALEREIEN

Nrn. 1–23: Kölner Dom.
Nrn. 24–27: Randleisten aus der Monografie über die Kathedrale von Bourges.
Nrn. 28–31: Straßburger Münster.
Nrn. 33–35: Kathedrale von Chartres.
Nrn. 36–39: Kathedrale von Bourges.
Nrn. 32 und 40–42:
Kathedrale von Tournai.

Die Glasmalerei war im 13. Jahrhundert weit verbreitet. Die zuerst einfache und schwungvolle Dekoration bleibt im 14. Jahrhundert erhalten, bekommt jedoch im 15. Jahrhundert etwas Überladenes, wie die Glasmalereien aus der Kathedrale von Tournai zeigen, die zwischen 1475 und 1500 geschaffen wurden.

125

Moyen Age (XIIIe-XVe siècles)

VITRAUX-GRISAILLES

Nos 1–23 : Cathédrale de Cologne.
Nos 24–27 : Bordures tirées de la monographie de la cathédrale de Bourges.
Nos 28–31 : Cathédrale de Strasbourg.
Nos 33–35 : Cathédrale de Chartres.
Nos 36–39 : Cathédrale de Bourges.
Nos 32 et 40–42 : Cathédrale de Tournai.

La peinture sur verre a surtout brillé au XIIIe siècle. Le type de l'ornementation, d'abord simple et élevé, se maintient pendant le XIVe siècle et finit par se dénaturer quelque peu en se surchargeant, au XVe siècle. On peut en juger par les fragments tirés de la cathédrale de Tournai, dont les verrières datent de 1475 à 1500.

7 38 21 21 37 9
8 22 16 23 10
17 19 20 18
14 24 11 25 15
32 26
13 33 1 36 12
39 28 2 29 40
34 3 35
30 4 31
41 5 27 6 42

126

The Middle Ages (14th Century)

MANUSCRIPT ILLUMINATION

The motifs making up this plate are all taken from a remarkable manuscript in the Bibliothèque nationale, Paris (the Book of St. Thomas Aquinas). These interesting illuminations are the work of 14th-century Italian artists. The ornaments themselves, distinguished by a boldness and precision that would be as appropriate to metal work – particularly wrought-iron work – as to the decoration of flat surfaces, are important artistically as constituting a kind of transition between the Byzantine style (modified by Arab influence) and that of the Renaissance.

126

Mittelalter (14. Jahrhundert)

ILLUMINIERTE HANDSCHRIFTEN

Die verschiedenen Motive dieser Tafel stammen alle aus einer bemerkenswerten Handschrift der Bibliothèque nationale in Paris (Buch des hl. Thomas von Aquin). Die Malereien stehen der italienischen Kunst des 14. Jahrhunderts nahe. Die Ornamente, die sich ihrer Genauigkeit und Kühnheit wegen ebenso für Metallarbeiten – besonders für die Schmiedeeisenkunst – wie für ebene Flächen eignen, nehmen in der Kunst einen wichtigen Platz ein. Sie stehen zwischen dem durch die arabische Kunst beeinflussten byzantinischen Stil und der Renaissance.

126

Moyen Age (XIVe siècle)

ENLUMINURES DE MANUSCRITS

Les divers motifs dont se compose la planche ci-contre sont tous tirés d'un manuscrit remarquable qui appartient à la Bibliothèque nationale (Livre de saint Thomas d'Aquin). C'est à l'art italien du XIVe siècle qu'on doit rapporter ces intéressantes enluminures. Les ornements, dont la précision et la hardiesse conviendraient aussi bien au travail des métaux, et particulièrement à la ferronnerie, qu'à l'ornementation des surfaces plates, occupent donc une place importante dans l'art qui sert en quelque sorte de transition entre le style byzantin, modifié par l'influence de l'art arabe, et celui de la Renaissance.

127

The Middle Ages (14th Century)

SILKS: BIRD, ANIMAL, AND FOLIAGE TYPES

We have set aside an entire plate for one of the most complete types – and one that is very well represented in the Kensington Museum (now Victoria & Albert Museum) in London. Our purpose is as much to stress the importance of this establishment from the standpoint of what interests us here as to pay tribute to the learned man who so patiently undertook to bring together so many diverse objects. This remarkable collection

127

Mittelalter (14. Jahrhundert)

SEIDE: VOGEL-, TIER- UND BLATTMUSTER

Für eines der Muster, die im Kensington Museum (heute Victoria & Albert Museum) in London am vollständigsten und am besten vertreten sind, haben wir eine Seite unseres Buches reserviert, um zum einen auf die Bedeutung dieser Institution für unser Thema hinzuweisen und zum anderen einem Gelehrten die Ehre zu erweisen, der mit beispielhafter Geduld unzählige Gegenstände zusammentrug. Dr. Franz Bock, Ehrenkanonikus am

127

Moyen Age (XIVe siècle)

SOIERIES : TYPES D'OISEAUX, ANIMAUX ET FEUILLAGES

Nous avons réservé pour l'un des types les plus complets et le mieux représentés au musée de Kensington, à Londres (aujourd'hui Victoria & Albert Museum), une page entière de notre livre, autant pour signaler l'importance de cet établissement du point de vue qui nous occupe, que pour rendre hommage à l'homme érudit qui a poursuivi si patiemment la réunion de tant d'objets divers. C'est à M. le docteur Franz Bock, cha-

1
2
3
3
4
5
6
7
8

is the legacy of the Revd. Dr. Bock, honorary canon of Aachen Cathedral, to whom was entrusted a scientific mission aimed at studying the way in which ancient fabrics were made. Other museums (in Vienna, in Nuremberg, even in Paris) owe some of their specimens to the same man. In fact, it is to Bock's researches that we can attribute the central core of the few important collections that are today capable of guiding our steps along the scholarly path we have chosen to pursue.
The four pieces that make up our plate are described at the Kensington Museum as belonging to the damask family and being of Italian manufacture (14th century). Is the author of the explanatory notes accompanying each of these specimens trying to tell us that they were made in Lucca, Italy? We are inclined to think so, because they seem to us to have been copied from Sicilian patterns – and Sicily is known to have been where the Lucca craftsmen came from. We find Luccan fabrics mentioned in a 1406 inventory by John the Fearless: "Purchased from Michael Moricon, merchant, of Lucca, three pieces... averaging between 18 and 20 écus each in value".
The very similar character of our four samples makes it superfluous to describe them in greater detail. All these fabrics comprise a plain red ground brocaded with gold and silk.

Dom von Aachen, der den Auftrag erhalten hatte, die Herstellung alter Stoffe wissenschaftlich zu studieren, vereinte diese bemerkenswerte Sammlung. Ihm haben die Museen in Wien, Nürnberg und sogar Paris einen Teil ihrer Stoffe zu verdanken, so dass das Ergebnis seiner Forschungen die Grundlage einiger bedeutender Sammlungen bildet, die uns heute für unsere eigenen Untersuchungen nützlich sind.
Die vier Stücke, aus denen sich die Tafel zusammensetzt, sind laut den Angaben des Kensington Museums Damaste italienischer Herkunft (14. Jahrhundert). Der Autor der Erläuterungen, die jeden dieser Stoffe begleiten, weißt darauf hin, dass sie in Lucca angefertigt worden seien, was wir bestätigen, denn sie scheinen Vorlagen aus Sizilien zu folgen, woher die Handwerker in Lucca bekanntlich kamen. Stoffe aus Lucca sind in einem Verzeichnis des Herzogs Johann Ohnefurcht von 1406 erwähnt: „Gekauft von Michel Moricon, Händler aus Lucca, drei Stücke“ für Preise zwischen „je 18 bis 20 Taler“.
Die Ähnlichkeit zwischen den vier Mustern enthebt uns der Aufgabe, sie eingehend zu beschreiben. All diese Stoffe haben einen gleichmäßig roten Grund und sind in Gold und Seide broschiert.

noine honoraire de la cathédrale d'Aix-la-Chapelle, qui fut chargé d'une mission scientifique ayant pour but d'étudier la fabrication des étoffes anciennes, qu'est due cette remarquable collection. C'est à lui aussi que les musées de Vienne, de Nuremberg, et même celui de Paris, doivent une partie de leurs échantillons, de telle sorte qu'on peut considérer le résultat de ses recherches comme le fonds réel des quelques collections importantes, capables aujourd'hui de nous guider dans l'étude que nous poursuivons.
Les quatre pièces qui composent notre planche sont désignées au musée de Kensington, comme appartenant au genre Damas, de fabrique italienne (XIVe siècle). L'auteur des notes explicatives qui accompagnent chacune de ces étoffes, veut-il nous indiquer par là les tissus fabriqués à Lucques, en Italie ? Elles semblent en effet être copiées sur celles de Sicile, d'où venaient, on le sait, les ouvriers de Lucques. En 1406, nous trouvons les étoffes de Lucques, mentionnées dans un inventaire de Jean sans Peur : « Acheté de Michel Moricon, marchand de Lucques, trois pièces » dont la valeur moyenne « était de 18 à 20 écus chaque. »
Le caractère absolument semblable de ces quatre échantillons nous dispense de les décrire plus particulièrement. Toutes ces étoffes sont d'un fond uniforme de couleur rouge et brochées d'or et de soie.

The Middle Ages (14th Century)

SILKS: GERMAN TYPES USING ANIMALS AFFRONTEE AND PASSANT

Of all German cities, Nuremberg is the most intriguing. Whether in terms of history, art, science, or things to see, it is Nuremberg that sticks in the mind. Nuremberg has ancient fortifications, picturesque buildings, fine churches, celebrated fountains, and artists of the stature of Michael Wohlgemuth and Albrecht Dürer. Moreover, Nuremberg possesses one of Europe's most remarkable museums, directed by a man who is undoubtedly very good indeed at making the establishment of which he is in charge of great use to all. For our part, we shall never forget the visit we paid to him, and how keen he was to make available to us samples of the ancient fabrics of which he has more than can be seen in any other collection. We had already had occasion, attending the Cologne and Munich exhibitions, to notice Germany's special peculiarities in the matter of reproducing Siculo-Arabic fabrics. We came across a considerable number of these fabrics in Nuremberg, and over the question of provenance we found ourselves sharing the views of their erudite collector. We learned that many of these fabrics came from Leipzig, where there had once been a large manufactory producing ecclesiastical clothing. Our stay in Nuremberg was too short to draw the full benefit from all this opulence or to extract more than a few jewels from the

128

Mittelalter (14. Jahrhundert)

SEIDE: DEUTSCHE MUSTER MIT GEGENSTÄNDIGEN ODER SCHREITENDEN TIEREN

Nürnberg ist die sehenswerteste aller deutschen Städte. Sie weckt Erinnerungen jeglicher Art, ob es nun um Geschichte, Kunst und Wissenschaft oder um Sehenswürdigkeiten geht. Nürnberg hat seine alten Befestigungen, seine malerischen Bauwerke, seine herrlichen Kirchen, seine berühmten Brunnen und seine anerkannten Meister wie Michael Wohlgemuth und Albrecht Dürer. Darüber hinaus besitzt die Stadt eines der bemerkenswertesten Museen Europas, dessen Direktor sich aufs Beste darauf versteht, die Sammlungen, die er betreut, allen zugute kommen zu lassen. Was uns betrifft, so werden wir nie den Besuch vergessen, den wir ihm abstatteten. Mit größter Bereitwilligkeit gab er uns die Muster alter Stoffe in die Hand, die in seiner Sammlung zahlreicher vertreten sind als überall anderswo. In dem Gespräch, das wir mit ihm über die Herkunft der Stoffe führten, waren wir der gleichen Meinung wie der gelehrte Sammler. Wie wir erfuhren, kommen viele der Stücke aus Leipzig, wo früher eine bedeutende Werkstatt für Priestergewänder bestand. Wir blieben zu kurz in Nürnberg, um all diese Schätze gebührend zur Kenntnis zu nehmen und einige besonders schöne Muster auszuwählen. Charles Ephrussi, der nach seiner bereits veröffentlichten Dürer-Studie Forschungen über Wohlgemuth betrieb, nahm sich erfolgreich unseres Anliegens an, und wir erhielten

128

Moyen Age (XIVe siècle)

SOIERIES : TYPES ALLEMANDS DES ANIMAUX AFFRONTÉS OU PASSANTS

Nuremberg est de toute l'Allemagne la ville la plus curieuse. Qu'il s'agisse d'histoire, d'art, de science ou de curiosité, Nuremberg évoque tous les souvenirs. Nuremberg a ses vieilles fortifications, ses constructions pittoresques, ses splendides églises, ses fontaines célèbres, ses maîtres renommés, tels que Michel Wohlgemuth et Albert Dürer. De plus, Nuremberg possède un des plus remarquables musées de l'Europe, dont, assurément, le directeur est l'un des hommes les plus doués pour rendre utile à tous l'établissement auquel il se consacre. Nous n'oublierons jamais la visite que nous lui avons faite, et l'empressement avec lequel il fit passer dans nos mains les échantillons de tissus anciens, plus nombreux dans sa collection que partout ailleurs. Déjà nous avions eu l'occasion, aux Expositions de Cologne et de Munich, de remarquer des particularités spéciales à l'Allemagne, dans la reproduction des étoffes siculo-arabes. Nous avons retrouvé un nombre assez considérable de ces tissus à Nuremberg. Dans la conversation que nous avons eue sur leur provenance, nous nous sommes tombés d'accord avec leur savant collecteur. Nous avons appris que beaucoup de ces tissus provenaient de Leipzig, où avait existé autrefois une importante fabrique de vêtements sacerdotaux. Nous sommes restés trop peu de temps à Nuremberg pour mettre à profit toutes ces ri-

casket. It was Charles Ephrussi, who at the time was conducting research into Wohlgemuth, having already published his essay on Dürer, who took care of our order and willingly despatched the designs that make up our plate. Such fabrics from Germany are characterised by the kind of radial effect accompanying these designs. Some of them we reproduced earlier, when we were concerned with classifying types rather than determining provenance.

die Dessins, die wir auf dieser Tafel wiedergeben.
Diese Stoffe deutscher Herkunft zeichnen sich durch die besondere Wirkung aus, die von den Mustern ausgeht. Einige Stücke hatten wir bereits abgebildet, als es uns mehr um die Klassifizierung nach Mustern und Motiven als um die Bestimmung von Provenienzen ging.

chesses et extraire quelques joyaux de l'écrin. M. Charles Ephrussi, qui faisait alors des recherches sur Wohlgemuth, après son étude déjà publiée sur Dürer, se chargea de notre demande, qui fut accueillie, et nous avons reçu les dessins de la planche que nous reproduisons. Ces étoffes d'origine allemande se signalent par ces sortes de rayonnements qui accompagnent les dessins. Nous en avions déjà reproduit, en nous occupant de classer les types plutôt que de déterminer les lieux de provenance.

129

The Middle Ages (14th Century)

FLOWERING ASTER-STEM TYPE

In the explanatory notes accompanying the plates in this volume, we have had occasion several times to point out types borrowed from the Persian style as well as from the customs of that country and from its religious emblems. Of those emblems, possibly none merits our attention more than the one using stems of flowering asters. Indeed, while the religion of Zoroaster, which was that of the peoples of western Asia, had great respect for fire and raised altars or pyres to it, and while it revered the *hom* or sacred tree, its most exalted requirement, over and above all else, was to worship the sun, itself a star (and as such etymologically linked to 'aster'). The sun was that fire in the heavens whose power struck humans as so invigorating and at the same time so terrible. It might, as it wished, create or destroy, stimulate or ruin

129

Mittelalter (14. Jahrhundert)

ASTERNMUSTER

In den Erläuterungen zu den Tafeln des vorliegenden Bandes hatten wir bereits mehrmals Gelegenheit, auf Muster hinzuweisen, die dem persischen Kunstverständnis, den Bräuchen und der religiösen Symbolik dieses Landes, folgen. Keines dieser Symbole verdient wohl mehr Aufmerksamkeit als die Asternblüte. Der Zoroastrismus, dem die asiatischen Völker anhingen, verehrte das Feuer, dem Altäre oder Pyräen errichtet wurden, und den hom oder heiligen Baum; der Zoroastrismus gebot vor allen Dingen, die Sonne anzubeten, das Himmelsfeuer, deren Macht so stärkend und so schrecklich erschien, dass sie nach eigenem Belieben schaffen oder zerstören, das Wachstum fördern oder zunichte machen, Überfluss oder Hungersnot bringen und mit ihrem Licht über das Leben und

129

Moyen Age (XIVe siècle)

TYPE DES BRANCHES D'ASTERS FLEURIES

Dans les notices explicatives qui accompagnent les planches de cet ouvrage, nous avons déjà rencontré plusieurs occasions de signaler des types empruntés au goût persan, aux mœurs de ce pays et à son emblématique religieux. Nul de ces emblèmes ne mérite peut-être davantage de fixer l'attention que celui des branches d'asters fleuries. En effet, si la religion de Zoroastre, qui était celle des peuples de l'Asie, honorait le feu et lui élevait des autels, ou pyrées, si elle révérait le *hom* ou arbre sacré, elle commandait avant tout et surtout d'adorer le Soleil, cet astre, ce feu du ciel, dont la puissance leur semblait si vivifiante et si terrible, qu'il pouvait à son gré créer ou détruire, exciter la végétation ou la ruiner, amener l'abondance ou la famine, et tenir dans ses rayons la vie ou la mort de tous les peuples. Leurs

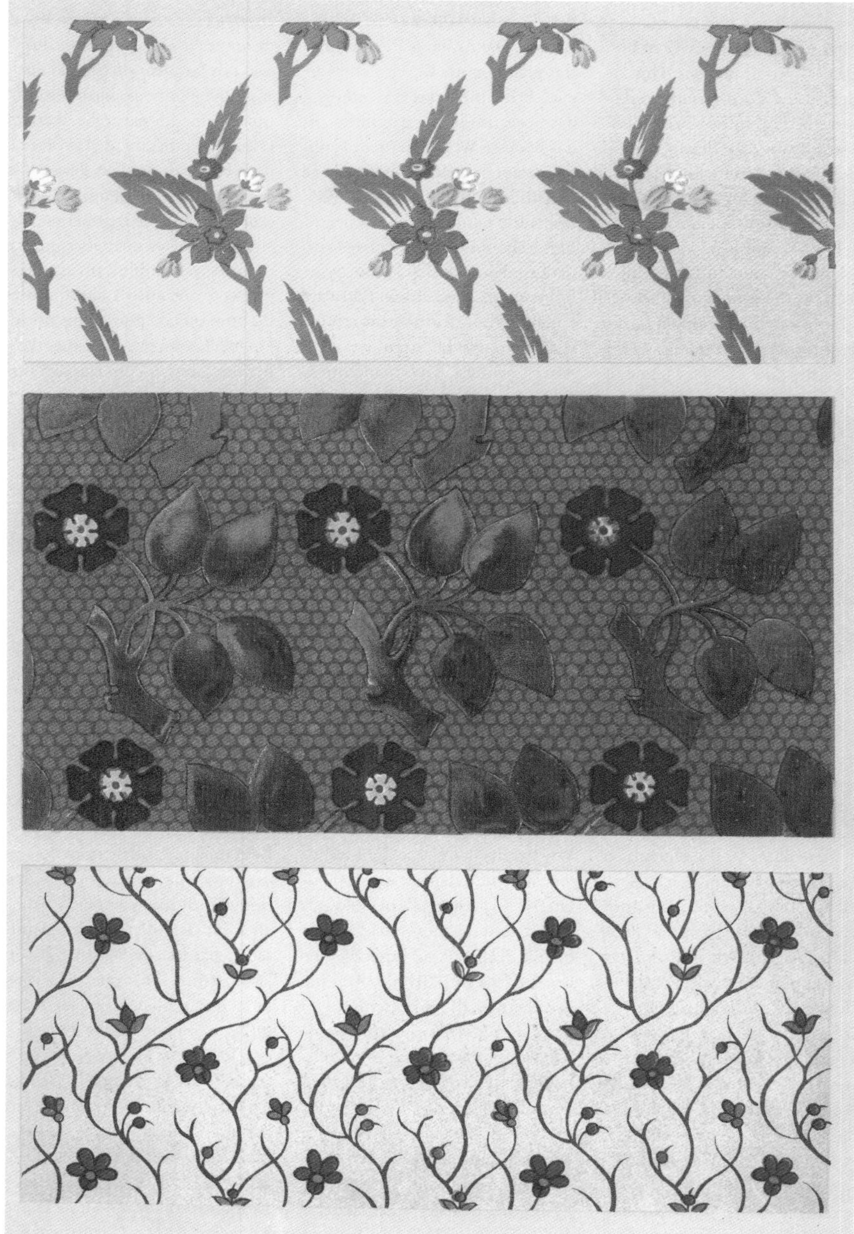

vegetation, bring plenty or famine. Its rays wielded the power of life or death over all peoples. The beliefs of the Zoroastrians could be summed up in two principles: the world was torn between good and evil, and the sun, for them, was the Supreme Being. As they saw it, the sun paid no allegiance to natural law; the sun was God, all-powerful, whose will and bounty must be seen as the source of all things. So they created an emblem to represent it, and the emblem was this flower, the *aster*, the very name of which signals its kinship with every heavenly body. The aster, as ornament, is still in use today to form circular, petalled rosettes.
Our plate illustrates three types of fabric belonging to various genres: the first is a satin brocade, the second a velvet, the third a piece of woollen cloth blended with silk.

den Tod aller Völker gebieten konnte. Die Anhänger Zarathustras glaubten im Wesentlichen an zwei Prinzipien: das Gute und das Böse; die Sonne galt ihnen als das höchste Wesen. Keinem Naturgesetz unterworfen, war sie der allmächtige Gott, von dessen Willen und Güte man alles zu erwarten hatte. Um dieses Himmelsgestirn darzustellen, schufen sie ein Symbol namens *aster*, dessen Form an einen Stern (astrum) erinnert und nach dem wir die Sternblumen Astern nennen. Als Ornamentmotiv sind Astern auch heute noch kreisförmige, mit Blütenblättern besetzte Rosetten.
Auf der Tafel sind drei Stoffarten vereint, die verschiedenen Gattungen angehören: zuoberst ein broschierter Satin, in der Mitte ein Samt und zuunterst ein mit Seide gemischter Wollstoff.

croyances se résumaient en deux principes : celui du bien et du mal ; ils faisaient du Soleil l'être suprême. Pour eux, il n'obéissait point à une loi naturelle, il était le Dieu tout puissant, de la volonté et de la bonté duquel on devait tout attendre. Aussi avaient-ils créé un emblème pour le représenter : c'était cette fleur, cet *aster*, qui par sa forme ressemble à un astre et que sa forme aussi a fait nommer du nom qu'elle porte dans notre langue. Les asters, en termes d'ornement, sont encore aujourd'hui des rosaces rondes toutes munies de pétales.
La planche que nous donnons reproduit trois types de tissus appartenant à des genres divers ; le premier, formant le haut de la planche, est un satin broché ; le second un velours ; le troisième un tissu de laine mélangé de soie.

130

The Middle Ages (14th Century)

ASTER TYPE

The mere name of the type under discussion here is enough to determine its oriental origin. The aster was indeed deemed a sacred plant by adepts of the cult of Zoroaster. It was so named because of its resemblance to the stars [*astra*] that they worshipped. This was a type used for hangings and garments right back at the end of the 13th century, throughout the 14th century, and in the early 15th century. Our plate shows specimens from various periods.
The oldest one is a velvet presenting a red ground decorated with

130

Mittelalter (14. Jahrhundert)

ASTERNMUSTER

Wie bereits der Name dieses Musters andeutet, stammt es aus dem Orient. Die Aster galt bei den Anhängern des Zoroastrismus als heilige Pflanze, und ihren Namen verdankt sie ihrer Ähnlichkeit mit den Sternen, die in dieser Religion besonders verehrt wurden. Das Asternmotiv wurde für Wandbehänge und Kleider vom ausgehenden 13. Jahrhundert bis ins frühe 15. Jahrhundert verwendet. Unsere Tafel vereint Muster aus verschiedenen Perioden.
In der Mitte links (**Nr. 2**) ist der älteste Stoff zu sehen, ein Samt mit

130

Moyen Age (XIVe siècle)

TYPE DES ASTERS

Rien qu'à lui seul, le nom du type dont nous parlons suffit à en déterminer l'origine orientale. L'aster, en effet, fut considéré comme plante sacrée par les adeptes du culte de Zoroastre, et ainsi nommé à cause de sa ressemblance avec les astres qu'ils adoraient. Ce fut un type employé pour les tentures et les vêtements dès la fin du XIIIe siècle, tout au long du XIVe siècle et au commencement du XVe. Notre planche nous montre des spécimens de ces diverses époques.
L'échantillon du milieu de la page à gauche (**n° 2**) est le plus ancien.

green and brocaded with gold and silver (**no. 2**). This fine piece was copied by M. Regamey, our collaborator, from the cover of a manuscript in the Bibliothèque nationale in Paris, when he was working on a chromolithographic reproduction of the manuscripts of Count de Bastard. He was kind enough to give us his drawing.

The sample with the satinised red ground brocaded in green with red-velvet asters in multiple shades is from our own collection (**no. 3**); its elegance marks it out as rather special. Of the two larger illustrations, the one at the top (**no. 1**) is a white velvet decorated in greens and reds. We are indebted to Mr. Escosura for this piece. Paul Lacroix mentions a fabric like it in his book on the 15th century as having been used for garments of the time, reproducing it from tarots invented by J. Gringoneur for the revels of King Charles VI of France. The other one (**no. 4**), with its red ground brocaded with gold and its unmistakably Arabic design, belongs to our own collection. It

rotem Grund, der in gold- und silberbroschiertem Grün gehöht ist. Dieses schöne Stück wurde von unserem Mitarbeiter, Herrn Regamey, nach dem Einband einer Handschrift in der Pariser Bibliothèque nationale kopiert, als dieser an den Farblithografien des großen Handschriftenwerkes des Grafen de Bastard arbeitete. Er stellte uns seine Zeichnung gerne zur Verfügung.

Das Stück mit grün broschiertem rotem Satingrund und einem Asternmuster aus Samt in rotem Camaieu zeichnet sich durch seine besondere Eleganz aus; es befindet sich in unserem Besitz (**Nr. 3**). Von den beiden großen Stücken in der oberen und unteren Tafelhälfte ist das erste (**Nr. 1**) ein grün und rot gehöhter weißer Samt, dessen Besitz wir der Freundschaft von Herrn Escosura verdanken. In seinem Buch über das 15. Jahrhundert weist Paul Lacroix auf einen ähnlichen Stoff hin, der für Gewänder jener Zeit verwendet wurde. Er bildet ihn nach Tarotkarten ab, die von J. Gringoneur

C'est un velours sur fond rouge relevé de vert broché d'or et d'argent. Cette belle pièce a été copiée par M. Regamey, notre coopérateur, sur la couverture d'un manuscrit de la Bibliothèque nationale de Paris, lorsqu'il travaillait à la chromolithographie du grand ouvrage sur les manuscrits de M. le comte de Bastard. Il a bien voulu nous donner son dessin.

L'échantillon à fond rouge satiné broché de vert à asters de velours rouge ton sur ton nous appartient ; son élégance le signale tout particulièrement (**n° 3**). Les deux grandes pièces du haut et du bas de la page sont, la première en tête (**n° 1**), un velours blanc relevé de vert et de rouge dont nous devons la propriété à l'amitié de M. Escosura. M. Paul Lacroix, dans son livre du XVe siècle, en signale un semblable comme servant aux costumes de cette époque. Il le reproduit d'après les tarots inventés par J. Gringoneur, pour l'ébattement du roi Charles VI. La seconde (**n° 4**), à fond rouge broché d'or, d'un dessin franchement arabe, fait

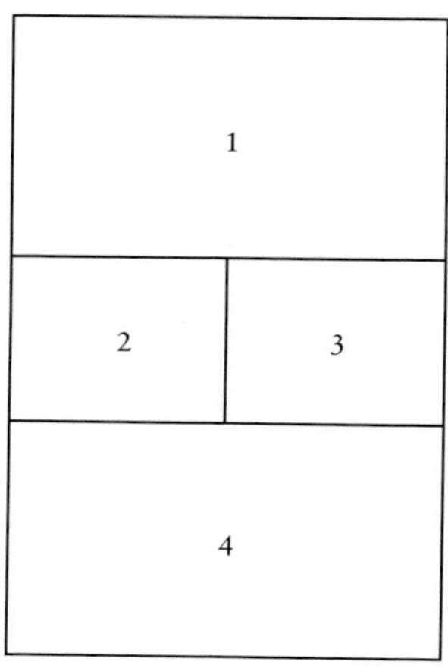

strikes us as originating from an earlier period than the other specimens, and we date its manufacture to the early years of the 14th century; its matchless opulence gives a very good idea of the luxury of those far-off times.

zur Unterhaltung des Königs Karl VI. entworfen wurden. Das zweite Stück (**Nr. 4**) mit goldbroschiertem rotem Grund und einem eindeutig arabischen Muster ist Teil unserer Sammlung. Es scheint uns jünger zu sein als die übrigen Beispiele und wurde vermutlich in den ersten Jahren des 14. Jahrhunderts geschaffen; sein unvergleichlicher Reichtum gibt einen guten Eindruck vom Luxus jener fernen Zeiten.

partie de notre collection. Elle nous paraît d'une époque moins reculée que les autres spécimens, et nous en rapportons la fabrication aux premières années du XIVe siècle ; sa richesse est incomparable et donne une haute idée du luxe de ces temps éloignés.

131

The Middle Ages (14th Century)

WROUGHT-IRONWORK TYPE

Often the industrial arts of a particular epoch will copy or borrow decorative motifs from one another, the observer coming across and noting the outward form of such motifs on products created in totally different conditions. Think, for instance, of all the different arts that architecture has furnished with models. In this case it is the blacksmith inspiring the weaver.

The two specimens occupying the top and bottom of this plate (**nos. 1 and 3**) offer proof of what we are suggesting while at the same time justifying the name we have adopted. Of the two models, it is mainly the lower one that presents a striking analogy with the compositions of writhing volutes of chased and hammered wrought iron, complete with little Gothic leaves adorning the edges of flowing spirals, that are so characteristic of the strap hinges we find applied in relief to the doors of

131

Mittelalter (14. Jahrhundert)

EISENGITTERMUSTER

Häufig kopierten sich die verschiedenen Kunsthandwerkszweige ein und derselben Epoche gegenseitig oder übernahmen ihre Schmuckmotive von anderen Gattungen, so dass der Beobachter bestimmte Formen auf Erzeugnissen wieder entdeckt, deren Herstellungsbedingungen völlig unterschiedlich waren. So hat die Architektur Vorlagen für zahlreiche andere Künste geliefert. Hier ist es der Kunstschmied, der dem Weber Anregungen gab.

Die beiden Stücke, die den oberen und unteren Bereich der Tafel einnehmen (**Nr. 1 und 3**), belegen unsere Ausführungen und rechtfertigen die von uns gewählte Bezeichnung. Vor allem das untere weist eine auffallende Ähnlichkeit mit den volutenartigen Kompositionen der geschmiedeten und ziselierten Eisengitter auf, die man mit ihren aus Spiralen hervorwachsenden gotischen Blättchen an den Türen von Bauwerken aus dem

131

Moyen Age (XIVe siècle)

TYPE DE FERRONNERIE

Souvent les arts industriels d'une même époque se sont copiés ou se sont empruntés les uns aux autres des motifs décoratifs, dont l'observateur rencontre et constate la forme extérieure sur des productions dont les conditions de création sont absolument différentes. Par exemple, à combien d'arts différents l'architecture n'a-t-elle pas fourni ses modèles. Ici c'est le forgeron qui inspire le tisserand.

Les deux spécimens, dont l'un occupe la partie supérieure de cette planche et l'autre la partie inférieure (**nos 1 et 3**), sont une preuve de ce que nous avançons et une justification de la dénomination que nous avons adoptée. De ces deux modèles, le dernier, surtout, présente une frappante analogie avec les compositions à volutes tournantes des pentures en fer travaillé, ciselé, relevé au marteau, échancrées de petites feuilles gothiques qui meublent le bord des spirales courantes, que l'on voit

monuments in the 13th and 14th centuries. This is not, of course, to suggest that wrought-ironwork was the only art to make use of the sort of design we are talking about; we know that such designs belonged to the general decorative vocabulary of the period. All we are seeking to do is endow our thinking with a comparative value that will render it more striking. The fact is, the arrangement described above is undoubtedly more in evidence in early wrought-ironwork than in any other craft using this decorative motif.
In addition to the two pieces we have just discussed, our plate reproduces a third specimen (**no. 2**). This belongs to the dying years of the 14th century, and 150 years later it will be one of the types rediscovered by the Renaissance, which will make very extensive use of it, particularly to decorate its velvets on a satinised ground.

13. und 14. Jahrhundert findet. Wir wollen damit natürlich nicht behaupten, dass einzig die Eisenschmiedekunst über die von uns beschriebenen Motive verfügte; wir wissen, dass es zur allgemeinen Dekoration jener Zeit gehörte, und wir beabsichtigen lediglich, unserer Ableitung mehr Gewicht zu geben. Die von uns beschriebene Anordnung ist jedenfalls für die alte Schmiedekunst typischer als für jedes andere Handwerk, das sich dieses Dekormotivs bediente.
Neben den beiden erwähnten Beispielen befindet sich in der Tafelmitte ein Stück (**Nr. 2**), das aus dem ausgehenden 14. Jahrhundert datiert und zu einem Typ gehört, den die Renaissance 150 Jahre später wiederentdecken und äußerst vorteilhaft für die Dekoration ihrer Samte mit Satingrund einsetzen sollte.

appliquées en relief sur les portes des monuments des XIIIe et XIVe siècles. Nous ne voulons pas, bien entendu, affirmer par là que l'art du ferronnier disposait seul du genre de dessin que nous caractérisons ; nous savons qu'il appartenait à la décoration générale de cette époque, et nous n'avons d'autre intention que de donner à notre pensée une valeur de comparaison qui la rende plus saisissante. Or, la disposition que nous décrivons est certainement plus remarquable dans la ferronnerie ancienne que dans tout autre branche d'industrie, qui se soit servie de ce motif décoratif.
Outre les deux spécimens que nous venons de décrire, un troisième occupe le centre de la planche (**nº 2**). Il appartient aux dernières années du XIVe siècle, et sera cent cinquante ans plus tard un des types que la Renaissance retrouvera, et dont elle tirera le plus grand parti pour la décoration de ses velours à fonds satinés.

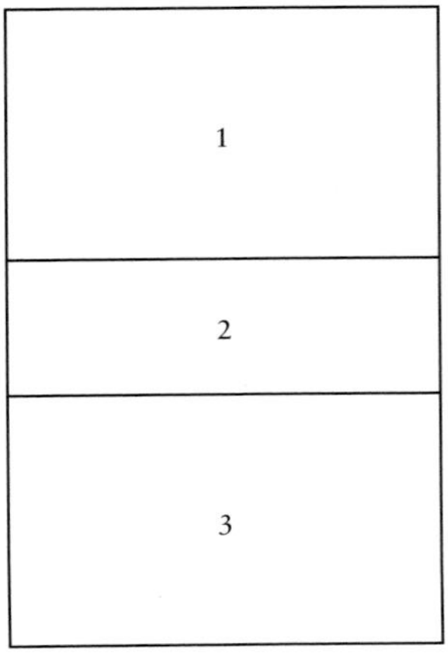

1
2
3

132

The Middle Ages (14th and 15th Centuries)

MANUSCRIPT ILLUMINATION

The first sixteen fragments here (unnumbered), from a 14th-century Italian manuscript attributed to Simon Memmi, are a continuation of the examples in plate 126, reproducing the same broad features but with greater variety of form and more frequent use of human and animal figures. Motifs **nos. 17–20**, also of Italian origin, represent standard marginal and initial decorations in use in the 15th century. They are taken from a copy of Suetonius and a history of Justinian.

132

Mittelalter (14. und 15. Jahrhundert)

BUCHMALEREIEN

Die sechzehn ersten, nicht numerierten Motive sind einer italienischen Handschrift des 14. Jahrhunderts entnommen, die Simon Memmi zugesprochen wird. Sie schließen sich an die Motive der Tafel 126 an, denen sie in den Hauptmerkmalen ähnlich sind; darüber hinaus zeichnen sie sich durch vielfältigere Formen und die häufigere Verwendung von Menschen- und Tierfiguren aus. Die **Nrn. 17–20** sind ebenfalls italienischer Herkunft und stehen stellvertretend für die Initialen und Randdekorationen der meisten Handschriften des 15. Jahrhunderts. Sie stammen aus einer Sueton-Handschrift und einer Geschichte Justinians.

132

Moyen Age (XIVe et XVe siècles)

PEINTURES DES MANUSCRITS

Les seize premiers fragments, non numérotés, proviennent d'un manuscrit italien du XIVe siècle, attribué à Simon Memmi, et font suite aux exemples contenus dans la planche 126, dont ils reproduisent les principaux caractères, avec plus de variété dans les formes et l'emploi plus fréquent de la figure humaine et des figures d'animaux. Les **nos 17–20** sont également de provenance italienne et sont le type des décorations marginales et des initiales des manuscrits du XVe siècle. Ils proviennent d'un Suétone et d'une histoire de Justinien.

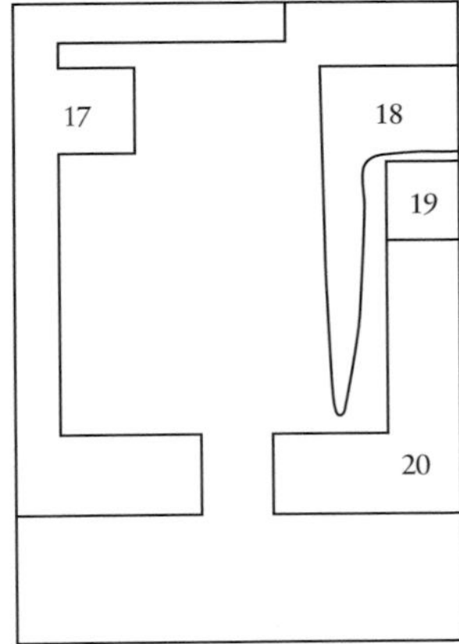

17
18
19
20
Lith. par Daumont
FIRMIN-DIDOT FRÈRES FILS & Cie ÉDITEURS
Imp. Lemercier & Cie Paris

133

The Middle Ages (14th and 15th Centuries)

MARQUETRY

The first twenty motifs in this plate are mosaics of ivory and wood from the Poissy altarpiece, a magnificent ivory monument in the finest 14th-century style. The altarpiece was donated in 1416 by Jean de France, brother of Charles V, and by his second wife Jeanne, Countess of Auvergne and Boulogne, whom he had married in 1389.
Nos. 21–27. Taken from various ivory caskets, all of about the same period.
Nos. 28–31. 15th-century wood mosaics from the pulpit of Sant' Ambrogio, Milan.
Although the dates of a number of these motifs are close to the Renaissance, stylistically they are still Byzantine. It is in fact in the nature of a craft such as marquetry, which confines itself to simple means, to be less susceptible than any other to successive changes in ornamental style.

133

Mittelalter (14. und 15. Jahrhundert)

INTARSIEN

Die ersten zwanzig Nummern dieser Tafel stellen Elfenbein- und Holzmosaiken dar, die vom so genannten Altar von Poissy stammen, einem prachtvollen Elfenbeinwerk im schönsten Stil des 14. Jahrhunderts. 1416 stifteten Jean de France, der Bruder Karls V., und Jeanne, Gräfin von Auvergne und Boulogne, die er 1389 in zweiter Ehe geheiratet hatte, diesen Altar.
Die **Nrn. 21–27** gehören zu Elfenbeinkästchen derselben Zeit.
Die **Nrn. 28–31**, Holzmosaiken aus dem 15. Jahrhundert, stammen von der Kanzel von Sant' Ambrogio in Mailand. Diese verschiedenen Motive gehören stilistisch zum byzantinischen Genre, obwohl einige zeitlich der Renaissance recht nahestehen. Ein Kunsthandwerk wie die Holzeinlegearbeit, das nur einfache Mittel kennt, ist dem unaufhörlichen Wandel der Dekoration nicht so stark unterworfen.

133

Moyen Age (XIVe et XVe siècles)

MARQUETERIES

Les vingt premiers numéros de la planche ci-contre représentent des mosaïques d'ivoire et de bois provenant du retable dit de Poissy, magnifique monument d'ivoire, dans le plus beau style du XIVe siècle. La donation de ce retable fut faite en 1416 par Jean de France, frère de Charles V, et Jeanne, comtesse d'Auvergne et de Boulogne, qu'il avait épousée en secondes noces en 1389.
Les **nos 21–27** sont empruntés à divers coffrets en ivoire d'une même époque.
Les **nos 28–31**, mosaïques de bois du XVe siècle de la chaire de saint Ambroise, à Milan. Le style des motifs, bien que plusieurs appartiennent à une époque plus ou moins rapprochée de la Renaissance, est de genre byzantin. Il est d'ailleurs dans la nature d'une industrie comme celle de la marqueterie, qui ne comporte que des moyens simples, de se plier moins que tout autre aux modifications successives de l'ornementatio.

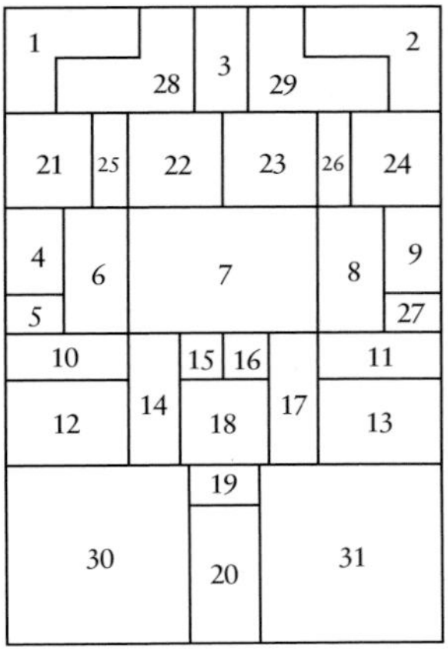

The Middle Ages (14th and 15th Centuries)

SILKS: VINE-STEM MULLIONS TYPE

Due to a printing error, the plate is headed '16th Century.' We shall be devoting the explanatory text that accompanies the plate 138 (in which the more open type of ornament will be more clearly traced) to defining what we mean by the term 'mullions type' that we have used to describe the type of decoration represented here. This initial study is concerned to explore the origins of one of the most ancient of motifs, one that has remained in constant use in the ornamental art of every branch of the textile industry. It is by placing our faith in the comparative factor that we shall be able to determine what we are looking for. When Charles Lenormant was desirous of demonstrating the Sassanid origin of the great majority of ancient fabrics, he wrote an essay for *Mélanges d'Archéologie*, the volume published by Fathers Cahier and Martin, containing a comparative analysis of the decoration of such fabrics with emblems of the religion of Zoroaster. He managed to prove irrefutably that all their decoration was taken from oriental art. Did the type that interests us here come from the East, or had it originated in German workshops, where Siculo-Arabic models had been copied?

The very sophisticated design was our sole guide here, for there are no emblems to refer to; the presence of crowns left an element of doubt, but the shape of the leaves and the whole tenor of the design were definitely oriental. In short, we were

134

Mittelalter (14. und 15. Jahrhundert)

SEIDENSTOFFE: STABMUSTER MIT WEINRANKEN

Die Tafel ist aufgrund eines Druckfehlers mit „16. Jahrhundert“ bezeichnet. In den Erläuterungen zu Tafel 138, in der sich der etwas weniger reich geschmückte Typ deutlicher erkennen lässt, werden wir ausführen, was wir unter dem Ausdruck „Stab“ verstehen, mit dem wir den hier abgebildeten Typ bezeichnen. In dieser ersten Studie wollen wir uns dagegen mit der Suche nach dem Ursprung eines der ältesten Muster befassen, das in der Ornamentkunst aller Handwerkszweige stets Anwendung fand. Mit Hilfe von Vergleichen kann es gelingen, eine unbekannte Herkunft zu bestimmen. Als Herr Lenormant den sassanidischen Ursprung der meisten alten Stoffe beweisen wollte, veröffentlichte er in den *Mélanges d'Archéologie* der Patres Cahier und Martin eine Untersuchung, in der er die Verzierung dieser Stoffe mit den Symbolen des Zoroastrismus verglich und auf diese Weise beweisen konnte, dass ihr gesamter Schmuck der orientalischen Kunst entliehen war. Ist der Typ, der uns hier beschäftigt, orientalisch, oder ging er aus deutschen Werkstätten hervor, in denen sizilianisch-arabische Vorlagen kopiert wurden?

Die reiche Zeichnung gab uns Anhaltspunkte, da keine Symbole vorkommen, die man anführen könnte; die Präsenz von Kränzen ließ uns etwas zweifeln, die Form und Ausführung der Blätter waren orientalisch, und wir zögerten, bis wir das herrliche blaue Beispiel in der Mitte der Tafel fanden (**Nr. 3**),

134

Moyen Age (XIVe et XVe siècles)

SOIERIES : TYPE DES MENEAUX À BRANCHES DE VIGNE

La planche porte, par erreur d'impression, le XVIe siècle. Nous nous réservons, dans le texte explicatif de la planche 138, où le type plus dégagé d'ornements sera plus nettement dessiné, de déterminer ce que nous entendons par le mot meneaux, dont nous qualifions le type que nous représentons ici, et nous consacrerons cette première étude à rechercher l'origine de l'un des plus anciens dessins, dont l'usage est toujours resté persistant dans l'art ornemental de toutes les branches de l'industrie.

C'est en s'appuyant sur la comparaison qu'on peut arriver à déterminer les origines inconnues. Quand M. Lenormant voulut démontrer l'origine sassanide de la majeure partie des tissus anciens, il publia, dans les *Mélanges d'Archéologie* des révérends pères Cahier et Martin, une analyse comparée de la décoration de ces tissus avec les emblèmes de la religion de Zoroastre, et il parvint à démontrer d'une manière irréfutable que toute leur décoration était empruntée à l'art oriental.

Le type qui nous occupe était-il du domaine de l'Orient, ou avait-il pris naissance dans les ateliers allemands, où la copie siculo-arabe avait été exécutée ?

Le dessin, très savant, pouvait seul nous guider ici, puisqu'il n'y a point d'emblèmes à invoquer ; la présence des couronnes laissait quelques doutes, la forme des feuilles, le parti du dessin était bien oriental, et nous hésitions, quand avons enfin trouvé le magnifique

very much in two minds when finally we came across the splendid blue specimen that occupies the centre of our plate (**no. 3**). Dating from at least as early as the beginning of the 14th century, possibly even from the second half of the 13th, this clearly shows us the Asian origin of what is a delightful composition. Who, indeed, could fail to recognise the purest Persian taste in the decoration of this splendid piece?
The first specimen (**no. 1**) is from our own collection. We saw the one below it (**no. 4**) used in a painting in Naples. The other two, occupying the right-hand side of the plate (**nos. 2 and 5**), were sent to us from Vienna by the director of the museum there, who was good enough to arrange for watercolour copies of the originals to be made under his supervision. We hope that he will find them faithfully reproduced here and that he will be so kind as to accept our thanks. These fabrics, all of which use twisted gold on rubber or gilded paper, date from the 13th to the mid-15th century.

das aus den ersten Jahren des 14., vielleicht sogar aus der zweiten Hälfte des 13. Jahrhunderts datieren könnte – diese Tatsache zeigte uns eindeutig die asiatische Herkunft dieser kunstvollen Komposition. Wer wird nicht in der Verzierung dieses prachtvollen Stoffes den reinsten persischen Geschmack erkennen?
Das Stück in der oberen linken Ecke (**Nr. 1**) befindet sich in unserer Sammlung. Das darunter stehende (**Nr. 4**) fanden wir in einem Gemälde in Neapel, während uns die beiden Muster der rechten Hälfte (**Nrn. 2 und 5**) durch den Direktor des Museums in Wien zur Verfügung gestellt wurden, der so freundlich war, das Aquarell unter seiner Aufsicht nach den Originalen anfertigen zu lassen. Wir hoffen, dass er hier eine getreue Reproduktion finden möge, und möchten ihm unseren herzlichen Dank aussprechen. Die Muster gehören alle zur Serie der Stoffe mit Häutchengold oder vergoldetem Papier und dürften zwischen dem 13. und der Mitte des 15. Jahrhunderts entstanden sein.

spécimen bleu du milieu de la planche (**nº 3**), qui date au moins des premières années du XIVe siècle, peut-être même de la seconde moitié du XIIIe, qui vint nous démontrer jusqu'à l'évidence l'origine asiatique de cette heureuse composition. Qui, en effet, ne reconnaîtra le goût persan le plus pur dans la décoration de ce tissu magnifique ?
Le premier spécimen à gauche, occupant le haut de la page (**nº 1**), fait partie de notre collection. Nous avons vu le second (**nº 4**) employé dans une peinture, à Naples ; les deux autres, placés à droite de la planche (**nºs 2 et 5**), nous ont été adressés de Vienne par M. le directeur du Musée de cette capitale, qui a bien voulu se charger d'en faire exécuter l'aquarelle sous sa surveillance et sur les originaux. Nous espérons qu'il en trouvera ici la fidèle reproduction et qu'il voudra bien en accepter nos remerciements. Ces tissus, tous de la série des tissus à or retors de baudruche ou papier doré, se classent du XIIIe au milieu du XVe siècle.

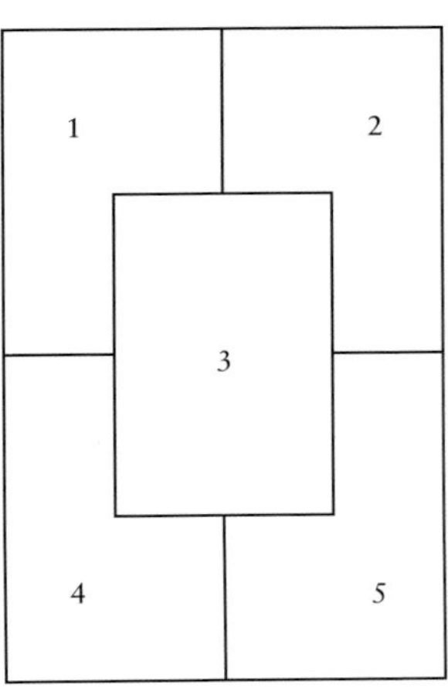

135

The Middle Ages (14th and 15th Centuries)

SILKS: POLYCHROME VELVETS

Disregarding the various decorative types to which our samples of polychrome velvets belong, we thought it would be useful to bring them together on one plate in order that together they might give a better idea of the wide range of designs adopted during part of the 14th century and throughout the 15th to embellish these particular fabrics.
For a long time now, velvet weavers had been using warp and weft in different colours. The splendid sample from the Fortuny collection that we reproduce here (**no. 3**), with a design of parrots affrontee alternating with Gothic lobed leaves around a central pomegranate, is proof of that. Immediately after it we must range in first place the gold-brocaded velvet decorated with

135

Mittelalter (14. und 15. Jahrhundert)

SEIDE: MEHRFARBIGER SAMT

Wir lassen einmal den Mustertyp beiseite, dem jeder der hier reproduzierten mehrfarbigen Samte angehört, da es uns nützlich erscheint, die Gesamtheit der verschiedenartigen Muster, die im späten 14. und im ganzen 15. Jahrhundert für die Dekoration dieser besonderen Stoffe verwendet wurden, auf einer einzigen Tafel zu vereinen. Bereits seit langem verwendete man für Samtgewebe verschiedenfarbige Kett- und Schussfäden. Das von uns abgebildete herrliche Stück aus der Sammlung Fortuny (**Nr. 3**), das abwechselnd gegenständige Papageien und vielpassige gotische Blätter mit zentralen Granatäpfeln zeigt, belegt unsere Feststellung. Unmittelbar nach ihm einzuordnen haben wir den mit Ritteremblemen geschmückten goldbroschierten Samt (**Nr. 1**), der

135

Moyen Age (XIVe et XVe siècles)

SOIERIES : VELOURS POLYCHROMES

En laissant de côté le type décoratif auquel appartient chacun des échantillons de velours polychromes qui composent notre planche, nous avons pensé qu'il était utile d'en réunir la série sur une même feuille, afin que leur ensemble fît mieux comprendre les divers genres de dessins qui furent adoptés pendant une partie du XIVe et durant tout le cours du XVe siècle, pour l'ornementation de ces tissus particuliers. Depuis longtemps déjà on usait, dans le genre velours, de l'emploi des chaînes et des trames de diverses couleurs. Le magnifique échantillon de la collection Fortuny, que nous avons reproduit (**no 3**), et dont le dessin est alterné de perroquets affrontés et de feuilles lobées gothiques, à la grenade centrale, en fait foi. Nous devons immédiatement après lui classer

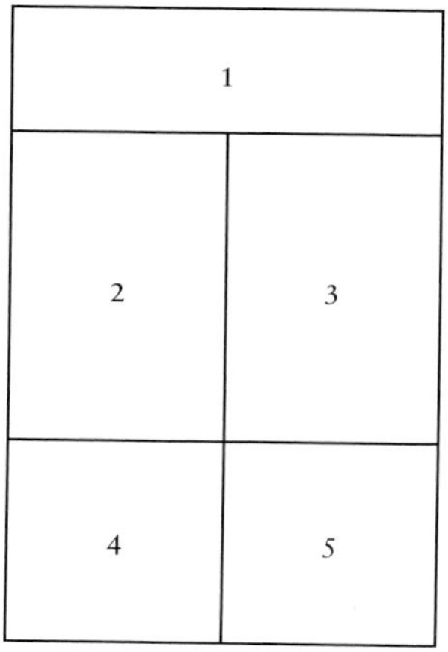

1	
2	3
4	5

emblems of chivalry that occupies the head of our plate and that dates, we believe, from before the 15th century (**no. 1**). The helmet and flowing plumes that we see there went back to the 13th century; according to the 17th-century French historian François-Eudes de Mezeray, it was imported from the Crusades. On the other hand the painter Paolo Uccello, who lived from 1396 to 1479, in his *Battle of San Romano*, in the British Museum in London (now in the National Gallery), shows us the same plumed helmets. The painting also shows us a knightly headdress made of golden velvet with Gothic lobed leaves, decorated with the kind of pattern shown in the sample illustrated below (**no. 2**). The sample to the right of this (**no. 3**), showing a garland of small pomegranates surrounding a larger pomegranate, belongs to the second half of the 15th century, as do the two samples at the bottom of the plate (**no. 4** is from the large Basilewski Collection; **no. 5** was kindly provided by Mr Dreyfus).

vor dem 15. Jahrhundert entstanden sein dürfte und unsere Tafel bekrönt. Der mit Federbusch versehene Helm wurde bereits im 13. Jahrhundert getragen und gehört laut dem Historiker François-Eudes de Mezeray zu einem Typ, den die Ritter von den Kreuzzügen mitbrachten. Die gleichen Federbuschhelme gab der Maler Paolo Uccello (1396–1479) in seinem im British Museum in London bewahrten Bild *Die Schlacht bei San Romano* (heute in der National Gallery) wieder. Dort sieht man des Weiteren eine ritterliche Kopfbedeckung aus Goldsamt, der mit gotisch geschweiften Blättern geschmückt ist, in der Art des Beispiels, das sich auf unserer Tafel in der Mitte links befindet (**Nr. 2**). Sein Nachbar zur Rechten (**Nr. 3**) leitet sich vom Stabtypus ab; das Muster wird von einer Girlande kleiner Granatäpfel rund um einen großen zentralen Granatapfel gebildet. Der Stoff datiert aus der zweiten Hälfte des 15. Jahrhunderts, wie auch die beiden Stücke darunter; das linke (**Nr. 4**) stammt aus der reichen Sammlung Basilewski, das rechte (**Nr. 5**) stellte uns freundlicherweise Herr Dreyfus zur Verfügung.

premièrement : le velours broché d'or, décoré d'emblèmes de chevalerie, qui occupe la tête de notre planche (**nº 1**), et que nous croyons remonter au-delà du XVe siècle. Le heaume, enrichi du panache, qui s'y voit, se portait déjà au XIIIe siècle, et fut, au dire de François-Eudes de Mezeray, une importation des Croisades. D'un autre côté, le peintre Paolo Uccello, qui vécut de 1396 à 1479, nous montre dans son tableau de la *Bataille de San Romano,* conservé au British Museum (aujourd'hui au National Gallery), à Londres, les mêmes casques surmontés du panache. On y voit également une coiffure de chevalier, faite d'un velours d'or, à feuilles lobées gothiques, dans le genre du dessin de l'échantillon du milieu placé à gauche de notre feuille (**nº 2**). Son voisin, à droite (**nº 3**), qui procède du meneau, formé d'une guirlande de petites grenades entourant celle plus importante du centre, appartient à la deuxième moitié du XVe siècle, ainsi que les deux échantillons du bas de la planche ; celui à gauche (**nº 4**) est emprunté à la riche collection Basilewski ; l'autre (**nº 5**) nous vient de l'obligeance de M. Dreyfus.

136

The Middle Ages (14th and 15th Centuries)

EMBRODERIES: GOTHIC TYPES

In most instances, as we have said and shown, embroidery borrowed its decorative materials from the same sources as weaving; yet it is important to recognise that the technique of embroidery – the way

136

Mittelalter (14. und 15. Jahrhundert)

STICKEREIEN: GOTISCHE MUSTER

Wie bereits erwähnt, ließen sich in den meisten Fällen die Stickerinnen für ihre Dekorationen von den gleichen Quellen wie die Weber anregen. Dennoch muss man zugeben, dass mit der Nadel aufgrund

136

Moyen Age (XIVe et XVe siècles)

BRODERIES : TYPES GOTHIQUES

Le plus souvent, comme nous l'avons dit et démontré, la broderie a puisé ses matériaux décoratifs aux mêmes sources que le tisserand. On doit néanmoins reconnaître que sa mise en œuvre, par

it is able to use a larger number of colours, coupled with the stuffing process, which allows it to take advantage of the relief dimension of sculpture – means that the embroiderer can draw upon a wider range of methods of imitating painting and handling figurative subjects.
Our plate shows three pieces of embroidered fabric with gold braiding and figures depicted in satin-stitching. One of them (**no. 1**) is a faithful copy of the angel pattern, while a number of paintings of the German School show Christ wearing the crown of thorns in precisely the same way as is portrayed here (**no. 2**).
The large composition (**no. 3**) occupying the centre of the plate is probably an altarpiece, with the donors in the foreground. The chatelaine is shown beneath a central archway, receiving her chevalier on his victorious return from some battle or crusade; the knight's squire presents his sword unsheathed in token of the fact that he bears it back with honour. The shape of

der zahlreicheren Farben und der Fülltechnik, die schönere plastische Wirkung ermöglichen, besser Malereien nachzuahmen und figürliche Themen zu behandeln sind.
Unsere Tafel zeigt golddurchwirkte Arbeiten mit Figuren, die in Füllstich ausgeführt sind. Das links oben abgebildete Beispiel (**Nr. 1**) kopiert getreu ein Engelmuster, und die oben rechts reproduzierte Stickerei (**Nr. 2**) gibt Christus mit der Dornenkrone in derselben Weise wieder wie mehrere Gemälde der deutschen Schule.
Die große zentrale Komposition (**Nr. 3**) dürfte ein Altarbild sein, auf dem die Stifter im Vordergrund zu sehen sind. Die unter einer zentralen Arkade stehende Schlossherrin empfängt einen Ritter, der siegreich aus dem Krieg oder von einem Kreuzzug zurückkehrt und mit seinem blanken Schwert zu erkennen gibt, dass er es ehrenhaft eingesetzt hat. Die Form dieser Waffe und die Rüstungen verweisen auf die zweite Hälfte des 15. Jahrhunderts und bringen diese schöne Komposition in die

l'emploi facile de plus nombreuses couleurs joint au procédé du bourrage, qui lui permet de profiter des reliefs de la sculpture, met au bénéfice de l'aiguille des moyens plus nombreux d'imiter la peinture et de traiter les sujets à figures.
La planche que nous donnons reproduit des ouvrages de broderie, empruntés au genre soutaché d'or, brodé de personnages au passé.
Le spécimen placé à gauche (**n° 1**), dans le haut de la page, copie fidèlement le type des anges ; et plusieurs tableaux de l'école allemande représentent le Christ coiffé de la couronne d'épines, exactement de la même manière qu'il est reproduit dans notre broderie figurée à droite (**n° 2**).
La grande composition du centre (**n° 3**) est sans doute un retable où les donateurs occupent le premier plan. La châtelaine, sous une arcade centrale, reçoit son chevalier rentrant victorieux de quelque guerre ou de quelque croisade ; il se présente, l'épée nue, en signe qu'il la rapporte avec honneur ; il s'appuie sur la pointe. La forme de

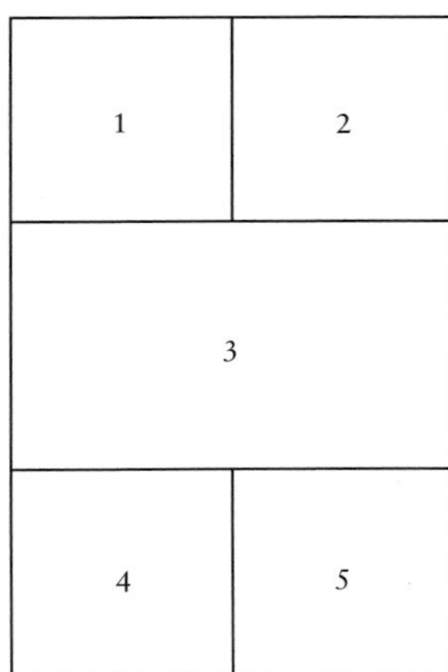

the sword and the armour worn suggest the second half of the 15th century and constitute part of the reason why this splendid composition resembles one of our finest manuscript illuminations. The last two samples – a velvet (**no. 4**) and a damask (**no. 5**) – both use gold braiding and date from the same period. The gold used in all these embroideries comprises a strip of metal wound round a linen core.

Nähe von Miniaturen unserer schönsten Handschriften. Die beiden zur gleichen Zeit angefertigten Stoffe, die die Tafel abschließen (**Nrn. 4 und 5**), sind mit golddurchwirkten Litzen besetzt, links auf Samt und rechts auf Damast. All diese Stickereien weisen Goldfäden auf, die um eine Leinenseele gearbeitet sind.

cette arme, les armures, indiquent la seconde moitié du XVe siècle et font ressembler cette belle composition à une enluminure de nos plus beaux manuscrits. Les deux pièces terminant la planche, l'une à gauche, sur velours, l'autre à droite (**nos 4 et 5**), sur damas, sont des soutachés d'or de la même époque. L'or employé dans toutes ces broderies est composé d'une lame métallique retorse sur une âme de lin.

137

The Middle Ages (14th–17th Centuries)

WOOLENS, WOOLLEN FABRICS AND MIXTURES

How woollen fabrics were decorated is of interest to the historian of fabric ornamentation, and it seems to us necessary, summing them up in this plate and plate 242, to take a quick look at decorated woollens as a whole from the Middle Ages to the 18th century. The woollen fabrics woven for costume purposes and for the use of the working classes did not, strictly speaking, have a style of ornamentation that was peculiar to them. As will be pointed out, the types generally employed were so similar to the categories we have accepted in our analysis of luxury products that a historical survey of them requires no more than the brief treatment proposed. In fact, it is very clear that the more closely the cheaper end of the market resembled the more expensive end, the better its chances of appealing to and being bought by the consumers for whom it was specifically intended.

137

Mittelalter (14.–17. Jahrhundert)

WOLLGEWEBE, WOLLSTOFF UND MISCHGEWEBE

Die Muster der Wollgewebe sind für die Geschichte der Stoffdekoration durchaus von Interesse; die vorliegende Tafel sowie die Tafel 242 geben einen guten Überblick über ihre Entwicklung vom Mittelalter bis zum 18. Jahrhundert.
Die für die Kleidung und den Gebrauch der arbeitenden Schichten bestimmten Wollstoffe kannten im Prinzip keine eigene Dekoration. Die Muster, die sie verzieren, entsprechen, wie sich rasch feststellen lässt, so stark den Typen der Luxuserzeugnisse, dass die vorliegende Zusammenfassung zur Darstellung ihrer Geschichte völlig ausreicht. Es liegt im Übrigen auf der Hand, dass eine Billigware, die sich den teuren Produkten annähert, bessere Absatzchancen hat und den Verbrauchern, für die sie bestimmt ist, eher gefällt.
Die Wollgewebe des Artois wurden von den Römern geschätzt und gerühmt, und die Spuren dieses während vieler Jahrhunderte blühenden

137

Moyen Age (XIVe–XVIIe siècles)

LAINAGES : TISSUS DE LAINE ET TISSUS MÉLANGÉS

L'ornementation des tissus de laine intéresse l'histoire décorative des étoffes, et il nous paraît nécessaire de jeter un coup d'œil rapide, en le résumant dans cette planche et la planche 242, sur leur ensemble, depuis le Moyen Age jusqu'au XVIIIe siècle.
Les tissus de laine destinés aux costumes et aux usages des classes laborieuses n'ont pas eu, à proprement parler, un genre de décoration qui leur soit propre ; les types qui en composent l'ensemble, comme on le remarquera d'ailleurs, se rapprochent tellement des divisions que nous avons admises dans l'analyse des produits de luxe, que leur histoire ne demandait rien de plus que le résumé que nous présentons. Il est d'ailleurs de toute évidence que plus la fabrication à bon marché se rapproche de celle à prix élevés, plus elle y trouve de chances d'écoulement et de certitude de plaire aux consommateurs, auxquels elle est plus particulièrement destinée. Les lainages de l'Ar-

Artois woollens were familiar to and valued by the Romans, and the region's industry prospered down the centuries, garnering many mentions by contemporary authors.
Our plate shows various specimens dating from the 14th century to the start of the 17th:
Nos. 1–3. The three pieces illustrated at the top of the page represent types in use during the 14th century, decorated with animals affrontee and aster flowers.
Nos. 4–8. The 15th century is represented by the five specimens immediately below.
The lower half of the plate is devoted to nine specimens – three (**nos. 9–11**) from the end of the 15th century; below them, three (**nos. 12–14**) from the early years of the 16th century; and in the bottom row three (**nos. 15–17**) from the end of that century and the beginning of the 17th.

Gewerbes lassen sich leicht verfolgen, da es immer wieder von zeitgenössischen Autoren zitiert wird. Unsere Tafel bietet verschiedene Beispiele aus dem 14. bis frühen 17. Jahrhundert:
Nrn. 1–3: Die drei zuoberst abgebildeten Muster datieren aus dem 14. Jahrhundert; zu sehen sind gegenständige Tiere und Astern.
Nrn. 4–8: Das 15. Jahrhundert wird durch die fünf direkt darunter reproduzierten Stücke vertreten, und die horizontale Linie, die sie unten abschließt, bildet zugleich die Mitte der Tafel.
Die untere Hälfte der Tafel ist mit Beispielen aus dem 15. bis 17. Jahrhundert gefüllt; die erste Reihe (**Nrn. 9–11**) ist dem späten 15., die zweite (**Nrn. 12–14**) dem frühen 16. sowie die dritte (**Nrn. 15–17**) dem späten 16. und frühen 17. Jahrhundert gewidmet.

tois étaient connus, estimés et vantés des Romains, et notre texte historique fait suivre les traces toujours florissantes de l'industrie de ce pays à travers les siècles, où, en maintes occasions, on les trouve cités par les auteurs contemporains.
Notre planche offre des spécimens variés du XIVe siècle au commencement du XVIIe :
Nos 1–3 : Les trois échantillons placés en haut de la page sont les types en usage au XIVe siècle : animaux affrontés et asters.
Nos 4–8 : Le XVe siècle est représenté par les cinq spécimens placés immédiatement au-dessous des premiers, et la ligne horizontale où ils s'arrêtent forme juste la section médiale de la planche.
La fin du XVe siècle, tout le cours du XVIe et le commencement du XVIIe remplissent de leurs spécimens la partie basse de la moitié de la feuille en divisant de la même manière.
Ces divisions correspondent, la première (**nos 9–11**) à la fin du XVe siècle, la seconde (**nos 12–14**) aux premières années du XVIe siècle, la troisième (**nos 15–17**) à la fin de cette période et au commencement du XVIIe.

1 2 3
4 7
5 6 8
9 10 11
12 13 14
15 16 17

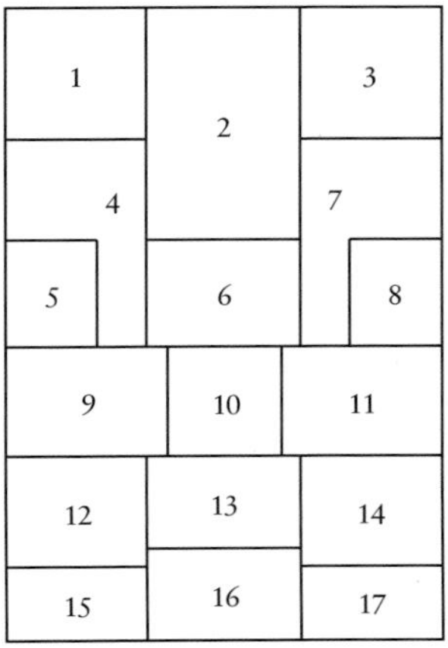

The Middle Ages (15th Century)

GOTHIC – SINUSOID MULLION TYPE

This group of designs comprise wavy vertical lines facing each other and occasionally coming together. The lines bear a striking resemblance to the sinusoid mullion so often used by sculptors and stained-glass designers to decorate certain of the windows of our Gothic buildings.
In applying the same terms to fabrics, we hope that repetition will render acceptable the phrase 'mullion type' that we use throughout this volume to refer to decorative schemes employing this device.
It was employed frequently during the 14th and 15th centuries and even in the early years of the 16th. We have found this type of design on the clothes of figures painted by the master enamellers of Limoges, in tapestries from the various workshops operating in Flanders, and in the works of the earliest unknown masters of the schools of Siena and Florence. We must therefore conclude that it comes from the East originally and that the tradition has been handed down from far earlier times.
Our plate is made up of four samples of velvets. The first (**no. 1**) is brocaded in gold and green against a red ground; like the one next to it (**no. 2**), presenting a golden-yellow design against a green ground, it forms part of the collection housed at the Kensington Museum (now Victoria & Albert Museum) in London. Peculiar to both specimens is the aster

Mittelalter (15. Jahrhundert)

GOTIK – MUSTER MIT SCHLANGENFÖRMIGEN STÄBEN

Die technische Bezeichnung dieses Musters, das auf der Begegnung gegenläufig geschwungener vertikaler Linien aufbaut, haben wir von der Architektur übernommen. Die Verbindungspunkte und die Kurven umschreiben eine Figur, die eine verblüffende Ähnlichkeit mit den durch Maßwerkstäbe gebildeten Formen besitzt, die von Bildhauern und Glasmalern häufig für die Fensterdekoration unserer gotischen Bauwerke verwendet wurden.
Wir übertrugen diesen Ausdruck auf die Stoffmuster, da er sich unserer Meinung nach durch den Gebrauch, den wir selbst von ihm in diesem Buch machen, von allein auf den einfacheren Begriff „Stab“ reduzieren wird.
Dieses Muster war im 14., 15. und selbst im frühen 16. Jahrhundert weit verbreitet. So fanden wir es auf der Kleidung von Personen, die von den Emailmalern von Limoges dargestellt wurden, auf Tapisserien aus verschiedenen flandrischen Werkstätten und auf Werken der unbekannten frühen Meister der Schulen von Siena und Florenz. Daraus ist zu schließen, dass der Typ orientalischen Ursprungs ist und uns aus sehr viel früheren Zeiten überliefert wurde.
Unsere Tafel setzt sich aus vier Samten zusammen. Das erste Beispiel oben links (**Nr. 1**) ist ein grün gehöhter goldbroschierter Samt auf rotem Grund; er gehört wie sein Nachbar zur Rechten (**Nr. 2**),

Moyen Age (XVe siècle)

GOTHIQUE – TYPE DES MENEAUX SINUSOÏDES

Nous avons emprunté à l'architecture le nom technique de ce genre de dessins qui se compose de la rencontre de lignes serpentines verticales opposées l'une à l'autre. Les points de jonction et les courbes sont circonscrits par une figure d'une frappante analogie avec le meneau sinusoïde, que le sculpteur et le verrier ont souvent employé pour la décoration de certaines fenêtres de nos grands édifices gothiques.
Nous avons appliqué aux étoffes le même nom, pensant que l'usage en réduirait l'emploi au nom plus simple de meneaux, comme nous le ferons nous-mêmes dans la suite de ce travail, quand il s'agira d'en désigner le type.
L'emploi de ce genre de dessin fut fréquent pendant le XIVe, le XVe et même le commencement du XVIe siècle ; nous en avons suivi la trace sur le costume de personnages peints par les maîtres-émailleurs de Limoges, sur les tapisseries des diverses fabriques des Flandres, et aussi sur les œuvres des premiers maîtres inconnus des écoles de Sienne et de Florence. Il faut en conclure que ce type est d'origine orientale et qu'il nous vient par tradition d'époques beaucoup plus reculées.
Notre planche se compose de quatre échantillons de velours ; le premier, que nous présentons en tête, à gauche de la feuille (**nº 1**), est broché d'or relevé de vert sur fond rouge ; il fait partie, ainsi que son

motif, which came to complement the 'mullion type'. The two other fabrics, green on green, and white pattern on green background respectively (**nos. 3 and 4**), are from our own collection and show more clearly the winding lines that form the mullion pattern.

der ein goldfarbenes Muster auf grünem Grund aufweist, zur Sammlung des Kensington Museum (heute Victoria & Albert Museum). Beide sind mit einfachen Asternmotiven geschmückt, die meist das Stabmotiv ergänzen. Die beiden übrigen Stücke – Grün auf Grün und weißes Muster auf grünem Grund (**Nrn. 3 und 4**) – sind in unserem Besitz; sie zeichnen sich durch Stäbe aus, deren Schlangenlinien stärker ausgeprägt sind.

voisin à dessin jaune doré sur fond vert (**n° 2**), de la collection de Kensington Museum (aujourd'hui Victoria & Albert Museum) ; ils offrent tous deux la particularité de l'aster, type simple devenu le complément du meneau. Les deux autres spécimens, vert ton sur ton et fond vert dessin blanc (**nos 3 et 4**), sont notre propriété particulière ; ils caractérisent plus nettement les lignes serpentines qui forment le meneau.

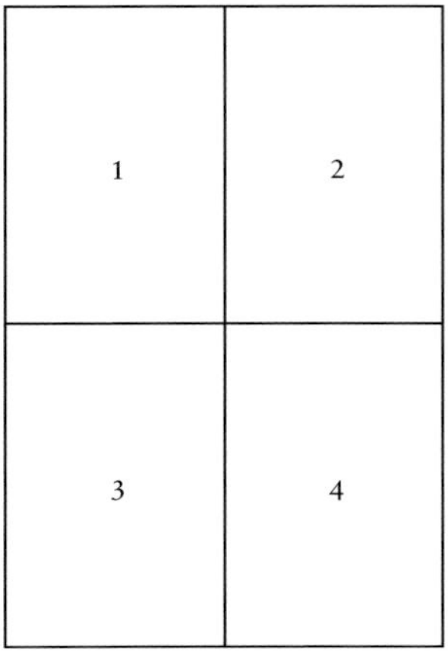

1	2
3	4

139

The Middle Ages (15th Century)

EMBROIDERY AND APPLIQUÉ WORK FROM PAINTINGS

This plate comprises twenty-two ornamental motifs from hangings and fabrics. They are remarkable for the way in which they combine economy of means with great effectiveness. The method consists

139

Mittelalter (15. Jahrhundert)

STICKEREIEN UND NACH MALEREIEN GEZEICHNETE APPLIKATIONEN

Die zweiundzwanzig Motive für Wandbehänge und Stoffe beruhen auf dem einfachen und wirkungsvollen Verfahren, Gold mit einer einzigen Farbe zu verbinden. Zum Teil wird das Gold auf einen farbi-

139

Moyen Age (XVe siècle)

BRODERIES ET DESSINS D'APPLIQUE D'APRÈS DES PEINTURES

Cette planche réunit vingt-deux motifs d'ornementation de tentures et d'étoffes, remarquables par une simplicité de procédé qui n'exclut pas la puissance de l'effet, et qui consiste à marier l'or à une

Lithographié par Painlevé.

FIRMIN-DIDOT FRÈRES, FILS & Cie ÉDITEURS

Imp. Lemercier et Cie Paris.

in marrying gold with one other colour, either by making the gold stand out from the coloured background, or, conversely, picking out the design in colour against a gold background.
Most of the motifs are taken from various manuscripts in the Bibliothèque nationale, Paris. The sources are as follows:
Nos. 1–6, 10, 14–17, 20, and 21. Manuscripts, Bibliothèque nationale, Paris.
No. 7. Sainte-Chapelle, Bourbon l'Archambault (Allier).
Nos. 8 and 9. Windows, Moulins.
Nos. 11 and 12. Manuscript of Monstrelet (Bibliothèque nationale, Paris).
No. 13. Book of Hours of Anne of Brittany (Musée du Louvre).
Nos. 18 and 19. *Legenda Aurea* (Bibliothèque nationale, Paris).
No. 22. Manuscript (the Schönborn Book of Hours).

gen Grund aufgetragen, zum Teil hebt sich die farbige Zeichnung von einem Goldgrund ab.
Die Beispiele stammen fast alle aus Handschriften der Bibliothèque nationale in Paris; hier die näheren Quellenangaben:
Nrn. 1–6, 10, 14–17, 20 und 21: Handschriften (Bibliothèque nationale, Paris).
Nr. 7: Sainte-Chapelle in Bourbon l'Archambault (Allier).
Nrn. 8 und 9: Glasmalereien von Moulins.
Nrn. 11 und 12: Handschriften von Monstrelet (Bibliothèque nationale, Paris).
Nr. 13: Stundenbuch der Anne de Bretagne (Musée du Louvre).
Nrn. 18 und 19: *Legenda Aurea* (Bibliothèque nationale, Paris).
Nr. 22: Handschrift, Schönborn-Stundenbuch.

couleur unique, tantôt en enlevant l'or sur le fond coloré, tantôt, au contraire, en détachant la silhouette du dessin en couleur sur l'or.
Ces vingt-deux sujets sont empruntés pour la plupart à divers manuscrits de la Bibliothèque nationale de Paris dont voici la nomenclature, rapprochée des numéros mis sur la planche.
Nos 1–6, 10, 14–17, 20 et 21: Manuscrits (Bibliothèque nationale, Paris).
No 7 : Sainte-Chapelle de Bourbon l'Archambault (Allier).
Nos 8 et 9 : Vitraux de Moulins.
Nos 11 et 12 : Manuscrits de Monstrelet (Bibliothèque nationale, Paris).
No 13 : Heures d'Anne de Bretagne, Musée du Louvre.
Nos 18 et 19 : *La Légende dorée* (Bibliothèque nationale, Paris).
No 22 : Manuscrit (Livre d'heures de Schönborn).

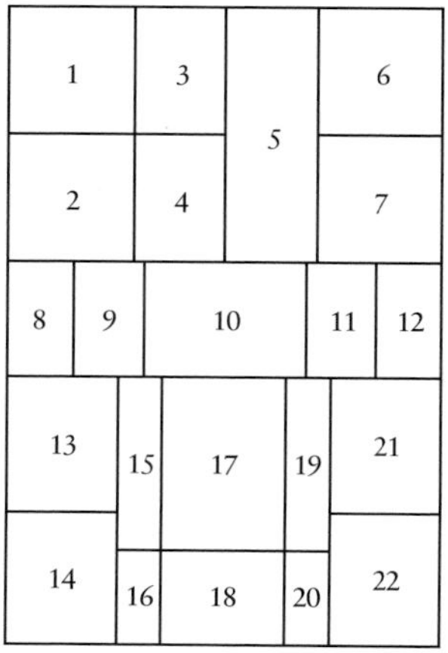

1 3 5 6
2 4 7
8 9 10 11 12
13 15 17 19 21
14 16 18 20 22

The Middle Ages (15th Century)

CONVENTIONAL FLORA AND FLEURONS

The details filling this plate, too numerous for us to give all the sources, are taken from several 15th-century manuscripts. Most of the motifs are derived from the national flora, sometimes in its simplest forms, sometimes in arbitrary combinations of various plants or of plants with animals and even human figures that appear to grow out of them. Medieval artists excelled at this type of fantastic whimsy in which the imagination could ring unlimited changes with that freedom of invention that characterizes the genre. However, it is possible to isolate certain recurring forms, such as the holly leaf so frequently used in manuscripts and shown here in so many different guises. In fact the holly leaf found more than one application outside the field of manuscript illumination, notably in wrought-iron work.

Mittelalter (15. Jahrhundert)

KONVENTIONELLE FLORALE MOTIVE UND FLEURONS

Die hier vereinten Motive sind zu zahlreich, um alle Quellen anführen zu können; sie wurden mehreren Handschriften des 15. Jahrhunderts entnommen. Die Motive zeigen im Allgemeinen die einheimische Flora, teils in ihren einfachsten Formen, teils in willkürlichen Kombinationen zwischen verschiedenen Pflanzen oder zwischen Pflanzen und Tieren, wobei die Ornamente sogar in menschliche Figuren auslaufen können.
Das Mittelalter gefiel sich in dieser Art von Fantastik, die der Einbildungskraft freien Lauf ließ. An einigen allgemeinen Formprinzipien wird jedoch festgehalten. Dazu gehört zum Beispiel das Blatt der Stechpalme, das in den Handschriften oft vorkommt und hier in verschiedenen Formen erscheint; es hat aber auch außerhalb der Miniaturmalerei zahlreiche weitere Anwendungsbereiche gefunden, zu denen etwa Bekrönungen aus Schmiedeeisen gehören.

Moyen Age (XVe siècle)

FLORE CONVENTIONNELLE ET FLEURONS

Les détails qui remplissent la planche ci-contre, trop nombreux pour que nous puissions en indiquer toutes les sources, ont été pris dans plusieurs manuscrits du XVe siècle. Les motifs sont, en général, empruntés à la flore nationale, tantôt dans ses formes les plus simples, tantôt dans des combinaisons arbitraires de diverses plantes entre elles, ou encore de ces plantes avec des figures d'animaux, voire même avec des figures humaines qui en naissent en quelque sorte.
Le Moyen Age excellait dans ces sortes de caprices fantastiques que l'imagination peut varier à l'infini avec cette liberté d'invention qui est le type du genre, mais dont on peut dégager toutefois le principe de certaines formes générales, telles, par exemple, que la feuille de houx, d'un usage si fréquent dans les manuscrits, présentée ici sous tant d'aspects différents et susceptible même, en dehors de l'enluminure, de plus d'une application variée. Citons, entre autres, celle qu'on peut en faire aux crêtes de ferronnerie.

Lith. par Durin.

FIRMIN-DIDOT FRÈRES, FILS & Cie ÉDITEURS

Imp. Lemercier & Cie, Paris

The Middle Ages (15th Century)

MANUSCRIPT ILLUMINATION: FLOWERS AND JEWELS

The twenty-five subjects reproduced here are taken from a variety of manuscripts, as follows:
Nos. 1 and 2. Illuminated Book of Hours (Bibliothèque nationale, Paris). The Latin text is dated 1398; the illuminations are later and can be attributed to Israhel van Meckenem (1450–1503).
Nos. 3 and 4. *La Légende dorée* (Bibliothèque nationale): Manuscript attributed to Jean Fouquet (1420–1480).
Nos. 5 and 6. Various manuscripts (Bibliothèque de l'Arsenal, Paris).
No. 7. Schönborn Book of Hours.
Nos. 8–25. Jewellery motifs from the margins of a copy of Seneca (Bibliothèque nationale).
Although one or two details of the subjects reproduced show traces of the whimsical manner so dear to medieval artists, in general they

141

Mittelalter (15. Jahrhundert)

ILLUMINIERTE HANDSCHRIFTEN: BLUMEN UND SCHMUCK

Die fünfundzwanzig Motive dieser Tafel stammen aus verschiedenen Handschriften. Hier die Quellenangaben:
Nrn. 1 und 2: Illuminiertes Stundenbuch (Bibliothèque nationale, Paris). Der lateinische Text datiert von 1398, die späteren Malereien werden Israel van Meckenem (1450–1503) zugeschrieben.
Nrn. 3 und 4: *Legenda Aurea* (Bibliothèque nationale). Jean Fouquet (1420–1480) zugeschriebene Handschrift.
Nrn. 5 und 6: Verschiedene Handschriften (Bibliothèque de l'Arsenal, Paris).
Nr. 7: Schönborn-Stundenbuch.
Nrn. 8–25: Schmuckmotive, Randverzierung einer Seneca-Handschrift (Bibliothèque nationale).
Trotz einiger Anklänge an die mittelalterliche Vorliebe für das

141

Moyen Age (XVe siècle)

ENLUMINURES DE MANUSCRITS : FLEURS ET BIJOUX

Les vingt-cinq sujets dont nous donnons la reproduction sont tirés de divers manuscrits ; en voici la nomenclature exacte rapprochée des numéros de la planche :
Nos 1 et 2 : Heures illuminées (Bibliothèque nationale, Paris). Le texte latin est daté de 1398 ; les enluminures sont postérieures et peuvent être attribuées à Israël van Meckenem (1450–1503).
Nos 3 et 4 : *La Légende dorée* (Bibliothèque nationale). Manuscrit attribué à Jean Fouquet (1420–1480).
Nos 5 et 6 : Manuscrits divers (Bibliothèque de l'Arsenal, Paris).
No 7 : Livre d'heures de Schönborn.
Nos 8–25 : Motifs de bijouterie, tirés des marges d'un Sénèque (Bibliothèque nationale).
Bien qu'on puisse retrouver dans quelques détails des sujets repro-

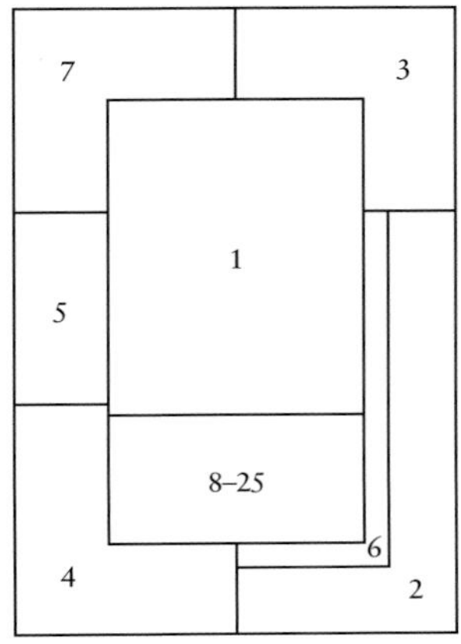

Lithographié par F. Durin.

FIRMIN-DIDOT FRÈRES, FILS & Cie, ÉDITEURS.

Imp. Lemercier & Cie Paris.

11
12
3
4
1
2
5
6
18
13
14
15
16
7
8
9
10
17
Lith. par F. Durin.
FIRMIN-DIDOT FRÈRES, FILS & Cie ÉDITEURS
Imp. Lemercier & Cie Paris

represent a graceful, restrained style that modern art and industry should be able to imitate with success. Notice particularly from this point of view the practical value of the jewellery specimens **nos. 8–25**.

Chimärische sind diese Motive im Allgemeinen durch einen freundlichen, ausgeglichenen Stil geprägt und eignen sich somit gut zur Nachahmung. Besonders die Schmuckstücke der **Nrn. 8–25** sind in dieser Hinsicht von Interesse.

duits l'empreinte du genre capricieux et chimérique où se complaisait souvent le Moyen Age, ils appartiennent en général à un style gracieux et sage qui permet à l'art ou à l'industrie moderne de les imiter avec succès. On remarquera surtout, à ce point de vue, l'intérêt pratique offert par les modèles de bijouterie compris sous les **nos 8 à 25**.

— 142 —

The Middle Ages (15th Century)

MANUSCRIPT ILLUMINATION

The motifs collected in this plate can be regarded as deeply original products of French and Flemish art before that invasion of Italian art that characterizes the Renaissance proper. The natural vocabulary of stem, foliage, and flower is handled here from the decorative point of view with charm, wit, and a varied elegance.

— 142 —

Mittelalter (15. Jahrhundert)

ILLUMINIERTE HANDSCHRIFTEN

Bei den hier vereinten Motiven handelt es sich um vorzügliche Beispiele der französischen und flämischen Kunst, bevor der italienische Einfluss, der die eigentliche Renaissance kennzeichnet, zu wirken begann. Die natürlichen Merkmale des Ranken- und Blattwerks wie auch die Blumen sind auf elegant anmutige Weise wiedergegeben.

— 142 —

Moyen Age (XVe siècle)

ENLUMINURES DE MANUSCRITS

On peut présenter les motifs réunis dans cette planche comme des produits éminemment originaux de l'art français et flamand, avant l'invasion de l'art italien, qui caractérise la Renaissance proprement dite. Les données naturelles, empruntées au branchage, au feuillage et à la fleur, y sont traduites, du point de vue décoratif, avec une

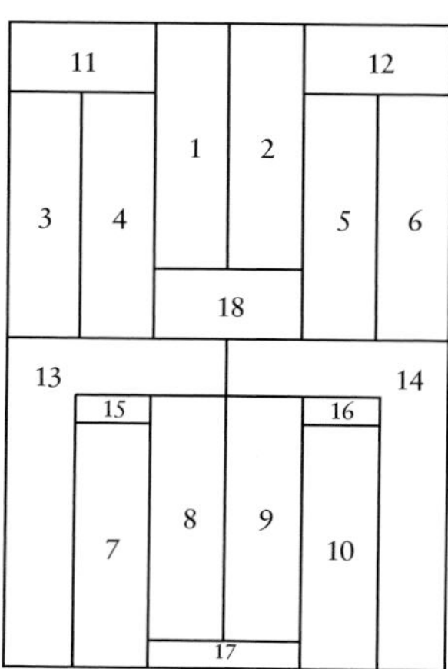

Nos. 1–10. Book of Hours of the Marquis de Paulmy (Bibliothèque de l'Arsenal, Paris). **Nos. 11 and 12.** Manuscript.
Nos. 13 and 14. Illuminated Book of Hours attributed to Israhel van Meckenem (Bibliothèque nationale, Paris).
Nos. 15–18. Various manuscripts (Bibliothèque de l'Arsenal, Paris).

Nrn. 1–10: Stundenbuch des Marquis de Paulmy (Bibliothèque de l'Arsenal, Paris). **Nrn. 11 und 12:** Handschrift.
Nrn. 13 und 14: Illuminiertes Stundenbuch, Israel van Meckenem zugeschrieben (Bibliothèque nationale, Paris).
Nrn. 15–18: Verschiedene Handschriften (Bibliothèque de l'Arsenal, Paris).

grâce qui n'exclut pas le savoir et une élégante variété.
N°s 1–10 : Heures dites du marquis de Paulmy (Bibliothèque de l'Arsenal, Paris). **N°s 11 et 12 :** Manuscrit.
N°s 13 et 14 : Heures illuminées attribuées à Israël van Meckenem (Bibliothèque nationale, Paris).
N°s 15–18 : Manuscrits divers (Bibliothèque de l'Arsenal, Paris).

143

The Middle Ages (15th Century)

ENAMELLING ON GLASS

It was a 10th-century painting that enabled us to identify the different processes employed by enamellers. By the 10th century, enamellers were able to combine in one piece translucent or opaque fields of enamel on either the cloisonné or the champlevé principle (inlaid translucent enamels) with enamels painted on a ground and covered

143

Mittelalter (15. Jahrhundert)

NETZEMAIL AUF GLAS

Anhand einer Malerei aus dem 10. Jahrhundert war es uns möglich, die verschiedenen Verfahren der Emailkunst darzustellen. Der Künstler konnte auf einem Stück zugleich durchsichtigen oder undurchsichtigen Zellen- und Grubenschmelz, eingelegten Reliefschmelz und aufgrundierung gemaltes und mit durchsichtigem

143

Moyen Age (XVe siècle)

EMAUX EN RÉSILLE SUR VERRE

C'est à l'aide d'une peinture du Xe siècle que nous avons eu l'occasion de reconnaître les différents procédés d'une orfèvrerie émaillée. L'orfèvre savait, dès lors, allier dans une même pièce l'émail en table, translucide ou opaque, inséré dans les cloisonnés en champlevé ; l'émail translucide incrusté dans les intailles ; les émaux peints sur

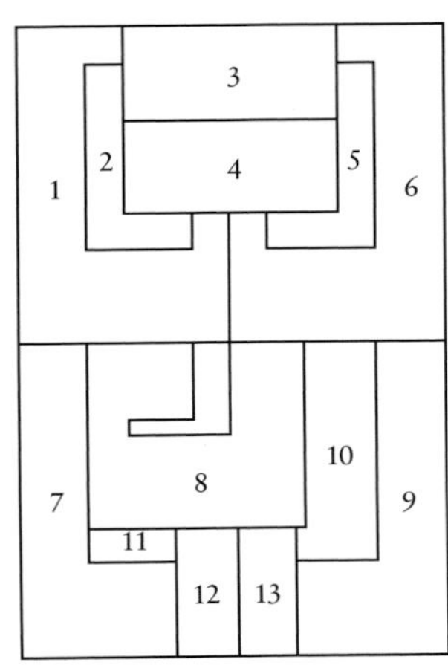

with translucent enamels. What we have here is yet another use of enamel, namely to decorate glass. The process was as follows: a sheet of colourless crystal was engraved with ornamentation in such a way that the floor of each hollow was wider than the opening. Gold leaf was then laid in the hollow and allowed to overlap slightly, making a sort of box into which enamel was placed and fired at a temperature lower than the melting-point of crystal. The piece was subsequently polished to give it a uniform surface and finally mounted on purple, green, or blue foil. The foil coloured the translucent glass where this had been left bare but without affecting the inlaid enamels resting on their opaque lining of gold leaf.
Nos. 1, 3, 5–9 and 11–13 are from the margins of the *Lesser Office of the Virgin* belonging to the convent of S. Maria Maddelena, Siena, a manuscript dating from the 15th century. **Nos. 2, 4, and 10** are from the *Book of the Fellowship of St. Catherine*, in the Siena library; the medallion in **no. 4** bears the arms of the city.

Schmelz überzogenes Email präsentieren. Beim vorliegenden Beispiel handelt es sich um ein anderes Verfahren von Netzemail auf Glas. Das Verfahren ist folgendes: Auf eine farblose Kristallplatte wird das Muster graviert, wobei die Vertiefungen sich nach unten erweitern müssen. In diese legt man ein etwas zu großes Goldblatt und verwandelt die gravierten Linien in ein auf dem Grund oft noch guillochiertes Kästchen, in das der Schmelz eingelegt und bei einer Temperatur, die unter dem Schmelzpunkt des Kristalls liegt, im Feuer geschmolzen und fixiert wird. Nach der Politur werden purpurne, grüne oder blaue Metallblättchen auf die Rückseite des Kristalls geklebt, der auf diese Weise auf den frei gebliebenen Flächen von hinten her gefärbt wird, ohne dass sich die Wirkung des eingelegten durchsichtigen Emails, das sich auf der dunklen Schicht des Blattgoldes befindet, dadurch verändert.
Die **Nrn. 1, 3, 5–9 und 11–13** stammen von den Seitenrändern des *Kleinen Offiziums für die Jungfrau Maria* aus dem Nonnenkloster Santa Maria Magdalena in Siena. Handschrift aus dem 15. Jahrhundert. Die **Nrn. 2, 4 und 10** sind dem *Buch der Katharinenbruderschaft* in der Bibliothek von Siena entnommen. Beim Wappen im Medaillon von **Nr. 4** handelt es sich um jenes der Stadt.

apprête revêtus d'émaux translucides. Il s'agit ici d'une autre application de l'émaillerie, des émaux en résille sur verre.
Voici, d'ailleurs, le procédé : sur une plaque de cristal incolore on creusait l'ornement, en ayant soin d'en maintenir les bords inclinés en dedans, de façon à faire la cavité plus large au fond qu'à l'ouverture. On couchait dans ces parties creusées une feuille d'or qui débordait légèrement, en faisant des sillons gravés une petite caisse, parfois guillochée au fond, dans laquelle l'émail était déposé, puis fondu et fixé au feu d'une température inférieure à celle de la fusion du cristal. Puis on polissait de manière à égaliser toute la surface de la pièce, que l'on terminait en la montant sur une feuille de paillon, pourpre, verte ou bleue, en morceaux contreposés, collés au revers du cristal, qui se trouvait ainsi coloré par transparence dans les parties restées nues, sans altérer en rien les émaux translucides incrustés reposant sur la doublure opaque de la feuille d'or.
Les **nos 1, 3, 5–9 et 11–13** proviennent des marges du *Petit Office de la Vierge*, appartenant au couvent des religieuses de Sainte-Marie-Madeleine, à Sienne. Manuscrit du XVe siècle. Les **nos 2, 4 et 10** sont tirés du *Livre de la confrérie de Sainte-Catherine.* Bibliothèque de Sienne. Les armes du médaillon du **no 4** sont celles de la ville.

The Middle Ages (15th Century)

PAINTED AND GILDED WOODWORK

These details, which are taken from furniture, belong to the late-Gothic style known as Flamboyant because of its use of flame-like curves. In work of this period the main tracery is generally prism-shaped, with a thin, prominent ridge. Sometimes the floral motifs spring from this ridge as from a stem; sometimes they fill the interstices of the tracery. Often the spaces between the arches and in the corners are generously decorated with indigenous-looking vegetation. Indeed an alternative term for this style is Florid. The same laws that guided the ornamentists of the period in handling major structures governed the way in which they carved wooden furniture.

The commonest type of decoration during the final phase of the Gothic style was the blind arch, as represented by the two upright panels reproduced here. The colouring of these decorative panels aimed at completing the illusion of actual perforated tracery. The rose motif also usually imitated its architectural counterpart, the rose window. 15th-century roses defy any attempt at systematization, so varied are the combinations of trefoils, quatrefoils, straight lines, broken lines, etc. used in their composition.

Mittelalter (15. Jahrhundert)

BEMALTE UND VERGOLDETE HOLZARBEITEN

Die Beispiele stammen von Mobiliar, das in jenem gotischen Stil gehalten ist, den man seiner bewegten, an Flammen erinnernden Dekoration wegen als Flamboyant bezeichnet. Die starken Rippen jener Zeit haben gewöhnlich die Form eines Prismas mit hervorspringenden Kanten, aus denen die Blumen wie aus ihrem Stengel hervorwachsen. Oft verzieren die floralen Motive auch die durch die Rippen gebildeten Zwischenräume und füllen die Flächen zwischen den Spitzbögen und die Ecken mit einheimischen Pflanzenmotiven. Der Flamboyantstil wird auch Blumenstil genannt. Die gleichen Regeln, denen die zeitgenössischen Künstler in der Monumentalarchitektur folgten, gelten auch für die Holzschnitzereien des Mobiliars. Die in der Spätgotik am häufigsten verwendete Dekorationsweise weist mit Vorliebe Blendbogenreihen auf. Die Kolorierung der dekorativen Täfelungen sollte den Eindruck einer durchbrochenen Arbeit hervorrufen, die meist nur in der Einbildung existierte. Die Rosen sind gewöhnlich Nachahmungen der Fensterrosen. Die Beispiele aus dem 15. Jahrhundert lassen sich ihrer vielfältigen Formen wegen kaum beschreiben. Es handelt sich um Drei- und Vierpässe, um gebrochene Linien usw., die sich symmetrisch durchdringen.

Moyen Age (XVe siècle)

BOIS PEINTS ET DORÉS

Ces fragments proviennent du mobilier appartenant à ce style ogival auquel on a donné le nom de flamboyant, à cause de l'analogie que l'on y trouve fréquemment avec la flamme droite ou renversée. Les grandes nervures de cette époque sont, généralement, de forme prismatique, à arête fine et saillante. Tantôt la flore éclôt de cette arête comme de sa tige naturelle ; tantôt elle orne de sa plénitude les intervalles produits par les accolades des nervures ; souvent elle occupe l'espace entre les ogives et meuble les angles d'une large végétation de caractère indigène. Le style flamboyant s'appelle aussi style fleuri. Les mêmes lois qui guidaient les ornemanistes de l'époque dans les grandes constructions, se retrouvent dans les bois sculptés du mobilier.

Le genre de décoration le plus usité pendant la dernière période du style ogival, ce sont les arcatures simulées. La coloration de ces panneaux décoratifs avait pour but de compléter l'illusion d'un ajouré qui, la plupart du temps, n'existait qu'en imagination. Les roses sont, généralement aussi, des simulations de la fenêtre en rose. Celles du XVe siècle échappent à toute description typique par la variété de leurs combinaisons. C'est un ensemble de trèfles et de quatre feuilles contournés, de lignes droites brisées, etc., se pénétrant les uns les autres, symétriquement.

Brandin, lith.

Imp. Firmin-Didot & Cie. Paris

Brandin lith.
Imp. Firmin Didot & Cie Paris

The Middle Ages (15th Century)

PAINTED AND GILDED WOODWORK, FURNITURE DETAILS: HANGING BLIND ARCHES, PANELS, BALUSTRADES

No. 1. Panel with divisions like those of contemporary windows. In the centre, a shield decorated with fleurs-de-lis.
No. 2. Pair of hanging blind arches, i. e. not springing from columns. These imitation blind arches were a common type of decoration on solid surfaces, usually appearing in pairs.
No. 3. Panel imitating a window, with a large ogee arch divided into two halves, each containing a pair of lancet arches. The main ogee forms an extended point that splays out again and is flanked by a pair of fantasy animals with horse-like heads and necks.
No. 4. Solid panel decorated with an oak branch bearing acorns. The exaggeratedly large leaf is an example of the way in which the sculptors of the period adapted natural models to their liking. A tiny dragon completes the motif.
Nos. 6–8. Borders of the kind architects refer to as balustrades. **Nos. 6 and 8** are perforated and terminate in crests. It was really only in the second period of the Gothic style that it became customary to decorate the eaves of churches with balustrades. Those dating from the 15th century are extremely ornate, forming a sort of lace effect using every possible combination of lines. **No. 7** is carved in solid wood, coloured to heighten the illusion that it is per-

Mittelalter (15. Jahrhundert)

BEMALTE UND VERGOLDETE HOLZARBEITEN, MÖBELTEILE: HÄNGEBÖGEN, TÄFELUNGEN, BALUSTRADEN

Nr. 1: Täfelung, deren innere Aufteilung jene zeitgenössischer Fenster nachahmt. In der Mitte ein mit Lilien geschmücktes Wappenschild.
Nr. 2: Doppelter Hängebogen, der sich auf keine Säule stützt. Meist handelt es sich um Bögen, die einer Wand vorgeblendet und gewöhnlich in Zweiergruppen angeordnet sind.
Nr. 3: Täfelung, die ein Fenster vortäuscht. Der große Kielbogen umschließt zwei Felder, in denen sich je ein Doppelspitzbogen befindet. Er endet in einer Fiale, die von zwei Fabeltieren mit Pferdekopf flankiert wird und sich nach oben in einer gegenläufigen Krümmung öffnet.
Nr. 4: Täfelung mit dem Zweig einer Eiche und Eicheln. Das übergroße Blatt zeigt, wie die Holzschnitzer der Zeit die Natur auf fantastische Weise weiterentwickelten. Eine Art kleiner Drache vervollständigt die Dekoration.
Nrn. 6–8: Bordüren, von den Architekten auch Balustraden genannt. Die **Nrn. 6 und 8** sind durchbrochen und bekrönen Firstbalken. Erst in der zweiten gotischen Periode begann man, die Dachrinnen der Kirchen mit Balustraden zu bekrönen. Jene des 15. Jahrhunderts sind reich verziert und erinnern an Spitzen mit einem vielfältigen Linienspiel. **Nr. 7** ist aus massivem Holz geschnitzt und

Moyen Age (XVe siècle)

BOIS PEINTS ET DORÉS, FRAGMENTS DU MOBILIER : ARCATURES EN PENDENTIFS, PANNEAUX, BALUSTRADES

N° 1 : Panneau dont les divisions intérieures sont celles des fenêtres de l'époque. Au centre un écu fleurdelisé.
N° 2 : Double arcature en pendentifs, c'est-à-dire ne prenant pas leur point d'appui sur une colonnette. Ce genre de décoration s'emploie surtout dans ce qu'on appelle les arcatures simulées, celles qui sont appliquées contre un massif plein et généralement disposées deux par deux.
N° 3 : Panneau simulant une fenêtre. Le grand arc en accolade comporte deux divisions sous chacune desquelles est comprise une ogive géminée. L'accolade supérieure se termine en un pignon qui s'épanouit en contre-courbure et sur lequel, de chaque côté, s'appuie un animal fantastique.
N° 4 : Panneau plein décoré d'une branche de chêne portant ses glands. La feuille, d'une taille exagérée, est un exemple de la manière dont les sculpteurs de l'époque se servaient des productions naturelles, en les assouplissant à leur fantaisie. Une espèce de petit dragon complète ce décor.
Nos 6–8 : Bordures auxquelles les architectes donnent le nom de balustrades. Les **nos 6 et 8** sont ajourés, et couronnés en crêtes de faîtage ; ce n'est guère que pendant la seconde période du style ogival qu'il devint d'un usage général de couronner avec des balustrades les

forated. **No. 5.** Endless-field design using the same principle.

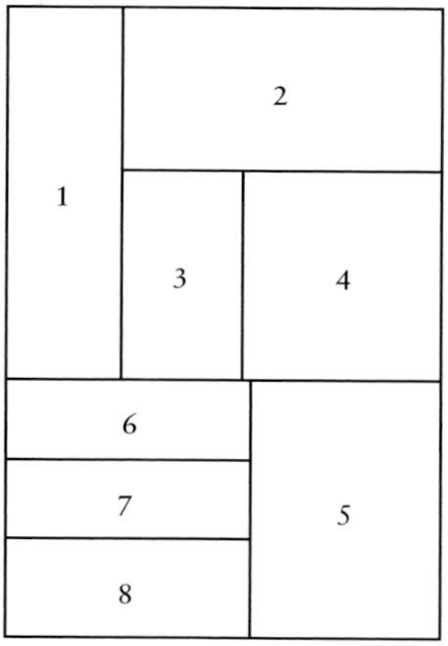

— 146 —

The Middle Ages (15th Century)

PAINTED AND GILDED WOODWORK, FURNITURE DETAILS, ORNAMENTAL PANELS

Most of these motifs are similar in character to the panels, roses, and balustrades of the last two plates (144 and 145). The compositions vary, but the principle remains the same, reaching its fullest expression in true openwork of the kind represented at bottom centre here. This is a detail from a headpiece. By the 15th century headpieces

täuscht Durchbrechungen vor; die Illusion wird durch die Kolorierung unterstützt. Auch der Grund mit Endlosmuster (**Nr. 5**) beruht auf einem ähnlichen Prinzip.

— 146 —

Mittelalter (15. Jahrhundert)

BEMALTE UND VERGOLDETE HOLZARBEITEN, MÖBELTEILE, WANDTÄFELUNGEN

Die meisten Motive dieser Tafel gleichen den Täfelungen, Rosen und Balustraden der Tafeln 144 und 145. Bei sich ändernder Ausführung bleibt das Prinzip dasselbe. Es kann sich jedoch erst bei den echten durchbrochenen Arbeiten voll entfalten, zu denen auch die Dekoration der Bekrönung in der Mitte der unteren Tafelhälfte

chéneaux des églises. Celles du XVe siècle sont très richement ornées ; elles forment une espèce de dentelle dont les combinaisons de lignes sont très variées. Le **n° 7**, sculpté en plein bois, n'a que des ajourés simulés, dont la coloration seconde l'illusion. Et le fond à dessin sans fin, le **n° 5**, dont le caractère des lignes est d'un principe analogue.

1 2 3 4 6 7 5 8

— 146 —

Moyen Age (XVe siècle)

BOIS PEINTS ET DORÉS, FRAGMENTS DU MOBILIER, ORNEMENTS DES LAMBRIS

La généralité des motifs de cette planche est du caractère des panneaux, des roses et des balustrades que l'on rencontre dans les planches 144 et 145. Les agencements varient, le principe semble immuable ; il n'a véritablement toute sa valeur que dans les vrais ajourés comme celui de l'ornementation en couvre-chef, représentée

hardly ever used the battlement-type crenellations that formed the upper storey of so much 13th- and 14th-century furniture. Perforated pendentives were surmounted by open tracery to produce elaborate galleries like the one shown here, although this type of ornamentation almost invariably conformed to the principle of working wood as if it had been stone. Furniture makers appear to have been unaware that they were using a different material for a different purpose; in effect they were still carving cathedrals.

A single example in our plate shows signs of an attempt to break away, and it is a fascinating exception. The independence of mind and sureness of taste that speak through every detail of the motif reproduced at top centre merit the most serious attention. Mock blind arches were a very common feature of late-Gothic decoration, and here too we have a composition that at first sight appears to be borrowed from architecture. On closer examination, however, we begin to see how the artist who carved this panel managed to emancipate himself from the narrow laws that bound his colleagues in the straitjacket of their so-called logic. What indeed did the ornamentation of furniture have to do with laws whose only effect was to prevent it from acquiring a character of its own?

gehört. Solche Möbelteile waren im 15. Jahrhundert nicht mehr wie im 13. und 14. Jahrhundert in der Art von Mauerzinnen gehalten. Über geschnitzte Hängebögen setzte man nun einen maßwerkartigen Abschluss. Auch bei diesen kunstvollen Konstruktionen wie der hier abgebildeten ist die bereits erwähnte Regel wirksam, solche Holzarbeiten in der Art von Steinbauten auszuführen. Der Handwerker schien den Unterschied in den Materialien sowie deren andere Bestimmung nicht zur Kenntnis zu nehmen; indem er Möbel herstellte, blieb er dennoch der Bildhauer der Kathedralen.

Ein einziges Beispiel deutet eine interessante Weiterentwicklung an; der Künstler, der das Hauptmotiv dieser Tafel entwarf und ausführte, bewies selbstständigen Geist und persönlichen Geschmack. Blendbögen waren eine weit verbreitete spätgotische Dekorationsweise. Indem der Künstler noch der Mode folgte und eine an der Architektur ausgerichtete Scheindekoration schuf, wusste er doch geschickt die starren Regeln zu durchbrechen, die die anderen Künstler mit ihrer so genannten Logik einschränkten. Für das Mobiliar waren eigene Regeln zu entwickeln, wie an den hier abgebildeten Doppelbögen ersichtlich wird.

par le fragment du milieu en bas de cette page. Dans ces couvre-chefs, on ne se servait plus guère au XVe siècle des crénelés, c'est-à-dire des créneaux des murailles fortifiées, dont aux XIIIe et XIVe siècles, on formait la galerie supérieure dans nombre de meubles. Les pendentifs découpés étaient eux-mêmes surmontés par des ajourés, formant de riches galeries supérieures, comme on le voit ici, ces constructions ornementales restant d'ailleurs conformes au principe énoncé, qui rattache ces bois aux constructions en pierre. L'artisan semble ne pas s'apercevoir de la différence de la matière, du changement de la destination, et tout en faisant des meubles, il reste le sculpteur des cathédrales.

Un seul exemple ici porte les traces de l'affranchissement, et d'une façon des plus intéressantes, car l'artiste qui a conçu et exécuté le motif principal de notre planche a fait preuve d'un esprit d'initiative et d'un goût personnel dignes de la plus sérieuse attention. Les arcatures simulées furent un genre de décoration très usitée pendant la dernière période du style gothique. On peut reconnaître ici, combien en suivant la mode du jour dans la simulation d'un décor qui, de prime abord, semble emprunté à la grande architecture, l'artiste, avec une habileté supérieure, a su se jouer des règles étroites qui confinaient ses confrères dans leur soi-disant logique. Le mobilier n'avait que faire, dans ses détails, de règles qui étaient de nature à l'empêcher d'acquérir une physionomie qui lui fût propre.

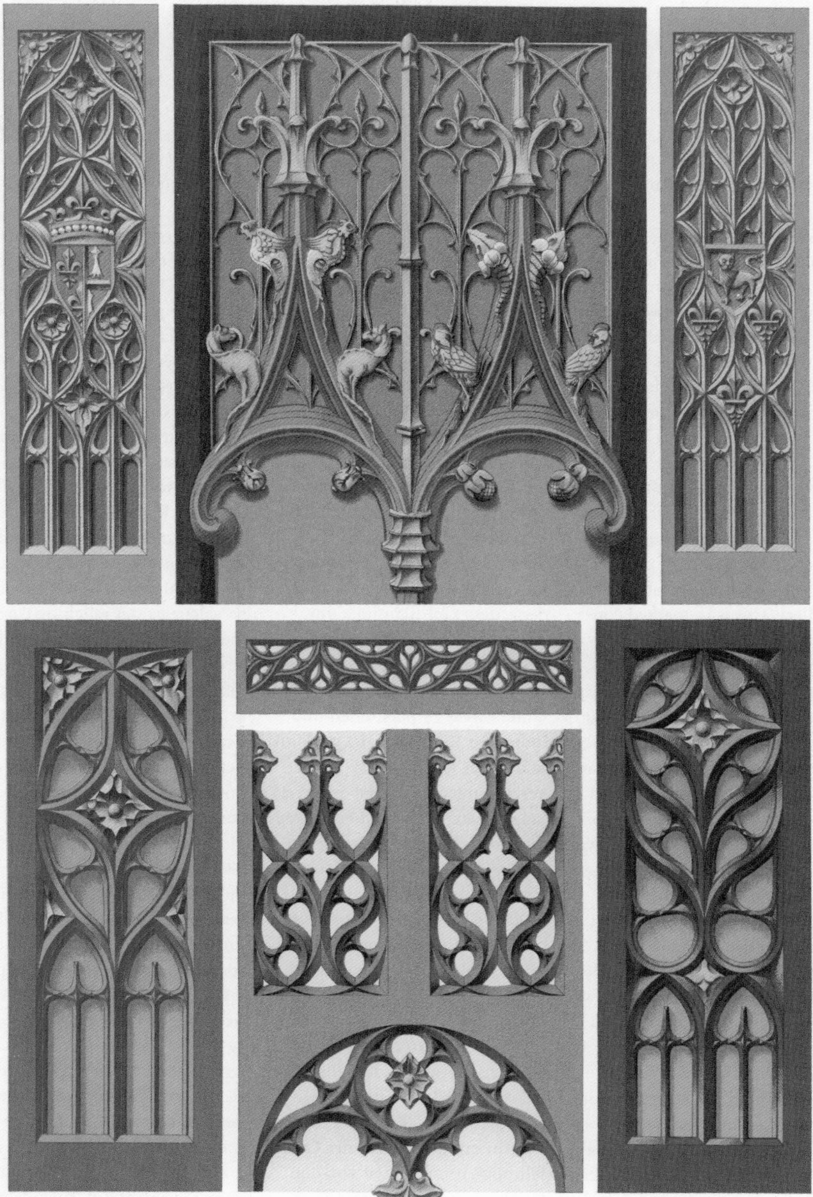
Brandin lith.
Imp. Firmin Didot & Cie Paris

The Middle Ages (15th Century)

MANUSCRIPT ILLUMINATION: MARGIN ORNAMENTATION IN THE STYLE OF ENAMELLED JEWELLERY

The motifs illustrated here, so obviously borrowed from 15th-century Italian jewellery with a few examples of Flemish jewellery, fall into the series of painted or actual ornaments of which we have learned to distinguish the basic character in painted representations, giving ourselves a historical jewellery box, as it were, extending from about the 10th to the 18th century. In it we can trace the evolution of a peculiarly European instinct, namely that of using relief to set off the ornamentation of jewellery. This is in marked contrast to the principle usually adopted by Persian and Indian ornamentists, for example, which was to give precedence to colour where colour was used and to keep to simple shapes and rudimentary designs in their enamel work in order to achieve a shiny, uniform surface. This addition of relief was a slow process at first; however, with the practice of setting coloured stones, the use of chasing in varying degrees of depth and even carving in the round, and finally the attached filigree work that was so widely employed over such a long period, jewellery assumed a completely different appearance from that familiar to the ancients, who were used to the flat enamel work of Egypt and classical Greece. The motifs reproduced here speak for themselves; one can clearly distinguish, for example, those in

Mittelalter (15. Jahrhundert)

BUCHMALEREIEN: GOLDEMAILSCHMUCK ALS RANDVERZIERUNG

Die Beispiele auf dieser Tafel, die offensichtlich auf die italienische Juwelierkunst des 15. Jahrhunderts zurückgehen und zu denen sich noch einige flandrische Schmuckstücke gesellen, gehören in die Reihe der gemalten und natürlichen Verzierungen, deren Charakteristik anhand von Gemälden entwickelt wurde und die alles in allem eine Schmucksammlung vom 10. bis 18. Jahrhundert bilden. Die sich dabei abzeichnende Entwicklung veranschaulicht die europäische Tendenz, dem Goldschmuck durch reliefartige Wirkungen einen besonderen Wert zu geben. Hier zeigt sich ein grundlegender Unterschied zu persischen und indischen Künstlern, die gewöhnlich in der Komposition bunter Verzierungen der Farbe den Vorrang geben. Bei einfachen Formen und einfachsten Mustern benutzen sie die Emailarbeiten, um die Flächen zum Glänzen zu bringen. In Europa hingegen kompliziert sich der Goldschmuck, was das Flächenrelief betrifft, zusehends. Mit dem Hervorheben farbiger Edelsteine und mehr oder weniger hoher, fast vollplastischer Reliefziselierungen, mit zusätzlich auf dem Stück befestigten Filigran, das lange Zeit sehr beliebt war, unterscheidet sich der Goldschmuck immer mehr von den Furchenschmelzarbeiten Ägyptens und des alten Griechenlands.

Moyen Age (XVe siècle)

PEINTURES DES MANUSCRITS : ORNEMENTATIONS MARGINALES PAR L'ORFÈVRERIE-JOAILLERIE ÉMAILLÉE

Ces illustrations, si ouvertement empruntées aux modes de la joaillerie du XVe siècle en Italie, et auxquelles se joignent quelques bijouteries de la Flandre, viennent prendre leur place dans la suite des ornements peints ou en nature, dont nous avons appris à distinguer le caractère foncier dans les représentations peintes, de manière à former un écrin historique allant du Xe siècle environ jusqu'au XVIIIe. On peut y observer le développement d'un instinct particulièrement européen, celui de la mise en valeur par les reliefs de l'ornementation de l'orfèvrerie-joaillerie, ce qui marque une différence profonde avec le génie des Asiatiques de la Perse et de l'Inde qui ont généralement pour principe de donner le pas à la couleur dans la composition des décors comportant des colorations, et c'est en employant des formes simples et le dessin de facture rudimentaire qu'ils ont usé des émailleries, de manière à les faire briller sur des surfaces unies. Chez nous, c'est au contraire par un mouvement progressif que les détails de l'orfèvrerie-joaillerie vont se compliquant au sujet du relief sur les surfaces. Avec la mise en saillie des pierreries de couleur, des ciselures en relief plus ou moins haut, jusqu'à des rondes-bosses, et enfin avec les filigranes fixés sur la pièce qui ont été d'un si large emploi et pendant si longtemps, la physionomie de l'or-

which the ornamentation is treated in bas-relief from those that use perforated foliage carved in the round and set off against a velvet ground.

Die auf der Tafel vereinten Motive bedürfen keiner besonderen Beschreibung; leicht zu unterscheiden sind die Verzierungen, die in Flachrelief auf Metallgrund angebracht sind, und jene, deren Blattwerk eine durchbrochene, vollplastisch ziselierte Arbeit auf Samt darstellt.

fèvrerie-joaillerie devint toute différente de ce que les anciens avaient connu des émailleries en table de l'Egypte et de la vieille Grèce. La lecture des documents contenus dans notre planche est facile à faire ; on distingue sans peine les motifs où l'ornementation est traitée en bas-relief sur un fond métallique, ceux où les rinceaux sont de l'orfèvrerie ajourée, ciselée en ronde-bosse sur un fond de velours.

148

The Middle Ages (15th Century)

ITALIAN TYPES COPIED FROM ORIENTAL ORIGINALS

In 15th-century Italy the technique of the weaver's trade had reached such a pinnacle of perfection that no one could imagine taking the craft very much further. The principal towns of the north of the country turned out a steady stream of pure or mixed velvets and silks, plain fabrics, fabrics using coloured warp and weft, and all manner of brocades. Amidst all this activity on the part of various competing manufacturing centres, it is difficult to understand their complete indifference in the matter of decoration. They all copied oriental originals, never once thinking of casting off this last vestige of dependence by themselves creating fresh types such as might give the country its own genre, its own originality. It is not hard to see why in earlier centuries the craze for foreign products could have led the early merchants to sell their native wares under the

148

Mittelalter (15. Jahrhundert)

ITALIENISCHE MUSTER NACH ORIENTALISCHEN VORLAGEN

Die Webtechnik hatte im 15. Jahrhundert in Italien einen solchen Perfektionsgrad erreicht, dass es kaum mehr möglich schien, dieses Handwerk weiter zu verbessern. Die wichtigsten oberitalienischen Städte wetteiferten miteinander in der Herstellung von reinen oder gemischten Samten und Seiden, von einfarbigen Stoffen, von Stoffen mit verschiedenfarbigen Kett- und Schussfäden sowie von Geweben in Broschier- oder Lanziertechnik. Hält man sich die vielfältige Aktivität dieser miteinander konkurrierenden Produktionszentren vor Augen, lässt sich ihre vollkommene Gleichgültigkeit gegenüber der Dekoration kaum verstehen. Die Künstler kopierten die orientalischen Vorlagen, ohne je daran zu denken, neue Muster zu entwerfen, mit denen die Nation eine eigene, unverwechselbare Gattung erhalten hätte. Zwar kann man leicht nachvollziehen, dass die Vorliebe

148

Moyen Age (XVe siècle)

TYPES ITALIENS DE COPIE ORIENTALE

La technique du métier de tisserand avait acquis en Italie, au XVe siècle, un si haut point de perfection, qu'on ne pouvait dès lors songer à faire progresser cet art d'une manière bien sensible. Les principales villes du Nord fabriquaient à l'envi les velours et les soies purs ou mélangés, les tissus unis, ceux à chaînes et trames de couleur, les brochés lancés de toute sorte. Au milieu de l'activité de ces divers centres manufacturiers tous rivaux, on a peine à comprendre leur indifférence absolue en matière de décoration. Tous copiaient l'Orient sans jamais songer à s'affranchir de ce reste de servilité, en créant eux-mêmes des types nouveaux propres à constituer à la nation son genre, son originalité. On conçoit facilement qu'aux siècles précédents, l'engouement pour les produits étrangers ait pu amener les premiers marchands à vendre leurs produits indigènes sous l'apparence de ceux

guise of what customers were looking for. But at a time when the whole of Italy was bulging with craftsmen, we can neither speak of a lack of creative initiative nor admit the possibility of fraud on so massive a scale when the existence of these manufactories was common knowledge at every market throughout Europe.
We give here four varied types of such copies that were executed in Venice during the 15th century – at least, so we believe. The two pieces occupying the upper half of the page (**nos. 1 and 2**) belong to the vine-stem type illustrated in several of our plates. These two specimens form part of the collection that we ourselves have put together; of the other two, also our own, the larger one (**no. 4**) is a pomegranate variant while the smaller (**no. 3**) represents what we have called the mullion type.

für ausländische Erzeugnisse die ersten Händler bewegte, einheimische Produkte zu verkaufen, die genauso beschaffen waren wie jene, die von der Kundschaft bevorzugt wurden, doch in einer Zeit, da in ganz Italien unzählige Künstler und Handwerker tätig waren, lässt sich kein Mangel an schöpferischer Initiative anführen, zumal die Existenz dieser Werkstätten in allen europäischen Märkten bekannt war.
Wir bilden hier vier verschiedene Muster für solche Kopien ab, die vermutlich im 15. Jahrhundert in Venedig angefertigt wurden. Die beiden oberen Stücke (**Nrn. 1 und 2**) gehören zum Typ der Weinranken, der auf mehreren Tafeln unseres Bandes vertreten ist. Sie sind Teil unserer Sammlung, wie im Übrigen auch die beiden unteren Beispiele, von denen das größere zur Rechten (**Nr. 4**) vom Granatapfelmotiv abgeleitet ist, während das kleinere (**Nr. 3**) zur Linken auf dem Stabmotiv aufbaut.

que l'on recherchait; mais à une époque où les artistes affluent dans toute la Péninsule, on ne peut ni invoquer le manque d'initiative créatrice, ni admettre la possibilité d'une fraude sur une aussi vaste échelle, lorsque l'existence de ces fabriques était connue sur tous les marchés de l'Europe.
Nous donnons ici quatre types variés de ces copies exécutées à Venise, nous le pensons du moins, pendant le cours du XVe siècle. Les deux pièces en haut (**nos 1 et 2**) de notre feuille appartiennent au type des courants de vigne dont notre ouvrage contient plusieurs planches. Ces deux pièces font partie de la collection que nous avons formée ; les deux autres exemples de même source, sont, l'un, le plus grand à droite (**no 4**), un dérivé de la grenade ; le plus petit, à gauche (**no 3**), rentre dans la composition du meneau.

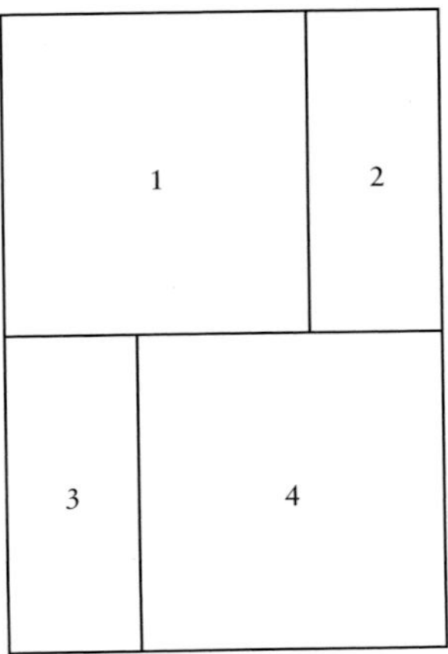

The Middle Ages (15th Century)

GOTHIC LOBED LEAVES TYPE

We cannot say positively which type came first – the Gothic lobed leaf, which was detached from its stem or peduncle as this plate shows, or the same leaf with its appendage, as illustrated in the next plate. On the face of it, the two varieties would seem to differ little. In fact, however, this composition represents a distinct type that merits separate classification. We are inclined to give precedence to the simple lobed leaf, having recorded its presence on ancient products where the stemmed leaf does not yet feature and having noted that the latter becomes widespread on works dating from the late 15th century. Nevertheless, we find the former used in two compositions by the artist Raphael (1483–1520); in his *Portrait of Angelo Doni* in the Pitti Gallery, Florence, and on the baldachino painted on the left of his *Battle of Constantine* in the Vatican Museum in Rome. Actually, this moves us into the first half of the 16th century, for the great artist's premature death meant that he was able to paint only part of this picture. So use of the two types that we have distinguished was very often muddled. In general, the one we are looking at here is found in works dating from the 14th century; its use was widespread in the 15th century, but in the 16th it was abandoned. Of the eight samples reproduced here, some are velvets and some damasks. We date them all to the

149

Mittelalter (15. Jahrhundert)

MUSTER MIT GOTISCH GESCHWEIFTEN BLÄTTERN

Wir können nicht mit Bestimmtheit sagen, welches Motiv das ältere ist: das gotisch geschweifte Blatt ohne Stiel, wie es die vorliegende Tafel zeigt, oder jenes mit Stiel, das auf der folgenden Tafel zu sehen ist. Obwohl es auf den ersten Blick kaum Unterschiede zwischen beiden Varianten gibt, sieht die Wirklichkeit anders aus, und das hier reproduzierte Dessin bildet aufgrund seiner dekorativen Wirkung einen eigenständigen Typus, der verdient, hervorgehoben und als solcher klassifiziert zu werden. Unseres Erachtens ist das einfache geschweifte Blatt an den Anfang zu stellen, da es in alten Werken zu finden ist, in denen Blätter mit Stielen fehlen; die letzteren sind erst im ausgehenden 15. Jahrhundert anzutreffen. Das einfache Blatt ist gleichwohl in zwei Gemälden Raffaels (1483–1520) vertreten. Man erkennt es auf der Kopfbedeckung, die Angelo Doni in seinem Porträt in der Galleria Pitti in Florenz trägt, und auf dem Baldachin im linken Teil des Bildes der Konstantinsschlacht im Vatikan; dies führt uns in das erste Viertel des 16. Jahrhunderts, da der Meister aus Urbino aufgrund seines allzu frühen Todes im Jahr 1520 dieses Werk nicht mehr fertigstellen konnte. Die beiden von uns unterschiedenen Blatttypen vermischen sich häufig. Jenen, der uns hier beschäftigt, findet man in Werken des 14. Jahrhunderts; im 15. Jahrhundert ist sein Gebrauch weit verbreitet, während er im 16. Jahrhundert verschwindet.

149

Moyen Age (XVe siècle)

TYPE DE FEUILLES LOBÉES GOTIQUES

Nous ne saurions dire d'une manière positive quel fut le type primitif : est-ce la feuille lobée gothique, c'est-à-dire détachée de son pédoncule comme la représente notre planche, ou cette même feuille munie de son appendice qui est le type de la planche suivante ? Ces deux variétés présentent à la pensée bien peu de différence ; mais en réalité, il en est autrement et l'effet décoratif de cette composition constitue un type à part qui mérite d'être signalé et classé d'une façon distincte. Nous accordons l'antériorité à la feuille lobée simple, parce que nous en avons constaté la présence sur des ouvrages anciens où la feuille à pédoncule n'apparaît pas encore et que cette dernière se vulgarise dans les œuvres de la fin du XVe siècle. Cependant, nous signalons l'emploi de la première dans deux compositions de Raphaël d'Urbino (1483–1520). On la voit dans la coiffure du portrait d'Ange Doni, de la galerie Pitti de Florence, et dans le baldaquin peint à gauche du tableau dans la bataille de Constantin au Vatican, ce qui nous reporte à la date de la première moitié du XVIe siècle, puisque la mort prématurée du grand artiste ne lui permit de peindre que deux des ligures de cette composition. L'emploi des deux types que nous signalons se confond donc bien souvent. On trouve celui qui nous occupe dans les œuvres du XIVe siècle ; son emploi est général au XVe et on l'abandonne au XVIe.

15th century. Of the two pieces constituting the middle row of our plate, the one with the red ground (**no. 4**) is from our own collection, the one with the blue ground (**no. 5**) from the Kensington Museum (now Victoria & Albert Museum); two others (**nos. 2 and 7**) are from the latter museum and our own collection respectively. These are all gold-brocaded velvets using the pomegranate design. The plate also includes a blue damask (**no. 1**) and a purple damask (**no. 8**), of which we possess the originals, and a plain red velvet with a yellow design (**no. 3**) and a two-tone green velvet (**no. 6**) that also belong to us.

Die acht reproduzierten Beispiele sind Samte und Damaste, die wir alle ins 15. Jahrhundert datieren. Die beiden Stücke in der Tafelmitte (**Nrn. 4 und 5**) – das eine mit rotem Grund aus unserer Sammlung, das andere mit blauem Grund aus dem Kensington Museum (heute Victoria & Albert Museum) –, das größere Stück in der oberen Mitte (**Nr. 2**), das ebenfalls aus dem Kensington Museum stammt, und das mittlere Beispiel der unteren Reihe (**Nr. 7**) aus meiner Sammlung sind goldbroschierte Samte mit Granatapfelmotiven. In den vier Ecken befinden sich oben links ein blauer Damast (**Nr. 1**) und unten rechts (**Nr. 8**) ein violetter Damast, dessen Originale in unserem Besitz sind, sowie oben rechts (**Nr. 3**) ein einfarbiger Samt mit gelbem Muster und unten links (**Nr. 6**) ein Samt in Grün auf Grün, die uns ebenfalls beide gehören.

Les huit échantillons que nous donnons sont une réunion de velours et de damas, que nous avons tous rapportés à la date commune du XVe siècle. Les deux pièces du milieu de la page (**nos 4 et 5**), l'une à fond rouge de notre collection, sa voisine à fond bleu du Kensington Museum (aujourd'hui Victoria & Albert Museum), une autre au-dessus, en milieu de page (**no 2**), provenant aussi de Kensington, une quatrième au-dessous (**no 7**), de la collection déjà citée, sont des velours brochés d'or du dessin de la grenade. Les diagonales de la page indiquent à l'angle gauche du haut un damas bleu (**no 1**), à l'angle droit (**no 8**) un damas violet dont nous possédons les originaux. L'autre diagonale donne à l'angle droit du haut (**no 3**) un velours uni, dessin à ton jaune; à l'angle gauche (**no 6**), un velours vert ton sur ton. Ces deux pièces nous appartiennent.

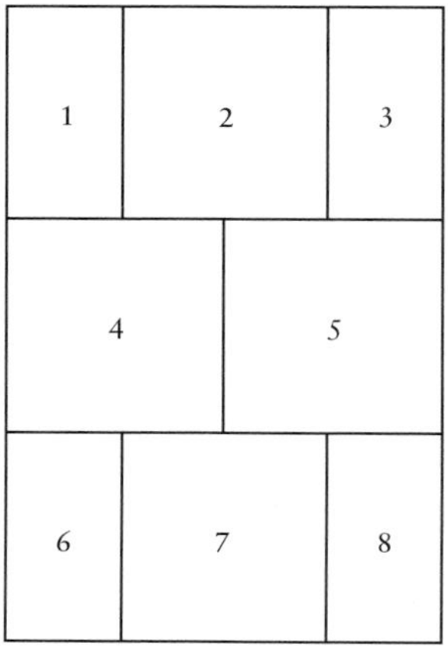

1	2	3
4	5	
6	7	8

The Middle Ages (15th and 16th Centuries)

TYPES USING LOBED LEAVES ON STALKS

We have described the simple Gothic lobed leaf – that is to say, the decorative motif comprising the upper part of the leaf detached from the stalk or appendage connecting it to the branch from which it must inevitably spring. This initial arrangement of the Gothic lobed leaf was current throughout the 14th century and at the beginning of the 15th, which made greater use of decoration. Under the influence of the Renaissance (already making itself felt in Italy) the composition of the late Middle Ages filled out with all the details of natural vegetation (branches, leaves, flowers, and fruit) as well as enhancing it with gold and silver and with *bouclés* of metal and silk and superimposing layers of relief. In short, weavers made use of all the skills at their command, which at the time had reached a level of perfection that was scarcely advanced by the addition of more economical techniques. To find the splendid fabrics that we reproduce here, we had to go to the greatest collections, and without a doubt the greatest of all in terms of what we seek to present in the current volume is that of Mr Alexander Basilewski, who kindly made available to us these three pieces of red velvet in different tones (**nos. 1–3**) decorated with lobed leaves springing from branches of gold meandering through the fabric. The piece of blue velvet (**no. 4**) that forms the fourth specimen on our plate is

Mittelalter (15. und 16. Jahrhundert)

MUSTER MIT GESCHWEIFTEN BLÄTTERN AN STIELEN

Bisher haben wir das einfache gotisch geschweifte Blatt beschrieben, das heißt das Dekormotiv, das aus dem oberen Blattteil allein besteht, losgelöst vom Stiel, der es mit der die Blätter hervorbringenden Pflanze verbindet. Dieser Typ des gotischen geschweiften Blatts stand im ganzen 14. und im frühen 15. Jahrhundert in Gebrauch, das in Sachen Dekoration viel verschwenderischer ist. Unter dem in Italien bereits spürbaren Einfluss der Renaissance wurde die Komposition im ausgehenden Mittelalter erweitert und mit allen Details der Pflanzenwelt – Zweigen, Blättern, Blüten und Früchten – angereichert, die man mit Gold, Silber, Metallfäden oder Seide bestickte und reliefartig beschnitt. Der Weber setzte seine ganze Kunstfertigkeit ein und tat dies in so vollkommener Weise, dass diese trotz der Zunahme wirtschaftlicherer Verfahren nicht mehr übertroffen wurde.

Um die prachtvollen Stoffe zu bewundern, die wir abbilden, muss man bedeutende Sammlungen besuchen; was die hier gezeigte Gattung betrifft, ist die Sammlung des Parisers Alexander Basilewski zweifellos die reichste. Freundlicherweise stellte uns der Sammler drei Samtstücke in verschiedenen Rottönen zur Verfügung (**Nrn. 1–3**), die mit geschweiften Blättern an Goldranken geschmückt sind. Der blaue Samt, der das vierte Stück unserer Tafel bildet (**Nr. 4**), kommt von einer Kasel im Kensington

Moyen Age (XVe et XVIe siècles)

TYPES DE FEUILLES LOBÉES SUR PÉTIOLES

Nous avons décrit la feuille lobée gothique simple, c'est-à-dire le motif décoratif composé de la partie supérieure de la feuille, détachée de son pétiole ou appendice qui la relie à la branche sur laquelle elle doit prendre naissance. Cette première disposition de la feuille lobée gothique a été employée pendant le XIVe siècle et le commencement du XVe, plus prodigue en matière de décoration. Sous l'influence de la Renaissance, qui se faisait déjà sentir en Italie, la fin du Moyen Age augmenta la composition et l'enrichit de tous les détails de la végétation naturelle, branches, feuilles, fleurs et fruits, en les rehaussant d'or et d'argent, de bouclés de métal et de soie, en les taillant et contretaillant de reliefs étagés. On employa, en un mot, toute la science du métier de tisserand, si parfaite alors qu'on ne l'a pas surpassée en l'augmentant de procédés plus économiques. Pour rencontrer les tissus splendides que nous reproduisons, il faut s'adresser aux grandes collections, et, sans contredit, la plus riche de toutes dans le genre que nous voulons reproduire ici, est celle de M. Alexander Basilewski, qui a bien voulu mettre à notre disposition les trois pièces de velours rouges de différents tons (**nos 1–3**), décorées de feuilles lobées courant sur des branches d'or serpentant dans l'étoffe. Le velours bleu (**no 4**), qui forme le quatrième spécimen de la planche, provient d'une chasuble conservée au Kensington

from a chasuble kept at the Kensington Museum (now Victoria & Albert Museum), from the fragments of which we have been able to reconstitute and complete the design, which we show here in its full development.

Museum (heute Victoria & Albert Museum) in London, aus deren zerschnittenen Teilstücken wir das hier vollständig abgebildete Muster rekonstruiert haben.

Museum de Londres (aujourd'hui Victoria & Albert Museum), sur les fragments coupés de laquelle nous avons pu retrouver et compléter le dessin que nous donnons dans son entier développement.

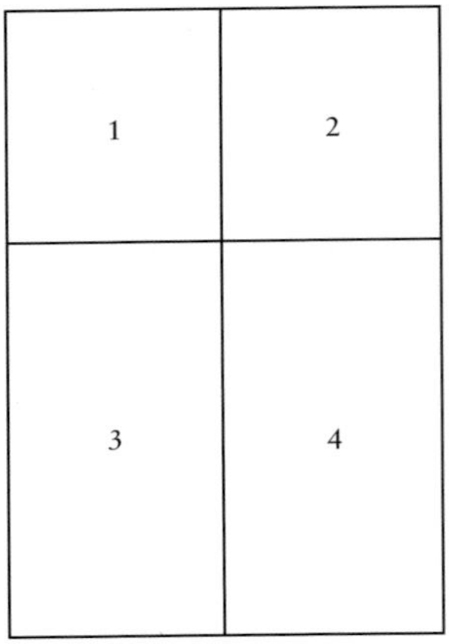

1	2
3	4

— 151 —

The Middle Ages (15th and 16th Centuries)

EUROPEAN BROCATELLES IN THE ORIENTAL STYLE

The large detail (**no. 4**), showing a 15th-century brocaded silk fabric, is taken from a painting by Marziale Marco in the Contarini Gallery, Venice. The decoration, on a white-satin ground, is wholly Indo-Persian in character; the branching foliage recalls the ingenious compositions developed on Persian tiles, while the flora is primarily Indian. This restrained, radiant design (regular without being monotonous, discreetly

— 151 —

Mittelalter (15. und 16. Jahrhundert)

EUROPÄISCHE BROKATELLE IM ORIENTALISCHEN STIL

Oben (**Nr. 4**) : Broschierter Seidenstoff, 15. Jahrhundert, aus einem Bild von Marziale Marco in der Galeria Contarini in Venedig. Der Grund besteht aus weißem Satin, das Muster ist persisch und indisch beeinflusst. Es erinnert an Muster, die auf persischen Fliesen durch Gegeneinandersetzung einzelner Stücke entstehen, während die floralen Motive indisch sind. Diese gleichmäßige, durch die Farbe diskret belebte Dekoration

— 151 —

Moyen Age (XVe et XVIe siècles)

BROCATELLES EUROPÉENNES DE CARACTÈRE ORIENTAL

En haut (**n° 4**) : Etoffe de soie brochée du XVe siècle, tirée d'un tableau de Marziale Marco, de la Galerie Contarini, à Venise. Le fond est en satin blanc, et le caractère du décor est à la fois persan et hindou. Les ramifications rappellent les ingénieuses combinaisons qui se développent dans les carreaux persans par la contreposition, et la flore est surtout du genre hindou. Ce sage et radieux décor, régulier sans monotonie, discrètement

1
2
3
ΙΧΘΥΣ
ΙΧΘΥΣ
ΙΧΘΥΣ

enlivened by use of colour) is one of the most delightful specimens of the type of brocaded silk known generically in the Middle Ages as sarcenet. And if the fabric itself is of European manufacture, it probably differs hardly at all from the model that will have come straight from the East to medieval Venice, which cultivated such extensive contacts with that part of the world and whose mills were then supplying all of Europe.
Of the three details along the bottom of the plate **no. 2** is taken from a painting by Giottino in the Uffizi, Florence, and shows a piece of Byzantine-style ecclesiastical vestment fabric, woven in silver, worked with gold, and brocaded with black and red velvet; the lettering is in silver. The palm motif has an emblematic significance, the palm being the reward of him who triumphs over every ordeal to remain faithful to the Lord. Medieval ecclesiastical vestments often feature inscriptions in Latin; Greek inscriptions are rarer.
The red and green details to right and left of this are from works by Primitives in the Florence Academy and date from the first half of the 15th century. The piece of red velvet (**no. 1**) worked with gold is decorated with synthesized floral elements. In the other (**no. 3**), a green velvet worked with gold, plant and animal kingdoms meet in a composite figure that is repeated over the material. The Eastern, Byzantine flavour is still very much in evidence, although the style here is already a transitional one. Up until the middle of the 14th century, in all the paintings and frescos in which fabrics are depicted, the Byzantine style is invariably represented in the form

gehört zum Typ der broschierten Seiden, die man im Mittelalter als sarazenisch bezeichnete. Auch wenn diese Brokatelle in Europa angefertigt wurden, unterscheiden sie sich kaum von den Vorlagen, die aus dem Orient nach Venedig gelangt waren; die Dogenstadt stellte die Produktion für ganz Europa sicher.
Das untere Stück (**Nr. 2**) befindet sich auf einem Bild Giottinos (Uffizien, Florenz); es handelt sich um ein Messgewand byzantinischer Art aus einem in Silber gewirkten Stoff mit Goldlamé, broschiert mit rotem und schwarzem Samt; die Buchstaben sind aus Silber. Die Palmetten haben einen symbolischen Sinn, da sie die Belohnung für alle andeuten, die durch alle Prüfungen hindurch Gott treu bleiben. Die mittelalterlichen Messgewänder weisen oft lateinische, seltener griechische Buchstaben auf. Die anderen Stücke stammen von Gemälden der Florentiner Akademie aus der ersten Hälfte des 15. Jahrhunderts. Beim linken Beispiel (**Nr. 1**) handelt es sich um einen golddurchwirkten roten Samt mit synthetischen floralen Elementen, beim rechten (**Nr. 3**) um einen golddurchwirkten grünen Samt, auf dem Flora und Fauna in einem repetitiven Muster verbunden sind. Der byzantinische Einfluss ist deutlich erkennbar, obschon es sich hier um einen Übergangsstil handelt. Bis zur Mitte des 14. Jahrhunderts erscheint auf allen Bildern und Fresken, die Stoffe abbilden, der byzantinische Stil in der Form geometrischer Ornamente, in symmetrisch angeordneten Sternen, Fleurons und Rauten. Die mit dem Gold dominierende Farbe ist meist ein leuchtendes Rot, das heißt der antike Purpur, oder ein

égayé par la couleur, est un des types les plus séduisants des soieries brochées auxquelles on donnait au Moyen Age le nom générique de sarrazines, et si la fabrication de cette brocatelle est européenne, on peut croire que peu de modifications ont été apportées au modèle fourni directement par l'Orient à la vieille Venise, qui avait tant de rapports avec lui, et dont les fabriques travaillaient alors pour toute l'Europe.
Le fragment du bas (**n° 2**) provient d'un tableau de Giottino qui se trouve aux Offices de Florence ; c'est une étoffe sacerdotale de caractère byzantin. Tissu d'argent lamé d'or et broché de velours noir et rouge ; les lettres sont en argent. Les palmes qui ramifient ce décor ont également un sens emblématique ; la palme était la récompense de celui qui triomphait de toutes les épreuves pour rester fidèle à Dieu. Les vêtements sacerdotaux du Moyen Age portent très souvent des inscriptions en langue latine.
Les fragments de gauche et de droite sont empruntés aux peintures des vieux primitifs de l'Académie de Florence ; ces exemples sont de la première partie du XVe siècle. Celui de gauche (**n° 1**) est un velours rouge lamé d'or, et son décor consiste en éléments floraux synthétisés. L'autre (**n° 3**) est de velours vert lamé d'or, dans lequel le monde végétal et animal se combinent en formant un groupe à répétition. La formule orientale, byzantine, est toujours très sensible ; cependant le style est déjà d'une époque de transition. Jusqu'au milieu du XIVe siècle, dans tous les tableaux et les fresques où des étoffes sont représentées, le style byzantin se pré-

of geometrical ornaments, stars, fleurons, and lozenges, arranged symmetrically. Nine times out of ten the predominant colour apart from gold is *ponceau*, i. e. the purple of the ancients, or an intense light green ('Veronese green'). We see evidence of a new tendency here in the animated movement imparted to the cocks, heralding a taste for realism. This detail is on a character costume; in the Christian symbolism employed by the painters of the Roman catacombs, two cocks facing each other form an allegory struggle and martyrdom. The Primitives were still among those who used ornament as a language.

intensives Hellgrün (Veronese-Grün). Eine neue Tendenz zeigt sich in den Bewegungen der lebendig dargestellten Hähne. Ein neuer Wirklichkeitssinn deutet sich hier an. In der christlichen Symbolik der römischen Katakombenmaler sind zwei einander gegenüberstehende Hähne eine Allegorie für Kampf und Martyrium. Die alten Meister gehörten noch zu jenen, die sich der Ornamentik als Sprache bedienten.

sente toujours sous la forme d'ornements géométriques, d'étoiles, de fleurons, de losanges, disposés symétriquement. Neuf fois sur dix, la couleur qui domine avec l'or, est le ponceau, c'est-à-dire la pourpre des anciens, ou bien le vert clair intense (le vert Véronèse). Si le rapprochement existe encore sous ce rapport, on sent toutefois une tendance nouvelle se manifester par le mouvement donné aux oiseaux, lesquels sont des coqs, exprimés avec une certaine animation. C'est le goût de la réalité qui s'annonce. Ce fragment appartient à un costume de caractère ; dans le symbolisme des peintres des catacombes de Rome, deux coqs opposés l'un à l'autre sont l'allégorie de la lutte et du martyre.

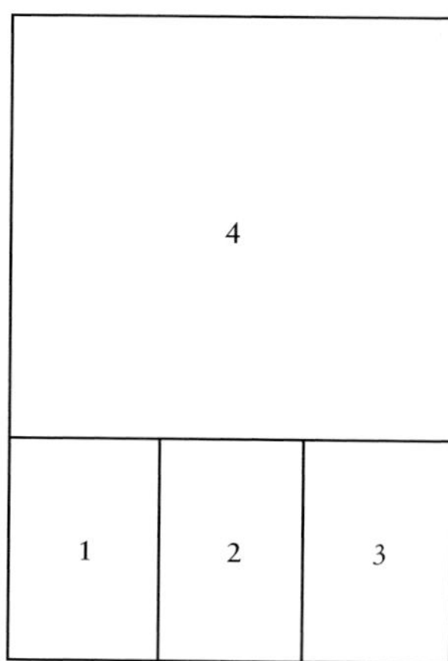

152

The Middle Ages (15th and 16th Centuries)

CARVED AND PAINTED ORNAMENT OF AN ARCHITECTURAL NATURE – THE HUMAN FIGURE IN A HIERATIC SETTING

This plate brings together three distinct decorative elements, differing according to the medium employed in the original. **Nos. 2 and 8–11** are details of gilded carving on wooden furniture and are additional examples of the type reproduced in plates 144 to 146; in all four plates the original colouring has been restored and the designs copied in strictly geometrical style from photographs in order to enhance their value as models.

Nos. 1, 4, 6, and 7 are reliefs reproduced from manuscript illuminations. **Nos. 3 and 5** are votive paintings, with their main subject (the human figure) subordinated to a conventional composition inspired by the architecture of the

152

Mittelalter (15. und 16. Jahrhundert)

BAUSCHMUCK, SKULPTUREN UND MALEREIEN – DIE MENSCHLICHE GESTALT IM RELIGIÖSEN UMFELD

Die Tafel vereint drei Dekorationsweisen, die sich nach den in den Originalen verwendeten Mitteln unterscheiden. Die **Nrn. 2 und 8–11** stellen geschnitzte Möbelteile dar, die sich an die vergoldeten und in ihren Farben wiederhergestellten Holzarbeiten der Tafeln 144 bis 146 anschließen. Auch hier handelt es sich um retuschierte Fotos, die als Vorlage dienen können. Die **Nrn. 1, 4, 6 und 7** sind Reliefs, die nach Buchmalereien reproduziert sind.

Die **Nrn. 3 und 5** zeigen sakrale Malereien. Die menschliche Figur steht auf diesen Bildern im Zentrum, ist jedoch konventionellen Regeln unterworfen, die sich gemäß der Tradition der Glasmaler des 13., 14. und 15. Jahrhunderts

152

Moyen Age (XVe et XVIe siècles)

L'ORNEMENTATION DE CARACTÈRE ARCHITECTURAL, SCULPTURES ET PEINTURES – LA FIGURE HUMAINE DANS LE DÉCOR HIÉRATIQUE

Cette planche comporte trois éléments distincts de décoration, selon qu'il s'agit de moyens employés dans les originaux. Les **nos 2 et 8–11** sont des fragments sculptés des bois du mobilier, s'ajoutant à la suite des bois dorés et peints représentés avec leurs colorations restituées dans les planches 144 à 146. Ainsi que les autres, ce sont des documents photographiques épurés, de manière à servir de modèles d'exécution.

Les **nos 1, 4, 6 et 7** sont des reliefs reproduits d'après des enluminures. Les **nos 3 et 5** sont des peintures du caractère votif ; la figure humaine, tout en y étant l'objet principal, est subordonnée dans ces tableaux à une ordonnance de convention, procédant de l'archi-

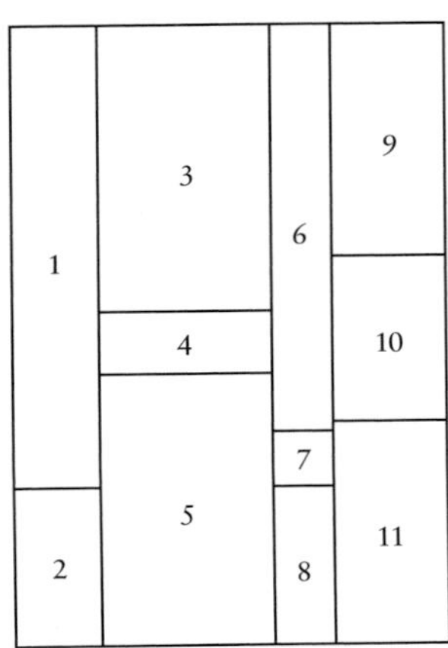

period and in particular by the decorative traditions of 13th, 14th, and 15th-century glass painters. The compositions of these craftsmen were so closely bound up with the first, second, and third periods of the Gothic style that no book on the subject is without its special chapter devoted to people who were most sophisticated ornamentists of the Middle Ages. Votive paintings by Flemish artists or by the School of Cologne, whether in oils, tempera, honey, or gum arabic, on panels or triptych leaves, continued for a long time in the traditions laid down by the glass painters, whose cartoons had the additional advantage of providing hieratic poses.

von der zeitgenössischen Architektur herleiten. Die Dekorationen dieser Künstler sind so eng mit der Gotik verbunden, dass es keine Abhandlung über die gotische Architektur gibt, die nicht auch den während des ganzen Mittelalters angesehenen Ornamentkünstlern ein eigenes Kapitel widmete. In ihren sakralen Malereien folgten die flämischen Maler und jene der Kölner Schule, ob sie nun die Tafeln und Flügel der Altäre mit Öl- oder Wasserfarben, mit Honig oder Gummiarabikum bemalten, den Prinzipien der Glasmaler, deren Entwürfe ihnen gute Beispiele lieferten.

tecture de l'époque, selon les traditions des verriers des XIIIe–XVe siècles, dont les compositions décoratives étaient si étroitement liées aux styles des époques primaires, secondaires et tertiaires, qu'il n'est point de traité sur l'architecture ogivale où il ne soit consacré un chapitre spécial à ces maîtres ornemanistes du degré le plus relevé pendant le Moyen Age. Dans leurs peintures votives, les peintres flamands ainsi que ceux de l'école de Cologne, qu'ils peignissent à l'huile, à l'eau d'œuf, au miel ou à la gomme arabique, les panneaux et les volets des triptyques ont longtemps suivi les principes des peintres-verriers, dont les cartons avaient pour eux l'avantage de leur fournir des exemples hiératiques.

153

Renaissance (15th Century)

MANUSCRIPT ILLUMINTATION – THE FLORENTINE SCHOOL

We reproduce here five page-frame uprights from a manuscript by Marciano Capella (on *The Marriage of Mercury and Philology* and *The Seven Liberal Arts)* with illuminations by the famous Florentine miniaturist Attavante (1452–1525). In 15th-century Italy miniaturists were quite distinct from painters, sometimes even jostling them for supremacy. Among miniaturists specialization was already the rule, and among those specialists Attavante particularly distinguished himself in what in his hands ceased to be a minor genre and became great art, albeit on a

153

Renaissance (15. Jahrhundert)

DEKORATIONEN IN HANDSCHRIFTEN – SCHULE VON FLORENZ

Diese Muster gehören zu den Rahmenleisten einer Handschrift, in der Marciano Capella *Die Hochzeit Merkurs mit der Philologie* und die *Sieben Freien Künste* behandelt. Die Malereien stammen vom berühmten Florentiner Miniaturmaler Attavante (1452–1525).
Im 15. Jahrhundert trennten sich die italienischen Miniaturmaler von den übrigen Malern, denen sie sogar manchmal den Vorrang streitig machten. Die Spezialisierung ging schon sehr weit. Attavante wurde besonders berühmt durch seine Arbeiten in einem Genre, das dank ihm seine Beiläufigkeit verlor

153

Renaissance (XVe siècle)

ORNEMENTATION DES MANUSCRITS – ECOLE FLORENTINE

Ces fragments sont des montants d'encadrements de pages d'un manuscrit où Marciano Capella traite des *Noces de Mercure et de la Philologie* et des *Sept arts libéraux.* Les enluminures sont du célèbre miniaturiste florentin Attavante (1452–1525).
Au XVe siècle, les miniaturistes italiens se séparent nettement des peintres, auxquels ils disputent même parfois le pas, et la spécialisation est déjà de rigueur. Parmi ces spécialistes, Attavante s'est particulièrement rendu fameux dans un genre qui cesse d'être accessoire entre ses mains, et devient, à une

reduced scale. At a time when and in a country where the writings of Greeks and Romans were being transcribed in prodigious quantities there was a need for miniaturists to abandon the vocabulary of the medieval illuminator (the indigenous flora and the involved branch tracery of the late Gothic period) in order to provide a truly harmonious setting for classical or classically-inspired texts by means of elegant arabesques whose purity, clarity, and poise came to constitute the very essence of the new style. The miniaturists of Florence were the first to draw upon classical art by incorporating in their borders such elements as jewels, coins, cameos, intaglio work, and nude figures from mythology.
In manuscripts such as Marciano Capella's, where the Olympians are portrayed in Florentine dress, anachronisms of clothing were a further potential source of decorative brilliance. We see this particularly in the fifth detail shown here (far right), in which beautiful foliage treated in simple grisaille on a gold ground is enriched by polychrome figures painted in the medallions. Attavante, taking his cue from the masterpieces of Greek and Roman statuary available to him in the Medici collections, seems to have striven more for purity of line than for brilliance of effect; his totally Attic grace and fire show that he owed much more to Greek art than to that of the Romans.

und trotz seines kleinen Maßstabs zu großer Kunst wurde. In einem Land und zu einer Zeit, da zahlreiche griechische und lateinische Schriften kopiert wurden, erwies es sich für die Miniaturmaler als notwendig, die Methoden der mittelalterlichen Maler, Motive der einheimischen Flora und das üppige spätgotische Blattwerk aufzugeben und die antiken oder von der Antike inspirierten Texte mit eleganten Arabesken zu verzieren, deren klares Gleichmaß für den neuen Stil bestimmend wurde. Die Miniaturmaler von Florenz gehörten zu den ersten, die auf die antike Kunst zurückgriffen und in den Randleisten Gegenstände wie Edelsteine, Münzen, Kameen, Gemmen und unbekleidete mythologische Figuren einführten.
In den Handschriften wie jener von Marciano Capella, in der die Vertreter des Olymps in Florentiner Kostümen auftreten, dient dieser Anachronismus dazu, dekorativen Glanz zu verbreiten; so ist zum Beispiel auf der fünften der länglichen Tafeln das schöne Grisaille-Blattwerk auf Goldgrund durch farbige Figuren in den Medaillons belebt. Attavante konnte sich die griechischen und römischen Bildhauer zum Vorbild nehmen, deren Meisterwerke in der Sammlung der Medici zu bewundern waren. Über eine glanzvolle Komposition scheint er die Klarheit der Zeichnung gestellt zu haben; seine durchaus attische Anmut bringt ihn der griechischen Kunst näher als der römischen.

échelle réduite, du grand art traité en miniature. A une époque et dans un pays où les écrits grecs et romains furent transcrits en si prodigieuse quantité, ce fut un besoin pour les miniaturistes, abandonnant les formules des enlumineurs du Moyen Age, la flore indigène, les caprices des branchages touffus de la dernière période de l'époque ogivale, de mettre en véritable harmonie les textes antiques ou inspirés de l'Antiquité, dans le milieu d'élégantes arabesques, dont la pureté, la clarté, la pondération, devinrent l'essence même du style nouveau. Les miniaturistes de Florence furent les premiers à s'inspirer de l'art antique, en introduisant dans leurs bordures des éléments tels que des joyaux, des monnaies, des camées, des intailles, des nudités mythologiques.
Dans des manuscrits comme celui de Marciano Capella où l'Olympe est représenté en costumes florentins, l'anachronisme des costumes était, de plus, une ressource pour l'éclat décoratif, ainsi qu'on peut l'observer ici, dans le cinquième de ces panneaux en hauteur, dont les beaux rinceaux en simple grisaille sur fond d'or, s'enrichissent des figures peintes à toutes couleurs dans les médaillons. Attavante, prenant exemple sur les sculpteurs grecs et romains, dont il pouvait admirer les chefs-d'œuvre dans les collections des Médicis, semble avoir surtout recherché la pureté du dessin plutôt que l'éclat de la composition ; sa grâce et sa flamme, absolument attiques, le rapprochent, d'ailleurs, beaucoup plus de l'art grec que du romain.

Renaissance (15th Century)

MANUSCRIPT ILLUMINTATION – THE FLORENTINE SCHOOL

This plate, a continuation of plate 153, shows more of the ornamentation with which Attavante framed the pages of this celebrated manuscript. There is no denying Attavante's fertile ingenuity, yet he could never be described as an inventive artist. A contemporary of all the precursors and founders of the Italian Renaissance, he played the part of a kind of reviver of ancient ornamental formulae, setting off their charms with the firm and supple elegance of his draftsmanship but exhibiting virtually no initiative of his own except in matters of detail. His chief merit as an ornamentist lay in the truly exquisite quality of his foliage tracery in terms of both line and layout.

The compositions reproduced here are enlivened at intervals by naked children painted in lightly shaded flesh tones, making these mythological figures, who had replaced the draped figures of the medieval period, stand out with luminous clarity against the strongly coloured grounds. The empty sky of the portrait medallions and the spaces inside the initials, together with the polychrome portraits themselves, are in marked contrast to the dark grounds and monochrome foliage in imitation bas-relief. If we add the enamelled coats-of-arms, the coloured gemstones set in the foliage, the occasional delicate pearl, and finally the little damasked borders, we

Renaissance (15. Jahrhundert)

DEKORATIONEN IN HANDSCHRIFTEN – SCHULE VON FLORENZ

Diese Tafel schließt sich an die vorhergehende an; mit ihren quer gestellten Feldern und Initialen liefert sie die verschiedenen Schmuckelemente, mit denen Attavante die Seiten der berühmten Handschrift einrahmte. Bei diesem einfallsreichen Künstler handelt es sich nicht um einen eigentlichen Erfinder. Unter den Vorläufern und ersten Vertretern der italienischen Renaissance gehörte er zu jenen, die die alten Ornamente wiederentdeckten. Ihre Anmut wusste er für seine eleganten Zeichnungen zu nutzen, ohne jedoch, von einigen Einzelheiten abgesehen, weitere Neuerungen einzuführen. Sein Hauptverdienst als Ornamentkünstler liegt in der hervorragenden Qualität der Gestaltung und Ausführung seines Blattwerks.

Von Zeit zu Zeit werden die Dekorationen von Kindergestalten belebt, die auf natürliche Weise mit leicht schattierter Hautfarbe dargestellt sind, so dass die unbekleideten mythologischen Figuren, die zu jener Zeit den Platz der schön gewandeten mittelalterlichen Figuren übernehmen, zu einer Art Lichterscheinung auf den kräftigen Tönen des Grundes werden. Die großzügige Gestaltung der Porträtmedaillons, aber auch der Initialen, und die Vielfarbigkeit dieser Bildnisse stehen in typischem Kontrast zum kräftigen Grund und zum Camaieu-Blattwerk, das in Flachrelief gearbeitet ist. Fügt man noch die heraldischen Schmelzar-

Renaissance (XVe siècle)

ORNEMENTATION DES MANUSCRITS – ECOLE FLORENTINE

Cette planche fait suite à la précédente. Elle donne, avec ses panneaux en travers et ses initiales, les éléments divers de l'ornementation dont Attavante a encadré les pages du célèbre manuscrit. L'ingénieuse fécondité de cet artiste ne saurait cependant faire reconnaître en lui le caractère d'un inventeur. Ce contemporain de tous les précurseurs et auteurs de la grande Renaissance italienne joue parmi eux le rôle d'une sorte de résurrectionniste de vieilles formules d'ornementation, dont il a fait valoir le charme, avec l'élégance ferme et souple de son dessin, mais à peu près sans autre initiative que celle qui s'étend seulement aux détails. Son principal mérite, comme ornemaniste, est dans la qualité vraiment exquise de l'agencement et du dessin de ses rinceaux. Ces décors sont réveillés de temps à autre par la présence de figurines d'enfant traitées au naturel, avec des carnations légèrement ombrées, de manière à faire de ces nudités mythologiques, qui prenaient alors la place des figures drapées du Moyen Age, comme une apparition lumineuse sur les tons énergiques des fonds. Le champ aérien des médaillons à portraits, de même sorte dans l'ouverture des initiales, et la peinture à toutes couleurs de ces effigies, forment un contraste typique avec les fonds vigoureux et les rinceaux en bas-relief traités tous en camaïeu ; que l'on ajoute à l'ensemble les émaux de l'héraldique,

Charpentier, lith. Imp. Firmin-Didot & Cie, Paris

have the complete vocabulary with which Attavante achieved this exalted expression of the art of ornamentation.

beiten, einige farbige Steine, denen das Blattwerk als Fassung dient, kleine Perlen und schließlich die damaszierten Zeichnungen hinzu, so sind alle Verzierungen vereint, aus denen ein Miniaturmaler seine Dekorationen zusammenstellen konnte.

quelques pierres de couleur dont les rinceaux sont la monture, parfois la note des perles fines, et enfin les petits dessins en damassés, et l'on a ainsi le bagage des éléments de l'ornemaniste dans son expression la plus décisive, au point de vue de l'ampleur du miniaturiste faisant de la grande décoration.

155

Renaissance (15th Century)

TAPESTRY ORNAMENTATION (ITALY)

We reproduce here two extremely interesting specimens of tapestry taken from paintings in the Florence and Ferrara Academies. The first, a hanging with a black background, appears in a work by Ghirlandaio; the second is a detail of a tablecloth in a picture by Carpaccio. Both owe the character of their design to Oriental tradition.
The hanging, in which the ornament is woven and has something of the look of marquetry, presents a tranquil design that nevertheless achieves a certain opulence as a result of the discreet, geometrical character of the repeated motifs; these are ingeniously varied in design and of a delicacy that the black ground is prevented from overwhelming by a subtle use of white throughout the design.
The velvet tablecloth decorated with embroidery is quite different. Here the design is in the arabesque style. The border consists of a series of identical motifs reversed in the interests of variety. It is primarily Persian in character, the arabesque readily assuming a veg-

155

Renaissance (15. Jahrhundert)

TEPPICHMUSTER (ITALIEN)

Diese Beispiele beruhen auf Gemälden der Akademie der Schönen Künste von Florenz und der Akademie von Ferrara; das erste mit schwarzem Grund zeigt einen Wandteppich auf einem Gemälde Ghirlandaios, das zweite einen Tischteppich auf einem Bild Carpaccios. Bei beiden ist das Muster der orientalischen Tradition verpflichtet.
Der Wandteppich, dessen Muster eingewirkt ist und einer Holzeinlegearbeit gleicht, zeigt eine ruhige, reiche Dekoration. Die geometrische Anordnung der repetitiven Motive ist abwechslungsreich gestaltet, wobei die schwarze Farbe durch den kunstvollen Einsatz des Weiß nicht erdrückend wirkt.
Der Tischteppich hingegen ist aus Samt und mit Stickereien verziert. Das Muster besteht aus Arabesken. Die Bordüre setzt sich aus einer Folge ähnlich gestalteter Motive zusammen, die nur durch ihre Umkehrung variiert werden. Der Charakter ist persisch, da die Arabeske bei den Persern gern ein pflanzenhaftes Aussehen erhält.

155

Renaissance (XVe siècle)

L'ORNEMENTATION DES TAPIS (ITALIE)

Ces exemples, reproduits d'après des peintures de l'Académie des beaux-arts de Florence et de l'Académie de Ferrare, le premier à fond noir montrant un tapis de tenture dans le tableau de Ghirlandaio, le second un tapis de table dans le tableau de Carpaccio, et tous deux redevables à la tradition orientale, sont d'un grand intérêt.
Le tapis de tenture, dont l'ornement est tissé dans la trame, et évoque une marqueterie, offre un décor à la fois tranquille et opulent par la sagesse de la répartition géométrique des motifs à répétition, ingénieusement agencés dans leur dessin varié, et d'une délicatesse dont toutefois le noir ne triomphe pas en les envahissant, ce qui est dû au rôle que joue le blanc dans cette ornementation.
Le tapis de table, en velours et orné de broderies, est de tout autre sorte. Le dessin est du style arabesque ; la bordure se compose d'une suite de motifs semblables, variés seulement par le renversement de la contreposition. Le caractère en est surtout persan, l'arabesque prenant volontiers entre les mains des Persans la

Bauer lith.

FIRMIN-DIDOT FRÈRES, FILS & Cie ÉDITEURS.

Imp. Lemercier & Cie Paris

etal appearance in the hands of Persian ornamentists. The same is true of the central motif, although the middle of this has a faintly Byzantine quality. This splendid fringed tablecloth is in perfect taste, the beautifully embroidered border with its slender, subtly intensified stems curling gracefully through alternately floral and trefoil nodes exemplifying the highest artistry in opulence. The colouring of the arabesques lends them a decorative effectiveness that is all the greater for being localized. The fact is that, apart from the central medallion, the artist had the happy idea of using only the lines of gold thread with a few vegetal developments at the extremities, leaving the strength of the velvet ground unimpaired in its masterful uniformity.

Das gleiche gilt für das Zentralmotiv, dessen Mitte eher byzantinisch wirkt. Die Dekoration dieses fransenbesetzten Teppichs ist von hoher Qualität, nicht nur aufgrund der Bordürenstickereien mit ihrem klaren Aufbau und den leicht verdickten Stengeln, sondern auch dank der dekorativen Wirkung der farbigen Arabesken. Da der Künstler für die Verzierung, mit Ausnahme des Zentralmedaillons und einiger Verdickungen, nur feine Goldfäden verwendete, bleibt die mächtige Wirkung des meisterhaft gestalteten Samtgrunds vollständig erhalten.

physionomie d'un végétal. Il en est de même pour le motif central dont le milieu a quelque peu de la tournure byzantine. Le décor de ce riche tapis frangé est évidemment une des meilleures expressions du genre ; il est de grand goût, et c'est vraiment de l'art dans l'opulence que ces belles broderies de la bordure, avec leurs tiges fines heureusement renforcées, et évoluant avec toute la grâce du dessin le plus épuré sur l'axe de leurs rencontres. La colorisation de ces arabesques leur communique une vie décorative du meilleur effet ; sauf le médaillon central, l'artiste a su n'employer pour le dessin du surplus que les fils d'or, avec quelques plénitudes aux extrémités ; de sorte que la puissance du fond de velours n'est véritablement pas contrariée dans son imposante unité.

156

Renaissance (15th Century)

MANUSCRIPT ILLUMINATION

The motifs that make up this plate are from the Siena Cathedral Gradual and are the work of Girolamo da Cremona (1455–1485), one of the most prolific ornamentists of the late 15th century. The Italian biographer Giorgio Vasari mentions him at the end of his *Life of Boccacino:* "There once lived in Milan a miniaturist named Girolamo, who produced works that can be seen in Milan and throughout Lombardy." Girolamo is ranked among the finest practitioners of the art of miniature painting. His ornamentation is broad and imposing in character,

156

Renaissance (15. Jahrhundert)

BUCHMALEREIEN

Alle Motive dieser Tafel stammen aus dem Graduale des Doms von Siena. Die Verzierungen malte Girolamo da Cremona (1455–1485), einer der produktivsten Ornamentkünstler des ausgehenden 15. Jahrhunderts. Giorgio Vasari erwähnt ihn gegen Ende seines *Leben des Boccacino* mit folgenden Worten: „Zu jener Zeit lebte in Mailand ein Miniaturmaler namens Girolamo, dessen Werken man in Mailand und der ganzen Lombardei begegnen kann." Girolamo erwarb sich hohe Verdienste um die Miniaturkunst. Seine Ornamentik ist großzügig und prachtvoll und unter-

156

Renaissance (XVe siècle)

PEINTURES DE MANUSCRITS

Tous les motifs composant cette planche sont extraits du Graduel de la cathédrale de Sienne, dont l'ornementation est de Girolamo da Cremona (1455–1485), un des plus féconds producteurs de la fin du XVe siècle. Vasari le désigne en ces termes à la fin de la *Vie de Boccacino :* « De son temps, il vivait à Milan un miniaturiste appelé Girolamo, qui a produit des ouvrages qui se rencontrent à Milan et dans toute la Lombardie. »
Girolamo da Cremona est rangé parmi les plus méritants de ceux qui ont exercé l'art de la miniature. Son ornementation est d'un carac-

Lith par Pralon

FIRMIN-DIDOT FRÈRES FILS & Cie ÉDITEURS.

Imp. Testu & Massin, Paris

which makes it quite different from that of his contemporaries. There is a sense of a deliberate harking back to the classical style, but one that involves no impairment of the artist's originality. The decorated bucranium is interesting, and the chimera with one head and two bodies goes back to the earliest Greek antiquity; in fact, the architect Paccard used this type of motif in his restoration of the Parthenon.

scheidet sich deutlich von jener seiner Zeitgenossen. Auf entschiedene Weise ist die Rückkehr zur Antike zu spüren, ohne dass die künstlerische Originalität dadurch geschmälert würde. Das Bukranion (Rinderschädel) verdient Aufmerksamkeit, und das Fabeltier mit einem Kopf und zwei Leibern ist so sehr der griechischen Antike nachempfunden, dass der Architekt Paccard bei der Restauration des Parthenons auf diesen Typ zurückgreifen konnte.

tère large et grandiose, tout à fait distincte de celle de ses confrères ; on y sent le retour à l'antique d'une manière décisive, mais sans que ce retour nuise à l'originalité de l'artiste. Le bucrane orné est intéressant, et la chimère à tête unique et double corps est de la plus haute Antiquité grecque, à ce point que l'architecte Paccard s'est servi de ce type dans sa restauration du Parthénon.

157

Renaissance (15th and 16th Centuries)

MANUSCRIPT ILLUMINATION, WALL PAINTINGS

This plate contains work from the finest period of Italian Renaissance miniature painting. Giorgio Vasari speaks in glowing terms of three Florentine ornamentists; Stefano, Gherardo, and Attavante or Vante, who particularly distinguished themselves.
No. 1. Missal of the Dead, belonging to Pope Paul II, painted c. 1450. **No. 2.** Manuscript in the library of Matthias I Corvinus, painted by Attavante or Gherardo c. 1492. **Nos. 3–7.** Antiphonals from Florence, by Attavante, 1526–1530. **Nos. 8 and 9.** Diurnal, signed Attavante di Gabriello. **Nos. 10 and 11.** Manuscript by Attavante in the library of the Barberini princes, Rome. **Nos. 12 and 13.** Details of Raphael's decorative frescoes in the Vatican, probably painted by his pupil Giovanni da Udine (1487–1564). **Nos. 14 and 15.** Miniatures from a missal belonging to

157

Renaissance (15. und 16. Jahrhundert)

BUCHMALEREIEN, WANDMALEREIEN

Die Motive dieser Tafel stammen aus der besten Zeit der italienischen Miniaturmaler der Renaissance. Vasari lobt die drei Florentiner Ornamentkünstler Stefano, Gherardo und Attavante oder Vante, die sich besonders ausgezeichnet hatten. **Nr. 1:** Totenmissale Papst Pauls II., gemalt um 1450. **Nr. 2:** Handschrift aus der Bibliothek von Matthias Corvinus, von Attavante oder Gherardo um 1492 gemalt. **Nrn. 3–7:** Antiphonarien von Florenz, 1526–1530 von Attavante gemalt. **Nrn. 8 und 9:** Diurnale (Bet-Tagebuch), signiert Attavante di Gabriello. **Nrn. 10 und 11:** Handschrift aus der Bibliothek der Fürsten Barberini in Rom, von Attavante gemalt. **Nrn. 12 und 13:** Ausschnitte aus den dekorativen Fresken im Vatikan, von Raffael, wahrscheinlich von seinem Schüler Giovanni da Udine (1487–1564) ausgeführt. **Nrn. 14 und 15:** Miniaturen aus einem Missale des

157

Renaissance (XVe et XVIe siècles)

PEINTURES DES MANUSCRITS, PEINTURES MURALES

Les documents contenus dans cette planche appartiennent aux belles époques de l'art des miniaturistes italiens de la Renaissance. Vasari parle avec éloge des trois ornemanistes florentins, Stefano, Gherardo et Attavante ou Vante, qui s'y sont particulièrement distingués.
No 1 : Missel des morts du pape Paul II peint vers 1450. **No 2 :** Manuscrit de la bibliothèque de Matthias Corvin, peint par Attavante ou Gherardo vers 1492. **Nos 3–7 :** Antiphonaires de Florence, par Attavante ; de 1526 à 1530. **Nos 8 et 9 :** Diurnal, signé Attavante di Gabriello. **Nos 10 et 11 :** Manuscrit de la bibliothèque des princes Barberini, à Rome, par Attavante. **Nos 12 et 13 :** Fragments des fresques décoratives du Vatican, par Raphaël, peintes probablement par Jean d'Udine (1487–1564), son élève. **Nos 14 et 15 :** Miniatures d'un missel du cardinal Cornari, attri-

Cardinal Cornari, attributed to Raphael. **Nos. 16–19.** Life of the dukes of Urbino (Biblioteca Vaticana, Rome). **Nos. 20–24.** From *Horarum preces cum kalendario, Monasterii Terinent,* dated 1554.

Kardinals Cornari, Raffael zugeschrieben. **Nrn. 16–19:** Lebensbeschreibung der Herzöge von Urbino (Biblioteca Vaticana, Rom). **Nrn. 20–24:** *Horarum preces cum kalendario, Monasterii Terinent,* 1554.

buées à Raphaël. **N°s 16–19 :** Vie des ducs d'Urbin (Biblioteca Vaticana, Rome). **N°s 20–24 :** *Horarum preces cum kalendario, Monasterii Terinent,* daté de 1554.

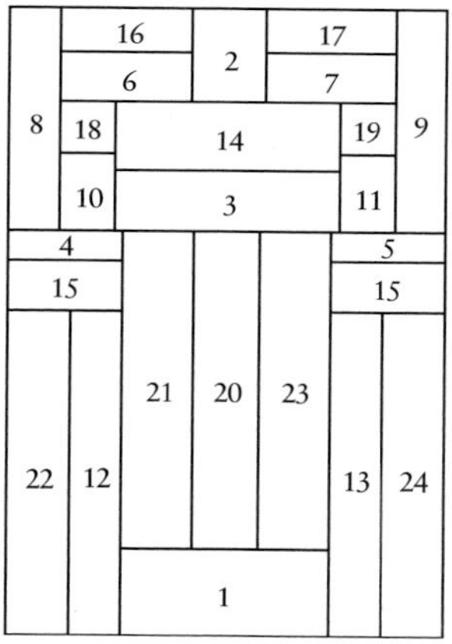

158

Renaissance (15th and 16th Centuries)

ENAMELLED JEWELLERY

This and the next plate present a selection of motifs from Italian and Flemish manuscript paintings. The margin illustrations in manuscripts painted in the late 15th and early 16th centuries by miniaturists who had received their training in the workshops of Italian goldsmiths are very often stamped with a quite unmistakable quality that has to do with the very principles of the goldsmith's craft. They show an exactness of expression that is all the more delicate for the fact that in bringing out the scribe's flourishes the construction of the ornamenta-

158

Renaissance (15. und 16. Jahrhundert)

EMAILSCHMUCK

Diese Tafel und die folgende stellen eine Auswahl dar, die aus italienischen und flämischen Buchmalereien zusammengestellt wurde. Die meisten Randverzierungen der Handschriften aus der zweiten Hälfte des 15. und der ersten Hälfte des 16. Jahrhunderts wurden von Miniaturmalern geschaffen, die in italienischen Goldschmiedewerkstätten gelernt hatten. Die Werke beruhen unzweifelhaft auf den Prinzipien der Goldschmiedekunst, einer Kunst, die im Ausdruck sehr genau ist. Indem die Dekoration die Floskeln des Schreibers hervor-

158

Renaissance (XVe et XVIe siècles)

JOAILLERIE ÉMAILLÉE

Cette planche et la suivante, qui en est la suite, sont le résultat d'un choix fait dans les peintures des manuscrits italiens et flamands. Les illustrations marginales des manuscrits de la seconde moitié du XVe siècle et de la première moitié du XVIe qui sont dues à des miniaturistes dont l'éducation s'était faite dans les ateliers des orfèvres de l'Italie, sont très souvent empreintes d'un caractère sur lequel il n'y a pas à se tromper, celui même des principes de l'orfèvrerie, c'est-à-dire d'un art précis dans son expression, et d'autant plus précieux qu'en déga-

tion always appears to proceed from a certain logic; a medallion, a clasp, inserted in an overall composition but still standing on its own, isolated from the rest of the ornamentation, often assumes the full force of its original character. Examination of the famous altar books of Siena Cathedral and in particular of the pages painted by Liberale da Verona, who arrived in Siena in 1466, reveals that that artist hit upon a very special way of decorating the margins of these large-format books. He introduced complete pieces of jewellery, standing in isolation just as one might have found them in the window of a jeweller's shop. Liberale's jewellery, still full of classical references in terms of design, exploited all the resources of the industry of his day: colouring with translucent enamels on relief and painted enamels on a ground, the use of pearls (which his successors used in greater numbers and in conjunction with coloured stones), and so on.

Nos. 1–3, 10–12, 16, 18, 19, and 21. Altar books of Siena Cathedral,

hebt, scheint sie einer gewissen Logik zu gehorchen. Ein Medaillon oder eine Agraffe weisen auch in größeren Zusammenhängen auf die ursprüngliche Bedeutung hin, die ihnen als Einzelstück zukam. In den berühmten Chorbüchern des Doms von Siena und vor allem auf den Seiten, die Liberale da Verona – er kam 1466 nach Siena – illuminierte, findet sich ein besonderes Verfahren zur Verzierung der Seitenränder: die Hinzufügung von Schmuckstücken, die sich von der übrigen Dekoration deutlich abheben. Jedes einzelne Stück könnte auch in der Vitrine eines Goldschmieds liegen. Der Schmuck Liberales, dessen Zeichnung noch an die Antike erinnert, steht technisch auf der Höhe der Zeit: Kolorierung durch Tiefschmelz auf Relief und grundiertes Maleremail, Verwendung von Perlen, deren Zahl bei seinen Nachfolgern zunimmt und die zudem mit farbigen Steinen kombiniert werden usw.

Nrn. 1–3, 10–12, 16, 18, 19 und 21: Chorbücher aus dem Dom von

geant les fioritures du scribe, la construction de l'ornement y apparaît toujours comme le résultat d'une certaine logique ; tel médaillon, telle agrafe, intercalés dans un arrangement général, prennent souvent toute la signification de leur caractère initial en étant isolés du surplus. En étudiant les célèbres livres de chœur de la cathédrale de Sienne, et particulièrement les pages peintes par Liberale da Verona, qui vint à Sienne en 1466, nous constatons qu'il avait trouvé un expédient tout particulier pour l'illustration des marges de ses grands livres de chœur ; il y introduisait des pièces de bijouterie intégrales, ne se confondant nullement avec le surplus de l'ornementation, chaque pièce indépendante étant telle qu'on la pouvait rencontrer sur les rayons de la boutique de l'orfèvre-joaillier. Les bijouteries de Liberale, encore pleines du souvenir de l'Antiquité, quant au caractère de leur dessin, se présentent avec toutes les ressources de l'industrie du temps du maître : la coloration par les émaux translucides sur relief et les émaux peints

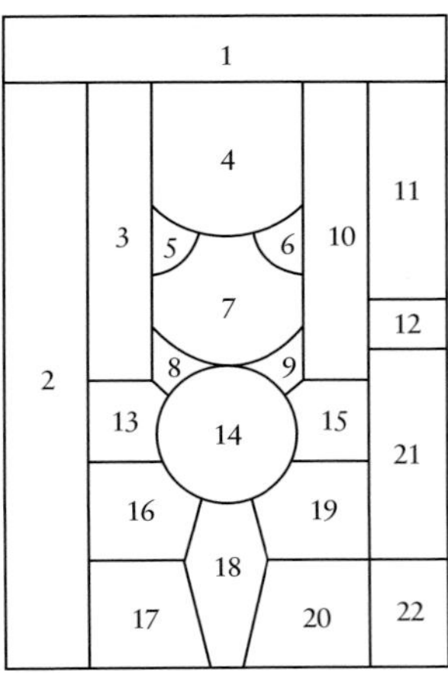

2
3
4
5
6
7
8
9
10
11
12
13
14
15
16
17
18
19
20
21
22

Gradual and Antiphonals. **Nos. 7 and 22.** Altar books of Florence Cathedral. **Nos. 5 and 6.** Roman missal, 15th century. **Nos. 4, 14, 17, and 20.** Small missal, late 15th century. **Nos. 8, 9, 13, and 15.** Breviary of Cardinal Grimani (the jewellery here is Flemish).

Siena, Graduale und Antiphonare. **Nrn. 7 und 22:** Chorbücher aus dem Dom von Florenz. **Nrn. 5 und 6:** Römisches Missale aus dem 15. Jahrhundert. **Nrn. 4, 14, 17 und 20:** Kleines Missale vom Ende des 15. Jahrhunderts. **Nrn. 8, 9, 13 und 15:** Brevier des Kardinals Grimani (mit flämischem Schmuck).

sur apprêt, l'emploi des perles, dont le nombre va croissant chez ses successeurs qui les combinent avec des pierres de couleur, etc. **N°s 1–3, 10–12, 16, 18, 19 et 21 :** Livres de chœur de la cathédrale de Sienne, Graduel et Antiphonaires. **N°s 7 et 22 :** Livres de chœur de la cathédrale de Florence. **N°s 5 et 6 :** Missel romain du XVe siècle. **N°s 4, 14, 17 et 20 :** Petit missel de la fin du XVe siècle. **N°s 8, 9, 13 et 15 :** Bréviaire du cardinal Grimani.

159

Renaissance (15th and 16th Centuries)

ENAMELLED JEWELLERY

The Flemish motifs reproduced in this plate are all taken from the famous Breviary of Cardinal Grimani in the library of St. Mark's, Venice (**nos. 4, 8, 13, 14, 25, 29, 30, 32, 34, 39, 40, 42, 52, and 67**). They figure in the pages painted by Hans Memling, who used jewel-

159

Renaissance (15. und 16. Jahrhundert)

EMAILSCHMUCK

Die auf dieser Tafel vereinten flämischen Motive stammen aus dem Brevier des Kardinals Grimani, einem berühmten Manuskript aus der Bibliothek von San Marco in Venedig (**Nrn. 4, 8, 13, 14, 25, 29, 30, 32, 34, 39, 40, 42, 52 und 67**). Die Schmuckstücke befinden sich auf

159

Renaissance (XVe et XVIe siècles)

JOAILLERIE ÉMAILLÉE

Les documents flamands que nous faisons figurer dans cette planche sont exclusivement empruntés au célèbre manuscrit de la bibliothèque de Saint-Marc, à Venise, le Bréviaire du cardinal Grimani (**n°s 4, 8, 13, 14, 25, 29, 30, 32, 34, 39, 40, 42, 52 et 67**), et ces bijoux proviennent des

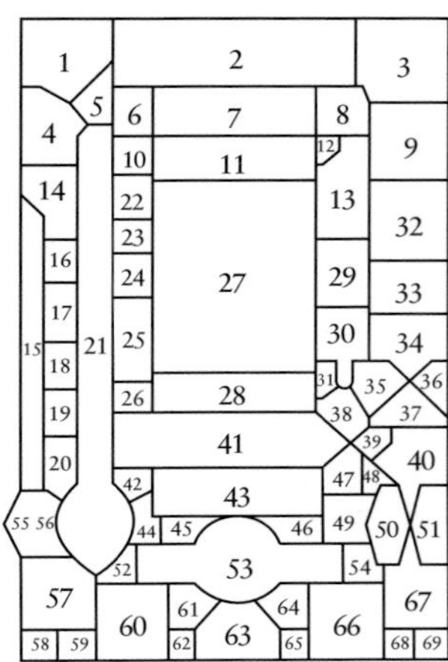

Spiégel, lith.
Imp. Firmin-Didot & Cie, Paris

lery in his margins not as one component in an imaginative ornamental composition but purely for its own sake, unmixed with anything else, for he found perfect satisfaction in its naked beauty alone. Hans Memling, born in 1458 in what is now Germany but a citizen of Bruges in Flanders from 1465 onwards (and reputedly a soldier in the Burgundian army, who fought at Morat, Grandson, and Nancy), once painted a prayer book for the Duke of Burgundy, Philip the Good, and it is possible that in his jewellery we are actually seeing part of the fabled treasure of Philip's successor, Charles the Bold.

Among the Italian pieces pictured here it is easy to make out the applied jewellery such as **no. 2** (in translucent enamel on relief), which looks like a bodice ornament, and the hinged belt attachment (**no. 21**) replacing the paternoster; also recognizable, besides brooches of all shapes and sizes, drop earrings, pin heads, and buttons, are certain pieces that were presumably once attached to a chaplet. **No. 67**, for example, would serve as an oratory at prayer time, wherever the wearer might be. The piece with the paschal lamb (**no. 7**) is a small devotional plaque; unperforated, it is decorated on the same principle as Limoges enamels. Finally our centrepiece, an initial M by Liberale da Verona (**no. 27**), has three legs in the Gothic manner but interrupts the middle one in order to accommodate, inside the letter, Mary and Elizabeth in a Visitation scene.

jenen Seiten, die Hans Memling malte. Memling setzte sie nicht in eine Fantasie-Dekoration ein, sondern verteilte sie einzeln auf den Seitenrändern, was ihm offenbar als Verzierung ausreichend erschien. 1458 in Seligenstadt geboren, ab 1465 Bürger von Brügge, soll Hans Memling als Soldat in die burgundische Armee eingetreten sein und die Schlachten von Grandson, Murten und Nancy mitgemacht haben. Für Philipp den Guten malte er ein Gebetbuch, und vielleicht stellte er in seinen Schmuckstücken einen Teil des berühmten Schatzes Karls des Kühnen dar.

Leicht zu erkennen sind Appliken; so scheint beispielsweise **Nr. 2**, eine Tiefschmelzarbeit auf Relief, ein Miederschmuck zu sein; die Gürtelkette **Nr. 21**, die einen Rosenkranz ersetzt, ist so gearbeitet, dass dieses Schmuckstück auch zum Gürten dienen kann. Neben Broschen, Anhängern, Nadelköpfen und einfachen Knöpfen gibt es auch Stücke in der Art von Abzeichen, die am Rosenkranz befestigt waren, zum Beispiel **Nr. 67**, das man als Halsschmuck trug und das zur Gebetsstunde, wo immer man sich befand, als Andachtsgegenstand zur Verfügung stand. Bei **Nr. 7** mit dem Osterlamm handelt es sich um eine Andachtsmedaille, die massiv und nach der Art des Emails von Limoges gearbeitet ist. **Nr. 27** stammt von Liberale da Verona und stellt eine Initiale dar, ein gotisches M, dessen mittlerer Strich unterbrochen ist, um die Szene der Heimsuchung Mariä in den Buchstaben hineinstellen zu können.

pages qui y sont peintes par Hans Memling, lequel n'a pas usé de la joaillerie dans ses marges en l'introduisant dans l'agencement d'une ornementation de fantaisie, mais l'y a tout simplement disposée sans mélange, la trouvant parfaitement suffisante. Hans Memling, né en 1458, à Seligenstadt, citoyen de Bruges dès 1465, que l'on dit s'être engagé comme soldat dans l'armée bourguignonne, qui aurait assisté aux batailles de Morat, de Grandson et de Nancy, et qui, enfin, a peint pour Philippe le Bon un livre de prières, nous transmet peut-être avec ses joailleries une partie même du fameux trésor de Charles le Téméraire.

Parmi les pièces représentées ici, on distingue facilement les joailleries d'applique, comme le **nº 2**, émail translucide sur relief, qui paraît être une parure de corsage ; le cordon de ceinture, **nº 21**, remplaçant la patenôtre, et articulé comme il était nécessaire pour que ce cordon de joaillerie servît de contenance ; on reconnaît également, à côté des broches de toutes les formes, des pendeloques, des têtes d'épingles et des simples boutons, les bijoux ayant le caractère de l'*enseigne* attachée au *chapel*. Il est tel de ces petits bijoux, comme le **nº 67**, que l'on portait en pendentif et qui servait d'oratoire à l'heure de la prière, partout où l'on se trouvait. Enfin, le **nº 7** est encore avec son agneau pascal une petite plaque de dévotion, dont la matière est pleine et qui est décorée sur le principe même des émaux de Limoges. Et la pièce **nº 27**, due à Liberale da Verona, laquelle est une initiale, un M en trois ambages selon l'habitude gothique, et dont celui du milieu est interrompu pour permettre au peintre de loger dans la lettre cette scène de la visitation de la vierge Marie à sainte Elisabeth.

EN TOVT HONNEVR
REDOVBTE

Renaissance (15th and 16th Centuries)

MARGINAL ORNAMENTATION: SCATTERED FLOWERS, SYMBOLIC MOTIFS

The ornamentation of architecture with vegetal motifs taken from nature having evolved as it did in the Flamboyant or 'Flowered' phase of the Gothic style, manuscript illuminators necessarily resorted to the same decorative sources. Those of the latter half of the 15th century and the early part of the 16th century managed, by handling naturalism with a certain amount of painter's license, to give this type of ornamentation a quite distinctive physiognomy and charm. Motifs, chiefly in the form of isolated flower or fruit stems, were scattered over the grounds that filled the margins to frame either a painted subject or more usually a portion of text interspersed with vignettes. The species depicted are all indigenous, and it is with sustained delight that we recognize savoy cabbage, the jagged leaves of the thistles of our cathedrals, rose, stock, carnation, sweet pea, borage, forget-me-not, pansy, violet, daisy, and many others. This familiar world is enlivened by butterflies and birds, dragonflies, the spots left by houseflies, caterpillars hanging from leaves, and even edible snails.

160

Renaissance (15. und 16. Jahrhundert)

RANDVERZIERUNGEN IN HANDSCHRIFTEN: BLUMENSTREUMUSTER, SYMBOLISCHE MOTIVE

Da sich die architektonische Ornamentik, die realistische Pflanzenmotive einsetzte, in den gotischen Bauwerken des Flamboyantstils auf die allseits bekannte Weise weiterentwickelte, griffen auch die Buchmaler auf die gleichen Quellen zurück. Während der zweiten Hälfte des 15. und eines Teils des 16. Jahrhunderts gaben sie dem Genre bei freier Nachahmung der Natur ein besonderes Gepräge. In einem luftigen Streumuster mit einzeln stehenden Blumen und Früchten finden sich diese floralen Dekorationen auf dem Rand verteilt und dienen einem gemalten Sujet oder meist einem mit Vignetten versehenen Text als Rahmen.

Unter diesen einheimischen Motiven erkennt man leicht das Blatt des Wirsingkohls und das spitze, ausgezackte Distelblatt der Kathedralen, Rosen, Levkojen, Nelken und Erbsenblüten, Gurkenkraut, Vergissmeinnicht, Stiefmütterchen, Veilchen, Gänseblümchen usw. Schmetterlinge und Vögel, schwirrende Libellen und Flecken hinterlassende Fliegen, an Blättern hängende Raupen und Weinbergschnecken beleben diese vertraute Welt.

160

Renaissance (XVe et XVIe siècles)

DÉCORATIONS MARGINALES DES MANUSCRITS : LES SEMIS DE FLEURS, LE DÉCOR SYMBOLIQUE

L'ornementation de l'architecture à l'aide de végétaux imitant les jeux de la nature ayant pris dans les monuments du style ogival, dit fleuri ou flamboyant, les développements que l'on sait, les enlumineurs des manuscrits devaient recourir aux même sources décoratives. Ceux de la seconde moitié du XVe siècle et d'une partie du XVIe, en s'appliquant au naturalisme avec la liberté du peintre, ont procuré à ce genre une physionomie et un charme tout particuliers. C'est principalement sous la forme du semis de légères tiges de fleurs ou de fruits isolés, que ces décorations florales se trouvent disposées sur le fond qui couvre les marges servant ainsi d'encadrement, tantôt à quelque sujet peint, le plus souvent au texte enrichi de vignettes. Les éléments de cette ornementation étant tous indigènes, on y reconnaît le chou frisé ou contourné, la feuille aiguë et déchiquetée du chardon de nos cathédrales ; la rose, la giroflée, l'œillet de nos jardins, la fleur de pois de nos champs, la bourrache, le myosotis, des pensées, des violettes, des pâquerettes, etc. Ce sont les papillons de nos fleurs et l'oiseau de nos climats qui animent ce monde où tout nous est familier, depuis le sillon transparent de la libellule jusqu'au caprice alerte de la tache déposée par nos mouches, depuis la chenille suspendue aux branches de nos arbres jusqu'au colimaçon gravitant sur nos vignes.

1
2
3
4
5
6
7
8
9
10
11
12
13
14
ET FECI
PASCA
Bénard lith.
Imp. Firmin-Didot & Cie, Paris

Renaissance (15th and 16th Centuries)

MANUSCRIPT PAINTINGS: ARCHITECTONIC FRAMES, ENAMELLED JEWELLERY

The predilection of 15th-century Italy's master painters for architectural structures (part of the great movement of the Renaissance towards classical principles) inevitably spread to their colleagues in manuscript illumination. Architectural motifs were increasingly added to the foliage ornamentation of margins and miniature frames, playing a steadily more important part from the end of the 15th century onwards; by the 16th century they were all the rage in France as well. It was primarily from the jewellery of the period that the borders in architectonic style painted on vellum derived most of their features.

The jewellery of the second half of the 15th century differs radically in its decoration from art objects of the 13th and 14th centuries, not only in the forms it uses but in the fact that it no longer employs opaque engraved or champlevé enamel work.

In the kind of large-scale jewellery represented here what we find is enamel applied to metal after the fashion of the Limoges artists who painted ornamental subjects onto glazes using processes which only date from the latter part of the 15th century; we also find translucent and opaque enamels, glass on foil, coloured stones mounted *en cabochon*, and pearls in relief. Silvering was used in conjunction with gild-

161

Renaissance (15. und 16. Jahrhundert)

BUCHMALEREIEN: ARCHITEKTONISCHE EINRAHMUNGEN, GOLDEMAILSCHMUCK

Die Vorliebe der italienischen Maler des 15. Jahrhunderts für Bauwerke, die in Zusammenhang mit der Hinwendung der Renaissance zu antiken Prinzipien steht, zeigt sich auch bei den Buchmalern. Das architektonische Genre, das zu den Blattwerkdekorationen hinzukam, bereicherte mit seiner Vielfalt die Umrahmungen der Miniaturen und wurde gegen Ende des 15. Jahrhunderts immer wichtiger; während des 16. Jahrhunderts war es in Frankreich vorherrschend. Die Randleisten des architektonischen Genres übernahmen in den Handschriften die meisten Motive von der zeitgenössischen Goldschmiedekunst und übertrugen sie auf Pergament.

In der zweiten Hälfte des 15. Jahrhunderts gleicht der Goldschmuck nicht mehr jenem des 13. und 14. Jahrhunderts; nicht nur die Formen haben sich geändert, sondern auch die Verwendung von undurchsichtigem Email in Ausspartechnik und von Grubenschmelz wurde aufgegeben.

Beim großflächigen Schmuck, um den es sich hier handelt, wurde vor allem Maleremail verwendet. Man folgte dabei den Künstlern von Limoges, die nach Verfahren, die erst Ende des 15. Jahrhunderts entwickelt wurden, ihre Szenerien und Verzierungen auf die Glasur malten. Daneben benutzte man durchsichtigen und undurchsichti-

161

Renaissance (XVe et XVIe siècles)

PEINTURES DES MANUSCRITS : LES ENCADREMENTS DU GENRE ARCHITECTONIQUE, L'ORFÈVRERIE ÉMAILLÉE

Le goût des maîtres peintres de l'Italie, au XVe siècle, pour les constructions architecturales, participant du grand mouvement de la Renaissance vers les principes antiques, devait se propager parmi les ornemanistes des manuscrits ; le genre architectonique, s'ajoutant aux rinceaux d'ornement peuplant les marges, enrichissait de sa variété l'encadrement des miniatures, et il prit une importance croissante à partir de la dernière partie du XVe siècle ; au XVIe siècle, il était en pleine faveur en France. C'est surtout en empruntant à l'orfèvrerie de l'époque la plupart de leurs types que les bordures des manuscrits du genre architectonique sont formulées dans les peintures sur vélin.

L'orfèvrerie de la seconde moitié du XVe siècle a un tout autre aspect décoratif que n'est celui des objets d'art des XIIIe et XIVe siècles ; non seulement les formes diffèrent, mais il n'y est plus question de l'émaillerie opaque en tailles d'épargne, ni des beaux émaux champlevés.

Dans l'espèce de grande bijouterie dont il s'agit ici, ce que l'on voit figurer, c'est l'émaillerie peinte sur métal, à la façon des artistes limousins opérant sur des couvertes, et y peignant des sujets, des ornements, en usant de procédés qui datent seulement de la dernière partie du XVe siècle ; puis ce sont des émaux

ing, the metal was chased in all sorts of ways from high relief to bas-relief, and extensive use was made of inlaid and niello work. Finally the composition was studded with precious stones (cornelian, porphyry, lapis lazuli, serpentine, jade, etc.) forming the actual components of this miniature architecture.

gen Schmelz, emailliertes Glas, rund geschliffene farbige Steine und Perlen in Relief. Die Versilberung trat neben die Vergoldung, und das Metall wurde in Hoch- und Flachrelief ziseliert. Hinzu kamen überdies die weit verbreiteten Nielloarbeiten und Inkrustationen. Schließlich wurde dieser polychrome Schmuck durch Edel- und Halbedelsteine wie Karneol, Porphyr, Lapislazuli, Serpentin oder Jade ergänzt.

translucides et opaques, du verre sur paillon, des pierres de couleur montées en cabochons, des perles en relief. L'argenture se mêle à la dorure, le métal est ciselé de toutes les façons, en haut et en bas-relief, sans compter les incrustations et les nielles dont on faisait alors un si grand usage. Enfin, dans cette orfèvrerie polychrome, on faisait entrer des matières de prix, des cornalines, des porphyres, des lapis, des serpentines, des jades, etc., pour former, en parties plus ou moins importantes, les membres mêmes de cette petite architecture.

162

Renaissance (15th and 16th Centuries)

ARCHITECTURE AS ORNAMENT

The human figure in a conventional setting in paintings and miniatures.

No. 1. Detail from a manuscript copy of Dante's *Divine Comedy.* This luxurious ornamentation serves as the frontispiece of the 'Paradiso,' where it forms an archway drawn in striking perspective and framing a miniature.

No. 2. Detail of a page frame from a 15th-century manuscript. This motif is based on a vertical series of niches, each of which contains an angel playing an instrument of the period.

No. 3. The architectural background plays an important part. An exaggerated perspective effect is used to fill the tall panel.

162

Renaissance (15. und 16. Jahrhundert)

DEKORATIVE ARCHITEKTUR

Die menschliche Gestalt im konventionellen Umfeld in der Malerei und in Miniaturen.

Nr. 1: Teil einer Manuskriptseite aus Dantes *Divina Commedia*. Die reiche Dekoration findet sich auf dem Titelblatt des „Paradieses“: Sie bildet ein perspektivisch gemaltes Peristyl, das im Original eine Miniatur füllt.

Nr. 2: Teil der Umrahmung einer Manuskriptseite aus dem 15. Jahrhundert. Das Prinzip dieser Konstruktion beruht auf einer Folge von Nischen, in denen Engel auf zeitgenössischen Instrumenten ein Konzert geben.

Nr. 3: Bei diesem Beispiel nimmt die Architektur einen wichtigen Platz ein. Um die Höhe der Tafel zu füllen, wählte der Maler eine übertriebene Perspektive.

162

Renaissance (XVe et XVIe siècles)

LES CONSTRUCTIONS ARCHITECTURALES DE CARACTÈRE ORNEMANESQUE

La figure humaine dans un décor conventionnel dans les peintures et miniatures.

No 1 : Fragment de page d'un manuscrit de la *Divine comédie* de Dante. Cette ornementation sert de frontispice au Paradis ; elle forme un péristyle, adroitement mis en perspective, qui, dans l'original, est occupé par une miniature.

No 2 : Fragment d'encadrement de page d'un manuscrit du XVe siècle. Suite de niches, contenant chacune un ange qui joue d'un instrument de l'époque pour former un concert.

No 3 : Dans cet exemple l'architecture occupe une place importante, et une perspective exagérée est employée pour remplir la hauteur du panneau.

No. 4. Detail of a miniature frame from a 16th-century manuscript. The architecture here is Italian in spirit and consists of pairs of columns flanking the picture and linked as delicately as possible at the top by an improbable-looking arch surmounted by a thin cornice and, at the bottom, by the narrow step supporting the columns.
No. 5. Page frame and miniature combine here to produce an extreme perspective effect. Motif from the same source as **no. 4.**
No. 6. An upright votive panel by Israhel van Meckenem. The composition reveals a lively wit; the depth of perspective shown is very much greater than that of a niche, yet the artist has contrived, by skilfully gathering his vault arches at the top of the panel, to give a strong visual impression of the classical niche.
No. 8. Votive painting with the principal figure shown half-length in front of an architectural framework that provides a link between the saint in the foreground and a charming landscape behind.

Nr. 4: Umrahmungsteil einer Miniatur aus dem 16. Jahrhundert. Die Fantasiearchitektur zeigt italienische Einflüsse. Der Rahmen besteht aus einem Säulenpaar auf jeder Seite; sie tragen ein leichtes Bandgesims, dem ein Rundbogen höhere Wahrscheinlichkeit verleiht; ihre Fußplatten ruhen auf einem perspektivisch gezeichneten Sockel.
Nr. 5: Seitenumrahmung, die mit der inneren Miniatur verbunden ist und eine einzige Szene in betonter Perspektive bildet. Die **Nrn. 4 und 5** sind derselben Handschrift entnommen.
Nr. 6: Längliche Votivtafel, von Israel van Meckenem gemalt. Die Malerei ist geschickt gestaltet. Der perspektivische Hintergrund ist von anderer Tiefe als jener einer klassischen Nische, an die der obere Zusammenschluss der Bögen erinnert.
Nr. 8: Votivbild; die zentrale Halbfigur hebt sich von einem zurückgesetzten architektonischen Rahmen ab, der zwischen der Heiligen und einer reizvollen Landschaft vermittelt.

N° 4 : Fragment d'encadrement d'une miniature. L'architecture de fantaisie de ce document du XVIe siècle a l'empreinte italienne. L'encadrement consiste en une paire de colonnes de chaque côté, reliées le plus légèrement possible par des bandeaux de construction, qu'un angle arrondi dans le haut rend vraisemblable, et qui n'est en bas que le palier en perspective sur lequel repose le piédestal des colonnes.
N° 5 : Encadrement de page se combinant avec la miniature peinte à l'intérieur, et représentant une scène unique en un plan perspectif très relevé. Le **n° 5** provient du même manuscrit que le **n° 4.**
N° 6 : Tableau votif, panneau en hauteur peint par Israël van Meckenem. C'est avec une spirituelle habileté que cette peinture est composée ; l'enfoncement perspectif est bien autrement profond que celui de la niche, et cependant l'artiste a su faire en sorte que la réunion de ses arceaux au sommet du panneau rappelle étroitement la niche classique.
N° 8 : Tableau votif, dont la figure principale à mi-corps se détache

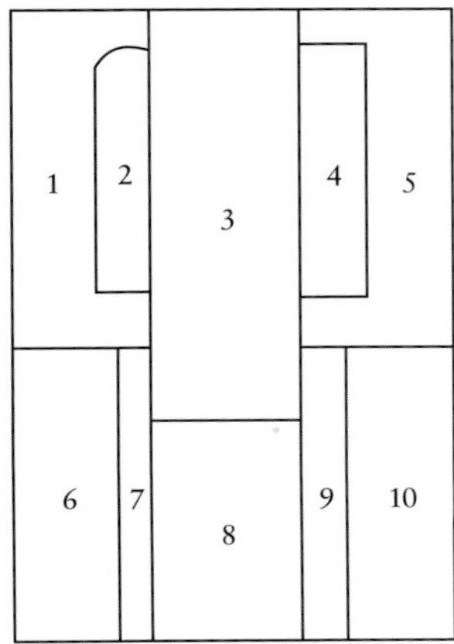

Schmidt, lith.

Imp. Firmin-Didot & Cie, Paris

No. 10. Another votive painting on an upright panel that looks like a leaf of a triptych.
This uses the same system as **no. 8** but in a very much simpler form: here a chest-high stone wall forms the link between the foreground figure and a landscape whose perspective takes the top of the wall as its base line.

Nr. 10: Votivgemälde. Längliche Tafel, die wie der Flügel eines Triptychons wirkt.
Die Anordnung gleicht jener von **Nr. 8**, ist jedoch einfacher gestaltet. Eine Steinmauer bis auf die Höhe der Brust verbindet die Figur im Vordergrund mit einer Landschaft, deren Perspektive von der obersten Steinlage ausgeht.

dans un encadrement de second plan, de caractère tout architectural, servant d'intermédiaire entre la figure de la sainte et un charmant paysage de plein air.
N° 10 : Peinture votive. Panneau en hauteur, ayant l'apparence d'un volet de triptyque. Le système est le même que l'arrangement du **n° 8**, mais plus simple. Un mur de pierre élevé à la hauteur de la poitrine sert d'intermédiaire entre la figure de premier plan et un paysage, dont la perspective a pour point de départ le niveau du mur.

163

Renaissance (15th and 16th Centuries)

MANUSCRIPT ORNAMENTATION: JEWELLERY MOTIFS AS DECORATION

With the exception of the initial occupying the centre of the principal page, this plate is made up of motifs taken from a single source: a manuscript known as the *Aragon Book of Hours.* They have the character of goldsmith's work embellished with pearls and precious stones. The laws governing artistic apprenticeship in 15th- and early 16th-century Italy were such that all youngsters had to pass through a gold- or silversmith's workshop before graduating to one of the major arts. Brunelleschi, Ghiberti, Donatello, Nasolino, and Luca della Robbia all learned to chase jewellery and set precious stones before they moved on to higher things. The miniaturist responsible for the *Aragon Book of Hours* appears to have had the same

163

Renaissance (15. und 16. Jahrhundert)

DEKORATIONEN IN HANDSCHRIFTEN: DIE VERWENDUNG VON GOLDSCHMUCK

Mit Ausnahme der Initiale in der Mitte der Seite ist die Tafel mit Motiven aus einer einzigen Quelle zusammengesetzt, dem *Stundenbuch von Aragon*. Diese Motive zeigen alle Kennzeichen einer edelsteinbesetzten Goldschmiedearbeit. Die Vorschriften für die künstlerische Lehrzeit, die im Italien des 15. und der ersten Hälfte des 16. Jahrhunderts einzuhalten waren, führten viele junge Leute in die Gold- und Silberschmiedewerkstätten, bevor sie sich den großen Künsten zuwandten. Künstler wie Brunelleschi, Ghiberti, Donatello, Narolino und Luca della Robbia lernten zuerst, Schmuckstücke zu ziselieren und Edelsteine zu fassen. In diese Schule scheint auch der Miniaturmaler des *Stundenbuchs von Aragon* gegangen zu sein: Er beweist eine sichere

163

Renaissance (XVe et XVIe siècles)

ORNEMENTATION DES MANUSCRITS : L'EMPLOI DE L'ORFÈVRERIE DANS LEUR DÉCOR

Exception faite de l'initiale occupant le milieu de la page principale, cette planche est composée avec des éléments d'une source unique, les *Heures d'Aragon.* Le caractère de ces motifs est plus exclusivement celui d'une ornementation orfévrée, enrichie de joyaux. Les lois de l'apprentissage artistique en vigueur dans l'Italie du XVe siècle et de la première partie du XVIe avaient pour conséquence de faire traverser à tous les jeunes gens les boutiques où l'on travaillait l'or et l'argent avant d'aborder le grand art, saine obligation que subirent des artistes comme Brunelleschi, Ghiberti, Donatello, Nasolino et Luca della Robbia, qui avaient appris à ciseler des bijoux, à sertir des pierres précieuses, avant de prendre leur volée. C'est à cette

training, for his choice and handling of motifs inspired by ancient Roman goldsmith's work and contemporary jewellery reveal the hand of an expert.
This jewellery represents a veritable showcase of the splendours of the period, in particular those of Milan, the second richest city state in Italy after Venice and the home of the Sforza family, whose taste for luxury knew no bounds. Alfonso, prince of Aragon, whose arms this manuscript bears, was very much a connoisseur of manuscripts, permanently employing eight scribes to illuminate manuscripts with the freshness and boldness which are what we value most in them. He also retained two miniaturists, and two binders. The latter also used jewellery motifs to decorate the boards.
The initial D was painted by Monte di Giovanni del Fora (1448–c. 1532) and is taken from the altar books of Florence Cathedral, on which that artist worked for many years. Monte was an eminent mosaicist as well as being a first-class illuminator. The initial is crowned with a vase containing both naturalistic lily flowers and conventionalised imaginative foliage; below, an angel clasps a splendid piece of jewellery set with pearls, amethysts, and rubies.

Hand in diesem Genre, das Goldschmiedearbeiten aus der römischen Antike und zeitgenössischen Schmuck als Vorlagen benutzte. Juwelierarbeiten dieser Art geben einen hervorragenden Überblick über die Schmuckstücke, die damals von den Großen getragen wurden, besonders in Mailand, das zu jener Zeit, als der Prunk der Sforza keine Grenzen kannte, zu den reichsten italienischen Stadtstaaten nach Venedig gehörte. Alfonso, Prinz von Aragon, dessen Wappen die Handschrift trägt, war einer jener Liebhaber, der zahlreiche Kopisten anstellte und vor allem die Handschriften glanzvoll illuminieren ließ. Zu den acht dauernd beschäftigten Schreibern kamen zwei Miniaturmaler und zwei Buchbinder hinzu, die für den äußeren Schmuck der Bücher ebenfalls auf Juwelierarbeiten zurückgriffen und mit ihnen die Einbände verzierten.
Die Initiale D stammt von Monte di Giovanni del Fora (1448–um 1532), der lange Zeit an den Chorbüchern aus der Werkstatt des Doms von Florenz mitarbeitete; daher stammt auch dieses Motiv. Monte war ein ausgezeichneter Mosaizist und Miniaturmaler zugleich. Über der Initiale befindet sich eine Vase mit Lilien, die nach der Natur gemalt sind, während zugleich konventionelles Rankenwerk aus der Vase steigt. Unten hält ein Engel ein mit Perlen, Amethysten und Rubinen besetztes Schmuckstück.

école que paraît s'être formé l'auteur des *Heures d'Aragon*, miniaturiste qui, dans l'application du genre fastueux adopté par lui – l'orfèvrerie inspirée des monuments de l'Antiquité romaine et la joaillerie dont se paraient ses contemporains – montre une main tout à fait experte en ces matières.
Cette joaillerie forme un écrin véritablement historique, et dans lequel on peut assurément considérer autant de spécimens des magnificences de l'époque, et particulièrement de celles de cet opulent Milanais qui, après Venise, était le plus riche des Etats italiens, à l'époque où le luxe des Sforza ne connaissait pas de bornes. Alphonse, prince d'Aragon, dont ce manuscrit porte les armes, était un de ces amateurs qui prenaient plaisir à entretenir des copistes, et surtout à faire enluminer les manuscrits avec une fraîcheur et un éclat qui étaient leur principal mérite à leurs yeux. A ses huit scribes, occupés en permanence, se joignaient deux miniaturistes et deux relieurs. Ces derniers aussi recouraient à la joaillerie pour le décor extérieur de leurs livres.
L'initiale D a été peinte par Monte di Giovanni del Fora (1448–vers 1532) et travailla longtemps aux livres de chœur de la fabrique du dôme de Florence, d'où provient ce motif. Cet artiste était à la fois un mosaïste éminent et un peintre de miniatures de grand mérite. Cette initiale est surmontée d'un vase contenant des branches fleuries de lys peintes au naturel, en même temps qu'il s'en échappe des rinceaux de fantaisie conventionnelle. Au bas, un ange soutient un riche bijou composé de perles, d'améthystes et de rubis.

Renaissance (15th and 16th Centuries)

MANUSCRIPT PAINTINGS

The framing motifs reproduced here are, like most of the last plate, taken from the famous 16th-century *Aragon Book of Hours.*
No. 1. Acanthus foliage with naturalistically coloured flowers and pearls and precious stones arranged as fruit.
No. 3. The scene in the middle represents the Scourging of Christ, so the margin decoration is based on a thorn-branch motif.
No. 4. Here the margins are filled with intertwined reeds as flexible as Celtic strapwork but so delicate as to leave the design much more open. Jewellery plays only a very discreet part in this composition.
No. 5. This poppy design with alternately green and bronze foliage and naturalistically coloured flowers uses no jewellery motifs.
No. 6. Here there is a single piece of jewellery at the top centre, the

Renaissance (15. und 16. Jahrhundert)

BUCHMALEREIEN

Die Rahmen stammen ebenfalls aus dem berühmten *Stundenbuch von Aragon* des 16. Jahrhunderts.
Nr. 1: Das Akanthusblattwerk ist mit einigen kleinen Blumen in natürlichen Farben und vor allem mit Perlen und Juwelen geschmückt, die wie Früchte verteilt sind.
Nr. 3: Da hier die mittlere Szene ursprünglich die Geißelung Christi darstellte, besteht die Randdekoration hauptsächlich aus Dornen.
Nr. 4: Die Randverzierung ist aus spielerisch gestaltetem biegsamem Schilf gebildet, das dem keltischen Flechtwerk gleicht, doch mehr durchbrochene Flächen aufweist; Juwelen spielen hier eine untergeordnete Rolle.
Nr. 5: Blätter von blühendem Mohn; die Blätter sind abwechselnd grün und goldbraun, die Blüten von natürlicher Farbe; Juwelen finden sich keine.

Renaissance (XVe et XVIe siècles)

PEINTURES DES MANUSCRITS

Les encadrements proviennent du célèbre manuscrit des *Heures d'Aragon* du XVIe siècle.
No 1 : Les rinceaux d'une acanthe orfévrée produisent quelques fleurettes de couleur naturelle, et surtout des perles et de véritables joyaux, disposés comme une fructification.
No 3 : La scène centrale étant la flagellation, la base de la décoration des marges est la branche d'épine.
No 4 : Le décor de la marge consiste en un jeu de joncs souples comme les lacets celtiques, mais dont la finesse procure des ajourés beaucoup plus larges ; la joaillerie n'a qu'un rôle très discret dans ce treillis d'une certaine rusticité.
No 5 : Des feuilles de pavots en fleurs, feuillage tour à tour vert ou mordoré, et dont les fleurettes sont de couleur naturelle, forment ici

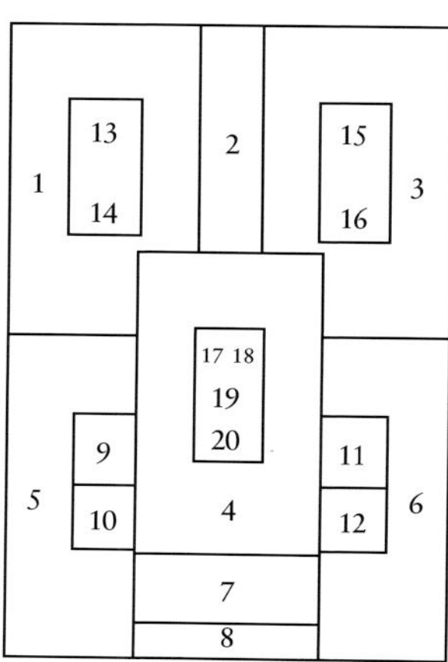

rest of the frame being filled with foliage, pea pods, and red potentilla flowers.
Nos. 7 and 8. Framing fragments from the same manuscript. **No. 7** is the base of a piece of decoration that is all goldsmith's work – and enamelled at that, as we see from the colours. A brilliant piece of jewellery provides an accent at the centre. **No. 8** is the top of another page decorated with oak branches bearing acorns as well as with strawberries and red potentilla flowers, all on a lilac ground.
Decorated Initials
No. 9. Initial E from a *missale antiquum,* painted in France around 1400.
No. 10. Another initial E from the Pavia Charterhouse Antiphonals.
No. 11. Initial P; same source.
No. 12. Initial E showing St. John the Baptist.
Rosettes and Ornamental Points
These details (**nos. 13–20**), Gothic in every respect, come from a Gradual belonging to Siena Cathedral. Finally **no. 2**, with its alternating bouquets of white and red flowers, represents a system of margin ornamentation much used in the 15th century.

Nr. 6: Ein einziges Schmuckstück oben auf der Seite, den Rest bedecken Erbsenhülsen und Blüten des roten Fingerkrauts.
Die **Nrn. 7 und 8** zeigen Rahmenteile aus demselben Buch. **Nr. 7** stellt eine Dekoration in Form eines Goldemailschmucks dar, wie die wenigen Farben beweisen; ein Edelstein bildet die Mitte. Bei **Nr. 8** handelt es sich um den oberen Teil einer anderen Seite, die mit Eichenzweigen, Eicheln, Erdbeeren und den Blüten des roten Fingerkrauts auf violettem Grund verziert ist.
Verzierte Buchstaben
Nr. 9: E-Initiale aus einem französischen *Missale antiquum*, um 1400.
Nr. 10: Weitere E-Initiale, aus den Antiphonarien der Kartause von Pavia.
Nr. 11: P-Initiale, gleiche Herkunft.
Nr. 12: E-Initiale, in der Johannes der Täufer, in ein Schaffell gekleidet, dargestellt ist.
Rosetten und Ornamente
Nrn. 13–20: Diese Beispiele, die für die gotische Zeit typisch sind, stammen aus einem Graduale des Doms von Siena, das Giovanni de Paolo illuminierte.
Nr. 2, Teil eines Seitenrands, auf dem Bouquets mit abwechselnd weißen und roten Blumen übereinander angeordnet sind, beruht auf einer im 15. Jahrhundert beliebten Dekorationsweise.

une décoration où ne figure aucune joaillerie.
N° 6 : Un seul joyau en haut de la page, le reste couvert de gousses de pois et de fleurs de potentille rouge.
Les **n°s 7 et 8** sont des fragments d'entourage du même livre. Le **n° 7** est la base d'une décoration toute d'orfèvrerie, et d'une orfèvrerie émaillée comme le montrent ses quelques couleurs ; l'éclat d'un joyau en marque le centre. Le **n° 8** est le sommet d'une autre page ornée de branches de chêne pédonculé chargées de leurs glands, de fraises et de fleurs de potentille rouge, sur fond lilas.
Lettres ornées
N° 9 : Initiale E tirée d'un *missale antiquum*, peint en France vers 1400.
N° 10 : Autre initiale E provenant des antiphonaires de la chartreuse de Pavie.
N° 11 : P de cette même source.
N° 12 : Initiale E où figure saint Jean vêtu de la peau de mouton.
Rosaces et points d'ornements
N°s 13–20 : Ces détails, que tous leurs caractères rattachent à l'époque ogivale, proviennent d'un Graduel de la cathédrale de Sienne, peint par Giovanni de Paolo.
Le **n° 2**, fragment d'une marge de page, où les bouquets de fleurs blanches ou rouges se superposent tour à tour, représente ici un système de décoration dont on usait fréquemment au XVe siècle.

Renaissance (15th and 16th Centuries)

GLAZED CERAMICS, PAINTED GLASS (ITALY AND FRANCE)

No. 1. Architectonic ornament in glazed terracotta (Musée du Louvre). The earliest works of this kind were produced by Luca della Robbia (c. 1400–1482), who spent his youth as a goldsmith's apprentice before successfully moving on to sculpture. He had the idea of firing the clay model with a tin or lead enamel to make it proof against the effects of atmospheric variation.
Nos. 4–7. Two borders and two tiles from the Caffagiolo factory, the great centre of Tuscan ceramics.
No. 8. Piece of faience with *sopra bianco* ornamentation, i. e. with a pattern in white glaze on a lightly tinted white ground. The rim of this plate carries a green border design.
No. 9. Ornamental foliage tracery on a porcelain plate. Europe's earliest translucent pottery was produced in the experimental workshop set up by Cosimo the Great in his S. Marco Palace, Florence. This *porcellana* was not a true, purely kaolinic porcelain, and the Frenchman Brogniart classifies it separately as a 'hybrid' or 'mixed' porcelain. The results were uneven. The body sometimes had a greyish or yellowish tinge after firing, and the glaze was not always the same all over. The monochrome decoration done in pure cobalt as here, seldom achieved either intensity of colour or uniformity of texture.

Renaissance (15. und 16. Jahrhundert)

GLASIERTE KERAMIK, GLASMALEREIEN, APPLIKATIONEN (ITALIEN UND FRANKREICH)

Nr. 1: Architektonisches Motiv. Glasierte Terrakotta aus dem Musée du Louvre. Die ersten solchen Arbeiten stellte Luca della Robbia (um 1400–1482) her. Der Künstler begann mit Goldschmiedearbeiten und ging darauf zur Großplastik über. Er entwickelte die Technik, das Tonmodell mit einer dauerhaften Glasur, einem Zinn- oder Blei-Email, zu überziehen, um es dem schädlichen Einfluss atmosphärischer Veränderungen zu entziehen.
Nrn. 4–7: Bordüren und Wandfliesen aus der Manufaktur von Caffagiolo, dem Zentrum der toskanischen Keramik.
Nr. 8: Fayence mit Verzierungen in *Sopra bianco*-Technik: Zeichnung in weißem Email auf weißem, leicht getöntem Grund. Um den inneren Rand der Platte läuft eine regelmäßige grüne Bordüre.
Nr. 9: Rankenwerk auf einer Porzellanschale. Aus der Versuchswerkstatt, die Cosimo der Große in seinem Florentiner Palast San Marco eingerichtet hatte, kam das erste lichtdurchlässige europäische Porzellan. Bei diesem *porcellana* handelt es sich noch nicht um echtes, rein kaolinhaltiges Porzellan, und Brogniart nannte es hybrides oder Mischporzellan. Die Scherben waren manchmal grau oder durch das Feuer gelb geworden, das Email nicht immer gleichmäßig aufgetragen. Camaieu aus reinem Kobalt wie das hier abgebildete

Renaissance (XVe et XVIe siècles)

LES TERRES CUITES ÉMAILLÉES, VITRAUX PEINTS, DÉCOR D'APPLIQUE (ITALIE ET FRANCE)

No 1 : Ornementation architectonique. Terre cuite émaillée du musée du Louvre. Les premiers ouvrages de cette nature sont dus à Luca della Robbia (vers 1400–1482). Della Robbia, après avoir consacré sa jeunesse à l'étude de l'orfèvrerie, puis abordé avec succès la grande sculpture, imagina de faire cuire le modèle en terre pour le soustraire aux influences perturbatrices des variations atmosphériques en l'enveloppant d'un enduit vitrifié et inattaquable, l'émail d'étain ou de plomb.
Nos 4–7 : Bordures et carreaux de revêtement de la fabrique de Caffagiolo, le grand centre de la céramique toscane.
No 8 : Faïence dont l'ornementation est en *sopra bianco,* c'est-à-dire à dessins d'émail blanc sur fond blanc légèrement teinté. Le marli de ce plat forme en décor régulier une bordure colorée en vert.
No 9 : Rinceaux d'ornementation d'un plat en porcelaine. C'est de Florence, de l'atelier d'expérience établi par Cosme le Grand, dans son château de San-Marco, que sortit la première poterie translucide européenne. La *porcellana* ne fut point d'ailleurs une porcelaine véritable, purement kaolinique, et Brongniart l'a classée à part sous le nom de porcelaine hybride ou mixte. La pâte était parfois grisâtre ou jaunie par le feu, l'émail n'était pas toujours également glacé. Le décor en camaïeu, comme celui-ci,

RENAISSANCE.
RENAISSANCE.
Brandin, lith
Imp. Firmin Didot & Cie Paris

No. 10. Majolica is a kind of Italian faience with metallic highlights based on tin oxide. (Some say it takes its name from the early form of the name of the island of Majorca.) Demi-majolica falls into the category of glazed pottery, its whiteness being due to a slip. The painting finished, the whole surface is covered with a lead glaze giving pearly highlights for which the Pesaro factory was famous.
Nos. 2 and 3. Norman Renaissance painted glass motifs in grisaille on a yellow ground, 1530.
No. 2 is in the upper part of the choir of Grand-Andely church; **no. 3** occurs in the St. Crispin window in Gisors parish church.

war selten farbintensiv und in allen Teilen gleich.
Nr. 10: Majolika. Die Majolika und Mezzamajolika, italienische Fayencen mit metallischer Glasur, sind nach der Balearen-Insel Mallorca benannt. Die Metallwirkung der eigentlichen Majolika beruht auf Zinn. Die Mezzamajolika gehört zur glasierten Keramik; ihre Farbe verdankt sie einem Überzug aus weißer Erde. Nach ausgeführter Malerei wurde die Oberfläche mit einer bleihaltigen Glasur von perlmuttartiger Wirkung überzogen, eine Technik, in der sich die Manufaktur von Pesaro Ruhm erwarb.
Die **Nrn. 2 und 3** stellen Glasmalereien im Renaissance-Stil der Normandie dar. Die Ornamente in Grisaille-Technik auf gelbem Grund sind von 1530. **Nr. 2** befindet sich im oberen Teil des Chors der Kirche von Grand-Andely, **Nr. 3** gehört zum Crispinus-Fenster der Pfarrkirche von Gisors.

fait avec du cobalt pur, était rarement intense de ton et égal dans toutes les parties.
N° 10 : Majolica. Les majoliques et demi-majoliques ou les faïences italiennes à reflets métalliques portent un nom dérivé de Majorque, l'une des îles Baléares. Les reflets métalliques de la majolique proprement dite ont pour base l'oxyde d'étain. La demi-majolique rentre dans la classe des poteries vernissées, sa blancheur étant due à ce qu'on nomme, en céramique, un engobe. La peinture une fois exécutée, toute la surface est revêtue d'un vernis plombeux à reflets nacrés. C'est ce dernier procédé qui avait fondé la réputation de l'usine de Pesaro.
Les motifs **n°s 2 et 3** proviennent de vitraux peints de la Renaissance normande. Cette ornementation, traitée en grisaille sur des fonds jaunes, est de 1530. Le **n° 2** se trouve dans la partie supérieure du chœur de l'église du Grand-Andely. Le **n° 3** fait partie du vitrail de Saint-Crépin, dans l'église paroissiale de Gisors.

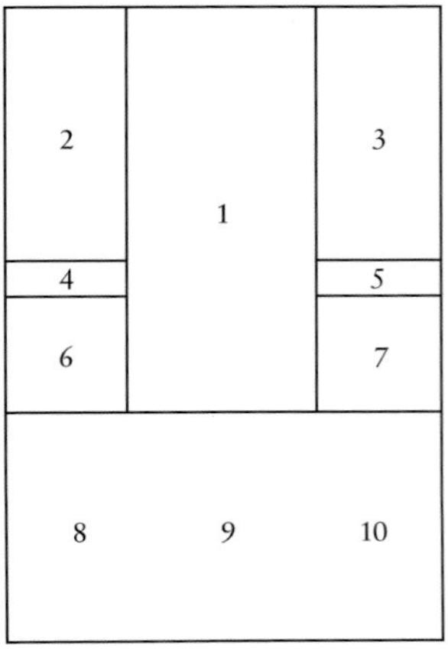

2 3
1
4 5
6 7
8 9 10

Lith. par Durin.

FIRMIN-DIDOT FRÈRES FILS & CIE EDITEURS

Imp. Lemercier et Cie Paris

Renaissance (16th Century)

PANELS, FRIEZES, AND BORDERS

All the motifs in this plate are taken from the famous *Rouen Book of Hours*, "printed for Symon Vostre, bookseller, resident in Paris," the first edition of which bears the date 1508.

These early landmarks of the French Renaissance generally had a double origin. On the one hand they formed part of the essentially northern art that dominated the French Middle Ages; on the other they were already affected by the Italian manner that was soon to overrun the whole artistic scene. Here, however, the French style is paramount, and the only signs of Italian influence are in one or two of the motifs in the lower part of the plate. Many of these naive motifs call to mind the delightful ornament on the old half-timbered houses of which there are still so many examples in Normandy, Picardy, and Champagne.

The fact that we are able to reproduce this typographical work in colour is due to a swindle perpetrated fairly frequently in connection with the early products of the printing press before the invention became common knowledge. The books of people like Symon Vostre, Vérard, and others were often printed on vellum and then painted in such a way as to disguise them completely and fool the buyer into thinking he was acquiring an original manuscript.

Renaissance (16. Jahrhundert)

TAFELN, FRIESE UND RANDLEISTEN

Alle Motive dieser Tafel sind dem berühmten Stundenbuch, das für Rouen bestimmt war, entnommen, „gedruckt für Symon Vostre, Buchhändler zu Paris“. Die Erstausgabe stammt aus dem Jahr 1508.

Die frühen Zeugnisse der französischen Renaissance verweisen gewöhnlich auf eine doppelte Tradition. Einerseits sind sie noch an die nordeuropäische Kunst des Mittelalters gebunden, andererseits zeigen sie bereits italienische Züge, die bald alles beherrschen sollten. Hier jedoch überwiegt der französische Stil, und italienischer Einfluss zeigt sich nur bei einigen Motiven unten auf der Tafel. Viele dieser naiven Motive erinnern an die reizvollen Verzierungen auf offen liegenden Balken, die in alten Bauten in der Normandie, Picardie und Champagne noch häufig zu sehen sind.

Wenn dieses Druckwerk farbig wiedergegeben werden kann, so liegt dies an einem bei den ersten Druckerzeugnissen häufig vorgenommenen Schwindel. Bevor die neue Erfindung überall Fuß gefasst hatte, wurden die Bücher von Symon Vostre, Vérard und anderen Verlegern häufig auf Pergament gedruckt und nach der Art der Handschriften bemalt, um ihre eigentliche Herstellungsweise unkenntlich zu machen und den Käufer glauben zu lassen, er erhielte eine Originalhandschrift.

Renaissance (XVIe siècle)

PANNEAUX, FRISES ET BORDURES

Tous les motifs dont cette planche est composée sont tirés des fameuses Heures à l'usage de Rouen, « imprimées pour Symon Vostre, libraire, demeurant à Paris », et dont la première édition porte la date de 1508.

Ces premiers monuments de la Renaissance française reconnaissent en général une double origine. D'un côté ils se rattachent aux données de l'art essentiellement septentrional qui a dominé chez nous au Moyen Age ; d'un autre côté ils participent déjà du mode italien qui devait bientôt tout envahir ; mais ici le style français domine et l'on n'entrevoit l'influence italienne que dans quelques-uns des sujets placés surtout au bas de la planche. Beaucoup de ces motifs naïfs rappellent les charmants ornements des poutres apparentes, si fréquentes encore dans les anciennes constructions en Normandie, en Picardie, en Champagne.

Nous devons de pouvoir donner en couleur cette œuvre typographique à une supercherie assez fréquente dans l'emploi que l'on fit des premières productions de l'imprimerie, avant que l'invention en fût tout à fait divulguée. Les livres des Symon Vostre, des Vérard, etc., étaient souvent alors imprimés sur peau de vélin, puis peints à la manière des manuscrits, de façon à les déguiser entièrement et à faire croire à l'acheteur qu'il acquérait un manuscrit original.

Renaissance (16th Century)

THE VATICAN LOGGIAS: FRESCOES AND ARABESQUES BY RAPHAEL

What is there left to say about these miracles of decorative art that are at the same time miracles of art for art's sake? In making room in our collection for a few of these beautiful frescos – painted by Raphael's principal pupils under the master's direction – we are not departing from our subject; we are simply extending its scope by including the very highest expression of the art of ornamentation. These huge compositions are more than ornament – but nevertheless ornament they are. Whether linked by unity of subject or, as it were, abandoned to the whims of a charming imagination, they are invariably governed by an overall vision and meet all the requirements of dec-orative effect.

167

Renaissance (16. Jahrhundert)

LOGGIEN DES VATIKANS: RAFFAELS FRESKEN UND ARABESKEN

Über dieses Wunder der dekorativen Kunst, das zugleich ein Wunderwerk der idealen Kunst ist, wurde schon genug gesagt. Wenn auch in dieser Sammlung einige der schönen Fresken, die unter Raffaels Leitung von seinen Schülern ausgeführt wurden, Platz finden, wird der thematische Rahmen dadurch nicht gesprengt. Seine Grenzen werden sichtbar, indem der ihm entsprechende höchste künstlerische Ausdruck erscheint. Mehr als Ornament und doch noch Ornament sind diese Werke, die teils durch ein einheitliches Sujet zusammengehalten werden, teils den Einfällen einer verführerischen Fantasie zu entspringen scheinen. Immer jedoch bleiben sie einer Gesamtordnung unterstellt und erfüllen alle Forderun-

167

Renaissance (XVIe siècle)

LOGES DU VATICAN : FRESQUES ET ARABESQUES DE RAPHAËL

Tout a été dit sur ces merveilles de l'art décoratif qui sont en même temps des merveilles de l'art idéal. En donnant place dans notre recueil à quelques-unes de ces belles fresques, exécutées, on le sait, sous la direction de Raphaël, par ses principaux élèves, nous ne sortons pas de notre sujet ; nous en étendons les limites, en présentant l'expression la plus élevée de la face de l'art à laquelle il correspond. C'est plus que de l'ornement, mais c'est encore de l'ornement que ces grandes compositions, tantôt reliées entre elles par l'unité du sujet, tantôt comme abandonnées aux caprices d'une fantaisie charmante, mais toujours subordonnées à une vue d'ensemble et répondant à toutes les exigences de l'effet décoratif. Dans notre planche, deux

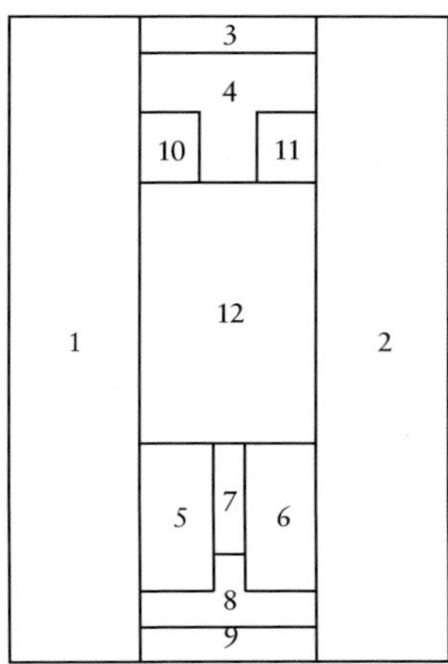

Two major subjects form the lateral borders of our plate (**nos. 1 and 2**). The first represents the Four Seasons with their attributes, powerfully as well as poetically expressed. The second shows the Three Fates, imposing figures holding between them the thread of human life. The middle part of the plate (**nos. 3–12**) includes a variety of motifs from the same source.

168

Renaissance (16th Century)

GROTESQUES – DECORATIVE PAINTINGS IN THE VATICAN

The expression 'grotesque' is believed to refer to the imitations made of the fabulous beasts found in the 15th century in those subterranean buildings the Italians call *grotte*. The manner is based on a taste for the marvellous, that imperious need of man's nature to leave the human sphere and launch into a fairytale world of the imagination. It is a universal need, innate in man in the same way as poetry and thought, but it evolves more powerfully among peoples whose civilization is made up of heterogeneous elements of different origins.

All these extracts are from paintings by Raphael with the exception of the trophy in the centre of the plate (**no. 1**) which is from a manuscript in the Bibliothèque de l'Arsenal painted by Giulio Clovio /1498–1578), and the two gilded grisailles on blue backgrounds to right and left of the motif (**nos. 2**

gen dekorativer Kunst. Die rechte und linke Seite der Tafel (**Nrn. 1 und 2**) nehmen zwei Sujets ein. Das erste stellt die vier Jahreszeiten mit ihren Attributen auf ebenso deutliche wie poetische Weise dar. Das zweite zeigt die drei Parzen, großartige Figuren, die durch den Lebensfaden des Menschen miteinander verbunden sind. Die Mitte der Tafel (**Nrn. 3–12**) füllen verschiedene Motive derselben Herkunft.

168

Renaissance (16. Jahrhundert)

GROTESKEN – DEKORATIVE MALEREIEN IM VATIKAN

Allgemein ist man der Meinung, der Ausdruck „Grotesken" würde die Darstellungen von Tieren mit imaginären Formen bezeichnen, die man im 15. Jahrhundert in unterirdischen, von den Italienern *grotto* genannten Bauten fand. Am Ursprung der Grotesken steht die Liebe zum Wunderbaren, ein natürliches Bedürfnis, über den menschlichen Bereich hinaus in die Märchenwelt der Fantasie vorzustoßen. Dieses allgemeine Bedürfnis gehört zum Menschen wie die Poesie und das Denken; leichter jedoch entwickelt es sich bei einem Volk, dessen Kultur in sich heterogen ist.

Alle Motive dieser Tafel stammen von Malereien Raffaels, ausgenommen die Trophäe in der Tafelmitte (**Nr. 1**), die Giulio Clovio (1498–1578) malte und die sich in einer Handschrift der Bibliothèque de l'Arsenal befindet, des Weiteren unten auf der Tafel die beiden ver-

grands sujets occupent la droite et la gauche (**nos 1 et 2**). Le premier représente les quatre saisons avec leurs attributs aussi fortement écrits que poétiquement exprimés. Le second nous montre les trois Parques, grandioses figures que relie entre elles le fil de la vie humaine. Le milieu de la planche (**nos 3–12**) est rempli par divers motifs variés puisés aux mêmes sources.

168

Renaissance (XVIe siècle)

LES GROTESQUES – PEINTURES DÉCORATIVES DU VATICAN

On croit que cette expression signifierait les imitations que l'on a faites des animaux à formes imaginaires, que l'on a trouvés au XVe siècle dans des constructions souterraines que les Italiens appellent grottes. Ce genre a pour principe l'amour du merveilleux, cet impérieux besoin de notre nature à sortir de la sphère humaine et à se lancer dans les féeries de l'imagination ; ce besoin est universel ; il est né avec l'homme comme la poésie, comme la pensée ; mais il se développe avec plus de puissance chez un peuple dont les éléments de civilisation sont hétérogènes et de résultats différents.

Tous ces fragments sont tirés des peintures de Raphaël, sauf le trophée du milieu de la planche (**no 1**), dû à Giulio Clovio (1498–1578) et provenant d'un manuscrit (Bibliothèque de l'Arsenal), et les deux grisailles dorées sur fond bleu à droite et à gauche du motif à fond

2
3
Lith. par Durin
FIRMIN-DIDOT FRÈRES FILS & Cie ÉDITEURS
Imp. Lemercier & Cie, Paris

and 3) with the black background at the bottom of the plate; these are from the Casa Taverna in Milan.

goldeten Grisaillemalereien auf blauem Grund, die rechts und links des Motivs auf schwarzem Grund angeordnet sind (**Nrn. 2 und 3**) und aus der Casa Taverna in Mailand stammen.

noir, au bas de la planche (**n°s 2 et 3**), qui proviennent de la Casa Taverna, à Milan.

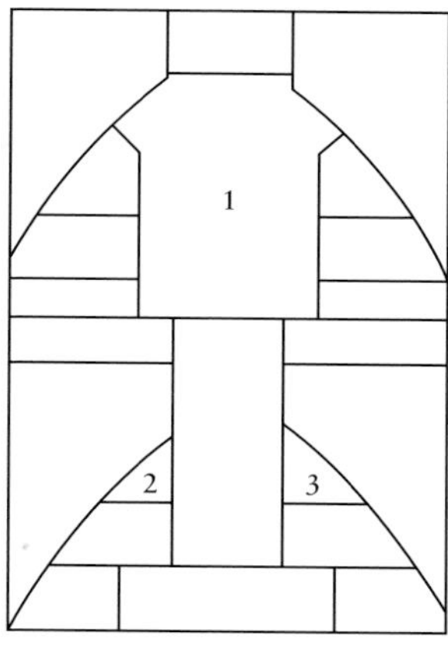

169

Renaissance (16th Century)

MINIATURES TAKEN FROM MANUSCRIPTS

Of the five fragments of decoration reproduced here, **nos. 1 and 2** are from the frontispiece of a manuscript in the Bibliothèque de l'Arsenal entitled *Historia romana excerpta ex libris historicis Pauli Orosii.* These marvelous miniatures are the work of the Italian Giulio Clovio, a pupil of Raphael's whom Vasari mentions as having enjoyed enormous success.

Distinctive features of the Italian style, particularly that of the School of Fontainebleau, also appear in the other three frag-

169

Renaissance (16. Jahrhundert)

MINIATUREN NACH HANDSCHRIFTEN

Von den fünf hier vereinten Dekorationsfragmenten zieren die beiden ersten (**Nrn. 1 und 2**) das Titelblatt einer Handschrift der Bibliothèque de l'Arsenal mit dem Titel *Historia romana excerpta ex libris historicis Pauli Orosii.* Diese hervorragenden Miniaturen stammen vom Italiener Giulio Clovio, einem Schüler Raffaels, von dessen großem Erfolg Vasari berichtet.

Die Merkmale des italienischen Stils, besonders der Schule von Fontainebleau, findet man auch in den drei weiteren Motiven (**Nrn. 3–5**), die

169

Renaissance (XVIe siècle)

MINIATURES D'APRÈS DES MANUSCRITS

Des cinq fragments décoratifs réunis dans cette planche, les deux premiers (**nos 1 et 2**) ornent le frontispice d'un manuscrit appartenant à la bibliothèque de l'Arsenal et intitulé : *Historia romana excerpta ex libris historicis Pauli Orosii*. Ces merveilleuses miniatures sont de l'Italien Giulio Clovio, élève de Raphaël, dont l'immense succès est raconté par Vasari.

On retrouve également les caractères du style italien, et particulièrement de l'école de Fontainebleau, dans les trois autres fragments (**nos**

ments (**nos. 3–5**), which are from a manuscript of Flavius Josephus in the Bibliothèque Mazarine.

einer Handschrift des Flavius Josephus aus der Bibliothèque Mazarine entnommen sind.

3–5), empruntés à un manuscrit de Flavius Josèphe qui se voit à la bibliothèque Mazarine.

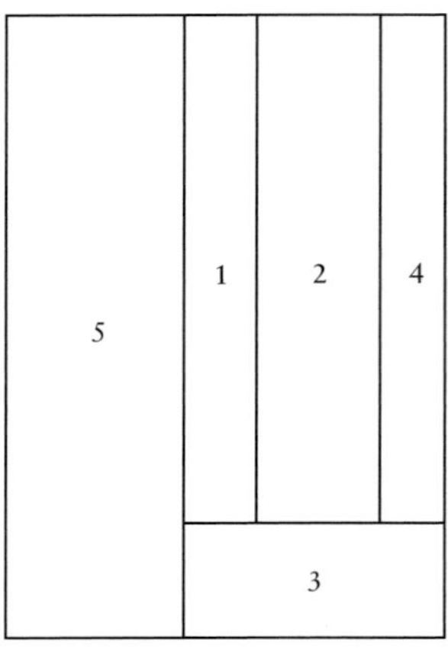

170

Renaissance (16th Century)

CARTOUCHES

The cartouche is primarily a sculptural ornament. The many modifications it has undergone are of enormous interest to the ornamentist. Cartouches evolved from solid wood via leather cut and rolled in a thousand different ways, to the S-shaped foliated scrolls and Rococo rocaille of the 18th century, finally achieving the elegant forms of the Louis XVI period. The medieval escutcheon surmounted by its helmet and mantling certainly lies at the origin of the cartouche, though it was not until the 15th century that the Italians began to give this type of motif the attention it deserved. A product of the architectural genius of European

170

Renaissance (16. Jahrhundert)

KARTUSCHEN

Die Kartusche (Zierrahmen) ist vor allem ein plastisches Ornament. Die zahlreichen Veränderungen, denen sie unterlag, müssen alle Praktiker beachten. Vom festen Holz über das geschnittene und auf vielfältige Weise gerollte Leder führt der Weg zum S-förmigen Rankenwerk und zu den Rocaillen des 18. Jahrhunderts, um bei den eleganten Formen aus der Zeit Ludwigs XVI. zu enden. Der mittelalterliche Schild mit dem darüber gesetzten Helm und der abwechslungsreich gestalteten Helmdecke steht sicher am Anfang. Doch erst vom 15. Jahrhundert an findet er bei den Italienern das Interesse, das er verdient. Dieses Produkt archi-

170

Renaissance (XVIe siècle)

CARTOUCHES

Le cartouche est surtout un ornement sculptural. Les nombreuses modifications qu'il a subies doivent fixer l'attention de tous les praticiens. Passant par le bois rigide, puis par le cuir taillé et roulé en mille façons, il arrive aux rinceaux en S et aux rocailles du XVIIIe siècle pour aboutir aux formes élégantes de l'époque Louis XVI. L'écu du Moyen Age, surmonté du heaume, avec les caprices du lambrequin, en est certainement l'origine ; mais ce n'est qu'à partir du XVe siècle que les Italiens lui ont donné l'intérêt que ce genre mérite. Ce produit du génie architectural des artistes européens n'a rien de commun avec les productions orientales ou asiatiques ; il

5
SPQR
SPQR
NON CON FVNDAS ME DOMINE AB EX PECTA TIONE MEA
1
2
4
3
Lithographié par Pralon.
FIRMIN-DIDOT, FRÈRES, FILS & Cie ÉDITEURS
Imp. Lemercier & Cie Paris

artists, the cartouche has nothing in common with anything Asian or Far-Eastern. It relaxes the spirit and holds our interest by distributing it amongst the different overall compositions of which it constitutes the principal motivation; all other modes of ornamentation take second place around it.

15th Century

No. 1. Motif taken from a painting by Cima da Conegliano (c. 1459–1517/18), Musée du Louvre.

16th Century

Nos. 2–5. Drawing by Antonio Razzi (1479–1564), Musée du Louvre.

No. 6. Manuscript (Bibliothèque de l'Arsenal).

Nos. 7–11. Glazed terracotta reliefs in the Italian manner (external decoration of the so-called 'Château de Madrid,' built under François I).

Nos. 12–15 and 18–21. Paintings by Francesco Primaticcio (1504–1570), Fontainebleau.

Nos. 26–28. Details of portrait surrounds from a magnificent manuscript done for François I, c. 1530 (Bibliothèque nationale, Paris).

tektonischen Erfindungsgeistes der europäischen Künstler hat nichts mit den orientalischen oder fernöstlichen Erzeugnissen gemein. Die Kartusche zieht in allen Kompositionen, die sie bestimmt, die Aufmerksamkeit auf sich; ihr ordnen sich die anderen Elemente unter.

15. Jahrhundert

Nr. 1: Ausschnitt aus einem Gemälde von Cima da Conegliano (um 1459–1517/18), Musée du Louvre.

16. Jahrhundert

Nrn. 2–5: Zeichnungen von Antonio Razzi (1479–1564), Musée du Louvre.

Nr. 6: Handschrift (Bibliothèque de l'Arsenal).

Nrn. 7–11: Terrakotta mit Schmelzrelief, italienische Art (Außendekoration am „Château de Madrid", erbaut unter Franz I.).

Nrn. 12–15 und 18–21: Malereien von Francesco Primaticcio (1504–1570), Fontainebleau.

Nrn. 26–28: Teile von Porträtrahmen, nach einer prachtvollen, für Franz I. um 1530 verfassten Handschrift (Bibliothèque nationale).

Nr. 29: Ausschnitt aus einer Glasmalerei im Beinhaus von Saint-

repose l'attention et fixe l'intérêt en le divisant dans toutes les compositions d'ensemble qu'il motive principalement ; autour de lui viennent se subordonner tous les autres modes.

XVe siècle

Nº 1 : Motif tiré d'une peinture de Cima da Conegliano (vers 1459–1517/18), Musée du Louvre.

XVIe siècle

Nos 2–5 : Dessin d'Antonio Razzi (1479–1564), Musée du Louvre.

Nº 6 : Manuscrit (Bibliothèque de l'Arsenal).

Nos 7–11 : Terres cuites en relief émaillées, mode italien (décoration extérieure du château, dit de Madrid, construit sous François Ier)

Nos 12–15 et 18–21 : Peintures du Primatice (1504–1570), Fontainebleau.

Nos 26–28 : Fragments d'entourages de portraits, d'après un magnifique manuscrit exécuté pour François Ier, vers 1530 (Bibliothèque nationale).

Nº 29 : Tiré d'un vitrail de l'ossuaire de Saint-Etienne du Mont ; Renaissance française, 1535.

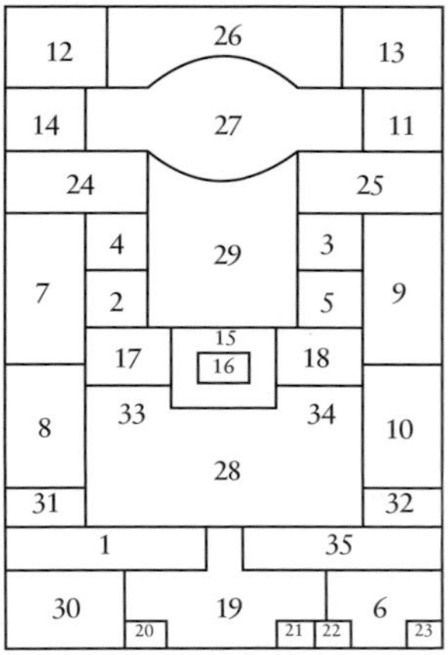

Ce cartouche est un des rares débris de la Renaissance parisienne à

lith par Kraatz et Durin

FIRMIN-DIDOT FRÈRES FILS & Cie EDITEURS

Imp. Lemercier & Cie Paris

No. 29. From a window in the ossuary of St. Etienne du Mont; French Renaissance, 1535. This cartouche is one of the few relics of the Parisian Renaissance of this period. It originally enclosed the arms of the donors of the stained-glass windows broken at the time of the Reformation; we have replaced the arms with a contemporary arabesque.
No. 30. From a stained-glass window dated 1543 and containing the arms of the Rouen goldsmiths' guild.
Nos. 16, 17, 22–25, and 31–35. Manuscript paintings, after Geoffroy Tory, Cousin, etc.; Henri II period (1547–1559).

Etienne du Mont, französische Renaissance, 1535. Dieser Rahmen ist einer der seltenen Überreste der Pariser Renaissance jener Zeit. Er rahmte das Wappen der Spender ein, das während der Reformation zerstört wurde; es wird hier durch eine moderne Arabeske ersetzt.
Nr. 30: Ausschnitt aus einer Glasmalerei der Goldschmiedezunft von Rouen, 1543.
Nrn. 16, 17, 22–25 und 31–35: Buchmalereien nach Geoffroy Tory, Cousin usw., Regierungszeit Heinrichs II. (1547–1559).

cette époque. Il renfermait les armes des donateurs des vitraux qui ont été brisées lors de la Réforme ; nous les avons remplacées par une arabesque contemporaine.
Nº 30 : Tiré d'un vitrail aux armes de la corporation des orfèvres de Rouen, daté de 1543.
Nos 16, 17, 22–25 et 31–35 : Peintures manuscrites, d'après Geoffroy Tory, Cousin, etc. ; époque de Henri II. (1547–1559).

171

Renaissance (16th Century)

ENGRAVED IVORIES

These works qualify for inclusion in a book on polychrome ornament by virtue of their combined use of black and white. Sometimes the black forms the background to a design outlined in ivory; sometimes it is used to highlight and detail that design. In other motifs black is used in the form of lines, setting off the design against a background of white ivory. The sources are as follows:
Nos. 1–4. Details from a piece of ebony furniture. The motifs for the panels and uprights of this splendid piece were taken from paintings by Raphael in the Vatican.
No. 5. Details of a chair, similarly decorated with motifs from the Vatican engraved in silhouette.

171

Renaissance (16. Jahrhundert)

GRAVIERTE ELFENBEINARBEITEN

Die gravierten Elfenbeinarbeiten gehören insofern zur polychromen Ornamentik, als sie Schwarz und Weiß miteinander kombinieren. Das Schwarz dient entweder als Grund für die durch das Elfenbein gebildete Zeichnung oder als Mittel, um das Motiv hervorzuheben und zu gliedern. In anderen Fällen finden sich schwarze Motive auf Elfenbeingrund, oder das Schwarz bildet selbst einen durch Weiß hervorgehobenen Umriss. Hier die Kennzeichnungen:
Nrn. 1–4: Details eines Möbels aus Ebenholz. Die Motive der Täfelungen und Leisten dieses prachtvollen Möbelstücks wurden nach Zeichnungen Raffaels im Vatikan ausgeführt.

171

Renaissance (XVIe siècle)

IVOIRES GRAVÉS

Ces ivoires gravés rentrent dans notre cadre d'ornementation polychrome par l'emploi combiné du blanc et du noir. Tantôt cette dernière couleur sert de fond au dessin général formé par l'ivoire, tantôt elle sert de moyen de rehausser et de détailler ce dessin. Dans d'autres motifs, le noir sert de trait sur le fond d'ivoire, où il constitue lui-même le dessin silhouetté rehaussé de blanc. En voici la nomenclature :
Nos 1–4 : Détails d'un meuble en ébène. Les motifs des panneaux et montants de ce meuble magnifique ont été exécutés d'après les peintures de Raphaël, au Vatican.
Nº 5 : Détails d'une chaise ornée aussi d'après des motifs du Vatican, gravés en silhouette.

Lith. par Pralon

FIRMIN-DIDOT FRERES, FILS & Cie ÉDITEURS

Imp. Lemercier & Cie Paris

No. 6. Motifs after Augustino Veneziano.
Nos. 7–11. Various motifs.
Nos. 12 and 13. Casket.
Nos. 14–17. Continuous motifs.

Nr. 5: Details eines Stuhls, ebenfalls nach Motiven im Vatikan, im Umriss graviert, verziert.
Nr. 6: Motive nach Augustino Veneziano.
Nrn. 7–11: Verschiedene Motive.
Nrn. 12 und 13: Kästchen.
Nrn. 14–17: Laufende Motive.

N° 6 : Motifs d'après Augustin Vénitien.
N°s 7–11 : Motifs.
N°s 12 et 13 : Coffret.
N°s 14–17 : Motifs courants.

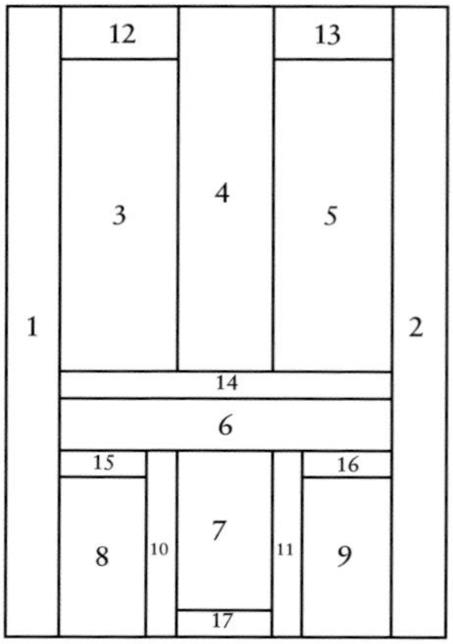

172

Renaissance (16th Century)

DECORATION ON LIMOGES PAINTED ENAMEL WORK AND ITALIAN CERAMICS

Painted enamel work was made fashionable by the ancient School of Limoges around 1520 and reached its high point around 1540. Rosso and Primaticcio painted cartoons for the Limoges enamellists and thus helped to create this new art.
The Royal Enamel Factory at Limoges was established by François I. His painter Léonard, often called Léonard Limosin (i. e. of Limoges; c. 1505–c. 1577) for this

172

Renaissance (16. Jahrhundert)

BEMALTE SCHMELZARBEITEN AUS LIMOGES UND ITALIENISCHE FAYENCEN

Das Maleremail wurde von der alten Schule von Limoges um 1520 eingeführt und erreichte um 1540 seinen Höhepunkt. Rosso und Primaticcio malten für die Emailleure von Limoges die Vorlagen und halfen, diese neue Art der Goldschmiedekunst mitzubegründen.
Léonard, Maler von Franz I., war der erste Leiter der königlichen Emailmanufaktur, die der König in Limoges gründete, und wurde deswegen oft Léonard Limosin

172

Renaissance (XVIe siècle)

DÉCOR DES ÉMAUX PEINTS DE LIMOGES ET DES FAÏENCES ITALIENNES

L'émaillerie peinte fut mise à la mode par la vieille école limousine vers 1520 et atteignit sa perfection vers 1540. Le Rosso et le Primatice peignirent des cartons pour les émailleurs limousins et contribuèrent à créer cette orfèvrerie d'une nouvelle espèce.
Léonard, peintre de François Ier, appelé souvent pour cette cause Léonard Limosin (vers 1505–vers 1577), fut le premier directeur de la manufacture royale d'émaux

reason, was its first head. He was succeeded by Pierre Raymond, whose products are dated 1534 to 1578, the Pénicauds, Pierre and Jean Courteys, Martial Raymond, Mercier, and Jehan Court, otherwise known as Vigier. Most of the ornamentation reproduced here is by Androuet du Cerceau, Jean Cousin, Pierre Voeiriot, and above all Etienne de Laune ('Stephanus').

These Limoges enamel motifs are numbered 1 to 16:

Nos. 1–3. Enamels by Martin Limosin.

Nos. 4–6. Workshop of Léonard Limosin.

No. 7. Workshop of Pierre Raymond.

No. 8. Back of a dish with pierced centre, from the same workshop.

No. 9. Border, from the same workshop.

Nos. 10–13. Borders by Pierre Courteys.

No. 14. Edging and rim, attributed to Jean Courteys.

No. 15. Border by Jehan Court ('Vigier').

No. 16. From the same workshop.

Motifs **nos. 17–40** are from Italian ceramic ware. The varied products of the workshops of Pesaro, Gubbio, Urbino, Faenza, Rimini, Forli, Bologna, Ravenna, Ferrara, Cività Castellana, Bassano, and Venice cannot be depicted here in detail. Their mutual rivality is what constitutes Italian ceramic art of this period. This could not be reproduced in the illustrations of a number of majolica designs, nor could the seductively lustrous metallic effects. It may however be instructive to reproduce some of these decorations, which are often skilfully composed and always of great clarity, whether stemming

(um 1505–um 1577) genannt. Auf ihn folgten Pierre Raymond, dessen Werke von 1534 bis 1578 datiert sind, die Pénicauds, Pierre und Jean Courteys, Martial Raymond, Mercier und Jehan Court, genannt Vigier. Die hier vereinten Muster stammen vor allem von Androuet du Cerceau, Jean Cousin, Pierre Voeiriot und besonders von Etienne de Laune, genannt Stephanus.

Die Motive der Emailmanufaktur von Limoges sind von 1 bis 16 nummeriert.

Nrn. 1–3: Schmelzarbeiten von Martin Limosin.

Nrn. 4–6: Werkstatt von Léonard Limosin.

Nr. 7: Werkstatt von Pierre Raymond.

Nr. 8: Rückseite einer Schüssel mit durchbrochener Mitte, gleiche Herkunft.

Nr. 9: Randleiste, gleiche Herkunft.

Nrn. 10–13: Randleisten von Pierre Courteys.

Nr. 14: Innen- und Außenrand, Jean Courteys zugeschrieben.

Nr. 15: Randleiste von Jehan Court, genannt Vigier.

Nr. 16: Gleiche Herkunft.

Die **Nrn. 17–40** stellen italienische Fayencen dar. Die unterschiedlichen Erzeugnisse der Werkstätten von Pesaro, Gubbio, Urbino, Faenza, Rimini, Forli, Bologna, Ravenna, Ferrara, Cività Castellana, Bassano und Venedig können hier nicht im Einzelnen dargestellt werden. Sie bilden mit ihrer gegenseitigen Konkurrenz das italienische Keramikhandwerk. Bei der Abbildung einiger Majolikazeichnungen musste darauf verzichtet werden, auch die metallischen Spiegelungen, die in verführerischen Farben schillern, wiederzugeben. Es dürfte jedoch dennoch nützlich sein, hier einige

fondée à Limoges par ce roi. Viennent ensuite : Pierre Raymond, dont les produits sont datés de 1534 à 1578, les Pénicaud, Pierre et Jean Courteys, Martial Raymond, Mercier et Jean Court, dit Vigier. Les fragments d'ornementation que nous avons réunis sont principalement dus à Androuet du Cerceau, à Jean Cousin, à Pierre Voeiriot, et surtout à Etienne de Laune, dit Stephanus.

Les motifs de notre planche empruntés à l'émaillerie de Limoges y occupent les n°s 1 à 16.

N°s 1–3 : Emaux de Martin Limosin.

N°s 4–6 : Atelier de Léonard Limosin.

N° 7 : Atelier de Pierre Raymond.

N° 8 : Revers d'un plateau avec ombilic percé, même provenance.

N° 9 : Bordure, même provenance.

N°s 10–13 : Bordures de Pierre Courteys.

N° 14 : Bord et marli, attribués à Jean Courteys.

N° 15 : Bordure de Jean Court, dit Vigier.

N° 16 : Même provenance.

Les faïences italiennes nous ont fourni les fragments **n°s 17–40.** Nous ne pouvons suivre, dans les variétés de leurs caractères si divers, les produits des fabriques de Pesaro, Gubbio, Urbino, Faenza, Rimini, Forli, Bologne, Ravenne, Ferrare, Cività Castellana, Bassano, Venise, qui composent l'ensemble de la poterie italienne et dont l'émulation offre un spectacle si intéressant. En donnant quelques dessins de majoliques, nous n'avons pu non plus nous attacher à la vaine recherche du rendu exact de leurs admirables reflets métalliques, irisés des plus séduisantes couleurs. Nous croyons cependant être encore utiles en reproduisant

from the Oriental manner or from Greek antiquity. Some of these pieces were so splendid and so beautiful that Queen Christina of Sweden offered to exchange them for silver dishes of comparable dimensions.
Nos. 17–23. Majolica dishes and borders.
Nos. 24 and 25. Glazed borders.
Nos. 26–29. Monochromes.
Nos. 30–40. Details in the grotesque style, Urbino.

dieser Dekorationen in ihrer vielfältigen und immer deutlichen Gestaltung abzubilden, ob sie nun auf orientalische Vorbilder oder auf die griechische Antike zurückgehen. Viele dieser Stücke sind so prachtvoll und schön, dass Christina von Schweden anbot, sie gegen Silbergeschirr in gleicher Größe einzutauschen.
Nrn. 17–23: Schalen und Randleisten in Majolika.
Nrn. 24 und 25: Emaillierte Bordüren.
Nrn. 26–29: Camaieu-Arbeiten.
Nrn. 30–40: Groteske Motive, aus der Werkstatt von Urbino.

quelques-uns des motifs larges de ces décorations, d'un agencement souvent ingénieux et toujours si clair, qu'elles proviennent du type oriental ou dérivent de l'Antiquité grecque. Certaines de ces pièces sont d'une magnificence et d'une beauté si grandes que Christine de Suède offrait de les échanger contre de la vaisselle d'argent de la même grandeur.
N°s 17–23 : Plats et bordures de majoliques.
N°s 24 et 25 : Bordures émaillées.
N°s 26–29 : Camaïeux.
N°s 30–40 : Fragments du genre grotesque, provenant des fabriques d'Urbino.

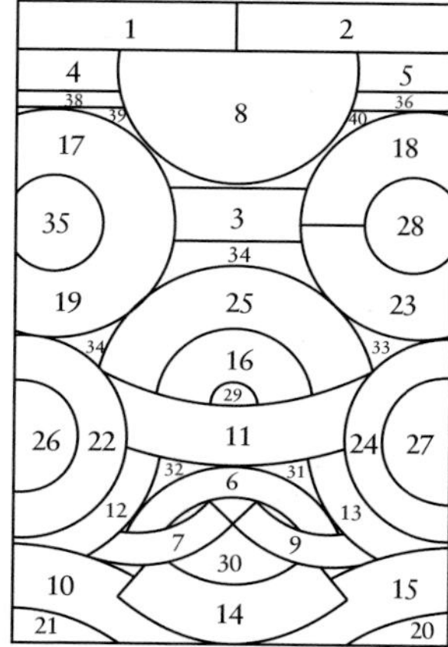

— 173 —

Renaissance (16th Century)

GLAZED TILES

No. 1. Contraposed pentagonal tiles.
Nos. 2 and 3. Pentagonal tiles (the missing border is the same as in **no. 1**).
Nos. 4–8. Square tiles, all with the same border as **no. 8**.
Nos. 9–14. Mosaic-work paving from the Château of Polisy (Aube).
Nos. 15–18. Single tiles, also from Polisy.

— 173 —

Renaissance (16. Jahrhundert)

GLASIERTE FLIESEN

Nr. 1: Gegeneinander gelegte fünfeckige Fliesen.
Nrn. 2 und 3: Fünfeckige Fliesen, deren hier nicht gezeigte Bordüren jener von **Nr. 1** gleichen.
Nrn. 4–8: Fliesen, deren Bordüren jener von **Nr. 8** gleichen.
Nrn. 9–14: Fliesenwerk aus angesetzten Stücken, Schloss Polisy (Aube).
Nrn. 15–18: Einfache Fliesen, gleiche Herkunft.

— 173 —

Renaissance (XVIe siècle)

CARREAUX ÉMAILLÉS

N° 1 : Carreaux pentagones, contreposés.
Nos 2 et 3 : Carreaux pentagones, dont la bordure supprimée est semblable à celle du **n° 1.**
Nos 4–8 : Carreaux dont la bordure est celle du **n° 8.**
Nos 9–14 : Pavages en pièces rapportées, provenant du château de Polisy, département de l'Aube.
Nos 15–18 : Carreaux simples ; même provenance.

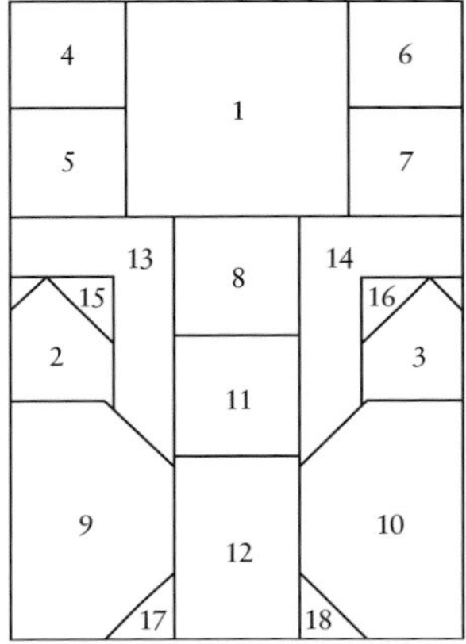

— 174 —

Renaissance (16th Century)

PAINTING

This splendid decorative composition is attributed to Giulio Clovio (cf. plate 169). It was painted on vellum to mark the occasion of

— 174 —

Renaissance (16. Jahrhundert)

MALEREI

Dieses Gemälde auf Pergament, das man Giulio Clovio zuschreibt (vgl. Tafel 169), wurde anlässlich der Papstwahl Gregors XIII. ge-

— 174 —

Renaissance (XVIe siècle)

PEINTURE

Cette peinture sur vélin, attribuée à Giulio Clovio (cf. planche 169), a été faite à propos de l'élévation au pontificat de Grégoire XIII, dont

Ἡ ΤΥΧΗ ἈΚΟΛΟΥΘΟΣ ἘΣΤΙ ΤΗΣ ἈΡΕΤΗΣ
SPES
VIRTVTI
FORTVNA
COMES

Gregory XIII's elevation to the pontificate. It bears Gregory's name and arms, i. e. those of the Buoncompagni family and is dated 1573. A kind of compromise between late 15th-century manuscript illumination (hence the naturalistic animals and flowers) and the more modern device of the cartouche, the painting employs these diverse resources with the breadth and harmony typical of the School of Raphael, to which Clovio belonged. The four Evangelists in the centre, and especially the figure of St. John, show the hand of a master and would be admired even apart from the overall composition in which they are so effectively set.

malt, dessen Namen und Wappen, das heißt jene der Familie Buoncompagni, es trägt. Es ist auf das Jahr 1573 datiert. Dieses hübsche dekorative Werk verbindet Miniaturmalereien des ausgehenden 15. Jahrhunderts, von denen es die natürlichen Blumen- und Tierfiguren übernimmt, mit dem moderneren Element der Kartusche. In der ebenso großzügigen wie harmonischen Anwendung dieser verschiedenen Mittel zeigt sich die Schule Raffaels, zu der der Maler gehörte. Die vier Evangelisten im Zentrum des Werks, vor allem die Figur des heiligen Johannes, verraten den Meister und könnten auch außerhalb des Ensembles bestehen, in das sie so harmonisch integriert sind.

elle porte le nom et les armes, c'est-à-dire celles de la famille Buoncompagni ; elle est datée de l'année 1573. Sorte de compromis entre les enluminures de manuscrits de la fin du XVe siècle, auxquelles elle emprunte l'emploi des figures naturelles d'animaux et de fleurs, et l'élément plus moderne des cartouches, cette belle composition décorative offre dans l'emploi de ces diverses ressources le caractère de largeur et d'harmonie qui caractérise l'école de Raphaël, à laquelle appartenait l'auteur. Les quatre figures des Evangélistes qui occupent le centre de la composition, et particulièrement celle de saint Jean, sont traitées de main de maître, et seraient admirées même isolément de l'ensemble où elles sont si heureusement placées.

175

Renaissance (16th Century)

MANUSCRIPT ILLUMINATION

The motifs in this plate are taken from two remarkable manuscripts written in Spanish, namely the patents of nobility (*Carta ejecutoria de hidalguia*) of Juan Catano (1588) and Augustin de Yturbe (1593). They give some idea of how the Renaissance style was employed in Spain. Cartouches played a prominent part here, usually as a frame for human figures treated in the grotesque manner. Notice particularly the broad, elegant style of the large initials along the bottom of the plate.

175

Renaissance (16. Jahrhundert)

BUCHMALEREIEN

Die Motive dieser Tafel sind zwei bemerkenswerten spanischen Handschriften entnommen, bei denen es sich um Urkunden zum Führen von Adelstiteln (*Carta ejecutoria de hidalguia*) handelt; die eine war für Juan Catano (1588), die andere für Augustino de Yturbe (1593) ausgestellt. Sie zeigen, wie in Spanien der Stil der Renaissance abgewandelt wurde. Die Kartusche spielt eine wichtige Rolle und dient meist zur Einfassung menschlicher Groteskfiguren. Zu beachten ist auch der elegante Stil der großen Initialen auf der unteren Tafelhälfte.

175

Renaissance (XVIe siècle)

PEINTURES DES MANUSCRITS

Les motifs réunis dans la planche ci-contre proviennent de deux manuscrits remarquables, écrits en langue espagnole. Il s'agit d'arrêts de maintenue de noblesse (*Carta ejecutoria de hidalguia*), l'un pour Juan Catano (1588), l'autre pour Augustin de Yturbe (1593). Ils peuvent donner une idée de l'application faite en Espagne du style de la Renaissance, auquel on doit les rattacher. Le cartouche y joue un rôle dominant, et le plus souvent y sert de cadre à des figures humaines traitées en grotesques. On remarquera particulièrement le style large et élégant des grandes initiales qui occupent le bas de la planche.

GREGORIUS XIII
PONTIFEX OPTIMUS MAXIMUS
BONCOMPAGNUS BONONIENSIS
ELECTUS ANNO DOMINI M.D.LXXIII.

Renaissance (16th Century)

MANUSCRIPT ILLUMINATION

The two motifs arranged one above the other in the centre of this plate are Italian and come from the famous Siena Gradual. The remainder belong to the French Renaissance (School of Tours); they are important both in their own right and on account of their authorship, being by François Colomb.
Michel Colomb (c. 1430–1512), who designed the sumptuous tomb erected by Anne of Brittany in memory of her parents (François II, last duke of Brittany, and Marguerite de Foix) was one of the most prolific of French artists. He was active in the early years of the 16th century. From the old archives of Flanders we learn that Colomb was associated with his three nephews, "craftsmen to perfection, the one specializing in image-carving, another in architecture and masonry, the third in the art of illumination. The image-carver's name was Guillaume Regnault; the architect's, Bastien François; and the illuminator's, François Colomb.' Colomb 'made with his own hands terracotta models'; Bastien François was in charge of the architectural side of the monument; then François Colomb illuminated the models, as dictated by the colour of the material to be used, 'with face and hand carnations, inscriptions, and whatever else was appropriate."

Renaissance (16. Jahrhundert)

BUCHMALEREIEN

Die zwei übereinander stehenden Motive in der Tafelmitte sind italienischer Herkunft und stammen aus dem berühmten Graduale von Siena. Alle anderen sind der französischen Renaissance zuzuordnen (Schule von Tours). Ihre Eigenart und ihr Maler, François Colomb, lassen sie bedeutsam erscheinen.
Michel Colomb (um 1430–1512), der das prachtvolle Grabmal schuf, das Anne de Bretagne dem Andenken des letzten Herzogs der Bretagne, Franz II., und seiner Frau Marguerite de Foix widmete, ist einer der bedeutendsten französischen Künstler während der ersten Jahre des 16. Jahrhunderts.
In den alten Archiven Flanderns steht geschrieben, Colomb habe seine drei Neffen zu Gehilfen gehabt, „vollkommene Handwerker, der eine als Bildhauer, der zweite als Architekt und Maurer, der dritte als Miniaturmaler. Der Bildhauer hieß Guillaume Regnault, der Architekt Bastien François, der Maler François Colomb." Colomb fertigte „mit eigener Hand Modelle in Terrakotta" an, Bastien François war mit dem architektonischen Teil des Grabmals beschäftigt, während François Colomb die Modelle bemalte, je nachdem, welche Farbe erforderlich war, „mit Gesichts- und Körperfarben, Schriftzügen und allem anderen, was dazugehörte".

Renaissance (XVIe siècle)

PEINTURES DE MANUSCRITS

Les deux motifs superposés occupant le milieu de la planche sont de provenance italienne et tirés du fameux Graduel de Sienne. Tous les autres sont de la Renaissance française (école de Tours) ; ils sont d'une importance réelle, et par leur caractère et par le nom de leur auteur, François Colomb. Michel Colomb (vers 1430–1512), auteur du somptueux tombeau consacré par la piété filiale d'Anne de Bretagne à la mémoire de François II, dernier duc de Bretagne, et de sa femme Marguerite de Foix, est un des plus féconds artistes français. Il travaillait dans les premières années du XVIe siècle.
On trouve dans les anciennes archives de Flandre que Colomb avait pour compagnons ses trois neveux, « ouvriers en perfection, l'un en taille d'imagerie, l'autre en architecture et maçonnerie, le troisième en l'art d'enluminer. Le tailleur d'images se nommait Guillaume Regnault ; l'architecte, Bastien François ; l'enlumineur, François Colomb. » Colomb préparait de « sa propre manufacture des patrons en terre cuite » ; Bastien François était chargé de toute la partie architecturale du monument ; puis François Colomb enluminait les patrons de peinture, selon que le requérait la couleur de la matière à employer, « avec carnations de visage et de mains, écritures et toutes autres choses à ce pertinentes ».

177

Renaissance (16th Century)

CEILING WITH GILDED COFFERS

The oak ceiling with carved and gilded coffers represented in this plate is that of the Great Chamber of the Normandy Parliament (today the Assize Court) in the Rouen Palace of Justice. None of the works dealing with this monument to have come to our attention gives either the name of the man responsible for this fine ceiling or the exact date at which it was erected, but we can assume that it is contemporary with the rest of the building; the Palace of Justice, begun at the request of Louis XII and the Cardinal d'Amboise around 1499, when the Exchequer of Normandy was made permanent, is thought to have been more or less complete by 1514. Moreover the general style of decoration also places the work in the early 16th century, i. e. at the beginning of the Renaissance.

177

Renaissance (16. Jahrhundert)

VERGOLDETE KASSETTENDECKE

Die Eichendecke mit geschnitzten und vergoldeten Kassetten auf dieser Tafel stammt aus dem früheren Sitzungssaal des Parlaments der Normandie (heute Gerichtssaal) im Justizpalast von Rouen. Aus den uns bekannten Untersuchungen über diese Decke gehen weder ihr Schöpfer noch die genaue Entstehungszeit hervor. Wahrscheinlich stammt sie aus der gleichen Zeit wie der ganze Bau, der auf Befehl Ludwigs XII. und des Kardinals d'Amboise um 1499 begonnen wurde – zu jenem Zeitpunkt, da das Oberlandesgericht der Normandie zu einer ständigen Einrichtung erklärt wurde – und der 1514 mehr oder weniger abgeschlossen war. Die in dieser Zeit, Anfang des 16. Jahrhunderts, einsetzende Renaissance lässt sich auch aus dem allgemeinen Dekorationsstil erschließen.

177

Renaissance (XVIe siècle)

PLAFOND À CAISSONS DORÉS

Le plafond en chêne, à caissons sculptés et dorés, que représente la planche ci-contre, est celui de l'ancienne Grand' Chambre du Parlement de Normandie (aujourd'hui Cour d'Assises), que l'on admire au palais de Justice de Rouen. Les ouvrages spéciaux que nous connaissons sur ce monument ne nous indiquent ni l'auteur de ce beau plafond, ni la date précise qu'on peut lui assigner. Il est permis toutefois de le considérer comme contemporain du reste du palais, puisque çet édifice, commencé sur l'ordre de Louis XII et du cardinal d'Amboise vers 1499, époque où l'Echiquier de Normandie fut rendu permanent, passait pour suffisamment terminé en 1514. C'est d'ailleurs cette même époque du commencement du XVIe siècle, au début de la Renaissance, que lui attribue le style général de la décoration.

178

Renaissance (16th Century)

DECORATIVE PAINTING AND CARVING FROM FRENCH MONUMENTS

An extremely interesting period in the history of French art is undoubtedly that in which the artists of that country, subject to increasing foreign influence, were guided by their own particular

178

Renaissance (16. Jahrhundert)

DEKORATIVE MALEREI UND PLASTIK AN FRANZÖSISCHEN BAUWERKEN

Für die Kunstgeschichte Frankreichs ist jene Zeit besonders bedeutsam, da die französischen Künstler angesichts der vorherrschenden ausländischen Vorbilder die Elemente der italienischen

178

Renaissance (XVIe siècle)

PEINTURE ET SCULPTURE DÉCORATIVES D'APRÈS DES MONUMENTS FRANÇAIS

S'il est une époque très intéressante pour l'histoire de l'art de la France, c'est sans conteste celle où les artistes français, sous l'influence étrangère, qui commençait à prédominer, appliquèrent avec le goût

taste in the use of subjects from Italian art.

Modern scholarship is beginning to do justice to this national school, whose solid training and powerful originality constituted a marvellous preparation for the lessons of classical art, resurrected then with such enthusiasm. As early as 1460 French artists could boast both a style and a taste of their own and a profound knowledge of classical models. Their personal inspiration and freedom of interpretation give them an honoured place in the artistic movement known as the Renaissance. No longer can it be said that the Italian artists summoned to the court of François I taught the clumsy and ignorant French artists their business. The speed with which the French national school assimilated the Italian manner is, on the contrary, evidence of its sophistication and strength.

Our sources for the motifs making up this plate are as follows:

Nos. 1–3. Stone carvings, Château of Blois, 1530.

Kunst zu verarbeiten begannen.

Die französische Schule war durch ausgedehnte Studien und ihre Eigenständigkeit gut mit der antiken Kunst vertraut, der man sich mit viel Begeisterung zuwandte. Etwa ab 1460 hatten sich die Künstler einen eigenen Stil und eine vertiefte Kenntnis der antiken Vorbilder erarbeitet. Ihre persönliche Begabung und freie Gestaltungsweise sichern ihnen einen guten Rang in der Kunst der Renaissance. Übertrieben dürfte es sein, zu behaupten, die an den Hof von Franz I. gerufenen italienischen Künstler hätten die Franzosen ihre Kunst gelehrt. Die Geschwindigkeit, mit der die französische Schule sich die italienische Manier aneignete, lässt gerade auf ihre Fortschrittlichkeit und Kraft schließen.

Die verschiedenen Motive dieser Tafel verteilen sich ihrer Herkunft nach wie folgt:

Nrn. 1–3: Steinplastiken, Schloss Blois, 1530.

Nrn. 4–7: Steinplastiken, Schloss Châteaudun, 1530.

qui leur était propre les données de l'art italien.

De notre temps on rend justice à cette école nationale, que ses solides études et sa forte originalité avaient merveilleusement préparée aux leçons de l'art antique, remis alors à l'honneur avec tant d'enthousiasme. Dès 1460 les artistes faisaient preuve à la fois d'un style original, d'un goût particulier et d'une intelligence profonde des modèles de l'Antiquité. Leur inspiration personnelle et leur libre interprétation leur assignent un beau rang dans le mouvement de l'art qu'on a appelé la Renaissance. Il serait exagéré de dire que les artistes italiens appelés à la cour de François Ier ont appris leur art aux artistes français. La façon rapide avec laquelle l'école française s'appropria la manière italienne dépose, au contraire, de son avancement et de sa force.

Voici comment se répartissent, d'après leur origine, les différents motifs réunis dans notre planche :

N°s 1–3 : Sculptures en pierre ; château de Blois, 1530.

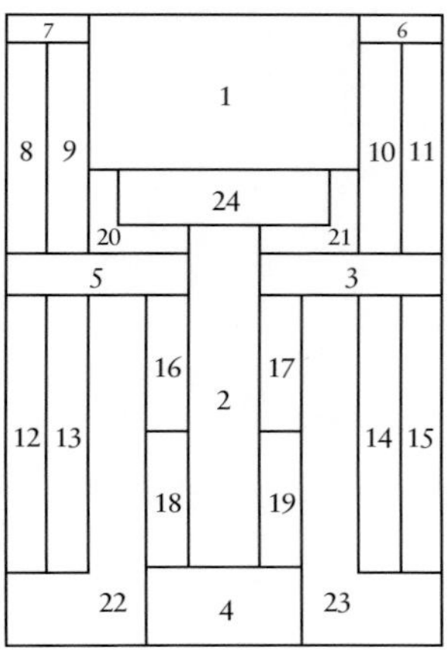

Nos. 4–7. Stone carvings, Château of Châteaudun, 1530.
Nos. 8–15. Panelling, Blois, 1530.
Nos. 16–19. Panelling, Blois (Oratory of Catherine de Médici), 1560.
Nos. 20–24. Manuscript paintings from the Arsenal Bible and the Schönborn Book of Hours.

Nrn. 8–15: Holzarbeiten, Schloss Blois, 1530.
Nrn. 16–19: Holzarbeiten, Schloss Blois (Kapelle für Katharina von Medici), 1560.
Nrn. 20–24: Miniaturmalereien aus der Bibel des Arsenals und aus dem Schönborn-Stundenbuch.

N°s 4–7 : Sculptures en pierre ; château de Châteaudun, 1530.
N°s 8–15 : Boiseries ; château de Blois, 1530.
N°s 16–19 : Boiseries ; château de Blois (oratoire de Catherine de Médicis), 1560.
N°s 20–24 : Peintures de manuscrits provenant de la Bible de l'Arsenal et des Heures de Schönborn.

179

Renaissance (16th Century)

GLAZED CERAMICS

The plates and borders illustrated here are all from the kilns of Bernard Palissy (1510–1590). It is well known what pains this famous pioneer had to go to in order to crack the secret of the eastern and Italian products he sought to equal. We have not been able to deal here with the 'rustic figurines' on which his reputation was based. These figures of carp, pike, eel, and crayfish accompanied by plants, shellfish, and an assortment of smaller creatures are in a class by themselves; but for all their success they failed to influence the general taste of the period. His other works, inspired by people like Prieur, Germain Pilon, and Jean Goujon, link him directly to the style of his contemporaries, and it is this aspect of his talent that is illustrated by the motifs in our plate.
The ornamental dish filling the upper part of the plate was given one of those pewter mounts made fashionable by the goldsmiths of the period. The original is by François Briot, from whom Palissy

179

Renaissance (16. Jahrhundert)

GLASIERTE FAYENCEN

Die Schalen und Schalenbordüren auf dieser Tafel stammen aus der Werkstatt von Bernard Palissy (1510–1590). Dieser berühmte Forscher musste bekanntlich große Anstrengungen unternehmen, um das Geheimnis der orientalischen und italienischen Fabrikationen zu entdecken. Unberücksichtigt bleiben hier die rustikalen Terrakottagefäße, denen er seinen Ruhm verdankt. Diese Gefäße in Form von Karpfen, Hechten, Aalen oder Krebsen, die mit Pflanzen, Muscheln und Tieren aller Art vermischt sind, bilden ein eigenes Genre, das trotz seines Erfolges keinen entscheidenden Einfluss auf die Kunst der Zeit ausübte. Palissys weitere Werke, die sich an den Arbeiten von Prieur, Germain Pilon und Jean Goujon ausrichten, verbinden ihn mit dem Stil seiner Zeitgenossen, und diese Seite seines Talents illustrieren die Motive auf dieser Tafel.
Die ornamentale Schale in der oberen Tafelhälfte ist auf einen jener Zinnfüße montiert, die die Goldschmiede der Zeit in Mode gebracht hatten. Das Original stammt

179

Renaissance (XVIe siècle)

FAÏENCES ÉMAILLÉES

Les plats ou bordures de plats contenus dans cette planche sont sortis des fours de Bernard Palissy (1510–1590). On sait les pénibles labeurs auxquels cet illustre chercheur dut se livrer pour saisir le secret des fabrications orientales et italiennes qu'il voulut égaler. Nous n'avons pu nous occuper des rustiques figulines auxquelles il dut sa réputation. Ces figulines de carpes, de brochets, d'anguilles, d'écrevisses, mélangés de végétaux, de coquillages, de bestioles de toutes sortes, constituent un genre à part qui, malgré son succès, n'exerça point d'influence décisive sur le goût général de l'époque. Ses autres œuvres, inspirées de la manière des Prieur, des Germain Pilon, des Jean Goujon, le rattachent directement au style de ses contemporains, et c'est sous cette face de son talent que le présentent les motifs réunis dans notre planche.
Le plat ornemental occupant le haut de cette planche a été monté sur une de ces pièces en étain que les orfèvres de l'époque avaient mises à la mode. L'original est de

9
1
10
24
20
2
21
16
17
13
22
23
14
18
19
4

often took other subjects for glazing in the same way.

von François Birot, von dem Palissy oft Sujets übernahm, um sie, wie dieses hier, zu glasieren.

François Briot, auquel Palissy a souvent emprunté d'autres sujets pour les émailler comme celui-ci.

180

Renaissance (16th Century)

BOOKBINDING AND MARQUETRY (VENETIAN)

No. 1. Binding, with a subject painted in oils in the centre (here reproduced as a line drawing).
No. 2. Binding, with the pattern of the inside edge.
No. 3. Three marquetry motifs from a 16th-century harpsichord.
All these motifs, which are wholly Persian in design, are a continuation of oriental ornamentation. In classifying them as Renaissance we are trying to throw light on the part that Venice (by virtue of its continuous contacts with the Levant) played in introducing the arabesque, which was so successfully blended with the Greco-Roman tradition from the 16th century onwards.

180

Renaissance (16. Jahrhundert)

VENEZIANISCHE EINBÄNDE UND INTARSIEN

Nr. 1: Einband, dessen Mitte, hier nur im Strich gezeichnet, ein in Öl gemaltes Sujet einnimmt.
Nr. 2: Einband und Zeichnung auf der inneren Schnittfläche.
Nr. 3: Drei Intarsien auf einem Cembalo des 16. Jahrhunderts.
Alle diese Motive, deren Zeichnung persisch ist, schließen sich an die orientalische Ornamentik an. Wenn sie hier der Renaissance zugeordnet werden, so verdeutlichen sie die Rolle, die Venedig mit seinen engen Beziehungen zum Orient seit dem 16. Jahrhundert bei der Einführung der Arabeske spielte, die sich harmonisch mit der griechisch-römischen Tradition verband.

180

Renaissance (XVIe siècle)

RELIURES ET MARQUETERIES VÉNITIENNES

Nº 1 : Reliure dont le milieu, figuré ici au trait seulement, est occupé par un sujet peint à l'huile.
Nº 2 : Reliure avec le dessin de la tranche intérieure.
Nº 3 : Trois motifs de marqueterie pris sur un clavecin du XVIe siècle.
Tous ces motifs, dont le dessin est complètement persan, peuvent faire suite à ce que nous avons donné de l'ornementation orientale. En les rattachant à la Renaissance, nous voulons faire comprendre le rôle que Venise, par ses rapports si constants avec le Levant, a rempli dans l'introduction de l'arabesque, si heureusement mêlée avec la tradition gréco-romaine, à partir du XVIe siècle.

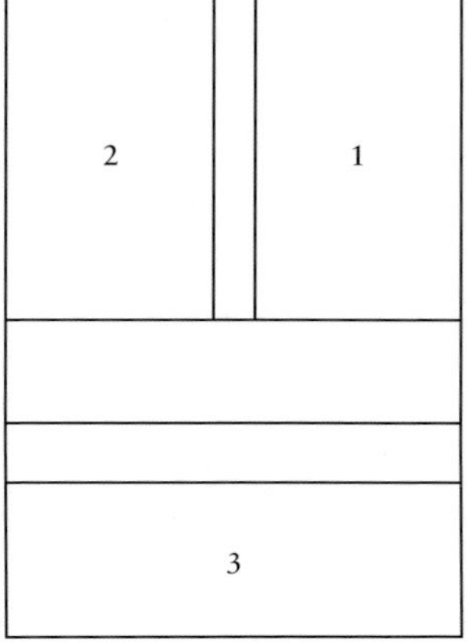

2

1

3

Bénard lith.
Imp. Firmin-Didot & Cie, Paris

Renaissance (16th Century)

PAINTED ORNAMENTATION – THE FLORENTINE SCHOOL

This plate has been supplemented by a few fragments from various sources in order to comprehensively illustrate the motifs, particularly important in their genre, which form the basic stock of the plate. The main motifs (**nos. 1, 14, and 15** representing complete initial capitals; **nos. 4, 7, and 10** representing parts of an initial broken down) are among the finest of their kind. They are the work of one of the most illustrious masters of the Florentine School, Monte di Giovanni del Fora, who flourished in the period 1500–1528 (cf. plate 163). He was another professional miniaturist who had received his early training in a goldsmith's workshop, but in his case there was the additional circumstance that he was also a distinguished mosaicist. It is surely this latter influence that accounts for the astonishing breadth of Monte's work. The mosaicist, with only limited means at his disposal, knows that in coloured ornamentation variety is achieved not by using all one's colour resources in every scene or section of the work but rather by choosing a dominant note for each one and stressing this in such a way as to produce real variety, which is the best kind of decorative richness, by inviting comparisons between them. (Note, incidentally, that in **no. 14**, an initial M, the artist has retained the middle stroke as not interfering in any way with the composition of

Renaissance (16. Jahrhundert)

DEKORATIVE ITALIENISCHE MALEREIEN – SCHULE VON FLORENZ

Diese Tafel wurde durch einige Fragmente aus verschiedenen Quellen ergänzt, um jene Motive, die den Grundbestand der Tafel bilden und die in ihrem Genre besonders wichtig sind, vollständig abbilden zu können. Diese Motive, die **Nrn. 1, 14 und 15** in ihrer Gesamtheit und die **Nrn. 4, 7 und 10**, die von einer zerlegten Initiale stammen, sind Monte di Giovanni del Fora zuzuschreiben, einem der berühmtesten Meister der Schule von Florenz, die von 1500 bis 1528 in Blüte stand (vgl. Tafel 163). Er gehörte zu jenen zielstrebigen Künstlern, die in die Miniaturmalerei, die sie entwickelten, ihre Erfahrungen aus den Goldschmiedewerkstätten einbrachten. Bei Monte kam noch hinzu, dass er auch ein ausgezeichneter Mosaikkünstler war. Auf diese Tätigkeit ist wohl die bemerkenswerte Fülle seiner Werke zurückzuführen. Die Mosaizisten – und mit ihnen Monte –, die nur über wenige Mittel verfügen, wissen, dass man, um bunte Verzierungen zu variieren, nicht alle Farbtöne einsetzen darf. Für jede Farbe ist im Gegenteil der dominierende Ton zu wählen, um auf diese Weise echte dekorative Vielfältigkeit zu erzielen. Bei **Nr. 14** handelt es sich ebenfalls um eine Initiale, ein M mit drei Beinen, die der Maler beibehielt, da ihn das mittlere bei der Komposition seines Bildes nicht störte. Alle Miniaturen von Monte di Giovanni sind Chorbüchern des Doms von Florenz entnommen.

Renaissance (XVIe siècle)

ORNEMENTATION PEINTE – L'ÉCOLE FLORENTINE

Nous avons dû compléter cette planche avec un certain nombre de fragments provenant de sources diverses, parce que nous avions à y faire figurer dans leur intégralité des motifs de premier ordre dans leur genre, qui sont le principal fonds. Ces motifs, les **nos 1, 14 et 15**, dans leur entier, et les **nos 4, 7 et 10**, provenant d'une initiale décomposée, sont de l'école florentine qui florissait de 1500 à 1528 et qui fut représentée par un de ses plus illustres maîtres, Monte di Giovanni del Fora (cf. planche 163). C'était un de ces artistes de forte race qui apportaient dans la miniature les avantages de l'éducation qu'ils avaient acquise dans l'atelier des orfèvres, mais cet enlumineur était en même temps un mosaïste distingué. C'est assurément à cette dernière qualité qu'est due l'ampleur remarquable de ses productions. Les mosaïstes, ne disposant que de moyens restreints, savent que, pour varier les ornementations coloriées, on ne doit pas employer toutes les ressources de la couleur en chaque tableau, dans tous les morceaux, mais qu'on doit pour chacun d'eux choisir une note dominante de manière à obtenir par les rapprochements une variété réelle, produisant la meilleure des richesses décoratives. Le **no 14** est également une initiale, un M en trois jambages que le compositeur a conservés, en n'étant pas gêné par celui du milieu pour la disposition de son tableau d'ensemble. Toutes

the scene behind.) This and the other miniatures by Monte di Giovanni are taken from the altar books of Florence Cathedral. **Nos. 2, 6, 8, and 9** are from the Siena Cathedral Gradual and date from Liberale da Verona's period. **Nos. 13 and 16**, more modern in character, are from the pages of the Florence Cathedral Antiphonals painted by Antonio di Girolamo. The handsome motif at top centre (**no. 3**) and those numbered **nos. 11, 12, and 17** are from the altar books of the Charterhouse at Pavia; **No. 5** is taken from the missal of Clement VII.

Die **Nrn. 2, 6, 8 und 9** stammen aus einem Graduale des Doms von Siena und aus der Zeit von Liberale da Verona, die **Nrn. 13 und 16**, die moderner sind, aus Antiphonarien des Doms von Florenz, genauer: von Seiten, die Antonio di Girolamo malte. Das schöne Fragment **Nr. 3** und die **Nrn. 11, 12 und 17** sind in den Chorbüchern der Kartause von Pavia zu finden, **Nr. 5** im Missale Papst Klemens' VII.

ces miniatures de Monte di Giovanni proviennent des livres de chœur de la cathédrale de Florence. Les fragments **n°s 2, 6, 8 et 9** sont tirés du Graduel de la cathédrale de Sienne, et de l'époque de Liberale da Verona. Les **n°s 13 et 16**, dont le caractère est plus moderne, proviennent des Antiphonaires de la cathédrale de Florence et sont tirés de pages peintes par Antonio di Girolamo. Le beau fragment **n° 3**, ainsi que les **n°s 11, 12 et 17** sont empruntés aux livres de chœur de la chartreuse de Pavie. Le **n° 5** provient du Missel de Clément VII.

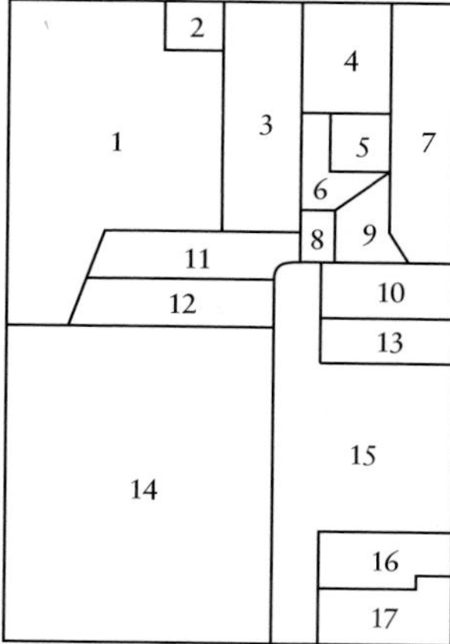

RENAISSANCE.
RENAISSANCE.
RENAISSANCE
1
2
3
4
5
6
7
8
9
1525
1526
Charpentier, lith
Imp. Firmin Didot & Cie Paris

182

Renaissance (16th Century)

ARCHITECTONIC ORNAMENTATION IN GLASS

In the 16th century stained-glass windows were extremely common everywhere. 16th-century windows differ in both style and execution from those of the three preceding centuries. The early glaziers made up most of the design in actual coloured glass, using painted clear glass only for nudes, white draperies, and certain portions of the ground. By the 16th century everything was being done in clear glass. The use of brushed-on enamels had spread in the 15th century, and the similarity of these new processes to oil-painting had gradually suggested the idea of aiming for similar effects to those being achieved in the latter medium. Hence the use of lighter shades, the severe modelling, the distances

182

Renaissance (16. Jahrhundert)

ARCHITEKTONISCHE DEKORATIONEN IN DER GLASMALEREI

Im 16. Jahrhundert waren farbige Glasfenster weit verbreitet. In Dekoration und Ausführung unterscheiden sie sich von jenen aus dem 13. bis 15. Jahrhundert. Bei den alten Meistern bildete das in der Masse gefärbte Glas das wichtigste Material. Auf dieses wurden nur die Hautfarben, weiße Vorhänge und einige Details des Grundes gemalt. Im 16. Jahrhundert wurde alles auf reines Glas aufgetragen. Die Verwendung des mit Pinsel aufgetragenen Schmelzes verbreitete sich im 15. Jahrhundert, und die Ähnlichkeit des neuen Verfahrens mit der Ölmalerei führte allmählich dazu, dass man auf Glas analoge Wirkungen zu erzielen suchte. So ließen nun helle Töne, eine präzise Modellie-

182

Renaissance (XVIe siècle)

L'ORNEMENTATION DE CARACTÈRE ARCHITECTONIQUE DES VITRAUX PEINTS

Ces vitraux du XVIe siècle diffèrent autant par le style de leur décor que par la méthode d'exécution de ceux des XIIIe, XIVe et XVe siècles. Chez les anciens, les verres colorés dans la masse faisaient la plus grande partie du tableau. Ils avaient pour procédé de ne peindre sur verre blanc que les nus, les draperies blanches et quelques parties des fonds. Au XVIe siècle on en arriva à tout exécuter sur du verre blanc. L'usage des émaux appliqués au pinceau s'était propagé au XVe siècle, et l'analogie des nouveaux procédés avec ceux de la peinture à l'huile avait peu à peu suggéré l'idée de viser à produire des effets semblables à ceux qu'on obtient par cette dernière. De là l'emploi des tons clairs, le modelé rigoureux, les lointains en perspective ; c'est-à-dire

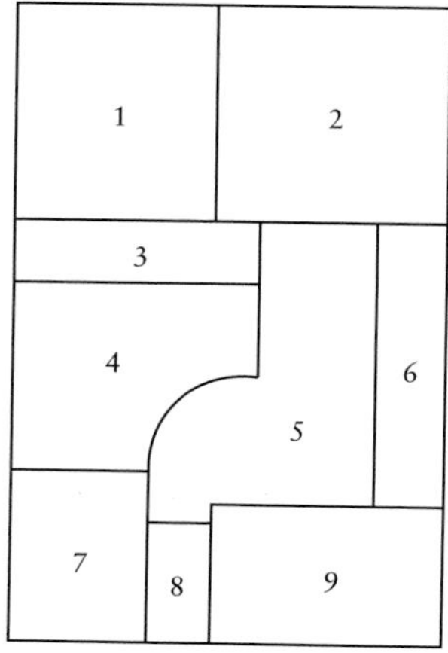

in perspective, i. e. the abandonment of the principal of flat decoration that had governed the medieval stained-glass window. However, if 16th-century windows had lost the look given them by the ancients in their discreet concern to serve the interests of the architecture alone, their colours had never had the purity and sparkle of these lighter compositions, lighter because the semi-darkness of the mediaeval church would have been undesirable and even detrimental in secular buildings. In contrast to windows composed of pieces of coloured glass, where detail is sacrificed to the overall effect, it was by their perfection of detail, quality of line, and sheer painting know-how that 16th-century glaziers, drawing on the principles of Italian Renaissance art, gave stained glass a completely new look.

No. 6. Border made up of the fleur-de-lys of Louis XII and the ermine of Anne of Brittany; from a rose window (now destroyed) in Gisors church, 1500–1515.

Nos. 5, 7, and 8. Motifs taken from Grand-Andely church, 1520. **No. 5**, featuring an architectural capping motif, is one of the finest relics of the Norman Renaissance. It occurs in the south side chapels. **No. 7** is from the big rose window in the south transept, which uses the same elements as the destroyed Gisors window, consisting of two motifs placed one above the other and repeated a great many times to form rays that converge on the centre. (The second motif, also on a green ground, is reproduced as **no. 9** of plate 183.) **No. 8** is from the St. Christopher chapel.

Nos. 1, 3, 4, and 9. From the church of St. Vincent, Rouen;

rung und die Einführung der Perspektive das Prinzip einer flächigen Dekoration, das die mittelalterlichen Scheiben bestimmte, in Vergessenheit geraten. Wenn die Kirchenfenster des 16. Jahrhunderts sich auch nicht mehr wie die früheren der Architektur unterordneten, so waren doch die Farben nie reiner und glänzender. Das Halbdunkel der alten Kirchen, das in den neuen bürgerlichen Bauten fehl am Platz und sogar abträglich gewesen wäre, kam aus der Mode. Im Gegensatz zu den Fenstern mit in der Masse gefärbten Glasstücken, bei denen sich die Einzelteile zu einem Ganzen fügten, verliehen die Glasfenster des 16. Jahrhunderts diesem Genre durch die Gestaltung der Details und die zeichnerische und malerische Qualität einen neuen Charakter.

Nr. 6: Randleiste, die sich aus den Lilien Ludwigs XII. und dem Hermelin von Anne de Bretagne zusammensetzt, von einer zerstörten Rosette der Kirche von Gisors, 1500–1515.

Nrn. 5, 7 und 8: Motive aus der Kirche von Grand-Andely, 1520. **Nr. 5** zeigt eine Architekturbekrönung, eines der schönsten Beispiele für die Renaissance in der Normandie; es befindet sich in einer der südlichen Seitenkapellen der Kirche. **Nr. 7** stammt von der großen südlichen Rosette im Querschiff. Diese Rosette setzt sich aus den gleichen Elementen wie die zerstörte der Kirche von Gisors zusammen; zwei übereinandergesetzte und sich häufig wiederholende Motive bilden Strahlen, die auf ein Zentrum zulaufen. Das zweite Motiv auf demselben grünen Grund zeigt die **Nr. 9** der Tafel 183. Beide Motive sind mit der schwarzen Borte von **Nr. 6** besetzt.

l'oubli du sage principe du décor plan, de règle dans les vitreries du haut Moyen Age. Toutefois si les verrières du XVIe siècle avaient perdu l'aspect que les anciennes tenaient de leur sage subordination à l'architecture, leurs couleurs ne furent jamais plus pures, plus étincelantes que dans ces tableaux d'un ensemble clair, car on ne voulait plus du demi-jour des anciennes églises, qui eût été inutile et même nuisible dans les constructions civiles. En somme, et contrairement aux vitraux composés de morceaux de verre teint dans la pâte, dans lesquels les détails étaient sacrifiés à l'ensemble, c'est par la perfection du détail, par la qualité du dessin, et par la science du peintre que les verrières du XVIe siècle enrichissent ce genre d'une nouvelle physionomie.

No 6 : Bordure composée d'une suite de la fleur de lys de Louis XII et de l'hermine d'Anne de Bretagne, appartenant à une rosace détruite de l'église de Gisors, 1500–1515.

Nos 5, 7 et 8 : Motifs provenant de l'église du Grand-Andely, 1520. Le **no 5**, figurant un couronnement d'architecture, est un des plus beaux fragments de la Renaissance normande ; il se trouve dans les chapelles collatérales au midi de l'édifice. Le **no 7** provient de la grande rosace du transept au midi. Cette rosace est composée des mêmes éléments que celle détruite en l'église de Gisors ; elle est formée de deux motifs disposés l'un au-dessus de l'autre, et répétés un grand nombre de fois, en formant des rayons qui convergent vers le centre ; le second motif sur même fond vert se trouve au **no 9** dans la planche 183 ; et chacun de ces motifs est bordé par le galon à fond noir du **no 6**.

no. 4 has two dates: 1525 and 1526.
No. 2. From Montmorency church, 1535.

Nr. 8 kommt aus der Christophorus-Kapelle.
Nrn. 1, 3, 4 und 9 stammen aus der Kirche Saint-Vincent in Rouen, 1520–1530. **Nr. 4** ist doppelt, 1525 und 1526, datiert.
Nr. 2: Aus der Kirche von Montmorency, 1535.

Le **n° 8** provient de la chapelle de Saint-Christophe.
Les **n°s 1, 3, 4 et 9** se trouvent à l'église de Saint-Vincent à Rouen, 1520–1530. Le **n° 4** est daté deux fois, 1525 et 1526.
N° 2 : Provient de l'église de Montmorency, 1535.

183

Renaissance (16th Century)

SCULPTURAL AND PICTORIAL ORNAMENTATION IN GLASS

This plate is a continuation of the last. The breadth of design of these motifs makes an instructive comparison with the margin illustrations of contemporary manuscripts. The character of these representative ornaments comes out very much more strongly in glass, where it was possible to treat them more straightforwardly and on a larger scale than lay within the scope of the illuminator, whose work was necessarily of a more or less finical nature. The men who drew the cartoons for major stained-glass windows and who in the 16th century often actually painted the glass themselves were the true masters of the century as far as the ornamentation of painted surfaces was concerned. In the field of ornamentation schools were still of great importance in the first half of the 16th century, and the French glass painters of the period formed a particularly brilliant group.
Nos. 7, 9, 11, and 14. From Grand-Andely church, 1515–1520. **No. 7** is a detail of a framing border in the St. Christopher chapel; **no. 9** is

183

Renaissance (16. Jahrhundert)

DEKORATIVE PLASTIK UND MALEREI IN FARBIGEN GLASFENSTERN

Die Motive schließen sich an jene der Tafel 182 an. Ihre gelungene Gestaltung wird deutlicher, wenn man sie mit den Randverzierungen der zeitgenössischen Handschriften vergleicht. Die Eigenart der Motive tritt auf den Glasscheiben freier und großzügiger hervor als auf den feineren Miniaturen. Die Künstler, die die Vorlagen zu den großen Fenstern schufen und diese im 16. Jahrhundert meist selbst auf das Glas übertrugen, sind die wichtigsten Lehrmeister dieser Zeit, wenn es sich um die Verzierung bemalter Flächen handelt. So brachte insbesondere die französische Glasmalerschule in der ersten Hälfte des 16. Jahrhunderts vorzügliche Maler hervor.
Nrn. 7, 9, 11 und 14: Aus der Kirche von Grand-Andely, 1515–1520.
Nr. 7 ist Teil einer Randleiste aus der Christophorus-Kapelle. **Nr. 9** stammt von der großen südlichen Rosette des Querschiffs. **Nr. 14** befindet sich über der kleinen südlichen Tür.
Nr. 8: Dekorativer Kopf aus der Kirche Saint-Patrice in Rouen, 1520.

183

Renaissance (XVIe siècle)

L'ORNEMENTATION SCULPTURALE ET PICTURALE DES VITRAUX

Ces motifs forment suite aux documents de la planche 183. L'ampleur de la facture de ces décors devient des plus utiles en rapprochant ces fragments des illustrations marginales provenant des manuscrits de l'époque ; le caractère de ces ornementations typiques est autrement inscrit dans les verrières traitées avec des moyens francs et à des échelles supérieures, que ne le pouvait faire l'enlumineur avec ses délicatesses plus ou moins compliquées. Les maîtres qui ont dessiné les cartons des grands vitraux, et qui, au XVIe siècle, les ont même souvent peints de leur propre main, sont les véritables professeurs du siècle, pour ce qui est de la décoration des surfaces peintes. Pendant la première moitié du XVIe siècle, l'école était encore de première valeur, et c'est toute une brillante phalange que celle des peintres-verriers français de ce temps.
N°s 7, 9, 11 et 14 : Provenant de l'église du Grand-Andely, 1515–1520. Le **n° 7** est un fragment d'une bordure d'encadrement de

from the big rose window in the south transept. **No. 14** occurs above the small south door.
No. 8. Ornamental head from St. Patrice church, Rouen, 1520.
No. 2. Panel from the south chapel near the choir of Rouen Cathedral, dated 1521; a typical expression of the Norman Renaissance.
No. 13. Ornamental head from the St. John the Baptist window in St. Vincent church, Rouen, 1525–1526.
No. 12. Frieze in the Rouen archaeological museum, probably originating from the former church of St. Eloi, 1530.
No. 10. Pendentive keystone motif from a window now destroyed. The fragment is incorporated in a window of St. Crépin's church, Gisors, 1530.
Nos. 1 and 3. Canopy motifs from Montmorency church, 1535–1540. **No. 1** is part of a repeated design filling the upper part of the window facing the right side aisle; it is a Touraine-School motif and dates from the end of the reign of Francois I, ca. 1540; **no. 3** dates from 1535.

Nr. 2: Tafel der südlichen Kapelle in der Nähe des Chors der Kathedrale von Rouen, 1521 datiert. Typisch für die Renaissance der Normandie.
Nr. 13: Dekorativer Kopf vom Johannes-der-Täufer-Fenster der Kirche Saint-Vincent in Rouen, 1525–1526.
Nr. 12: Fries aus dem Musée archéologique in Rouen, der vermutlich aus der früheren Kirche Saint-Eloi stammt.
Nr. 10: Schlussstein aus einem zerstörten Ensemble, in das Crispinus-Fenster der Kirche von Gisors eingesetzt, 1530.
Nrn. 1 und 3: Hängende Baldachine aus der Kirche von Montmorency, 1535–1540.
Nr. 1 beruht auf dem Prinzip der Wiederholung. Es handelt sich um den oberen Teil eines Fensters gegenüber dem rechten Seitenschiff. Das Motiv gehört zur Schule der Touraine und in das Ende der Zeit Franz' I., 1540. **Nr. 3** ist von 1535.
Nr. 4: Dieses Architekturdetail gehört zu einem Glasfenster der Kirche Saint-Gervais in Paris; es ist von 1535 datiert.

la chapelle de Saint-Christophe. Le **n° 9** provient de la grande rosace du transept au midi. Le **n° 14** se trouve au-dessus de la petite porte méridionale.
N° 8 : Tête d'ornement, provenant de l'église de Saint-Patrice, Rouen, 1520.
N° 2 : Panneau de la chapelle au midi, près du chœur de la cathédrale de Rouen, 1521. Expression caractéristique de la Renaissance normande.
N° 13 : Tête d'ornement du vitrail de saint Jean-Baptiste à l'église de Saint-Vincent, Rouen, 1525–1526.
N° 12 : Frise faisant partie du musée archéologique de Rouen, et provenant probablement de l'ancienne église de Saint-Eloi, 1530.
N° 10 : Clef pendante, ayant fait partie d'un ensemble détruit, et actuellement rapportée dans le vitrail de Saint-Crépis, église de Gisors, 1530.
Nos 1 et 3 : Dais en pendentifs provenant de l'église de Montmorency, 1535–1540. Le **n° 1** se développe en se répétant. C'est la partie supérieure du vitrail faisant face au col-

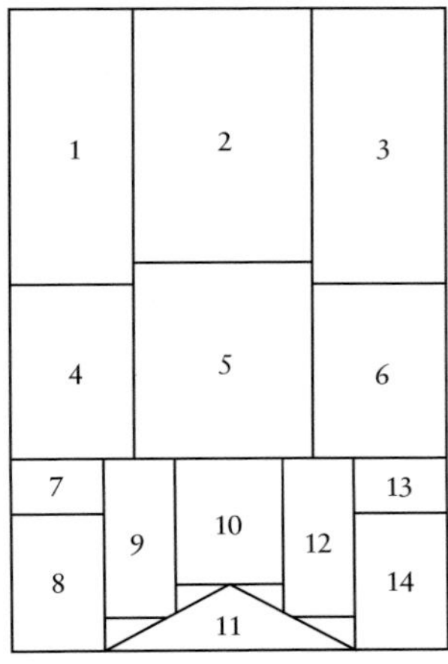

1
2
3
4
5
6
7
8
9
10
11
12
13
14

No. 4. This architectural detail occurs in a window in St. Gervais church, Paris, dated 1535.
No. 6. Mantled cartouche from the ossuary of St. Etienne du Mont, Paris, 1535. This motif is a rare late relic of the Parisian Renaissance. It was this kind of elegant, expansive model that was copied by artists of the Louis XIII period. The prototype goes back to the Fontainebleau painters.
No. 5. Part of a nave window of St. Patrice church, Rouen, 1550.

Nr. 6: Kartusche aus dem Beinhaus von Saint-Etienne du Mont in Paris, 1535. Bei diesem Beispiel handelt es sich um einen der seltenen und letzten Überreste der Pariser Renaissance. Diese vornehmen Muster wurden von den Künstlern der Zeit Ludwigs XIII. kopiert. Den Urtyp hatten die Maler von Fontainebleau geschaffen.
Nr. 5: Teil eines Glasfensters im Schiff von Saint-Patrice in Rouen, 1550.

latéral droit ; ce motif est de l'école Tourangelle, et de la fin de la période de François Ier, 1540. Le **n° 3** est de 1535.
N° 4 : Ce fragment d'architecture peinte fait partie d'un vitrail de l'église Saint-Gervais, Paris ; il est daté de 1535.
N° 6 : Cartouche mantelé, provenant de l'ossuaire de Saint-Etienne du Mont, Paris, 1535. Ce motif est un des rares et derniers débris de la Renaissance parisienne. Ce furent ces modèles si nobles et si amples que copièrent les artistes sous Louis XIII ; c'est aux peintres de Fontainebleau qu'en remonte le prototype.
N° 5 : Partie du vitrail de la nef de l'église Saint-Patrice, Rouen, 1550.

184

Renaissance (16th Century)

SCULPTURE, TAPESTRY, AND PAINTED GLASS – FRENCH SCHOOLS

With the exception of four of the motifs shown, this plate rounds off our series dealing with the 16th-century stained-glass window. The four exceptions date from the same century and are taken from other media in which polychrome ornamentation also plays a part: a discreet part in the case of stone carving with its already rich relief including carving in the round, a more vigorous part in tapestry, where it was required to provide powerful accents. Not that we can go so far as to draw up a scale of proportion for the different types of coloration used on stone, tapestry, glass, and so on, but our exam-

184

Renaissance (16. Jahrhundert)

PLASTIK, WANDTEPPICHE UND GLASMALEREIEN – FRANZÖSISCHE SCHULEN

Die meisten dieser Abbildungen vervollständigen die Reihe der Glasmalereien aus dem 16. Jahrhundert. Hinzu kommen Beispiele anderer Art aus derselben Zeit, bei denen die Polychromie je nach Material eine unterschiedliche Rolle spielt. Zurückhaltend erscheint sie auf der Steinplastik, deren Wirkung vor allem auf dem Relief bis hin zur Vollplastik beruht; stärkere Akzente setzt sie auf den Wandteppichen. Zwar soll hier keine Skala der Farbtönungen für Steinplastik, Wandteppiche und Glasmalereien gegeben werden, doch zeigen die Beispiele, wie die Renaissance-Meister die Polychro-

184

Renaissance (XVIe siècle)

SCULPTURE, TAPISSERIE ET VITRAUX PEINTS – ECOLES FRANÇAISES

La majeure partie de ces documents complète la série concernant l'ornementation des vitraux du XVIe siècle. Nous y joignons des exemples appartenant à ce même siècle, d'une autre nature que celle des vitreries, et dans lesquels la polychromie joue un rôle mesuré sur la matière mise en œuvre, avec discrétion dans la sculpture de la pierre, déjà riche avec des reliefs allant jusqu'à la ronde-bosse, avec plus de vigueur pour procurer des accents énergiques dans le tissage des tapisseries ; de sorte que, sans que nous puissions réellement rétablir une échelle de proportion entre les colorations dont on usait,

1
2
3
4
5
6
7
8
9
10
11
12
13
14
15
16
17
18
19

ples do illustrate something of the way in which these various media were handled by craftsmen who so often revealed themselves as masters in this splendid Renaissance century.
Taking the exceptions first, **no. 1** is a detail of one of the niches decorating the upper part of the tomb of the cardinals of Amboise in Rouen Cathedral, a masterpiece of the Norman Renaissance dating from 1520–1540.
Nos. 5 and 7 represent a corner cartouche and a cartouche in the continuous border of a tapestry hanging whose main subject is a Triumph. Although the cartouche in **no. 7** bears the monogram of Marie de Médicis, which indicates the date of manufacture but not the date of the cartoon that served as a model for the ornamentation, the corner cartouche with its seated figure still belongs stylistically to the Fontainebleau School. The tapestry from which this border is taken belongs to one of the so-called Artemisia sets, for which the cartoons were recast several

mie in den verschiedenen Genres handhabten.
Nr. 1 zeigt die Bekrönung der Nischen, die den oberen Teil des Grabmals der Kardinäle von Amboise (1520–1540) in der Kathedrale von Rouen verzieren. Dieses Monument gilt als eines der Meisterwerke der Renaissance in der Normandie.
Nrn. 5 und 7: Wandteppich; Eck- und Randkartusche; vom Rahmen eines Wandvorhangs, dessen Sujet ein Triumphzug bildet. Obwohl die Kartusche **Nr. 7** das Monogramm von Maria de Medici trägt – dies verweist auf die Zeit der Herstellung, nicht auf jene des Entwurfs –, lässt sich die Eckkartusche mit der Figur, die sie umschließt, noch der Schule von Fontainebleau zuordnen. Der Wandteppich, den diese Bordüre ziert, gehört zu einer Folge von so genannten Artemisia-Wandvorhängen, deren Kartons mehrmals überarbeitet wurden; von 1570 bis 1660 stellten die königlichen Werkstätten in Paris zehn Folgen dieser Wandteppiche her.
Nr. 19: Entwurf für eine Sessellehne.

selon qu'il s'agissait de la pierre, de la tapisserie ou des vitraux, on peut néanmoins se rendre compte ici de la façon dont les divers genres étaient traités par ces maîtres de la Renaissance.
Le **nº 1** représente l'amortissement des niches ornant la partie supérieure du tombeau des cardinaux d'Amboise, dans la cathédrale de Rouen. Ce monument, l'un des chefs-d'œuvre de la Renaissance normande, date de 1520 à 1540.
Nºˢ 5 et 7 : Tapisserie, cartouche d'angle et cartouche de la bordure courante de l'encadrement d'une tenture dont le sujet principal est un Triomphe. Quoique le cartouche **nº 7** porte le chiffre de Marie de Médicis, ce qui indique l'époque de la fabrication, mais non celle du carton modèle de l'ornementation, on peut considérer comme se rattachant encore au style de l'école de Fontainebleau le cartouche d'encoignure avec la figure qui y siège. La tapisserie ornée de cette bordure fait partie de l'une des suites de tentures, dites d'Artémise, dont les cartons furent plu-

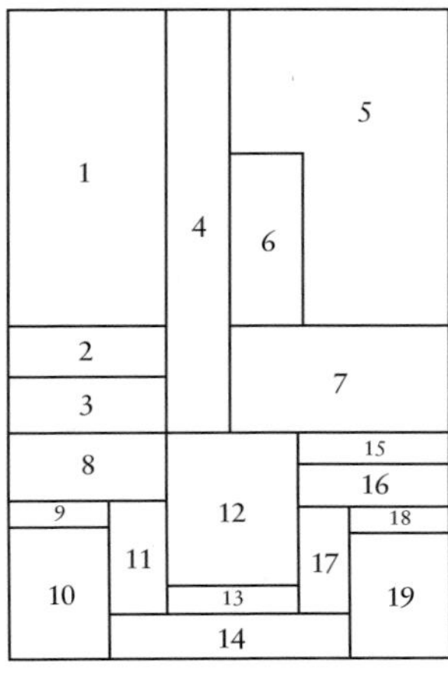

times. Between 1570 and 1660 the royal workshops in Paris made ten sets of these hangings.
No. 19 is a design for a chair back.
Norman School
No. 14. Grand-Andely church, 1515.
Nos. 6, 10, 11, 15, and 17. Same source, 1520.
Nos. 16 and 18. St. Vincent, Rouen, 1520–1525.
Nos. 2, 3, 9, and 13. Rouen Archaeological Museum, 1530.
No. 8. Grand-Andely church, 1535–1540.
No. 4. Same source, 1560.
Parisian School
No. 12. St. Etienne du Mont.

Normannische Schule
Nr. 14: Kirche von Grand-Andely, 1515.
Nrn. 6, 10, 11, 15 und 17: Ebenda, 1520.
Nrn. 16 und 18: Kirche Saint-Vincent in Rouen, 1520–1525.
Nrn. 2, 3, 9 und 13: Musée archéologique in Rouen, 1530.
Nr. 8: Kirche von Grand-Andely, 1535–1540.
Nr. 4: Ebenda, 1560.
Schule von Paris
Nr. 12: Saint-Etienne du Mont.

sieurs fois remaniés, pendant que de 1570 à 1660 les ateliers royaux de Paris fabriquaient dix suites de ces tentures.
Le **n° 19** est le dessin d'un dossier de fauteuil.
Ecole normande
N° 14 : Eglise du Grand-Andely, 1515.
N°s 6, 10, 11, 15 et 17 : Même église, 1520.
N°s 16 et 18 : Eglise de Saint-Vincent, Rouen, 1520–1525.
N°s 2, 3, 9 et 13 : Musée archéologique de Rouen, 1530.
N° 8 : Eglise du Grand-Andely, 1535–1540.
N° 4 : Même église, 1560.
Ecole parisienne
N° 12 : Eglise Saint-Etienne du Mont.

185

Renaissance (16th Century)

ORNAMENTATION OF THE PANELLING IN THE FRANÇOIS I GALLERY, PALACE OF FONTAINEBLEAU

The ornamental core of these splendid panels is always a cartouche as main motif with, in certain cases, additional smaller cartouches playing a secondary role. The function of this projecting panelling was to support a large architectural cartouche. The fact that the panelling already projected meant that the carving on it had to be kept in very low relief. Consequently the cartouches are treated almost in the flat, and the ornamental foliage used in conjunction with them is kept very thin in order to retain the advan-

185

Renaissance (16. Jahrhundert)

TAFELWERK IN DER GALERIE FRANZ' I., SCHLOSS FONTAINEBLEAU

Zentrum und Hauptmotiv dieser schönen Täfelung ist eine Kartusche, zu der gelegentlich weitere kleine Kartuschen hinzukommen können. Die Funktion dieses Risalit-Tafelwerks besteht darin, eine große architektonische Kartusche zu stützen. Damit die Tafeln nicht zu sehr vorspringen, mussten sie in einem sehr flachen Relief gestaltet werden. Das mit den Kartuschen kombinierte Rankenwerk ist äußerst fein, um die Eigenarten des Reliefs deutlicher hervortreten zu lassen. Beim „Monstranz"-Medaillon, das den erhaben

185

Renaissance (XVIe siècle)

ORNEMENTATION DU LAMBRIS DE LA GALERIE DE FRANÇOIS Ier, CHÂTEAU DE FONTAINEBLEAU

Le noyau du décor de ces beaux panneaux est un cartouche en motif principal, auquel, en quelques-uns, s'ajoutent de petits cartouches secondaires. Le rôle de ce lambris en avant-corps est de soutenir un grand cartouche d'architecture. Cette saillie donnée au lambris commandait de tenir en un très bas relief la sculpture des panneaux ; en conséquence, les cartouches sont traités presque en méplat, et les rinceaux d'ornement qui se combinent avec eux sont très ténus pour conserver les avantages du relief accusé que permet

tage of the high relief its delicate nature allowed. The monstrance medallion, showing François I's heraldic symbol, the salamander, thus had to have a relatively low-profile border, and it was to meet this requirement that the *carta* principle with its more or less opulent volutes has been toned down and even done away with in the design of these cartouches, several of which have the stiffness of the wooden cartouche. The variety and, in some cases, perfect elegance of these compositions, make this panelling among the finest of its kind. We see here how tastefully and skilfully the Italians contrived to soften the regular cartouche by decorating it with acanthus and by drawing on the real or mythological world of classical types. These masters knew how to harness the ancient models to their needs, but they certainly did not reproduce them slavishly.
The ancient world never knew the ornamental cartouche, and the manifold combinations to which it gave rise as it formed the basis of such compositions of delicate foliage as this one were never part of the vocabulary of the classical ornamentist. The Renaissance constituted a resurrection, but it was resurrection in a different form; and in the hands of artists of the calibre of those who carved this panelling it had all the charm of spring, the season of renewal.
These intelligent craftsmen, direct heirs of the classical past with excellent pedigrees from the workshops in which they had trained, recalled their origins without embarrassment; they were confident of hewing out their own personalities, so to speak, by bringing their native taste to bear upon

geschnitzten Salamander Franz' I. zeigt, musste die Randleiste zurückgenommen werden. Aus demselben Grund wurde bei den teilweise eher steifen Kartuschen der *carta*-Typ mit seinen mehr oder weniger reichen Schnörkeln abgeschwächt, wenn man nicht sogar ganz auf ihn verzichtete. Die Kartuschen verbinden sich so gut mit dem Rankenwerk, dass die beiden Genres zuweilen als eines erscheinen. Ihre Vielfalt und, in einigen Fällen, ihre Eleganz machen sie zu ausgesprochen wertvollen Modellen.
Dem Geschick der italienischen Künstler ist es gelungen, die regelmäßige Kartusche aufzulockern, indem sie auf Akanthusmotive und die reale oder mythologische Welt antiker Typen zurückgriffen. Man ahmte die alten Modelle keineswegs sklavisch nach, sondern ging frei mit ihnen um.
In der Antike war die ornamentale Kartusche, die hier die Grundlage zu einem feinen Rankenwerk bildet, unbekannt, und die vielfältigen Kombinationen, die sie ermöglicht, gehörten nicht zum Repertoire der antiken Ornamentkünstler. Die Renaissance stellt eine Wiedergeburt in anderer Form dar, und bei Künstlern wie jenen, die diese Holzarbeiten schnitzten, handelt es sich um echte Erneuerer. Ausgestattet mit dem Handwerkszeug, das ihnen die verschiedenen Schulen mitgaben, erinnerten sie sich ihrer Herkunft, ohne sich dadurch in ihrer Entwicklung eingeengt zu fühlen. Indem sie alles verwendeten, was an Neuem seit der Antike zu finden war, entwickelten sie ihren persönlichen Stil. So bildete sich der Stil der Renaissance des 16. Jahrhunderts heraus, der an die

leur nature délicate. Le médaillon de monstrance, exhibant en saillie la salamandre de François Ier, devait donc avoir sa bordure en un plan relativement effacé, et c'est pour répondre à cette nécessité que le type de la *carta* avec des volutes plus ou moins opulentes a été judicieusement affaibli, et même écarté, dans la disposition de ces cartouches, dont plusieurs ont la rigidité du cartouche en bois. La variété et, parfois, l'élégance parfaite de l'agencement de ces cartouches, si heureusement combinés avec les rinceaux d'ornement, qu'il arrive que les deux éléments n'en forment qu'un, font de ces documents spéciaux des motifs de premier ordre en leur genre.
On reconnaît ici avec quel goût et quelle adresse les Italiens ont su assouplir le cartouche régulier, en l'ornant avec l'acanthe et en recourant au monde réel ou mythologique des types antiques. Ces maîtres savaient se faire une force de ces anciens modèles, mais ils étaient loin de les reproduire avec servilité. Les anciens n'ont pas rencontré les formules du cartouche ornemental ; et les combinaisons variées auxquelles il donne lieu, en étant la base d'agencements se développant en rinceaux de la délicatesse que l'on remarque ici, ne sont pas entrées dans les ressources de l'ornemaniste antique. La Renaissance est une résurrection, mais sous une autre forme, et entre les mains d'artistes comme ceux qui ont sculpté ces bois, elle a tout le charme d'un renouveau. Ces intelligents héritiers directs, munis de bons papiers de famille délivrés par les écoles, se souvenaient de leur origine sans en être embarrassés, certains d'en dégager leur propre personnalité, en utilisant

every new thing the world had produced since the time of their distant ancestors. And that is how the 16th-century Renaissance evolved its style, a style echoing that of antiquity without being either Greek or Roman.

Antike erinnert, ohne griechisch oder römisch zu sein.

avec leur goût natif tout ce qui avait pu se produire de nouveau dans le monde, depuis leurs hauts ancêtres. Et c'est ainsi que la Renaissance du XVIe siècle a créé son style, rappelant celui de l'Antiquité, mais sans être ni grec ni romain.

186

Renaissance (16th Century)

LIMOGES ENAMELS IN GRISAILLE

It was around 1520 that the old practice of painting on a painted ground was almost entirely abandoned by the enamellists of Limoges in favour of the technique known as grisaille, although the old method was still used occasionally to vary the effect obtained.

In all 16th-century grisaille work, a line obtained by a chemical process similar to that used in etching runs around the different elements of the subject and gives the design a firmness that, together with the somewhat summary procedure used for the modelling, contributes to the markedly decorative character of these enamels. Excessive use of foil and gold highlights compromised the artistic value of Limoges work to the point where its price had dropped sharply by the end of the 16th century.

Nos. 1, 12, 16, and 17. Motifs taken from a pedestal cup with a lid. **No. 1** is in fact two motifs. The inset with the boy on a dolphin represents the inside decoration of the cup; from the circle above the medallion we are looking at the decoration on the outside of the lid. **No. 12** is a border with an egg

186

Renaissance (16. Jahrhundert)

SCHMELZARBEITEN AUS LIMOGES IN GRISAILLE

Um 1520 gaben die Emailmaler von Limoges die alte Technik des Malens auf einer ebenfalls gemalten Unterlage fast völlig auf und wandten sich der Grisaille-Technik zu; hier und da wurde die alte Methode noch angewandt, um die Camaieu-Wirkungen zu variieren. Bei allen Grisaille-Arbeiten des 16. Jahrhunderts entsteht der Strich durch Wegätzen, wie etwa auch der Stecher mit Ätzwasser auf dem Lack arbeitet. Der Strich begrenzt die verschiedenen Elemente des Sujets und gibt der Zeichnung eine Geschlossenheit, die zusammen mit der eher einfachen Modellierungstechnik dazu beiträgt, diesen Schmelzarbeiten einen ausgesprochen dekorativen Charakter zu verleihen. Der übermäßige Gebrauch von Blattgold schmälerte indessen den künstlerischen Wert der Produkte von Limoges, die ihr Ansehen Ende des 16. Jahrhunderts einbüßten.

Nrn. 1, 12, 16 und 17: Motive, die von einem Deckelpokal mit hohem Fuß stammen. **Nr. 1** besteht eigentlich aus zwei Motiven. Das auf einem Delfin reitende Kind gehört zur Verzierung der Innenwandung, vom Kreis über dem Medaillon an ist die Außendekoration des

186

Renaissance (XVIe siècle)

EMAUX DE LIMOGES, LES GRISAILLES

C'est vers 1520 que l'ancienne pratique de peinture sur préparation peinte fut presque entièrement abandonnée par les émailleurs limousins pour ce qu'on appelle la grisaille, bien qu'on voie parfois intervenir encore cette vieille méthode pour varier les effets du camaïeu. Dans toutes les grisailles du XVIe siècle, le trait obtenu par enlevage, c'est-à-dire, en opérant comme le fait le graveur à l'eau-forte sur le vernis de sa planche, le trait, disons-nous, cerne toujours les divers éléments du sujet, et donne au dessin une fermeté qui, avec le procédé assez sommaire employé pour les modelés, contribue à imprimer à ces émaux leur caractère décoratif si prononcé. L'abus des paillons et des rehauts d'or compromit la valeur artistique des produits de Limoges au point qu'ils étaient tombés à bas prix à la fin du XVIe siècle.

Nos 1, 12, 16 et 17 : Motifs provenant d'une coupe avec couvercle, montée sur pied. Le **no 1** forme en réalité deux motifs. La partie où se trouve le dauphin monté par un enfant est la décoration intérieure de la coupe ; à partir du cercle au-dessus du médaillon, le décor est celui du couvercle à l'extérieur. Le

1572
PR

motif, **no. 16** shows the decoration of the foot, and **no. 17** represents the border inside the lid.

Nos. 2 and 14. Details of the decoration on a round plate by the same master enameller; **no. 2** is the inside of the plate, **no. 14** the outside.

No. 3. Outside decoration of a pedestal cup.

Nos. 4, 11, and 15. Decoration on the inside of a cup. **Nos. 4 and 15** show two grotesque masks (compare this with motif no. 11, plate 187).

Nos. 9 and 10. Decoration of a round plate bearing the date 1558 in the cartouche; **no. 9** is the border on the back.

No. 5. Detail of the decoration on the foot of a cup, executed by the same enameller.

No. 6. Border from a small enamelled box.

Nos. 7 and 8. Details of the decoration on an aiguière. **No. 7** is painted inside the neck; **no. 8** is in two parts, the top part occurring on the base of the vase, the rest on its foot.

Deckels zu sehen. **Nr. 12** zeigt eine Eierstabbordüre, **Nr. 16** die Verzierung des Fußes, **Nr. 17** die innere Deckelbordüre.

Nrn. 2 und 14: Teile der Dekoration einer runden Schale, vom gleichen Emailmaler ausgeführt. **Nr. 2** zeigt das Innere, **Nr. 14** die Unterseite der Schale.

Nr. 3: Äußerer Dekor einer Schale mit Fuß.

Nrn. 4, 11 und 15: Innerer Dekor einer Schale. **Nrn. 4 und 15** gehören zu einem Motiv, dessen Maskarons wechseln (vgl. Nr. 11, Tafel 187).

Nrn. 9 und 10: Dekoration einer runden Schale, in der Kartusche datiert 1558. **Nr. 9** stellt die Bordüre auf der Unterseite dar.

Nr. 5: Teil der Dekoration eines Schalenfußes, von demselben Emailmaler ausgeführt.

Nr. 6: Bordüre auf einem Emailkästchen.

Nrn. 7 und 8: Dekorationen einer Wasserkanne. **Nr. 7** befindet sich auf der Innenseite des Halses, **Nr. 8** ist ein zweigeteiltes Motiv; oben ist die Verzierung des unteren Teils der Kanne, unten der Fuß zu sehen.

n° 12 est une bordure en oves ; le **n° 16**, le décor du pied, et le **n° 17** la bordure intérieure du couvercle de cette même coupe.

N°s 2 et 14 : Fragments de la décoration d'un plat rond, par le même maître émailleur. **N° 2**, intérieur du plat ; **n° 14**, son dessous.

N° 3 : Décoration extérieure d'une coupe montée sur pied.

N°s 4, 11 et 15 : Décor intérieur d'une coupe. Les **n°s 4 et 15** appartiennent à ce motif, dont les mascarons varient (comparer n° 11, planche 187).

N°s 9 et 10 : Décoration d'un plat circulaire daté dans le cartouche 1558. Le **n° 9** est la bordure du revers du plat.

N° 5 : Fragment de l'ornementation du pied d'une coupe, par le même émailleur.

N° 6 : Bordure d'un petit coffre émaillé.

N°s 7 et 8 : Fragments appartenant au décor d'une aiguière. Le **n° 7** est peint à l'intérieur du col ; le **n° 8** qui se divise en deux parties, appartient par sa partie haute, à l'ornementation du bas du vase, et par le reste, à celle de son pied.

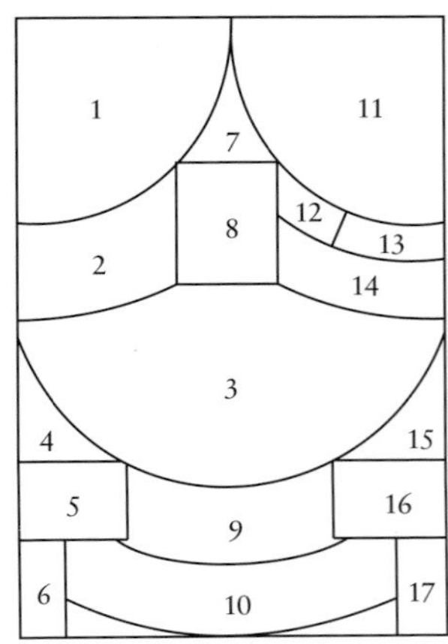

Renaissance (16th Century)

LIMOGES GRISAILLE WORK: COUNTER-ENAMELLING, EMBROIDERY, AND PAINTING – ENAMELS

No. 3. Back of an oval dish measuring 21.6 in. along its longest axis. This piece of counter-enamel ornamentation is signed with the monogram of Jehan Courteys (1515–1586), to whom the dish is attributed. Unfortunately he never dated his works. Counter-enamelling (enamelling the back of the metal as well as the front) was essential to prevent the piece from twisting out of shape when fired. The enamellers of Limoges turned this necessity to splendid advantage in works where the back was, depending on the shape of the piece, more or less in evidence. Their counter-enamel decoration is enormously varied. Sometimes

Renaissance (16. Jahrhundert)

GRISAILLE-ARBEITEN AUS LIMOGES: GEGENSCHMELZ-ARBEITEN, STICKEREIEN UND MALEREIEN – EMAILARBEITEN

Nr. 3: Unterseite einer ovalen Schale, 54 cm lang. Gegenschmelz, mit I. C. signiert, dem Monogramm von Jehan Courteys (1515–1586), dem die Schale zugeschrieben wird. Dieser Emailmaler datierte seine Werke nie. Der Gegenschmelz, die Emaillierung der Rückseite des Metalls, sollte ein Verdrehen des Stücks beim Brennen vermeiden. Diese Notwendigkeit nutzten die Emailmaler von Limoges zu ihrem Vorteil, indem sie die Rückseite ihrer Arbeiten nicht verdeckten, sondern je nach der Form mehr oder weniger sichtbar beließen. Die Gegenschmelzdekorationen sind höchst vielfältig. Teils zeigen Vorder- und Rückseite dieselben Verzierungen,

Renaissance (XVIe siècle)

GRISAILLES DE LIMOGES : LE DÉCOR DU CONTRE-ÉMAIL, BRODERIES ET PEINTURES – EMAUX

N° 3 : Revers d'un plat ovale dont le grand axe mesure dans l'original 54 centimètres. Décor d'un contre-émail, signé d'un monogramme, I. C., les initiales de Jehan Courteys (1515–1586), auquel ce plat est attribué. Cet émailleur, n'a jamais daté ses œuvres. Le contre-émail, ou l'émaillure du revers du métal, avait pour but d'empêcher la torsion de la pièce à la cuisson ; il était indispensable. C'est de cette nécessité que les émailleurs de Limoges ont tiré un magnifique parti dans les fabrications dont le revers n'était point caché, et qui, selon la forme, restait plus ou moins apparent. Les décors du contre-émail sont fort variés. Tantôt l'endroit et

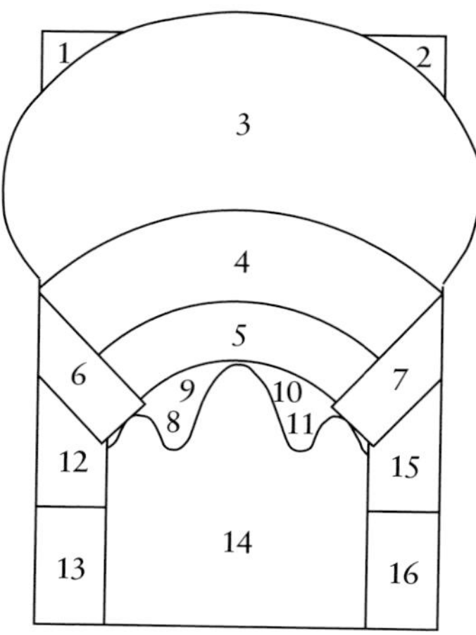

the face and back have the same type of design, a grisaille with gold highlights on a brown ground; sometimes the back forms a contrast.

Nos. 4 and 5. Borders of dishes using repeated motifs; from works by Léonard Limosin, the greatest and best-known of the Limoges enamellists (cf. plate 172). His early works were based mainly on German masters, and in 1532 he did some plaques after Albrecht Dürer; later he copied prints made from compositions by Raphael. But it was from the School of Fontainebleau, and more particularly from the style of Niccolo dell'Abbate (1509–1638), a member of that school from 1552, that he drew the inspiration that characterized his finest work.

Nos. 6, 7, and 14. Details from pieces by Pierre Courteys. This enameller, whose birth date is unknown but who did date his works, belongs mainly to the second half of the 16th century.

Nos. 6 and 7 are from a pedestal cup and represent the decoration on the foot which is divided into two parts; **no. 14** is from the upper part of an aiguière (and is completed by motif no. 8, plate 186).

No. 8. Mask from the bottom of a dish.

No. 11. The fourth grotesque mask in the series shown in plate 186 (motifs nos. 4, 11 and 15).

Embroidery and Paintings

Nos. 1 and 2. Corner motifs from manuscript illuminations by Girolamo da Cremona.

Nos. 9 and 10. These lively corner motifs are by Liberale da Verona.

Nos. 12 and 13. Field and border of a woven seat cover.

eine vergoldete Grisaille-Malerei auf braunem Fond, teils stehen sie zueinander in Kontrast.

Nrn. 4 und 5: Schalenbordüren mit repetitiven Motiven nach Léonard Limosin. Léonard ist der berühmteste Emailmaler von Limoges aus der Familie der Limosin (vgl. Tafel 172). Bei seinen ersten Arbeiten folgte er vor allem den deutschen Meistern; 1532 fertigte er Platten nach Albrecht Dürer an. Anschließend kopierte er Stiche nach Raffaels Werken. Der Schule von Fontainebleau und vor allem Niccolo dell'Abbate (1509–1638), der 1552 zu ihr stieß, hatte Léonard schließlich den Charakter seiner besten Werke zu verdanken.

Nrn. 6, 7 und 14: Motive nach Gegenständen von Pierre Courteys. Dieser Emailmaler, dessen Geburtsdatum unbekannt ist, der jedoch seine Werke datiert hat, war in der zweiten Hälfte des 16. Jahrhunderts tätig. Die **Nrn. 6 und 7** stammen vom zweiteiligen Fuß eines Pokals und sind hier fortlaufend wiedergegeben. **Nr. 14** stellt den oberen Teil einer Wasserkanne dar und bildet zusammen mit dem Motiv Nr. 8 der Tafel 186 eine Einheit.

Nr. 8 ist eine Maske von der Unterseite einer Schale, **Nr. 11** ein Maskaron; es schließt die Folge der vier ab, die die Emailkartusche der Tafel 186 zieren, wobei das Hauptmotiv unter Nr. 4, die anderen als Nrn. 11 und 15 abgebildet sind.

Stickereien und Malereien

Nrn. 1 und 2: Eckmotive aus Handschriften, die von Girolamo da Cremona illuminiert wurden.

Nrn. 9 und 10: Eckmotive gleicher Art nach Liberale da Verona.

Nrn. 12 und 13: Grund und Bordüre einer Tapisserie, die als Sesselbezug diente.

l'envers auront le même genre de décoration, une grisaille rehaussée d'or sur fond brun, tantôt le revers formera contraste.

Nos 4 et 5 : Bordures de plats, motifs à répétition, d'après Léonard Limosin. Léonard est le plus grand et le plus célèbre des émailleurs de Limoges, et de la famille des Limosin (cf. planche 172). Dans ses premiers travaux Léonard s'était surtout inspiré des maîtres allemands ; en 1532, il exécutait des plaques d'après Albrecht Dürer ; puis il copia des estampes d'après les compositions de Raphaël. Ce fut à l'école de Fontainebleau, et surtout au style de Niccolo dell'Abbate (1509–1638), entré à cette école en 1552, que Léonard dut en définitive le caractère de ses meilleures productions.

Nos 6, 7 et 14 : Fragments d'objets d'après Pierre Courteys. Cet émailleur, dont la date de naissance est inconnue, mais qui a daté ses émaux, appartient surtout à la seconde moitié du XVIe siècle. Les **nos 6 et 7** proviennent d'une coupe montée sur pied, et ces ornementations sont celles de ce pied, divisé en deux parties, le noyau de la tige, et la base, représentés en développement. Le **no 14** est la partie supérieure, présentée de même, d'une aiguière dont l'ensemble se complète par le motif no 8, de la planche 186.

Le **no 8** est un masque provenant du dessous d'un plat, et le **no 11** est un mascaron complétant la série des quatre qui ornent le cartouche de l'émail de la planche 186, le motif principal no 4, les autres nos 11 et 15.

Broderies et peintures

Les **nos 1 et 2**, formant des motifs d'angle, sont empruntés à l'enluminure des manuscrits de Girolamo da Cremona.

RENAISSANCE.
RENAISSANCE

No. 15. Tapestry field with an endless design; Henri II period.
No. 16. Border of a tunic; same period.

Nr. 15: Grund eines Stoffes, Endlosmuster, Zeit Heinrichs II.
Nr. 16: Tunika-Bordüre, gleiche Zeit.

Les **n°s 9 et 10**, de même nature, sont des fragments d'après Liberale da Verona.
N°s 12 et 13 : Fond de tapisserie et sa bordure ; provient d'une tenture de siège.
N° 15 : Fond d'étoffe, dessin sans fin, époque de Henri II.
N° 16 : Bordure de tunique, même époque.

— 188 —

Renaissance (16th Century)

ORNAMENTAL FOLIAGE – FLEMISH TAPESTRIES

Virtually all the quality tapestry produced in Europe in the 16th century was Flemish, and as far as ornamentation is concerned this Flemish work contains the purest and boldest expression of the Italian Renaissance style. The details reproduced here are from anonymous works, but their quality is spoken for by the one or two great

— 188 —

Renaissance (16. Jahrhundert)

RANKENWERK – FLÄMISCHE WANDTEPPICHE

Die flämischen Wandteppiche bilden wohl die europäische Tapisserie des 16. Jahrhunderts schlechthin, denn ihre Ornamentik zeigt am deutlichsten und reinsten den Stil der italienischen Renaissance. Die abgebildeten Muster stammen von anonymen Werken, doch ihr Wert wird durch die berühmten Namen jener bestätigt, die – beson-

— 188 —

Renaissance (XVIe siècle)

RINCEAUX D'ORNEMENT – TAPISSERIES DES FLANDRES

En fait, on peut dire des tapisseries des Flandres qu'elles sont la tapisserie européenne du XVIe siècle ; leur ornementation offre les expressions les plus pures et les plus franches du style de la Renaissance italienne. Nos fragments émanent d'œuvres anonymes, mais leur valeur s'affirme par les quelques grands noms connus de ceux qui

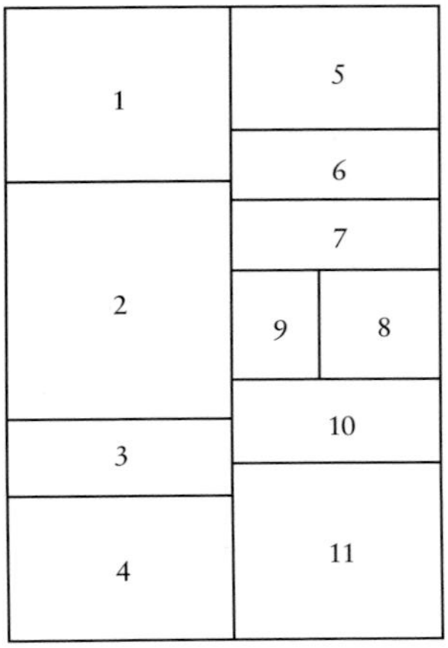

1
5
6
7
2
9
8
10
3
4
11

names we know to have designed some of the models that, particularly from Italy, were sent to Flanders for weaving. The *Triumph of the Gods* series of tapestries was woven in Brussels from designs by Andrea Mantegna (1431–1506), and weavers in the same city executed Raphael's *Acts of the Apostles* designs. Giulio Romano (1492–1546) designed a *Scipio* series of ten tapestries, hunting scenes were woven to compositions provided by the Albrecht Dürer School; Lucas van Leyden (1494–1533) furnished the models for a series of *Months*, and so on. In fact, tapestry being such a costly medium, designs for it were commissioned only from the finest talents available. The artistic quality had to be of the very highest order when one considers the kind of luxury being indulged in: Jean du Bellay reports that on the Field of the Cloth of Gold, François I saw "four major pieces of tapestry, the *Victories of Scipio Africanus*, executed entirely in gold thread and silk."
Of the details reproduced here, **nos. 1, 2, and 4** are from the same border; **nos. 3, 6, 7, and 9** also represent motifs taken from borders. In some of the finest Italian cartoons the ornamentation often extended to the costumes, objects, and furniture featured in the principal scene. **Nos. 5, 8, 10, and 11** are examples of such ornamentation. In the originals, **no. 5** decorates the breast of a tunic, **no. 8** a greave, **no. 10** the hem of a tunic, **no. 11** is the extension of the body of a vase of flowers.

ders in Italien – die Entwürfe anfertigten, nach denen in Flandern gearbeitet wurde. Die Folge *Der Triumph der Götter* wurde in Brüssel nach Kartons von Andrea Mantegna (1431–1506) gewirkt. Aus derselben Stadt stammt die *Apostelgeschichte* nach Raffael. Giulio Romano (1492–1546) schuf die Kartons für die kleinformatige zehnteilige *Scipio*-Folge. Darüber hinaus gab es Jagdszenen nach Entwürfen der Dürer-Schule oder Teppiche aus der Folge der *Zwölf Monate* nach Kartons von Lukas van Leyden (1494–1533). Verständlicherweise wurden die Vorlagen für diese aufwendigen Arbeiten bei erstklassigen Künstlern bestellt; die künstlerische Qualität musste dem Luxus der Gattung entsprechen. Wie Jean du Bellay berichtet, sah Franz I. beim „Camp du Drap d'or" „vier Bildteppiche, die die *Siege des Scipio Africanus* darstellen, alle in Goldfäden und Seide gearbeitet".
Die **Nrn. 1, 2 und 4** gehören zu derselben Bordüre; auch die **Nrn. 3, 6, 7 und 9** stellen Motive von Bordüren dar. In den besonders schönen italienischen Kartons erstreckt sich die Dekoration oft auch auf die Kleider der Personen sowie auf die Gegenstände und das Mobiliar der dargestellten Szene, wie die **Nrn. 5, 8, 10 und 11** zeigen. Auf den Originalen schmückt **Nr. 5** das obere Vorderteil einer Tunika, **Nr. 8** ist die Verzierung einer Beinschiene, **Nr. 10** die Bordüre einer Tunika, während **Nr. 11** von einer Blumenvase stammt.

traçaient les modèles que, de l'Italie particulièrement, on envoyait dans les Flandres pour y être tissés. Le *Triomphe des Dieux*, en plusieurs pièces, a été tissé à Bruxelles d'après les dessins de Andrea Mantegna (1431–1506). C'est en cette même ville qu'ont été reproduits les *Actes des Apôtres*, de Raphaël. On y voyait l'une des pièces de la petite tenture en dix parties, de la suite dite de *Scipion*, exécutée sur les modèles de Jules Romain (1492–1546). Ici, c'étaient des fragments de chasses d'après des compositions de l'école d'Albert Durer, et là, c'étaient des pièces de la collection des *Mois*, faite sur les dessins de Lucas de Leyde (1494–1533), etc. On comprend, du reste, qu'on ne demandait de modèles qu'aux mains de première valeur ; la qualité artistique devait être d'un ordre élevé pour répondre au luxe des tapisseries que l'on peut imaginer en voyant ce que raconte du Bellay de François Ier au camp du Drap d'or ; il y rencontra « quatre pièces de tapisseries principales, qui sont les *Victoires de Scipion l'Africain*, toutes de fil d'or et de soie ».
Parmi nos fragments, les **nos 1, 2 et 4** proviennent d'une même bordure. Les **nos 3, 6, 7 et 9** sont également des motifs empruntés à des bordures. Dans les beaux cartons italiens, l'ornementation s'étend souvent au costume des personnages ainsi qu'aux objets et au mobilier de la scène principale. Nos **nos 5, 8, 10 et 11** appartiennent à cette série particulière. Dans les originaux, le **no 5** orne, par devant, ce haut d'une tunique ; le **no 8** est l'ornement d'une jambière ; le **no 10**, la bordure d'une tunique ; enfin le **no 11** est le développement du corps d'un vase de fleurs.

Renaissance (16th Century)

MANUSCRIPT ILLUMINATION: WOODEN CARTOUCHES

The page reproduced here and the border details that accompany it are taken from a manuscript *Life of the Dukes of Urbino.* This luxurious ornamentation combines two very different elements. On the one hand the art of classical Rome as Raphael had studied it in the paintings in the Baths of Titus and the bas-reliefs of Trajan's Column and as Giovanni da Udine (1487–1564), had interpreted it in his work in the Villa Farnesina, guided the miniaturist in his foliage tracery and in the vertical superposition of motifs in his uprights. On the other hand here we find something the classical ornamentist never knew: structures (either on their own or blended in with the rest) that form a distinct element in their own right, an element that under the generic name of the cartouche was to occupy so large a place in the architectural and pictorial ornamentation of the Renaissance and post-Renaissance periods. This genuinely new feature, which offered an excellent base for foliage tracery, stamped European ornamentation in so inimitable a fashion that it is by the character of their cartouches that one can most easily date post 16th-century decors.

The origin of the wooden type of cartouche featured here is uncertain, but it is scarcely Italian. It would appear to derive from the German and Flemish wood-carvers who so effectively exploited the

Renaissance (16. Jahrhundert)

DEKORATIONEN IN HANDSCHRIFTEN: HOLZKARTUSCHEN

Diese Seite und die sie begleitenden Randleisten sind der Handschrift *Das Leben der Herzöge von Urbino* entnommen. Die prachtvolle Ornamentik setzt sich aus zwei Elementen zusammen. Zum einen führt die römische Antike, wie Raffael sie in den Malereien der Titus-Thermen und den Flachreliefs der Trajanssäule vorfand und wie sie Giovanni da Udine (1487–1564) in den Dekorationen der Villa Farnese wiederaufnahm, den Miniaturmaler bei der Gestaltung des Rankenwerks und beim Übereinandersetzen der Motive auf den länglichen Tafeln. In einer Anordnung, die der Antike nicht unbekannt war, erscheinen andererseits einzelne oder sich mit weiteren Elementen verbindende Konstruktionen, die eine Neuheit darstellen. Solche Kartuschen sollten in den Architektur- und Malereidekorationen, die auf die erste Phase der Renaissance folgten und von der Suche nach Neuem geprägt waren, einen wichtigen Platz einnehmen. Dieses Verfahren, das dem Rankenwerk als Grundlage dienen kann, verleiht den europäischen Erzeugnissen ein so besonderes Aussehen, dass sich das Alter der Dekoration seit dem 16. Jahrhundert nach der Art der Kartusche leicht feststellen lässt.

Der Ursprung dieses Dekorationstyps scheint nicht italienisch zu sein. Man darf ihn wohl den deutschen und flämischen Holzschnit-

Renaissance (XVIe siècle)

ORNEMENTATION DES MANUSCRITS : LES CARTOUCHES EN BOIS

Cette page et les fragments de bordures qui l'accompagnent sont puisés du manuscrit de *La Vie des ducs d'Urbin.* Cette ornementation luxueuse est une combinaison de deux éléments divers. L'Antiquité romaine, telle que Raphaël l'avait étudiée dans les peintures des bains de Titus et les bas-reliefs de la colonne Trajane, et dont Jean d'Udine (1487–1564) a été l'interprète dans les ornementations de la Farnesine, a guidé, d'une part, le miniaturiste dans le goût de ses rinceaux, ainsi que dans la superposition des motifs des panneaux en hauteur.

D'autre part, et selon des agencements que l'Antiquité n'a pas connus, on voit figurer dans ces décors, soit isolés, soit se mélangeant avec le reste, des constructions formant par elles-mêmes un élément distinct, qui, sous le nom générique de cartouches, devait prendre une si large place dans la décoration architecturale et picturale qui a succédé aux premières manifestations de la Renaissance, animées dès lors d'un caractère véritablement nouveau. Ce mode, propre à servir de base au jeu des rinceaux, communique aux productions européennes un cachet si particulier, que c'est par le genre des cartouches que l'on détermine le plus facilement l'âge des décors qui se succèdent depuis le XVIe siècle.

Le principe de ces constructions ornemanesques ne paraît point d'origine italienne ; il semble qu'on doive surtout l'attribuer à

way in which wood lends itself to being worked in scrolls.
Renaissance Italy was much frequented by foreign artists from the 15th century onwards, and among the famous men of Urbino at the court of the great Federico de Montefeltro (to take only one example) we hear of Justus of Ghent (Joos van Wassenhove, 1410–c. 1480), "whose Flemish realism was no less appreciated than his mastery of colour" and another figure (if indeed they are two different persons) referred to as 'Justus of Germany.'

zern zuschreiben, die solche Schnörkel bevorzugten.
Italien wurde zur Zeit der Renaissance von vielen ausländischen Künstlern besucht. Schon im 15. Jahrhundert wurde unter den berühmten Urbinesen am Hof des reichen Federico di Montefeltro, um nur diesen Hof zu nennen, der Genter Joos van Wassenhove (Justus von Gent; 1410–um 1480) erwähnt, dessen „flämischer Realismus ebenso wie seine Farbtechnik hochgeschätzt" waren, und – wenn es sich hier überhaupt um zwei verschiedene Personen handelt – jener Künstler, den man Justus den Deutschen nannte.

l'Allemagne, aux Flamands, à ces ouvriers du bois qui se faisaient un jeu de ses enroulements.
L'Italie de la Renaissance était très fréquentée par les artistes étrangers. Dès le XVe siècle, et parmi les célèbres Urbinates de la cour du magnifique Frédéric de Montefeltro, pour ne parler que de celle-là, on voit figurer le Gantois Juste (Joos van Wassenhove, 1410–vers 1480), « dont le réalisme de Flamand n'était pas moins apprécié que sa science du coloris », et cet autre artiste, si toutefois ce sont deux personnalités différentes, que l'on désigne sous le nom de Juste d'Allemagne.

190

Renaissance (16th Century)

SPANISH EMBROIDERY

Moorish influence disappeared almost entirely from the compositions of Spanish embroiderers. In the 16th century all countries turned to the creative genius of Italy for the models they needed; then as now they sent their finest young talents to view, study, and draw inspiration from the great masters. On their return to their various homelands, the apprentices brought back memories of the compositions they had so admired, incorporating them in their own national traditions. Consequently, if we look for differences in the designs of fabrics or embroideries in Italy, in France, in Germany, in Britain, or in Spain, we find that they all used similar designs. The only things peculiar to each nation are the cut

190

Renaissance (16. Jahrhundert)

SPANISCHE STICKEREIEN

Im 16. Jahrhundert verschwand der maurische Einfluss fast vollständig aus den spanischen Stickereien. In allen Ländern suchte man nun italienische Vorlagen nachzuahmen. Wie auch heute noch schickte man die jungen Talente nach Italien, damit sie dort die großen Meister studieren konnten, um ihnen nachzueifern. Bei ihrer Rückkehr brachten die Schüler die Erinnerung an die von ihnen bewunderten Werke mit und lieferten italienisch inspirierte Vorlagen an ihre nationalen Werkstätten. Wenn man in Italien, Frankreich, Deutschland, England oder Spanien nach Unterschieden in den Stoffmustern oder Stickereien sucht, wird man deshalb feststellen, dass sich die Muster und Motive überall gleichen. Typisch für eine

190

Renaissance (XVIe siècle)

BRODERIES ESPAGNOLES

L'influence mauresque disparut presque entièrement des compositions exécutées par les brodeurs espagnols. Au XVIe siècle, tous les pays avaient été demander au génie créateur de l'Italie, les modèles dont ils avaient besoin ; ils avaient envoyé, comme de nos jours, leurs jeunes talents, voir, étudier et s'inspirer des grands maîtres. Les élèves revinrent, rapportèrent dans leurs diverses patries le souvenir des compositions qu'ils avaient admirées et les livrèrent aux ateliers de leur pays. C'est pourquoi, si l'on recherche en Italie, en France, en Allemagne, en Angleterre ou en Espagne, quelle différence existait dans le dessin des étoffes ou des broderies de ces divers pays, on constatera que partout on usait de dessins analogues. Uniquement les

and shape of the garments manufactured there.
The specimens reproduced here are all taken from our own collections. Some are taken from the capes of Spanish dalmatics (**nos. 1, 5, 7, and 8**). Two strips of ornament showing gold designs on a red ground (**nos. 2 and 4**) complete the frame around our plate. In the centre we have placed a sumptuous facing panel (**no. 3**), and below it a piece of running ornamentation that uses five different colours (**no. 6**). All these motifs were cut out of coloured silk, braided, and applied (see Henri II's bed, plate 200).

Nation waren lediglich der Schnitt und die Formen der Kleider sowie die Vorliebe für einzelne Farben.
Die in der vorliegenden Tafel vereinten Beispiele stammen alle aus unserer Sammlung. Das zuoberst abgebildete Stück und die drei Muster, die die untere Hälfte rahmen (**Nrn. 1, 5, 7 und 8**), schmücken spanische Dalmatiken. Zwei Beispiele mit goldenem Muster auf rotem Grund vervollständigen den Rahmen (**Nrn. 2 und 4**). Ins Zentrum haben wir ein prunkvolles Schmuckfeld gesetzt (**Nr. 3**), unter dem sich ein fünffarbiger Fries befindet (**Nr. 6**). All diese Motive sind in farbiger Seide ausgeschnitten, mit Litzen besetzt und auf den Grundstoff appliziert (vgl. dazu auch den Betthimmel Heinrichs II., Tafel 200).

coupes et les formes des vêtements, ainsi que le goût pour les couleurs vives et variées, étaient propres à la nation.
Les échantillons qui composent notre planche sont tous extraits de nos collections. Ils proviennent en partie de collets de dalmatiques espagnoles ; tels sont l'échantillon en tête de notre feuille et les trois pièces qui en bordurent la partie inférieure (**n°s 1, 5, 7 et 8**). Deux montants d'ornement fond rouge à dessin d'or complètent le cadre (**n°s 2 et 4**). Au centre nous avons placé un riche panneau de parement (**n° 3**) ; au-dessous de lui un courant d'ornement à cinq tons (**n° 6**). Tous ces motifs sont découpés en soies de couleur, soutachés et appliqués au point d'attache. (Voir à ce sujet le lit Henri II, planche 200).

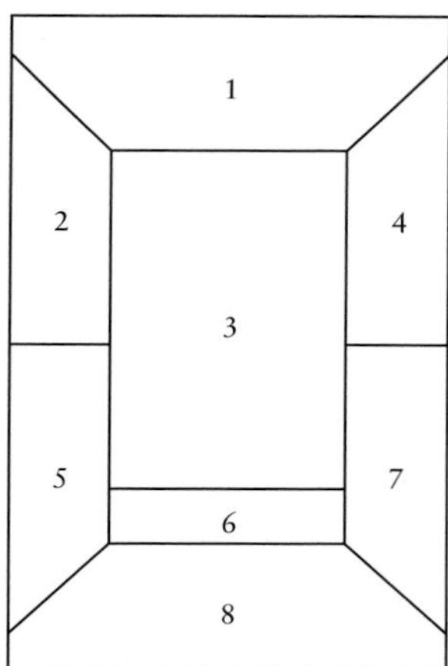

Renaissance (16th Century)

VELVETS: POMEGRANATE PATTERN

The Nuremberg Museum (Germanisches Nationalmuseum) and the Kensington Museum in London (now Victoria & Albert Museum) both make vague use in their catalogue descriptions of the general term 'pomegranate' to denote the ornamental motif (be it fruit or flower) that forms the centre of compositions of this kind, despite the fact that it resembles a thistle flower quite as often as the fruit whose name it bears.

In adopting this distinctive term ourselves, we shall only use it to denote those specimens the nature of which does not specify forms of more closely defined significance. In our plate, for example, the medallion enclosing the pomegranate is not so uniform as to constitute a common type; so it is only by the central flower, which is the same, that the genre can be distinguished.

We believe that these velvets were manufactured in Florence at the time of the Medicis. We know that the workshops of the 'city of flowers' came under their direct patronage and that they had a special interest in the craft industries of the capital, which they were keen to ensure were superior to their rivals. The largest piece illustrated here was discovered in Florence; the others were copied in Bologna and other Italian cities.

Renaissance (16. Jahrhundert)

SAMT: GRANATAPFELMUSTER

In ihren Katalogen benutzen das Germanische Nationalmuseum von Nürnberg und das Kensington Museum (heute Victoria & Albert Museum) in London unterschiedslos den allgemeinen Ausdruck „Granatapfel", um das Schmuckmotiv, ob Frucht oder Blüte, zu bezeichnen, das im Zentrum der Kompositionen dieses Mustertyps steht, obwohl es genauso häufig der Distelblüte gleicht wie der Frucht, deren Name es trägt. Wir übernehmen diesen Ausdruck, verwenden ihn jedoch nur für Beispiele, deren Formen keine Hinweise auf eine genauere Bedeutung geben. So hat auf unserer Tafel das Medaillon, in dem der Granatapfel steht, keinen einheitlichen Charakter, der auf einen gemeinsamen Typus schließen ließe; folglich kann die Gattung, zu der das Motiv gehört, einzig durch die identische zentrale Blüte bestimmt werden.

Unseres Erachtens wurden diese Samte zur Zeit der Medici in Florenz angefertigt. Bekanntlich standen die Werkstätten der Blumenstadt direkt unter der Schirmherrschaft dieser Fürstenfamilie, deren Mitglieder der Handwerkskunst ihrer Hauptstadt ein besonderes Interesse entgegenbrachten und sie vor Rivalen schützten. Das größte Stück unserer Tafel wurde in Florenz gefunden. Die übrigen Beispiele konnten in Bologna und anderen italienischen Städten kopiert werden.

Renaissance (XVIe siècle)

VELOURS : TYPE DE POMMES DE GRENADE

Les musées de Nuremberg (Germanisches Nationalmuseum) et de Kensington, à Londres (aujourd'hui Victoria & Albert Museum), emploient indistinctement, dans les descriptions de leurs catalogues, le nom général de *Grenades* pour désigner ce motif d'ornement, fruit ou fleur, qui charge le centre des compositions de ce genre de dessin, bien qu'il ressemble aussi souvent à la fleur du chardon qu'au fruit dont il porte le nom.

Nous adopterons nous aussi ce terme distinctif, mais nous ne désignerons, par son emploi, que les spécimens dont le caractère ne précisera pas des formes d'une signification plus déterminée ; ainsi, dans notre planche, le médaillon renfermant la grenade n'a pas d'uniformité qui en fasse un type commun ; ce n'est donc que par la fleur centrale, qui est la même, qu'il est possible d'en distinguer le genre.

Nous pensons que ces velours ont été fabriqués à Florence, à l'époque des Médicis. On sait que les fabriques de la cité des fleurs étaient placées sous leur patronage direct, et qu'ils portaient un intérêt particulier aux industries de leur capitale, jaloux qu'ils étaient d'assurer sa supériorité sur ses rivales. La plus grande pièce de notre planche a été trouvée à Florence. Les autres ont été copiées à Bologne et dans d'autres villes d'Italie.

Renaissance (16th Century)

SILKS: RETICULATED MULLION TYPE

In order to give a better idea of the tiny differences in the sort of design to which we have given the general name 'mullion type', we feel we should draw attention to the 'leaved mullion type' represented by the design occupying first place on this plate (top left). We have all the more reason for insisting on this point, given that the red gold-brocaded damask to which this design is applied belongs, with its sinuous ovoid shape, to the type incorporating leaves and crowns to which we have devoted an entire plate, although it differs from it essentially through its fleuron stems, which make it more like the one we describe here.
Moreover, this simple observation suggests that these two very similar types of composition should be placed in virtually the same period. In fact, in the other three specimens illustrated here we see the elegantly curvaceous design replaced by straight lines deriving from the diamond and the square, making it a separate variety.
A sample of the first specimen belongs to the Musée historique des tissus in Lyons. The others are likewise faithful reproductions of originals. The first dates from 1500; the others from 1540 and later.

Renaissance (16. Jahrhundert)

SEIDE: NETZARTIGES STABMUSTER

Um die Unterschiede zwischen den einzelnen Unterarten hervorzuheben, die wir unter dem allgemeinen Namen „Stab“ zusammengefasst haben, müssen wir unseres Erachtens einen besonderen Akzent auf die Variante der blattförmigen Stäbe legen, die durch das auf unserer Tafel oben links abgebildete Muster repräsentiert wird. Dies drängt sich umso mehr auf, als dieser goldbroschierte rote Damast aufgrund seiner ovalen Formen mit dem Muster der bekrönten Stäbe verwandt ist, für das wir eine ganze Tafel reserviert haben. Allerdings unterscheidet er sich von diesem durch die blumenartigen Verbindungsstücke, die das hier vorgestellte Muster kennzeichnen.
Diese einfache Beobachtung legt im Übrigen den Schluss nahe, dass diese beiden eng verwandten Kompositionstypen fast zur gleichen Zeit entstanden sein dürften. In den drei übrigen Beispielen unserer Tafel sind die eleganten und feinen Kurven durch gerade Linien ersetzt, die sich vom Rhombus und Quadrat ableiten und weitere Unterarten bilden.
Ein Fragment des ersten Musters gehört dem Musée historique des tissus in Lyon. Die übrigen Beispiele sind ebenfalls originalgetreu reproduziert. Das erste dürfte aus der Zeit um 1500 datieren, während die drei übrigen nach 1540 anzusetzen sind.

Renaissance (XVIe siècle)

SOIERIES : TYPE DES MENEAUX RÉTICULÉS

Afin de mieux faire saisir les différences partielles du genre de dessin auquel nous avons donné le nom général de meneaux, nous croyons devoir insister sur la variété dite meneaux feuilles, représentée par le dessin qui se trouve placé dans le haut et à la gauche de notre feuille. Nous avons d'autant plus de raison d'appeler l'attention sur ce point, que le damas broché d'or, de couleur rouge, auquel se rapporte ce dessin, tient par sa forme ovoïde sinueuse au type des meneaux feuilles à couronnes, dont nous avons composé entièrement une de nos planches, bien qu'il en diffère essentiellement par ses attaches de fleurons qui le rapprochent de celui que nous décrivons ici.
Cette simple observation indique, d'ailleurs, que l'on doit rapporter presque à la même époque ces deux types si voisins de compositions. Nous voyons, en effet, dans les trois autres exemples de notre feuille, le dessin curviligne, si élégant et si délié, remplacé par des lignes de contours droits qui le font procéder du losange et du carré, ce qui justifie sa variété.
Un échantillon du premier spécimen appartient au Musée historique des tissus de Lyon. Les autres sont aussi la fidèle reproduction des originaux. La date du premier se rapporte à 1500 ; celle des trois autres à 1540 et au-delà.

Renaissance (16th Century)

VELVETS: FLEURONS TYPE

Mostly the fleuron had been used only to pad out the overall design, but some time around the middle of the 16th century it became the sole compositional subject. The Gothic lobed leaf that surrounded it in the 15th century and the circle of flowers in the middle of which it is set towards the end of that period disappear completely. It is placed at the point where staggered lines intersect and invariably produces a beautiful pattern.

The two specimens represented here are very remarkable. The first (top) is distinguished by its diversity of nuance, showing clearly that the 16th century had not forgotten the tradition of multi-coloured velvets such as filled two of the plates devoted to the previous century. Notice the delicacy and sophistication of the various shades that, despite the strange contrasts and juxtapositions, always produce a pleasant and harmonious overall effect.

The second specimen (bottom), showing green figures on a white ground, although of the same general kind, is no less interesting to analyse. The design is surmounted by a pomegranate – reduced in size but offering absolutely the same arrangement as in the more intricate types of composition referred to above. By retracing in imagination the five or seven lobes of the Gothic leaf that once surrounded it, we find we have recreated the design of a 15th-century velvet. Here again the harmony is

193

Renaissance (16. Jahrhundert)

SAMT: FLEURON-MUSTER

Der Fleuron, der in vielen Mustern nur eine Füllfunktion hatte, wurde um die Mitte des 16. Jahrhunderts zum einzigen Motiv der Komposition. Das gotisch geschweifte Blatt, das ihn im 15. Jahrhundert umgab, und der Blütenkranz, dessen Mitte er am Ende dieser Periode bildete, verschwanden völlig. In schachbrettförmiger Anordnung brachte er schöne Streumustereffekte hervor.

Die beiden Beispiele auf unserer Tafel sind höchst bemerkenswert: das erste aufgrund der Vielfalt seiner Farbtöne, die klar beweist, dass man im 16. Jahrhundert die Tradition vielfarbiger Samte, die auf zwei unserer Tafeln des 15. Jahrhunderts zu sehen waren, noch nicht vergessen hatte. Im hier präsentierten Stück sind die Feinheit und die Zartheit der Abtönungen hervorragend; trotz ihres Kontrastes und ihrer bizarren Anordnung erzeugen sie einen angenehmen, harmonischen Gesamteffekt.

Das zweite Beispiel mit grünem Muster auf weißem Grund entspricht dem ersten und ist nicht minder interessant. Das Motiv wird von einem etwas kleineren Granatapfel bekrönt, der gleich angeordnet ist wie in den komplizierteren Mustern, von denen weiter oben die Rede war. Fügt man in Gedanken das fünf- oder siebenfach geschweifte Blatt hinzu, dem das Motiv eingeschrieben war, findet man die Zeichnung eines Samts aus dem 15. Jahrhundert wieder. Da auch hier die gewohn-

193

Renaissance (XVIe siècle)

VELOURS : TYPE DES FLEURONS

Le fleuron qui n'avait qu'un rôle de remplissage dans l'ensemble du dessin, devint, vers le milieu du XVIe siècle, l'unique sujet de la composition. La feuille gothique lobée qui l'entourait au XVe siècle, ainsi que le cercle de fleurs au milieu duquel il apparaissait à la fin de cette période, furent totalement écartés. On le plaça au point d'intersection de lignes tracées en quinconces où il produisit toujours un bel effet de semis particuliers.

Les deux spécimens représentés par notre planche, sont fort remarquables : le premier, par la diversité de ses nuances qui démontrent clairement qu'au XVIe siècle on n'avait pas oublié la tradition de ces velours multicolores qui font l'objet de la composition de deux de nos planches du siècle précédent. On doit remarquer, dans celui-ci, la finesse et la délicatesse des tons qui, malgré leur contraste et leur rapprochement bizarre, concourent toutefois à un effet d'ensemble agréable et harmonieux.

Le second spécimen, à dessins verts, sur fond blanc, de même nature que le précédent, ne doit pas être moins intéressant à examiner. Le dessin est surmonté de la pomme de grenade, réduite de grandeur, mais offrant absolument la même disposition que dans les types de composition plus compliquée que nous avons signalés plus haut. En retraçant par la pensée les cinq ou sept lobes de la feuille gothique qui l'entourait, on retrouvera le dessin d'un velours du XVe

perfect, the designer having followed the general rule of colour combination.

ten Farbregeln befolgt wurden, ist die Harmonie einmal mehr vollkommen.

siècle. Ici, encore, l'harmonie est parfaite : on y a suivi la règle habituelle de l'alliance des couleur.

194

Renaissance (16th Century)

VELVETS:
BOUND BRANCH TYPE

The ornamental motif of the bound branch appears on various fabrics during the second half of the 16th century. Particularly around 1580, we find it frequently used in paintings and tapestries representing characters of the time. Among many examples we could mention, two stand out: the tapestry panel executed in *petit point* that can be seen in the Cluny Museum in Paris, where it hangs in the passage leading from the ground-floor rooms to the staircase giving access to the first floor; and the couch belonging to Mr Etienne that featured in the last

194

Renaissance (16. Jahrhundert)

SAMT:
MUSTER MIT RANKENWERK

Rankenwerk kommt in der zweiten Hälfte des 16. Jahrhunderts als Schmuckmotiv verschiedener Stoffe vor. Im Jahr 1580 finden wir es des Öfteren auf Gemälden und Tapisserien, die Personen der Zeit darstellen. Nennen wir beispielsweise den in Petit-Point-Technik angefertigten Wandbehang, der im Musée de Cluny im Gang zwischen den Erdgeschossräumen und der Treppe zum ersten Stock ausgestellt ist, oder das Sofa von Herrn Etienne, das 1874 anlässlich der Retrospektive der Union centrale des Beaux-Arts im Palais de l'Industrie gezeigt wurde. Der Stoff, mit dem

194

Renaissance (XVIe siècle)

VELOURS :
TYPE DE LA BRANCHE LIÉE

La branche liée, comme motif d'ornementation, se reproduit sur les différentes étoffes dans le courant de la seconde moitié du XVIe siècle. En 1580, nous la trouvons fréquemment employée dans les peintures et les tapisseries qui représentent les personnages de l'époque. Citons, entre autres exemples, le panneau de tapisserie exécuté au petit point et exposé au Musée de Cluny, dans le passage qui donne accès, des salles du rez-de-chaussée à l'escalier du premier étage, et le canapé de M. Etienne, qui figurait à la dernière Exposition rétrospective, que l'Union,

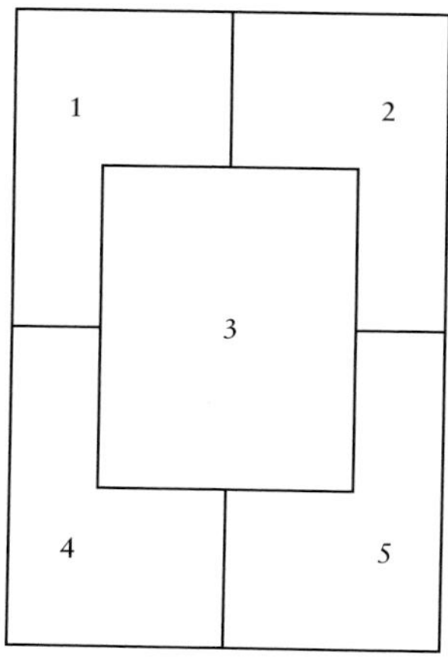

retrospective that the Union centrale des Beaux-Arts opened at the Palais de l'Industrie (also in Paris) in 1874. On that couch was precisely the same design as figures on one of the velvets illustrated here.

The centre of our plate (**no. 3**) presents a magnificent sample of green and white velvet on a gold ground. The two twigs of the branch, which terminate in flowers, are bound together by a tie that can be seen in the exact middle of our illustration. This is the form generally adopted for the type we are describing. The other specimens framing the central sample (**nos. 1, 2, 4, and 5**) are simply various interpretations, although particular attention should be drawn to the one (**no. 5**) showing a red design on a gold ground. In the lower part of the design, this piece presents a rudimentary truncated branch giving rise to the two twigs bound by the central tie. This prominent feature undoubtedly suggests that the design was executed either at the same time as or very shortly after the truncated-branch type (cf. plate 195).

es bezogen war, entspricht genau dem Muster eines der hier abgebildeten Samte.

In der Mitte unserer Tafel (**Nr. 3**) befindet sich ein herrlicher grünweißer Samt mit goldfarbenem Grund. Die beiden Ranken, die in Blüten auslaufen, sind durch ein Band zusammengehalten, das man im Zentrum unserer Zeichnung sieht. Dies ist die Form, die für das von uns beschriebene Muster allgemein üblich ist. Die weiteren Beispiele unserer Tafel (**Nrn. 1, 2, 4 und 5**) sind lediglich Varianten dieses Grundtyps. Wir müssen allerdings auf den goldgrundigen Stoff mit rotem Muster in der rechten unteren Ecke aufmerksam machen (**Nr. 5**). Dieser Samt zeigt uns im unteren Teil den Ansatz eines gestümmelten Zweigs, von dem die durch das zentrale Band zusammengehaltenen Ranken ausgehen. Diese leicht erkennbare Besonderheit legt den Schluss nahe, dass dieser Stoff wenn nicht zur gleichen Zeit, so doch nur wenig später angefertigt wurde als jener mit dem gestümmelten Zweig (vgl. Tafel 195).

centrale des Beaux-Arts ouvrit en 1874, au Palais de l'Industrie. On retrouvera sur ce canapé le dessin exact d'un des velours que nous reproduisons.

Le milieu de notre planche (**n° 3**) présente un magnifique échantillon de velours vert et blanc sur fond d'or ; les deux rameaux des branches, terminés par des fleurs, se relient par une attache qu'on voit au centre de notre dessin : c'est là la forme généralement adoptée pour le type que nous décrivons. Les autres spécimens placés au milieu de notre feuille (**n°s 1, 2, 4 et 5**) n'en sont que les diverses interprétations. Nous devons cependant appeler l'attention sur celui à fond d'or, à dessin rouge, qui se voit à l'angle droit du bas de la page (**n° 5**). Ce velours nous montre dans la partie inférieure du dessin un rudiment de branche tronquée donnant naissance à chacun des rameaux liés par l'attache centrale. Cette particularité, facile à remarquer, doit certainement faire conclure que ce dessin fut exécuté, sinon en même temps, du moins à une date très peu postérieure à celle du type de la branche tronquée (cf. planche 195).

A
B
C
D
E
F

195

Renaissance (16th Century)

VELVETS: TRUNCATED-BRANCH TYPE

This type of design, which had already been used in previous centuries, recurs in the tokens of recognition that the Burgundians distributed amongst themselves to distinguish themselves from the Armagnacs (as the supporters of the Duke of Orleans were called) in the notorious feud between the Houses of Burgundy and Orleans in France (1407–1435). The medallions displayed, in enamel, a black truncated branch on a silver ground.
The velvets that make up our plate, all with a gold-lamé ground, are products of the famous Venice manufactory, which did any of its rivals during the 16th and 17th centuries.
The reputation of these fabrics, which were of an opulence that people thought would never be surpassed, spread throughout Europe. Turned into quilted doublets and ceremonial gowns, they outshone all others at the lavish courts of our kings and queens. The proof lies in those costumes of the period that have survived destruction. They were in use in approximately 1550 – that is to say, around the middle of the 16th century.
In restoring their antique furniture some collectors, driven by a concern for historical authenticity, use such specimens of these rich fabrics as can still be found to cover the upholstery of elegant chairs dating from the same period, which they are thus able to complement. The samples illustrated here are all taken from our own collection.

195

Renaissance (16. Jahrhundert)

SAMT: MUSTER MIT GESTÜMMELTEN ZWEIGEN

Dieses Muster, das bereits in früheren Jahrhunderten in Gebrauch stand, findet sich in den Medaillen wieder, die von den Burgundern als Erkennungszeichen getragen wurden, um sich in dem berühmten Streit zwischen den Häusern Burgund und Orléans (1407–1435) von den Söldnerbanden der Armagnaken zu unterscheiden.
Die Medaillen zeigten in Email einen schwarzen gestümmelten Zweig auf silbernem Grund.
Die Stoffe unserer Tafel sind golddurchwirkte Samte aus der berühmten Werkstatt von Venedig, die im 16. und 17. Jahrhundert ihren Konkurrenten weit überlegen war.
Diese Samte, deren Reichtum unübertreffbar schien, waren in ganz Europa sehr gesucht. Zu Jacken und Prunkgewändern verarbeitet, sorgten sie an den prachtliebenden Höfen unserer Herrscher für höchsten Glanz, wie die Kleidungsstücke, die der Zerstörung entgingen, beweisen. Getragen wurden diese Gewänder um die Mitte des 16. Jahrhunderts.
Zur Vervollständigung ihrer antiken Einrichtung lassen einige Liebhaber, denen die historische Wahrheit am Herzen liegt, die Kissen eleganter Sitzmöbel, die aus derselben Zeit datieren, mit solchen historischen Stoffen überziehen. Die hier abgebildeten Stoffe sind alle unserer Sammlung entnommen.

195

Renaissance (XVIe siècle)

VELOURS : TYPE DE LA BRANCHE TRONQUÉE

Le type de ce dessin, déjà en usage dans les siècles précédents, se retrouve dans les signes de reconnaissance que se distribuaient les Bourguignons pour se distinguer des Armagnacs dans la fameuse querelle des Maisons de Bourgogne et d'Orléans (1407–1435). Les émaux de ces médailles étaient d'argent à la branche tronquée de sable.
Les velours qui composent notre planche, tous à fond lamé d'or, sont des produits de la célèbre fabrique de Venise, dont nous aurons plus d'une fois à signaler la supériorité sur ses rivales, dans le courant des XVIe et XVIIe siècles.
La réputation de ces tissus, dont la richesse semblait ne devoir jamais être dépassée, s'étendit partout en Europe. Transformés en pourpoints et robes d'apparat, ils brillèrent, à l'exclusion de tous les autres, dans les cours somptueuses de nos souverains. Les costumes du temps, échappés à la destruction, nous en donnent la preuve. Leur usage correspond environ à la date de 1550, c'est-à-dire au milieu du XVIe siècle.
Dans la composition de leur mobilier antique, quelques amateurs, soucieux de la vérité historique, font servir les spécimens qu'on rencontre encore de ces riches étoffes, à recouvrir les coussins des sièges élégants qui datent de la même époque et qui se trouvent ainsi complétés. Les échantillons que nous donnons ici sont tous empruntés à notre collection.

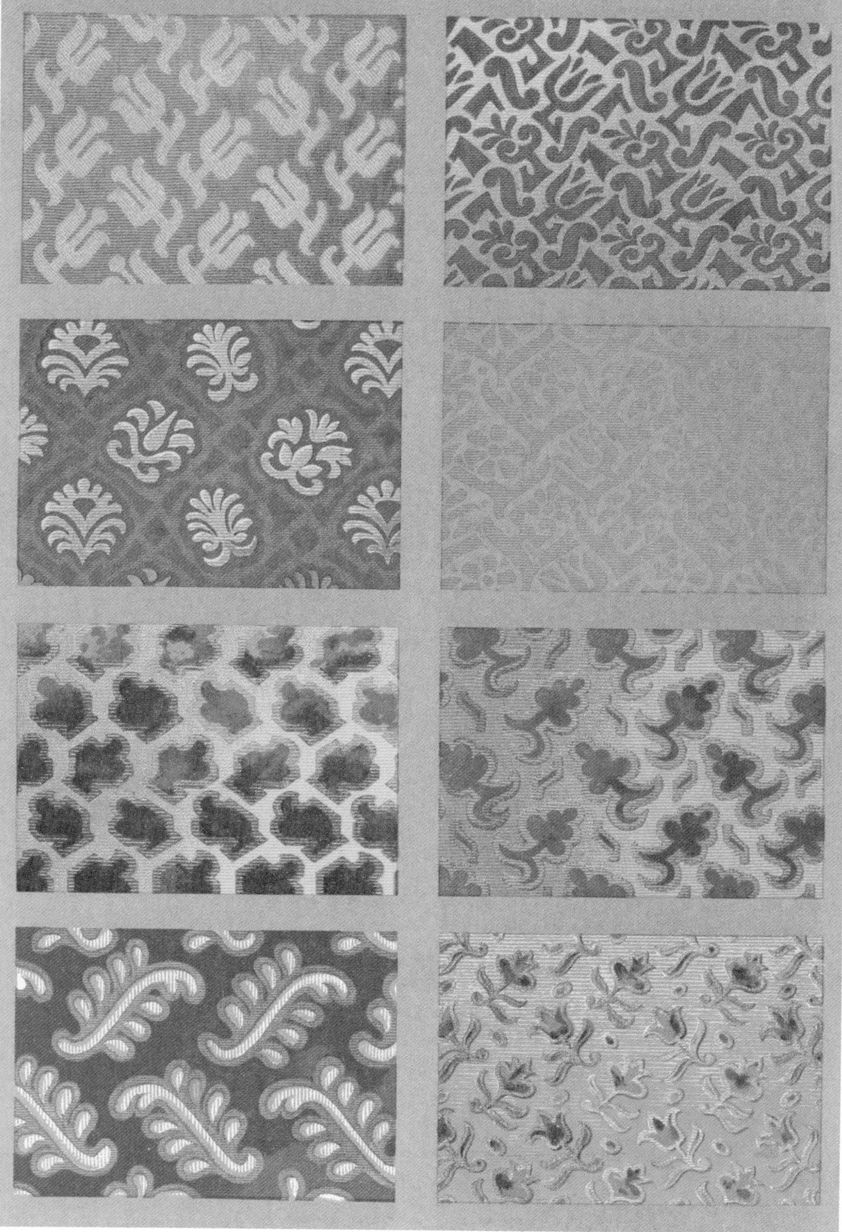

196

Renaissance (16th Century)

SILKS: TYPES WITH FLOWERS FACING IN OPPOSITE DIRECTIONS

The end of the 16th century presents a very much greater variety of ornamental types than earlier periods. Should this be attributed to a greater fecundity of ideas among artists or to more rapidly changing fashions? Whatever the reason, designs with flowers facing opposite ways, whether used on velvets, brocades, or damasks, did not seem to us to require subdividing into groups. I need only point out, here in the text, that the composition is repeated endlessly, with rows of flowerets forming horizontal lines, one after another. Only the positions of the flowers differ; if in the first row they face towards the right, in the next they face towards the left, and so on. The four pieces forming the upper half of our plate (**nos. 1–4**) are

196

Renaissance (16. Jahrhundert)

SEIDE: MUSTER MIT GEGENSTÄNDIGEN BLUMEN

Gegen Ende des 16. Jahrhunderts ist die Auswahl an Mustern sehr viel reicher als in den früheren Perioden. Ist dies auf die erstarkte Erfindungskraft der Künstler oder auf eine größere Unbeständigkeit der Mode zurückzuführen? Wie dem auch sei, das Muster mit gegenständigen Blumen, das auf Samt, Brokat oder Damast stets gleich bleibt, muss unseres Erachtens nicht nach Stoffarten unterteilt und geordnet werden; es genügt, im Text darauf hinzuweisen. Das Dessin wiederholt sich ständig in horizontal aneinandergereihten Blümchen, die Linie um Linie füllen. Die Blumen sind gegenständig angeordnet; sie neigen sich auf der ersten Linie nach links, auf der zweiten nach rechts und so weiter.

196

Renaissance (XVIe siècle)

SOIERIES : TYPES DES FLEURS OPPOSÉES

La fin du XVIe siècle présente une bien plus grande variété de types que les époques précédentes. Doit-on en attribuer la cause à une plus grande fécondité d'idées chez les artistes, ou à une plus grande inconstance de la mode ? Quoi qu'il en soit, le type des fleurs opposées, toujours le même, qu'il se présente en genre velours, brocart ou damas, ne nous a pas paru devoir être divisé et rangé par espèces ; il suffira de l'indiquer dans le texte. Le dessin se répète constamment par rangs de fleurettes placées en lignes horizontales et de ligne en ligne. La *couchure* de la fleur est opposée à l'autre, de telle sorte qu'inclinées à droite sur la première ligne, elles le sont à gauche sur la seconde et ainsi de suite.

1	2
3	4
5	6
7	8

copies of silks; the first, with a yellow design on a green ground (**no. 1**), is a damask, while the others are brocaded in gold or silver. The four pieces that make up the lower half are velvets (**nos. 5–8**).

Die vier Stücke, die die obere Hälfte unserer Tafel füllen (**Nrn. 1–4**), sind Kopien von Seidenstoffen; das erste mit gelbem Muster auf grünem Grund (**Nr. 1**) ist ein Damast, die übrigen sind mit Gold oder Silber broschiert. Die vier unteren Beispiele (**Nrn. 5–8**) sind Samte mit goldfarbenem Grund.

Les quatre pièces qui remplissent la moitié supérieure de notre planche (**n**[os] **1–4**), sont les copies de tissus de soie : le premier, sur fond vert, dessin jaune (**n**[o] **1**), est un damas ; les trois autres sont des brochés en or ou en argent. Les quatre pièces du bas (**n**[os] **5–8**) sont des velours sur fond d'or.

197

Renaissance (16th Century)

APPLIQUÉ EMBROIDERY
(ITALY)

The Italian Renaissance was mediated through some of the greatest names ever to have graced the annals of artistic achievement. The mighty talents of Michelangelo and Raphael, their rivalry stimulated by such impassioned patrons of the fine arts as popes Julius II and Leo X, produced great masterpieces in response to commissions from the said sovereign pontiffs for the adornment of the Vatican Palace. But the genius of those artists did more: it brought about a major revolution in decorative style. The new dispensation was to spread rapidly throughout Europe, ousting the Gothic forms that the 15th century had enthroned there. The rooms that adorn the upper part of the buildings surrounding the Courtyard of the Stanze in the Vatican, the palace of St. Peter's successors in Rome, are decorated in this new Renaissance style. The style can be dated before 1500; in fact, the French king, François I, liked it so much that he was keen to appropriate the master responsible. While resisting the king's

197

Renaissance (16. Jahrhundert)

APPLIZIERTE STICKEREI
(ITALIEN)

Die italienische Renaissance kann sich der bedeutendsten Künstler der Kunstgeschichte rühmen. Michelangelo und Raffael, deren Rivalität von kunstbegeisterten Mäzenen wie Papst Julius II. und Papst Leo X. gefördert wurde, bewiesen ihre Meisterschaft in der Ausführung von Aufträgen, die ihnen die päpstlichen Herrscher für die Ausschmückung des Vatikanpalastes erteilten. Doch das Genie dieser Künstler bewirkte noch weitaus mehr: eine wahre Revolution in der Kunst der Dekoration. Die neuen Formen bewahrten ihre Gültigkeit bis in die Gegenwart; sie eroberten ganz Europa und verdrängten die gotische Ordnung, die während des 15. Jahrhunderts geblüht hatte.
Die Loggien, die den gleichnamigen Hof im Palast der Nachfolger Petri umgeben, sind im neuen Stil der Renaissance verziert, dessen Ursprünge vor 1500 lagen und den Franz I. so sehr schätzte, dass er dessen Meister an sich binden wollte. Raffael widerstand zunächst den inständigen Bitten des franzö-

197

Renaissance (XVIe siècle)

BRODERIE APPLICATION
(ITALIE)

La Renaissance italienne eut pour interprètes les plus grands noms que les annales des gloires artistiques aient jamais enregistrés. Le puissant talent de Michel-Ange et le génie de Raphaël, mis en rivalité par des protecteurs aussi passionnés des Beaux-Arts que l'étaient les papes Jules II et Léon X, devaient produire des chefs-d'œuvre dans l'exécution des commandes faites par ces souverains pontifes pour la décoration du palais du Vatican. Mais le génie de ces artistes fit plus encore en provoquant une révolution entière dans le goût de la décoration. Cette ordonnance nouvelle devait venir jusqu'à nous, en gagnant l'Europe entière, et remplacer les formes gothiques que le XVe siècle y avaient fait fleurir.
Les loges, qui ornent la partie supérieure des constructions entourant la cour du même nom au palais des successeurs de Saint-Pierre, sont décorées dans ce style nouveau de la Renaissance, dont on peut faire remonter l'origine au-delà de 1500, et que François Ier apprécia si fort qu'il voulut s'en atta-

overtures, Raphael did paint a number of works for him in 1518 that were not without influence. Some years later, in 1531, Francis I sent for the Bolognese artist, Francesco Primaticcio, who by spreading throughout France the taste for and art of drawing, consolidated the return to Greek art that was everywhere referred to as the Renaissance yet still revealed the nationalities of the various artists who interpreted it; one can distinguish an Italian Renaissance, a French Renaissance, and a German Renaissance – despite the fact that those schools slavishly copied one another.

Our plate reproduces types of decoration borrowed from all that is finest in Italian art. The specimens with a green-blue ground, which include two large panels, are from a marvellous lambrequin consisting of cut-out pieces of yellow satin applied with enormous care to a piece of damask; the execution could not be more perfect. The remaining illustrations show borders of rich embroideries dating from the same period.

sischen Königs, führte jedoch 1518 einige Arbeiten für ihn aus, die nicht ohne Einfluss blieben. Ein paar Jahre später, 1531, ließ Franz I. Francesco Primaticcio an seinen Hof in Fontainebleau kommen. Der Bologneser Künstler verhalf der Zeichenkunst in Frankreich zu allgemeiner Anerkennung und sicherte so der Rückkehr zur antiken Kunst, die überall als „Renaissance" bezeichnet wurde, den endgültigen Durchbruch. Da die Nationalität der verschiedenen Künstler, die sich dieses Stils bedienten, stets erkennbar bleibt, kann man von einer italienischen, französischen und deutschen Renaissance sprechen, obwohl diese Schulen einander fast sklavisch kopierten.

Die hier abgebildeten Stoffmuster gehören zu den unübertroffenen Meisterleistungen der italienischen Kunst. Die beiden Felder mit blaugrünlichem Grund schmücken einen herrlichen Lambrequin, auf dessen Damast das Muster aus gelbem Satin appliziert ist. Eine vollkommenere Ausführung lässt sich kaum vorstellen. Die drei übrigen Stücke zeigen reich bestickte Bordüren aus derselben Zeit.

cher le maître. Raphaël résista aux instances du monarque, mais il exécuta pour lui, en 1518, plusieurs travaux qui eurent leur influence. Quelque temps après, il fit venir à sa cour, en 1531, le Bolonais Francesco Primaticcio qui acheva, en répandant en France le goût et l'art du dessin, de consolider ce retour à l'art grec qui porta partout le nom de Renaissance, et qui, cependant, laisse deviner la nationalité des différents artistes qui l'ont interprété ; ainsi l'on peut dire, en les distinguant : Renaissance italienne, française ou allemande, bien que ces écoles se soient servilement copiées l'une l'autre.

Ce sont des types empruntés à l'art italien en ce qu'il a de plus beau, que nous avons reproduits. Les pièces, à fond bleu verdâtre, sont les panneaux d'un merveilleux lambrequin exécuté en découpages de satin jaune sur fond de damas ; rien de plus soigné et de plus parfait d'exécution. Les trois autres motifs qui l'accompagnent sont des bordures de riches broderies de la même époque.

Renaissance (16th Century)

EMBROIDERIES: BED HANGING

According to the old chronicles, if the court moved around the country or if the king was obliged to travel, not only must a place be provided for him to spend the night in a nearby château or monastery; provision must also be made for His Majesty to enjoy the luxury that his rank demanded without bankrupting the host he sought to honour. Consequently, a team of 'harbingers' had to travel ahead of the monarch with copious supplies in order to prepare the apartments he was to occupy. This meant transporting a generous amount of furniture, because occasionally, to commemorate his passing or to reward hospitality received, the king would make a gift of part of his itinerant establishment. A 15th-century rondo by Charles of Orleans (1394–1465), *The Royal Harbingers Are Come*, has left us with some intriguing details of this custom, including how they "hung his tapestries of woven flowers and verdure" and "spread velvet carpets of grassy green over the fields".
It is because of one such gift that we are able, today, to place before the public these panels from the most magnificent *gouttière de lit* to have survived from the Renaissance period. The whole thing comprises thirteen pieces, all bearing different designs executed on a velvet ground in cut-out pieces of silver-brocaded *diaspre* silk, applied to the ground and enhanced with paints, pearls, and garnets. Tradi-

Renaissance (16. Jahrhundert)

STICKEREIEN: BETTHIMMEL

Wenn sich der Hof oder der König auf Reisen begaben, galt es, wie die alten Chroniken berichten, nicht nur eine Unterkunft zu finden, die meist in einem Schloss oder Kloster lag, sondern man musste auch für den Prunk sorgen, der dem Ansehen der königlichen Majestät entsprach, ohne deshalb den Gastgeber in den Ruin zu treiben. So reisten höfische Fouriere dem König voraus, um die für ihn vorgesehenen Gemächer mit zahlreichen seiner eigenen Gegenstände auszustatten.
Da es immer wieder vorkam, dass der König als Dank für die ihm gewährte Gastfreundschaft ein Stück seines mobilen Möbellagers zurückließ, waren stets mehrere Exemplare eines Ausstattungsgegenstands mit auf Reisen. In einem Rundgesang (*The royal harbingers are come*) schildert der Dichter Charles d'Orléans (1394–1465) einige bemerkenswerte Details dieses Brauchs: „Im Sommer kamen die Fouriere, um sein Logis auszustatten; sie ließen seine Blumenteppiche und seine Verdüren an die Wände hängen und legten grüne Samtteppiche in der Art eines Rasens auf dem Boden aus. Im Sommer kamen die Fouriere."
Einer solchen Begebenheit ist es zu verdanken, dass wir hier einen Ausschnitt aus dem Muster eines der prachtvollsten Betthimmel der Renaissance reproduzieren können, der insgesamt aus dreizehn Stücken besteht. Die auf Samt applizierten Stickereien aus silberbroschiertem

Renaissance (XVIe siècle)

BRODERIES : GOUTTIÈRE DE LIT

Suivant les chroniques anciennes, si la Cour se déplaçait ou si le Roi était obligé d'entreprendre quelque voyage, il fallait non seulement pourvoir au gîte que lui offrirait chaque nuit le château ou l'abbaye voisine, mais encore assurer à sa personne le faste qu'exigeait le prestige de Sa Majesté royale, sans pour cela ruiner l'hôte qu'il voulait honorer. Ces motifs obligeaient les fourriers du Palais à précéder le monarque et à préparer les appartements qu'il devait occuper. Plusieurs mobiliers étaient ainsi transportés, car, il arrivait qu'en mémoire de son passage ou de l'hospitalité reçue, le Roi fit présent d'une partie de son garde-meuble ambulant. Charles d'Orléans (1394–1465), dans un Rondeau du XVe siècle (*The royal harbingers are come*) nous a laissé sur cet usage le curieux détail que nous lui empruntons : « Les Fourriers d'este sont venu/Pour appareiller son logis, Et ont fait tendre ses tappis/De fleurs et verdure tissu. En estendant tappis velu/De vert Herbe par le pais, Les Fourriers d'este sont venu. »
C'est à un fait analogue que nous devons de publier aujourd'hui deux panneaux de la plus magnifique gouttière de lit qui nous soit restée de la Renaissance. Elle se compose de treize morceaux, tous de différents dessins exécutés sur fond de velours en découpages de diapre de soie broché d'argent, appliqué, rehaussé de couleurs, de perles fines et de grenats. Cette

tion has it that this rich embroidery was presented to the Trappist monastery near Mortagne by the French king Henri II when he left the monastery, having stayed there briefly on his way to Brittany.
To preserve the purity of the photographic reproduction of the panels described above, we accompany them on our plate with two samples of gold and silver braid from the same period.

diaspro (Seide mit Blumenmuster) sind mit Farben, feinen Perlen und Granaten geschmückt. Laut der Überlieferung schenkte Heinrich II. diesen Prunkstoff dem Trappistenkloster bei Mortagne, als er dieses nach einem kurzen Aufenthalt wieder verließ, um seine Reise in die Bretagne fortzusetzen. Um den einheitlichen Charakter der fotografischen Verkleinerung der beiden Felder zu wahren, ergänzten wir die Tafel rechts und links mit zwei Posamenten in Gold und Silber aus derselben Zeit.

riche broderie fut, suivant la tradition, donnée par Henri II au couvent de la Trappe, près de Mortagne (Orne), en quittant ce monastère, où il fit un court séjour en se rendant en Bretagne.
Afin de conserver dans sa pureté la réduction photographique des panneaux décrits ci-dessus, nous les avons fait accompagner sur notre planche de deux passementeries d'or et d'argent, de la même époque.

199

Renaissance (16th Century)

APPLIQUÉ EMBROIDERY

This magnificent tablecloth, the design of which is so wonderfully composed and so rich in detail as to render it literally impossible to take in the number of ornamental motifs that prolonged examination of it brings out, is executed on a ground of white satin in cut-out pieces of black velvet (for a detailed description of the process involved, see the text accompanying the next plate, devoted to Henri II's bed). The piece is further enhanced with red and blue needlework; there is no watercolour retouching.
The man having the good fortune to own this wonderful specimen is M. Escosura. It could have no better home. A hugely talented painter and colourist, M. Escosura is a great believer in things of beauty. He is particularly good at collecting and reproducing the artistic marvels with which his stu-

199

Renaissance (16. Jahrhundert)

APPLIZIERTE STICKEREI

Dieser herrliche Tischteppich ist mit einem Muster geschmückt, das so kunstvoll gegliedert und so reich an Details ist, dass es unmöglich scheint, an dieser Stelle alle Einzelheiten, die sich erst bei aufmerksamer Betrachtung erschließen, gebührend zu würdigen. In schwarzem Samt ausgeführt, ist es auf einen weißen Satingrund appliziert und beruht auf der gleichen Technik wie der Betthimmel Heinrichs II. auf der folgenden Tafel. Darüber hinaus ist der Teppich mit roten und blauen Nadelstickereien ohne Aquarellretuschen verziert.
Herr Escosura ist der glückliche Besitzer dieses bewundernswerten Stücks, das damit keinen besseren Aufbewahrungsort hätte finden können. Als begnadeter Maler und Kolorist verehrt er alle schönen Dinge und versteht die Meisterwerke, die es in seinem Atelier in

199

Renaissance (XVIe siècle)

BRODERIE – APPLICATION

Ce magnifique tapis de table, d'un dessin si merveilleusement agencé et si riche en détails qu'il devient littéralement impossible d'apprécier le nombre de motifs d'ornements que son étude fait ressortir, est exécuté sur fond de satin blanc ; le dessin, de velours noir, a été obtenu au moyen d'un découpage dont l'application a été faite comme pour le Lit de Henri II. (voir planche 200). Ce tapis est, en outre, agrémenté de broderies à l'aiguille, rouges et bleues, sans aucune retouche d'aquarelle.
M. Escosura est l'heureux possesseur de cet admirable spécimen. Il ne pouvait être plus dignement placé. Peintre et coloriste de grand talent, M. Escosura a le culte des belles choses ; il sait réunir, grouper, entasser et reproduire les merveilles artistiques qui abondent dans son atelier et qu'avec le plus

Ch Kreutzberger del _ Régamey lith

BACHELIN-DEFLORENNE, ÉDITEUR

DUCHER & Cie LIBRAIRES

Imp Lemercier & Cie rue de Seine 57 Paris

dio abounds and most generously making them available to his many friends.

Hülle und Fülle gibt, zu vereinen, zu gruppieren, anzuhäufen und zu reproduzieren, um sie seinen zahlreichen Freunden mit größter Selbstlosigkeit zur Verfügung zu stellen.

grand désintéressement il tient à la disposition de ses nombreux amis.

200

Renaissance (16th Century)

HENRI II'S BED

The patriotic donation that Charles Sauvageot (1781–1860) has made of his extensive collection to the people of France has brought back to the Louvre this portion of the sumptuous bed that belonged to one of the last of the Valois kings of France. All that we have today of this famous *gouttière de lit* are four of the panels of which it originally consisted. For this plate we have chosen what seem to us to be the two most striking compositions.

One of them features the royal monogram. The execution of the panels is simple. Cut-out pieces of silk fabric form the design, and these are applied to a black-velvet ground. The evenness and regularity of the work were achieved by the design being drawn on a piece of paper, then cut out along the outlines and divided up in accordance with the colours each piece was to reproduce. Glued onto the back of silk fabrics, these fragments served as precise guides for the *découpage* process. The preparations once completed, the design was laid out by pasting each piece of fabric in place (this was made easier by the paper already adhering to the backs of the pieces of

200

Renaissance (16. Jahrhundert)

BETTHIMMEL HEINRICHS II.

Mit dem patriotischen Geschenk, das der Künstler Charles Sauvageot (1781–1860) dem französischen Staat aus seiner reichen Sammlung machte, gelangte dieser Teil des prunkvollen Betts eines der letzten Herrscher der Valois in den Nationalpalast des Louvre zurück, wo er sich zweifellos bereits einmal befunden hatte. Von diesem berühmten Betthimmel Heinrichs II. sind heute nur noch vier Felder erhalten. Die beiden, die uns am bemerkenswertesten erschienen, haben wir auf dieser Tafel vereint. Auf dem oberen Motiv sind die Initialen des Königs zu erkennen. Die Ausführung ist einfach: Ausgeschnittene Seidenstoffe bilden das Dessin, das auf einen schwarzen Samtgrund appliziert wird. Die Präzision der Arbeit beruht darauf, dass der Entwurf zunächst auf ein Blatt starkes Papier übertragen wird, das man entlang den Konturen und nach den Farben, die jeder Teil wiedergeben soll, ausschneidet. Auf die Rückseite von Seidenstoffen geklebt, bilden die Papierstücke die Vorlage für den Stoffschnitt. Die ausgeschnittenen Seidenstücke werden anschließend mittels Leim auf die für sie vorgesehenen Stellen appliziert, wobei das auf der Rück-

200

Renaissance (XVIe siècle)

LIT DE HENRI II

Le patriotique présent que M. Charles Sauvageot (1781–1860) a fait à l'Etat de sa riche collection, a rendu au palais national du Louvre, où, sans doute, elle était jadis, cette portion du fastueux lit de l'un des derniers des Valois. On ne possède plus aujourd'hui de cette fameuse gouttière de lit, que quatre des compartiments qui la composaient autrefois. Nous en avons détaché, pour en former notre planche, les deux compositions qui nous ont paru le plus remarquables.

Sur l'une d'elles apparaît le chiffre du Roi. L'exécution en est simple : des étoffes de soie découpées forment le dessin qui est appliqué sur fond de velours noir. La régularité du travail a été obtenue en traçant le trait sur une feuille de papier solide qui a ensuite été découpée en en suivant les contours et en la divisant selon les couleurs que chaque partie devait reproduire. Ces fragments, collés au revers des étoffes de soie, servaient à guider exactement le découpage. Cette préparation terminée, on opérait la mise en place en appliquant, au moyen de la colle de pâte, chaque étoffe en son lieu, ce qui se trouvait facilité par le papier préalablement

silk). Finally, the design was firmly stitched in place and the edges carefully covered with gold and silver braiding, sewn flat and attached at intervals. The lines of the faces and contours of the skin are suggested by some light silk embroidery, while the shadows are enhanced with watercolour; a small number of highlights in silver *passementerie* fill in the gaps and complete the composition.

— 201 —

Renaissance (16th Century)

APPLIQUÉ EMBROIDERY (ITALY): DOLPHIN TYPES

Dolphins accompanied by vases, elegant foliage motifs, or fantastic animals were the most characteristic element of the early years of the 16th century – so characteristic, indeed, that they still belong almost exclusively to that famous period in art we call the Renaissance, the 'rebirth' of Greek art that flourished in Italy from the late-15th century onwards and that Francesco Primaticcio (cf. plate 170) and Benvenuto Cellini (1500–1571) brought to France in the 1530s and 1540s. They had been summoned thither by François I – to the immortal honour of that glorious monarch, founder of the first School of Fontainebleau.
All the arts profited simultaneously from the exquisite style of the period. In sculpture, there was Jean Goujon (c. 1510–1572); in architecture, such luminaries as Philibert Delorme (1514–1570)

seite befindliche Papier diesen Arbeitsschritt erleichtert. Danach werden die Applikationen fest angenäht, indem man die Ränder mit goldener und silberner Knopflochseide umsticht. Die Linien des Gesichts und der Körperpartien werden in Seide gestickt, die Schatten mit Wasserfarbe gehöht. Schließlich werden die leeren Flächen mit silbernen Posamenten gefüllt.

— 201 —

Renaissance (16. Jahrhundert)

APPLIZIERTE STICKEREIEN (ITALIEN): DELFINMUSTER

Von Vasen, elegantem Rankenwerk oder fantastischen Tieren begleitet, waren die Delfine das typischste Motiv des frühen 16. Jahrhunderts. So sind sie für uns auch heute noch fast ausschließlich die Kennzeichen der berühmten Kunstepoche, die den Namen Renaissance erhielt und in Italien gegen Ende des 15. Jahrhunderts aufblühte. Um 1530 gelangte dieser Stil mit Francesco Primaticcio (vgl. Tafel 170) und Benvenuto Cellini (1500–1571) nach Frankreich, auf Veranlassung von Franz I., mit dem die Nachwelt die Namen dieser Meister für immer verbindet (Schule von Fontainebleau).
Alle Künste profitierten gleichzeitig vom auserlesenen Geschmack dieser Zeit; für die Plastik können wir Jean Goujon (um 1510–1572), für die Architektur Philibert Delorme (1514–1570) und Pierre Lescot (1515–1578) anführen. Die

adapté au revers des soies ; puis on fixait solidement, à l'aide de l'aiguille, en ayant soin de recouvrir les bords de cordonnets d'or et d'argent, cousus à plat et par attaches de distance en distance. Les lignes du visage et le modelé des chairs sont obtenus par une légère indication en broderie de soie ; les ombres sont rehaussées de couleur à l'aquarelle ; enfin, quelques petits agréments de passementerie d'argent remplissent les vides et complètent le travail.

— 201 —

Renaissance (XVIe siècle)

BRODERIES APPLICATIONS (ITALIE) : TYPE DES DAUPHINS

Les dauphins accompagnés de vases, de rinceaux élégants, ou d'animaux chimériques, furent l'élément le plus typique des premières années du XVIe siècle ; à ce point, qu'ils appartiennent encore aujourd'hui, presque exclusivement, à cette époque célèbre de l'art qu'on appelle la Renaissance ; cette renaissance qui florissait en Italie dès la fin du XVe siècle, et que le Primatice (cf. planche 170) et Benvenuto Cellini (1500–1571) transportèrent en France vers 1530, à la suite de François Ier, dont le nom est associé pour toujours à ces maîtres (Ecole de Fontainebleau).
Tous les arts profitèrent en même temps du goût exquis de cette époque : la Sculpture proclama Jean Goujon (vers 1510–1572), l'Architecture inscrivit les noms de Philibert Delorme (1514–1570) et de Pierre Lescot (1515–1578). Nous venons de citer ceux des représen-

and Pierre Lescot (1515–1578). We have just mentioned two Italian masters of painting and carving respectively; we should add that embroidery artists, too, obeyed this call to beauty. Indeed, what architect, what decorative craftsman could decline to incorporate such models as these in compositions in the purest Italian Renaissance style? Could there be anything more bursting with life than the frieze depicted here (top)? Or more graceful than the large specimen below it (centre)? What could be more elegant than the ornamental motifs adorning the sides of the plate? The fact is, we borrowed these samples from the collection of an artist; all our models (with the exception of the first two) belonged to the painter Mariano Fortuny (1838–1874). They are all *découpages* of silk or velvet applied to velvets of various shades.

Hauptvertreter der Malerei und der Goldschmiedekunst wurden bereits genannt. Die Stickerinnen ließen sich von dieser Begeisterung für das Schöne ebenfalls anstecken. Welcher Baumeister und welcher Innenarchitekt würden unsere Muster nicht für Kompositionen im reinsten Stil der Renaissance verwenden? Was gibt es, das schöner und kraftvoller wäre als der obere Fries oder attraktiver erschiene als das zentrale Motiv? Was könnte eleganter sein als die seitlichen Schmuckfelder? Sämtliche Stoffe stammen aus der Sammlung eines Künstlers. Bis auf zwei gehörten sie dem Maler Mariano Fortuny (1838–1874). Es handelt sich um ausgeschnittene Seiden- oder Samtstücke, die auf unterschiedlich getönten Samt appliziert wurden.

tants de la Peinture et de la Ciselure. Ajoutons que les artistes brodeurs suivirent cet entraînement vers le beau. Quel architecte, quel artiste décorateur refuserait, en effet, d'user de nos modèles pour les employer dans des compositions du style le plus pur de la Renaissance italienne ? Quoi de plus nerveusement beau que la frise du haut de notre planche ; de plus gracieux que l'échantillon du milieu ? Quoi de plus élégant que les montants d'ornement qui décorent les côtés ? Aussi avons-nous emprunté ces échantillons à la collection d'un artiste. Nos modèles, sauf les deux premiers, ont tous appartenu au peintre Mariano Fortuny (1838–1874). Tous sont des découpages, soie ou velours, appliqués sur velours de nuances diverses.

202

Renaissance (16th Century)

APPLIQUÉ EMBROIDERY (SPAIN): FOLIAGE COURANT TYPE

It started at the beginning of the 16th century, and soon the whole of Europe was converted to the new faith of the Renaissance, with French king François I bringing artists from Florence and Bologna to his court. His rival, Emperor Charles V, was no less keen to have artists working along similar lines on his palaces in Germany or Madrid. Henry VIII of England, too, took up the challenge of opulence as early as 1520, when he

202

Renaissance (16. Jahrhundert)

APPLIZIERTE STICKEREIEN (SPANIEN): MUSTER MIT RANKENWERK

Der Anstoß war zu Beginn des 16. Jahrhunderts gegeben worden, und ganz Europa hatte sich zum Kult der Renaissance bekehrt, als Franz I. von Frankreich Florentiner und Bologneser an seinen Hof rief. Karl. V. stand ihm in nichts nach und ließ für seine Schlösser in Deutschland und in Madrid nach ähnlichen Vorlagen arbeiten. Auch Heinrich VIII. von England war dem Luxus alles andere als abgeneigt, so dass das berühmte Feldla-

202

Renaissance (XVIe siècle)

BRODERIES APPLICATIONS (ESPAGNE) : TYPE DE RINCEAUX COURANTS

L'élan était donné dès le début du XVIe siècle, et l'Europe entière était convertie au culte de la Renaissance, quand François Ier attira à sa cour les Florentins et les Bolonais. Charles-Quint ne se montra pas moins jaloux que son rival, commandant de semblables modèles pour ses palais d'Allemagne ou de Madrid. Henri VIII d'Angleterre avait lui-même, dès 1520, relevé le gant dans le défi de luxe, qui fit donner au camp dans le nord de la

and the French king met at what famously became known as the Field of the Cloth of Gold.
Hans Holbein the Younger (1497/98–1543) enshrined the memory of that historic time in a series of paintings grouped in one of the galleries of the royal residence of Hampton Court Palace, which lies beside the River Thames some way out of London. In one of them we see Henry VIII on a low seat, wearing a suit of red velvet embroidered with gold. Beneath his feet is a pillow embroidered with the same metal in typically Renaissance designs. We also noted, in the composition of another of these paintings entitled *The Meeting of the Kings of France and England*, the gold-embroidery motifs decorating the tents of the opposing camps. These are also strips of embroidered ornamentation in the new style of the late 15th century.
Our aim in this plate is to add, in the form of this fresh type, further information to that provided on the art of embroidery in the 16th century. Earlier specimens have revealed the methods employed to fill rectangles, both horizontal and upright. Here, to satisfy the varied needs of the craft manufacturer so far as possible, we illustrate how square areas are composed.

ger bei Calais, in dem er 1520 mit Franz I. zusammentraf, den Namen „Camp du Drap d'or" erhielt.
Hans Holbein d. J. (1497/98–1543) hielt die Erinnerung an diese historischen Zeiten in einer Reihe interessanter Gemälde fest, die in einer der Galerien der königlichen Residenz Hampton Court außerhalb von London am Ufer der Themse bewahrt werden. Auf einem dieser Porträts sitzt Heinrich VIII. auf einem niedrigen Sessel, gekleidet in ein Gewand aus goldbesticktem rotem Samt. Unter seinen Füßen liegt ein ebenfalls goldbesticktes Kissen, das mit Renaissance-Mustern geschmückt ist. Auf einem anderen Bild, das die *Begegnung der Könige von Frankreich und England* darstellt, sieht man die mit Goldstickereien verzierten Zelte der feindlichen Lager. Dabei handelt es sich um Dekorationen im neuen Stil des ausgehenden 15. Jahrhunderts.
Bei dieser Tafel ging es darum, unseren Überblick über die Stickerei des 16. Jahrhunderts mit einem weiteren Mustertyp zu ergänzen. Die früheren Beispiele zeigten, wie sich stehende oder liegende Rechtecke füllen lassen; hier zeigen wir Kompositionen für quadratische Flächen, um auf diese Weise den verschiedenen Bedürfnissen der Stoffindustrie so gut wie möglich entgegenzukommen.

France où se rencontrèrent les deux souverains, le nom célèbre de camp du Drap d'or.
Hans Holbein le Jeune (1497/98–1543), dans une suite de tableaux intéressants groupés dans l'une des galeries de la résidence royale de Hampton Court, située non loin de Londres, au bord de la Tamise, nous a conservé le souvenir de ces pages historiques. Dans l'une d'elle on voit Henri VIII figurer assis sur un siège bas, vêtu d'un costume de velours rouge brodé d'or. Sous ses pieds se trouve un coussin brodé de même métal, reproduisant des dessins de la Renaissance. Nous avons également observé dans la composition d'un autre de ces tableaux, représentant l'*Entrevue des rois de France et d'Angleterre*, les motifs des broderies en or qui décorent les tentes des camps ennemis. Ce sont aussi des montants d'ornement empruntés au goût nouveau de la fin du XVe siècle.
Dans cette planche, nous nous sommes proposé d'ajouter, par ce nouveau type, de nouveaux renseignements à ceux donnés sur l'art de la broderie au XVIe siècle. Nous avons vu dans des spécimens précédents les moyens employés pour remplir des rectangles pris en sens horizontal ou longitudinal. Nous donnons ici, pour satisfaire autant que possible aux divers besoins de l'industrie, la composition de surfaces carrées.

203

Renaissance (16th Century)

EMBROIDERED FABRICS

The 16th century, which produced such a wealth of artistic compositions, could not help but sustain a most pronounced public taste for fine embroidery. Each of the marvellous bed hangings or elegant cushions created by the hand of some skilled craftswoman was its own best advertisement, and the neighbouring *châtelaine* would strive to surpass it in terms of the beauty and finish of her own work.

Such embroidery was done on satin, velvet, and linen. We have spoken elsewhere of the methods used in conjunction with the first two; all we need add is that embroidery on the third was done in the same way except that we very often find whole areas of satin-stitch embroidery (which was of course executed on the fabric itself). An example is the beautiful

203

Renaissance (16. Jahrhundert)

STICKEREIEN

Da man aus einem reichen künstlerischen Fundus schöpfen konnte, wurde man im 16. Jahrhundert nicht müde, die Freude des Publikums an schönen Stickereien wachzuhalten. Jeder Betthimmel und jedes Kissen, die von einer geschickten Hand bestickt wurden, trugen auf ihre Weise dazu bei, und jede Schlossherrin suchte ihre Nachbarin durch die Schönheit und technische Meisterschaft der eigenen Arbeit zu übertreffen.

Diese Stickereien wurden auf Satin, Samt oder Leinen ausgeführt. An anderer Stelle stellten wir bereits die Herstellungsverfahren für die beiden zuerst genannten Stoffarten vor. So haben wir hier nur hinzuzufügen, dass Leinen in derselben Weise bestickt wurde, außer dass man hier häufig große, in Füllstich ausgeführte Flächen antrifft, wie der schöne Zier-

203

Renaissance (XVIe siècle)

BRODERIES

Le XVIe siècle, si fertile en compositions artistiques, a entretenu dans la faveur publique un goût très prononcé pour les belles broderies. Chacune des merveilleuses gantières de lit, des élégants coussins que créait la main de quelque habile artiste féminin, faisait de la propagande à sa manière, et la châtelaine voisine de celle-ci cherchait à la surpasser par la beauté et le fini de son ouvrage.

Ces broderies s'exécutaient sur satin, sur velours et sur drap. Nous avons ailleurs détaillé les procédés de fabrication employés pour les deux premiers genres de tissus que nous venons de citer. Il nous reste seulement à ajouter que la broderie sur étoffe de lame s'exécutait de la même manière, sauf que l'on y rencontrait souvent des parties entières de broderies au passé qui, comme on le sait, s'exécutaient en

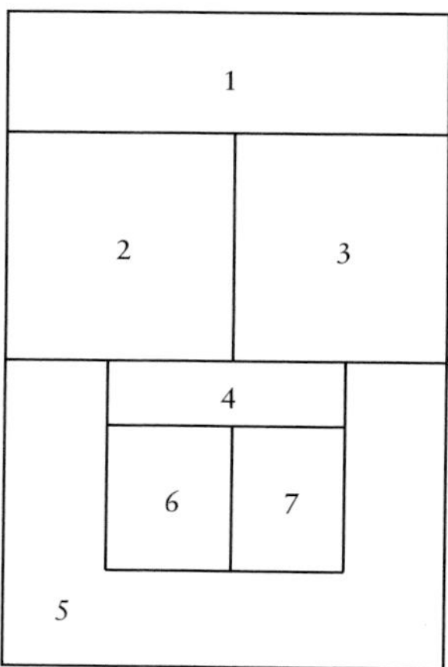

piece running across the top of our plate (**no. 1**). Below it, we find two very fine square designs (**nos. 2 and 3**), with which we would also group the small strip below them (**no. 4**), where the design appears against a red ground. These remnants of the past, torn from pieces of furniture found in various *châteaux*, often bear the monograms of noble families. Thus the double ll and jj taken from the Greek alphabet represent the monogram of the House of Lorraine, and the cable moulding in the other design is known to have been used frequently in conjunction with the arms of the House of Albret.
Of the last three pieces (**nos. 5–7**), one has a gold design done on a red-velvet ground, the second has a ground of woollen velvet (a felt-like fabric) with cut-outs of black velvet applied to it, while the third, executed on serge, is a composition of grotesques in silk and velvet appliqué that reminds one of the composition of certain Bernard Palissy ceramics.

streifen veranschaulicht, der die Tafel eröffnet (**Nr. 1**). Darunter befinden sich zwei hübsche Quadrate (**Nrn. 2 und 3**), gefolgt von einem kleinen Zierstreifen mit einem Muster auf rotem Grund (**Nr. 4**). Diese Zeugnisse der Vergangenheit, die zur Ausstattung von Schlössern gehörten, tragen häufig Monogramme vornehmer Familien. So stellen die verschlungenen griechischen Buchstaben Phi und Lambda das Monogramm des Hauses Lothringen dar, und die Kordel ist bekanntlich ein Bestandteil des Wappens der Familie d'Albret.
Von den drei untersten Stücken (**Nrn. 5–7**) weist das erste ein Muster in Gold auf rotem Samtgrund auf. Auf den Wollsamt, eine Art Filz, des zweiten sind Stücke aus schwarzem Samt appliziert. Das dritte zeigt auf Serge Seide- und Samtapplikationen, deren Maskarons an Keramiken von Bernard Palissy erinnern.

pleine étoffe ; telle est la belle bande qui se développe en tête de cette planche (**n° 1**). Après en avoir admiré la composition, nous voyons au-dessous deux jolis dessins de carrés (**nos 2 et 3**), auxquels nous joignons la petite bande du dessous, dont le dessin court sur fond rouge (**n° 4**). Ces débris du passé, arrachés aux mobiliers des châteaux, portent souvent les chiffres des plus nobles familles. C'est ainsi que les ll et les jj enlacés, lettres empruntées à l'alphabet grec, représentent les chiffres de la Maison de Lorraine, et l'on sait que la cordelière se mêle souvent aux armes de la Maison d'Albret.
Concernant les trois dernières pièces (**nos 5–7**), la première à dessin or est exécutée sur fond de velours rouge ; la seconde, à fond de velours de laine, sorte de drap feutré, est appliquée de découpures de velours noir ; enfin la troisième, exécutée sur drap sergé, est une composition de mascarons traitée en appliques de soie et velours, qui rappelle la composition des céramiques de Bernard Palissy.

204

Renaissance (16th and 17th Centuries)

MANUSCRIPT ILLUMINATION

The majority of the motifs reproduced here (**nos. 1, 3, 4, 5, 7, 9, 10, 12, 13, 17, and 19**) are from two pages of a missal belonging to Cardinal Pompeo Colonna, archbishop of Monreale and viceroy of Naples, where he died in 1532. They illustrate the ingenious pertinence with which one ornamentist of the period drew freely upon pagan sources to decorate the margins of an entirely Christian book. Without in any way offending his client's personal beliefs, he contrived to place daily before his eyes a whole world of images of a kind that was particularly pleasing to the educated Italian of the day, enamoured as he was of anything having to do with the classical world: its monuments, coins, intaglio work, cameos, and of course its mythology.

204

Renaissance (16. und 17. Jahrhundert)

DEKORATIONEN IN HANDSCHRIFTEN

Die Motive der **Nrn. 1, 3, 4, 5, 7, 9, 10, 12, 13, 17 und 19** stammen von zwei Seiten eines Missales des Kardinals Pompeius Colonna, der Erzbischof von Monreale und Vizekönig von Neapel war, wo er 1532 starb. Ein großzügig denkender Maler jener Zeit verzierte hier den Rand eines christlichen Buches mit heidnischen Bildern. Ohne die religiösen Gefühle seines Auftraggebers zu verletzen, gelang es dem Künstler, ihm täglich eine Welt vor Augen zu führen, deren Details die gebildeten Italiener damals besonders entzückten, da sie sich zu den antiken Bauwerken, Münzen, Gemmen, Kameen und Fabeln hingezogen fühlten. Die Tradition schreibt die Malereien im Missale dieses Kirchenfürsten Raffael zu. Diese Annahme kann sich nur auf die Eigenheiten der Dekoration

204

Renaissance (XVIe et XVIIe siècles)

ORNEMENTATION DES MANUSCRITS

Les motifs **nos 1, 3, 4, 5, 7, 9, 10, 12, 13, 17 et 19** proviennent de deux pages d'un missel du cardinal Pompée Colonna, archevêque de Montréal, et vice-roi de Naples, où il mourut en 1532. Nous avons à faire remarquer l'ingéniosité dont a fait preuve un ornemaniste de cette époque pour décorer avec des images toutes païennes les marges d'un livre de caractère essentiellement chrétien. L'artiste a réussi, sans toucher aucunement aux croyances intimes de son client, à mettre quotidiennement sous ses yeux tout un monde d'images particulièrement agréables pour les Italiens lettrés de ce temps, si épris des monuments de l'Antiquité, de sa numismatique, de ses intailles, de ses camées, voire de ses fables. La tradition attribue les enluminures du missel de ce prince de

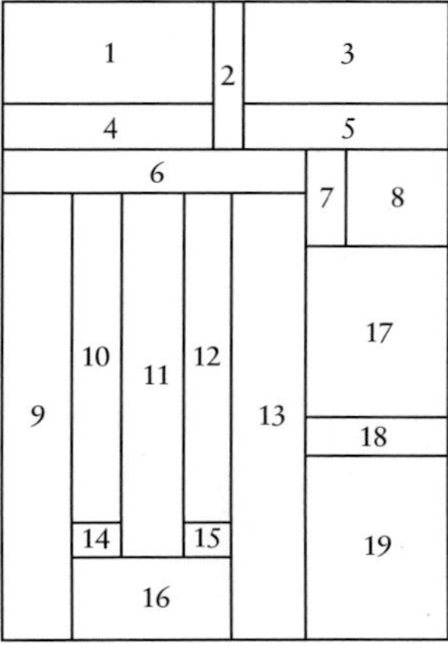

DIVO
POMPEIO
CARDINALI
COLVMNÆ

The illuminations in the cardinal's missal are traditionally attributed to Raphael, although there is little justification for this other than the way in which the choice and composition of the motifs recall at times the ornamentation of the Vatican loggias (cf. plate 167). The tiny motif at top centre (**no. 2**), an ornamental upright separating two columns of text, and the initials **nos. 14 and 15** are from the missal of Pius II, which was painted around 1450. Its margins are decorated with biblical scenes. **Nos. 6, 8, and 16** represent two borders and an initial from a manuscript copy of the works of the Roman naturalist Pliny the Elder. **Nos. 11 and 18** are from the margins of another missal, this one belonging to Cardinal Cornaro.

stützen; die gewählten Motive und ihre Gestaltung erinnern tatsächlich an die Malereien in den Loggien des Vatikans (vgl. Tafel 167). Das kleine Motiv **Nr. 2**, eine Ornamentleiste, die einen zweispaltigen Text teilt, und die Initialen der **Nrn. 14 und 15** stammen aus dem um 1450 illuminierten Missale des Papstes Pius II. Die Ränder sind mit einer Folge kleiner Bilder verziert, die Szenen aus der Bibel, den Evangelien und der Apostelgeschichte darstellen. Die **Nrn. 6, 8 und 16** zeigen Bordüren und eine Initiale aus einem Manuskript des römischen Naturalisten Plinius d. Ä. Die **Nrn. 11 und 18** sind Bordüren aus dem Missale des Kardinals Cornaro.

l'Eglise à Raphaël. Cette supposition n'est guère autrement confirmée que par le goût de ces petits décors ; le choix des motifs et leur agencement y rappellent parfois, en effet, les constructions ornemanesques de la Loggia du Vatican (cf. planche 167).
Le petit motif **n° 2**, montant d'ornement servant de séparation dans un texte à deux colonnes, et les initiales **n°s 14 et 15**, proviennent du missel du pape Pie II, peint vers 1450. Les marges se composent d'une suite de petits tableaux retraçant tous des scènes empruntées aux Saintes Ecritures, à l'Evangile, aux actes des Apôtres. Les **n°s 6, 8 et 16** sont bordures et initiales, proviennent d'un manuscrit de Pline, le naturaliste.
Les **n°s 11 et 18** sont empruntés aux marges du missel du cardinal Cornaro.

205

Renaissance (16th and 17th Centuries)

CARVED, PAINTED, AND WOVEN CARTOUCHES

The ornamental cartouche is basically a 'monstrance' in the original French sense; it sets off an inscription, a symbol, a historical or mythological image; surrounding it with ornamentation either simple or intricate and accompanied to a greater or lesser degree by all kinds of foliage, figures, flowers, fruit, ribbons, and so on. Sometimes a main cartouche will, as it were, give birth to smaller, secondary cartouches linked together with it in a larger composition. Finally the cartouche may be an

205

Renaissance (16. und 17. Jahrhundert)

GESCHNITZTE, GEMALTE UND GEWIRKTE KARTUSCHEN

Im Prinzip handelt es sich bei der Kartusche um eine „Monstranz" im weiten Sinne des Wortes. Im Rahmen einer mehr oder weniger einfachen Dekoration, die aus Rankenwerk und Figuren aller Art, Blumen, Früchten und Bändern bestehen kann, hebt die Kartusche eine Inschrift, ein Symbol, historische oder mythologische Bildnisse hervor und präsentiert sie. Einer Hauptkartusche können sich weitere kleine Kartuschen anschließen und zusammen eine Einheit bilden. Die Kartusche kann eine direkt mit

205

Renaissance (XVIe et XVIIe siècles)

LES CARTOUCHES SCULPTÉS, PEINTS ET TISSÉS

En principe, le cartouche d'ornement est une monstrance, selon la vieille expression française ; il met en valeur une inscription, un symbole, des effigies historiques ou mythologiques, dans le cadre d'une ornementation plus ou moins simple, et plus ou moins enrichie par l'accompagnement de rinceaux de toutes sortes, de figures de tous les genres, de fleurs, de fruits, de rubans, etc. Souvent même un cartouche principal donne, en quelque sorte, naissance à de plus petits cartouches reliés par l'en-

actual architectural ornament, fitting into the main lines of the building; or it may be a fictitious, independent structure on a field bounded by the fillets of a panel; used even more freely, it may decorate some part of an unlimited field, exhibiting an airy lightness. Of the details reproduced in this plate, **nos. 1 and 2** are from the François I Gallery in the Palace of Fontainebleau. They represent the ends of a long architectural car-touche of the *carta* type, which offers a flat surface curling back in a volute at each extremity.

Nos. 6 and 7 are details of tapestry borders. The cartouche and moulding motifs are basically architectural; their colouring is quite delightful.

Nos. 3–5, done in the *sali d'or* technique, are door panels from the same source as those in plate 253.

der Architektur verbundene Verzierung oder eine vorgetäuschte unabhängige Konstruktion auf einer Fläche sein, die durch die Randleisten einer Tafel begrenzt wird. Schließlich kann sie auch irgendeinen Teil einer unbegrenzten Fläche verzieren, dem sie einen leichten, luftigen Eindruck verleiht.

Nrn. 1 und 2 stammen aus der Galerie Franz' I. in Schloss Fontainebleau. Diese beiden seitlichen Abschlüsse einer langen architektonischen Kartusche des *carta*-Typs bilden auf beiden Seiten einer ebenen Fläche nach hinten eingerollte Voluten.

Nrn. 6 und 7 sind Teppichbordüren. Ihre an Zierleisten befestigten mehrfarbigen Kartuschen verbinden sie mit der Architektur.

Nrn. 3–5 bilden die Fortsetzung zu den Malereien in Goldschraffiertechnik der Tafel 253.

semble. Enfin, le cartouche est tantôt un ornement direct de l'architecture se combinant avec ses grandes lignes, tantôt il est lui-même une construction fictive et indépendante sur un champ limité par les listels d'un panneau ; ou, plus libre encore, il décore quelque partie d'un champ sans limites, en prenant une légèreté aérienne.

Les **n°s 1 et 2** proviennent de la galerie de François Ier, au château de Fontainebleau. Ces fragments sont les deux bouts d'un long cartouche architectural du principe de la *carra*, présentant une surface plane, et s'enroulant à chaque extrémité en une volute se repliant en arrière.

Les **n°s 6 et 7** sont des fragments de bordures de tapisserie. Leurs cartouches agrafés à des moulures les rattachent à l'architecture, et avec le charme de la coloration en grand parti pris.

Les **n°s 3–5** font suite aux peintures en sali d'or qui composent la planche 253.

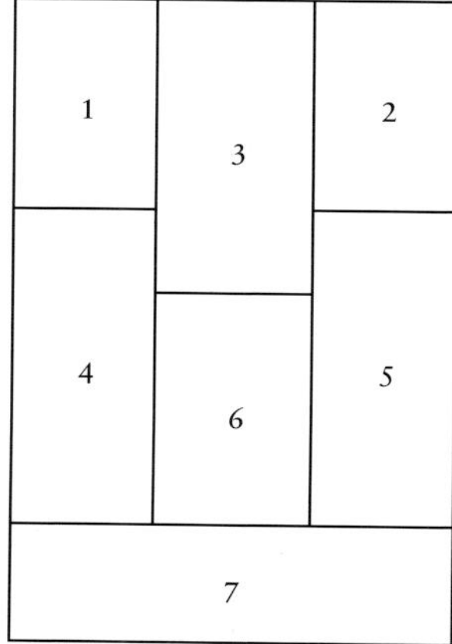

HENRICVS·IV·DEI·GRATIA·FR·ET·NAVA·RE
MARIA·MEDICEA·H·IV·CONN

XVIth CENTURY
XVIe SIÈCLE
XVI^tes JAHRHUNDERT
10
11
12
1
13
14
15
2
3
4
5
6
7
8
9
Lith par Picard
FIRMIN-DIDOT FRÈRES FILS & Cie ÉDITEURS
Imp Lemercier & Cie Paris

16th Century

MANUSCRIPT ILLUMINATION AND DAMASCENING

Motifs **nos. 1–7** are from a manuscript made for Henri II (*Confirmation of the Privileges of Notaries and Secretaries by Louis XI*). It is among the finest specimens of the ornamentation of the period. The affinity between these paintings and monuments known to be by Jean Cousin the Elder (c. 1495–c. 1560) is such that we have no hesitation in attributing them to that artist.
Motifs **nos. 8 and 9** are by Androuet du Cerceau (1515–1584) and have affinities with the early Fontainebleau paintings.
The remaining motifs (**nos. 10–15**) are damascened designs from masterpieces of Lyons typography.

16. Jahrhundert

BUCHMALEREIEN UND TAUSCHIERARBEITEN

Die **Nrn. 1–7** stammen aus einer Handschrift, die für Heinrich II. angefertigt wurde (*Bestätigung der Privilegien der Notare und Sekretäre durch Ludwig XI.*). Es handelt sich um eines der schönsten Beispiele für die Ornamentik jener Zeit. Die Verwandtschaft der Malereien mit den authentischen Werken von Jean Cousin dem Älteren (um 1495–um 1560) ist so offensichtlich, dass man sie diesem Künstler zuschreiben kann.
Die Motive der **Nrn. 8 und 9** stammen von Androuet du Cerceau (1515–1584) und gehören zu den älteren Malereien von Fontainebleau.
Die **Nrn. 10–15** stellen Tauschierarbeiten nach Meisterwerken der Lyoner Druckkunst dar.

XVIe siècle

PEINTURES DE MANUSCRITS ET DAMASQUINURES

Les **nos 1–7** proviennent d'un manuscrit exécuté pour Henri II (*Confirmation des privilèges des notaires et secrétaires par Louis XI*). C'est un des plus beaux spécimens de l'ornementation de cette époque. La parenté de ces peintures avec les monuments authentiques de Jean Cousin l'Ancien (vers 1495–vers 1560) ne laisse guère de doute sur l'attribution que nous ne craignons pas d'en faire à cet artiste.
Les motifs des **nos 8 et 9** sont d'Androuet du Cerceau (1515–1584) et de la famille des anciennes peintures de Fontainebleau.
Les **nos 10–15** sont des dessins de damasquinures empruntés aux chefs-d'œuvre de la typographie lyonnaise.

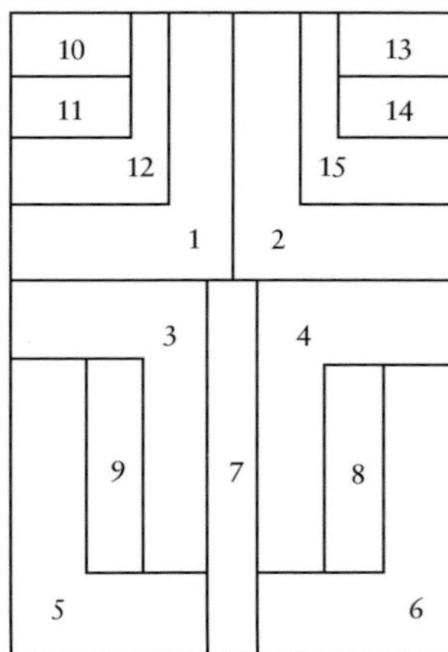

XVIth CENTURY — XVIe SIÈCLE — XVI^tes JAHRHUNDERT

Lith. par Pralon — FIRMIN-DIDOT FRÈRES FILS & Cie ÉDITEURS — Imp. Lemercier & Cie Paris

207

16th Century

FRIEZE CARTOUCHES, CONTINUOUS FRIEZES, AND STUDS

This plate comprises forty-four motifs. The motif on a green ground with the initials of Henri II and Catherine is taken from the painted beams of the oratory of Catherine de Médicis in the Château of Chenonceau. The pendant on a yellow ground immediately below this, at the bottom centre of the plate, is from a fresco in the chapel of Chenonceaux.
The remaining forty-two subjects are from a historical portrait gallery by André Thevet entitled *Les Vrais portraits et vies des hommes illustres, grecs, latins et payens, recueillis de leurs portraits, livres, médalles, antiques et modernes*, Paris, 1584. This important collection of full-length portraits engraved on copperplate in the late 16th century is outstandingly rich in architectural ornamentation of a unique kind, the details of which vary from page to page. This immense undertaking meant virtually exhausting the resources of the genre, as even these few examples suggest. The colouring is contemporary.

207

16. Jahrhundert

FRIESKARTUSCHEN, LAUFENDE FRIESE, NAGELKOPFORNAMENTE

Diese Tafel vereint vierundvierzig Motive. Das grüngrundige Motiv mit den Initialen von Heinrich II. und Katharina gehört zu der Dekoration bemalter Querbalken, die sich in der Kapelle von Katharina de Medici im Schloss Chenonceau befinden. Die Zierleiste auf gelbem Grund unter dem vorhergehenden Motiv und zuunterst auf der Tafel gehört zu einer Freskomalerei in derselben Kapelle.
Die zweiundvierzig restlichen Motive stammen aus André Thevets historischer Galerie mit dem Titel: *Les Vrais portraits et vies des hommes illustres, grecs, latins et payens, recueillis de leurs portraits, livres, médalles, antiques et modernes*, Paris 1584. Gegen Ende des 16. Jahrhunderts in Kupfer gestochen, ist diese umfangreiche Sammlung ganzfiguriger Porträts besonders reich an architektonischer Ornamentik, die nur einen Typ aufweist, diesen jedoch auf jeder Seite variiert. Um dieses riesige Werk zu vollenden, musste man gewissermaßen alle Quellen des Genres ausschöpfen. Einen Eindruck davon vermittelt die Zusammenfassung auf vorliegender Tafel, die mit diesen zeitgenössisch kolorierten Stichen gefüllt ist.

207

XVIe siècle

CARTOUCHES DE FRISES, FRISES COURANTES ET CLOUS D'ORNEMENT

Cette planche réunit quarante-quatre motifs. Le motif sur fond vert, où se remarquent les initiales de Henri II et de Catherine, est emprunté à la décoration de solives peintes provenant de l'oratoire de Catherine de Médicis, au château de Chenonceau. Le pendentif sur fond jaune, placé au-dessous du sujet précédent, et tout à fait au bas de la planche, est tiré d'une peinture à fresque de la chapelle du même château.
Les quarante-deux autres sujets, également non numérotés, proviennent de la galerie historique de Thevet, intitulée : *Les Vrais portraits et vies des hommes illustres, grecs, latins et payens, recueillis de leurs portraits, livres médalles, antiques et modernes,* Paris 1584. Cette collection si considérable de portraits en pied, gravés en taille-douce vers la fin du XVIe siècle, est particulièrement riche d'une ornementation architecturale d'un type unique, mais dont les détails varient à chaque page. Pour accomplir cette œuvre immense il a fallu en quelque sorte épuiser toutes les ressources du genre. On en peut juger par le riche résumé que contient notre planche, formée avec ces gravures d'une enluminure contemporaine de leur fabrication.

16th Century

GLAZED CERAMIC WALL AND FLOOR TILES

The wall tiles reproduced in the upper part of this plate come from Spain; they are believed to date from the time of Charles V (1500–1558) and to be of Italian manufacture. They are very delicate bas-reliefs with slight projections and concavities, perfectly executed and of great purity of design. The thin ridges outlining the motifs catch the light in a way that gives these compositions a quiet yet brilliant opulence. Their colouring is the result of a sophisticated process in which the firing appears to play an important part. Excellent taste coupled with sureness of touch are the hallmarks of this work, which is clearly distinguished from that of the Moors by the character of its ornamentation.
At the top of the plate are two examples of four identical tiles producing a larger design (**nos. 1 and 2**). The motif in the centre of the plate (**no. 4**) is a single tile that we have reproduced on a larger scale than the others because of its exceptional beauty.
The lower part of the plate (**no. 7**) shows a detail of some paving forming the apron of a fireplace. The glazed ceramic tiles are of Italian make. Using two shapes, a hexagon and a square, the artist has contrived to produce an opulent design bearing so remarkable a resemblance to the ingenious coffered ceilings of the great Italian architect Sebastiano Serlio (1475–1554) that one could easily attribute it to that master decorator. The destination of this type of material

208

16. Jahrhundert

GLASIERTE FLIESEN, WAND- UND BODENBELÄGE

Die Fliesen, die nicht für Bodenbeläge verwendet werden konnten, füllen den oberen Teil der Tafel. Spanischer Herkunft, vermutlich aus der Zeit Karls V. (1500–1558), dürften sie von italienischen Künstlern stammen. Es handelt sich um sehr feine Flachreliefs, teils hervorspringend, teils leicht versenkt, die deutlich gezeichnet und vollkommen ausgeführt sind. Die feinen Umrisslinien, die das Licht fangen, lassen die Dekoration dieser Fayencen ebenso ausgeglichen wie reich erscheinen. Bei der Farbgebung scheint das Brennen eine wichtige Rolle zu spielen. Sicherheit und Geschmack zeichnen hier ein Handwerk aus, das nicht mehr maurisch ist und sich in den Dekorationen deutlich von maurischen Arbeiten unterscheidet.
Die beiden Muster oben auf der Tafel (**Nrn. 1 und 2**) zeigen vier gegeneinander gesetzte Fliesen; in der Mitte steht eine einzige (**Nr. 4**), die ihrer Schönheit wegen in größerem Maßstab als die übrigen wiedergegeben ist. Das Motiv unten auf der Tafel (**Nr. 7**) gehört zu einem Fußboden vor einem Kamin. Diese Fayence-Fliesen sind italienischer Herkunft. Mit vier- und sechseckigen Formen gelang es dem Künstler, einen reichen Dekor zu schaffen, der den Holzarbeiten des Architekten Sebastiano Serlio (1475–1554), seinen Kassettendecken, so ähnlich ist, dass man ihn leicht diesem Künstler zuordnen könnte. Die Funktion der verschiedenen Fliesensorten ist eindeutig festzustellen, wenn ihre

208

XVIe siècle

FAÏENCES VERNISSÉES, REVÊTEMENTS ET PAVAGES

Les carreaux de revêtement, ne pouvant être employés pour le pavage, occupent la partie supérieure de cette planche. Ils sont de provenance espagnole, présumés du temps de Charles V (1500–1558), et probablement de main italienne. Ce sont de très fins bas-reliefs, en partie en saillie, en partie en légères concavités, d'une grande pureté de dessin et d'une exécution parfaite. Les fines arêtes des contours, accrochant la lumière, font étinceler le décor de ces faïences. La coloration est due à une fabrication savante, dans laquelle la cuisson paraît jouer un rôle important. Un goût excellent, s'appuyant sur une marche sûre, a guidé ici une industrie qui n'est plus celle des Maures, et qui s'en distingue nettement par le caractère de son décor.
Les deux spécimens du haut de la planche (**nos 1 et 2**) offrent l'exemple du développement procuré par la contreposition de quatre carreaux ; le motif central (**no 4**) est un seul carreau, reproduit sur une échelle supérieure aux autres, en raison de la réelle beauté de son agencement. Le motif du bas de la planche (**no 7**) est le fragment d'un pavage servant d'avant-foyer à une cheminée. Ces carreaux de faïence vernissés sont de fabrication italienne. Avec deux étalons, la forme hexagonale et le carré, l'artiste a su produire un décor des plus riches, si proche des menuiseries de Sebastiano Serlio (1475–1554), de ses plafonds à caissons, que, facilement, on attribuerait cet

is quite clear when, as in the case of the Spanish tiles, the surface is moulded in relief; these could only have served as wall tiles. The others (**nos. 3, 5, and 6**), with a flat surface, were also used for walls but were more commonly reserved for paving.

Oberfläche wie bei den spanischen Fayencen Reliefs aufweist, die sie nur als Wandschmuck verwendbar machen. Die übrigen (**Nrn. 3, 5 und 6**) wurden als Wandverkleidung, meist aber als Bodenbelag eingesetzt.

agencement à ce maître décorateur. La destination de ces sortes de carreaux ne laisse aucun doute lorsque, comme les faïences espagnoles, leur superficie offre des reliefs qui ne conviennent qu'à la parure des parois. Pour les autres (**nos 3, 5 et 6**), on en revêtait aussi bien les lambris qu'on en faisait des pavements. Ce dernier usage était, cependant, le plus général.

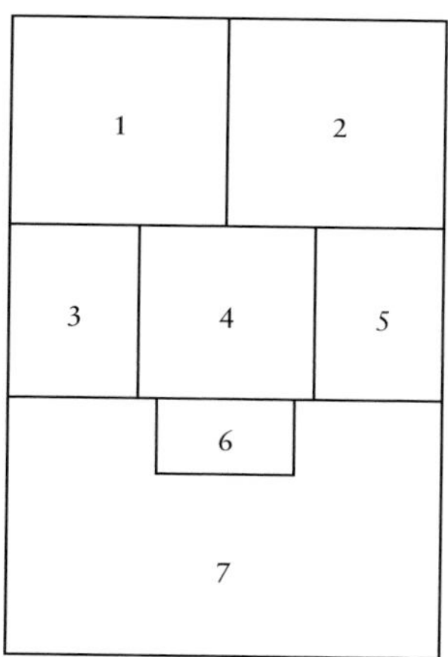

209

16th Century

WEAPON ORNAMENTATION: ENAMELLED STEEL, NIELLO ENAMELS, CHASING

The sword and dagger hilts represented here (**nos. 4 and 11**) are of steel decorated with gold-based cloisonné enamel work; so are the sheath and belt fittings (**nos. 2, 3, 6, and 12**). Weapons with this type of decoration are rare. These examples date from the reign of Henri II (1547–1559). The enamelled dec-

209

16. Jahrhundert

WAFFENDEKORATIONEN: EMAILLIERTER STAHL, NIELLO- UND ZISELIERARBEITEN

Die Knäufe des hier abgebildeten Degens und des Dolches (**Nrn. 4 und 11**) sind aus Stahl, der in Goldcloisonné-Technik verziert ist. Der Schmuck der Scheiden und des Koppels (**Nrn. 2, 3, 6 und 12**) ist in gleicher Weise gearbeitet. Waffen mit solcher Verzierung sind selten; sie datieren aus der Regie-

209

XVIe siècle

ORNEMENTATION DES ARMES : ACIER ÉMAILLÉ, ÉMAUX DE NIELLURE, CISELURES

Les poignées de l'épée et de la dague représentées ici (**nos 4 et 11**) sont en acier décoré d'émaux cloisonnés à fond d'or ; les garnitures des fourreaux et du ceinturon sont traitées de même (**nos 2, 3, 6 et 12**). Les armes ainsi décorées sont rares ; elles datent de l'époque de Henri II (1547–1559). L'acier orné

oration is applied in such a way as to leave a perfectly smooth surface, achieving a measure of relief only on the handles of the two weapons (**nos. 1 and 5**) which are rectangular in section, where it helps to provide a grip.
The blade of the sword is Spanish-made; the enamelling on both weapons, however, is thought to be French. One seldom comes across champlevé enamel work of this kind in Italy, and when one does it is usually the small-scale work called 'niello enamel,' where an engraved motif inlaid with blue-black enamel stands out against a dark ground. **Nos. 21, 22, and 24** are specimens of coated damascening, a process not unlike niello enamelling although these examples are not Italian. The ornamentation of **no. 22**, which looks like a chape ring, constitutes an imitation of the oriental damascened work imported into northern Italy. It is an example of the solutions publicized from 1554 onwards by the engravings of Balthazar Sylvius. The knob with the intricate

rungszeit Heinrichs II. (1547–1559). Der Stahl ist mit opakem Cloisonné-Schmelz auf Goldgrund verziert. Da die in den Stahl geschnittene Vertiefung mit Goldstegen versehen ist, ragt der Emailschmuck nicht über die ursprüngliche Form hinaus. Nur beim viereckigen Griff beider Waffen (**Nrn. 1 und 5**) weisen die Emailverzierungen ein leichtes Relief auf, um ihn griffiger werden zu lassen.
Die Schwertklinge ist spanischer Fabrikation, doch dürfte die Emailarbeit beider Waffen französisch sein. In Italien sind kaum Grubenschmelzarbeiten zu finden. Jene, denen man begegnet, sind klein und von der Art des „schwarzen Schmelzes" (Niello); die gravierte und mit blauschwarzem Schmelz eingelegte Figur hebt sich dabei von einem dunklen Grund ab. Die Motive der **Nrn. 21, 22 und 24** sind eingelegte Tauschierarbeiten, die dem Niello nahe stehen; diese zusätzlichen Beispiele stammen jedoch nicht aus Italien. Das Motiv **Nr. 22** mit der Figur eines Mantelrings, dessen Dekoration orientali-

d'émaux opaques cloisonnés sur fond d'or, c'est-à-dire le récipient de l'ornementation, étant un alvéole creusé dans l'acier garni d'or avec des cloisons en champlevé, le décor des émaux reste à fleur de la forme. Ces ornements émaillés ne prennent un léger relief que dans les fusées des deux armes (**nos 1 et 5**), qui sont quadrangulaires, ce relief aidant à la préhension de la poignée.
La lame de l'épée est de fabrication espagnole ; cependant, on croit que le travail émaillé des deux armes est un produit français.
En Italie on ne rencontre guère d'émaux champlevés, et ceux que l'on y rencontre sont généralement de petites dimensions et du genre de ceux qu'on appelle « émaux de niellure ». La figure gravée, incrustée d'émail noir bleu se détache sur un fond sombre. Les trois motifs **nos 21, 22 et 24** sont des damasquinures enduites qui se rapprochent de cet emploi de l'émail de niellure, mais ces exemples complémentaires n'appartiennent pas à l'Italie. Le motif **no 22** ayant la fi-

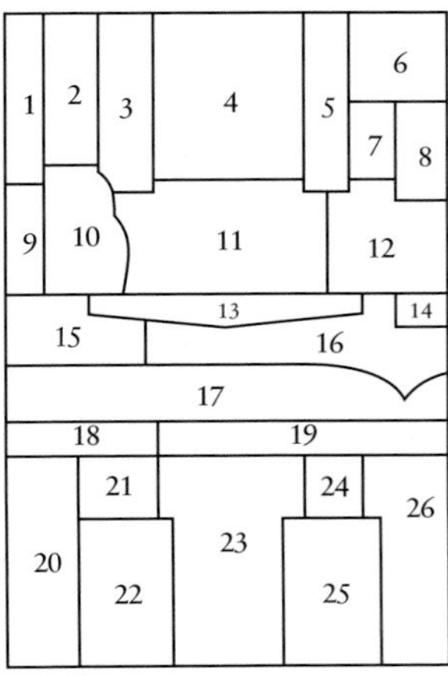

1
2
3
4
5
6
7
8
9
10
11
12
13
14
15
16
17
18
19
20
21
22
23
24
25
26

foliage motif (**no. 21**) is by Virgile Solis, as is the chased motif **no. 25**, which is situated between the two cross-guards of a sword and bears his monogram on an escutcheon. The three chapes **nos. 20, 23, and 26** likewise belong to the Rhineland schools of the second half of the 16th century, and the excellence of the chased work shows how good they were. Those German master craftsmen (all of them goldsmiths) and their models had an enormous influence on the industries of the day.

sche Damaszierungen nachahmt, die nach Norditalien importiert wurden, gehört zu jenen Mustern, die seit 1554 durch die Stiche von Balthasar Sylvius bekannt waren. Der Knopf **Nr. 21** mit dem Pflanzenmotiv stammt von Virgilio Solis; auch das ziselierte Motiv **Nr. 25** schuf dieser Künstler, dessen Monogramm sich im Schild befindet. Die drei Scheidenzwingen **Nr. 20, 23 und 26** sind der rheinischen Schule der zweiten Hälfte des 16. Jahrhunderts zuzuordnen. Die schönen Ziselierungen zeigen, dass all diese deutschen Kleinmeister Goldschmiede waren. Ihre Arbeiten wirkten als Vorbilder für das Kunsthandwerk jener Zeit.

gure d'un anneau de chape, dont le dessin est une imitation des damasquines orientales, importées dans le nord de l'Italie, appartient particulièrement aux formules rendues familières dès 1554 par les estampes de Balthasar Sylvius. Le bouton **nº 21**, dans lequel le principe végétal se développe est de Virgile Sous, ainsi que le motif ciselé **nº 25** du même auteur dont le monogramme figure dans l'écusson. Les trois bouterolles **nºs 20, 23 et 26** appartiennent de même aux écoles rhénanes de la seconde moitié du XVIe siècle, et le beau caractère de ces ciselures indique la qualité de ces petits-maîtres allemands qui étaient tous orfèvres, et dont les modèles eurent alors une influence si réelle sur les industries de ce temps.

210

16th Century

CONSTRUCTED ORNAMENTATION: FRAMES, CARTOUCHES, AND FLEURONS

The type of ornamentation that takes as its starting point a piece of delicately worked joinery and is constructed in a logical manner, although incorporating all kinds of additions such as foliage, twigs, garlands, bouquets of flowers and fruit, filaments, ribbons, attributes and trophies, reptiles and molluscs, fish, animals, and even the human figure or parts of it (not counting arabesques of the damascened variety and occasionally draperies too, based on the heraldic mantle) – this type of ornamentation is wholly European in

210

16. Jahrhundert

DEKORATION ALS KONSTRUKTION: UMRAHMUNGEN, KARTUSCHEN UND FLEURONS

Die Ornamentik, die auf feinen Holzskulpturen beruht und in ihrer Konstruktion eine gewisse Logik bewahrt, kann Dinge aller Art aufnehmen: Pflanzen, Zweige, Blumen und Früchte, Girlanden und Blumensträuße, Fäden und Bänder, Attribute und Trophäen, Reptilien und Muscheltiere, Fische, Vierbeiner und zudem die menschliche Gestalt in Voll- und Halbfigur, ohne die Arabesken der Tauschierarbeiten und zuweilen die Faltenwürfe des heraldischen Mantels im Einzelnen erwähnen zu wollen. Diese Dekoration stellt in

210

XVIe siècle

L'ORNEMENT CONSTRUIT : ENCADREMENTS, CARTOUCHES ET FLEURONS

L'ornementation, ayant pour point de départ la menuiserie finement ouvrée et se produisant sous l'aspect d'une construction d'une certaine logique, avec des additions de toute sorte, des végétaux, des branches légères, des fleurs et des fruits, en guirlandes et en bouquets, des filaments et des rubans, des attributs et des trophées, des reptiles et des mollusques, des poissons et aussi des quadrupèdes, et enfin la figure humaine, entière ou partielle, sans compter les arabesques de la famille des damasquines, et parfois les draperies sur

character. Its emergence coincided with the spread of the Italian Renaissance, although the physiognomy of these delicate structures owes nothing to classical antiquity; particularly cartouches, used in this fashion, represent a decorative resource that the ancients were almost entirely without.
During the first half of the 16th century the School of Fontainebleau supplied France, and particularly the enamellers of Limoges, with cartouche models in which the laciniations were rolled into volutes on the *carta* principle. In the wake of the Italian School, however, which in this respect appears to have received the impulse from Germany, the genre made great strides in Europe, assuming more and more the character of joinery work. In the later 16th and early 17th centuries the artists of France, Germany, and Flanders vied with one another in their attempts to modify the primitive types in such a way as to give them a new elegance, a new opulence, while still respecting the

ihrer Vielfalt eine typisch europäische künstlerische Ausdrucksweise dar. Die Bewegung, auf die diese Dekorationsweise zurückgeht, fällt mit dem Aufschwung der italienischen Renaissance zusammen. Sie ist jedoch nicht auf die klassische Antike zurückzuführen. Vor allem in den Kartuschen entwickelten die zeitgenössischen Ornamentkünstler dekorative Mittel, über die die Alten kaum verfügten.
Während der ersten Hälfte des 16. Jahrhunderts lieferte die Schule von Fontainebleau den französischen Künstlern, vor allem den Emailmalern von Limoges, Vorlagen für Kartuschen, deren Zacken sich nach dem *carta*-Typ zu Voluten aufrollten. Nach der italienischen Schule, die in dieser Hinsicht von Deutschland beeinflusst zu sein schien, entwickelte sich dieses Genre in Europa immer rascher, während es sich zugleich immer mehr den Tischlerarbeiten annäherte. Während der zweiten Hälfte des 16. und bis ins 17. Jahrhundert hinein wetteiferten die französischen, deutschen und flandrischen

le mode du manteau héraldique, cette ornementation comporte dans ses variétés une expression d'art dont le caractère est complètement européen.
Le mouvement dont le genre de cette ornementation est issu coïncide avec la propagation de la Renaissance italienne, mais la physionomie de ces délicates constructions n'appartient en aucune façon à l'Antiquité classique. En particulier dans les cartouches conçus selon ce mode, les ornemanistes ont trouvé des ressources décoratives qui manquaient à peu près totalement aux anciens.
Pendant la première moitié du XVIe siècle, l'école de Fontainebleau a fourni à la France, particulièrement aux émailleurs de Limoges, des modèles de cartouches dont les déchiquetures s'enroulent en volutes sur le principe de la *carta* ; mais après l'école italienne, qui, sous ce rapport, semble avoir reçu l'impulsion de l'Allemagne, on vit ce genre prendre en Europe de larges développements, en même temps que les types affec-

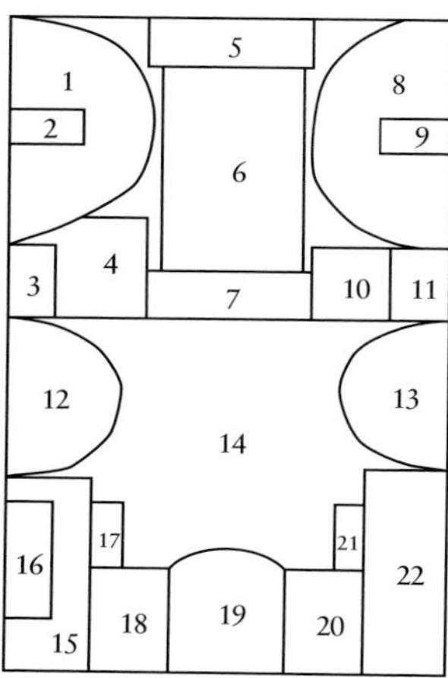

underlying principle. Countless numbers of these cartouche variations have come down to us, mainly through the medium of engravings. Painters, sculptors (especially wood-carvers), and goldsmiths all made use of this type of ornament. The engravings that were usually made as models for these various industries by men familiar with the crafts involved naturally constitute our richest source of cartouche material and the one from which most of our examples are taken.

Nos. 5–7: Gilded wood from original paintings. **Nos. 5 and 6** are fragments of frames of the series of portraits of French kings by Dutillet, the last of which shows François I (Bibliothèque nationale, manuscript 2848). **No. 6** represents a miniature that, although we have kept the whole piece, we have had to reduce substantially; the painting is attributed to Jean Cousin.

Fragments **nos. 2 and 9** (inside cartouches **nos. 1 and 8**) as well as **no. 16** (inside frame **no. 15**) are also taken from the work of Jean Cousin; these wood engravings are related in character to gilded wood.

No. 15 can be placed in the same group; the original is an anonymous drawing, sent by Horace de Viel Castel to the publisher Léon Curmer. From the same source comes the fine woodwork of cartouche **no. 22**, which the publisher used as the frontispiece to the work of Jean Fouquet. The mirror is one of the finest examples of wooden sculpture at the time of François I. The wood in this case is not gilded but merely enriched with a number of gold fillets.

No. 14 shows a detail from the saddle of Christian II, Elector of Sax-

Künstler miteinander, um die ursprünglichen Formen bei Bewahrung des Grundprinzips eleganter und vielfältiger zu gestalten. Unzählige Werke dieser Art sind vor allem durch die Grafik überliefert. Maler, Holzschnitzer und Goldschmiede verwendeten diese Dekorationen; die von erfahrenen Künstlern geschaffene Grafik diente gewöhnlich dazu, dem Kunsthandwerk Vorlagen zur Verfügung zu stellen, und bildet die reichhaltigste Quelle für die meisten der hier vereinten Motive.

Nrn. 5–7: Vergoldete Holzschnitzereien nach Originaldarstellungen. Die **Nrn. 5 und 7** sind Rahmenteile von Bildern aus der Porträtreihe der französischen Könige von Dutillet, die mit dem Bildnis Franz' I. abschließt (Handschrift der Bibliothèque nationale Nr. 2848). **Nr. 6** ist eine Jean Cousin zugeschriebene Miniaturmalerei, die wir vollständig, doch stark verkleinert wiedergeben.

Die in die Kartuschen **Nrn. 1 und 8** gesetzten Fragmente **Nrn. 2 und 9** sowie die in den Rahmen **Nr. 15** eingefügte **Nr. 16** sind ebenfalls dem Werk von Jean Cousin entnommen; es handelt sich um Holzschnitte, die ihrem Charakter nach gut zu den vergoldeten Holzschnitzereien passen.

Auch **Nr. 15** gehört in diesen Zusammenhang; das Original ist eine anonyme Zeichnung, die Horace de Viel Castel dem Verleger und Buchhändler Léon Curmer überließ; dieser Quelle entnehmen wir ebenfalls die schöne Schnitzarbeit der Kartusche **Nr. 22**, die Curmer für das Frontispiz der Werke von Jean Fouquet verwendete. Der Spiegel ist eines der schönsten Beispiele der Holzschnitzkunst aus der Zeit Franz' I.: Das Holz ist

tèrent le caractère de plus en plus décidé de la menuiserie. Pendant la seconde moitié du XVIe siècle et jusqu'à la première partie du XVIIe, ce fut un sujet d'émulation entre les artistes de la France, de l'Allemagne et des Flandres, chacun s'appliquant à trouver une modification aux types primitifs, de manière à leur donner une tournure, une élégance et une richesse nouvelles, et toutefois en respectant toujours le principe fondamental. Les innombrables productions de cette espèce nous ont surtout été léguées par la gravure. Les peintres, les sculpteurs, surtout ceux du bois, et les orfèvres ont usé des ornements de cette nature ; quant aux gravures, généralement faites pour servir de modèles aux industries diverses, par des compositeurs initiés à la connaissance des métiers, c'est cette source féconde qui reste la plus abondante, et c'est elle qui a fourni la majeure partie de nos documents.

N°s 5–7 : Bois dorés après des peintures originales. Les **n°s 5 et 7** sont fragments d'encadrements de la suite des portraits des rois de France par Dutillet, dont le dernier est François Ier (manuscrit de la Bibliothèque nationale, no 2848). Le **n° 6** représente une miniature dont nous avons conservé l'ensemble, que nous avons dû beaucoup réduire et dont la peinture est attribuée à Jean Cousin.

Les fragments **n°s 2 et 9** insérés dans les cartouches **n°s 1 et 8**, ainsi que le **n° 16** dans l'encadrement **n° 15**, sont empruntés à l'œuvre de Jean Cousin ; ce sont des gravures sur bois qui, par leur caractère, se rattachent aux bois dorés.

Le **n° 15** y peut être aussi assimilé ; l'original est un dessin anonyme communiqué par Horace de Viel

ony. This magnificent carving is like goldsmith's work. The composition of the cartouche conforms to the principle of the richest woodwork, while at the same time the escutcheon is firmly positioned on the background by vertical and horizontal struts forming a cross. The struts are nailed and spring from the actual ornament linked to the edges of the surround. Damascene engraving finishes the carved wood.
Cartouches **nos. 1, 8, 12, and 13** show examples of the kinds of modification that the genre had progressively undergone by the end of the 16th century. **Nos. 1 and 8** date from 1590 and are the work of Daniel Mayer; **nos. 12 and 13** are from 1609 and look as if they too belong to the Rhenish School, much like fragment **no. 3**, which is from the same source.
The small cartouches and fleurons numbered **nos. 4, 10, 11, and 17–21** exhibit various characteristics from more or less the same period; in some of them, Flemish taste seems particularly apparent.

nicht vergoldet, sondern lediglich mit ein paar Goldeinlagen verziert. **Nr. 14** zeigt ein Detail des Sattels von Kurfürst Christian II. von Sachsen. Die herrliche Ziselierung kann mit Goldschmiedearbeiten verglichen werden. Die Gestaltung der Kartusche folgt den Prinzipien der kunstvollsten Holzschnitzerei. Die quadratische Umrahmung ist mit horizontalen und vertikalen, ein Kreuz bildenden Stegen auf dem Grund fixiert. Zugleich sind diese mit Nagelköpfen geschmückten Verbindungselemente Teil des von Bordüren eingefassten Ornaments. Tauschierarbeit und Holzschnitzerei ergänzen sich hier gegenseitig.
Die Kartuschen **Nrn. 1, 8, 12 und 13** zeugen von den allmählichen Veränderungen, die das Genre bis zum Ende des 16. Jahrhunderts erfuhr; die **Nrn. 1 und 8** wurden 1590 von Daniel Mayer geschaffen, während die **Nrn. 12 und 13** von 1609 datieren und wahrscheinlich ebenfalls zur rheinischen Schule zu zählen sind, wie auch das Fragment **Nr. 3**, das derselben Quelle entnommen ist.
Die kleinen Kartuschen und Fleurons **Nrn. 4, 10, 11 und 17–21**, die mehr oder weniger zur gleichen Zeit geschaffen wurden, sind unterschiedlichen Charakters; einige von ihnen lassen einen flämischen Stil erkennen.

Castel à l'éditeur Curmer, auquel nous empruntons également la belle menuiserie du cartouche **nº 22**, dont ce libraire a fait le frontispice de l'œuvre de Jean Fouquet. Le miroir est un des plus beaux exemples de la sculpture du bois, à l'époque de François Ier. Le bois n'en est pas doré, mais seulement enrichi par quelques filets d'or.
Le **nº 14** offre un détail de la selle de Christian II, Electeur de Saxe. Nous assimilons le travail de cette magnifique ciselure à celui de l'orfévrerie. La composition du cartouche est du principe de la menuiserie la plus riche, en même temps que le cartel se trouve fortement fixé sur le champ du fond par les traverses verticales et horizontales formant la croix, traverses clouées et issues de l'ornement même relié aux bordures d'entourage. Le ciselure en damasquines complète ici le bois ouvré.
Les cartouches **nos 1, 8, 12 et 13** offrent des exemples de la modification que, dans sa marche progressive, le genre avait reçue vers le fin de XVIe siècle ; les **nos 1 et 8** sont de 1590 et de Daniel Mayer ; les **nos 12 et 13** sont de 1609 et vraisemblablement appartiennent aussi à l'école rhénane, comme le fragment **nº 3** qui est de la même source.
Les petits cartouches et fleurons **nos 4, 10, 11 et 17–21** sont empreints de caractères divers, plus ou moins centemporains entre eux, et chez quelques-uns le goût des Flamands semble surtout se révèler.

211

16th Century

ORNAMENTATION ON HANGINGS AND CLOTHING

The type of embroidery known as guipure is a blend of appliqué work and bobbin lace. In the 16th century it was known as *passement*, and its role as applied to a piece of material is indeed that of open-work passementerie or ornamental trimming, its clarity and relief producing a highly decorative effect. Guipure was made of cartisane and thrown silk. Cartisane was a thin piece of parchment that was covered with silk, gold or silver thread; this gave the relief element, and the design was further varied by means of needlework. Properly speaking, guipure was silk wound round a thick thread or braid. Mary Stuart, Queen of Scotland, who made guipure, called it 'parchment lace,' an expression which is justified by motifs **nos. 2, 3, 9, 12, and 16** in our plate, where the designs terminate in a regular

211

16. Jahrhundert

VERZIERUNG VON BEHÄNGEN UND KLEIDERN

Die Stickerei mit geschnittenen Spitzen (Gimpenspitzen) ist eine Mischung von Applikations- und Klöppelstickerei, die im 16. Jahrhundert auch Posament genannt wurde. Ihre Wirkung gleicht jener einer durchbrochenen Posamentierarbeit, deren deutliches Relief eine schöne Dekoration bildet. Die Gimpenspitze setzt sich aus gedrehter Seide und Pergamentschnur zusammen. Bei dieser Schnur handelt es sich um feines Pergament, das mit einem goldenen oder silbernen Seidenfaden übersponnen wurde. Das Relief der Zeichnungen konnte zudem noch mit der Nadel variiert werden. Die eigentliche Gimpenspitze besteht aus Seide, die um einen dicken Faden oder ein kleines Band gewickelt ist. Maria Stuart, die solche Spitzen herstellte, nannte sie Pergamentspitzen, eine Bezeich-

211

XVIe siècle

ORNEMENTATION DES TENTURES ET VÊTEMENTS

La broderie appelée guipure est un mélange de la broderie d'application et de la broderie au lancé, c'est-à-dire faite au fuseau. Ce genre portait au XVIe siècle le nom de passement et son rôle sur les fonds d'étoffe est, en effet, celui d'une passementerie à jour, dont le relief et la netteté sont d'un excellent principe décoratif. La guipure se composait de cartisane et de soie tordue ; la cartisane était un mince parchemin qu'on recouvrait d'un fil de soie d'or ou d'argent, elle formait le relief des dessins, variés, en outre, par des travaux à l'aiguille ; la guipure proprement dite était la soie enroulée autour d'un gros fil ou cordonnet. Marie Stuart, qui confectionnait des guipures, leur donne le nom de dentelles à parchemin, expression justifiée par des bordures comme nos **nos 2, 3, 9, 12 et 16**, dont le dessin offre des ter-

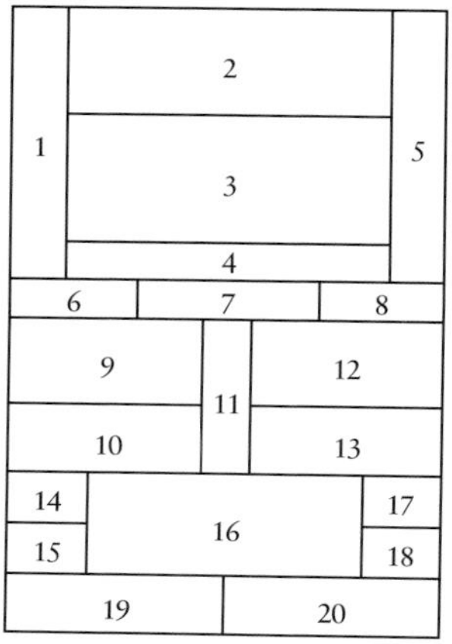

2
1 3 5
4
6 7 8
9 11 12
10 13
14 16 17
15 18
19 20

series of denticulations. By extension the term 'lace' came to be applied to the netting to which guipure was fixed, making it like needlepoint.
Examining the larger designs reproduced here, we see how they were composed in such a way as to conceal as far as possible the stitches that held the whole thing together. The more delicate the passementerie, the more stitches were involved, and at times the artist made a virtue of necessity by arranging them symmetrically and actually incorporating them in the ornamentation. Examples where the stitching is unconcealed are **nos. 1, 5, 6, and 13**. Of all openwork embroidery, guipure is the richest in terms of the materials used. These included gold and silver thread, silks of all colours, and occasionally feathers and precious stones.

nung, die durch Bordüren wie jene der **Nrn. 2, 3, 9, 12 und 16** gerechtfertigt wird. Ihre Zeichnung weist regelmäßig angeordnete gezackte Enden auf. Der Name Spitze wurde seither verallgemeinert, indem man ihn auch für das Netz verwendete, auf dem die Spitzen befestigt wurden, die so mit Punkt- und Nadelstickereien zu vergleichen sind.
Bei den Beispielen mit großflächiger Dekoration sind die Zeichnungen so gestaltet, dass die Befestigungspunkte, die alle Teile verbinden, kaum zu sehen sind. Die Zahl der Punkte nimmt mit der sich verfeinernden Ausführung der Posamenten zu; der Künstler verteilt sie gleichmäßig und bezieht sie in das Ornament ein. Bei den **Nrn. 1, 5, 6 und 13** ist deutlich zu sehen, dass die Befestigungen nicht mehr verheimlicht werden, die man in England Zäckchenbänder, in Italien Beine und in Frankreich Bindebändchen nannte. Von allen durchbrochenen Stickereien ist die Gimpenspitze hinsichtlich der verwendeten Materialien am reichsten. Häufig kamen Gold- und Silberfäden, bunte Seide, manchmal auch Federn und Edelsteine zum Einsatz.

minales disposées en dentelés qui se succèdent régulièrement ; c'est par dérogation que le nom de dentelle s'est trouvé généralisé depuis, en l'appliquant au réseau sur lequel on fixa les guipures, rapprochées ainsi des broderies au point ou à l'aiguille. Parmi ceux de ces spécimens offrant le décor le plus large les dessins sont combinés de façon à laisser peu sensibles les points d'attache rendant solidaires toutes les parties. Le nombre de ces attaches augmentait avec la délicatesse d'exécution des passements, mais l'artiste utilisait ces liens nécessaires en les disposant avec symétrie et de manière à ce qu'ils devinssent eux-mêmes une partie de l'ornement. Tels sont les **nos 1, 5, 6 et 13**, particulièrement, dans lesquels ne sont plus dissimulées les attaches que l'on appelait en Angleterre liens à picot, en Italie jambes, et brides en France. De toutes les broderies à jour, la guipure est celle qui a été la plus riche sous le rapport des matières employées ; elle mettait souvent en œuvre les fils d'or et d'argent, les soies de toutes les couleurs, parfois les plumes et les pierreries.

212

16th Century

SILKS: POMEGRANATE TYPE

This design – a pomegranate surrounded by several lines of florets that themselves lie within a circle lobed on the inside, to which are attached stalks linking it to a final row of pomegranates completing the motif – was created in Italy

212

16. Jahrhundert

SEIDE: MUSTER MIT GRANATÄPFELN

Das vorliegende Granatapfelmuster ist eine italienische Schöpfung, die sich vom gotisch geschweiften Blatt ableitet. Der Apfel ist von mehreren Kränzen kleiner Blumen umzogen, die wiederum einem auf seiner Innenseite vielpassig

212

XVIe siècle

SOIERIES : TYPE DE LA GRENADE

La grenade, entourée de plusieurs circonférences de fleurettes inscrites elles-mêmes dans un cercle lobé à l'intérieur servant de tiges d'attache à un dernier rang qui termine le motif, est une création italienne et un dérivé de la feuille

and is a derivative of the Gothic lobed leaf. It marks a transition from the older Arabic taste to the more modern taste of Europe. From this standpoint it is important to pin down the date of its first appearance precisely, since it ushers in a new period of manufacture. It is in common use between 1500 and 1550, which in the plan we are following leads us to class it as 16th-century. Yet it is found occasionally between 1450 and 1500, so its creation must date from the latter part of the 15th century; it is used in the Stanze that Raphael decorated in the Vatican, where it can be seen together with the Gothic lobed-leaf type.
The one occupying the upper part of the plate is a silver-brocaded damask of an opulence only rarely surpassed; the lower half of the plate illustrates a velvet with a solid-gold ground, the line and a few minor portions of the design picked out in red cut velvet.

geschweiften Kreis eingeschrieben sind; an diesen schließt ein weiterer Kranz mit Granatäpfeln an, der das Motiv vollendet. Dieses Muster markiert den Übergang vom alten Kunstsinn der Araber zum moderneren der Europäer. Deshalb ist es wichtig, seine Entstehungszeit genau zu bestimmen, da mit ihm ein neues Zeitalter in der Stoffherstellung beginnt. Sein Gebrauch war weit verbreitet zwischen 1500 und 1550, so dass wir ihn gemäß den von uns befolgten Prinzipien dem 16. Jahrhundert zuschreiben. Doch bereits von 1450 bis 1500 begegnet man ihm gelegentlich, zum Beispiel begleitet vom gotisch geschweiften Blatt, in Raffaels Wandbildern in den Stanzen des Vatikans. In der oberen Hälfte ist ein silberbroschierter Damast zu sehen, dessen Reichtum sich kaum mehr übertreffen lässt, in der unteren ein Samt mit goldbroschiertem und goldbesticktem Grund, dessen Muster sich teilweise in beschnittenem rotem Samt abhebt.

lobée gothique. Elle marque l'époque de transition du goût ancien des Arabes, au goût plus moderne des Européens. Il est, à ce point de vue, important de fixer d'une manière précise la date de son apparition, puisqu'elle inaugure une ère nouvelle dans la fabrication ; son usage était commun de 1500 à 1550, ce qui, dans le plan que nous suivons, nous l'a fait classer au XVIe siècle. Néanmoins, on la rencontre accidentellement de 1450 à 1500 ; sa création doit donc remonter aux dernières années du XVe siècle, elle est employée dans les peintures des stanze de Raphaël, au Vatican, où elle se voit en compagnie de la feuille lobée gothique. Celui d'entre eux qui occupe la partie supérieure de la feuille, est un damas broché d'argent dont la richesse ne peut guère être surpassée, la partie inférieure est remplie par le dessin d'un velours à fond de plein or broché, bouclé d'or, dont le trait et quelques faibles parties du dessin se détachent en velours coupé de couleur rouge.

213

16th Century

SILKS (ITALY): CROWNED MULLION TYPE

Italy, we feel, must be permitted to lay claim to having created this type of ornamentation. However, we find that during the same period the design was in use in nearly all countries simultaneously, with German manufactories drawing upon it particularly heavily. Originating in southern Europe and transported to the North, the

213

16. Jahrhundert

SEIDE (ITALIEN): STABMUSTER MIT KRONEN

Vermutlich ist Italien das Recht einzuräumen, die Erfindung dieses Musters für sich zu beanspruchen; allerdings stellen wir fest, dass es zur gleichen Zeit in fast allen Ländern, insbesondere auch in deutschen Werkstätten, Verwendung fand. Ein südliches Muster, das vom Norden übernommen wird, verändert sich unweigerlich aufgrund des

213

XVIe siècle

SOIERIES (ITALIE): TYPE DES MENEAUX COURONNÉS

Il faut accorder à l'Italie le droit de revendiquer la création de ce type, mais à la même époque, ce dessin fut employé dans presque tous les pays à la fois, et les fabriques allemandes en firent un usage particulier.
Un dessin originaire du Midi, transporté dans le Nord, se ressent infailliblement du caractère national de celui qui l'interprète ; plus

design invariably reflects the national character of the craftsman interpreting it; looser and lighter in Italy, it becomes more ponderous and less warm when executed in Germany. This difference is easily spotted in two of our samples: the purple damask brocaded with gold (**no. 1**) and the two-tone green specimen of the same fabric (**no. 4**), both of which are of German manufacture. The other two pieces were made in Italy; the one with a yellow design on a green ground (**no. 3**) is a model of elegance and taste in the manner to which we have alluded, while the fourth sample (**no. 2**) in two tones of red, with a vase taking the place of the crown, is chosen to show how close were the vase and the crown types and to confirm that both were in use at the same time.

Nationalcharakters der Person, die es interpretiert. Was in Italien feiner und leichter erscheint, wird in Deutschland schwerer und kühler. Dieser Unterschied ist in unseren Beispielen mühelos zu erkennen. Der goldbroschierte violette Damast oben links (**Nr. 1**) und der Damast in grünem Camaieu unten rechts (**Nr. 4**) sind deutscher, die beiden anderen italienischer Herkunft. Der Stoff mit dem laufenden gelben Muster auf grünem Grund (**Nr. 3**) ist ein Muster an Eleganz und Geschmack in der hier vorgestellten Gattung. Der Stoff in rotem Camaieu (**Nr. 2**), auf dem die Vase anstelle der Krone die Motive miteinander verbindet, wird hier abgebildet, um zu zeigen, wie nahe sich die zur gleichen Zeit gebräuchlichen Kronen- und Vasenmuster stehen.

délié, plus léger en Italie, il devient plus lourd et plus froid exécuté en Allemagne. Cette différence est facile à remarquer dans les échantillons, l'un damas violet broché d'or, à l'angle de gauche du haut de la planche (**nº 1**), et dans celui vert ton sur ton, de même tissu, que l'on remarque à l'angle de droite du bas de la feuille (**nº 4**). Ces deux pièces sont de fabrication allemande, tandis que les deux autres sont d'origine italienne. Celle à dessin jaune courant sur fond vert (**nº 3**) est un modèle d'élégance et de goût. Le quatrième échantillon (**nº 2**), rouge ton sur ton, où le vase remplace la couronne, a été mis à cette place pour montrer le rapprochement qui existe entre le type du vase et celui de la couronne, et pour affirmer que ces modèles furent employés dans le même temps.

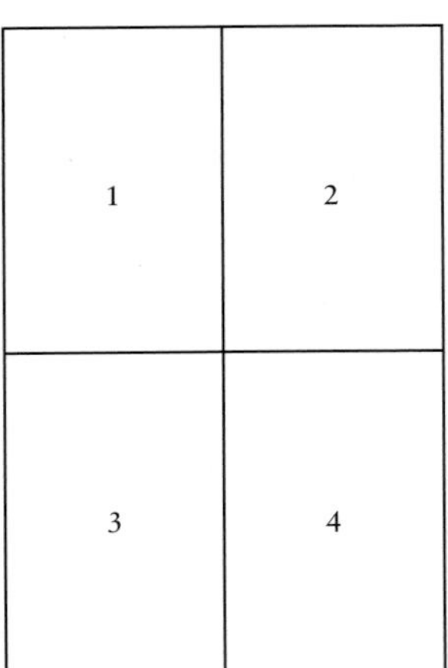

16th Century

SILKS: DOUBLE CABLE-MOULDED MULLION TYPE

The mullion design repeated twice around the pomegranate is as characteristic of this type as the knot of ribbon or rope that can be seen on the broader of the two surrounds, which it divides into sections. This is an Italian creation, and its use follows closely upon that of the single mullion type – from which of course it derives. Found frequently in the works of Raphael's last years, it should be dated to the early 16th century. All 16th-century glass painters used it to adorn their figures; in fact, its decorative effect fitted well with their vocabulary. It was executed on all kinds of fabrics (velvets, damasks, brocatelles), which goes to show that it was as much in favour with private individuals as with the artists of the period. The two-tone grey sample (**no. 2**) is a silk damask; the crown that

214

16. Jahrhundert

SEIDE: MUSTER MIT DOPPELSTAB UND SCHNUR

Der Stab, der den Granatapfel doppelt umrahmt, kennzeichnet das hier vorgestellte Muster ebenso wie die Knoten des Bandes oder der Schnur, die auf der äußeren Umrahmung zu sehen sind und diese mehrfach unterteilen. Italienischer Herkunft, folgte es in der Stoffdekoration rasch auf das einfache Stabmuster, von dem es abgeleitet ist, und trat erstmals im frühen 16. Jahrhunderts in Erscheinung; man sieht es häufig auf Werken, die während der letzten Lebensjahre Raffaels entstanden. Alle Glasmaler des 16. Jahrhunderts verwendeten es für die Gewänder der von ihnen dargestellten Personen, da seine dekorative Wirkung ihrer Palette entgegenkam. Man findet es auf sämtlichen Stoffarten, wie Samt, Damast oder Brokat, was beweist, dass es bei den Privatpersonen

214

XVIe siècle

SOIERIES : TYPE DU DOUBLE MENEAU CORDELIÈRE

Le dessin du meneau, répété deux fois autour de la grenade, caractérise ce type aussi bien que le nœud de ruban ou de cordelière qui se voit sur le plus grand des deux entourages et le divise en plusieurs sections. Il est de création italienne, et son emploi dans la fabrication dut suivre de près celui de meneau simple, dont il dérive évidemment. On doit en reporter l'usage aux premières années du XVIe siècle ; on le rencontre fréquemment sur les œuvres contemporaines des dernières années de la vie de Raphaël d'Urbino. Tous les peintres verriers du XVIe siècle l'ont employé pour en revêtir leurs personnages, son effet décoratif le recommandait d'ailleurs à leur palette. On l'exécuta en toutes sortes d'étoffes comme le velours, damas, brocatelle, ce qui prouve que sa faveur ne fut pas moins grande

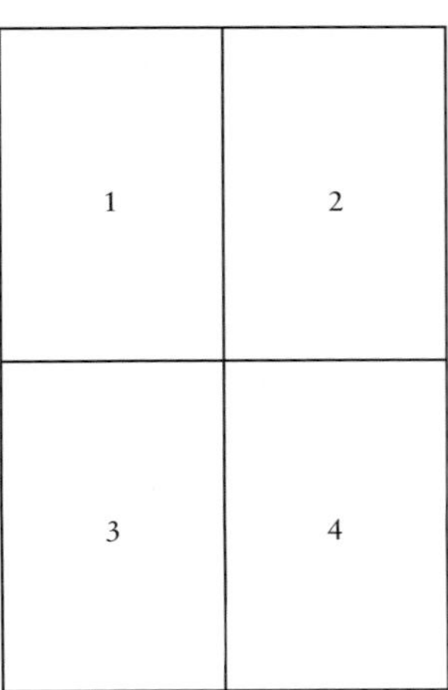

can be seen on it shows the closeness in date between the single mullion type featuring a crown and the one described here. The yellow brocatelle next to it (**no. 1**) merits the same observation with regard to the fleuron from which the mullion design springs and that offers a connecting point with the other type of which we have spoken. Of two specimens that make up the bottom half of our plate, one is a velvet (**no. 3**) with a satinised yellow ground and a purple design with pale-lilac highlights, the other a brocatelle (**no. 4**) with a yellow ground and a red design; both are among the finest and most perfect expressions of the double mullion type.

genauso beliebt war wie bei den Künstlern jener Zeit.
Das Stück in grauem Camaieu oben rechts (**Nr. 2**) ist ein Seidendamast; die Krone, die es kennzeichnet, zeigt uns, dass sich dieses Muster und jenes mit dem bekrönten einfachen Stab zeitlich nahe stehen. Sein Nachbar zur Linken (**Nr. 1**) ist ein gelber Brokat. Das Blumenmotiv, das hier die Stäbe verbindet, schafft einen Bezug zu jenem anderen Muster, von dem bereits die Rede war. Die unteren Stücke (**Nrn. 3 und 4**) – links ein Samt mit gelbem Satingrund und violettem, helllila gehöhtem Dessin, rechts ein rot gemusterter Brokat mit gelbem Grund – gehören zu den schönsten und vollkommensten Beispielen für Doppelstabmuster.

auprès des particuliers que des artistes de cette époque-là.
L'échantillon gris ton sur ton, placé à droite du haut de la page (**n° 2**), est un damas de soie ; la couronne qu'on y remarque nous montre le rapprochement de date qui existe entre le meneau simple à couronne et celui que nous décrivons. Son voisin de gauche (**n° 1**), brocatelle jaune, mérite la même observation relative au fleuron qui sert d'attache au meneau, et qui est un point de connexité avec cet autre type dont nous avons parlé. Les deux échantillons du bas de la feuille (**n°s 3 et 4**), l'un, velours à fond satiné jaune et dessin violet relevé de lilas clair, et le deuxième, brocatelle à fond jaune dessin rouge, sont les types les plus beaux et la plus parfaite expression du double meneau.

215

16th Century

RIBBONED AND CROWNED MULLION TYPE

The ribboned and crowned mullion type struck us as being of sufficient interest to merit our laying the greatest possible emphasis on the variants of this design genre, which was and will always constitute the richest seam of modern art, just as it provided the most bounteous well-spring of ancient art. The variant we describe seems at first glance to be no different from what we have called the crowned mullion type, yet on closer examination we soon notice certain differences: the curve obtained in the latter instance with branches of foliage is in the

215

16. Jahrhundert

STABMUSTER MIT BÄNDERN UND KRONEN

Das Muster der bekrönten Stäbe schien uns so interessant zu sein, dass wir möglichst viel Gewicht auf die Unterarten dieses Typs legten, der nicht nur die unerschöpflichste Quelle für die alte Kunst gewesen war, sondern auch die reichste Ader für die moderne Kunst darstellt und darstellen wird. Die hier beschriebene Variante scheint sich auf den ersten Blick nicht vom bekröntem Stab zu unterscheiden, doch bei näherer Betrachtung stellt man rasch fest, dass die dort durch Zweige mit Blattwerk gebildete Schlängellinie hier durch ein mit kleinen Würfeln

215

XVIe siècle

TYPE DES MENEAUX RUBANÉS ET COURONNÉS

Le type des meneaux couronnés nous a paru assez intéressant pour que nous insistions autant que possible sur les variétés de ce genre de dessin, qui a été et sera toujours le plus riche filon de l'art moderne, comme il a été la source la plus inépuisable de l'art ancien. La variété que nous décrivons semble au premier abord ne différer en rien du type dit des meneaux couronnés, et cependant, si on l'examine avec attention, on remarque bientôt que la courbure, obtenue ici par des branches feuillées, est là tracée par un ruban ou galon décoré de petits damiers ; que la gre-

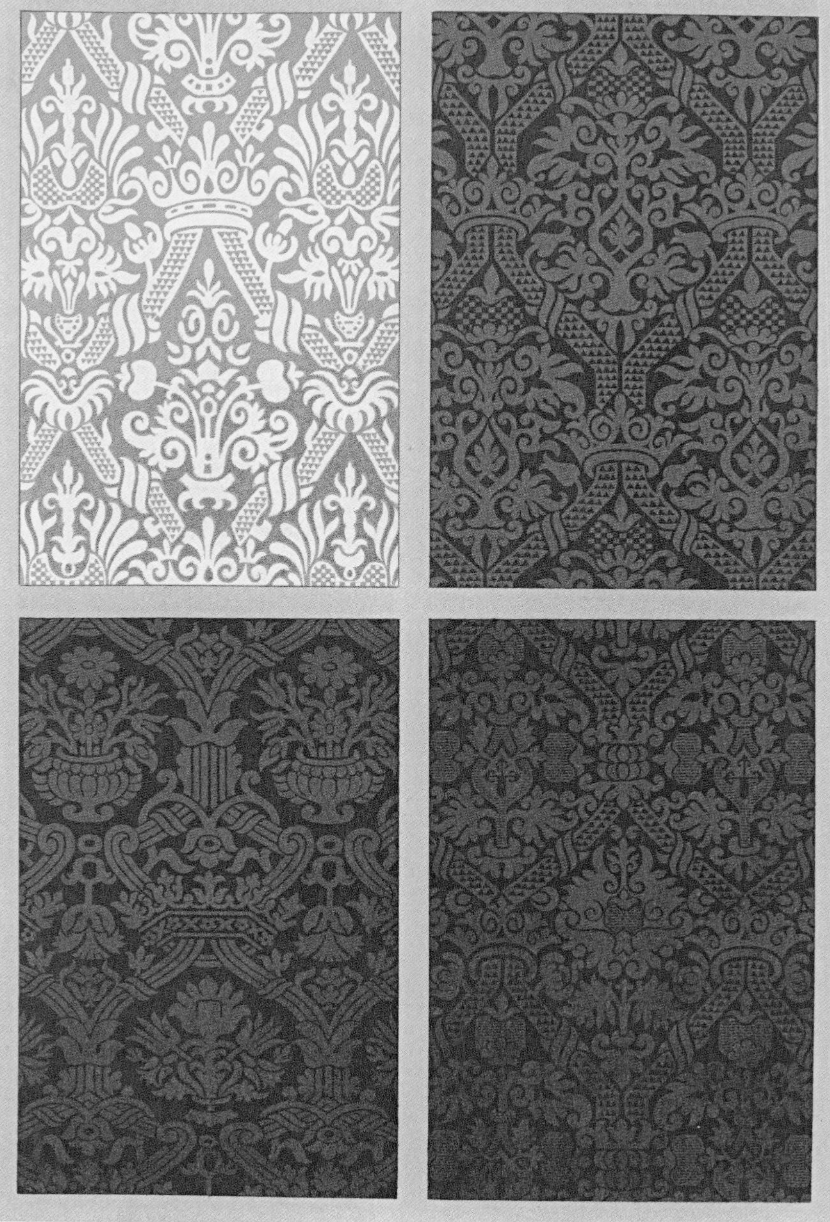

former traced with a tape or ribbon decorated with tiny squares, and the central pomegranate is replaced by more elaborate fleurons, which offer support at the same time as imposing a number of alterations. The design as a whole and the effect imparted are exactly the same. The most obvious conclusion is that these differences are due simply to brand distinctions between various rival workshops, and that, producing fabrics during the same period with a design that the public favoured, they made the design look the same while changing it slightly in order to make it their own. Otherwise, we must accept that one design became current shortly after the other.

Nowadays these designs, which used to adorn both male and female clothing, are employed only on furnishing fabrics. However, if the weaver is able to keep the proportions so necessary to their development, he can be sure in advance of producing a propitious effect. The plate presents four magnificent specimens of this ribboned type that, together with the crowned mullion type, give a very good idea of the perfect taste prevalent during the first half of the 16th century.

geschmücktes Band, eine Art Litze, wiedergegeben ist; der zentrale Granatapfel ist durch eine größere Pflanze ersetzt, die – etwas veränderte – Granatäpfel trägt. Ansonsten sind Muster, Zeichnung und Wirkung absolut identisch. Was ist daraus zu schließen? Möglicherweise wollten sich die miteinander konkurrierenden Werkstätten mit diesen Abänderungen voneinander unterscheiden; sie verwendeten zwar gleichzeitig ein und denselben Typ, da dieser beim Publikum beliebt war, änderten jedoch das Muster geringfügig, um ihre eigene schöpferische Leistung zur Geltung zu bringen. Oder man hat davon auszugehen, dass diese Varianten in kurzen Zeitabständen aufeinander folgten.

Waren diese Muster früher auf Stoffen für Herren- und Damenbekleidung zu finden, so schmücken sie heute nur noch Möbelstoffe. Wenn man sie jedoch maßstabsgerecht einzusetzen weiß, wird man im Voraus sicher sein, eine geglückte Wirkung zu erzielen. Die Tafel vereint vier prachtvolle Beispiele des bebänderten Typs, die wie die Muster mit bekrönten Stäben einen guten Eindruck vom erlesenen Geschmack geben, der in der ersten Hälfte des 16. Jahrhunderts herrschte.

nade centrale est remplacée par des fleurons plus détaillés, qui la supportent en lui faisant subir quelques altérations ; pour tout le reste, l'ensemble, le dessin et l'effet sont absolument identiques. Que faut-il en conclure ? Que ces différences ne sont évidemment dues qu'aux marques distinctives de concurrence des divers ateliers entre eux, et que, fabriquant à une même époque sur un type jouissant de la faveur du public, ils lui ont donné le même aspect, en conservant, par la différence seule du dessin, le moyen de jouir de leurs créations respectives ; ou bien il faut admettre que ces créations ont succédé à court intervalle à leurs devancières.

De nos jours, ces dessins, qui s'employaient autrefois en costumes d'hommes et de femmes, ne servent plus qu'aux étoffes d'ameublement, mais, si l'on sait conserver la proportion qui est nécessaire à leur développement, on sera sûr à l'avance de l'heureux effet qu'ils produiront. La planche offre quatre magnifiques spécimens de ce genre rubané, qui, rapprochés de celle des meneaux couronnés, donnent une haute idée du goût parfait qui régnait pendant la première moitié du XVIe siècle.

216

16th Century

BROCATELLES
(SPAIN AND ITALY):
CURVED LEAVES FORMING
MULLIONS

Every curved element that might lend itself to the lines required by the mullion ornamental type was

216

16. Jahrhundert

BROKATELL
(SPANIEN UND ITALIEN):
STABMUSTER MIT GEBOGENEN
BLÄTTERN

Alle Elemente, deren geschwungene Linien sich für die Wiedergabe der durch die Konturen des Stabes

216

XVIe siècle

BROCATELLES
(ESPAGNE ET ITALIE) :
TYPE DES FEUILLES COURBÉES
EN MENEAUX

Tous les éléments, dont la courbure pouvait se prêter à la forme qu'exigait le contour du *meneau*, furent

experimented with and used by fabric designers. Their imaginations were placed under enormous pressure by the persistent vogue enjoyed by a design that nevertheless required constant variation.
In this type, leaves complete with stalks and terminating in extended extremities join end-to-end to form the mullion design. Usually the point where mullions come together is constituted by the joined tips of leaves forming a symmetrical pair (**no. 4**). Occasionally, one comes across a different variety that consists in arranging the leaves naturally and linking them tip-to-stalk. We give examples of both compositions, the latter being represented by the specimen that, on a white ground, features a yellow design with red highlights and incorporates a vase that in shape belongs to the Renaissance (**no. 5**).
Our aim in reproducing the other pieces shown here is to give an idea of the varieties of this design. They include the volute combined with foliage (**no. 1**) and, beside it,

geforderten Form eigneten, wurden von den Stoffentwerfern erprobt und verwendet. Dabei wurde die Fantasie der Zeichner durch die andauernde Beliebtheit eines Musters, dessen Komposition sich allerdings variieren ließ, auf eine harte Probe gestellt.
Hier bestimmen gestielte Blätter, die an ihren oberen Enden in lange Spitzen auslaufen, durch die Art, wie sie sich berühren, die Form des Stabes. Gewöhnlich wird der Verbindungspunkt der Stäbe durch die Spitzen einander gegenüberstehender Blätter gebildet (**Nr. 4**). Gelegentlich begegnet man einer anderen Variante, bei der die Spitze eines natürlich ausgerichteten Blattes den Stiel des nächsten berührt. Wir zeigen hier Beispiele für beide Anordnungen. Dem zuletzt beschriebenen Typ folgt das Stück unten rechts (**Nr. 5**), ein weißgrundiger Stoff mit gelbem, rot gehöhtem Muster, das durch eine Vase im Stil der Renaissance gekennzeichnet ist.
Bei der Wiedergabe der anderen Beispiele versuchten wir, verschie-

essayés et employés par les dessinateurs d'étoffes, dont l'imagination fut régulièrement mise aux abois par la vogue constante d'une forme dont il fallait cependant varier la composition.
Ici, des feuilles munies de leurs pétioles, terminées par de longues pointes qui en prolongent l'extrémité supérieure, déterminent la forme du meneau en se réunissant. Le plus communément, le point de soudure des meneaux se forme par les extrémités des feuilles opposées l'une à l'autre (**n° 4**). Quelquefois on en rencontre une autre variété qui consiste à disposer les feuilles dans leur sens naturel, et à les relier entre elles par la jonction de la pointe de chacune d'elles au pétiole de l'autre. Nous donnons des échantillons de ces deux dispositions, et la dernière se voit dans le spécimen à fond blanc et dessin jaune relevé de rouge, caractérisé par un vase dont la forme appartient à la Renaissance, et qui se trouve placé à l'un des angles du bas de la page (**n° 5**).

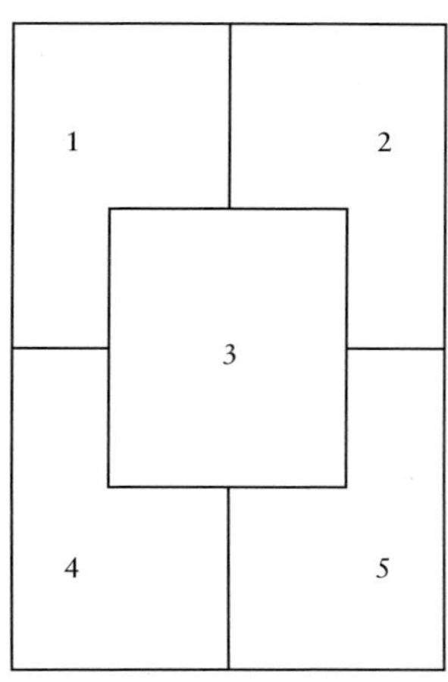

the same foliage in an oblique, almost reticulated arrangement (**no. 2**). The centre of the plate (**no. 3**) shows three samples of the same design executed in three different tones, because it is always interesting to study colours in terms of the way they harmonise.

dene Abwandlungen dieses Musters zu vereinen. Oben links (**Nr. 1**) sind Voluten mit Blattwerk zu sehen, oben rechts (**Nr. 2**) das gleiche Blattwerk, das sich durch seine Schrägstellung dem netzartigen Muster annähert. Die Mitte (**Nr. 3**) füllen drei verschiedenfarbige Varianten, da es stets interessant ist, die Harmonie der Farbtöne zu studieren.

Nous avons essayé dans la reproduction des autres pièces de faire saisir les variétés de ce dessin, en montrant, à l'angle gauche supérieur (**nº 1**), la volute alliée aux feuillages ; à l'angle droit (**nº 2**), son voisin, ces mêmes feuilles, dont la disposition oblique approche du réticulé. Enfin, nous avons placé au centre (**nº 3**) trois échantillons du même dessin, exécutés en trois tons différents, car il est toujours intéressant d'étudier les couleurs du point de vue de leur harmonie.

217

16th Century

SILKS AND VELVETS: LOOPED TYPES

Around the late 15th and early 16th centuries, the looping process enriched fabric ornamentation with a new element destined to enhance and set off its effects. Our feeling is that it was originally borrowed from the sphere of embroidery, in the details of which we have come across it on several occasions, always noting how successfully it is employed. Moreover, its application to velvet-weaving seems to have been so easy (at a time when that craft stood at such an advanced level of expertise) that someone only had to have the idea for it to be put into practice immediately. It was a costly process, consisting as it did of covering the fabric with a layer of metal by forming a vast number of tiny juxtaposed loops running through the fabric and forming a relief pattern. But it was among the most opulent methods ever used in textile art. This would be difficult to

217

16. Jahrhundert

SEIDE UND SAMT: BOUCLÉ-MUSTER

Im späten 15. und frühen 16. Jahrhundert bereicherte die Bouclé-Technik die Stoffdekoration mit einem neuen Mittel, das dazu dienen sollte, deren Effekte zu erhöhen und besser zur Geltung zu bringen. Unseres Erachtens wurde diese Technik aus der Stickerei übernommen, wo wir ihr mehrmals begegneten und stets ihre Wirkung bewundern konnten. Im Übrigen ließ sie sich zu einer Zeit, da die Ausführung höchsten Ansprüchen zu genügen hatte, leicht an die Samtweberei anpassen, so dass es reichte, die Idee zu haben, um diese bereits Wirklichkeit werden zu lassen. Das kostspielige Verfahren, das darin besteht, den Stoff reliefartig mit Metall zu überziehen, indem man eine Vielzahl kleiner Schlaufen nebeneinander setzt, die im Gewebe laufen und sich zu erhabenen Mustern ordnen, ist eines der prunkvollsten Mittel, die der Textilkunst zur Ver-

217

XVIe siècle

SOIERIES ET VELOURS : TYPES BOUCLÉS

Le procédé du bouclé, vers la fin du XVe siècle et au commencement du XVIe, enrichit l'ornementation des tissus d'un nouvel agent destiné à rehausser et faire valoir ses effets. Il nous semble avoir été primitivement emprunté au domaine de la broderie, dans les détails de laquelle nous l'avons rencontré plusieurs fois, en constatant toujours son heureux emploi. Il devait s'appliquer d'ailleurs si facilement au tissage des velours, à une époque où l'exécution en était si perfectionnée, qu'il suffisait d'en avoir l'idée pour qu'elle fût immédiatement réalisable. Ce procédé coûteux, qui consiste à couvrir l'étoffe de métal en relief, en lui faisant former une multitude de petites boucles juxtaposées, qui courent dans le tissu, en se groupant en relief, est un des moyens les plus riches dont puisse disposer l'art textile ; on en jugerait difficilement par la reproduction, si nous

tell from reproductions if we did not point out that in the two samples situated one above the other in the centre of our plate the looping is indicated in the first by the yellow stippling against the gold ground (**no. 2**) to such effect that all that remains of the velvet is the red line of the design and in the second by the transverse lines in the ground (**no. 4**). In the specimen on the left (**no. 1**), the gold stippling on a red ground is formed by looping; in the one on the right (**no. 3**), the silver areas are executed in loops of that metal. Very few samples of these sumptuous fabrics have come down to us. Outside our own collection, the only enthusiasts who possess similar examples are, so far as we know, Mr Rothschild and Mr Basilewski; Prince Demidoff also owns some, having acquired the church ornaments from the Fortuny Collection.

fügung stehen. Auf der Tafel ließe es sich nur schwer beurteilen, würde man nicht darauf hinweisen, dass auf den beiden Stücken in der Tafelmitte das Bouclé durch gelbe Pünktchen auf dem Goldgrund wiedergegeben ist (**Nr. 2**), so dass vom Samt einzig die rote Zeichnung des Musters und im unteren Beispiel (**Nr. 4**) die quer laufenden Linien des Stoffgrundes zu sehen sind. Links (**Nr. 1**) sind die goldenen Pünktchen auf rotem Grund, rechts (**Nr. 3**) die silbernen Partien in Bouclé ausgeführt. Nur wenige dieser Prachtstoffe sind heute noch erhalten; neben den Stücken unserer Kollektion lassen sich unter den Sammlern, die Bouclé-Stoffe besitzen, nur die Herren de Rothschild und Basilewski sowie Fürst Demidoff anführen, der die Priesterornate der Sammlung Fortuny erworben hat.

ne disions que dans les deux échantillons du centre de la page, le bouclé est indiqué par les pointillés jaunes sur le fond d'or (**n° 2**), si bien qu'il ne reste du velours que le trait rouge du dessin, et dans celui du bas (**n° 4**), par les lignes transversales du fond de l'étoffe. A gauche (**n° 1**), les pointillés d'or sur fond rouge sont des bouclés ; à droite (**n° 3**), des parties d'argent sont exécutées en bouclés de ce métal.
Bien peu d'échantillons de ces somptueuses étoffes sont parvenus jusqu'à nous ; nous ne pouvons guère citer, en dehors des échantillons de notre collection, parmi les amateurs qui en possèdent de pareils, que les noms de MM. de Rothschild et Basilewski, ainsi que celui du prince Demidoff, qui a acquis les ornements d'église de la Collection Fortuny.

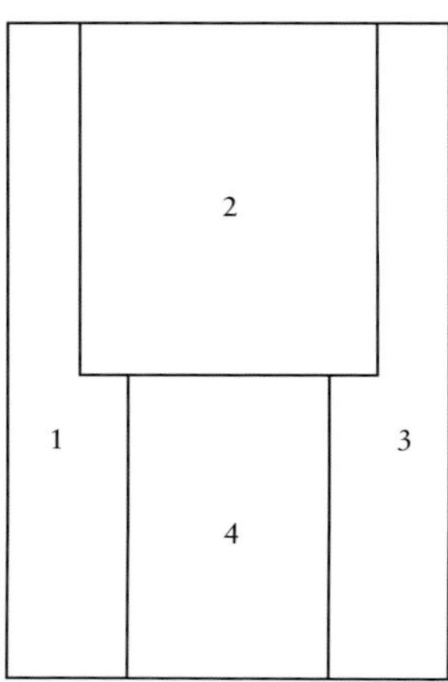

16th Century

BROCATELLES
(SPAIN AND ITALY):
MULLION COMBINED WITH
VOLUTES TYPE

In attempts to restore the volutes type that can seen in the specimens assembled in this plate, we can see only a brief transitional stage, an ephemeral period when this variant of the mullion type was in use. Indeed, whichever specimen one analyses, one always finds there, composed to a lesser or greater degree, the figure of this early type formed by sinuous lines coming together and parting again.
Take, for instance, the sample with the yellow ground (**no. 4**). At first glance this seems to be based on the development of a pure volute used without any preconception. Tracing its course, we find that the two main branches, welded together by a linking figure, do in fact form the junctions of a mul-

16. Jahrhundert

BROKATELL
(SPANIEN UND ITALIEN):
MUSTER MIT STÄBEN UND
VOLUTEN

In den Versuchen, das Motiv der Voluten zu erneuern, von denen die Beispiele dieser Tafel künden, können wir nur ein zeitweiliges Bemühen, eine kurzfristige Unternehmung und eine Varietät des Stabmusters erkennen. Welches Stück man auch untersucht, stets findet man die mehr oder weniger reich ausgestaltete Grundfigur wieder, die aus dem Zusammentreffen gegenläufiger Schlangenlinien besteht. Man nehme beispielsweise den gelbgrundigen Stoff in der unteren rechten Ecke (**Nr. 4**); auf den ersten Blick scheint das Muster aus der Entwicklung einer reinen, ohne jede Absicht verwendeten Volute zu bestehen. Wenn wir den Konturen folgen, stellen wir jedoch fest, dass die beiden sich vereinenden Hauptzweige nichts

XVIe siècle

BROCATELLES
(ESPAGNE ET ITALIE) :
TYPE DE MENEAUX MÉLANGÉS
DE VOLUTES

Dans les tentatives de restauration du type des volutes que l'on distingue dans les exemples de cette planche, nous ne saurions voir qu'une variété du type des meneaux. En effet, quel que soit le spécimen que l'on analyse, on y retrouve toujours la figure, plus ou moins composée, de ce type primitif formé par la rencontre des lignes serpentines opposées. Soit, par exemple, l'échantillon à fond jaune qui occupe l'angle à droite du bas de la page (**n° 4**) ; au premier coup d'œil, il semble composé par le développement d'une pure volute employée sans parti préconçu ; suivons ses contours, et nous remarquerons que les deux principales branches, soudées ensemble par un point d'attache qui les relie, forment justement les

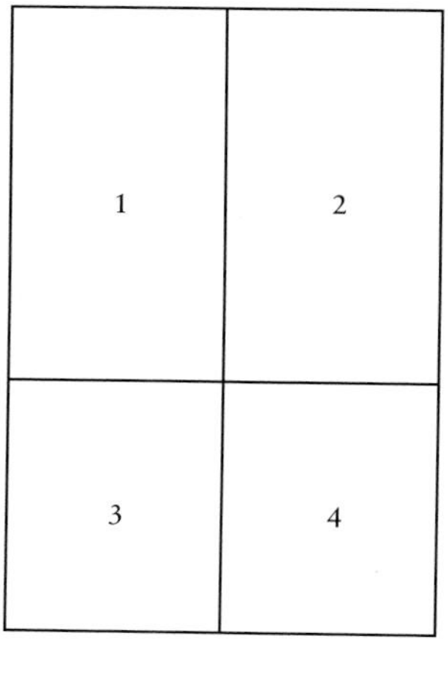

1	2
3	4

lion pattern, the lower part of which is described by the bottom of the stem of that same volute and the top by its secondary branch, which then meets the junction-point linking it to the upper section; the left-hand side of our illustration (where it meets the bar running down the centre of the plate) shows in its lower part the complete mullion pattern and in its upper part a rudimentary echo of the same design.
After this lengthy analysis, all the other samples will be easy to break down, especially if one takes care to return regularly to the four junction-points linking together the lines that form the mullion pattern. The sample beside the one we have just described, with a yellow ground and a mullion pattern and volutes shown in red, can be read without difficulty (**no. 3**), as can the one with a white design on a yellow ground (**no. 1**). Finally, the most pronounced of all our specimens (**no. 2**) shows a firmer (if already tortured) design of the type we set out to describe.

anderes als einen Stab bilden: Der untere Teil wird durch den unteren Abschnitt der Ranke, der obere durch eine Nebenranke geformt, die zum oberen Verbindungspunkt führt. In der linken Hälfte der Reproduktion sind unten der vollständige Stab und darüber der Beginn der Wiederholung desselben Motivs zu sehen.
Nach dieser langen Analyse lassen sich die übrigen Beispiele leicht zergliedern, vor allem wenn man sich an die vier Verbindungspunkte hält, in denen die Linien der Stäbe zusammenlaufen. So ist der Aufbau des linken unteren Stoffs (**Nr. 3**) mit roten Stäben und Voluten auf gelbem Grund leicht zu erkennen, desgleichen jener des darüber liegenden Stücks (**Nr. 1**) mit weißem Muster auf dominierendem gelbem Grund. Am einfachsten ist das Stück in der rechten oberen Ecke (**Nr. 2**) zu analysieren, das eine deutliche, doch etwas unruhigere Zeichnung aufweist.

jonctions d'un meneau, dont la partie inférieure est tracée par le bas de la tige de cette même volute et le haut, par sa branche secondaire qui va rejoindre la rattache du point de rencontre de la partie supérieure, le côté de notre dessin longeant la séparation verticale du centre de la planche, montre, dans le bas, le meneau complet, et, dans la partie supérieure, un rudiment du retour du même dessin.
Après cette longue analyse, tous les autres échantillons seront aisément décomposés, si surtout on a soin de prendre, comme repaire, les quatre points d'attache où se soudent entre elles les lignes formant les meneaux. C'est ainsi que l'échantillon à fond jaune (**n° 3**), meneaux rouges et volutes dessinées en même couleur, se distingue facilement ; que celui à dessin blanc sur fond jaune (**n° 1**), qui le domine, se retrouve de même, et qu'enfin l'échantillon le plus nettement accusé de tous, dont nous avons rempli l'angle à droite du haut de la page (**n° 2**), montre un dessin plus ferme, mais déjà tourmenté, du type que nous avions à décrire.

219

16th Century

DECORATED COMPARTMENT TYPE

Having shared in some of the opulence of the first half of the 16th century through purely geometrical combinations, the compartment type (very shortly after the period that saw the emergence of its early manner) infused its new compositions with a more expansive imagination and in particular with a

219

16. Jahrhundert

MUSTER MIT DEKORATIVEN FELDERN

Nachdem das auf dieser Tafel vorgestellte Muster dem Luxus der ersten Hälfte des 16. Jahrhunderts mit rein geometrischen Kombinationen gehuldigt hatte, zeichneten sich seine Kompositionen nur wenig später durch eine üppigere Fantasie und eine dekorative Fülle von Blüten, Blättern und Flecht-

219

XVIe siècle

TYPE DE COMPARTIMENTS ORNÉS

Après s'être associé au luxe de la première moitié du XVIe siècle par des combinaisons purement géométriques, le type des compartiments, à une date, d'ailleurs, de très peu postérieure à celle où se développa sa première manière, admit dans ses nouvelles compositions une fantaisie plus large,

kind of floral and foliage decoration and interlacing that, by adding to the effect of this decorative element, gave it a quite different character from the earliest designs in this style.
To understand what we are talking about, look at the two specimens on the left-hand side of our plate: both compositions are based on the notion of a circumference. Imagining the course of this, we find it marked by six smaller circles arranged and adapted to suit the subject, with a central pomegranate rounding off the creation (**no. 1**). A quite different method has been used to break up the same circumferences in the second model (**no. 3**). Here we find rosettes of interlacing from which we see the key thread of the maze escaping to join another rosette, from which it escapes in turn until it has performed the full revolution of the circle it must follow. The middles are filled first by an initial row comprising those vases so familiar from Renaissance designs, then by a second row of pomegranates; with the first one following the

werk aus, die seine Wirkung erhöhten und ihm einen völlig anderen Charakter gaben.
Unsere Feststellung lässt sich leicht überprüfen, wenn man sich die beiden in der linken Hälfte übereinander gesetzten Muster näher ansieht. In beiden Fällen liegt der Komposition ein Kreis zugrunde. Wenn wir diese Figur im oberen Beispiel betrachten (**Nr. 1**), entdecken wir an ihrem Rand sechs kleinere Kreise, die das Hauptthema gelungen variieren; ein zentraler Granatapfel vervollständigt diese Schöpfung. Um dieselbe Kreislinie im zweiten Beispiel (**Nr. 3**) aufzulockern, bediente man sich eines ganz anderen Mittels. Zu erkennen sind hier Rosetten aus Flechtwerk, von denen ein Band in labyrinthartigen Verschlingungen zu einer weiteren Rosette und von dieser zur nächsten führt, bis der Kreis, dessen Umfang es zu folgen hat, vollständig beschrieben ist. Die Mitte ist in einer ersten Reihe mit Renaissance-Vasen und in einer zweiten mit Granatäpfeln besetzt. Die Reihen sind so angeordnet, dass sich die Motive in einem

une variété de décorations de fleurs, de feuilles et d'entrelacs qui lui donna un caractère tout différent des premières conceptions de ce genre.
On appréciera notre remarque en considérant, à la droite de la planche, les deux spécimens superposés qui l'occupent de ce côté ; l'un et l'autre trouvent dans le tracé d'une circonférence l'origine de leur composition. Si nous en supposons la figure (**n° 1**), nous trouverons sur son contour six cercles plus petits disposés et adoptés à la convenance du sujet ; une grenade centrale termine cette création. On a usé d'un tout autre moyen pour rompre ces mêmes circonférences dans le second modèle (**n° 3**). On y voit des rosaces d'entrelacs, d'où s'échappe le fil conducteur d'un labyrinthe qui va rejoindre une autre rosace, d'où il repart de nouveau jusqu'à ce qu'il ait accompli entièrement la révolution du cercle qu'il doit suivre. Les milieux sont remplis, d'abord, par un premier rang composé de ces vases dont le dessin est familier à la Renaissance, puis, par un deuxième formé de

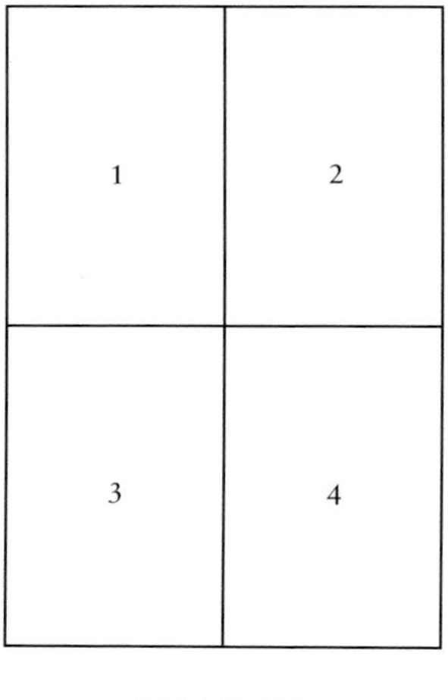

1	2
3	4

second, these rows repeat alternately all the way to the edge of the piece of fabric.
Of the other two pieces on the right, the lower one (**no. 4**) is based on juxtaposed squares, while the upper one (**no. 2**) is based on a jumble of squares that lose themselves in one another, amid a wealth of whimsical details that do not prevent the compartments from presenting a regular appearance and the boxes from standing out boldly amongst the flowers and foliage that surround them. Altogether, these compositions exhibit the finest possible Renaissance taste.

Wechsel wiederholen, dessen einziger Zweck die Schönheit des Stoffmusters ist.
Die beiden Stücke der rechten Tafelhälfte bauen auf Quadraten auf. Beim unteren (**Nr. 4**) sind diese nebeneinander gesetzt, während sie beim oberen (**Nr. 2**) so ineinander verschachtelt sind, dass sich die einen in den anderen verlieren, obgleich die Felder trotz aller kapriziösen Details eine regelmäßige Gestalt bewahren und die Kassetten sich in den Blüten und Blättern, die sie umgeben, unerschrocken gegenseitig stützen. Kurz, diese Muster sind Kompositionen im besten Stil der Renaissance.

grenades ; de telle sorte que le premier de ces rangs succédant au second, ils se répètent dans une alternance qui n'aura d'autre fin que celle de l'étoffe même.
Les deux autres pièces placées dans la partie à la droite de la planche ont pour base : la première (**nº 4**), des carrés juxtaposés ; la seconde (**nº 2**), des carrés enchevêtrés qui se perdent les uns dans les autres, au milieu de capricieux détails qui n'empêchent pas les compartiments d'avoir leur tournure régulière et les caissons de se soutenir hardiment dans les fleurs et les feuilles dont ils sont environnés. Bref, ces ensembles fournissent des compositions du meilleur goût de la Renaissance.

220

16th Century

SILKS AND VELVETS: GEOMETRICAL COMPARTMENTS TYPE

Geometrical compartments were one of the most popular arrangements in the 16th century and came to constitute, on fabric, a reproduction of the boxes and divisions of which architecture made such frequent use during the same period. Oriental in inspiration, like most of our decorative motifs, they succeeded the indented leaf with Gothic lobes and came to frame the central pomegranate. This can be seen in the splendid specimen in two tones of red occupying the centre of our plate (**no. 3**), with the fruit surrounded by foliage that fills the angles of perfect octagons separated by rows of alternate circles and squares.

220

16. Jahrhundert

SEIDE UND SAMT: MUSTER MIT GEOMETRISCHEN FELDERN

Die geometrischen Felder gehörten zu den im 16. Jahrhundert beliebten Mustern und verwandelten sich auf Stoffen zu Darstellungen von Kassetten und Unterteilungen, wie sie in der Architektur jener Zeit häufig zu finden waren. Wie die meisten unserer Dekorationsmotive von orientalischen Vorlagen angeregt, lösten sie das gotisch geschweifte Blatt ab und bildeten Umrahmungen für den zentralen Granatapfel, wie das Beispiel in rotem Camaieu zeigt, das sich in der Mitte der Tafel befindet (**Nr. 3**). Hier ist der Granatapfel von Blattwerk umgeben, das in gleichseitige Achtecke eingepasst ist. Die letzteren werden durch Quadrate, die

220

XVIe siècle

SOIERIES ET VELOURS : TYPE DE COMPARTIMENTS GÉOMÉTRIQUES

Les compartiments géométriques furent une des dispositions recherchées au XVIe siècle et ils devinrent, sur les étoffes, une reproduction des caissons et des divisions dont l'architecture faisait un fréquent emploi à cette époque. Nés d'inspirations orientales, comme la plupart des motifs de notre décoration, ils succédèrent à la feuille échancrée de lobes gothiques et devinrent le cadre de la grenade centrale, comme on le remarque dans le bel échantillon rouge, ton sur ton, dont la figure occupe le centre de la planche (**nº 3**) ; dans cet exemple, le fruit dont nous venons de parler se voit entouré de feuillages sertis entre les angles d'octogones parfaits,

The same arrangement, in eight divisions set within a reticulated composition, can be seen in the sample where a gold ground is patterned in two shades of green (**no. 4**). Two other motifs in which red predominates are based on the diamond (**nos. 1 and 5**). Finally, our last specimen, in two shades of green (**no. 2**), uses a reticulated pattern of squares, each made up of eight ovals juxtaposed in pairs. All these specimens belong to the velvet genre; special areas of looped thread contrast with and set off the cut parts. Such methods had been in use for a long time but became widespread during the Renaissance period. Similar compartment motifs were employed in large and small designs, and we shall be illustrating further specimens in another plate.

mit Kreisen abwechseln, miteinander verbunden. Die gleiche Anordnung mit acht Unterteilungen, die in ein Gitterwerk eingefügt sind, zeigt der Stoff mit grünem Camaieu auf goldfarbenem Grund in der linken unteren Ecke der Tafel (**Nr. 4**). Zwei weitere Motive mit dominierendem Rot, die sich links oben und rechts unten befinden (**Nrn. 1 und 5**), sind von der Raute abgeleitet. Das letzte Stück in grünem Camaieu (**Nr. 2**) ist mit Quadraten geschmückt, die aus je acht paarweise nebeneinander gesetzten Ovalen bestehen und sich gitterartig zusammenfügen. All diese Stoffe sind aus Samt; ausgesparte Partien mit ungeschnittenem Flor bilden Gegensätze zu den geschnittenen Flächen oder ergänzen sie mit farblichen Nuancen. Solche Techniken wurden bereits seit langem verwendet, breiteten sich jedoch in der Renaissance aus. Muster mit Feldern gibt es in großen und kleinen Dessins; einige weitere Beispiele werden wir auf einer anderen Tafel zeigen.

que des circonférences, alternées de carrés, relient entre eux. La même disposition, en huit divisions, prises dans un réticulé, se remarque dans un échantillon, à fond d'or de couleur verte, ton sur ton, que nous avons placé à l'angle gauche du bas de la planche (**nº 4**). Deux autres motifs (**nos 1 et 5**) où domine la couleur rouge, placés dans la diagonale partant de l'angle à gauche du haut à l'angle à droite du bas de la feuille, procèdent du losange. Finalement, le dernier échantillon (**nº 2**), à fond vert ton sur ton, forme un carré réticulé par la réunion de huit ovales juxtaposés deux par deux.
Tous ces spécimens appartiennent au genre velours ; des réserves de parties bouclées forment les oppositions et les valeurs des parties tondues. Ces moyens étaient depuis longtemps pratiqués ; néanmoins, l'époque de la Renaissance en vulgarisa l'usage. Ces motifs de compartiments furent employés en grands et petits dessins ; nous en donnerons de nouveaux spécimens dans une autre planche.

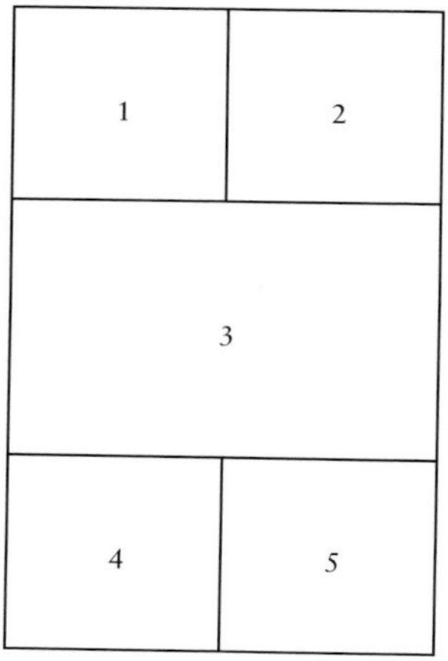

1	2
3	
4	5

221

16th Century

SILKS, VELVETS, AND DAMASKS: SMALL-COMPARTMENT TYPES

The second half of the 16th century saw many changes of fashion, as we know from what was worn at the time at court and in urban society. French king Henri III, recalled from Poland to govern France on the death of his brother, Charles IX, brought to the court his own prevailing taste for luxury. With the coquettishness of a young woman, the new monarch was seen to wear jewels on his cap and pearl earrings. During his reign doublet and hose continued to be worn, but he made the outfit more 'galant', as the expression went. The jacket, for example, was shortened, no longer covering the waist. Such innovations forced weavers finally to abandon large-scale designs, generous compositions being ill-suited to the new dress code. This accounts for the

221

16. Jahrhundert

SEIDE, SAMT UND DAMAST: MUSTER MIT KLEINEN FELDERN

In der zweiten Hälfte des 16. Jahrhunderts änderte sich die Mode häufig, wie die Gewänder zeigen, die zu jener Zeit am Hof und in der Stadt getragen wurden. Aus Polen zurückgerufen, um nach dem Tod seines Bruders Karl IX. den französischen Königsthron zu besteigen, ließ Heinrich III. den Hof an seiner Prunkliebe teilhaben. Mit einer Koketterie, die jener einer jungen Dame gleichkam, trug der König nun Juwelen an seiner Mütze und Perlgehänge an den Ohren. Unter seiner Herrschaft wurden weiterhin Beinlinge und Wams getragen, doch auf „galante“ Art, um ein Wort jener Zeit zu gebrauchen. Der Umhang wurde verkürzt und reichte nicht mehr über die Taille. Aufgrund dieser Neuerungen musste man auf großflächige Dessins verzichten, deren

221

XVIe siècle

SOIERIES, VELOURS ET DAMAS : TYPES À PETITS COMPARTIMENTS

Pendant la seconde moitié du XVIe siècle, les transformations de la mode furent nombreuses, comme en font foi les toilettes de Cour et de Ville de cette époque. Henri III, rappelé de Pologne pour gouverner la France à la mort de son frère Charles IX, apporta à sa Cour son goût dominant pour le faste. On vit alors le Roi porter, avec une coquetterie égale à celle d'une jeune femme, des bijoux sur sa toque, des perles à ses oreilles. Sous son règne, on conserva l'usage du haut-de-chausses et du pourpoint ; mais il le rendit plus « galant », comme on le dit dans le langage du temps. Le manteau fut raccourci et ne couvrit plus la taille. Ces innovations forcèrent à renoncer définitivement aux grands dessins, dont l'ampleur de composition se prêtait mal aux exigences des toilettes d'alors. Ceci

1	2
3	4
5	6
7	8

excessive and continuous use of the alternating floweret type, which we find throughout the late 16th century. The small-compartment type rivalled it for a time but never quite replaced it or consigned it to oblivion.
Our plate shows eight samples of assorted small-compartment designs, all taken from the same period and all presenting a striking similarity. Consequently, we need only indicate the nature of their manufacture. In brief, all these fabrics are of Italian provenance, and they all belong to the velvet genre except for two damasks: one of them (**no. 1**) green with a star decoration and the other (**no. 8**) having a blue ground decorated with golden flowers inside golden rectangles.

Muster nicht mehr zur Toilette passten. Dies erklärt den übermäßigen Gebrauch der Muster mit alternierenden Blümchen, denen man im ausgehenden 16. Jahrhundert ständig begegnet. Ihnen machten die Stoffe mit kleinen Feldern Konkurrenz, ohne sie jedoch zu verdrängen oder in Vergessenheit geraten zu lassen.
Acht Beispiele für verschiedene Muster mit kleinen Feldern füllen diese Tafel. Zur gleichen Zeit entstanden, zeigen sie auffallende Ähnlichkeiten. So genügt es hier, auf die Art ihrer Herstellung hinzuweisen, die sich in zwei Worten zusammenfassen lässt. All diese Stoffe sind italienischer Herkunft und aus Samt, ausgenommen zwei Damaste: ein grüner, mit Sternen verzierter Damast (**Nr. 1**) und ein blaugrundiger Damast mit einem Streumuster aus Goldblumen in goldenen Rechtecken (**Nr. 8**).

explique l'usage immodéré et permanent du type des fleurettes alternantes que l'on rencontre pendant toute la fin du XVIe siècle. Celui des petits compartiments vint lui faire concurrence, sans toutefois le remplacer et le rejeter dans l'oubli.
Huit échantillons de petits compartiments variés garnissent notre planche ; tous sont empruntés à la même époque et présentent une analogie frappante. Il nous suffira donc d'indiquer ici la nature de leur fabrication. Deux mots suffiront pour l'établir. Tous ces tissus sont de provenance italienne et appartiennent au genre velours, sauf deux damas placés, l'un, ton vert orné d'étoiles (**n° 1**) ; l'autre, fond bleu semé de fleurs d'or dans un rectangle de même métal (**n° 8**).

222

16th Century

SILKS (SPAIN): TYPES DERIVED FROM THE CIRCLE

The ancient reputation acquired by the cities of Almeria, Granada, and Malaga during the Moorish occupation ought to have enabled us to attribute more of the specimens examined in the present work to the Andalusian region. However, when they were driven out of Spain the Arabs had left the field free for other, competing industries. The Italians in particular took such advantage of the situation that Spanish workshops could henceforth only copy the techniques and designs of their

222

16. Jahrhundert

SEIDE (SPANIEN): VOM KREIS ABGELEITETE MUSTER

Das Ansehen, das sich die Städte Almería, Granada und Málaga während der maurischen Zeit erworben hatten, erlaubt es, diesem Land einen größeren Anteil der von uns untersuchten Stoffe zuzuschreiben. Aus Spanien vertrieben, überließen die Araber allerdings der kunsthandwerklichen Produktion aus den Nachbarländern das Feld. Die Italiener nutzten diese Situation aus, so dass den spanischen Werkstätten nichts anderes übrig blieb, als die Verfahren und Muster ihrer Rivalen zu

222

XVIe siècle

SOIERIES (ESPAGNE) : TYPES DÉRIVÉS DU CERCLE

L'antique réputation que les villes d'Almería, Grenade et Málaga, s'étaient acquise pendant l'occupation des Maures, devrait nous permettre d'assurer à ce pays une plus large part dans les attributions des spécimens que nous avons à examiner. Mais, chassés d'Espagne, les Arabes avaient laissé derrière eux le champ libre aux industries voisines. Les Italiens en profitèrent au point qu'il ne resta plus aux fabriques indigènes qu'à copier les procédés et les dessins de leurs rivaux. Ils le firent d'ailleurs avec tant de perfec-

rivals. But they did this to such perfection as to make it sometimes difficult and often completely impossible to tell which of the two countries certain fabrics come from. In consequence, there are very few types whose character is unique to Spain. Spanish fabrics are frequently confused with those of other countries, so shall have no further occasion to dwell on the textile products of Iberian weavers. The first two samples that we illustrate (top and centre) belong to types derived from a perfect circle. They still recall the composition of Moorish fabrics of the 13th and 14th centuries, albeit modified by Renaissance taste. The red specimen (bottom) features an oval indicating a tendency to adopt Italian shapes. All three pieces are of Spanish provenance and are silk damasks used to make ecclesiastical vestments.

kopieren. Dies taten sie mit solcher Meisterschaft, dass es manchmal schwierig ist, die Herkunft gewisser Stoffe zu bestimmen. Es gibt nur wenige Muster, deren Charakter typisch spanisch wäre, da sich die Produktion dieses Landes mit jener seiner Nachbarstaaten vermischte; deshalb gehen wir nicht weiter auf die textilen Erzeugnisse Spaniens ein.
Die beiden Stücke im oberen Teil unserer Tafel gehören zu den Mustern, die auf einem vollkommenen Kreis aufbauen; sie erinnern noch an die Komposition der maurischen Stoffe aus dem 13. und 14. Jahrhundert, die hier dem Stil der Renaissance angepasst wurde. Der zuunterst abgebildete rote Stoff ist durch eine ovale Form gekennzeichnet, die von der Tendenz zur Übernahme italienischer Muster zeugt. Alle drei Stücke stammen aus Spanien und sind Seidendamaste, aus denen Priesterornate angefertigt wurden.

tion, qu'il est parfois difficile et souvent impossible de distinguer la provenance de certaines étoffes, soit qu'elles aient été retrouvées en Espagne ou bien en Italie. Il résulte de ces faits : qu'il existe fort peu de types dont le caractère soit absolument particulier à l'Espagne, que sa fabrication se confond avec celle de ses voisins, et que nous n'aurons pas à insister davantage sur les productions textiles de ce pays.
Les deux premiers échantillons que nous présentons dans la partie supérieure de notre planche appartiennent aux types formés d'un cercle parfait, ils rappellent encore la composition des tissus mauresques des XIIIe et XIVe siècles, modifiés par le goût de la Renaissance. L'échantillon rouge, placé dans la partie inférieure, nous montre une forme ovale qui indique des tendances à adopter les formes italiennes. Ces trois pièces proviennent d'Espagne et sont des damas de soie qui ont servi à confectionner des vêtements sacerdotaux.

223

16th Century

SMALL-DESIGN FLEURONS TYPE

As we draw away from the period when the fleuron was allowed to be used on fabric as the sole decorative motif, it gradually became smaller and smaller until it assumed the tiny dimensions associated with the small-design family. However, the diagonals that it normally follows – they continued unchanged. This type of ornament belongs to the last twenty years of the 16th

223

16. Jahrhundert

MUSTER MIT KLEINEN FLEURONS

Mit zunehmendem Alter und in ständig wachsendem Abstand von der Zeit, als er das einzige Schmuckmotiv eines Stoffes bilden konnte, verlor der Fleuron stetig an Größe, um die bescheidenen Dimensionen anzunehmen, die für die Familie der kleinen Muster charakteristisch sind; allerdings blieb er wie eh und je in Diagonalen angeordnet.

223

XVIe siècle

TYPE DE FLEURONS PETITS DESSINS

En vieillissant et en s'éloignant de l'époque où le fleuron fut admis à figurer sur le tissu comme unique motif de décoration, celui-ci perdit de son ampleur et se réduisit aux dimensions minimes qui composent la famille des petits dessins ; toutefois, les lignes diagonales qu'il suit ordinairement restèrent disposées de la même manière.

century and is found particularly on representations of the costumes worn at the court of the French king, Henri III, and at the courts of the other ruling houses of civilised Europe around the same time. For women, these were mainly dresses and overmantles, while men wore doublets, breeches, and hose reaching from the knee or above the knee. These garments were made of all kinds of material, and having talked about silks and velvets we shall have occasion to remark how the same treatments were applied to woollen fabrics from Flanders.
This plate illustrates specimens of sumptuous silks and velvets, giving a general impression of the various scattered-foliage patterns and compositions of flowerets of which there were so many in the late 16th century. The sample in two shades of green (centre left) is the only piece executed in damask-woven silk; all the others are velvets with a satiny ground or looped and cut versions on a gold ground.

In dieser Form ist das Muster typisch für die letzten zwanzig Jahre des 16. Jahrhunderts. Man findet es vor allem auf Darstellungen von Gewändern, die am Hofe Heinrichs III. getragen wurden, oder von Personen, die bei den Herrscherhäusern des kultivierten Europas jener Zeit ein Amt ausübten. An weiblichen Gewändern sind in diesem Zusammenhang Röcke und Überzieher zu nennen, an männlichen kurze Umhänge, Wämser, eng anliegende Hosen und Beinlinge, die die Oberschenkel bis zum Knie bedeckten. Diese Kleider wurden in allen möglichen Stoffen gefertigt, und wir können, abgesehen von Seide und Samt, das Muster auch auf flandrischen Wollstoffen finden.
Die Tafel präsentiert Beispiele teurer Stoffe, wie Seide und Samt, die mit verschiedenen Streumustern aus kleinen Fleurons geschmückt sind, wie sie im späten 16. Jahrhundert in unzähligen Abarten vorkamen. Das Beispiel in grünem Camaieu ist das einzige in Damastseide angefertigte Stück; alle übrigen sind Samte mit Satingrund oder in geschnittenem Bouclé auf Goldgrund.

Ainsi figuré, ce type appartient aux vingt dernières années du XVIe siècle et se remarque particulièrement sur la représentation des costumes de la cour de Henri III, ou sur celle des personnages en charge auprès des maisons souveraines de l'Europe civilisée de la même époque. Ce sont, pour l'usage des femmes, robes et pardessus ; pour les hommes, manteaux courts, pourpoints et culottes collantes terminées par des chausses qui recouvraient la jambe à partir et au-dessus des genoux. Ces étoffes se confectionnaient en toutes matières, et nous aurons, après la soie et le velours, à en faire remarquer la disposition sur les lainages fabriqués dans les Flandres.
Cette planche présente les spécimens des tissus riches de soie et de velours ; elle donne un ensemble de feuilles semées et de compositions de petits fleuronnés dont les variétés sont fort nombreuses à la fin du XVIe siècle. L'échantillon à fond vert, ton sur ton, est le seul morceau exécuté en soie, genre damas ; tous les autres sont des velours à fond satiné ou des coupés bouclés sur fond d'or.

224

16th Century

VELVETS: TYPE USING PALMS WITH OPPOSING POINTS

This design, which is very frequently reproduced in the works of painters, embroiderers, and tapestry-makers of the 16th century, consists of a row of palm leaves placed equidistant from one another along a horizontal line

224

16. Jahrhundert

SAMT: MUSTER MIT GEGENSTÄNDIGEN PALMETTEN

Dieses Muster, das man in den Werken der Maler, Sticker und Wirker des 16. Jahrhunderts häufig dargestellt findet, besteht aus Palmetten, die horizontal so aneinander gereiht sind, dass zwischen ihren Spitzen eine Leerfläche

224

XVIe siècle

VELOURS : TYPE DES PALMES À POINTES OPPOSÉES

Ce dessin, très souvent reproduit dans les œuvres des peintres, des brodeurs et des tapissiers du XVIe siècle, se compose d'un rang de palmes placées à égale distance l'une de l'autre, sur une ligne horizontale, de telle façon que les

in such a way that the points leave between them a space shaped like the lower half of a diamond. To fill this space the designer simply reverses his design, keeping the same regularity but arranging for the points of the leaves forming the second row to fit into those gaps.
This simple composition (all the designer has to do is invent a well-detailed palm leaf and then invert it) nevertheless creates a particularly agreeable effect, and one that is so striking that it was used plentifully in the period 1520–1560.
Our plate illustrates eight different designs, all creating a similar effect but with varied compositional means. There was an embarrassment of choice here, so numerous are the original specimens that have survived from this period. First employed on secular costume, the design was subsequently modified for sacred use. Italian churches provided the largest number of examples of these delightful fabrics. They have been wrongly dubbed 'Genoa velvets'; they were actually manufactured everywhere, especially in Venice. Harmonious colour combinations constitute their particular charm. Notice the delicacy of the shades used in our first two samples (top left and top right) as well as the curious but still harmonious pairings used in the others.

bleibt, deren Form der Hälfte einer Raute entspricht. Um sie zu füllen, kehrt der Zeichner sein Motiv um, das heißt, er dreht die Palmettenspitze nach unten und bildet auf diese Weise eine zweite Reihe des Musters, indem er die Palmettenspitzen in gleichmäßigen Abständen gegeneinander ausrichtet.
Dieses Muster ist zwar einfach, da sich die Einbildungskraft darauf beschränken kann, eine überzeugend gestaltete Palmette zu finden und anschließend umzukehren, aber dennoch von besonders angenehmer Wirkung, so dass es sich während des halben 16. Jahrhunderts, von 1520 bis 1560, großer Beliebtheit erfreute.
Auf dieser Tafel haben wir acht verschiedene Dessins vereint, die mit ihren gegenständigen Spitzen eine ähnliche Wirkung erzeugen, sich jedoch durch ihre Komposition deutlich voneinander unterscheiden. Die Auswahl zu treffen fiel schwer, da zahlreiche hervorragende Muster aus dieser Zeit erhalten sind, die zunächst profane Gewänder schmückten, doch später auch für sakrale Zwecke gebraucht wurden. Vor allem in italienischen Kirchen waren ungewöhnlich viele dieser attraktiven Samtstoffe zu finden, die man zu Unrecht als „Genueser Samt“ bezeichnet hat, da sie überall und vor allem in Venedig angefertigt wurden. Ihr Reiz beruht hauptsächlich auf der Zusammenstellung der Farben. Man beachte beispielsweise die zarten Töne der beiden zuoberst abgebildeten Stücke und die auffälligen, doch stets harmonischen Farbkombinationen der übrigen Vorlagen.

pointes laissent entre chacune d'elles un espace libre équivalent à la moitié inférieure d'un losange. C'est pour remplir cet espace que le dessinateur, retournant simplement son motif, le met en sens contraire, c'est-à-dire qu'il dispose la pointe de la palme pour être tournée vers le bas, et forme ainsi un second rang du même dessin, conservant la même régularité de distance et opposant entre elles les pointes de chaque rang de palmes.
Cette disposition, si simple qu'elle soit, puisque tous les frais d'invention consistent à trouver une palme d'heureuse composition de détails, puis à la retourner, n'en est pas moins d'un effet particulièrement agréable, et si remarquable, qu'il fut abondamment employé durant la moitié du XVe siècle, de 1520 à 1560.
Dans cette planche nous avons réuni huit dessins variés, tous d'effet analogue par leurs pointes opposées et tous variés par la composition. Ici nous n'avions que l'embarras du choix, tant sont encore nombreux les spécimens originaux de cette époque, qui, après avoir servi aux costumes civils, ont subi la transformation de l'usage profane à l'usage sacré. C'est dans les églises italiennes surtout qu'on a retrouvé le plus grand nombre de ces charmants velours auxquels on a donné, bien à tort, le nom de velours de Gênes –ils se fabriquaient partout et surtout à Venise. L'alliance des couleurs en est le principal charme. Ainsi nous ferons remarquer la délicatesse des tons des deux échantillons du haut de la planche, ainsi que les alliances bizarres, mais toujours harmonieuses, des autres modèles.

16th Century

OAK BRANCH TYPE

Like the reed, the palm leaf, and the olive branch, oak also has its symbolic significance. It stood for victory, and a wreath of oak leaves was presented to victors (as one of laurel was presented to the strong). French king Louis IX (often referred to as 'St. Louis') doubtless chose the shade of an oak to administer justice because of the tree's symbolic value, as corroborated by many ancient texts, notably in the 16th century, which testified to its use as a crown. It may have been because of this symbolic quality or such customs that the figure of the oak branch was elevated to the status of a type – one we come across quite frequently between 1525 and 1580. It is another of those compositions common to all textile-weaving countries, and in the plate that we have assembled to illustrate it Spain is able to claim a place with as much justification as France and Italy.

225

16. Jahrhundert

MUSTER MIT EICHENZWEIGEN

Wie Schilf, Palme oder Olivenbaum hat auch die Eiche ihre symbolische Bedeutung. Ein aus Eichen- oder Lorbeerzweigen geflochtener Kranz wurde den Siegern überreicht, die ersteren versinnbildlichten die Kraft, die letzteren den Sieg. Zweifellos wählte Ludwig IX. aus solchen Gründen den Schatten der Eiche als Ort der Rechtsprechung; ausschlaggebend war die symbolische Bedeutung, von der in alten Texten wiederholt die Rede ist. So heißt es in Schriftstücken des 16. Jahrhunderts, dass man sich das Haupt mit Eichenlaub bekränzte. Diese Bedeutung dürfte dazu geführt haben, dass die Eichenzweige Eingang in ein Muster fanden, dem man im 16. Jahrhundert, zwischen 1525 und 1580, recht häufig begegnet. Auch hier handelt es sich um eine Komposition, die allen in der Stoffherstellung tätigen Ländern gemeinsam ist, die Stücke auf unserer Tafel könnten ebenso

225

XVIe siècle

TYPE DE LA BRANCHE DE CHÊNE

Gomme le roseau, le palmier ou l'olivier, le chêne a sa signification symbolique. En couronne, sa branche feuillée était offerte aux vainqueurs, en même temps que celle du laurier ; elle signifiait la force, tandis que la seconde équivalait à la victoire. Louis IX (Saint-Louis) choisit sans doute l'ombrage de cet arbre pour rendre la justice, à cause du symbole dont on peut constater la signification constante dans les textes anciens. C'est peut-être à ses usages, que la figure de la branche de chêne dut de s'élever à la valeur d'un type, qui se rencontre pendant la période du XVIe siècle, comprise entre la date de 1525 et celle de 1580. C'est encore là une de ces compositions communes à la fois à tous les pays où se fabriquaient les tissus. Sur la planche que nous en donnons, l'Espagne, aussi bien que la France et l'Italie, pourraient revendiquer leur propriété industrielle.

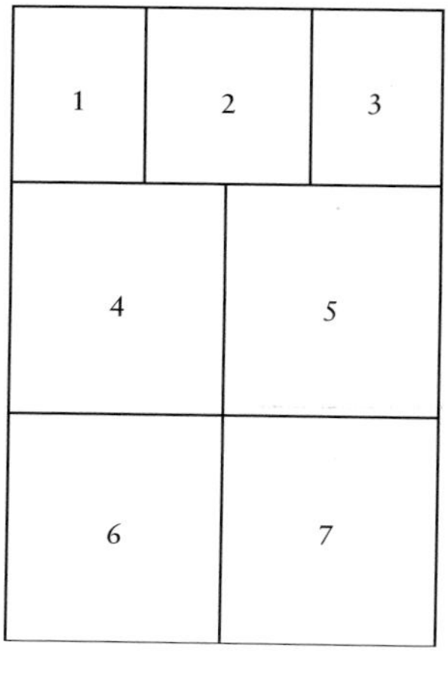

1	2	3
4	5	
6	7	

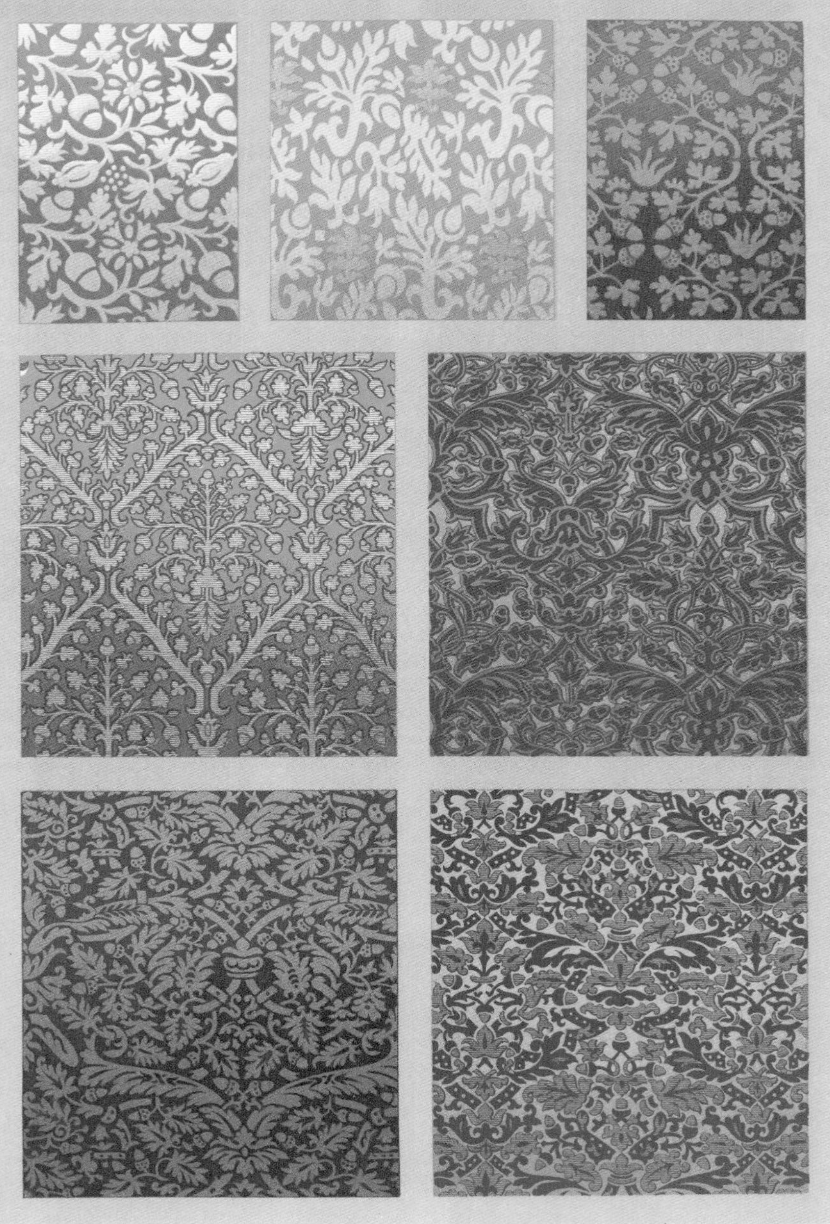

Such designs were executed on all kinds of silk materials, and we have been at pains to illustrate a wide variety of examples. The three samples at the top of our plate (**nos. 1–3**) are all damasks, including one brocaded with gold. The next row contains a brocatelle with a yellow ground (**no. 4**) on which the oak branch forms a central fleuron and is picked out in red. The other three samples (**nos. 5–7**) illustrated are variants of the design using three different shades – all examples of the delightful velvets that the weavers of Lyon created in their looms in the 16th century.

gut in Spanien wie in Frankreich oder Italien angefertigt worden sein. Das Muster ist auf allen Seidenarten zu finden, und wir haben versucht, diese Vielfalt zu veranschaulichen. Zuoberst sind drei Damaste abgebildet (**Nrn. 1–3**), von denen einer mit Gold broschiert ist. In die Mitte ist links (**Nr. 4**) ein Brokatell gesetzt, dessen gelber Grund rote Eichenzweige als zentrale Fleurons trägt. Die drei übrigen Stücke (**Nrn. 5–7**) zeigen Dessins in unterschiedlichen Tönen; sie sind Beispiele für die attraktiven Samte des 16. Jahrhunderts, die heute von den Lyoner Webereien nachgeahmt werden.

Ces dessins s'exécutèrent sur tous les genres d'étoffes de soie, et nous nous sommes appliqués à en donner des spécimens de toutes natures, à savoir : en tête de la page (**nos 1–3**), trois échantillons de damas, dont l'un broché d'or ; dans la travée du milieu, nous avons placé, à gauche (**no 4**), une brocatelle à fond jaune, où la branche de chêne, formant fleuron central, se dessine en couleur rouge. Trois échantillons complètent l'ensemble (**nos 5–7**) ; ce sont trois variétés de dessin et trois tons différents de ces charmants velours du XVIe siècle, que la fabrication lyonnaise remet sur ses métiers.

226

16th Century

SILKS, DAMASKS, AND VELVETS: REVERSED-S TYPE

The letter of the alphabet that we use to distinguish the kind of composition illustrated here does indeed constitute the graphic sign most nearly resembling this type of design.
The eight specimens illustrated here all make use of this element. In two of them – one on a grey ground (**no. 1**) and the other on a purple ground (**no. 7**) – it is represented straightforwardly. Turning to the others (**nos. 2–6 and 8**), we find the S-shape employed in various different ways: disposed within a broader composition, arranged in fours around a fleuron, affrontee, placed tip-to-tip, or welded together to form a mullion pattern.
Around 1550, such arrangements were used for male and female

226

16. Jahrhundert

SEIDE, DAMAST UND SAMT: MUSTER MIT SCHRÄG GESTELLTEM S

Der Buchstabe des Alphabets, dessen Gestalt und Namen wir hier verwenden, um die Muster der vorliegenden Tafel zu bezeichnen, ist in seiner vereinfachten Form das Schriftzeichen, das dem Dessin, das wir untersuchen wollen, am ähnlichsten kommt.
Die acht auf dieser Tafel vereinten Beispiele weisen alle dieses Motiv auf. Das Stück mit grauem Grund und jenes mit violettem Grund, die sich in der linken Spalte zuoberst und zuunterst befinden (**Nrn. 1 und 7**), sind schlichte Varianten. Wenn wir die S-Formen der übrigen Stücke betrachten (**Nrn. 2–6 und 8**), stellen wir verschiedenste Verwendungsweisen fest: Man sieht sie als Streumuster, zu viert um einen Fleuron angeordnet, verdoppelt, sich an den Spitzen

226

XVIe siècle

SOIERIES, DAMAS ET VELOURS : TYPE EN S RENVERSÉ

La lettre de l'alphabet, dont nous employons ici la figure et le nom pour déterminer le type de la planche que nous avons à décrire, est en effet, dans la forme que lui a donnée l'écriture, le signe graphique qui offre la plus parfaite ressemblance avec le genre de dessin que nous nous proposons d'examiner.
Les huit spécimens cette planche sont tous composés de cet élément. Nous en voyons la représentation simple dans les échantillons qui occupent la travée longitudinale du côté gauche de la planche (**nos 1 et 7**), l'un, à fond gris, est placé en haut, et l'autre, à fond violet, se voit au bas de la feuille. Si maintenant nous recherchons dans toutes les autres pièces (**nos 2–6 et 8**) l'emploi de la forme des S, nous les verrons semés, disposés par quatre autour d'un fleuron, doublés,

dress. Velvets had by then become so commonplace that they were banned by the States-General, meeting in Blois in 1576.

So Italy cannot be credited with exclusive production of these fabrics, despite their being called 'Genoa velvets'. While we are not in a position to deny that some of them were in fact manufactured in that city, at least as many came from Venice, from Lyons, and from all the other cities turning out this type of material.

Notice the colour combinations here – the reds on a gold and silver ground, the blues on a red ground; also used were greens on a red ground, gold-brocaded purples, red figures on a white ground, white brocading on a red ground. The last three pieces (**nos. 6–8**) representing this type are damasks; all the others are velvets (**nos. 1–5**).

berührend oder miteinander verbunden, so dass ein Stab entsteht. Um 1550 wurden derart gemusterte Stoffe für Herren- und Damenkleider verwendet. Samt war so alltäglich geworden, dass man 1576 anlässlich der Tagung der Generalstände in Blois ein Trageverbot für diesen Stoff erließ.

Man darf also davon ausgehen, dass die gesuchten kleinteiligen Samte, die unter dem Namen „Genueser Samt" bekannt waren, nicht nur in Italien angefertigt wurden. Wir könnten nicht sagen, wie viele nicht in dieser Stadt hergestellt wurden, behaupten jedoch, dass man in Venedig, Lyon und in allen Städten, die Samt produzierten, mindestens ebenso viele produzierte.

Bemerkenswert sind die Farbkombinationen: Rot auf gold- und silberfarbenem Grund, Blau oder Grün auf rotem Grund; goldbroschiertes Violett, rote Muster auf weißem Grund, weiß broschierte Motive auf rotem Grund. Die drei letzten Stücke (**Nrn. 6–8**) sind Damaste, alle anderen Samte (**Nrn. 1–5**).

accostés par les pointes, ou soudés l'un à l'autre et figurant le meneau. Ce fut vers 1550 que l'on employa ces dispositions pour le costume des hommes et des femmes. Les velours étaient alors devenus si communs qu'ils provoquèrent des arrêts de prohibition aux Etats Généraux de Blois, tenus en 1576. On ne saurait donc attribuer à l'Italie la production exclusive de ces petits velours, recherchés et connus sous le nom de velours de Gênes. Nous ne saurions dire si beaucoup ne furent pas fabriqués dans cette ville, mais on en fit au moins autant à Venise, à Lyon, et dans toutes les villes produisant ce genre de tissu.

L'alliance des couleurs est ici à remarquer : les rouges à fond d'or et d'argent, les bleus à fond rouge ; on employait également sur ce fond la couleur verte, les violets brochés d'or, les dessins rouges sur fond blanc, les brochés blanc sur fond rouge. Les trois dernières pièces (**nos 6–8**), spécimens de ce genre, sont des damas, toutes les autres (**nos 1–5**) sont des velours.

1	2
3	4
5	6
7	8

16th Century

VARIOUS S-TYPES

If we had made it a rigid principle, for every plate, to give the history of each type of design, the limited amount of evidence available would have made it necessary to place the same documents before the reader over and over again. Clearly, in a period so infatuated with fashion as that of the reign of French king Henri III (1574–1589), people were not going to be content with a single type of decoration on their fabrics. So we refer to the 'small-design fleurons type' as regards the use made of such fabrics in dress and the fashions that dictated such use (plate 223). The text accompanying the plate 226 devoted to 'Reversed-S type' designs, which emanate from the same decorative principle, will round out the picture.
All we need do here, then, is bring out the differences between each of these types or note the resemblances that place them within a single contemporary family. Examining these three plates closely, one will notice similarities of form or composition that leave no doubt that they spring from a single creative epoch, while simple details such as the eye picks out more easily than we can describe them distinguish the types represented. Here, for example, we distinguish (**no. 1**) S-shapes with crockets at their tips, while in the illustration below those same tips are truncated (**no. 3**) and in the two illustrations below that the same design is adorned with foliage, either in the middle of the S (**no. 5**) or at its tips (**no. 7**). In the

16. Jahrhundert

WEITERE S-MUSTER

Hätten wir uns streng daran gehalten, für jede unserer Tafeln die Geschichte ihrer Muster darzustellen, müssten wir unseren Lesern ständig dieselben Dokumente vorlegen, da deren Zahl äußerst beschränkt ist. Es liegt auf der Hand, dass man sich zu einer Zeit, die so modebewusst war wie jene der Regierungszeit Heinrichs III. (1574–1589), nicht mit einem einzigen Stoffmuster begnügte. Wir verweisen folglich auf die Ausführungen, die wir unter „Muster mit kleinen Fleurons" über die Verwendung dieser Stoffe in der Kleidermode machten (Tafel 223). Der Kommentar zur Tafel 226 des „Musters mit schräg gestelltem S", das demselben Dekorprinzip verpflichtet ist, mag diese Erläuterungen ergänzen.
So haben wir hier lediglich die Unterschiede zwischen den einzelnen Mustern hervorzuheben oder auf Ähnlichkeiten hinzuweisen, die zwischen ihnen eine zeitgenössische Verwandtschaft schaffen. Bei näherer Betrachtung der drei Tafeln stellt man die Gemeinsamkeiten in Form und Komposition fest, die keinen Zweifel daran lassen, dass diese Stoffe zur gleichen Zeit geschaffen wurden, während einfache Merkmale, die das Auge rascher feststellt, als wir sie hier beschreiben könnten, die Muster voneinander unterscheiden. So erkennen wir im ersten Stück in der linken oberen Ecke (**Nr. 1**) das an seinen Enden mit Haken besetzte S, während diese Spitzen im darunter liegenden Muster (**Nr. 3**) gestümmelt sind und die beiden übrigen Beispiele der linken Hälfte (**Nrn. 5**

XVIe siècle

TYPE EN S

Si nous étions rigoureusement tenus, pour toutes nos planches, à donner l'histoire de chaque genre de dessin, il nous faudrait sans cesse remettre sous les yeux de nos lecteurs les mêmes documents ; car il est évident que ce n'est pas dans une période aussi engouée de la mode que le fut celle de Henri III (1574–1589), qu'on sut se contenter d'une unique espèce de décoration sur le tissu. Nous renvoyons alors aux types désignés sous le titre de « Type de fleurons petits dessins » (planche 223), en ce qui touche l'emploi qu'on fit de ces étoffes dans l'habillement et les modes qui les consacrèrent aux mêmes usages. Le texte explicatif de la planche 226 de « Type en S renversés » émanant du même principe décoratif, complétera ces détails.
Il ne nous reste plus ici qu'à faire ressortir les différences qui séparent chacun de ces types, ou à constater les similitudes qui leur assignent un lien de parenté contemporaine. Qu'on examine ces trois planches, et l'on remarquera des rapprochements de forme ou de composition qui ne laisseront aucun doute sur une époque identique de création, tandis que de simples particularités, que les yeux trouveront plus facilement que nous ne les décririons, distinguent ces types, comme nous distinguons les échantillons mêmes de la planche que nous décrivons. Nous voyons, dans le premier spécimen, placé à l'angle supérieur gauche (**n° 1**), le S, relevé de crochets à ses pointes, tandis que ces mêmes pointes sont tronquées dans le dessin au-dessous (**n° 3**), et que

specimens on the right-hand side of our plate (**nos. 2, 4, 6, and 8**), notice how flowerets and zigzag elements are used to vary the composition and how, finally, the S is doubled – either crossed or joined side-by-side. The samples reproduced in the upper half of the plate (**nos. 1–4**) are all taffetas or brocaded satins; the lower four are velvets (**nos. 5–8**).

und 7) in der Mitte oder auf beiden Seiten mit Blattwerk besetzte S-Motive zeigen. Die rechte Hälfte (**Nrn. 2, 4, 6 und 8**) zeigt Blümchen- und Fischgratmuster, die für Abwechslung sorgen, und doppelte S-Motive, die aneinander gehängt oder seitlich miteinander verbunden sind. Der obere Teil der Tafel (**Nrn. 1–4**) bildet Taffetas oder broschierte Satinstoffe ab, während die vier unteren Beispiele alle zu den Samten gehören (**Nrn. 5–8**).

nous remarquons encore ce même dessin accosté de feuillage, soit au centre, soit sur les côtés, dans le reste de la travée (**nos 5 et 7**). Si nous passons à l'autre partie de la page (**nos 2, 4, 6 et 8**), nous signalerons les fleurettes et les bâtons rompus variant la composition, enfin le S doublé, soit en sautoir, soit soudé côte à côte. Toute la partie supérieure de la planche (**nos 1–4**) est la reproduction de taffetas ou satins brochés ; les quatre spécimens qui occupent le bas appartiennent au genre velours (**nos 5–8**).

1	2
3	4
5	6
7	8

228

16th Century

COMPOSITE TYPES – ANIMALS AFFRONTEE – A NEW USE

The period of marking time in the matter of decoration with which we reproach late-medieval weavers came to an end in the 16th century.

228

16. Jahrhundert

ZUSAMMENGESETZTE MUSTER – GEGENSTÄNDIGE TIERE – NEUE SPIELARTEN

Die Unbeweglichkeit in Dekorationsdingen, die wir den Stoffherstellern des ausgehenden Mittelalters vorwarfen, fand im 16. Jahrhundert

228

XVIe siècle

TYPE COMPOSÉ – ANIMAUX AFFRONTÉS – NOUVEL EMPLOI

L'immobilité en matière de décoration que nous reprochions aux fabricants de tissus de la fin du Moyen Age, cessa au XVIe siècle.

Raphael had just forced painting to undergo a radical transformation. Replacing the stiff, conventional forms of his predecessors with the truth and simplicity of the model painted from life, he had created a new kind of painting. It alone had the right to call itself realistic, yet that did not mean that it excluded poetry in terms of its choice of subject. The stimulus affected all the arts, and the craftsman-designer was likewise prompted to search for new compositions and draw fresh inspiration from old ones.

This is what the four specimens depicted on the left and right sides of our plate illustrate (**nos. 1, 3, 4, and 6**). Here birds, lions, deer, and leopards are arranged either affrontee or adossee, sometimes resting on or within the sinous lines of a mullion pattern (**nos. 3 and 6**), sometimes on various elements of a compartmentalised design (**nos. 1 and 4**). The centre of our plate is occupied by a very fine damask (**no. 2**), of which we supervised the copying at the Palazzo Colonna by a talented artist, Mr Marchetti of Rome, to whom we are indebted for some marvellous fabric reproductions. The mullion design with crowns and foliage has at its centre the figure of Melusine (complete with her mermaid's tail; she was a common decorative motif in the late-16th century) with, above, the arms of the Colonna family, which include a crowned column. Here, interestingly, is a specimen of a textile actually made to order at the period under discussion. Finally, below the Colonna piece, we reproduce another specimen, a red and brown silk of the crowned mullion type, incorporating a vase at the centre of the composition (**no. 5**).

ein Ende. Raffael hatte die Malerei radikal verändert; an die Stelle der steifen, konventionellen Formen seiner Vorgänger setzte er die Wahrheit und Schlichtheit des nach der Natur gemalten Sujets. Er schuf eine Malerei, die als einzige zu Recht als realistisch bezeichnet werden konnte, ohne dass sie deshalb die Poesie aus der Wahl ihrer Themen ausschloss. Der neue Schwung war überall zu spüren, der handwerkliche Zeichner machte da keine Ausnahme. Er suchte nach neuen Mustern und ließ sich von alten anregen.

Dies zeigen uns die beiden äußeren Streifen unserer Tafel (**Nrn. 1, 3, 4 und 6**), auf denen Vögel, Löwen, Hirsche und Leoparden zu sehen sind, die einander den Rücken wenden oder sich anblicken; sie sitzen auf schlangenförmigen Stäben, wie in der rechten Reihe (**Nrn. 3 und 6**), oder auf verschiedenen Elementen des aus Feldern gebildeten Musters, wie in der linken (**Nrn. 1 und 4**). In die Mitte setzten wir die Nachzeichnung eines besonders schönen Damasts, geschaffen von einem begabten Künstler, Signore Marchetti in Rom, dem wir herrliche Stoffreproduktionen verdanken und der den Damast vor unseren Augen im Palazzo Colonna kopierte. Das Muster mit bekrönten Stäben und Blattwerk (**Nr. 2**) zeigt im Zentrum die Figur einer Melusine mit Fischschwanz (ein im ausgehenden 16. Jahrhundert beliebtes Motiv) und darüber das Wappen der Colonna, das aus einer bekrönten Säule besteht. Es handelt sich hier also um einen Stoff, der eigens in Auftrag gegeben wurde, eine Besonderheit, auf die hinzuweisen nicht uninteressant ist.

Darunter ist eine rotbraune Seide abgebildet (**Nr. 5**), die ebenfalls mit

Raphaël venait de faire subir à la peinture une transformation radicale ; il substitua aux formes raides et conventionnelles de ses devanciers, la vérité, la simplicité du modèle pris sur nature ; il créa cette peinture qui seule devrait avoir le droit de porter le nom de peinture réaliste et qui n'exclut pas pour cela la poésie dans le choix des sujets. L'élan fut général, et le dessinateur industriel en ressentit l'aiguillon. Il chercha de nouvelles compositions tout en s'inspirant des anciennes.

C'est ce que nous montrent les deux travées longitudinales à droite et à gauche de notre planche (**nos 1, 3, 4 et 6**), où les oiseaux, les lions, les cerfs, les léopards sont disposés, adossés ou affrontés, tantôt reposant sur les lignes serpentines des meneaux comme dans la travée à droite (**nos 3 et 6**), tantôt sur les diverses pièces de dessins à compartiments comme dans celle de gauche (**nos 1 et 4**). Au milieu de la planche, nous avons placé le dessin d'un fort beau damas (**no 2**), copié sous nos yeux au palais Colonna, par un artiste de talent, M. Marchetti, de Rome, auquel nous devons de magnifiques reproductions d'étoffes. Le dessin à meneaux couronnés et feuilles porte au centre la figure d'une Mélusine à queue de poisson (motif répandu à la fin du XVe siècle), surmontée par les armes des Colonna qui portent une colonne couronnée. Voilà donc un spécimen d'une étoffe faite sur commande à l'époque que nous signalons : particularité qu'il n'est pas sans intérêt de remarquer. Enfin, au-dessous de l'échantillon (**no 5**) dont nous avons parlé, se voit un autre spécimen de soie, rouge et brun, du type des meneaux couronnés, empruntant au Vase le

The sample in green and white (**no. 1**) is used in a fireplace screen in the Palazzo Colonna. The other pieces are from our own collection and all date from around the middle of the 16th century; we found them in paintings by Tintoretto (1519–1594) in the Red Palace in Genoa.

bekrönten Stäben sowie einer Vase als Zentralmotiv geschmückt ist. Das grünweiße Stück oben links (**Nr. 1**) gehört zu einer Kamingarnitur im Palazzo Colonna; die übrigen Stoffe befinden sich in unserem Besitz. Sie datieren alle aus der Mitte des 16. Jahrhunderts; so sind sie denn auch auf den Gemälden Tintorettos (1519–1594) im Palazzo Rosso in Genua zu finden.

dessin intérieur de sa composition. L'échantillon vert et blanc à gauche (**nº 1**), en haut de la feuille, est employé dans un devant de cheminée au palais Colonna ; les autres pièces font partie de notre collection. Ils sont tous du XVIe siècle, mais du milieu de cette époque ; nous les avons remarqués au palais Rosso de Gênes, dans les tableaux du Tintoret (1519–1594).

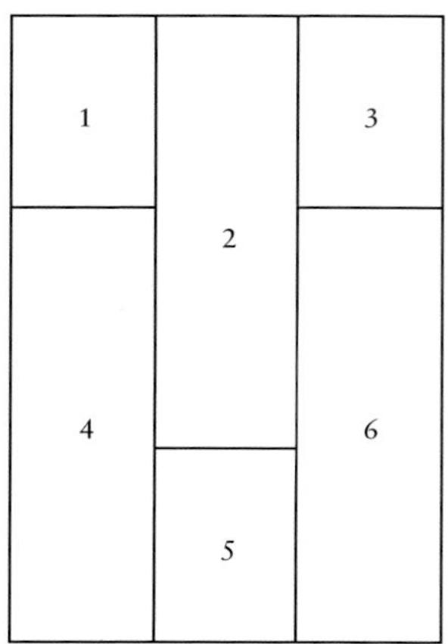

229

16th Century

SILKS, VELVETS, AND DAMASKS: TYPES USING STRIPES

After long years of fighting, the resources of France were at a low ebb. However, the love that Henri IV had for his people and the wise foresight of his government made good the disaster. After making his peace with Spain in 1598, when he signed the Treaty of Vervins, Henri IV turned all his attention to stimulating a revival of the arts and

229

16. Jahrhundert

SEIDE, SAMT UND DAMAST: STREIFENMUSTER

Frankreich hatte viele Jahre lang Krieg geführt, und die katholische Liga hatte die Mittel des Landes erschöpft. Doch die Liebe, die Heinrich IV. für sein Volk hegte, und die weise Voraussicht seines Ministers, Maximilien de Béthune, Duc de Sully, ließen das Land wieder aufblühen. Nach der Unterzeichnung des Friedensvertrags mit Spanien

229

XVIe siècle

SOIERIES, VELOURS ET DAMAS : TYPE DES RAYURES

La France avait guerroyé durant de longues années ; la Ligue avait épuisé les ressources du royaume, mais l'amour que Henri IV portait à son peuple, la sage prévoyance de son ministre, réparèrent les désastres. Après avoir signé, à Vervins, la paix avec l'Espagne, le Roi consacra uniquement ses soins à faire refleurir dans son royaume les

sciences in his kingdom. French manufactories received a huge amount of support from him; indeed, to bring prosperity to some of them, he did not shrink from importing whole guilds of weavers from Flanders and elsewhere. It was the prelude to the foundation of the great Gobelins workshop. The reign of Henri IV was the period when stripes held sway almost unchallenged. In male dress, breeches were now less important and no longer reached further than the knee. So striped patterns, finding the new fashion to their advantage, really came into their own. Female dress, too, with the move towards high collars markedly shortening the waist, found that stripes, arranged vertically, had the effect of reintroducing more pleasant proportions and restoring balance.
Our plate presents a wide variety of such fabrics, some with the stripes running vertically, some horizontally. The main illustration (**no. 7**) shows a fabric where stripes of brown velvet alternate with others of silver-brocaded satin. Three

in Vervins konzentrierte der König seine Kräfte auf die Entwicklung der Wissenschaften und Künste in seinem Reich. Die Werkstätten erhielten von ihm zahlreiche Beweise seiner Gunst, und um einige von ihnen besonders zu fördern, ließ er aus Flandern und von anderswo zahlreiche spezialisierte Handwerker kommen. So war er auch an der Gründung der Tapisseriemanufaktur der Gobelins beteiligt. Während seiner Regierungszeit dominierten fast uneingeschränkt die Streifenmuster. Die männliche Kleidermode reduzierte die Hose zur Kniehose. Hier konnten die Streifen ihre volle Wirkung entfalten und ihre Motive zur Geltung bringen. Bei den Damen kamen steife Halskragen in Mode, die die Taille verkürzten; die Streifen konnten diese Disproportion beheben, indem sie mit ihren Längslinien das gestörte Gleichgewicht wieder herstellten.
Unsere Tafel vereint zahlreiche Varianten dieser Stoffe, die teils längs, teils quer gestreift sind. Das Hauptstück, das die Mitte füllt (**Nr. 7**), ist ein Stoff, bei dem Strei-

sciences et les arts. Nos manufactures reçurent de lui de grandes marques de sollicitude, et il ne craignit pas, pour faire prospérer quelques-unes d'entre elles, de faire venir des Flandres et d'ailleurs des corporations entières d'ouvriers. C'est ainsi qu'il préludait à la fondation de notre manufacture des Gobelins. Son règne fut le temps où les rayures dominèrent presque sans partage. Le costume des hommes avait réduit l'importance du haut-de-chausses, qui ne recouvrait plus la jambe que jusqu'aux genoux. Dès lors la rayure put donner tout son effet et trouva le développement suffisant pour faire valoir sa disposition. Le costume des femmes employait alors les collets montés, qui raccourcissaient singulièrement la taille. Les rayures réparaient cette discordance, en rétablissant, par leurs lignes longitudinales, l'équilibre troublé.
Notre planche offre une variété nombreuse de ces étoffes, tantôt rayées dans le sens de la longueur, tantôt dans le sens de la largeur. Le spécimen principal, placé au centre (**n° 7**), est un tissu à rayures de ve-

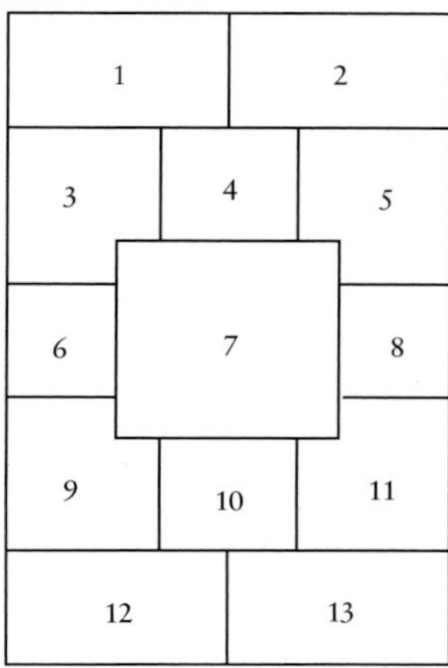

other velvets can be seen above it (a gold ground covered with vine foliage, **no. 4**), to the left of it (green and gold, with horizontal zigzags, **no. 6**), and below (in two-tone brown, with sinuous vertical stripes, **no. 10**). The rest of the plate (**nos. 1, 2, 3, 5, 8, 9, and 11–13**) shows a selection of silks, brocaded with gold, silver, or silk.

fen aus braunem Samt und silberbroschiertem Satin miteinander abwechseln. Drei weitere Samte befinden sich darüber, zur Linken und darunter (**Nrn. 4, 6 und 10**). Der erste ist mit Weinlaub auf goldfarbenem Grund, der zweite mit einem grün-goldenen Zickzackmuster, der dritte mit Schlangenlinien in Camaieu geschmückt. Die restlichen Stücke (**Nrn. 1, 2, 3, 5, 8, 9 und 11–13**) sind Seidenstoffe, die mit Gold, Silber und Seide broschiert sind.

lours brun, alterné de rayures de satin broché d'argent. Trois autres velours l'accompagnent au-dessus, à gauche et en bas (**nos 4, 6 et 10**) ; le premier, à fond d'or recouvert de feuilles de vigne ; le second, vert et or, à rayures en travers ; le troisième, ton sur ton, à lignes serpentines. Tout le reste de la planche (**nos 1, 2, 3, 5, 8, 9 et 11–13**) représente des étoffes de soie, brochées d'or, d'argent et de soie.

230

16th Century

HANGING-LEAF TYPE

This type, with leaves suspended by their extremities, either by simple application or by means of a spiral described by their tips, is usually, by virtue of the geometrical arrangement of the centrepiece of its design, a version of the mullion type, though the motifs that fill out the centre of the composition provide a point of contact with the fleuron type – both of which we have already discussed. From the standpoint of taxonomy, it is important to spot all these nuances, because of three given samples, two of simple types and one composite, the latter will always have to be given a date later than the others. This truth is self-evident, of course; it would be worse than naive to seek to demonstrate by a similar method that a son is younger than his father.

The sample in yellow and red (centre left) and the larger green-on-gold sample beside it (centre)

230

16. Jahrhundert

MUSTER MIT HÄNGENDEN BLÄTTERN

Dieses Muster, bei dem die Blätter an einer Applike oder Spirale aufgehängt sind, ist aufgrund der geometrischen Anordnung seines Dessins meist vom Stab abgeleitet, doch stellen die Motive, deren Zahl im Zentrum der Komposition zunimmt, auch einen Bezug zum Fleuron her. Um die Stoffe zu klassifizieren, sind all diese Nuancen zu beachten, denn wenn von drei gegebenen Stücken zwei einfach und eines komplex ist, hat man das letztere stets später zu datieren als die beiden anderen, von denen es sich ableitet. Dieses Faktum ist so offensichtlich, dass man sich Naivität vorwerfen lassen müsste, wollte man mit einem ähnlichen Verfahren nachweisen, dass ein Sohn jünger als sein Vater wäre.

Das gelb-rote Stück, das die mittlere Reihe links eröffnet, und jenes mit goldfarbenem Grund in der Mitte dieser Reihe lassen die Stabform deutlich hervortreten. In den

230

XVIe siècle

TYPE DES FEUILLES SUSPENDUES

Le type des feuilles suspendues par leurs extrémités, soit par application, soit au moyen d'une spirale qu'on a fait décrire à leur sommet, est le plus souvent par la disposition géométrique de la donnée de son dessin, un dérivé du meneau, mais aussi, par les motifs qui augmentent au centre la composition, il a un point de contact avec le fleuron, types que nous avons décrits. Pour l'étude du classement, il est important d'observer toutes ces nuances, car trois échantillons étant donnés, deux de types simples et un de type composé, on devra toujours reporter ce dernier à une date postérieure à celle des deux autres dont il procède. Cette vérité est si manifeste qu'on arriverait à la naïveté en voulant démontrer par un procédé semblable qu'un fils est plus jeune que son père.

L'échantillon à tons jaunes et rouges qui occupe la première place à gauche de la zone du mi-

clearly echo the mullion design. In the other pieces, the dominant fleuron makes the line less distinct, although it can be picked out in imagination from among the details accompanying it. All these specimens date from at least the late 16th century; some of them may even belong to the early 17th.

anderen Mustern erschwert der zentrale Fleuron die Sicht, doch kann man die Stäbe erkennen, wenn man von den schmückenden Details abstrahiert. Alle Stoffe datieren aus dem späten 16. Jahrhundert; einige könnten sogar im frühen 17. Jahrhundert entstanden sein.

lieu de la planche et la pièce à fond d'or du milieu de la même travée donnent nettement la forme du meneau. Dans les autres échantillons, le fleuron dominant rend le contour moins distinct ; on le détache cependant par la pensée des détails qui l'accompagnent. Toutes ces pièces sont de la fin du XVIe siècle, certaines d'entre elles peuvent même être reportées au commencement du XVIIe.

231

16th Century

PALM LEAF TYPE

We have already spoken of the palm leaf type illustrated here, describing it as one of the jewels taken from the casket of the 16th century to adorn fabrics manufactured during the early years of the 17th.
Contemporary with the types using flowers and fruit in parallel rows, where the design is reversed in alternate lines (these too we have already described), the palm-leaf type can be found back in the 15th and early 16th centuries. However, it was particularly worn throughout the reign of Henri IV (1589–1610). The various examples illustrated in this plate show it blended with earlier types – the S-shape, for example, here bringing two palm-leaves together (**no. 1**), or the *bâtons rompus* type, which separates the palm-leaves in the alternating pattern described in connection with flowerets (**no. 2**).
The large illustration of the piece of fabric decorated with pomegranates, fleurs-de-lys, and palm-leaves on a red ground (**no. 3**) is the most recent of those illustrated here and

231

16. Jahrhundert

PALMETTENMUSTER

Von der Palmette, die den Mittelpunkt der vorliegenden Tafel bildet, war bereits die Rede; als beliebte Zierform diente sie insbesondere im frühen 17. Jahrhundert zur Stoffdekoration.
Wie die hier bereits vorgestellten Streumuster, die aus parallelen Reihen einander zugewandter Blumen und Früchte bestehen, ist das Palmettenmotiv jedoch bereits im 15. und 16. Jahrhundert anzutreffen, zum Beispiel auf den Kleiderstoffen, die in Frankreich während der Regierungszeit Heinrichs IV. (1589–1610) getragen wurden. Die von uns abgebildeten Varianten zeigen es in Verbindung mit einigen schon erwähnten Motiven, wie den schrägen S, die hier zwischen zwei Palmetten stehen (**Nr. 1**), oder den gestümmelten Zweigen, die in voneinander abgewandter Stellung die Palmetten trennen (**Nr. 2**).
Der mit Granatäpfeln, Lilien und Palmetten verzierte rotgrundige Stoff in der Tafelmitte (**Nr. 3**) ist der jüngste der hier zusammengestellten Stücke und datiert aus den

231

XVIe siècle

TYPE DES PALMES

Nous avons déjà parlé du type des palmes que nous allons décrire, et nous avons démontré qu'il fut un des joyaux détachés de l'écrin du XVIe siècle, pour servir à l'ornement des tissus fabriqués pendant les premières années du XVIIe.
Contemporain des types de fleurs et de fruits semés sur lignes parallèles et à dessin renversé dont nous avons publié les modèles, on le rencontre déjà du XVe au XVIe siècle, et il fut porté en France pendant toute la durée du règne de Henri IV (1589–1610). Les différentes variétés que nous en reproduisons nous le montrent mélangé à quelques-uns des types qui l'ont précédé, tel que celui des *S*, que l'on voit ici accostés de deux palmes (**no 1**), ou à celui des bâtons rompus, qui séparent les palmes dans la disposition renversée dont nous venons de parler à propos des fleurettes (**no 2**).
L'étoffe sur fond rouge du milieu de la page (**no 3**), décorée de grenades, de fleurs de lys et de palmes, est la moins ancienne de toute la réunion et caractérise un tissu des

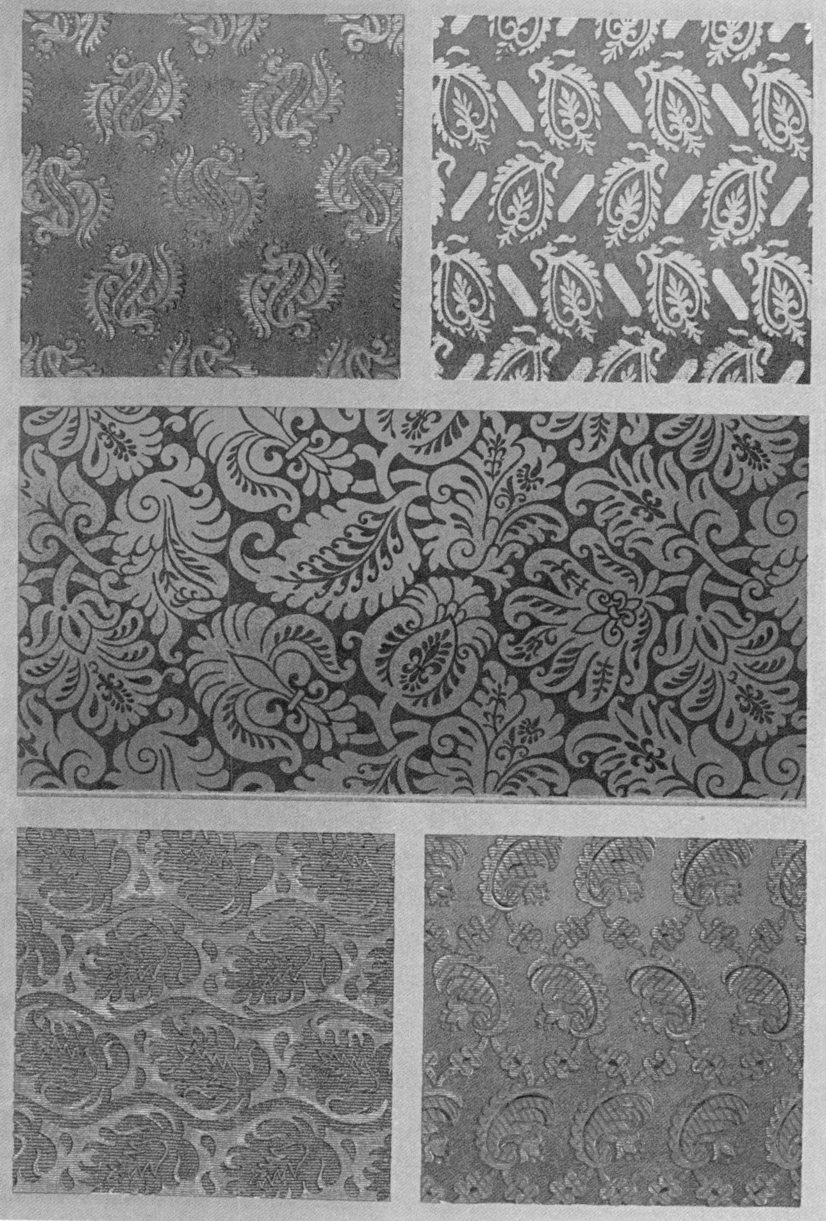

is typical of the early years of the 17th century. Finally, the last two fabrics reproduced here (**nos. 4 and 5**) are pure specimens of the palm-leaf type. On a visit to the Palazzo Durazzo during our stay in Genoa, we were able to observe these types on the clothing of many figures in a painting of a picnic. The work had been painted towards the end of the 16th century.

ersten Jahren des 17. Jahrhunderts. Die beiden zuunterst reproduzierten Beispiele zeigen ein reines Palmettenmuster (**Nrn. 4 und 5**). Als wir während unseres Aufenthalts in Genua den Palazzo Durazzo besuchten, konnten wir diese Muster auf den Kleidern zahlreicher Personen beobachten, die auf einem gegen Ende des 16. Jahrhunderts gemalten Bild mit der Darstellung eines ländlichen Festes zu sehen waren.

premières années du XVIIe siècle ; enfin les deux derniers spécimens qui terminent la planche sont des types purs du genre à décors de palmes (**nos 4 et 5**). Dans une visite que nous avons faite, pendant notre séjour à Gênes, au palais Durazzo, nous avons pu observer ces types sur les vêtements de nombreux personnages d'un tableau représentant une fête champêtre. Cette œuvre sortit des mains de l'artiste vers la fin du XVIe siècle.

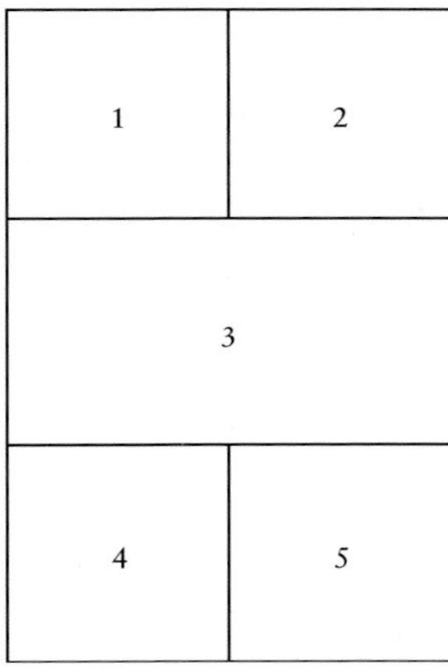

16th Century

APPLIQUÉ EMBROIDERY: SPANISH TYPES

Spain and Italy suffered similar foreign occupations at the same time, and in consequence the works produced by the two countries resemble one another closely. We need scarcely add that the Moors, who were settled on Spanish soil for a longer period, covered it with monuments, or that the oriental decoration and style of those monuments exerted and continue to exert a profound influence on the artistic output of that country. Embroidery, an imitative art with less strict rules and greater opulence of effect than fabric, readily adopted the motifs of Arabic architecture and imbued its work with a particularly eastern character that is unique to Spain. Indeed, the remarkable fact seems to be that most instances of international artistic cross-fertilisation generate works in which the peculiar genius of both countries involved remains distinguishable while their combination gives rise to a wholly new genre.
Readers will not fail to recognise in the two specimens that head our plate (**nos. 1 and 2**) a basically Moorish character in conjunction with everyday Renaissance motifs. The five pieces making up the rest of the plate represent Spanish interpretations of some of the types we have been able to classify. They include a reticulated arrangement of vases of flowers (**no. 3**) and crowned mullions enclosing quite uniquely spherical pieces of fruit (**no. 5**). Between these is a motif with alternating compart-

232

16. Jahrhundert

APPLIZIERTE STICKEREIEN: SPANISCHE MUSTER

Wie bereits erwähnt, wurden Spanien und Unteritalien zur gleichen Zeit von einer fremden Macht besetzt, so dass die Arbeiten aus diesen Ländern einander sehr ähnlich sind. Fügen wir hinzu, dass die Mauren, die lange auf spanischem Boden lebten, Baudenkmäler hinterließen, deren orientalischer Stil einen starken Einfluss auf die künstlerischen Erzeugnisse Spaniens hatte und immer noch hat.
Die Stickerei – eine in ihren Regeln weniger strenge Kunst der Nachahmung, die jedoch aufgrund ihrer plastischen Wirkungen reicher ist als die Webkunst – übernahm die Motive der arabischen Architektur mit Leichtigkeit und verlieh ihren Arbeiten einen unverkennbaren orientalischen Charakter, der typisch für Spanien ist. Es ist in der Tat bemerkenswert festzustellen, dass die meisten in ein fremdes Land gebrachten künstlerischen Anregungen Werke einer neuen Art oder Gattung entstehen lassen, in denen das Genie beider Nationen zu erkennen ist.
So lässt sich in den beiden Mustern der oberen Reihe unserer Tafel (**Nrn. 1 und 2**) der maurische Charakter, der den gängigen Renaissance-Motiven anhaftet, nicht von der Hand weisen. Darunter sind fünf Beispiele angeordnet, die einige der von uns klassierten Muster in spanischer Manier variieren: zur Linken ein Netzwerk, dessen Felder mit Blumenvasen geschmückt sind (**Nr. 3**), zur Rechten ein mit einer Fantasiekrone geschmücktes Stabmuster, das eine

232

XVIe siècle

BRODERIES APPLICATIONS : TYPES ESPAGNOLS

L'Espagne et l'Italie, nous l'avons dit ailleurs, subissaient en même temps une même occupation étrangère qui rendait leurs œuvres presque similaires. Il est utile d'ajouter ici que les Maures, plus longtemps établis sur le sol espagnol, le couvrirent de monuments dont la décoration et le style oriental eurent et ont encore aujourd'hui une influence marquée sur les productions artistiques de ce pays.
La broderie, art d'imitation moins sévère dans ses règles, plus riche que le tissu, par le relief de ses effets, emprunta facilement les motifs de l'architecture arabe et donna à ses ouvrages un caractère oriental particulier, qui appartient en propre à l'Espagne. Il est, en effet, absolument remarquable de constater que la plupart des semences artistiques transportées à l'étranger engendrent des œuvres où l'on distingue le génie des deux nations, qui, de cet assemblage, créent un genre, une espèce nouvelle.
On ne refusera pas de reconnaître dans les deux spécimens placés en haut de cette planche (**nos 1 et 2**) le caractère mauresque allié aux motifs ordinaires de la Renaissance. Cinq pièces figurent au-dessous de celles-ci. Elles interprètent, à la manière espagnole, quelques-uns des types que nous avons classés ; soit, à gauche, un réticule décoré d'un vase garni de fleurs (**no 3**), à droite un meneau couronné, chargé au centre d'un fruit tout à part dans sa forme sphérique, et surmonté d'une couronne fantaisiste (**no 5**). Au centre, un motif de comparti-

ments and mullions in the style of the Italian Renaissance (**no. 4**). Below, we see a frieze using reversed S's (**no. 6**) and a vase design with scattered flowers (**no. 7**). Reviewing these fabric designs also enables us to note that the typical elements used in Spanish decoration were the same as those used in neighbouring countries. Two of these samples (**no. 2 and 6**) were loaned to us by Mr Levy.

kugelförmige Frucht umschließt (**Nr. 5**), und im Zentrum ein Muster mit Feldern und Stäben im Stil der italienischen Renaissance (**Nr. 4**); unten links ein Fries mit umgekehrten S (**Nr. 6**) und rechts ein Streublumenmuster mit Vase (**Nr. 7**). Dieser Überblick macht zudem deutlich, dass in den spanischen Dekorationen dieselben Elemente verwendet wurden wie in den Nachbarländern. Die Vorlagen für die beiden Muster oben rechts und unten links (**Nrn. 2 und 6**) stellte uns Herr Lévy zur Verfügung.

ments alterné de meneaux dans le goût de la Renaissance italienne (**n° 4**) ; en bas, à gauche, une frise du type des S renversés (**n° 6**), à droite, le dessin du vase, semé de fleurs (**n° 7**). Cette revue nous permet encore de constater que les éléments typiques de la décoration espagnole étaient les mêmes que ceux dont usaient ses voisins. M. Lévy nous a prêté le premier des échantillons occupant l'angle à droite, dans le haut (**nos 2 et 6**), et le dernier l'angle à gauche, dans le bas.

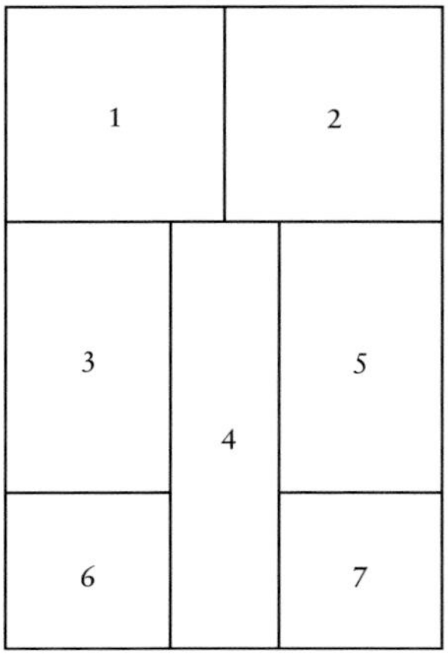

1 2
3 4 5
6 7

233

16th and 17th Centuries

ENAMELLED GOLD- AND SILVERWARE AND JEWELLERY

The art of the goldsmith-enamellist is today a lost one. Its decline began around 1668, when Louis XIV had his silverware melted down at the mint. The increasing use of porcelain and crystal has-

233

16. und 17. Jahrhundert

GOLDEMAIL- UND JUWELIERKUNST

Die Goldemailkunst ist heute verschwunden; sie kam aus der Mode, als Ludwig XIV. im Jahre 1668 sein Silber in der Münze einschmelzen ließ. Die Verwendung von Porzellan und Kristall beschleunigte diese

233

XVIe et XVIIe siècles

ORFÈVRERIE ÉMAILLÉE ET JOAILLERIE

L'art de l'orfèvre émailleur est aujourd'hui perdu ; il commença à décliner à l'époque où Louis XIV fit fondre son argenterie à la Monnaie, en 1668, et l'usage des porcelaines et cristaux en hâta la fin. Il

tened its end. Subsequently it was used only to manufacture 'curiosities' for presentation as gifts, for which purpose the king in 1698 still maintained four goldsmiths at the Louvre (Melin, Rotier, Delaunay, and Montarsy) as well as an enamellist named Bain.

Nos. 1 and 2. Tip of a sword scabbard, front and back.

No. 3. Part of an ivory ring.

No. 4. Detail from an agate vase.

Nos. 5–7, 9, and 12. Details from a gold cup.

Nos. 8, 10, and 14. Buckles, setting.

No. 11. Ring.

No. 13. Tip of a sword guard, from the treasure of the House of Austria.

No. 15. Cameo setting on an ebony casket.

Nos. 16 and 17. Details from the same casket, from the former treasure of the kings of Poland.

No. 18. Base of a tripod-mounted vase.

Nos. 19–26. Vase and cup handles.

Nos. 27 and 28. Feet of cups.

Nos. 29–31. Various details.

Entwicklung. Nur noch wenige Liebhaberstücke, die als Geschenke dienten, wurden hergestellt. Dafür beschäftigte der König 1698 im Louvre noch vier Goldschmiede: Melin, Rotier, Delaunay und Montarsy, dazu einen Emailleur namens Bain.

Nrn. 1 und 2: Endstück einer Schwertscheide, Vorder- und Rückseite.

Nr. 3: Elfenbeinring, Abwicklung.

Nr. 4: Motiv auf einer Achatvase.

Nrn. 5–7, 9 und 12: Einzelne Motive einer Goldschale.

Nrn. 8, 10 und 14: Einfassung einer Spange.

Nr. 11: Fingerring.

Nr. 13: Teil eines Schwertzierrats, aus dem Schatz des Hauses Österreich.

Nr. 15: Gemmenfassung auf einem Ebenholzkasten.

Nrn. 16 und 17: Teile desselben Kastens, aus dem früheren Schatz der Könige von Polen.

Nr. 18: Vasenfuß, dreiteilig.

Nrn. 19–26: Vasen- und Schalenhenkel.

Nrn. 27 und 28: Schalenfüße.

Nrn. 29–31: Verschiedene Fragmente.

ne servit plus dès lors qu'à la fabrication des ouvrages de curiosité destinés à des présents, pour lesquels, en 1698, le roi logeait encore quatre orfèvres au Louvre – Melin, Rotier, Delaunay et Montarsy – et un émailleur nommé Bain.

N°s 1 et 2 : Bouts de fourreau d'épée, face et revers.

N° 3 : Anneau d'olifant, développement.

N° 4 : Fragment sur un vase d'agate.

N°s 5–7, 9 et 12 : Fragments détachés d'une coupe d'or.

N°s 8, 10 et 14 : Encadrement d'agrafe.

N° 11 : Bague.

N° 13 : Extrémité d'une garde d'épée, provenant du trésor de la maison d'Autriche.

N° 15 : Monture de camée sur un coffre en ébène.

N°s 16 et 17 : Fragments du même coffre, provenant de l'ancien trésor des rois de Pologne.

N° 18 : Base de vase monté en trépied.

N°s 19–26 : Anses de vases et de coupes.

N°s 27 et 28 : Pieds de coupes.

N°s 29–31 : Fragments divers.

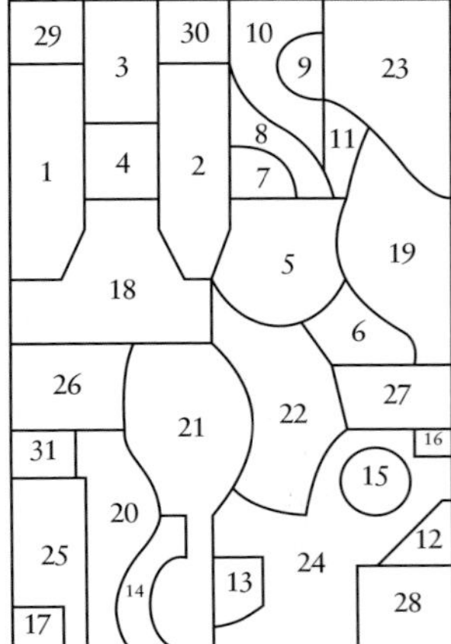

29
3
30
10
23
9
8
11
4
7
1
2
5
19
18
6
26
27
21
22
31
16
15
20
24
12
25
14
13
17
28

16th and 17th Centuries

MOSAIC BOOKBINDING MOTIFS

The models chosen for this plate are particularly relevant to our subject by virtue of their combined use of several colours in conjunction with gold. The sources are as follows:
No. 1. Bible by Robert Estienne, Paris, 1540.
No. 2. Book published by Paolo Giovio, Florence, 1540. This copy is from the famous Grolier Library and bears the inscription *Grollerii et amicorum*.
No. 3. Copy of Procopius' *De Bello Persico*, 1509. This fine Italian binding was made for the famous bibliophile Maioli and is inscribed *Th. Maioli et amicorum*.
No. 4. *Glose ordinaire sur le Pentateuque*.
No. 5. Corner of a binding bearing the arms of Henri II and the initials of his mistress, Diane de Poitiers.

234

16. und 17. Jahrhundert

MOTIVE VON MOSAIK-EINBÄNDEN

Die hier vereinten Motive passen, da sie mehrere Farben und Gold kombinieren, besonders gut zum Thema dieser Tafel. Hier die Quellenangaben:
Nr. 1: Bibel von Robert Estienne, Paris 1540.
Nr. 2: Exemplar der Edition von Paolo Giovio, Florenz 1540. Das Buch stammt aus der berühmten Bibliothek Groliers und trägt die Inschrift: *Grollerii et amicorum*.
Nr. 3: Prokop, *De Bello Persico*, 1509. Der schöne italienische Einband wurde für den bekannten Bibliophilen Maioli angefertigt und trägt die Inschrift: *Th. Maioli et amicorum*.
Nr. 4: *Glose ordinaire sur le Pentateuque* (Pentateuch-Kommentar).
Nr. 5: Einband-Ecke mit dem Wappen Heinrichs II. und den Initialen von Diane de Poitiers.

234

XVIe et XVIIe siècles

MOTIFS DE RELIURES EN MOSAÏQUE

Les modèles choisis pour figurer dans notre planche, par l'emploi combiné de plusieurs couleurs et de l'or, rentrent particulièrement dans notre sujet. Voici les sources où nous avons puisé :
N° 1 : Exemplaire de la Bible de Robert Estienne, Paris, 1540.
N° 2 : Exemplaire de l'édition de Paul Jove, Florence, 1540. Cet exemplaire provient de la célèbre bibliothèque de Grolier et porte l'inscription *Grollerü et amicorum*.
N° 3 : Exemplaire de Procope, *De Bello Persico*, 1509. Cette belle reliure italienne a été faite pour Maioli, le célèbre bibliophile, et porte l'inscription *Th. Maioli et amicorum*.
N° 4 : *Glose ordinaire sur le Pentateuque.*
N° 5 : Coin d'une reliure aux armes de Henri II et aux initiales de Diane de Poitiers.

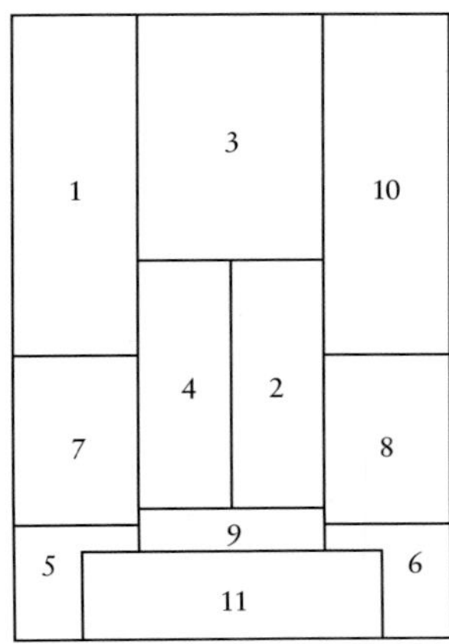

XVIth et XVIIth CENTURY.
XVIE ET XVIIE SIECLE
XVItes et XVIItes JAHRHUNDERT
SPES MEA DEVS
MEMORIAL DE LA VIE CHRESTIENNE
Lith. par Pralon
FIRMIN DIDOT FRÈRES FILS & Cie EDITEURS
Imp. Lemercier & Cie Paris

No. 6. Another binding with the arms of Henri II and the initials of Diane de Poitiers.
No. 7. Bible: *Biblia ex duplici versione altera vulgata, altera Tigurina Leonis de Juda, cum annotationibus Fr. Vatabli. Lutetiae, ex officina Rob. Stephani*, 1545, 2 vols., red morocco with mosaic, gilt edge.
No. 8. *Heures de la Vierge*, Paris, Guillaume Merlin, 1555.
No. 9. Back of a binding bearing the arms of Henri II.
No. 10. *Missale Romanum*, folio, Venetian, Ant. de Zanchis, 1506. The binding is later (Italian, early 17th century).
No. 11. *Grandes annales et chroniques d'Angleterre*, by Jean Besnard, formerly secretary to the Queen of England (completed and corrected 22 March 1567 and dedicated by the author to Charles IX of France). Reproduced here is the principal edge of the volume.

Nr. 6: Weiterer Einband mit dem Wappen Heinrichs II. und den Initialen von Diane de Poitiers.
Nr. 7: *Biblia ex duplici versione altera vulgata, altera Tigurina Leonis de Juda, cum annotationibus Fr. Vatabli. Lutetiae, ex officina Rob. Stephani*, 1545, rotes Maroquin, mit Mosaik und Goldschnitt.
Nr. 8: *Heures de la Vierge*, Paris, Guillaume Merlin, 1555.
Nr. 9: Rücken eines Einbands mit dem Wappen Heinrichs II.
Nr. 10: *Missale Romanum*, Folio, Venetiis, Ant. de Zanchis, 1506. Der spätere Einband ist italienisch und datiert aus dem frühen 17. Jahrhundert.
Nr. 11: *Grandes annales et chroniques d'Angleterre*, von Jean Besnard, ehemals Sekretär der Königin von England (abgeschlossen am 22. März 1567 und vom Autor Karl IX., König von Frankreich, gewidmet). Hier ist die Hauptschnittfläche abgebildet.

N° 6 : Autre reliure aux armes de Henri II et aux initiales de Diane de Poitiers.
N° 7 : *Biblia ex duplici versione altera vulgata, altera Tigurina Leonis de Juda, cum annotationibus Fr. Vatabli. Lutetiae, ex officina Rob. Stephani*, 1545, maroquin rouge, avec mosaïque, tr. dorée.
N° 8 : *Heures de la Vierge*, Paris, Guillaume Merlin, 1555.
N° 9 : Dos d'une reliure aux armes de Henri II.
N° 10 : *Missale Romanum*, in-fol., Venetiis, Ant. de Zanchis, 1506. La reliure, faite à une époque postérieure, est italienne et du commencement du XVIIe siècle.
N° 11 : *Grandes annales et chroniques d'Angleterre*, par Jean Besnard, ancien secrétaire de la reine d'Angleterre (achevé d'écrire et mis au net le 22 mars 1567, et dédié au roi de France, Charles IX, par l'auteur). C'est la tranche principale du volume qui est reproduite dans notre planche.

235

16th and 17th Centuries

CARTOUCHES ON AN OPEN GROUND

It is interesting to trace the evolution of the cartouche through the various phases of French artistic history. The examples given here are from the latter part of the 16th century and the first part of the 17th. Four motifs are from a manuscript in the Bibliothèque de l'Arsenal attributed to Jean Cousin. The majority of the remainder are Flemish and are taken from various sources. Mostly they are map ornaments, but the applications of these types of cartouche are very

235

16. und 17. Jahrhundert

WECHSELKARTUSCHEN

Die Entwicklung der Kartusche durch die verschiedenen Epochen der französischen Kunstgeschichte zu verfolgen ist recht aufschlussreich. Die hier gezeigten Beispiele gehören in die zweite Hälfte des 16. und erste Hälfte des 17. Jahrhunderts. Vier Motive sind einer Jean Cousin zugeschriebenen Handschrift der Bibliothèque de l'Arsenal entnommen. Die weiteren Motive sind bei verschiedener Herkunft meist flämischen Ursprungs. Gewöhnlich handelt es sich um Verzierungen von

235

XVIe et XVIIe siècles

CARTOUCHES EN CHAMP LIBRE

Il est intéressant de suivre le développement du genre du cartouche, à travers les diverses phases de notre art national. Les exemples que nous donnons ici appartiennent à la seconde partie du XVIe siècle et à la première partie du siècle suivant. Quatres motifs proviennent d'un manuscrit de la Bibliothèque de l'Arsenal, attribué à Jean Cousin. Les autres motifs sont, pour la plupart, d'origine flamande et de provenances diverses. Ce sont en général des ornées de cartes géogra-

varied, particularly in the conventionalised use of wood and leather as ornamental elements.

Landkarten, doch sind verschiedene Anwendungsmöglichkeiten gegeben, insbesondere im herkömmlichen Gebrauch von Holz und Leder als Elementen der Ornamentik.

phiques ; mais ces types peuvent recevoir des applications bien diverses, en particulier dans l'emploi conventionnel des bois et des cuirs comme éléments d'ornementation.

236

16th and 17th Centuries

DECORATIVE HANGINGS WITH APPLIQUÉ DESIGNS

The motifs reproduced here are from two sources.
Nos. 1 and 2: In these two fragments from Genoa, the appliqué work is in woollen cloth on a ground of the same material, with only the edging done in silk.
No. 3. The third fragment is from Milan and has a ground of silk brocade, purple on purple (Lyons style), with appliqué work in yellow satin. The designs are remarkable for their firmness and for their powerful relief effect, which almost makes them look like ornamental carving. They are worthy of the finest craftsmen of the period.

236

16. und 17. Jahrhundert

DEKORATIVE WANDBEHÄNGE MIT APPLIKATIONEN

Für die hier gezeigten Motive sind zwei Quellen festzuhalten:
Nrn. 1 und 2: Bei diesen beiden Stücken aus Genua sind die Stickereien aus Tuch auf gleichem Stoff und nur die Bordüren aus Seide.
Nr. 3: Das dritte Stück, das aus Mailand stammt, besteht aus einem in violettem Camaieu broschierten Seidengrund (Lyoner Art); die Stickereien sind in gelbem Atlas gefertigt. Die gelungene Verzierung überzeugt durch ihre Kraft und Reliefwirkung, die sie fast als plastisches Ornament erscheinen lässt.

236

XVIe et XVIIe siècles

TENTURES DÉCORATIVES À DESSINS D'APPLIQUE

Les motifs reproduits dans notre planche proviennent de deux sources différentes.
Nos 1 et 2 : Dans ces deux fragments, rapportés de Gênes, les broderies sont de drap sur fond de même étoffe, et seules les bordures sont en soie.
No 3 : Dans ce troisième fragment, le fond est de soie brochée violet sur violet (genre de Lyon) et les broderies en satin jaune. Il vient de Milan. Les dessins, d'une grande fermeté, sont remarquables par la puissance du relief, qui en fait pour ainsi dire des motifs de sculpture ornementale. Ils sont dignes des meilleurs maîtres de l'époque.

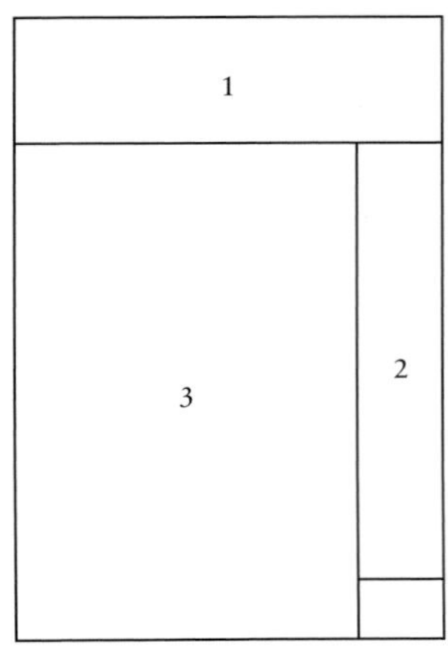

XVIth XVIIth CENTURY — XVIe & XVIIe SIÈCLE — XVItes XVIItes JAHRUNDERT

Lith. par Dufour & F. Durin

FIRMIN DIDOT FRÈRES FILS & Cie ÉDITEURS

Imp. Lemercier & Cie Paris

16th and 17th Centuries

ITALIAN MANUSCRIPT ILLUMINATION

The motifs in these two plates are all from the Pavia Charterhouse Antiphonals. These altar books are exceptionally interesting material for the student, showing how ornamental styles changed during the long period it took to complete them. In the fourteen volumes from which our selection is taken, among the dates inscribed in the ornamentation itself we find 1562, which occurs in the third volume, and 1578 in the twelfth. Clearly, then, the work was begun some time before the first of those dates and continued until well after the second. We have confirmation of this in the examples taken from the thirteenth and fourteenth volumes, where the ornamentation is that of the late 16th and even early 17th centuries. At whatever precise date this undertaking was begun, the first artists to work on it obviously drew their inspiration from the magnificent architectural decoration of the Pavia Charterhouse, which was begun in 1396 by Gian Galeazzo Visconti, continued under the Sforza, and worked on until 1542. It has been pointed out that the façade ornamentation bears certain similarities to the bronze doors of St. Peter's, Rome, which as the most memorable example of the blending of pagan and Christian elements characterizing the early Renaissance invariably offered the strangest associations. We find something of this here as a result of the influence of

16. und 17. Jahrhundert

DEKORATIONEN IN ITALIENISCHEN HANDSCHRIFTEN

Die Motive der Tafeln 237 und 238 sind einer einzigen Quelle entnommen, den Antiphonarien der Kartause von Pavia. Diese Chorbücher bilden eine Folge, die für die Entwicklung der Ornamentik sehr aufschlussreich ist. Es brauchte viele Jahre, um sie anzufertigen. In den vierzehn Bänden, aus denen die Motive stammen, findet man in den Dekorationen des dritten Bandes das Datum 1562, während das nächstgenannte, 1578, sich im zwölften Band befindet. Das Werk dürfte also vor dem ersten Datum begonnen und lange über das zweite hinaus fortgesetzt worden sein. Dies zeigen auch die Muster aus dem 13. und 14. Band, deren Typ das Ende des 16. oder sogar das beginnende 17. Jahrhundert anzeigt. Wann immer das Werk auch begonnen wurde, es ist offensichtlich, dass die ersten Künstler, die an ihm arbeiteten, von der dekorativen Pracht der Gebäude der Kartause von Pavia beeinflusst wurden. Der Bau wurde von Gian Galeazzo Visconti im Jahre 1396 begonnen, von den Sforza weitergeführt und erst 1542 abgeschlossen. Die Dekoration der Fassade zeigt Ähnlichkeiten mit den Bronzetüren von St. Peter in Rom, einem hervorragenden Beispiel für die Mischung heidnischer und christlicher Elemente, wie sie die Frührenaissance kennzeichnet, die in dieser Beziehung überall ungewöhnliche Verbindungen herstellt. Etwas davon findet sich, da die großen auf die

XVIe et XVIIe siècles

ORNEMENTATION DES MANUSCRITS EN ITALIE

Les éléments des planches 237 et 238 proviennent d'une source unique, les Antiphonaires de la chartreuse de Pavie. Ces livres de chœur forment une suite particulièrement intéressante pour l'historique de la modification des styles ornemanesques pendant le long temps qu'il a fallu pour l'exécution de ces travaux, puisque, sur les quatorze volumes auxquels nos exemples sont empruntés, on trouve, parmi les dates inscrites dans l'ornement même, celle de 1562, qui ne se rencontre qu'au troisième volume, et la plus rapprochée, 1578, qui se trouve dans le douzième. Il est donc certain que l'œuvre a été entreprise avant la première de ces dates, et qu'elle a été poursuivie bien après la seconde. On s'en convainc facilement par les exemples tirés des treizième et quatorzième volumes, dont l'ornementation annonce la fin du XVIe siècle, et même l'aurore du XVIIe. Quelle que soit la véritable date du commencement de cette entreprise, il est évident que les premiers artistes qui y ont travaillé, se sont inspirés du grand souffle de la magnificence décorative imprimée à la merveilleuse architecture de la chartreuse de Pavie, laquelle, commencée en 1396 par Jean Galéas Visconti, continuée par les Sforza, a nécessité des travaux qui furent poursuivis jusqu'en 1542. L'ornementation de la façade offre des rapports avec les portes de bronze de Saint-Pierre de Rome, le plus mémorable exemple du mélange

IHS

the major arts upon the minor ones.
In short the splendid ornamentation of these Antiphonals is in perfect harmony with the surroundings in which for perhaps fifty years or so successive miniaturists worked on them, gradually modifying the character of the ornamental scheme. These illuminators, naturally influenced by contemporary tastes, have provided us with a historical gallery of ornamentation in which the various stages of transformation are easily recognizable.
No. 1. Motif from the first page. The portrait is that of Gian Galeazzo Visconti, founder of the Charterhouse of Pavia.
Nos. 2–4. Borders, three bearing the date 1562 in the medallion.
Nos. 5 and 6. Beautifully drawn initials, N and D; **no. 5** in particular suggests the hand of a master ornamentist and goldsmith. A certain tendency to complicate the design comes out above all in the D, which is in any case of lesser value (and seems to have been shown reversed, by mistake). The

kleinen Künste wirken, auch hier wieder.
Die prachtvollen Verzierungen der Antiphonarien aus der Kartause von Pavia stimmen mit ihrer Zeit völlig überein. Während fast fünfzig Jahren wurde das Werk von Miniaturmalern weitergeführt, die den ursprünglichen Charakter der Dekorationen fortlaufend veränderten. Die Maler, die sich dem Tagesgeschmack anpassten, schufen auf diese Weise eine historische Galerie, in der die verschiedenen Veränderungen leicht zu erkennen sind.
Nr. 1: Motiv von der ersten Seite. Das Porträt zeigt Gian Galeazzo Visconti, den Gründer der Kartause von Pavia.
Nrn. 2–4: Die wichtigste dieser harmonischen Randverzierungen trägt im Zentralmedaillon die Jahreszahl 1562.
Nrn. 5 und 6: Die Initialen N und D sind hervorragend gezeichnet; besonders **Nr. 5** verrät die Hand eines Meisters und Goldschmieds. Die fortschreitende Komplizierung ist vor allem am Buchstaben D festzustellen, der künstlerisch

d'éléments païens et d'éléments chrétiens qui caractérise la première Renaissance.
En somme, la magnifique ornementation des Antiphonaires de la chartreuse de Pavie est en pleine harmonie avec le milieu ambiant, où pendant une période que l'on peut évaluer à une cinquantaine d'années environ, l'œuvre a été poursuivie par des miniaturistes qui ont modifié, au fur et à mesure du temps, le caractère de l'ornementation primitive du recueil ; ces enlumineurs, subissant naturellement le goût du jour, se trouvent avoir composé ainsi une galerie historique, dans laquelle il est facile de reconnaître les diverses transformations.
N° 1 : Motif emprunté à la page première. Le portrait est celui de Jean Galéas Visconti, fondateur de la chartreuse de Pavie.
Nos 2–4 : Le principal de ces riches décors latéraux, d'une sage et très belle ordonnance, porte, dans le médaillon du milieu, la date de 1562.
Nos 5 et 6 : Ces riches initiales N et D sont bien dessinées, particulièrement le **n° 5** qui sent la main d'un

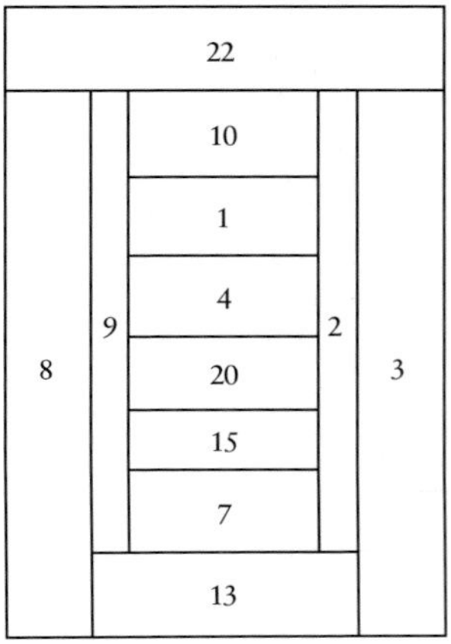

<table>
<tr><td colspan="5">22</td></tr>
<tr><td rowspan="8">8</td><td rowspan="7">9</td><td>10</td><td rowspan="7">2</td><td rowspan="8">3</td></tr>
<tr><td>1</td></tr>
<tr><td>4</td></tr>
<tr><td>20</td></tr>
<tr><td>15</td></tr>
<tr><td>7</td></tr>
<tr><td></td></tr>
<tr><td colspan="3">13</td></tr>
</table>

letters must originally have framed pictures, which appear to have been painted out.

Nos. 7–10. Borders. **No. 8** is purely ornamental and includes no human figures; **no. 9** has two figures beating drums and a medallion bearing the date MDLXV (1565). The scene represented in the medallion in **no. 10** is the Saviour grieving over the sins of the world. In presentation this little painting with its border is strongly suggestive of a Limoges-style painted enamel.

Nos. 11–14. The initial N of **no. 11** offers something genuinely new in the way of ornamentation and is clearly by an expert decorative artist concerned to bring out, by the quality of his execution, the innovations that fascinated him. **No. 12** is an entirely ornamental I (that is to say, it includes no painted scene) using a number of full or partial figures: children playing with garlands and birds, and two female creatures emerging from the foliage with wings on their backs and the pointed ears and pear-shaped breasts of the female

weniger wertvoll ist und irrtümlicherweise auf dem Kopf steht. Bei beiden Initialen scheint das Innenbild überdeckt worden zu sein.

Nrn. 7–10: Bordüren. Die größere Randleiste zeigt (**Nr. 8**) keine menschlichen Figuren, während das daneben liegende schmalere Band (**Nr. 9**) Trommler aufweist; sein Medaillon trägt die Jahreszahl 1565. Im Medaillon von **Nr. 10** ist der Erlöser dargestellt, der über die Sünden der Welt weint. Die Weise, wie dieses kleine Bild mit Randleiste gestaltet ist, erinnert an Maleremail in der Art von Limoges.

Nrn. 11–14: Die Initiale **Nr. 11** zeigt eine neuartige Verzierung aus der Hand eines hervorragenden Zeichners, der sich darum bemühte, die Neuerungen, die ihm teuer waren, durch eine meisterhafte Ausführung herauszustellen. **Nr. 12** ist ein I ohne szenisches Bild; es ist ganz Ornament mit nach der Natur gemalten Figuren in Gesamt- oder Teilansicht. Kinder spielen mit Vögeln, und die Halbfiguren von Frauen, die aus dem Rankenwerk hervorwachsen, mit ihren in der

maître ornemaniste et d'un orfèvre. La tendance à la complication se fait surtout sentir dans la lettre D, qui est, d'ailleurs, de moindre valeur, et qui se trouve en sens inverse, par erreur.

Nos 7–10 : Bordures. Le plus grand de ces motifs (**no 8**) est purement ornemental, sans mélange de figures humaines, tandis que dans la bande étroite lui faisant vis-à-vis (**no 9**) , il s'en trouve qui battent du tambour ; le médaillon de celle-ci porte la date de 1565. Dans le médaillon du **no 10** le sujet représenté est le Sauveur pleurant sur les péchés du monde. La façon dont ce petit tableau sous bordure est présenté appelle l'idée de l'émail peint à la façon de Limoges.

Nos 11–14 : L'initiale **no 11** présente une ornementation d'un caractère véritablement nouveau, dégagé par la main d'un artiste émérite comme dessinateur, et qui s'est appliqué à faire prévaloir, par les qualités de son exécution, les innovations qui le séduisaient. Le **no 12** est un I dont le décor ne comporte pas de tableau scénique ; il est tout ornemental, en combinant des fi-

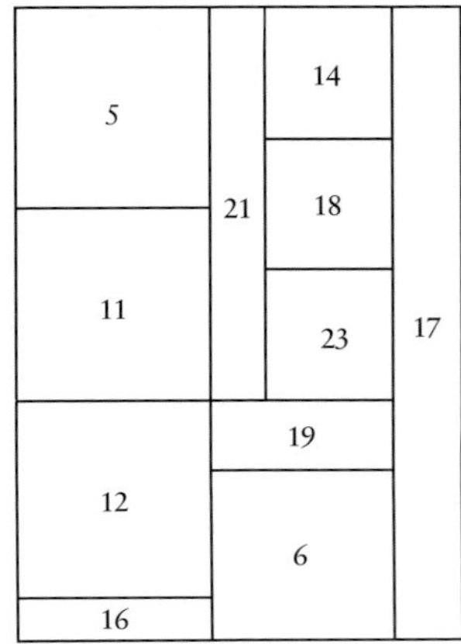

faun. **No. 13** is ostentatiously dated 1578, and there are grounds for assuming that this novel design with its very different colouring marks the passage of a non-native master or one who had received his training away from the Milanese School (for example at Bologna, as his style would seem to suggest).
Nos. 15–18. The first two of these suggest a search for a new elegance and grace of movement, combined with strict symmetry.
Nos. 19–23. Of these, **no. 22** gives the fullest idea of a new opulence, marked by the increasingly important role played by the cartouche.

Dekoration gefangenen Flügeln zeigen die verlängerten Ohren und birnenförmigen Brüste weiblicher Faune. **Nr. 13** trägt deutlich die Jahreszahl 1578. Die neuartige Zeichnung und Farbgebung dieser Verzierung lässt auf einen Künstler schließen, der aus einer anderen Stadt kam oder sich außerhalb der Mailänder Schule, zum Beispiel in Bologna, an dessen Schule die Malerei erinnert, ausbilden ließ.
Nrn. 15–18: Die Motive **Nr. 15 und 16** suchen ein elegantes und anmutiges, dabei immer symmetrisches Linienspiel zu schaffen.
Nrn. 19–23: Nr. 22 ist das beste Beispiel für den neuen Reichtum, bei dem vor allem die die zunehmende Bedeutung von Kartuschen wichtig wird.

gures peintes au naturel, entières ou partielles. Des enfants y jouent avec des oiseaux, et les demi-figures de femmes issues de rinceaux, les ailes liées dans l'ornement, montrent les oreilles allongées et les seins en poire de la faunesse. Le **no 13** porte avec ostentation sa date 1578 ; et l'on peut présumer que ce décor d'un dessin si neuf et d'une coloration si différente a marqué le passage d'un maître qui n'était pas du terroir, ou qui avait été se former en dehors de l'école milanaise, à Bologne, par exemple, dont cette ornementation rappelle l'école.
Nos 15–18 : Avec les motifs **nos 15 et 16** on voit aborder une recherche ayant pour but principal les élégances et la grâce du mouvement dans des caprices qui sont, d'ailleurs, toujours symétriques.
Nos 19–23 : Le **no 22** donne ici la plus complète idée d'une opulence nouvelle, à laquelle l'emploi du cartouche prenant une importance de plus en plus décisive, a donné la physionomie.

239

16th–18th Centuries

JEWELLERY

This plate is made up mainly of items of 16th-century jewellery, but it also offers examples of the ornamentation of European jewellery during the 17th and 18th centuries, giving some idea of the sort of stylistic developments that took place (generally as a consequence of developments in the major arts of the period) up until the triumph of the diamond, which because it could be cut and because other ways of bringing out its qualities

239

16.–18. Jahrhundert

JUWELIERARBEITEN

Diese Tafel vereint hauptsächlich Schmuckstücke aus dem 16. Jahrhundert und zeigt zudem einige Besonderheiten in der Ornamentik der europäischen Juwelierkunst des 17. und 18. Jahrhunderts. So lassen sich hier Informationen über die aufeinander folgenden Stilrichtungen finden, die gewöhnlich von den großen Künsten beeinflusst wurden. Das gleiche Phänomen bestimmte auch den Triumph der Diamanten, die sich

239

XVIe–XVIIIe siècles

ORFÈVRERIE-JOAILLERIE

Cette planche est composée principalement de bijoux du XVIe siècle, et offre, en outre, un certain nombre de détails concernant l'ornementation de la joaillerie européenne pendant les XVIIe et XVIIIe siècles, de sorte qu'on peut y puiser des indications sur les styles qui se sont engendrés, en découlant généralement des grands arts contemporains, ainsi qu'il en fut jusqu'au triomphe du diamant, lequel, en raison de la taille, des progrès de sa

were also improving was to assume so large a place in personal ornament; at the same time its metal setting, through constant changes of fashion, became less and less apparent until it had virtually no artistic character left.

Most of our examples use enamelled metal, inlaid niello work, or coloured gemstones. The craftsmen of the time saw the ornamentation of jewellery quite differently than we do today. In their hands each jewel was given individual treatment in order to avoid any idea of bulk production. Above all, our ancestors liked a piece of jewellery to be coloured and as it were invested with a life of its own while at the same time playing a partitioning role on velvet, satin, lingerie, flesh, or whatever it might be. One jewel might figure in the composition with the marvellous iridescent sheen of certain types of beetle; another might suggest the freshness and sparkle of some ephemeral flower, some miracle of a few hours that enamel could capture for centuries.

Contrary to every expectation, however, of all this jewellery, which was by nature imperishable and was produced in such prodigious quantities, so much has in fact disappeared (for a thousand reasons we need not go into here) that the 16th century, for example, is represented by no more than a handful of truly authentic pieces, which are scattered among our museums and a few private collections.

The best work produced is known mainly through engravings, which constitute a veritable mine of information. Unfortunately, though, such information is incomplete in that it lacks the

aufgrund der Fortschritte in Schneidetechnik und Präsentierweise zu sehr beliebten Schmucksteinen entwickelten, während ihre Metallfassung, die sich ständig der Mode anpasste, immer unauffälliger wurde und schließlich ihren künstlerischen Charakter völlig verlor.

Bei den hier abgebildeten Beispielen bilden emailliertes Metall, Niello und farbige Edelsteine den Hauptbestand. Der Schmuck wurde früher anders als heute verstanden. Jedes Juwel erhielt eine besondere Form, die keinen Gedanken an Dutzendware aufkommen ließ. Der Schmuck hatte farbig zu sein und sozusagen ein eigenes Leben zu besitzen, auch wenn man ihn mit Samt, Atlas, Leinen oder der bloßen Haut zusammenbrachte. Das eine Juwel wetteiferte mit den in allen Farben schillernden Käfern, ein anderes hatte die Frische und das sanfte Strahlen einer vergänglichen Blume, der der gebrannte Schmelz eine Haltbarkeit für Jahrhunderte verlieh.

Allerdings sind in großer Zahl hergestellte, eigentlich unverwüstliche Schmuckstücke aufgrund verschiedener Umstände, die hier nicht weiter interessieren, verschwunden, und die Goldschmiedekunst des 16. Jahrhunderts ist nur noch durch wenige authentische Stücke in Museen und Privatsammlungen erhalten.

Die besten Stücke des Genres sind vor allem durch die Grafik bekannt. Die Kleinkünstler legten ein Repertoir an, das leider insofern unvollständig ist, als die Vielfarbigkeit fehlt, dank der die alten Schmuckstücke so prächtig erschienen. Unter den dekorativen Gattungen kann jene, die sich auf den Schmuck der menschlichen Gestalt, die Verzie-

mise en valeur, devait prendre une si large place dans les parures, et dont la monture métallique, changeant avec la mode et constamment remaniée, de moins en moins ostensible d'ailleurs, a fini par n'avoir presque plus de caractère artistique.

Dans ces spécimens le métal recouvert d'émaux, les nielles incrustés et la lapidairerie de couleur forment le fonds principal. Les artisans anciens comprenaient tout autrement que de nos jours l'ornementation de la bijouterie. Entre leurs mains chaque joyau recevait une physionomie particulière, éloignant toute idée de fabrication en gros. Nos ancêtres voulaient surtout que le bijou fût coloré, et comme animé d'une vie propre, en lui faisant jouer un rôle de partition sur le velours, le satin, la lingerie, ou la chair ; tel joyau figurait dans le concert avec la merveilleuse cuirasse de ces coléoptères chatoyant de tous les feux, tel autre y apportait la fraîcheur et la discrète étincelle de quelque fleur éphémère, à laquelle l'émail sorti de la flamme procurait une durée en état de braver les siècles. Seulement, il est advenu que des bijoux de nature inaltérable, fabriqués en nombre prodigieux, ont tellement disparu par suite de mille causes, que l'orfèvrerie-joaillerie du XVIe siècle, par exemple, ne se trouve plus représentée en nature que par un nombre restreint de pièces véritablement authentiques, tout à fait clairsemées dans nos musées et dans quelques collections particulières.

C'est surtout par la gravure que l'on connaît les productions les plus estimables du genre. Les petits-maîtres en ont formé un véritable trésor, hélas incomplet, faute des éléments polychromiques qui

polychrome element so largely responsible for the splendour of antique jewellery. Of all the decorative arts, that which is concerned to adorn the human person by means of jewellery calls perhaps for the highest degree of analytical knowledge. At any rate it is one that has occupied the ingenuity of some of the finest ornamentists.

rung der Person gewissermaßen, bezieht, gerade wegen ihrer Kleinheit mit den anderen Dekorationsweisen Schritt halten. Sie gehört zu jenen Künsten, die am meisten Kenntnis und Erfahrung voraussetzen, und sie hat die Erfindungskraft der besten Künstler und Meister immer wieder herausgefordert.

contribuaient au faste des anciens bijoux. Parmi les genres décoratifs, celui qui a pour but la parure de la figure humaine à l'aide des joailleries, en principe l'ornement de la personne, peut dans sa taille minuscule marcher de pair avec tous les autres modes de l'ornementation. C'est un des arts qui exigent le plus de connaissances raisonnées, et cet art a exercé à l'infini l'ingéniosité des artisans, voire des maîtres de tous les degrés.

240

16th and 17th Centuries

SILKS, DAMASKS, AND VELVETS: TYPES WITH VOLUTES DECORATED WITH VASES AND BIRDS

Considered as a whole, this plate marks in a positive and precise fashion the period of transition from the 16th to the 17th centuries, and the types illustrated here might equally well be dated to the end of the former as to the beginning of the latter. As such, the plate merits close attention, representing the vanishing-point of frequent antedatings that custom imposes upon textile classification. Popular usage in France adopted the somewhat equivocal habit of referring to spans of years by the names of the sovereigns who ruled during them. As a result, most objects from transitional periods never received their actual date. For instance (and this is precisely the case that concerns us here), Henri IV came to the throne in 1589 and continued to occupy it until 1610. In other words, the last ten years of his reign belong to the

240

16. und 17. Jahrhundert

SEIDE, DAMAST UND SAMT: MUSTER MIT VOLUTEN, VASEN UND VÖGELN

Die gesamte Tafel gibt einen guten und präzisen Eindruck von der Übergangsperiode zwischen dem 16. und 17. Jahrhundert, und die dargestellten Muster können genauso gut in das späte 16. wie in das frühe 17. Jahrhundert datiert werden. In dieser Hinsicht verdient sie eine vertiefte Untersuchung, da sie einen Bezugspunkt für die häufigen Vordatierungen der Stoffe bildet. In der französischen Umgangssprache hat man die – im Übrigen eher bedenkliche – Gewohnheit angenommen, die einzelnen Perioden der Jahrhunderte durch den Namen der Herrscher zu bezeichnen, deren Regierungszeit in sie fiel. Dies führt dazu, dass die meisten Objekte aus einer Übergangszeit ihr tatsächliches Datum verlieren. Heinrich IV. beispielsweise bestieg 1589 den Thron und hielt ihn bis 1610 besetzt. Folglich gehören die letzten zehn Jahre seiner Regierungs-

240

XVIe et XVIIe siècles

SOIERIES, DAMAS ET VELOURS : TYPE DE VOLUTES, ORNÉES DE VASES ET D'OISEAUX

L'ensemble de cette planche marque d'une façon positive et précise l'époque de transition du XVIe au XVIIe siècle, et les types qu'elle représente peuvent aussi bien porter la date de la fin du XVIe siècle que la désignation du commencement du XVIIe. A ce titre elle mérite une analyse approfondie, étant le point d'horizon d'antidatés fréquentes que l'usage fait subir à la classification des tissus.
Le langage familier a fait adopter en France l'habitude, assez équivoque d'ailleurs, de désigner les périodes des siècles par le nom même des souverains qui les ont remplies de leur règne ; il en résulte que la plupart des objets d'époques de transition y perdent leur date réelle. Par exemple, et c'est justement le cas qui nous occupe, Henri IV, monté sur le trône en 1589, l'occupa jusqu'en 1610 ; par conséquent, les dix dernières

17th century. Yet all 'Henri IV' objects (including the ones illustrated here, most of which were manufactured during those ten years) are attributed to the 16th century. The earlier plate 228 presents some of the first examples of models taken from the animal kingdom that we are able to date with reference to various paintings, one of which is a work by Tintoretto in the Palazzo Rosso in Genoa that must have been executed around 1580. Furthermore, history settles this question in a way that brooks no appeal. The crescent-bearing pennants above the Colonna arms on the plate referred to constitute a distinction that was granted to this illustrious family (so we are informed by Joannis Guigard, the highly intelligent author of the *Armorial du Bibliophile*) to mark the brilliant manner in which Marco Antonio Colonna, Duke of Paliano, had conducted himself at the famous Battle of Lepanto, fought against the Turks in 1571.

It can hardly have been in that same year that Marco Antonio commissioned the piece of fabric we reproduce, and if the decorated-volutes type came after it, this cannot be placed earlier than the very end of the 16th century or the beginning of the 17th – which is the date we attribute to the majority of fabrics with designs similar to those we illustrate here. This truth having been admitted, we shall come across successively under Louis XIII (reg. 1610–1643) the types that belong to this period: palm-leaf, volutes, curved branches forming a mullion pattern, filigree, and so on. And we shall be able to restore the lace type to the Louis XIV period, spe-

zeit ins 17. Jahrhundert. Dennoch werden fast alle Objekte, die in diesen zehn Jahren angefertigt wurden, darunter auch unsere Stoffe, dem 16. Jahrhundert zugeschrieben. Auf der bereits präsentierten Tafel 228 haben wir frühe, aus dem Tierreich übernommene Vorlagen zusammengestellt, deren Datum wir mit Hilfe verschiedener Gemälde festlegten, darunter ein um 1580 gemaltes Bild Tintorettos im Palazzo Rosso in Genua. Im Übrigen löst die Geschichte unser Problem in unwiderruflicher Weise: Die mit Halbmonden geschmückten Fahnen über dem sprechenden Wappen der Colonna auf der genannten Tafel sind eine Auszeichnung, die dieser erlauchten Familie laut Joannis Guigard, dem klugen Verfasser des *Armorial du Bibliophile*, im Andenken an das vorbildliche Verhalten von Marco Antonio Colonna, Herzog von Paliano, während der Seeschlacht von Lepanto gegen die Türken (1571) verliehen wurde. Zweifellos ließ Marco Antonio nicht schon im selben Jahr den von uns abgebildeten Stoff anfertigen, und wenn das Motiv der verzierten Voluten zeitlich auf dessen Muster folgt, kann es nur in die allerletzten Jahre des 16. oder den Beginn des 17. Jahrhunderts datiert werden, eine Entstehungszeit, die wir den meisten Stoffen mit Dessins in der Art der von uns reproduzierten Beispiele geben. Gestützt auf diesen Tatbestand, begegnen wir sukzessive unter Ludwig XIII. (reg. 1610–1643) den Mustern, die in seine Zeit gehören, wie Palmetten, eingerollte Voluten, zu Stäben gebogene Zweige, Filigran usw., und schließlich werden wir imstande sein, dem Regnum Ludwigs XIV. zwischen 1660 und 1670 das Spitzenmuster zurückzugeben.

années de son règne appartiennent au XVIIe siècle. Néanmoins, la totalité des objets, tels que nos modèles, fabriqués le plus souvent pendant ces dix années, sont attribués au XVIe. Nous avons donné dans la planche 228 les débuts de ces modèles, empruntés au règne, animal, dont nous fixons la date à l'aide de diverses peintures, parmi lesquelles se trouve, au Palais Rosso de Gênes, une œuvre du Tintoret, qui a dû être exécutée vers 1580. Au surplus, l'histoire tranche cette question sans appel. Les drapeaux chargés de croissants qui se voient au-dessus des armes parlantes des Colonna, dans la planche que nous rappelons ici, sont une distinction qui fut accordée à cette illustre famille, nous dit M. Joannis Guigard, l'intelligent auteur de *L'Armorial du Bibliophile*, en mémoire de la brillante conduite de Marco Antonio Colonna, duc de Paliano, à la célèbre bataille de Lépante (1571), livrée contre les Turcs.

Ce ne fut pas sans doute cette même année que Marc-Antoine fit exécuter l'étoffe que nous avons reproduite, et, si le type des volutes ornées succède à celui-ci, il ne peut alors trouver son classement que dans l'extrême fin du XVIe siècle, ou dans les débuts du XVIIe, date que nous attribuons à la majorité des tissus à dessins semblables à ceux que nous reproduisons. Cette vérité étant admise, nous rencontrerons successivement sous Louis XIII (1610–1643) les types qui appartiennent à cette époque, comme les palmes, les volutes enroulées, les branches courbées en meneaux, les filigranes, etc., et nous arriverons à restituer à l'époque de Louis XIV, de 1660 à 1670, le type de la dentelle (1571), comme nous l'établirons plus tard.

cifically to the decade 1660–1670, as we shall show.
This plate illustrates four specimens: a frieze in the architectural style favoured in the early years of the 17th century (**no. 1**), a brocatelle with figured decoration in shades of green (**no. 3**), a silk damask with volutes depicted in yellow on a red-ochre ground and decorate with animals and vases (**no. 4**), and a similarly decorated velvet, a splendid piece of fabric with a satinised ground (**no. 2**).

Die Tafel vereint vier Beispiele. **Nr. 1** zeigt einen Fries im Stil der Architektur des frühen 17. Jahrhunderts. Die Mitte (**Nr. 3**) füllt ein figürlicher Brokatell, der in grünen Tönen gearbeitet ist, rechts (**Nr. 4**) davon befindet sich ein Seidendamast in Gelb auf ockerrotem Grund, dessen Voluten mit Tieren und Vasen geschmückt sind, und links (**Nr. 2**) ist ein herrlicher Samt mit Satingrund zu sehen, dessen Komposition dem soeben genannten Stück entspricht.

La planche donne quatre spécimens. Le premier, en tête de page (**nº 1**), dessine une frise dans le goût architectural du commencement du XVIIe siècle ; au centre (**nº 3**), une brocatelle à personnages traités en tons verts ; à droite (**nº 4**), un damas de soie, dont les volutes, de couleur jaune sur fond rouge ocré, sont décorées d'animaux et de vases ; à gauche (**nº 2**), un magnifique velours à fond satiné d'une composition analogue à la précédente.

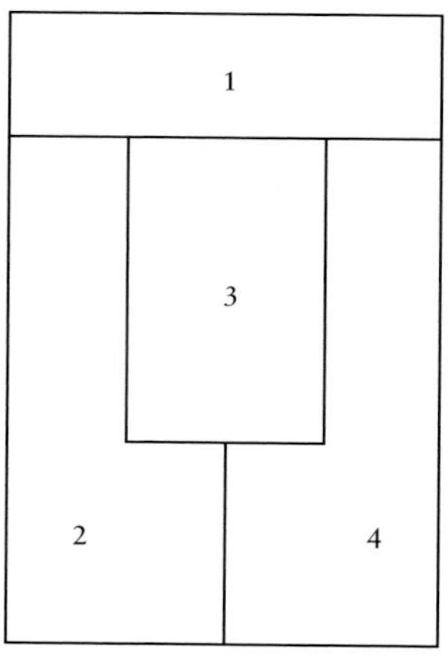

241

16th and 17th Centuries

FLEUR-DE-LYS TYPE

The elegant motif of the fleur-de-lys, in use as a fabric decoration since the Middle Ages, has gone through various styles and periods. In fact this emblem, so symbolic of France and its rulers, entirely changes its character as one reign succeeds another – to the point where a fleur-de-lys in the 18th cen-

241

16. und 17. Jahrhundert

LILIENMUSTER

Seit dem Mittelalter hat das elegante Lilienmotiv zahlreiche Stile und Epochen erlebt und zählt zu den Elementen der Stoffdekoration. Dennoch wechselte dieses Emblem Frankreichs und seiner Könige unter den verschiedenen Herrschern immer wieder seinen Charakter, so dass eine Lilie des

241

XVIe et XVIIe siècles

TYPE DE LA FLEUR DE LYS

Depuis le Moyen Age, l'élégant motif de la fleur de lys a eu ses styles, ses époques, et compte parmi les éléments décoratifs du tissu. Néanmoins, cet emblème symbolique de la France et de ses rois a entièrement changé de caractère sous les divers règnes qui se sont succédé, à tel point qu'une fleur de lys du

tury has no more than its basic structure in common with the same motif when first adopted. It was around 1147 that Louis VII placed it on the French shield, and seven of his successors maintained the same custom of repeating the symbol many times. Then along came Charles V, called Charles the Wise, and reduced its number to three – in honour, it was said, of the Holy Trinity.
The older the fleur-de-lys, the longer and more lanceolate will be its central branch or middle flower and the less down-curved its two lateral flowers. During the course of the 15th century the proportions of the central flower diminished, and by the end of the century its shape was the one we see in the gold on blue sample here (**no. 4**). If we look at the lower part of the motif below the ligature, we find that the terminations are slightly enhanced by two curves. Were this fleur-de-lys earlier in date, the two curves would be replaced by straight lines. As we see them here, they resemble the shape they attained in the 16th century; the late

18. Jahrhunderts nur noch strukturmäßige Ähnlichkeiten mit einer Lilie der Frühzeit hat. Um 1147 setzte Ludwig VII. mehrere Lilien auf den Wappenschild Frankreichs; sieben seiner Nachfolger behielten dieses Wappen bei, bis Karl V., der Weise, die Zahl der Lilien zu Ehren der Heiligen Dreifaltigkeit, wie es heißt, auf drei reduzierte.
Die Lilie ist umso älter, je höher und lanzenförmiger das mittlere Blütenblatt ist und je weniger sich die beiden Außenblätter nach unten biegen. Während des 15. Jahrhunderts verkleinerte sich das zentrale Blatt, um gegen Ende dieses Jahrhunderts die Form anzunehmen, die wir auf dem Stoff in blauem Camaieu in der Tafelmitte erblicken (**Nr. 4**). Betrachten wir den Teil unterhalb der Ligatur, erkennen wir, dass die Endungen durch zwei Bögen hervorgehoben sind. Würde es sich um eine ältere Lilie handeln, wären anstelle der beiden Bogenlinien noch gerade Linien zu sehen. In der hier gezeigten Form nähern sie sich dem Typ des 16. Jahrhunderts. Die Muster aus dem späten 16. und dem 17. Jahr-

XVIIIe siècle n'a qu'une analogie de structure avec cette même figure considérée à l'origine de son adoption. Ce fut vers 1147 que Louis VII en fit semer l'écu de France ; sept de ses successeurs conservèrent le même usage jusqu'à l'avènement de Charles V, qui en réduisit le nombre à trois, en l'honneur, dit-on, de la très Sainte-Trinité.
La fleur de lys est d'autant plus ancienne, que sa branche centrale, ou fleur du milieu, est plus élevée et lancéolée, et que les deux fleurs de ses côtés sont moins recourbées vers le bas. Pendant le XVe siècle, la proportion du lys central diminua, et à la fin de ce siècle sa forme est celle que nous voyons dans l'échantillon à dessin bleu ton sur ton (**n° 4**). Si nous considérons la partie du bas au-dessous de la ligature, nous verrons que les terminaisons sont légèrement accentuées de deux courbes. Si la fleur de lys était plus ancienne, ces deux courbes n'existeraient pas et seraient remplacées, dans le même mouvement par des lignes droites. Ainsi que nous les voyons, elles se rapprochent de la forme du XVIe siècle ; les échantillons de la

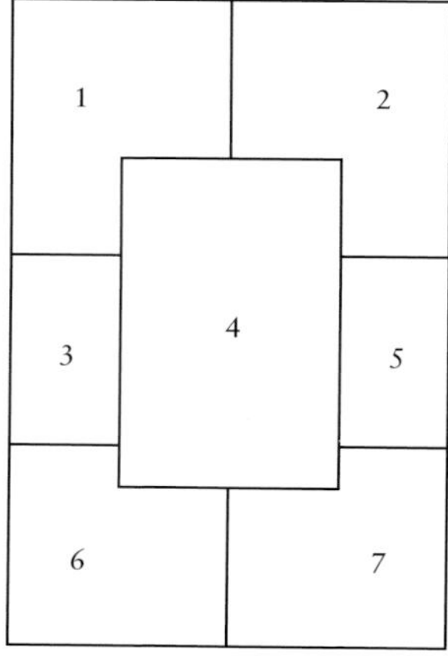

16th century and 17th century examples exaggerate this tendency, and the lower ends of the leaves form hooks, as in the three specimens with the green (**no. 2**), brown (**no. 6**), and silver (**no. 3**) grounds. And to complete this comparative presentation, we include examples of fleurs-de-lys that often, in modern copies, lack the character of the periods they set out to represent. We illustrate two types: one, from the 17th century, has a red ground (**no. 1**); the other, from the end of that century, has a blue ground (**no. 7**). Above this (**no. 5**) is a velvet reproducing, on a gold ground, a Florentine fleur-de-lys.

hundert übertreiben diese Tendenz: Die unteren Blattspitzen krümmen sich zu Haken, wie die drei Stoffe mit grünem (**Nr. 2**), braunem (**Nr. 6**) und silberfarbenem (**Nr. 3**) Grund zeigen. Um diese Tafel zu vervollständigen, zeigen wir überdies Lilien, die in den modernen Kopien häufig nicht die zeitlichen Merkmale aufweisen, die sie eigentlich besitzen müssten. Der rotgrundige Stoff (**Nr. 1**) datiert aus dem 17. Jahrhundert, der blaugrundige (**Nr. 7**) aus dem Ende jenes Jahrhunderts; darüber ist ein Samt mit goldfarbenem Grund zu sehen, dessen Dessin die Florentiner Lilie wiedergibt (**Nr. 5**).

fin du XVIe et du XVIIe exagèrent cette tendance, et l'extrémité inférieure des feuilles se recourbe en crochet, tel que dans les trois spécimens fond vert (**n° 2**), fond brun (**n° 6**) et fond d'argent (**n° 3**). Enfin nous donnons, pour compléter cet état comparatif, des fleurs de lys qui, souvent, dans les copies modernes, manquent du caractère des époques que l'on croit représenter : deux types, l'un du XVIIe, à fond rouge (**n° 1**), l'autre de la fin de ce même siècle, à fond bleu (**n° 7**) ; au dessus de ce dernier, se voit le dessin d'un velours à fond d'or, qui reproduit la fleur de lys florentine (**n° 5**).

242

16th–18th Centuries

WOOLLEN FABRICS AND MIXTURES

Throughout history weavers have sought either to increase the price of fabric by mixing more precious products with it or to lower the value by adding more ordinary materials. Both processes were applied to woollen weaving just as much as to the manufacture of silks. As far back as research can judge, where woollen fabrics are concerned (and wool, of course, is more prone than any other fabric to the various agents of decay) such mixtures have been employed. The manuscript of the monk Theodolphus, preserved in the Puy-en-Velay museum, incorporates several mixtures, using either linen/cotton or goat's hair. Other specimens can be found on the previous plate devoted to woollens, which reproduces samples from

242

16.–18. Jahrhundert

WOLLSTOFF UND MISCHGEWEBE

Zu allen Zeiten suchte man den Preis für Stoffe zu erhöhen, indem man teurere Rohstoffe hinzufügte, oder zu senken, indem man billigere Materialien beimischte; beide Verfahren galten für Wollgewebe wie für Seide. Soweit man die Wollstoffe, die vergänglicher als alle anderen Gewebe sind, zurückverfolgen und beurteilen kann, stellt man solche Mischungen fest. Mehrere Ledereinbände der im Musée Crozatier in Puy-en-Velay bewahrten Handschrift des Mönches Theodulph sind mit Stoffen geschützt, die aus einer Mischung von Baumwolle und Ziegenhaar bestehen. Die erste unserer beiden Tafeln mit Wollgeweben (Tafel 137) zeigte weitere Beispiele in der Reihe der Muster aus dem 14. bis 17. Jahrhundert. Die vorliegende Tafel besteht

242

XVIe–XVIIIe siècles

TISSUS DE LAINE ET TISSUS MÉLANGÉS

A toutes les époques, on a cherché soit à augmenter le prix du tissu par le mélange de produits plus précieux, soit à en abaisser la valeur en l'additionnant de matières plus communes ; les deux procédés ont été suivis dans le tissage de la laine aussi bien que dans la mise en œuvre de la soie. Si loin que l'investigation puisse atteindre et porter son jugement sur les étoffes de laine, plus sujettes que toutes autres aux diverses causes de destruction, on constate l'emploi de ces mélanges. Le manuscrit du moine Théodulphe, conservé au musée Crozatier du Puy-en-Velay, montre plusieurs des gardes de ses vélins façonnées en tissus mélangés soit de lin de coton, soit de poil de chèvre. Nos planches des lainages en fournissent d'autres spécimens dans la première déjà

the 14th to 17th centuries (see plate 137). In this second plate we have again divided our samples into three horizontal bands illustrating a variety of pure-woollen fabrics and mixtures from the late 15th to late 18th centuries. It is interesting to note the types of decoration employed, which we have described elsewhere.

ebenfalls aus drei Reihen mit je vier, drei und wiederum vier Stücken, die für die Dekoration der Wollgewebe vom späten 16. bis späten 18. Jahrhundert charakteristisch sind. Dabei handelt es sich um reine oder gemischte Wollstoffe. Die Muster im Einzelnen zu beschreiben ist müßig, da dies bereits anderenorts geschehen ist.

décrite, qui comprend les reproductions du XIVe au XVIIe siècle (voir planche 137). Dans cette seconde planche nous avons également divisé les spécimens en trois travées d'échantillons, comprenant quatre pièces en haut, trois au milieu, et quatre en bas, lesquelles forment la réunion de la décoration des laines de la fin du XVIe à la fin du XVIIIe siècle. Nous en avons déjà fait les descriptions ailleurs. Ce sont également des tissus de laine pure, ou mélangés.

243

17th Century

PAINTING, OPENWORK, AND CHASING

The details assembled here are all from the same period and represent what is known as the Louis XIII style.

No. 1. Detail of a wooden panel inlaid with engraved ivory and mother-of-pearl dated 1508. This extraordinarily delicate and intri-

243

17. Jahrhundert

MALEREIEN, DURCHBROCHENE UND ZISELIERTE ARBEITEN

Die Motive auf dieser Tafel gehören alle der gleichen Epoche und dem so genannten Stil Ludwigs XIII. an.

Nr. 1: Teil einer mit graviertem Elfenbein und Perlmutt eingelegten Holzarbeit von 1598; bei dieser besonders feinen und komplizierten Arbeit, deren Bestimmung un-

243

XVIIe siècle

PEINTURES, AJOURÉS ET CISELURES

Les divers fragments réunis dans cette planche appartiennent tous à la même époque et au genre désigné sous le nom de style Louis XIII.

No 1 : Fragment d'un bois incrusté d'ivoire et de nacre gravés, daté de 1508. Ce travail particulièrement

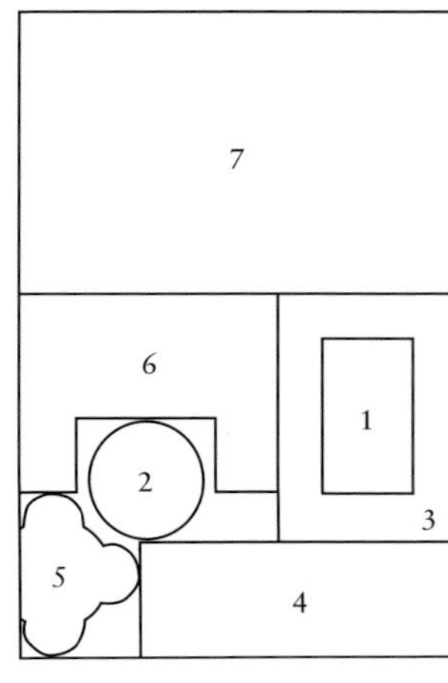

XVIIth CENTURY
XVIIe SIÈCLE
XVII^tes JAHRHUNDERT
Lith par G. Samer
FIRMIN-DIDOT FRÈRES, FILS & Cie EDITEURS.
Imp. Lemercier & Cie Paris

cate piece of work was probably made to obtain the status of master in a craft guild.
Nos. 2 and 3. Perforated and engraved silver frames, early 17th century.
No. 4. Frieze from the pavilion of the Queen Mothers, Fontainebleau. Louis XIII period.
No. 5. Monogram of Louis XIII and Anne of Austria (same source).
No. 6. Upper part of the left-hand leaf of the gilded door at Fontainebleau, before restoration.
No. 7. Chest belonging to Anne of Austria, chased and embossed gold on a velvet ground.

klar ist, handelt es sich wohl um ein Meisterstück.
Nrn. 2 und 3: Durchbrochene und gravierte Silberrahmen, Anfang 17. Jahrhundert.
Nr. 4: Fries aus dem Pavillon der Königinmütter in Fontainebleau, Zeit Ludwigs XIII.
Nr. 5: Monogramm von Ludwig XIII. und Anne d'Autriche, gleiche Herkunft.
Nr. 6: Oberer Teil des linken Flügels der goldenen Türe in Fontainebleau, vor einer Restauration.
Nr. 7: Kästchen von Anne d'Autriche, in ziseliertem und getriebenem Gold auf Samt.

délicat et compliqué, dont on ne voit pas d'ailleurs la destination, est probablement un chef-d'œuvre de maîtrise.
Nos 2 et 3 : Cadres en argent ajouré et gravé, début XVIIe siècle.
No 4 : Frise provenant du pavillon des reines mères, Fontainebleau. Epoque Louis XIII.
No 5 : Chiffre de Louis XIII et d'Anne d'Autriche (même source).
No 6 : Partie supérieure du vantail gauche de la porte dorée, à Fontainebleau, avant toute restauration.
No 7 : Coffret d'Anne d'Autriche, en or ciselé et repoussé, sur fond de velours.

244

17th Century

PANEL OF GILDED LEATHER, WITH BORDER – LOUIS XIII STYLE

This plate reproduces one of the finest specimens of the decorated, gilded, and silvered leatherwork that was the object of a flourishing industry in the 16th and 17th centuries. The name 'Cordovan' often given to this work seems to imply a Spanish origin – for which, however, there is no foundation. These sumptuous hangings in fact came from Venice (which may have discovered the principle by imitating oriental brocades) and above all from England, Holland, and Flanders (particularly Mechelen); Lyons also had a few factories. These leathers were made up of several calf, goat, or sheep skins; the designs were printed on the leather, and they were always silvered first and gilded afterwards, the gilding being done with imitation-gold var-

244

17. Jahrhundert

VERGOLDETE LEDERARBEIT MIT BORDÜRE – STIL LUDWIGS XIII.

Die Tafel zeigt eines der schönsten Beispiele für vergoldete und versilberte Lederarbeiten, wie sie im 16. und 17. Jahrhundert weit verbreitet waren. Die Bezeichnung Korduanleder, die solchen Stücken oft gegeben wird, scheint auf eine spanische Herkunft hinzudeuten, die jedoch nicht erwiesen ist. Diese prachtvollen Wandbehänge kamen aus Venedig, wo man möglicherweise die orientalischen Brokate nachahmte, und vor allem aus England, Holland und Flandern (besonders Malines); auch Lyon besaß einige Werkstätten. Der Wandbehang setzt sich aus mehreren Stücken Kalbs-, Ziegen- oder Schafsleder zusammen, die in Lohe gegerbt und anschließend gebräunt worden sind. Die Zeichnungen und Farben werden aufgedruckt und vor der Vergol-

244

XVIIe siècle

PANNEAU EN CUIR DORÉ ET SA BORDURE – STYLE LOUIS XIII

La planche ci-contre reproduit un des plus beaux spécimens de l'industrie des cuirs ornés, dorés et argentés qui florissait aux XVIe et XVIIe siècles. Le nom de cuir de Cordoue, souvent donné à ces produits, semblerait leur attribuer une origine espagnole, qui cependant n'est rien moins qu'établie. C'est de Venise, qui avait pu en trouver le principe dans l'imitation des brocards de l'Orient, et surtout d'Angleterre, de Hollande et de Flandre (particulièrement de Malines) que venaient ces riches tentures dont Lyon posséda aussi quelques fabriques. Composés de plusieurs peaux de veau, chèvre ou mouton, passées en basane après avoir séjourné dans le tan, ces cuirs, dont les dessins et les peintures sont imprimés, étaient toujours argentés avant la dorure, qui s'obtenait par

nish. They were supple and strong, and they stood up well to damp and other destructive agents. The material lent itself to a noble and elaborate type of ornamentation and enjoyed enormous popularity.

dung, die mit einem goldähnlichen Lack vorgenommen wird, stets versilbert. Gegen Feuchtigkeit und andere zerstörerische Einflüsse widerstandsfähig, erfreuten sich diese Lederarbeiten großer Beliebtheit.

un vernis imitant l'or. Douées d'une solidité qui résiste à l'humidité et aux autres causes de destruction, ces tentures, dont la matière prête à un style d'ornementation noble et riche, jouirent d'une grande faveur.

245

17th Century

WALL PAINTINGS, MINIATURES, ENAMEL AND NIELLO WORK

No. 1. Panel from the pavilion of the Queen Mothers, Fontainebleau.
No. 2. Panel from the painted ceiling of Anne of Austria's apartment in the Louvre.
No. 3. Panel from the Luxembourg Palace.
Nos. 4 and 5. Miniatures from a manuscript made for Anne of Austria.
Nos. 6–12. Paintings from the Church of St. Eustache, Paris.
Nos. 13 and 14. Details of contemporary enamelled gold and niello ware.

245

17. Jahrhundert

WANDMALEREIEN, MINIATUREN, EMAIL- UND NIELLOARBEITEN

Nr. 1: Täfelung aus dem Pavillon der Königinmütter in Fontainebleau.
Nr. 2: Täfelung, bemalte Decke des Appartements von Anne von Österreich im Louvre.
Nr. 3: Täfelung, Palais du Luxembourg.
Nrn. 4 und 5: Miniaturen aus einer für Anne von Österreich hergestellten Handschrift.
Nrn. 6–12: Malereien an der Kirche Saint-Eustache in Paris.
Nrn. 13 und 14: Zeitgenössische Goldemail- und Nielloarbeiten.

245

XVIIe siècle

PEINTURES MURALES, MINIATURES, ÉMAUX ET NIELLES

Nº 1 : Panneau du pavillon des reines mères, Fontainebleau.
Nº 2 : Panneau ; plafond peint de l'appartement d'Anne d'Autriche, palais du Louvre.
Nº 3 : Panneau tiré du palais du Luxembourg.
Nos 4 et 5 : Miniatures provenant d'un manuscrit exécuté pour Anne d'Autriche.
Nos 6–12 : Peintures décoratives de l'architecture de Saint-Eustache.
Nos 13 et 14 : Fragments d'orfèvrerie émaillée et de nielles contemporaines.

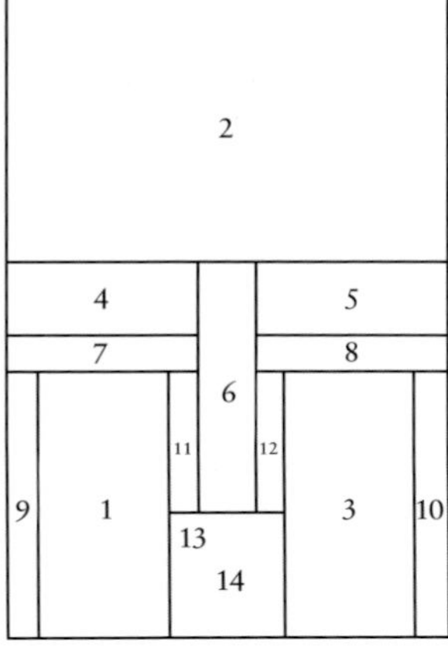

XVIIth CENTURY

XVIIE SIECLE

XVIItes JAHRHUNDERT

Lithographie par Launay

FIRMIN-DIDOT, FRÈRES FILS & Cie EDITEURS

Imp. Lemercier & Cie Paris

17th Century

FRAMED AND OPEN-GROUND CARTOUCHES

Motifs **no. 1–4** are from the panels and the double arch of the Chapel of Hinisdal belonging to the Discalced Carmelites in Paris. They date from the first half of the 17th century. The open-ground cartouches are all taken from map ornaments. Many are dated, the latest being from 1645. They were engraved by Flemish craftsmen, and the colouring is simple illumination.

Nos. 5 and 6 are after Bernardus Castellus. The masks and foliated scrolls inserted in some of the cartouches, also Flemish in origin and dating from the same period, are after Jean-Christophe Feinlin.

246

17. Jahrhundert

EINGELASSENE UND WECHSELKARTUSCHEN

Die **Nrn. 1–4** kommen von Täfelungen und vom Doppelbogen der Hinisdal-Kapelle der Barfüßermönche (Paris); sie datieren aus der ersten Hälfte des 17. Jahrhunderts. Bei den Wechselkartuschen handelt es sich um Verzierungen von Landkarten, von denen viele datiert sind und bis ins Jahr 1645 reichen. Sie sind flämischen Ursprungs; die Kolorierung besteht aus einer einfachen Illuminierung.

Die **Nrn. 5 und 6** sind nach Bernardus Castellus gestaltet. Die eingeschobenen Masken und Rankenornamente aus der gleichen Zeit sind ebenfalls flämisch und nach Jean-Christophe Feinlin gestaltet.

246

XVIIe siècle

CARTOUCHES ENCASTRÉS ET SUR CHAMP LIBRE

Les **n°s 1–4** proviennent des panneaux et de l'arc doubleau de la chapelle d'Hinisdal, aux Carmes déchaussés de Paris. Ces fragments sont de la première moitié du XVIIe siècle. Les cartouches sur champ libre proviennent tous d'ornées de cartes géographiques dont beaucoup sont datées et vont jusqu'en 1645. Ils sont de gravure flamande, et la coloration n'en est qu'une simple enluminure.

Les **n°s 5 et 6** sont d'après Bernardus Castellus. Les mascarons et rinceaux intercalés sont aussi d'origine flamande et de même époque, d'après Jean-Christophe Feinlin.

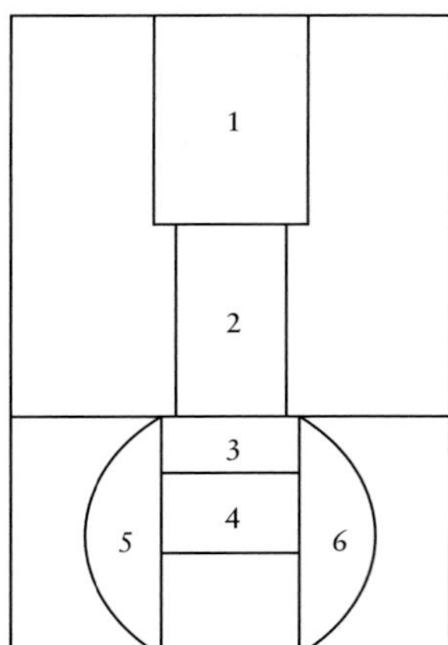

247

17th Century

HANGINGS, EMBROIDERY, AND DAMASCENING

In this plate we have arranged a number of subjects from different sources and varied applications but all treated in much the same manner.

No. 1. Leather hanging from the Château of Cheverny, near Blois (1635).

No. 2. Wooden frame inlaid with pewter, from Touraine (same period).

Nos. 3–8. Damascening in the Flemish manner, after Jean-Christophe Feinlin.

Nos. 9–19. The remaining motifs are from German embroidery with designs so strikingly similar to those published by Hans Friedrich Raidel at Ulm in 1613 that we can safely attribute them to him.

The scale to which we have had to reduce these interesting motifs has meant that in the interests of clarity we cannot reproduce the vigor-

247

17. Jahrhundert

WANDBEHÄNGE, STICKEREIEN UND TAUSCHIERARBEITEN

Auf dieser Tafel finden sich Motive verschiedener Herkunft und Anwendungsbereiche vereint, die jedoch auf ähnliche Weise gestaltet sind.

Nr. 1 : Lederwandbehang, aus Schloss Cheverny bei Blois (1635).

Nr. 2: Mit Zinn eingelegter Holzrahmen, aus der Touraine, gleiche Epoche.

Nrn. 3–8: Tauschierarbeiten flämischer Art, nach Jean-Christophe Feinlin.

Nrn. 9–19: Die Motive stammen von deutschen Stickereien, deren Zeichnungen eine erstaunliche Ähnlichkeit mit jenen aufweisen, die Hans Friedrich Raidel 1613 in Ulm veröffentlichte; man darf sie deswegen diesem Künstler zuordnen. Die starke Verkleinerung, in der diese interessanten Motive wiedergegeben werden mussten, führte dazu, den kräftigen Grund, auf den

247

XVIIe siècle

TENTURES, BRODERIES ET DAMASQUINURES

Nous avons réuni dans cette planche un certain nombre de sujets de provenances diverses et d'applications variées, mais rentrant dans une manière analogue.

N° 1 : Tenture de cuir, provenant du château de Cheverny près de Blois (1635).

N° 2 : Cadre en bois, incrusté d'étain, venant de Touraine (même époque).

Nos 3–8 : Damasquinures du genre flamand, d'après Jean-Christophe Feinlin.

Nos 9–19: Les motifs sont des broderies allemandes dont les dessins ont une analogie assez frappante avec ceux publiés par Hans Frédéric Raidel, à Ulm, en 1613, pour qu'il soit permis de les attribuer à cet artiste.

L'extrême réduction que nous avons dû faire subir à ces intéressants motifs nous a obligés, pour

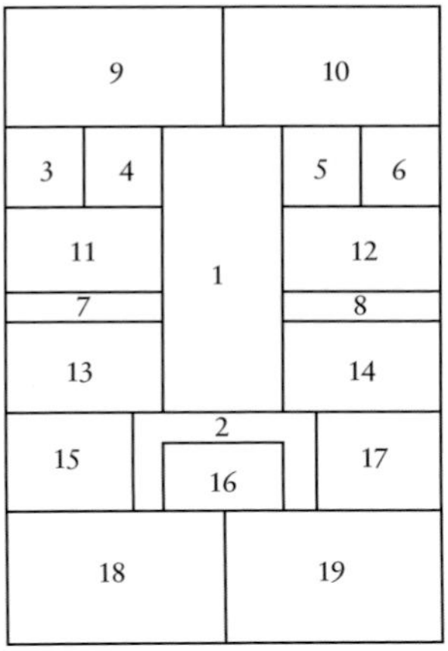

9 10
3 4 5 6
11 1 12
7 8
13 14
15 2 17
16
18 19

XVIIth CENTURY
XVIIe SIECLE (1re Partie)
XVII.tes JAHRHUNDERT
Lith par Dufour & Durin
FIRMIN-DIDOT FRÈRES FILS, & Cie EDITEURS
Imp. Lemercier & Cie Paris

ous backgrounds to which such work was often applied. The high relief of these ornaments is extremely effective on white silk and on red, crimson, or dark-green velvet.

diese Arbeiten oft appliziert sind, abzuändern, um ihre Erkennbarkeit zu bewahren. Das Hochrelief dieser Ornamente kommt auf weißer Seide und einem roten, karmesinroten oder dunkelgrünen Samt voll zur Geltung.

leur conserver de la clarté, à ne pas donner les fonds vigoureux sur lesquels ces broderies étaient souvent appliquées. Le haut-relief de ces ornements prend une grande valeur sur la soie blanche et sur le velours rouge, cramoisi ou vert foncé.

— 248 —

17th Century

DECORATIVE PAINTING: MAIN AND SIDE PANELS FROM THE GALERIE D'APOLLON IN THE LOUVRE

The two main subjects in this plate form part of the decoration of the Charles IX window. Jean Bérain (1638–1711), official designer to the King Louis XIV, was kept busy supplying designs for furniture and ornaments suitable for execution in tapestry or for painting on panelling or ceilings; these were of the type known as grotesques. He had studied what Raphael had so successfully achieved in this genre on the basis of classical models, selecting what seemed to him the most effective material. He reduced this to a manner of his own that was in conformity with French taste, and the method worked so well that foreigners even adopted his style of ornamentation. These compositions, highly fashionable in the latter part of the 17th century, became known after their originator as 'Bérinades.'

— 248 —

17. Jahrhundert

DEKORATIVE MALEREIEN: TÄFELUNGEN AUS DER APOLLO-GALERIE DES LOUVRE

Die beiden Hauptmotive dieser Tafel gehören zur Dekoration des so genannten Fensters Karls IX. Jean Bérain (1638–1711), offizieller Zeichner König Ludwigs XIV., hatte zahlreiche Zeichnungen für Möbel und Ornamente herzustellen, die auch für Wandteppiche benutzt oder auf Täfelungen und Decken gemalt wurden; meist handelte es sich um Grotesken. Von dem, was Raffael aufgrund antiker Vorbilder entworfen hatte, nahm er, was ihm die beste Wirkung versprach. Er passte es auf vereinfachte Weise dem französischen Geschmack an und tat dies so gut, dass sogar Ausländer seine Vorlagen übernahmen. Solche Werke, die sich im letzten Viertel des 17. Jahrhunderts großer Beliebtheit erfreuten, wurden Bérinaden genannt.

— 248 —

XVIIe siècle

PEINTURES DÉCORATIVES : PANNEAUX PRINCIPAUX ET LATÉRAUX TIRÉS DE LA GALERIE D'APOLLON AU LOUVRE

Les deux principaux sujets de cette planche font partie de la décoration de la fenêtre dite de Charles IX. Jean Bérain (1638–1711), dessinateur ordinaire du cabinet du roi Louis XIV, était fort employé à donner des dessins de meubles et d'ornements propres à être exécutés en tapisserie ou à peindre dans des lambris et des plafonds ; c'est ce que l'on nomme des grotesques. Il avait pris, dans ce que Raphaël avait si heureusement imaginé dans ce genre sur le modèle des anciens, ce qui lui avait paru devoir faire le meilleur effet. Il l'avait réduit à une manière particulière, conforme au goût de la nation française, et cette méthode lui avait si bien réussi que les étrangers même avaient adopté son goût d'ornement. Ces compositions, fort à la mode pendant la dernière période du XVIIe siècle, étaient alors appelées des Bérinades.

XVII th. CENTURY. XVIIe SIÈCLE. XVIItes JAHRHUNDERT

Dufour et Picart lith

FIRMIN-DIDOT FRÈRES FILS & Cie ÉDITEURS.

Imp. Lemercier & Cie Paris.

249

17th Century

CEILING

This plate shows, on a reduced scale, part of the gilded ceiling of the former Hôtel de Mailly on the corner of the quai Voltaire and the rue de Beaune, Paris. Decorated in the elegant, opulent style of the late 17th century, this remarkable ceiling is worthy of either Jean Bérain or Daniel Marot (1661–1752), the finest masters of the period. In fact it is to Marot or his school that it can most safely be attributed: there is an engraving by Marot of another ceiling whose striking similarity to the one pictured here tends to support that attribution.

249

17. Jahrhundert

HÄNGEDECKE

Die Tafel zeigt verkleinert einen Teil der vergoldeten Decke aus dem Salon des früheren Hôtel Mailly, das an der Ecke Quai Voltaire/Rue de Beaune in Paris liegt. Im eleganten Stil des ausgehenden 17. Jahrhunderts gearbeitet, ist diese prachtvolle Decke ein Meisterwerk der Zeit, eines Jean Bérain oder Daniel Marot (1661–1752) würdig. Sie kann eindeutig dem letzteren oder seiner Schule zugeordnet werden, da auf einem Stich Marots eine andere Decke zu sehen ist, deren auffallende Ähnlichkeit mit der hier abgebildeten unsere Vermutung stützt.

249

XVIIe siècle

PLAFOND EN RETOMBÉE

Cette planche offre la réduction d'une portion du plafond doré, dépendant de l'ancien hôtel de Mailly, situé à Paris, au coin du quai Voltaire et de la rue de Beaune. Orné dans le goût élégant et riche de la fin du XVIIe siècle, ce morceau remarquable est digne des meilleurs maîtres de cette époque : Jean Bérain ou Daniel Marot (1661–1752). C'est surtout à ce dernier ou à son école qu'il est permis de l'attribuer. Il existe, en effet, dans l'œuvre gravé de Marot un autre plafond dont l'analogie frappante avec celui reproduit ci-contre vient à l'appui de cette conjecture.

XVII th CENTURY
XVII E SIÈCLE (2 eme Partie)
XVII tes JAHRHUNDERT
Lithographié par Pralon
FIRMIN-DIDOT FRÈRES, FILS & Cie ÉDITEURS
Imp Lemercier et Cie Paris

250

17th Century

MOSAIC AND PAINTING

No. 1. Detail of a ceiling at Versailles painted by Pierre Mignard (1612–1695), now destroyed.
No. 2. Detail after Charles Le Brun (1619–1690), from the great staircase of Versailles (destroyed).
No. 3. Detail after Le Brun from the great gallery of Versailles.
No. 4. Design for a marble top, attributed to Robert de Cotte (1656–1735).
Nos. 5–8. The four painted borders are from the house in the rue de Beaune and the drawing-room whose ceiling is reproduced in plate 249. The decoration appears to be attributable to Daniel Marot.

250

17. Jahrhundert

MOSAIK UND MALEREIEN

Nr. 1: Teil einer Decke in Versailles, von Pierre Mignard (1612–1695) gemalt, heute zerstört.
Nr. 2: Teilstück nach Charles Le Brun (1619–1690), große Treppe in Versailles, zerstört.
Nr. 3: Teilstück nach Charles Le Brun, große Galerie in Versailles.
Nr. 4: Marmorzeichnung für Möbelaufsatz, Robert de Cotte (1656–1735) zugeschrieben.
Nrn. 5–8: Die vier gemalten Randleisten stammen aus dem Salon des Hôtel Mailly, Rue de Beaune, dessen Decke auf Tafel 249 abgebildet ist; die Dekoration dürfte Daniel Marot geschaffen haben.

250

XVIIe siècle

MOSAÏQUE ET PEINTURES

Nº 1 : Fragment d'un plafond de Versailles, peint par Pierre Mignard (1612–1695), aujourd'hui détruit.
Nº 2 : Fragment d'après Charles Le Brun (1619–1690), grand escalier de Versailles, détruit.
Nº 3 : Fragment d'après Le Brun, grande galerie de Versailles.
Nº 4 : Dessin de marbre pour dessus de meuble, attribué à Robert de Cotte (1656–1735).
Nºs 5–8: Les quatre bordures peintes proviennent de l'hôtel de la rue de Beaune et du salon dont nous donnons le plafond (planche 249), la décoration semble pouvoir être attribuée à Daniel Marot.

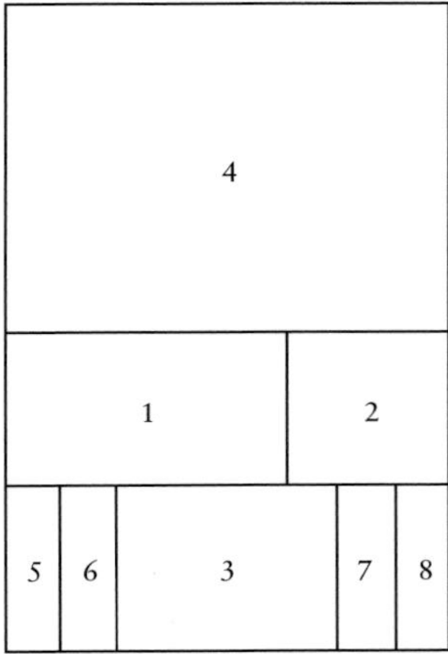

17th Century

TAPESTRY AND BORDERS

The main subject here, together with its border (**nos. 1 and 3**), is from a very fine tapestry in the Château of Grignan. The other two subjects (**nos. 2 and 4**) would appear from their style and the costumes depicted to date from the end of the 17th century. The one with the two shepherdesses follows a standard contemporary pattern and must be one of a series showing the twelve months of the year; it represents June, exemplified by sheep-shearing and by a zodiacal sign (Cancer), which is so small in the original that we cannot show it at all on the reduced scale of our reproduction.
Notice an interesting difference of treatment between these two details and the Grignan tapestry. In the latter the colouring is done in flat areas without outlining; in the former the outline of the ornament is stressed by highlighting in

17. Jahrhundert

TAPISSERIEN UND BORDÜREN

Das Hauptmotiv und seine Bordüre (**Nrn. 1 und 3**) stammt von einem schön gezeichneten Bildteppich aus Schloss Grignan.
Die Motive der **Nrn. 2 und 4** scheinen aufgrund ihres Stils und der Kostüme aus dem Ende des 17. Jahrhunderts zu datieren. Jenes mit zwei Schäferinnen folgt einem feststehenden Typ und gehört wohl zu einer Folge der zwölf Monate. Es stellt den Juni dar, wie die Schafschur und das Zeichen des Krebses anzeigen, das so winzig ist, dass man es auf unserer Tafel nicht erkennen kann.
Zwischen den beiden zuletzt genannten Stücken und dem Bildteppich von Grignan besteht ein herstellungstechnischer Unterschied, auf den hinzuweisen nützlich sein kann: Beim Teppich von Grignan sind die Farben flächig und ohne Konturen wiedergegeben; bei den ersteren ist der Um-

XVIIe siècle

TAPISSERIES ET BORDURES

Le principal sujet, avec sa bordure (**nos 1 et 3**), est emprunté à une tapisserie du plus beau dessin, qui provient du château de Grignan.
Quant aux **nos 2 et 4**, ils paraissent, par le style et les costumes, appartenir à une époque rapprochée du XVIIe siècle. Celui qui nous montre deux bergères, d'après le type alors consacré, doit certainement faire partie d'une suite des douze mois de l'année, où il représente le mois de juin, caractérisé par la tonte des moutons et un signe du Cancer que son exiguïté relative dans l'original n'a pas permis de reproduire dans les proportions réduites de la planche ci-contre.
On remarquera entre ces derniers fragments et la tapisserie du château de Grignan une différence de procédé utile à noter. Dans celle-ci les colorations sont indiquées par méplat sans contours ; dans les autres, le contour de l'ornement est

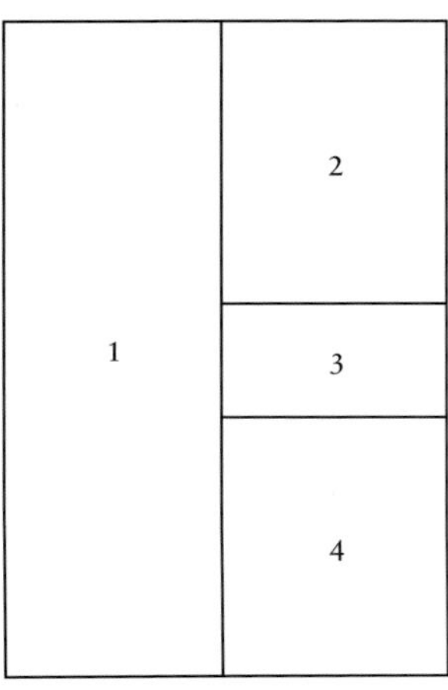

XVIIth CENTURY. XVIIE SIÈCLE (2eme Partie) XVII^{tes} JAHRHUNDERT.

1

2

3

4

Lithographié par Daumont. FIRMIN-DIDOT FRÈRES, FILS & Cie ÉDITEURS. Imp. Lemercier et Cie Paris

the case of dark backgrounds and by a darker shade in the case of light grounds. This second system is the one usually adopted in the design of Indian and Persian fabrics.

riss des Ornaments auf dunklem Grund durch eine lichtere und auf hellem Grund durch eine dunklere Färbung angegeben, ein Verfahren, das auch häufig für die Muster indischer und persischer Stoffe verwendet wurde.

accusé, pour les fonds sombres par une lumière, et pour les fonds clairs par une teinte plus sombre ; c'est ce dernier système qui est le plus souvent suivi dans le dessin des tissus indiens et persans.

— 252 —

17th Century

SILK FABRIC, STAMPING

These two works, which both use the simplest possible colouring, date from the end of the 17th century. The exquisite design of the silk fabric reproduced in the upper part of the plate typifies the Franco-oriental fashion to which a widespread familiarity with Persian ornament had given rise in France. The arrangement of the uprights running the whole length of the material is highly decorative; in fact the whole of this delicate design with its beautifully simple use of a single colour makes an agreeable contrast to the pompous decors of the period.
The lower part of the plate shows a stamped endpaper. It became customary in France under Louis XIII to decorate the inner faces of the binding of books. The ornamentation here recalls the work of Bérain, Marot, etc. It is made up exclusively of scrolls with a double line and acanthus foliage with an occasional delicate bunch of grapes.

— 252 —

17. Jahrhundert

SEIDEN- UND PRÄGEARBEITEN

Die beiden Werke, deren Wirkung mit einfachster Farbgebung erreicht wurde, datieren aus dem späten 17. Jahrhundert. Die Seidenzeichnung auf der oberen Tafelhälfte ist nach jener französisch-orientalischen Manier gestaltet, die von einer weit verbreiteten Kenntnis der persischen Ornamentik in Frankreich zeugt. Die Anordnung der vertikalen Leisten, die den Stoff von oben nach unten durchziehen, ist sehr dekorativ, und das feine Muster in seiner einfachen, einfarbigen Anordnung steht in deutlichem Gegensatz zu den überladenen zeitgenössischen Dekorationen.
Das Muster der unteren Tafelhälfte stammt vom geprägten Vorsatzblatt eines Buches; es zeigt die Verzierung der Innenseiten des Einbands, wie sie bereits unter Ludwig XIII. üblich war. Die Arbeit verweist auf die Schule von Bérain und Marot. Rankenwerk mit doppelten Umrisslinien, Akanthusblätter und einige Trauben bilden die Elemente, aus denen sich das Muster zusammensetzt.

— 252 —

XVIIe siècle

SOIERIE ET ESTAMPAGE

Ces deux productions, obtenues avec des moyens de coloration d'une simplicité extrême, sont de la fin du XVIIe siècle. Le dessin exquis de la soierie qui occupe le haut de la planche est de ce mode franco-oriental qu'une connaissance déjà très répandue de l'ornementation persane avait fait naître en France. La disposition des montants verticaux, rayant l'étoffe de haut en bas, est des plus décoratives, et l'ensemble de ce fin dessin, d'une belle et simple répartition sous un ton unique, contraste agréablement avec les décors pompeux de cette époque.
Le motif du bas de la planche provient d'une garde de livre estampée ; c'est le décor des plats intérieurs de la couverture, tel qu'on le pratiquait déjà sous Louis XIII. L'agencement de l'ornementation est de l'école des Bérain, des Marot, etc. Des rinceaux à double trait, exfoliés d'acanthe, d'où sortent quelques grappes légères, en composent tous les éléments.

253

17th Century

DECORATIVE PAINTINGS – PALACE OF FONTAINEBLEAU

In terms of character this ornamentation has close links with the work of the Henri IV and Louis XIII periods. Its quality allows us to classify it with the decorative painting of the first half of the 17th century. In fact these emblematic medallions, which are to be found in the first of the reception rooms of the Palace of Fontainebleau, were executed under the supervision of the decorator Charles Moench, whom Louis-Philippe commissioned to restore the Guard Room or Foyer in 1834.

As far as restoring the character of the room's original ornamentation was concerned, there was no shortage of data. In fact it was on the spot: the fragments of cardboard (most of them in ribbons) found on the ceiling after the canvas formerly covering them had been removed still showed traces of the

253

17. Jahrhundert

DEKORATIVE MALEREIEN, GOLDSCHRAFFIERTECHNIK – SCHLOSS FONTAINEBLEAU

Aufgrund ihrer Qualität lassen sich diese dekorativen Malereien der ersten Hälfte des 17. Jahrhunderts, der Zeit Heinrichs IV. und Ludwigs XIII., zuschreiben. Doch in Wirklichkeit wurden die heraldischen Medaillons, die sich auf der Täfelung des ersten Empfangsraums in Schloss Fontainebleau befinden, 1834 unter Leitung des Dekorationsmalers Charles Moench ausgeführt, der von Louis-Philippe den Auftrag für die Restaurierung des Saals der Wachen oder des Theaterfoyers erhalten hatte.

Die Vorlagen, nach denen die ursprüngliche Dekoration des Raums wiederhergestellt werden konnte, fand man vor Ort. Die zum größten Teil zerrissenen Kartons der Decke kamen zum Vorschein, als man die Leinwand, die sie verbarg, entfernte. Motive und

253

XVIIe siècle

PEINTURES DÉCORATIVES, LE SALI D'OR – CHÂTEAU DE FONTAINEBLEAU

L'excellent caractère de ces ornementations les rattache étroitement aux productions du temps de Henri IV et de Louis XIII. C'est en raison de leur qualité que nous les rangeons parmi les peintures décoratives de la première partie du XVIIe siècle. En réalité, ces médaillons emblématiques, qui se trouvent dans les lambris de la première pièce des appartements de réception du château de Fontainebleau, ont été exécutés sous la direction de Charles Moench, peintre décorateur, qui, en 1834, fut chargé par Louis-Philippe de la restauration de la Salle des Gardes ou Foyer du théâtre.

Les données pour la restitution du caractère de l'ancienne ornementation de cette salle ne manquaient pas, on les trouvait sur place. Les fragments sur carton du plafond qui, pour la plupart, étaient en

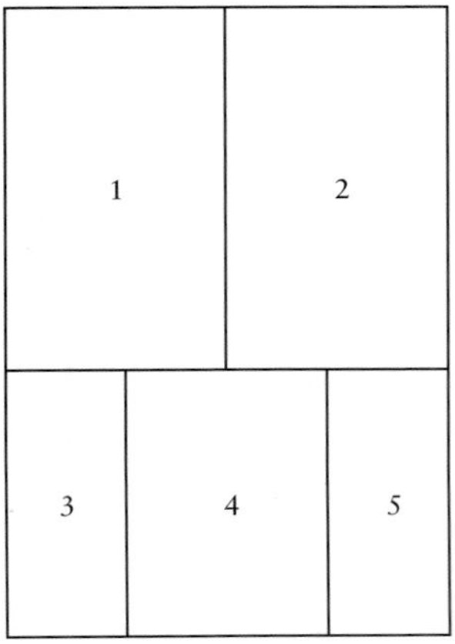

1 2

3 4 5

A·DE·BOVRBON

motifs and colours, the trophies and pieces of armour that had been painted on them in oils on a gold ground. Patchy though this information was, it proved relatively easy to give the ceiling and the frieze the appearance they had had in Louis XIII's day. The panelling received a coloured decor of enormous opulence, fine execution and perfect finish, applied to a white ground. The gilded portions were treated by a special method called *sali d'or,* whereby a base of various dark, bronzy tones was laid down and the modelling highlighted with *hachures* of pure metal.
The five double-panelled doors (real or mock) of the Guard Room were devoted to an apologetic memorial to the sovereigns who had been associated with the enlargement or embellishment of the Palace of Fontainebleau. Of our two large panels (**nos. 1 and 2**), which form part of the decoration of the door dedicated to Antoine de Bourbon, duke of Vendôme and father of Henri IV, one bears a portrait of the hero of Andelys with the Vendôme arms above him, the other bears the anagram of Jeanne d'Albret, his mother, and the Navarre arms. The two smaller panels with the combined initials of Henri IV and Marie de Médicis feature different emblems and different mottoes (**nos. 3 and 5**). The monogram in **no. 4** is that of Anne of Austria.

Farben, Trophäen und Reste von Rüstungen, mit Öl auf Goldgrund gemalt, waren noch zu erkennen. So spärlich diese Informationen auch sein mochten, genügten sie doch, um Decke und Fries wieder so herzustellen, wie sie unter Ludwig XIII. gewesen waren. Die Täfelungen erhielten eine reich kolorierte und sorgfältig ausgeführte Dekoration auf weißem Grund. Die vergoldeten Flächen sind in so genannter Goldschraffiertechnik ausgeführt; über einem goldbraunen oder dunklen Grund werden die Erhöhungen für das Relief in das Metall schraffiert.
Die Doppelflügel von fünf echten bzw. falschen Türen des Saals der Wachen dienten dazu, an die Könige zu erinnern, die sich um die Vergrößerung und Verschönerung des Schlosses verdient gemacht hatten. Die beiden hier abgebildeten großen Tafeln (**Nrn. 1 und 2**) gehören zum Schmuck der dritten Türe, die Antoine de Bourbon, Herzog der Vendôme und Vater Heinrichs III., gewidmet ist. Sie zeigen das Porträt des Helden von Andelys mit dem Wappen der Vendôme und daneben das Anagramm von Jeanne d'Albret mit dem Wappen von Navarra. Zwei kleine Tafeln mit den verschlungenen Monogrammen von Heinrich IV. und Maria von Medici zeigen deren Devisen und verschiedene Sinnbilder (**Nrn. 3 und 5**). Das Motiv **Nr. 4** zeigt das Monogramm von Anne von Österreich.

lambeaux, et qu'on découvrit dès qu'on eut enlevé la toile qui les cachait, montraient encore leurs dessins et leurs couleurs, leurs trophées et les débris d'armures peints à l'huile sur fond d'or. Quelque clairsemés que fussent ces renseignements, il fut relativement facile de rétablir le plafond ainsi que la frise, tels qu'ils étaient à l'époque de Louis XIII. Les lambris reçurent un décor en coloris d'une grande richesse, d'une belle exécution, d'un fini parfait, disposé sur un fond blanc. Les parties dorées y sont traitées en sali d'or c'est-à-dire, que sur des dessous de tons mordorés divers et foncés, les rehauts pour le modelé sont faits en hachures de métal pur.
On s'est servi des cinq portes, vraies ou figurées, de la Salle des Gardes pour en consacrer les doubles panneaux au souvenir apologétique des souverains ayant attaché leurs noms à l'agrandissement ou à l'embellissement du château de Fontainebleau. Nos deux grands panneaux (**n°s 1 et 2**), qui font partie de la décoration de la troisième porte, dédiée à Antoine de Bourbon, duc de Vendôme et père de Henri IV, montrent, d'un côté, le portrait du héros de Andelys, avec les armes de Vendôme, de l'autre côté, l'anagramme de Jeanne d'Albret, avec les armes de Navarre. Deux petits panneaux au chiffre entrelacé de Henri IV et de Marie de Médicis, offrent des emblèmes différents et leurs devises (**n°s 3 et 5**). Enfin le petit panneau central inférieur (**n° 4**) est le chiffre entrélacé d'Anne d'Autriche.

17th Century

LARGE-SCALE ORNAMENTATION – DECORATIVE TAPESTRY

This hanging is part of a series believed to have been given to Louis XIV of France by James II of England. The tapestries were made at Mortlake probably some time after the Restoration of Charles II (1660–1685), although the work appears to have been initiated at the time when his father Charles I, then still Prince of Wales, founded the Mortlake Factory and obtained the famous *Acts of the Apostles* cartoons painted by Raphael for Pope Leo X (and made up by Flemish weavers into tapestries now in the Vatican).

These high-warp tapestries of silk, wool, gold, and silver are on a large scale and vary in shape from piece to piece, depending on how much the master's cartoon subject allowed itself to be stretched (for there was no feeling that the cartoon outlining must be strenuously obeyed in this respect). Raphael's model for the *Miraculous Catch of Fish*, for example, is a horizontal composition, whereas the tapestry we reproduce is very nearly a perfect square. As regards the border ornamentation of the series, it has all the character of a prototype; stylistically it belongs to the Louis XIII period.

The ornamentist responsible for these borders made them into a sort of gloss on the principal subject. He did this in a splendidly picturesque way here, and the cherubs with their bright flesh tones and the fishermen with their own fresh lustre call upon all the

17. Jahrhundert

ORNAMENTE IN GROSSEM MASSSTAB – DEKORATIVER BILDTEPPICH

Dieses Stück gehört zu einer Folge von Bildteppichen, die Jakob II. von England Ludwig XIV. geschenkt haben soll. Diese Tapisserien wurden in der englischen Manufaktur von Mortlake, vermutlich nach der Wiedereinsetzung des Königtums durch Karl II. (1660–1685), angefertigt. Doch scheint die Ausführung schon zur Zeit seines Vaters, Karls I., des Prinzen von Wales, begonnen worden zu sein, der die Werkstatt gegründet und ihr die berühmten Kartons der Apostelgeschichte verschafft hatte, die Raffael für Leo X. gemalt hatte. Sie dienten auch schon als Vorlage für Bildteppiche, die von flämischen Handwerkern hergestellt wurden und im Vatikan zu sehen sind.

Diese hochlitzigen Teppiche aus Seide, Wolle, Gold und Silber weisen eine großflächige Dekoration auf, die von Stück zu Stück variiert, je nachdem, welches Sujet einzurahmen war; in dieser Beziehung hielt man sich nicht an die Vorlagen. Bei Raffael ist zum Beispiel der *Wunderbare Fischzug* ein längliches Bild, während der hier wiedergegebene Teppich beinahe ein Quadrat bildet. Von der Verzierung der Bordüren her gesehen, weist der Dekor der Folge alle Kennzeichen eines neuen Typs auf. Dem Stil nach gehört er in die Zeit Ludwigs XIII.

Jede der Bordüren bildet eine Art Kommentar zum Hauptthema, auf das sich die Figuren beziehen. Dies geschieht hier auf malerische Weise:

XVIIe siècle

L'ORNEMENTATION SUR GRANDE ÉCHELLE – TAPISSERIE DÉCORATIVE

Cette tenture fait partie d'une suite de tapisseries qui passent pour avoir été données par Jacques II à Louis XIV. Ces tapisseries ont été exécutées dans la manufacture anglaise de Mortlake, vraisemblablement après la restauration de Charles II (1660–1685) ; mais l'œuvre semble avoir été entreprise du temps de Charles Ier, prince de Galles, alors qu'il fondait la fabrique de Mortlake en lui procurant les célèbres cartons des *Actes des Apôtres* peints par Raphaël pour Léon X, qui avaient servi de modèles aux ouvriers flamands dont les tentures tissées sont conservées au Vatican.

Ces tapisseries de haute lisse, soie, laine, or et argent, sont des décors de grande proportion, variant de forme d'une pièce à l'autre, selon l'élasticité à laquelle pouvait se prêter le cadre des sujets traités par le maître ; car dans ces tapisseries on au tracé des cartons. Le modèle de la *Pêche miraculeuse* par exemple, est dans l'œuvre de Raphaël un tableau en longueur. Celle que nous reproduisons se rapproche le plus du carré parfait. Du point de vue de l'ornementation des bordures, ce décor réunit tous les caractères d'un prototype ; par son style, il appartient pleinement à l'époque de Louis XIII.

Chacune de ces bordures se trouve être une espèce de commentaire du sujet principal auquel se rattachent les figures de son ornementation, a trouvé ici le motif d'un rapprochement éminemment pittoresque,

resources of gaiety his palette had to offer.
We show this tapestry in its entirety because a proper appreciation of the decorative border is impossible without the scene that appears inside it. As reproduced here, however, that scene is little more than a sketch. It is worth mentioning in this connection that such cartoons, which occupy so important a place in the history of art, were treated very loosely by the masters themselves. The colouring in particular was indicated only summarily in order to leave a measure of freedom and initiative to the weavers.

Eine Schar von Engelchen heller Hautfarbe ist hier mit dem frischen, silberfarbenen Glanz der Meereswelt vereint; der Palette wurden die fröhlichsten Farben abverlangt. Der Wandteppich ist in seiner Gesamtheit mit dem skizzenartig reproduzierten Sujet wiedergegeben, da das Bild den künstlerischen Wert der Rahmendekoration mitbestimmt. Die in der Kunstgeschichte berühmten Vorlagen wurden von Raffael nicht vollständig ausgearbeitet. Die Farben sind nur angedeutet, um den Teppichwirkern eine gewisse Freiheit zu lassen.

celui de tout un monde de chérubins aux claires carnations et du peuple maritime dans la fraîcheur de son lustre particulier, de ses notes argentines, demandant à la palette tout ce qu'elle a de plus riant. En représentant cette tapisserie dans son ensemble, c'est-à-dire en y conservant le sujet central, nous n'avons traité cette principale partie qu'en la laissant à un certain état d'esquisse ; on ne saurait se passer de ce tableau pour apprécier la valeur de la décoration dont il est entouré. Les cartons-modèles, si célèbres dans l'histoire de l'art, ont d'ailleurs été peints par le maître avec la plus large facture ; les colorations y sont sommaires dans le but de laisser aux tapissiers une certaine liberté d'initiative.

QVID LABOR IN
PONTEM SVDAT
LABOR OMNIS INANIS
EST NISI DIVINA DIRIGAT
ANTE LABOR

255

17th Century

PANEL ORNAMENTATION: TAPESTRY BORDERS

These three painted wooden panels (**nos. 4–6**) are examples of large-scale decoration (the originals are 6.9 ft. high) forming part of a larger architectonic composition. Painted on a white ground and framed with gilded mouldings, they have all the gaiety and lightness that the 18th century still regarded as being proper for state apartments. In the absence of more precise information they are attributed to Simon Vouet (1590–1649). Vouet had spent fifteen years in Italy when, at the earnest request of Louis XIII, he returned to France in 1627. He was richer for the double experience of Caravaggio's (1571–1610) vigorous manner on the one hand and, on the other, the quieter, brighter work of Guido Reni (1575–1642). Appointed first painter to the king and given lodg-

255

17. Jahrhundert

TAFELWERKDEKORATIONEN: WANDTEPPICHE UND HOLZARBEITEN

Diese drei Tafeln mit Malereien auf Holz (**Nrn. 4–6**) sind im Original 2,40 m hoch. Es handelt sich um eine Dekoration, die sich in den Rahmen einer bedeutenden architektonischen Ordnung einzufügen hatte. Die Malereien auf weißem Grund, die in vergoldete Zierleisten eingelassen sind, sind von jenem fröhlichen Charakter geprägt, den man noch im 18. Jahrhundert für Prunkräume empfahl. Da genaue Angaben fehlen, schreibt man die Malereien Simon Vouet (1590–1649) zu. Er lebte fünfzehn Jahre in Italien. Auf Ersuchen Ludwigs XIII. kehrte er 1627 nach Frankreich zurück. Die kräftige Malweise Caravaggios (1571–1610) und die ruhigere und klarere Manier von Guido Reni (1575–1642) brachte er aus Italien mit. Als erster Maler des Königs, mit Wohnsitz im Louvre,

255

XVIIe siècle

ORNEMENTATION DES LAMBRIS : TAPISSERIES ET BOISERIES

Ces trois panneaux peints sur bois (**n°s 4–6**) représentent du décor sur une belle échelle, les originaux ayant 2,40 m de hauteur, et devant figurer dans les listels d'une ordonnance architectonique de réelle importance. L'ensemble de ces peintures sur fond blanc insérées dans les moulures dorées y devait avoir ce riant aspect qu'on recommandait encore au XVIIIe siècle comme étant celui qui convenait le mieux aux chambres de grand apparat. En l'absence de renseignements plus précis, on attribue ces peintures à Simon Vouet (1590–1649). Il avait séjourné quinze ans en Italie. Les sollicitations de Louis XIII le rappelèrent en France en 1627. Il y revint avec la double expérience de la manière vigoureuse de Caravage (1571–1610), et de celle plus calme et plus claire du Guido Reni (1575–1642). Nommé premier

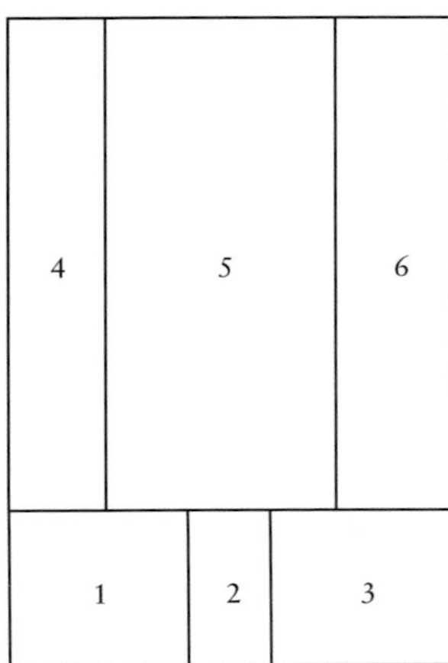

1

2

3

ings in the Louvre, Simon Vouet became virtual dictator of the arts in his day, as it were creating the role that Charles Le Brun, as director of the Gobelins factory, was to fill after him with even greater authority. Painters like these organized by themselves the decorative works they undertook; and Simon Vouet, whose output was enormous, made numerous tapestry designs for the court as well as carrying out extensive works at the various royal residences (the Louvre, Luxembourg Palace, St. Germain, Versailles, La Muette, and Fontainebleau).

The panels illustrated here combine ponderous elements with elements of the utmost delicacy in ornamental compositions that are enriched with motifs of all kinds. Things, in fact, are piled high – with no other logic than the painter's whim: the marble of architectural sculptures, gilded or painted wood worked in every known way, the human figure in all its nobility, mythic beasts, quadrupeds, birds, butterflies, classical acanthus foliage, natural flowers, grotesque masks, vases, monochrome painting, and coloured enamelled metalwork. Ornamentists of this school, which grew out of the Italian Renaissance, left no stone unturned.

The two larger corner motifs (**nos. 1 and 3**) are from tapestry borders; the one in the middle (**no. 2**), which looks like a piece of woodwork decoration, is taken from the framing vignettes in the handsome collection of 'medals of the king' that was engraved in the latter half of the 17th century.

wurde Simon Vouet eine Art Superintendent der schönen Künste, eine Rolle, die er dank seiner vielfältigen Kenntnisse gut auszufüllen wusste. Nach ihm übernahm Charles Le Brun, Leiter der „Manufacture des Gobelins", mit größerer Autorität dieses Amt, zumal sich die Manufaktur zur Zeit ihrer Gründung mit Dekorationen aller Art beschäftigte. Die Maler, die in dieser Richtung arbeiteten, entwarfen ihre Dekorationen selber. Simon Vouet, der ein riesiges Werk hinterließ, stellte für den Hof zahlreiche Tapisserie-Kartons her, führte zugleich aber auch in den königlichen Residenzen, im Louvre, Palais de Luxembourg, in Saint-Germain, Versailles, La Muette und Fontainebleau, große Arbeiten aus.

Schwerfälliges und fein Gestaltetes vereinen sich hier in einer durchkonstruierten Dekoration, die mit Dingen aller Art geschmückt ist. Verschiedenes ist hier vereint: Marmorne Bauplastiken, vergoldete oder bemalte, vielfältig gestaltete Holzarbeiten, die menschliche Figur, Chimären und Grotesken, Vierbeiner, Vögel und Schmetterlinge, das klassische Akanthusblattwerk, nach der Natur gemalte Blumen, Maskarons, Vasen, Camaieu-Malereien und emaillierte Metallarbeiten gehören zu den Elementen dieser Ornamentik, die sich von der italienischen Renaissance herleitet.

Die beiden Eckmotive (**Nrn. 1 und 3**) stammen ebenfalls von Teppichbordüren. Die mittlere Bordürenecke (**Nr. 2**) sieht wie eine geschnitzte Verzierung aus und ist den Rahmenvignetten der Sammlung der „Königlichen Medaillen" entnommen, die in der zweiten Hälfte des 17. Jahrhunderts geschaffen wurde.

peintre du roi et logé au Louvre, Simon Vouet devint en quelque sorte le surintendant des beaux-arts du temps, la variété de ses connaissances lui permettant de remplir le rôle repris après lui, et avec encore plus d'ampleur et d'autorité, par Le Brun, directeur de cette manufacture des Gobelins qui, à l'époque de sa fondation, s'occupait de tous les genres de productions décoratives. Les peintres de cette trempe étaient eux-mêmes les grands ordonnateurs des décorations qu'ils entreprenaient, et Simon Vouet, dont l'œuvre est immense, a fait pour la cour de nombreux dessins de tapisserie, en même temps qu'il a exécuté de grands travaux dans les résidences royales, au Louvre, au Luxembourg, à Saint-Germain, à Versailles, à la Muette et à Fontainebleau. C'est un genre dans lequel on voit combinées des lourdeurs et mille délicatesses, en des constructions ornementales que le peintre enrichit à sa fantaisie. Le marbre des sculptures architecturales, les bois dorés ou peints, menuisés de toutes les façons, la noble figure humaine, allant jusqu'aux chimères et aux grotesques, des quadrupèdes, des oiseaux, des papillons, le rinceau classique de l'acanthe, les floraisons naturelles, des mascarons, et des vases ; enfin la peinture en camaïeu d'une part, de l'autre, la coloration des émaux sur des fonds métalliques, tel est le bagage de l'ornemaniste de cette école, issue de la Renaissance italienne. Les deux motifs d'angles (**n°s 1 et 3**) proviennent de bordures de tapisserie ; l'angle de bordure du milieu (**n° 2**) a le caractère d'une décoration menuisée. Il est emprunté aux vignettes d'encadrement du beau recueil des « médailles du roi », gravé dans la seconde partie du XVIIe siècle.

17th Century

LARGE-SCALE ORNAMENTATION: CORNERS AND BORDERS OF TAPESTRIES

There was a tapestry factory in Paris between 1570 and 1660 known as the 'Royal Paris Works'; at one stage it was under the direction of the Fleming Charles Coomans. The establishment that produced high-warp tapestry (called simply the 'Royal Works') was a different establishment; it was set up by Henri IV in 1610 on premises in the Place Royale before being moved around 1630 to the Gobelins quarter. This was in turn distinct from the first velours carpet factory (known as the 'Savonnerie' and founded by Henri IV around the same time), which operated at the Louvre. The foundation known historically as the 'Gobelins Factory' dates from 1662 and was organized under the ministry of Jean-Baptiste Colbert

17. Jahrhundert

DEKORATIONEN IN GROSSEM MASSSTAB: ECKEN UND BORDÜREN VON WANDTEPPICHEN

In Paris gab es von 1570 bis 1660 eine Teppichmanufaktur, die sich „Fabrique royale de Paris" nannte und vom Flamen Charles Coomans geleitet wurde. Die Manufaktur hochlitziger Teppiche, die „Fabrique royale" genannt wurde, dürfte eine andere Werkstatt gewesen sein, die Heinrich IV. im Jahre 1610 gegründet hatte. Zuerst an der Place royale installiert, wurde sie um 1630 in das Gobelinviertel verlegt. Von ihr muss wiederum die erste Werkstatt für samtartige Teppiche, „Savonnerie" genannt, unterschieden werden. Auch sie wurde zur selben Zeit von Heinrich IV. gegründet, war jedoch im Louvre eingerichtet. Das Unternehmen, dem historisch die Bezeichnung „Manufacture des Gobelins" zukommt, wurde 1662 unter Jean-

XVIIe siècle

L'ORNEMENTATION SUR GRANDE ÉCHELLE : ANGLES ET BORDURES DES TAPISSERIES

Il existait à Paris, de 1570 à 1660, une manufacture de tapisseries, désignée sous le titre de Fabrique royale de Paris, et dont le Flamand Charles Coomans était le directeur. L'établissement de la manufacture des tapisseries de haute lisse, désigné sous le nom de Fabrique royale, serait une autre fondation faite par Henri IV, en 1610, cette dernière ayant d'abord été installée place Royale, puis transportée définitivement, vers 1630, dans le quartier des Gobelins. Cette manufacture était distincte de la première fabrique des tapis veloutés, dits de la Savonnerie, fondée vers le même temps par Henri IV, laquelle fonctionnait au Louvre.
L'établissement auquel demeure, historiquement, le nom de manufacture des Gobelins date de 1662,

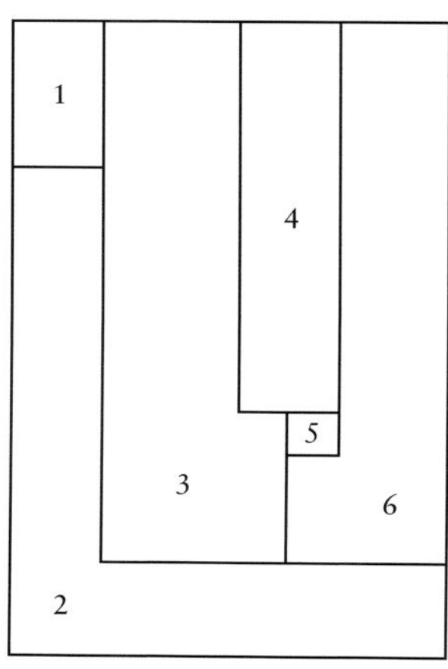

(1619–1683). Gobelins was also where all the furniture for the royal castles was made; and the painter Charles Le Brun, a man of far-reaching influence, became its first director.

No. 6. Royal Paris Works. Border of the first piece of a six-piece Artemisia hanging, a wool and silk tapestry measuring 12.56 ft. in height and 17.1 ft. in width. The Royal Paris Works manufactured ten Artemisia hangings, and the cartoons were reworked several times. This specimen probably dates from the late 16th century.

No. 2. Mortlake Factory. Border of the second piece of a five-piece Vulcan hanging; a silk, wool, gold, and silver tapestry measuring 14.1 ft. in height by 19 ft. in width. The border includes the intertwined letters 'FC', the monogram of Francis Crane, Mortlake's first director. The factory was founded by Charles I of England when he was still Prince of Wales (that is to say, before his accession in 1625).

No. 3. Royal Works. Corner and part of the border of a wool and silk hanging representing Meleager's Hunt. This border is signed with two interlaced Cs, which may be the monogram of Charles Coomans.

No. 4. Gobelins Factory. Lateral border in the style of Jean Lepautre (1618–1682).

Nos. 1 and 5. Complementary details from frames in the collection of medals cast in honour of Louis XIV, representing a small-scale type of ornamentation of mixed character dating from the late 17th century.

Baptiste Colbert (1619–1683) ins Leben gerufen. Man stellte dort zugleich sämtliche Möbel für die königlichen Schlösser her, und der Maler Charles Le Brun war der erste erfolgreiche Leiter dieser Manufaktur.

Nr. 6: Fabrique royale de Paris. Bordüre vom ersten Teppich der sechsteiligen Artemisia-Folge. Tapisserie aus Wolle und Seide; 3,85 m hoch und 5,20 m lang. Die königlichen Werkstätten stellten zehn Folgen her, änderten die Kartons jedoch mehrmals ab. Die Bordüre stammt wahrscheinlich vom Ende des 16. Jahrhunderts.

Nr. 2: Manufaktur von Mortlake. Bordüre vom zweiten Stück der fünfteiligen Vulkan-Folge. Tapisserie aus Wolle, Seide, Gold und Silber; 4,30 m hoch und 5,80 m lang. Die Bordüre trägt in verschlungenen Buchstaben die Initialen FC, das Monogramm des ersten Leiters der Manufaktur von Mortlake, Francis Crane. Diese Werkstatt wurde von Karl I., als er noch Prinz von Wales war, das heißt vor 1625, gegründet.

Nr. 3: Fabrique royale. Ecke und Teil der Bordüre eines Bildteppichs in Wolle und Seide, der die Jagd Meleagers darstellt. Die Bordüre ist mit zwei verschlungenen C signiert, die vielleicht das Zeichen von Charles Coomans bilden.

Nr. 4: Manufacture des Gobelins. Seitenbordüre in der Art von Jean Lepautre (1618–1682).

Nrn. 1 und 5 sind zusätzliche Fragmente, die zu den Umrahmungen des Sammelbands jener Münzen gehören, die zu Ehren von Ludwig XIV. geschlagen wurden. Diese Dekoration gemischten Charakters datiert aus dem Ende des 17. Jahrhunderts.

et fut organisé sous le ministère de Jean-Baptiste Colbert (1619–1683). On y avait installé, en même temps, la fabrication de tous les meubles destinés à décorer les châteaux royaux, et le peintre Charles Le Brun, dont l'action se fit profondément sentir, fut le premier directeur de cette manufacture.

N° 6 : Fabrique royale de Paris. Bordure de la première pièce de la tenture d'Artémise en six pièces. Tapisserie laine et soie. Hauteur : 3,85 m, largeur : 5,20 m. Les ateliers royaux fabriquèrent dix tentures d'Artémise, et les cartons furent plusieurs fois remaniés. Celle-ci appartient vraisemblablement à la fin du XVIe siècle.

N° 2 : Fabrique de Mortlake. Bordure de la deuxième pièce de la tenture de Vulcain, en cinq pièces. Tapisserie soie, laine, or et argent. Hauteur : 4,30 m, largeur : 5,80 m. La bordure porte en lettres entrelacée le chiffre FC, monogramme du premier directeur de la manufacture de Mortlake, Francis Crane ; cette fabrique avait été fondée par Charles Ier, alors qu'il n'était encore que Prince de Galles, c'est-à-dire avant 1625.

N° 3 : Fabrique royale. Angle et partie de la bordure d'une tenture tissée en laine et soie et représentant la Chasse de Méléagre. Cette bordure est signée de deux C enlacés, qui sont peut-être la marque de Charles Coomans.

N° 4 : Manufacture des Gobelins. Bordure latérale dans le goût de Jean Lepautre (1618–1682).

Les **nos 1 et 5** sont des fragments complémentaires empruntés aux encadrements du recueil des médailles frappées en l'honneur de Louis XIV. Cette petite ornementation, d'un caractère mixte, est de la dernière partie du XIIe siècle.

3
4
5

17th Century

CARVED AND PAINTED DECORATION OF A VAULT SPRING

This spring consists of the base of a mock tunnel vault resting on the cornice of a pier wall. The decor rises and unfolds in architectural lines forming a construction that possesses a certain logic, leaving compartments of various sizes and shapes distributed in a symmetrical arrangement. This whole ornamental composition of actual or imitation high reliefs and bas-reliefs is simply a 'mount' for the full-colour paintings framed within it, the discreet colouring of the ornamentation setting off the naturalistic paintings very effectively. We call it a mock tunnel vault because the compartments are in fact 'windows' onto the paintings seen in ceiling perspective through them, as if the scenes depicted were taking place in mid-air on conventionally solid-looking clouds.
The detail reproduced here is from the ceiling of the Galerie d'Apollon in the Louvre. The present decoration was commissioned by Louis XIV from Le Brun after a fire in 1661 had destroyed the first gallery, begun during the reign of Charles IX and completed under Henri IV. Both in spirit and in conception this Galerie d'Apollon vault is on a quite different scale than the noisy apologia of the king's reign that formed the subject of the ceiling of the Grande Galerie at Versailles. Le Brun's authority extended to every part of this decor – the choice of scenes, the invention of the carved figures,

17. Jahrhundert

PLASTISCHE UND GEMALTE DEKORATION EINES GEWÖLBEANSATZES

Dieser Gewölbeansatz – auch Abschrägung genannt – besteht aus der vorgetäuschten Basis eines Tonnengewölbes, das sich auf das Gesims einer Wand mit Widerlagern stützt. Die architektonischen Linien der Dekoration bilden eine einigermaßen logische Konstruktion, die mehr oder weniger große, verschiedenförmige und symmetrisch angeordnete Felder ausspart. Die gesamte Ornamentik, die sich aus wirklichen und vorgetäuschten Hoch- und Flachreliefs zusammensetzt, bildet den Rahmen für Bilder in bunten Farben. Die diskrete Tönung der Dekorationen soll die Malereien nach der Natur hervorheben. Dabei muss daran erinnert werden, dass das Tonnengewölbe nur vorgetäuscht ist. Die Felder, die für die gemalten Sujets vorgesehen sind, sollen einen Durchblick auf Szenen gewähren, die in verkürzter Perspektive im Freien spielen, auf jenen Wolken, deren konventionelle Solidität bekannt ist.
Das abgebildete Teilstück stammt von der Wölbung der Decke in der Apollo-Galerie des Louvre. Nach dem Brand von 1661, der die erste, unter Karl IX. begonnene und unter Heinrich IV. abgeschlossene Galerie zerstörte, beauftragte Ludwig XIV. Charles Le Brun mit der neuen Dekoration, die erhalten blieb. Die Anlage dieses Dekors beruht insgesamt auf einem anderen Geist als die lärmige Apologie auf die Regierung des Sonnenkönigs, die das entsprechende Sujet in der Großen Galerie von Versailles bil-

XVIIe siècle

ORNEMENTATION D'UNE RETOMBÉE DE VOÛTE, SCULPTÉE ET PEINTE

Cette retombée, l'abattue des anciens architectes, ou naissance de la voûte, se compose ici de la base fictive d'un berceau en plein cintre, s'appuyant sur la corniche d'un mur en pied droit. Le décor s'élève et se développe en lignes architecturales formant une construction d'une certaine logique, en réservant des compartiments plus ou moins importants et de formes variées, dont la répartition est symétrique. L'ensemble de cette ornementation, composée de hauts et bas-reliefs, réels et feints, sert de monture aux tableaux à toutes couleurs qu'elle encadre, et de manière à faire valoir les peintures au naturel par ses colorations discrètes. En ce genre, dont il faut rappeler l'esprit, la voûte construite en berceau est une fiction, les compartiments réservés pour les sujets peints étant des ajourés par lesquels on aperçoit en perspective plafonnante des scènes qui se passent dans le plein air, sur ces nuages dont on connaît la solidité conventionnelle.
Le fragment reproduit provient du plafond en voussure de la Galerie d'Apollon, au Louvre. Le Brun, après l'incendie de 1661 qui avait détruit la première galerie commencée sous Charles IX et achevée sous Henri IV, fut chargé par Louis XIV de la nouvelle décoration qui est demeurée. La conception du décor de la voussure de la Galerie d'Apollon est dans son ensemble et son esprit d'une autre envergure que la bruyante apologie du règne du grand roi, ayant fourni le sujet

the matching of the ornamentation, and the significance of the symbols. The reader will recall that Louis XIV had taken Apollo, the god of light and of the arts, as his emblem and that his device was a sun shining down on the world to the accompaniment of the motto *nec pluribus impar.* We find the sun here, in one of the two corners of the octagon that are just visible on our plate; the other contains Apollo's lyre, both motifs being combined with cornucopias.
Le Brun divided the vault into eleven principal cartouches or compartments. In the middle one he intended to depict Apollo in his chariot arrayed with all the attributes of the sun. The four cartouches nearest the centre were to be occupied by the Seasons. Two ovals separating these from the vault were to contain 'Morning' and 'Evening' and the two far octagons 'Night' and 'Dawn.' The half-domes at the ends of the tunnel would have presented an 'Awakening of the Waters' and an 'Awakening of the Land' at the first rays of the sun.

det. Le Bruns Meisterschaft prägte die gesamte Dekoration: die Wahl der zu malenden Werke, die Gestaltung der plastischen Figuren, die aufeinander abgestimmten Verzierungen und die Bedeutung der Symbole. Bekanntlich wählte Ludwig XIV. Apollo, den Gott des Lichtes und der Künste, zu seinem Sinnbild. Seine Devise bestand aus einer Sonne, die die Welt erleuchtet, verbunden mit den Worten: *nec pluribus impar*. So sieht man an einer der Ecken des angeschnittenen Achtecks die Sonne mit der Devise Ludwigs XIV. und gegenüber die Leier Apollos, die beide mit Füllhörnern kombiniert sind.
Le Brun teilte das Tonnengewölbe in elf Kartuschen oder Hauptfelder ein. Im Zentrum sollte Apollo auf seinem Wagen mit allen Attributen der Sonne dargestellt werden. Die vier benachbarten Kartuschen hatten die Jahreszeiten aufzunehmen, während die beiden Ovale, die sie vom Gewölbe trennen, mit dem Abend und Morgen, die beiden entfernteren Achtecke mit der Nacht und der Morgendämmerung zu füllen waren. Die Halbkuppeln an den Enden der Tonne waren für das Erwachen der Gewässer und der Erde unter den ersten Sonnenstrahlen vorgesehen.

de la voussure de la Grande Galerie du château de Versailles. La maîtrise de Le Brun comportait toutes les parties de la décoration : le choix des compositions à peindre, l'invention des figures sculptées, la concordance des ornements et la signification des symboles. Louis XIV avait pris pour emblème Apollon, dieu de la lumière et des arts, et sa devise était un soleil qui éclaire le monde, avec ces mots : *nec pluribus impar.* On voit, à l'un des angles de l'octogone dont nous donnons l'amorce, la face du soleil avec la devise de Louis XIV, et en regard, la lyre d'Apollon se combinant avec des cornes d'abondance.
Le Brun divisa le berceau de la voûte en onze cartouches ou compartiments principaux. Dans celui qui est au centre, il se proposait de représenter Apollon sur son char, avec tous les attributs du soleil. Les saisons devaient occuper les quatre cartouches les plus voisins de celui-ci. Deux ovales qui les séparent de la voûte devaient être remplis par le soir et le matin, et les deux octogones plus reculés par la nuit et l'aurore. Les culs de four qui sont aux extrémités du berceau auraient offert, l'un le réveil des eaux, et l'autre celui de la terre, aux premiers rayons du soleil.

DEO

VIR-
GO.

17th Century

CARPET AND TAPESTRY BORDER

These two details, part of a carpet and one corner of the border of a tapestry hanging, represent the most brilliant period of the decorative arts during the reign of Louis XIV.
The carpet, which measures 29.2 ft. by 12.8 ft., was one of a series of thirteen designed for the floor of the Galerie d'Apollon in the Louvre; made of wool, they are labelled as being the work of the Savonnerie. The merits of this splendid piece speak for themselves: the breadth of conception of the main motif, the skilful execution, the clarity of the divisions, the energetic colouring, with grounds representing two extremes, and finally the full and varied richness of the whole design. Suffice it to say that the boldness of the composition and the intensity of the background colouring are particularly suited to the use of wool, which in raking light has the effect of fusing all the accents into one harmonious whole.
We mentioned in connection with plate 257 the scope and cohesion of Le Brun's large-scale decorative schemes. It was in 1661 that Le Brun presented Louis XIV with the overall decor for the Galerie d'Apollon, and we can be sure that patterns for the projected floor covering formed an integral part of it.
The detail of a border shown at the bottom of the plate is from a beautiful fourteen-piece series of hangings from the Gobelins factory representing the *History of*

17. Jahrhundert

BODENTEPPICH UND TEPPICHBORDÜRE

Das Ensemble wie das Teilstück stammen aus der glänzendsten Epoche der dekorativen Kunst zur Zeit Ludwigs XIV. Der Teppich, der auf dem Boden sehr eindrucksvoll wirkt, ist 8,90 m lang und 3,90 m breit. Er gehört zu einer dreizehnteiligen Folge, die für den Boden der Apollo-Galerie des Louvre bestimmt war. Diese Wollteppiche wurden im Allgemeinen als Werke aus der Manufaktur der Savonnerie von Chaillot bezeichnet. Der großzügige Aufbau des Hauptmotivs, das hervorragende Dessin und die klare Aufteilung, die kräftigen Farben des Grundes, die zwei Extreme einander gegenübersetzen, und schließlich die abwechslungsreiche Fülle sprechen für sich selbst. Für den kühnen Entwurf und die intensiven Farben des Grundes eignet sich die Wolle besonders gut, da sie im indirekten Licht alle Akzente auf harmonische Weise in sich bündelt.
Im Text zu Tafel 257, die ein Stück der Architektur der Apollo-Galerie darstellt, wurde auf die Bedeutung der großen dekorativen Entwürfe Le Bruns hingewiesen. Im Jahr 1661 stellte Le Brun Ludwig XIV. die gesamte Dekoration der Galerie vor, und man darf annehmen, dass zum allgemeinen Entwurf auch die Teppiche gehörten, die den Boden des prachtvollen Saals bedecken sollten.
Der Bordürenausschnitt unten auf der Tafel stammt aus einer Folge von Bildteppichen, die in der „Manufacture des Gobelins" hergestellt wurden und in vierzehn

XVIIe siècle

TAPIS DE PIED ET BORDURE DE TENTURE

Cet ensemble et ce fragment appartiennent à l'époque la plus brillante de l'art décoratif sous Louis XIV. Le tapis, qui fait sur le sol un splendide effet, mesure 8,90 m de long sur 3,90 m de large. Il fait partie d'une série de treize destinée au plancher de la Galerie d'Apollon, au Louvre. Ces grands tapis de laine y sont désignés comme étant des ouvrages de la Savonnerie. L'ampleur de la construction du motif principal, la science générale du dessin, la netteté des répartitions, l'énergie de la coloration des fonds opposant deux extrêmes, enfin la plénitude d'une richesse heureusement variée, sont de ces choses qui parlent d'elles-mêmes. La franchise du parti pris et l'intensité de la couleur des fonds conviennent particulièrement à l'emploi de la laine, qui dans la lumière frisante de l'horizontalité, fusionne tous les accents, de manière à marier le tout en un heureux accord.
Dans la notice de la planche 257, représentant un fragment de l'architectonique de la voûte de la Galerie d'Apollon, nous indiquons l'importance des grandes ordonnances décoratives faites par Le Brun. En 1661, Le Brun présenta à Louis XIV l'ensemble de la décoration de la Galerie d'Apollon, et l'on peut considérer comme ayant fait partie de l'ordonnance générale le modèle des tapisseries destinées à couvrir le plancher de cette salle magnifique.
Le fragment de bordure provient de la belle suite des tentures fabri-

Louis XIV. All fourteen scenes, for which Le Brun made the cartoons, are framed with the same border, which can be seen in its entirety in the engraving by Sébastien Le Clerc the Elder (1637–1714). Our detail is typical of the overall colouring. This is a most luxurious piece of work, using wool, silk, and gold and silver thread.

Stücken die *Geschichte Ludwigs XIV.* darstellen. Alle Szenen, zu denen Le Brun die Kartons schuf, sind von der gleichen Bordüre eingerahmt. Die gesamten Teppiche sind in den Stichen von Sébastien Le Clerc dem Älteren (1637–1714) zu finden. Das Eckstück zeigt die Kolorierung dieser Bordüre. Für die reiche Ausführung wurden Wolle und Seide sowie Gold- und Silberfäden verwendet.

quées à la manufacture des Gobelins et dont les quatorze pièces composent une *Histoire de Louis XIV.* Toutes ces scènes, dont Le Brun a fait les cartons, sont encadrées d'une bordure de même modèle. L'ensemble en est représenté dans les planches gravées par Sébastien Le Clerc l'Ancien (1637–1714). Notre fragment d'angle donne la note générale de la coloration de cette bordure ornemanesque. Dans ces tissus luxueux on trouve l'emploi de la laine, de la soie, et des fils métalliques, de l'or et de l'argent.

259

17th Century

METAL MARQUETRY ON LUXURY FURNITURE

Metal marquetry as the main decorative element on furniture dates only from the second half of the 17th century. Under Louis XIV woodwork was inlaid with tortoiseshell and shiny metals to make the furniture match the splendour of the rest of the palace appointments. In the hands of André-Charles Boulle (1642–1732), the greatest innovator in this type of marquetry, this elaborate official furniture achieved a beauty and luxury unknown before and unsurpassed since.
The piece shown here (**no. 1**) is now in the Galerie d'Apollon in the Louvre. It has the noble character of work produced by the Gobelins Factory under Le Brun's direction. Its architecture is one of straight lines alone, and both in composition and in detail the

259

17. Jahrhundert

PRUNKMOBILIAR, METALLBESCHLÄGE

Beschläge aus Metall, die das eigentliche dekorative Element des Mobiliars bilden, finden sich nicht vor der zweiten Hälfte des 17. Jahrhunderts. Unter Ludwig XIV. wurde das Holz mit Schildpatt und glänzenden Metallen eingelegt, um die Möbel mit dem gleichen Luxus wie die Schlösser auszustatten. Mit André-Charles Boulle (1642–1732), dem eigentlichen Begründer des Genres, erreicht das offizielle Prunkmobiliar mit Möbelstücken eines bisher unbekannten Luxus einen Höhepunkt, der nicht mehr übertroffen wurde.
Das abgebildete Möbel (**Nr. 1**) befindet sich derzeit in der Apollo-Galerie des Musée du Louvre. Es zeigt jenen vornehmen Charakter, der unter Le Bruns Leitung den Produkten der „Manufacture des Gobelins" eigen war. Die architek-

259

XVIIe siècle

LE MOBILIER DE GRAND APPARAT, LA MARQUETERIE MÉTALLIQUE

La marqueterie métallique, constituant le véritable élément décoratif du mobilier, ne date réellement que de la seconde moitié du XVIIe siècle. Sous Louis XIV, le bois est incrusté d'écaille et de métaux brillants pour mettre le meuble au niveau du luxe des palais. Entre les mains de André-Charles Boulle (1642–1732), le véritable innovateur du genre, le pompeux mobilier officiel, le meuble d'un apparat inconnu jusqu'alors, arrive à l'apogée d'une beauté qui n'a point été surpassée.
Le meuble représenté (**nº 1**) se trouve actuellement dans la Galerie d'Apollon, au musée du Louvre. Il est du noble caractère donné par la direction de Le Brun aux produits de la manufacture des Gobelins. Son tracé architectural ne comporte que des lignes droites, et par

piece stems from that renewal of Roman antiquity so conscientiously cultivated by Nicolas Poussin (1594–1665). The style is that of the first period of Gobelins production, showing no trace as yet of the decadence of latter excesses. In this first period of the application of the Boulle process, furniture was made for the king over a period of about thirty years before the fashion appeared in private industry. These early works were of a higher order than everything that came after. André-Charles Boulle, 'cabinetmaker to the king,' was also described in his letters patent as 'architect, sculptor, and engraver' – with what justification we can see for ourselves in this example. The overall design of the piece is the work of an architect; the chased and gilded bronzes are high-quality sculpture; finally, engraving was used for the veins of the foliage tracery, the burin grooves being stamped in the manner of niello work.

Metal veneers were fitted just like wooden marquetry except that they were applied with mastic instead of with glue, which was unsuitable for the purpose. The tortoiseshell motifs were fitted in the same way and either left in their natural colour or coloured on the back. Metal marquetry enjoyed such a vogue during the latter half of the 17th and the early 18th centuries that wardrobes, commodes, bookcases, cabinets, desks, secretaires, pedestal tables, chiffoniers, etc. were all decorated on the same principle and by similar methods.

A few objects and details of an analogous type are shown in the lower part of the plate:

tonische Zeichnung weist nur gerade Linien auf, und als Ganzes wie im Einzelnen gehört das Stück zu jener Erneuerung der römischen Antike, die Nicolas Poussin (1594–1665) mit großer Gewissenhaftigkeit studierte. Der Stil ist typisch für die frühe Produktionsphase der Manufaktur; es finden sich noch keine Übertreibungen in der Art von Bérain, Grotesken, Säulengänge, Pavillons und aufgehängte Teppiche. Die Möbel, die während der ersten Zeit, da die Boulle'sche Technik Anklang fand, für den König hergestellt wurden, verteilen sich auf etwa dreißig Jahre, bevor sie auch von den privaten Werkstätten nachgeahmt wurden. Sie sind allem, was auf sie folgte, überlegen. André-Charles Boulle, Tischler des Königs, war nach seiner Ernennungsurkunde auch als Architekt, Bildhauer und Graveur ausgebildet. Dass ihm diese Qualifikationen zurecht zugesprochen wurden, lässt sich hier erkennen. Das Möbel ist von einem Architekten entworfen, und die ziselierten und vergoldeten Bronzen sind hervorragende Plastiken. Gravuren finden sich in den Rippen des metallischen Rankenwerks, und die Spuren des Stichels sind in der Art von Nielloarbeiten gefüllt. Das Metall wurde in gleicher Weise befestigt wie die Holzintarsien, nicht mit Leim, der sich für dieses Verfahren nicht eignet, sondern mit Kitt. In Holz eingelegtes Schildpatt behielt entweder seine natürliche Farbe oder wurde von unten koloriert. Metallbeschläge waren Ende des 17. und Anfang des 18. Jahrhunderts so beliebt, dass die schwersten wie die leichtesten Möbel damit verziert wurden.

Herkunft der weiteren Gegenstände und Fragmente:

l'ensemble comme par les détails il appartient à ce renouvellement de l'Antiquité romaine, étudiée avec tant de conscience par Nicolas Poussin (1594–1665). Ce style est celui de la première période de production de la manufacture des Gobelins ; on n'y trouve encore aucune trace du genre caduc des caprices de Bérain, des grotesques, des portiques des pavillons et des tapis en pendentifs. Les meubles, faits pour le roi, dans la première période d'application du procédé de Boulle, sont d'une fabrication qui dura une trentaine d'années, avant que leur mode apparût dans l'industrie privée. André- Charles Boulle, ébéniste du Roi, est en outre qualifié dans son brevet des titres d'architecte, sculpteur et graveur. On voit ici combien ces qualifications étaient justifiées. Le tracé de ce meuble est d'un architecte, les bronzes ciselés et dorés sont de la très bonne sculpture ; quant à la gravure, c'est dans les nervures des rinceaux métalliques qu'on l'employait ; les sillons du burin étaient empreints à la façon des nielles. Le placage de métal s'ajustait comme le placage de marqueterie, non avec de la colle forte, impropre à cet usage, mais avec du mastic ; ou encore, que l'écaille, ajustée dans le bois, conservait sa couleur naturelle, ou était colorée en dessous. Les placages de la marqueterie métallique furent en si grande faveur pendant la dernière partie du XVIIe siècle et la première période du XVIIIe que les plus gros meubles comme les plus légers s'en trouvèrent ornés. Armoires, commodes, bibliothèques, cabinets, bureaux, secrétaires, guéridons, chiffonnières – tout fut décoré selon le même principe et avec des pratiques analogues.

Nos. 2, 3, 4, and 5. Engraved metalwork by Ludovicus Cossinus; the metal is engraved and coated like niello work.
Nos. 7 and 9. Watchcases by Daniel Marot.
No. 6. Snuff box inlaid with gold and silver.
No. 8. Top of a box.

Nrn. 2, 3, 4 und 5: Nach Stichen mit Goldschmiedearbeiten von Ludovicus Cossinus; es handelt sich um graviertes und nach der Art von Nielloarbeiten eingelegtes Metall.
Nrn. 7 und 9: Uhrgehäuse, von Daniel Marot entworfen.
Nr. 6: Mit Gold und Silber eingelegte Tabaksdose.
Nr. 8: Oberseite einer Dose.

Les quelques objets et fragments se rattachant à ce genre sont empruntés pour les **nos 2, 3, 4 et 5** aux gravures d'orfèvrerie de Ludovicus Cossinus ; c'est du métal gravé et enduit à la façon des nielles.
Nos 7 et 9 : Boîtiers de l'invention de Daniel Marot.
No 6 : Tabatière incrustée d'or et d'argent.
No 8 : Dessus de boîte.

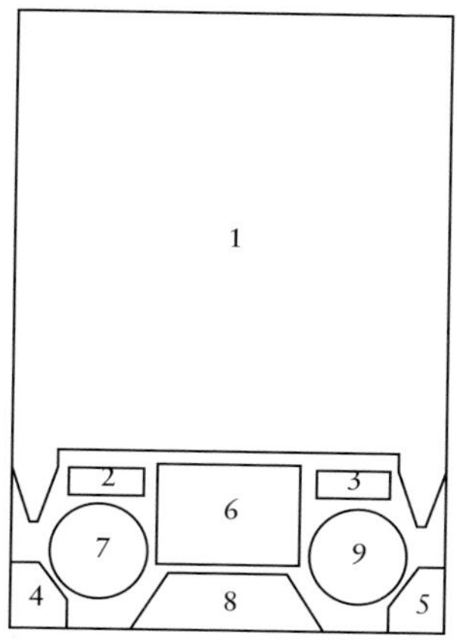

260

17th Century

LUXURY FURNITURE: FURNITURE DECORATED WITH GILDED CHASING AND METAL MARQUETRY

The work of André-Charles Boulle was so varied that we need to give a number of examples in order to bring out the underlying unity of style. The different types of expression achieved stem above all from the function of the piece of furniture in question but also from

260

17. Jahrhundert

PRUNKMÖBEL: MIT GOLDZISELIERUNGEN UND METALLBESCHLÄGEN VERZIERTE TISCHLERARBEITEN

Die außergewöhnliche Technik André-Charles Boulles führte zu einer Vielfalt von Formen, die es nötig erscheinen lässt, hier mehrere typische Beispiele vorzustellen, die bei einheitlichem Stil verschiedene Ausdrucksweisen zeigen. Die Unterschiede beruhen einerseits

260

XVIIe siècle

MEUBLES DE GRAND APPARAT : L'ÉBÉNISTERIE ORNÉE DE CISELURES DORÉES ET DE MARQUETERIE MÉTALLIQUE

L'ébénisterie exceptionnelle d'André-Charles Boulle offre, dans l'application qui en a été faite alors, assez de variétés de physionomie pour qu'il soit nécessaire d'en donner plusieurs exemples typiques, offrant dans l'unité du style des expressions d'un caractère différent.

the wide variety of resources that this exceptionally gifted artist (architect, sculptor, engraver, and inlayer) had at his disposal.
A wardrobe like the one reproduced in our plate is an eminently architectonic piece of furniture. Here overall design is as important as detailed ornamentation, and in compositions as tightly conceived as this one (or that of the secretaire in the preceding plate, where Louis XIV stands resplendent in the armour of Mars in the middle of a sort of firework display, or that of the wholly ornamental console shown in the following plate) we see how the ornamentist was faced with the necessity of using the whole form of the piece.
The Versailles apartments of the Grand Dauphin (which Louis XV demolished in 1747 to make way for a new layout) contained rooms so magnificent, filled with furniture and veneered panelling by André-Charles Boulle, that, as Dangeau recorded in his *Journal*, on 18 February 1689 Louis XIV was pleased to show them off to the recently deposed James II of England, as being among the wonders of the palace.
All that magnificent panelling, which was of truly architectural proportions, has disappeared without trace. This is almost incredible (if Boulle work became too costly an indulgence as the 18th century wore on, the master's personal output nevertheless continued to be held in high esteem) but it is so. As for the furniture, it was distributed around the Palace of Versailles or sent to other royal châteaux, and who can say whether the furniture now in the Louvre's Galerie d'Apollon did not originally stand in the Grand Dauphin's

auf der Funktion des Möbels, andererseits auf den Mitteln, über die der einfallsreiche Künstler und gewandte Bildhauer, Graveur und Kunsttischler verfügte.
Ein Schrank wie der hier abgebildete ist ein vorbildliches architektonisches Möbelstück, das als Ganzes wie im Einzelnen seine Qualität beweist. Bei derart vollkommenen Kompositionen wie diesem Schrank oder dem Sekretär, auf dem Ludwig XIV. in der funkelnden Rüstung des Mars gleichsam im Zentrum eines Feuerwerks dargestellt ist (Tafel 259), oder jener der Konsole mit ihrer reinen Ornamentik (Tafel 261) ist man gezwungen, den betreffenden Gegenstand vollständig wiederzugeben.
Das Appartement des Grand Dauphin in Versailles, das Ludwig XV. im Jahre 1747 zugunsten eines Neubaus abreißen ließ, enthielt so schöne Kabinettschränke, dass Ludwig XIV. dem Bericht von Philippe de Dangeau zufolge Vergnügen daran fand, sie Jakob II. am 18. Februar 1689 als eines der Wunder des Schlosses vorzuführen. Die herrlichen Intarsien in architektonischen Proportionen sind alle spurlos verschwunden. Dies ist fast unverständlich, denn selbst wenn man während des 18. Jahrhunderts kostspielige Möbel im Boulle'schen Stil nicht mehr herstellte, erfreuten sich die persönlichen Arbeiten dieses Künstlers hoher Wertschätzung. Dennoch ist, soweit bekannt, nichts übrig geblieben. Das restliche Mobiliar des Appartements wurde im Schloss Versailles verteilt und in andere königliche Schlösser gebracht. Wer weiß, ob die Möbel in der Apollo-Galerie des Louvre nicht aus dem Appartement des Dauphins stammen? Ihre luxuriöse Ausstattung passt gut zu den Wun-

Les distinctions dépendent d'abord de la destination du meuble ; mais elles résultent encore de la diversité des ressources que l'ingénieux artiste, sculpteur, graveur et marqueteur d'une rare habileté, avait à sa disposition.
Une armoire comme celle représentée ici est un meuble architectonique par excellence. Il vaut au moins autant par l'ensemble que par les détails, et avec des compositions aussi bien liées que celle-ci, et que celle du secrétaire où resplendit Louis XIV sous la cuirasse de Mars, comme au centre d'un feu d'artifice (planche 259), et aussi que celle de la console tout ornementale (planche 261), on se trouve en face d'une nécessité qui s'impose, celle de donner la forme complète de l'objet.
L'appartement du Grand Dauphin, dans le palais de Versailles, qui a été détruit par Louis XV, en 1747, pour y créer une distribution nouvelle, contenait des cabinets d'une telle beauté que Louis XIV, le 18 février 1689, au rapport de Dangeau, prit plaisir à les faire voir à Jacques II, comme l'une des merveilles du château.
De ces merveilleux revêtements, prenant des proportions architecturales, tout a disparu sans laisser de traces, ce qui est quasi incompréhensible, car si l'on renonça aux fabrications dispendieuses du genre Boulle pendant le XVIIIe siècle, on ne cessa pas d'y estimer hautement les travaux personnels de l'ébéniste. Pourtant il ne reste rien de ceux-là, à ce qu'on sache. Quant au mobilier de cet appartement, il fut distribué dans le palais de Versailles ou envoyé dans les châteaux royaux, et qui peut savoir si les meubles, aujourd'hui au Louvre, dans la galerie d'Apollon,

apartments? Certainly these pieces are luxurious enough not to have been out of place there. Complete with their splendid marble tops, they were meant to be seen supporting a brilliant collection of works of art, curios, bronzes, china, and crystal.

dern dieser Räumlichkeiten, in denen bis zu der mit Malereien auf Goldgrund verzierten Kaminverkleidung alles glänzte. Jedes dieser Möbel erfüllt mit seiner schönen Marmorplatte jene Bedingungen, die Möbel mit tragender Funktion aufweisen müssen, um ihren Zweck voll zu erfüllen. Auf dem Marmor muss man sich Kunstgegenstände und Kuriositäten, Bronzen und chinesisches Porzellan, aber auch natürliche Steine und Kristall vorstellen, aus dem man die für diese Möbel bestimmten Leuchter herstellte.

ne sont pas sortis de l'appartement du Dauphin ? Leur luxe, assurément, convenait aux merveilles de ce milieu, dans lequel, jusqu'aux devants de cheminée décorés de peintures sur fond d'or, tout resplendissait. Chacun de ces meubles avec sa tablette de beau marbre est dans les conditions qui conviennent aux meubles de support, ce qui complète leur physionomie ; car il faut voir, dans l'usage, briller sur ces marbres des pièces d'art ou de curiosité, des bronzes, des porcelaines de la Chine, de même que la pierre de roche, du cristal, dont on faisait les girandoles posées sur ces meubles.

261

17th Century

METAL MARQUETRY: ENGRAVING CHASED METALS

The last in our series of pieces of furniture by André-Charles Boulle in the Galerie d'Apollon in the Louvre is a console table on which the chasing is more discreet than on the other examples; here it is marquetry that plays the principal decorative role.

Boulle marquetry basically made use of a pair of materials that produced a different look depending on whether the work was done in première partie or in contre-partie, as the two procedures were called. In première partie (see our example) the field was tortoiseshell and the ornamental motifs were done in brass; in contre-partie it was the other way around, with a brass field and tortoiseshell ornamentation. The materials

261

17. Jahrhundert

METALLEINLEGEARBEITEN: GRAVIERUNG VON AUSGESCHNITTENEM KUPFER

Diese Konsole, die ebenfalls von André-Charles Boulle geschaffen wurde und wie der Sekretär und Schrank in der Apollo-Galerie des Louvre stand, ist zurückhaltender mit Ziselierungen verziert. Wichtiger für die Dekoration ist die Einlegearbeit, von der hier die Rede sein soll.

Gewöhnlich werden zwei gleiche Möbel hergestellt, die sich darin unterscheiden, ob sich die Einlage, technisch gesprochen, in erster Lage oder in Gegenlage (s. Tafel) befindet. Bei der ersten Lage bildet das Schildpatt den Grund der Marketerie, auf dem das ausgeschnittene Metall die Dekorationen formt. Bei der Gegenlage ist es umgekehrt; das Metall dient als Grund, und das Schildpatt bildet die Verzierungen.

261

XVIIe siècle

LA MARQUETERIE MÉTALLIQUE : LA GRAVURE DES CUIVRES DÉCOUPÉS

Cette console, également d'André-Charles Boulle, et figurant, ainsi que le secrétaire et l'armoire, au Musée du Louvre, dans la Galerie d'Apollon, est plus discrètement ornée de ciselures, et c'est la marqueterie qui joue le rôle principal dans sa décoration.

Rappelons d'abord que, dans ce genre, la fabrication comporte d'habitude une paire d'objets similaires, d'un aspect différent selon que l'ouvrage, en termes techniques, est en première partie ou en contre-partie. La première partie (cf. planche), c'est lorsque l'écaille fait le fond de la marqueterie et que le métal découpé en fait les ornements. La contre-partie, c'est l'inverse, le métal fait le fond et l'écaille forme les ornements. Les

used in Boulle work are tortoiseshell, horn, ivory, burgao, and mother-of-pearl (all of animal origin) and the metals copper or brass, pewter, silver, and gold. Tortoiseshell usually combines a number of colours (light brown, dark brown, almost black). The naturally cambered scales are softened in boiling water and pressed flat. They are reduced to the required thickness and then lined on the flesh side with a coat of vermilion, green, blue, or sooty black; this coat is in turn lined with a sheet of paper applied directly to the paint and serving as a mordant to hold it in position. Copper is used in the natural red form known as 'rosette' copper or as the yellow alloy, brass, made from two-thirds rosette copper and one-third calamine or natural zinc oxide. Silver and gold need to be given a certain elasticity by admixtures of rosette to make them suitable for use in marquetry. Gold combines particularly well with mother-of-pearl and tortoiseshell. To produce even subtler nuances, the inlayer can alternate the use of white gold, yellow gold, red gold, and green gold. Pewter is too soft and needs to be hardened up with a small admixture of rosette. To the beauty of these materials and the elegance of the compositions to which their combined properties gave rise, the inlayer could also add engraving – and not only on the metal portions, because tortoiseshell too can be worked with a burin. A mixture of black mastic and molten rosin was forced in the engraved lines with a spatula to enhance them, and finally the non-engraved surfaces were polished.

Die Materialien für die Marketerie sind einerseits tierischen Ursprungs: Schildpatt, Horn, Elfenbein, Perlmutt und Perlmuttmuschel, andererseits Metalle wie Kupfer, Zinn, Gold und Silber. Das Schildpatt ist meist mehrfarbig, hell, braun oder dunkelbraun. Die einzelnen Platten sind leicht gewölbt. Man weicht sie in kochendem Wasser auf, um sie darauf unter Druck zu glätten. Hat man die gewünschte Abplattung und Dicke erreicht, werden sie „gefüttert", indem man auf der Innenseite eine Lage Zinnober, Grün, Blau oder Kienruß anbringt und mit einem Papier bedeckt, das direkt auf die in diesem Fall als Beize dienende Farbe gelegt wird. Das in der Kunsttischlerei verwendete Kupfer besitzt verschiedene Tönungen und Namen. Gewöhnlich ist es rot und wird Rosetten- oder Feinkupfer genannt. Mischt man ihm ein Drittel Zinkspat (ein natürliches Zinkoxyd) bei, wird es gelb und nennt sich Messing. Gold und Silber müssen, um in der Kunsttischlerei verwendet werden zu können, eine gewisse Elastizität besitzen, damit sie sich mit dem Feinkupfer vermengen. Gold passt in der Marketerie gut zu Perlmutt und Schildpatt. Um die Arbeit schöner und nuancenreicher zu gestalten, variiert man die Farbe des Metalls mit Weiß-, Gelb-, Rot- und Grüngold.
Dem Zinn fehlt die Festigkeit. Um es härter zu machen, um ihm Gediegenheit zu verleihen, wie die Zinngießer sagen, muss man es mit etwas Feinkupfer mischen. Zu den wertvollen Materialien und zur eleganten Zeichnung kommt die Gravur hinzu. Nicht nur die Metallflächen werden mit dem Stichel behandelt, auch das Schildpatt kann graviert werden. Ist die Mar-

matières propres à la marqueterie sont : les unes animales, comme l'écaille de tortue, la corne, l'ivoire, la nacre de perles, le burgau ; les autres métalliques, comme le cuivre, l'étain, l'argent et l'or. L'écaille a le plus souvent plusieurs couleurs à la fois. Elle est blonde, brune ou d'un noir cap de more. Les feuilles de l'écaille étant naturellement bombées, on les amollit en les trempant dans l'eau bouillante, pour les redresser ensuite en les soumettant à une pression qui les aplatit. Une fois qu'elles sont planes et de l'épaisseur voulue, on y étend, du côté de la chair, une couche de vermillon, ou de vert, ou de bleu, ou de noir de fumée, et l'on recouvre cette couche d'un papier qu'on applique immédiatement sur la couleur, laquelle sert de mordant pour le retenir.
Le cuivre prend différents tons et noms. Naturel, il est rouge et se nomme rosette ; factice, il devient jaune et s'appelle laiton lorsqu'on mêle à la rosette un tiers de calamine (oxyde de zinc natif). L'argent et l'or, pour se prêter au travail de l'ébéniste, ont besoin d'acquérir une certaine élasticité par leur alliage avec la rosette. L'or, dans la marqueterie, s'emploie fort bien avec la nacre et l'écaille, et pour embellir à l'ouvrage, le nuancer, on varie le ton du métal avec de l'or blanc, de l'or jaune, de l'or rouge, de l'or vert.
Quant à l'étain, il manque de dureté. Aussi faut-il, pour lui ôter la mollesse, pour lui donner de l'aloi, comme disent les potiers d'étain, l'allier avec un peu de rosette. A la beauté de ces matières et à l'élégance du dessin qu'elles composeront en se combinant, l'on va jusqu'à joindre encore la gravure. Non seulement les parties métal-

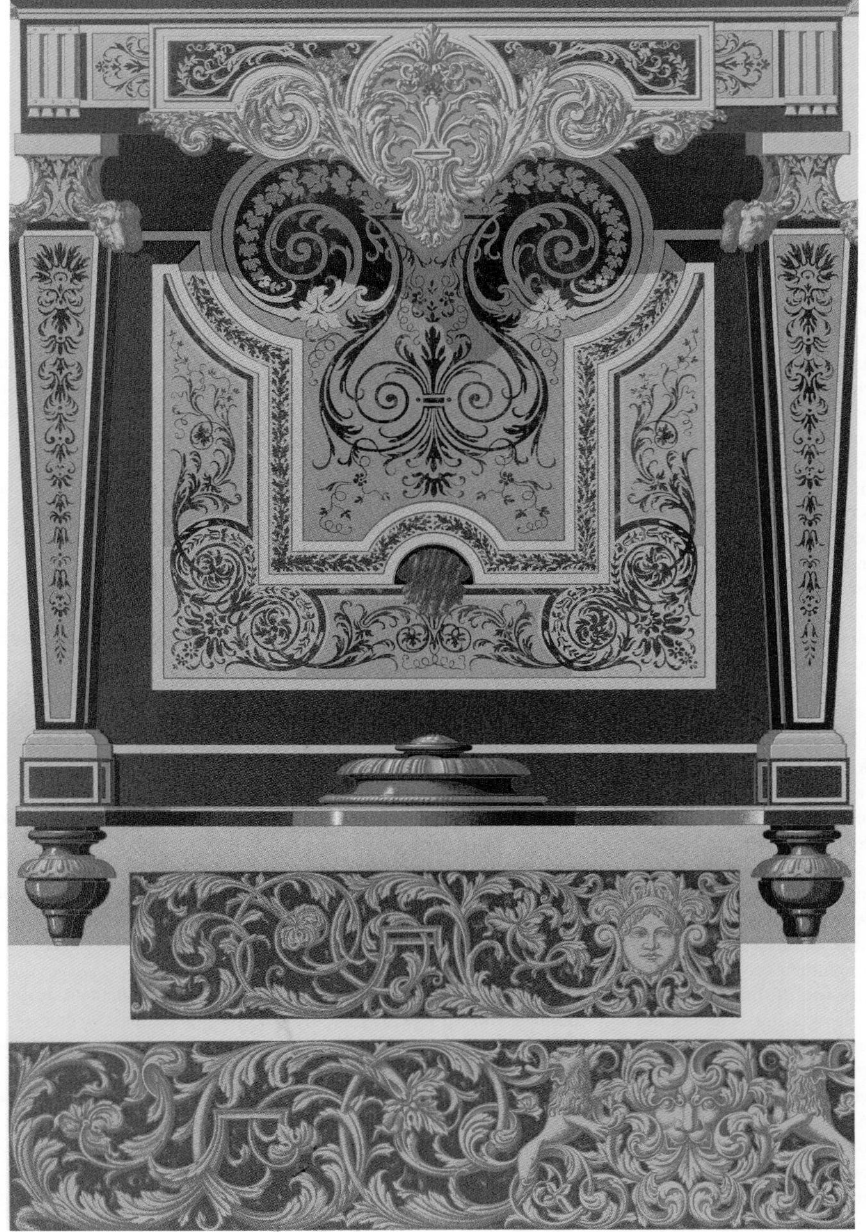

keterie graviert – man könnte fast von einer Nielloarbeit sprechen –, werden in die Vertiefungen mit einem Holzspachtel schwarzer Kitt und schwarzes Kolophonium eingelegt, die die Gravur sichtbar machen. Zum Schluss folgen die Politur und das Bräunen der nicht gravierten Flächen.

liques peuvent être incisées au burin, mais l'écaille elle-même peut être gravée. Quand la marqueterie est gravée, on pourrait dire niellée, on introduit dans les tailles, avec une spatule de bois, du mastic noir et de la colophane fondue qui rendent visible le travail du graveur, après quoi l'on achève de polir, de brunir les surfaces non gravées.

262

17th Century

DECORATIVE PAINTINGS AND MINIATURES

Of the motifs reproduced here, the horizontal and vertical frieze details (**nos. 1, 3, 5, and 7**) were designed as architectural decoration; the initials and the cartouche (**nos. 2, 4, 6, 8, and 9**) are large-format altar-book illuminations.
The *Stag Hunt* and the *Triumph of Neptune* (**nos. 1 and 5**) are taken from the *Architectural Works of Jean Lepautre*, designer of the French king's buildings. They were engraved by the master himself. The first belongs to a series entitled *Friezes, Foliage, and other Italian-style Ornaments* and dates from about 1660. The second, from a series of *Classical Uprights*, dates from 1659. These books differ more in their title than they do in their content. The friezes and elements which Jean Lepautre re-drew and engraved, are partly modern, partly classical in design, albeit not so different in character. Jean Lepautre was one of Le Brun's most assiduous colleagues at the Gobelins Factory from its foundation in 1662. We see from the dates

262

17. Jahrhundert

DEKORATIONSMALEREIEN UND MINIATUREN

Der Fries und die Friesleiste (**Nrn. 1, 3, 5 und 7**) gehören zur Baudekoration, während die Initialen und die Kartusche aus illuminierten Chorbüchern stammen und somit ein sehr großes Format aufweisen (**Nrn. 2, 4, 6, 8 und 9**).
Die *Hirschjagd* und der *Triumph Neptuns* (**Nrn. 1 und 5**) stammen aus den *Architektonischen Werken von Jean Lepautre*, dem Zeichner der königlichen Bauten, und wurden von diesem Künstler entworfen und gestochen. Das erste Motiv gehört zu einer Folge mit dem Titel *Friese, Blattwerk und andere italienische Ornamente*, die aus der Zeit um 1660 datiert. Das zweite Motiv ist einer anderen Folge – *Leisten nach antiker Weise* – von 1659 entnommen. Diese Hefte unterscheiden sich mehr nach ihrem Titel als nach ihrem Inhalt. Die Friese und Leisten, die Jean Lepautre neu zeichnete und stach, sind teils nach römischer Weise, teils antik und modern zugleich gestaltet, ohne dass sie sich jedoch allzu sehr voneinander unterscheiden würden. Jean Lepautre war

262

XVIIe siècle

PEINTURES DÉCORATIVES ET MINIATURES

De ces ornementations, la frise et le montant de frise (**nos 1, 3, 5 et 7**) conviennent au décor de l'architecture ; les initiales et le cartouche (**nos 2, 4, 6, 8 et 9**) sont des enluminures de livres de chœur, c'est-à-dire de très grand format. *La Chasse du cerf* et le *Triomphe de Neptune* (**nos 1 et 5**) sont tirés des *Œuvres d'architecture de Jean Lepautre*, dessinateur des bâtiments du roi ; le premier de ces motifs, inventés et gravés par le maître, fait partie d'une suite intitulée *Frises, feuillages et autres ornements à l'italienne*. Elle date de 1660 environ. Le second provient d'une autre suite des *Montants à l'antique*, datée de 1659. Les titres de ces cahiers varient d'ailleurs plus que le fond, et les frises et les montants, nouvellement dessinés et gravés par Jean Lepautre, sont tantôt à la romaine, et tantôt, à la fois antiques et modernes, sans que l'on trouve beaucoup de changement de caractère entre eux. Jean Lepautre fut à la manufacture des Gobelins un des collaborateurs les plus assidus de Le Brun, dès la fondation de cet établissement en

of our examples that he was already a fully formed artist by the time he came under Le Brun's direction, and Le Brun must have had to curb his spirit somewhat, for subsequently this came out only in his engraved work; in the work they did together, Lepautre's share is indistinguishable. So our examples, which were coloured by his hand or in accordance with his suggestions, are all the more interesting in that they represent compositions in which the artist was able to give untrammelled expression to his temperament.

The horizontal frieze and the upright differ in their degree of animation. The triumphal character of the latter calls for less excitement as well as for deeper, more resonant colouring. To complete them one must imagine them in the context of the elaborate architecture of their day, for only such a setting would do full justice to their powerfully ornamental character.

Nos. 3 and 7 are taken from tapestry borders of the same period.

einer der eifrigsten Mitarbeiter Charles Le Bruns in der 1662 gegründeten Manufacture des Gobelins. An der Jahreszahl der abgebildeten Beispiele sieht man, wie weit der Künstler seine Eigenart entwickelt hatte, als er sich als Ornamentmaler der Leitung des verantwortlichen Malers unterordnen und seinen Schwung mäßigen musste. Den ursprünglichen Elan findet man auf diese Weise nur noch in Lepautres grafischem Werk. Die Anpassung an den führenden Le Brun war so groß, dass im gemeinsamen Werk beider der Anteil Lepautres nicht mehr festzustellen ist. Die von ihm oder nach seinen Anweisungen kolorierten Dokumente, die hier wiedergegeben werden, sind demzufolge umso interessanter, als sie Werke zeigen, in denen der persönliche Ausdruck des Künstlers sich noch frei entfalten konnte. Die Gestaltung des Leistendekors unterscheidet sich vom horizontalen Fries. Der triumphale Charakter zeigt nicht denselben Schwung und verlangt nach glänzenderen Farben. Es handelt

1662. On voit, par la date de nos exemples, combien l'artiste était formé lorsque l'ornemaniste eut à suivre la direction du peintre-ordonnateur, qui dut tempérer la fougue du compositeur, puisque ce n'est plus guère que dans son œuvre gravé qu'on en retrouve le témoignage. Il résulte de cette direction qui s'imposait fortement que, dans l'œuvre commune, la part de collaboration de Lepautre ne se distingue plus. Les documents, colorés de sa main, ou sur ses conseils que nous apportons ici, offrent donc d'autant plus d'intérêt qu'ils concernent des compositions dans lesquelles l'expression personnelle de l'artiste avait toute la franchise de son tempérament. L'animation du décor en montant diffère de la frise horizontale ; son caractère triomphal ne comporte pas le même emportement, et appelle aussi un plus grand éclat de coloration. Ce sont deux étalons différents, et que, pour les compléter, il faut supposer dans les moulures de la riche architecture que l'on connaît ; c'est dans ce cadre

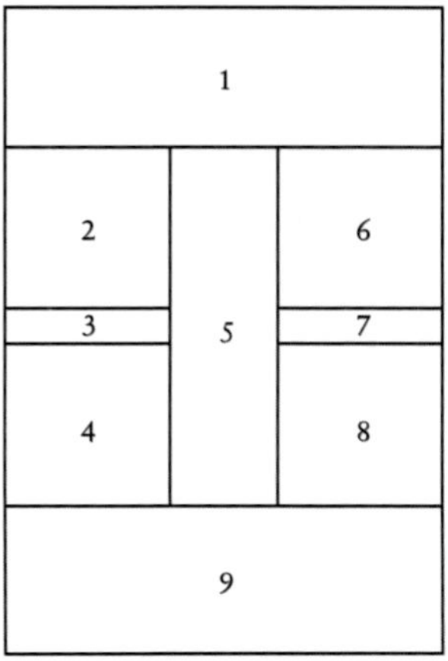

1

2 5 6

3 7

4 8

9

Brandin, lith.
Imp. Firmin-Didot & Cie, Paris

Making due allowance for scale, the initials (**nos. 2, 4, 6, and 8**) and the cartouche (**no. 9**) are inevitably dwarfed by the mastery of Lepautre's work. The originals, which still retain all their freshness, are in a four-volume French antiphonal made between 1705 and 1729.

sich um zwei verschiedene Muster, die man, um sie zu vervollständigen, in den Rahmen einer reichen Architektur einsetzen muss; erst dort entfalten sie ihren mächtigen ornamentalen Charakter.
Die **Nrn. 3 und 7** stammen von Teppichbordüren aus derselben Zeit. Neben der Meisterschaft Lepautres kommt den Miniaturen der **Nrn. 2, 4, 6, 8 und 9** nur eine bescheidene Rolle zu. Die Originale, die in aller Frische erhalten sind, stammen aus einem vierbändigen Antiphonar, das 1705 begonnen und 1729 abgeschlossen wurde.

que leur puissant caractère ornemental prend toute sa valeur.
Les **n**[os] **3 et 7** sont empruntés aux bordures des tapisseries de cette même époque, appartenant au Garde-Meuble.
Dans le voisinage de la *maestria* de Lepautre, des miniatures comme les **n**[os] **2, 4, 6, 8 et 9** ne sauraient avoir qu'un rôle modeste. Les originaux, d'une fraîcheur de conservation complète, se trouvent dans un Antiphonaire en quatre volumes, commencé en 1705 et terminé en 1729 seulement.

263

17th Century

SILKS: COILED-VOLUTE TYPE

In abandoning the Gothic style, the Renaissance of the early 16th century turned back to Greek art and took its models from that source. The acanthus volutes with which Athens and Sparta had been so proud to adorn the friezes of their monuments reappeared on civic and religious buildings throughout Europe.
Only those involved in the art of fabric ornamentation kept their distance from the general enthusiasm and for a long time refused to accept the dictates of the new fashion. The widespread use of small designs during the second Renaissance period no doubt contrasted with this revival, which had in fact merely supplied a motif that was only too ready to reappear, the Gothic period having retained the use thereof despite the fact that it belonged to a particular genre. Only towards the end of the 16th

263

17. Jahrhundert

SEIDE: MUSTER MIT EINGEROLLTEN VOLUTEN

Mit der Abwendung vom gotischen Stil erneuerte die Renaissance zu Beginn des 16. Jahrhunderts die griechisch-antike Kunst, von der sie ihre Vorlagen bezog. Erneut erschienen nun die Akanthusvoluten, mit denen einst in Athen und Sparta die Friese unzähliger Bauwerke geschmückt waren, und in ganz Europa wurden profane und sakrale Bauten mit diesem Motiv ausgestattet.
Einzig in der Stoffdekoration widerstanden die Künstler der allgemeinen Entwicklung und weigerten sich lange, dem herrschenden Geschmack nachzugeben. Die kleinteiligen Muster, die in der späten Renaissance vorherrschten, standen zweifellos dieser Erneuerung im Wege, die im Übrigen nur allzu rasch ein Motiv wieder aufgegriffen hätte, das in der Gotik trotz seines besonderen Charakters stets

263

XVIIe siècle

SOIERIES : TYPE DES VOLUTES ENROULÉES

En abandonnant le style gothique, la Renaissance, au début du XVIe siècle, renouvela l'art grec et lui emprunta ses modèles. De nouveau reparurent les volutes Sachante, qu'Athènes et Sparte avaient été fières de voir courir sur les frises de leurs monuments ; de nouveau les édifices civils et religieux de toute l'Europe se couvrirent de ce motif d'ornementation.
Seuls les artistes dans l'art ornemental du tissu ne cédèrent pas à l'entraînement général, et demeurèrent longtemps éloignés d'en accepter le goût. L'emploi dominant des petits dessins pendant la seconde période de la Renaissance, s'opposait, sans doute, à cette rénovation qui n'eût fourni d'ailleurs qu'un motif trop prompt à reparaître, puisque l'époque gothique, malgré son genre spécial, en avait respecté l'emploi ; ce ne fut que

century and in the early years of the 17th did it return to general currency – just at the time when abuse of this motif had caused it to degenerate into an ornament that had been grossly vulgarised by over-loading.

Nevertheless, fabric ornamentation suffered less than all the other arts from this diminution of taste, and the five specimens that we illustrate here – a velvet with a ground of solid gold (**no. 3**), a gold-brocaded silk (**no. 1**), two other similar samples (**nos. 4 and 5**), and a piece of simple damask in different shades of green (**no. 2**) – are either pure or derivative volute types that are not only opulent in their effects but also harmonious in terms of details.

beliebt war. Erst im späten 16. und frühen 17. Jahrhundert machte man erneut von ihm Gebrauch, zu einer Zeit also, da die Voluten aufgrund ihrer übermäßigen Verwendung zu einem Ornament abgesunken waren, dessen Form durch die ihm aufgezwungene Überladung an Originalität verloren hatte.

Allerdings war dieser Verlust in der Stoffdekoration weniger zu spüren als in allen anderen Künsten, und die fünf von uns präsentierten Beispiele, ein Samt mit Goldgrund im Zentrum (**Nr. 3**), eine goldbroschierte Seide oben links (**Nr. 1**) und ähnliche Stücke in der unteren Hälfte (**Nrn. 4 und 5**) sowie ein einfacher Damast in grünem Camaieu oben rechts (**Nr. 2**), sind mit reinen oder abgeleiteten Volutenmotiven geschmückt, die sich als ebenso wirkungsvoll wie harmonisch erweisen.

vers la fin du XVIe siècle et dans les premières années du XVIIe qu'on en fit un nouvel usage, à l'époque précisément où l'abus exagéré de ce motif l'avait fait dégénérer en un ornement de forme plus vulgaire par la surcharge qu'on imposait alors à son développement.

Cependant, l'ornementation des tissus se ressentit moins que tous les autres arts de cet amoindrissement du goût, et les cinq spécimens, que nous présentons, velours à fond de plein or au centre (**no 3**), soierie brochée d'or à l'angle gauche en haut (**no 1**), échantillons semblables au bas de la feuille (**nos 4 et 5**), et un morceau de simple damas vert ton sur ton à l'angle droit du haut (**no 2**), sont des types ou purs ou dérivés de la volute, riches dans leurs effets, harmonieux dans leurs détails.

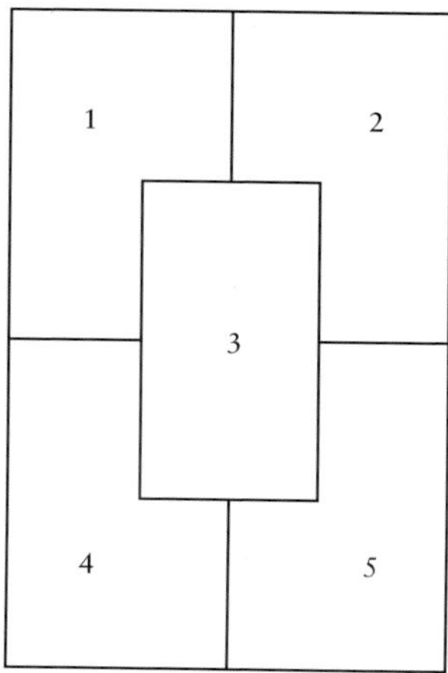

17th Century

SILKS: TYPE USING FLOWERING BRANCHES TO FORM A MULLION PATTERN

The mullion pattern is found so frequently in fabric ornamentation that it can be said to have been the favourite of every century, and that very popularity obliged it to use ingenious methods in order to retain its eternal youth. The fresh arrangements imposed upon it each time it came back into favour also serve to date its various manifestations down the centuries with pinpoint accuracy.

The variety we classify here, with its wreaths of foliage and flowers, belongs to the style where branches disposed in curves form a mullion pattern. We were keen for the name to incorporate both earlier elements.

For their part, the silks illustrated here differ essentially and markedly from other specimens having the same decorative nature; they constitute a quite separate type. With the flexibility of foulard, delicately designed and brocaded on a satinised ground, they characterise one of the most remarkable specialities of French textile manufacture in the 17th century.

Our plate shows four variants of this design. The type is quite rare, though we could have presented many more examples had space permitted. The richest of them, with gold figures on a green ground (top left), was lent to us by Charles Vail, to whom it belongs.

17. Jahrhundert

SEIDE: STABMUSTER MIT RANKENWERK

Das Stabmotiv kommt in der Stoffdekoration so häufig vor, dass man es als das Lieblingsmuster aller Jahrhunderte bezeichnen könnte; allerdings musste man aufgrund dieser verschwenderischen Fülle kunstvolle Mittel einsetzen, um seine immer währende Frische zu gewährleisten. Zuvor unbekannte Kombinationen, die mit jeder Erneuerung einhergingen, können auch dazu dienen, die einzelnen Motive im Ablauf der Jahrhunderte präzise zu datieren. Die hier vorgestellte Spielart gehört mit ihrem Rankenwerk, das reich mit Blüten und Blättern besetzt ist, zu den Mustern der schlangenförmigen Stäbe. Deshalb schien es uns richtig, beide Begriffe in der Bezeichnung der Tafel zu nennen.

Der Stoff unterscheidet sich markant von anderen, ähnlich verzierten Beispielen und stellt einen eigenständigen Typ dar. Weich wie Foulard, mit feinem Dessin und broschiertem Satingrund, bildet er eines der bemerkenswertesten Erzeugnisse der französischen Produktion des 17. Jahrhunderts.

Unsere Tafel vereint vier Stücke dieser eher seltenen Stoffart; wäre mehr Platz vorhanden, hätten wir sehr viel mehr Beispiele reproduzieren können. In der linken oberen Ecke ist der reichste dieser Stoffe mit goldfarbenem Dessin auf grünem Grund zu sehen; er wurde uns von seinem Besitzer Charles Vail zur Verfügung gestellt.

XVIIe siècle

SOIERIES : TYPE DE BRANCHES COURANTES EN MENEAUX

Le motif des meneaux se rencontre si fréquemment dans la décoration des tissus, qu'on peut dire de lui qu'il fut le favori de tous les siècles, et que cette prodigalité même l'obligea d'user d'ingénieux moyens pour conserver sa jeunesse éternelle. Les combinaisons nouvelles dont il fut l'objet à chaque période de ses restaurations, marquent aussi les dates précises de son passage dans la succession des siècles.

La variété que nous classons ici appartient, par ses rameaux garnis de feuilles et de fleurs, au genre des branches et, par la forme imposée à leurs courbures, au type des meneaux. Nous avons donc voulu que son nom participât de ces deux antécédents.

Ce tissu a, de son côté, des différences essentielles et marquées avec les autres spécimens, de même caractère décoratif, et il détermine un type absolument à part. Souple comme le foulard, finement dessiné et broché, sur fond satiné, il caractérise une des spécialités les plus remarquables de la fabrication française du XVIIe siècle.

Notre planche offre quatre variétés de ce type assez rare, mais dont nous aurions pu cependant multiplier les exemples, si l'espace nous l'eût permis. Le plus riche d'entre eux, vert, à dessins d'or, placé à l'angle gauche du haut de la planche, nous a été prêté par Charles Vail, dont il est la propriété.

17th Century

SILKS: FILIGREE TYPES

We have borrowed a term from the silversmith to describe the type of ornament illustrated here. Filigree work is delicate metal tracery formed of wires woven into ornamental figures. The fabric designs we reproduce here present approximately the same characteristics, either through the fineness of the lines surrounding the fleurons that form the principal motif of the composition or in the grainy stippling featured on some specimens of this type – in our plate, for example, on the sample with the solid silver ground decorated with red and green figures and red and green dots (**no. 4**). These fabrics, on which it is easy (particularly on the two specimens **nos. 1 and 2**) to note the compositional resemblance to the coiled-volute type, do indeed date from a period very close to the one in which designers employed the flowing

265

17. Jahrhundert

SEIDE: FILIGRANMUSTER

Die Bezeichnung dieser Tafel übernehmen wir aus der Goldschmiedekunst. Filigran (Faden und Korn) ist Zierwerk aus feinem Gold- und Silberdraht, der in einer bestimmten Anordnung auf einen mit Gold- und Silberkörnchen bedeckten Grund aufgelötet wird. Die Stoffe, deren Muster wir hier abbilden, weisen fast alle die gleichen Merkmale auf, zum einen die Feinheit der Fäden, mit denen die das Hauptmotiv bildenden Fleurons eingefasst sind, zum anderen die punktierten Linien, die einige Muster kennzeichnen, zum Beispiel den Stoff mit silbernem Grund und grün gehöhten Motiven, die mit rot und grün punktierten Linien verziert sind, auf rotem Grund in der linken unteren Ecke der Tafel (**Nr. 4**). Diese Stoffe, deren Ähnlichkeit, vor allem bei den beiden Stücken in der oberen Tafelhälfte (**Nrn. 1 und 2**), mit dem Muster der einge-

265

XVIIe siècle

SOIERIES: TYPES FILIGRANÉS

Nous empruntons à l'orfèvrerie la désignation de cette planche. Les filigranes sont des ouvrages en métal formés de petits filets, entrelacés les uns dans les autres, grenelés et composant des figures d'ornement. Les étoffes dont nous reproduisons ici les dessins présentent à peu près les mêmes caractères, soit par la légèreté des filets enlaçant les contours des fleurons qui forment le principal motif de la composition, soit par les pointillés grenelés qui accompagnent quelques spécimens de ce type, tels qu'on les voit figurés dans l'échantillon, à fond d'argent plein et à dessins sur fond rouge relevés de vert, sertis de pointillés rouges et verts, que nous avons placé dans l'angle de gauche du bas de la planche (**n° 4**). Ces tissus, dont on remarque aisément, surtout dans les deux motifs du haut de la feuille (**n°s 1 et 2**), la ressemblance de composition avec les types des volutes

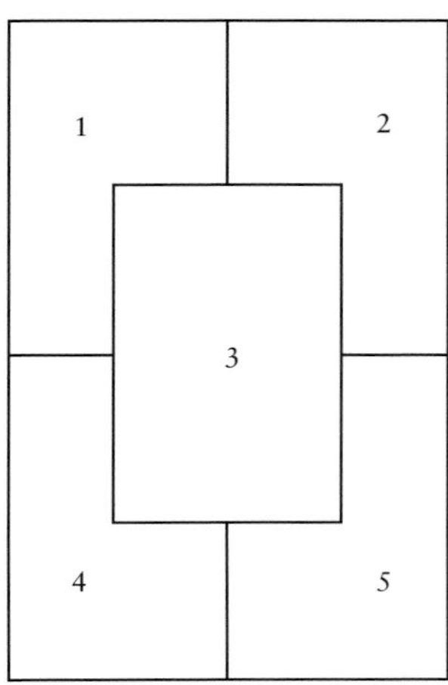

branches forming a mullion pattern. Moreover, the resemblance is not merely decorative; it extends to use of the same techniques and the same manufacturing processes as we alluded to in connection with the latter – principally an extreme flexibility in the fabric that was very peculiar to the weaving of the period.
The two samples featuring gold grounds – one with fleurons of white satin decorated with filigree work brocaded in yellow silk (**no. 3**), the other with fleurons and flowers in red and blue and a filigree incorporating black leaves (**no. 5**) – represent the purest types of this class of fabrics. They date from the beginning of the 17th century and were used for women's clothing.

rollten Voluten leicht festzustellen ist, datieren aus einer Zeit, die jener der Stabmuster mit Rankenwerk sehr nahe steht, nicht nur aufgrund ihrer ähnlichen Dekoration, sondern auch wegen derselben Kennzeichen und Herstellungsverfahren, auf die wir in den Erläuterungen zu der zuletzt vorgestellten Tafel hinweisen; zu nennen ist insbesondere die besondere Geschmeidigkeit des Stoffes, die typisch für die Webkunst jener Zeit ist.
Die beiden Stücke mit Goldgrund, das eine in der Tafelmitte mit Fleurons aus weißem Satin, verziert mit in gelber Seide broschiertem Filigran (**Nr. 3**), das andere in der rechten unteren Ecke mit roten, blau gehöhten Fleurons und Blüten sowie schwarzem Filigran (**Nr. 5**), sind die reinsten Vertreter dieser Stoffart, die im frühen 17. Jahrhundert in der Damenmode Verwendung fand.

enroulées, sont, en effet, d'une époque très voisine de celle où furent employées les branches courbées en meneaux ; et ils ne s'en rapprochent pas seulement par la ressemblance décorative, ils y joignent encore les mêmes marques, les mêmes procédés de fabrication que ceux que nous avons signalés dans l'explication de cette dernière planche, et qui consistent dans une extrême souplesse de l'étoffe, toute particulière au tissage de cette époque.
Les deux échantillons sur fond d'or, dont l'un à fleurons de satin blanc, ornés de filigranes brochés en soie jaune, qui occupe le centre (**n° 3**), et l'autre à fleurons et fleurs de couleur rouge relevés de bleu et à filigranes noirs feuilles, placé en bas à l'angle de droite (**n° 5**), sont les types les plus purs de ce genre d'étoffes, destiné au costume des femmes, au commencement du XVIIe siècle.

— 266 —

17th Century

SILKS: CHINESE COPIES FROM VENICE AND LYONS

Trade relations with China increased in importance in the first half of the 17th century as contacts became more frequent and more regular. European ships undertook the long voyage more often, and Venice, the greatest trading nation of the civilised world, began to receive more and more Far Eastern fabrics. The taste for them spread, as always happens with unusual and sought-after objects, and it soon became clear that the import trade could not supply adequate quantities of a product that was now so much in

— 266 —

17. Jahrhundert

SEIDE: CHINESISCHE KOPIEN AUS VENEDIG UND LYON

Die Handelsbeziehungen mit China gewannen in der ersten Hälfte des 17. Jahrhunderts an Bedeutung, Umfang und Regelmäßigkeit. Die europäischen Schiffe begaben sich häufiger auf diese lange Fahrt, und Venedig, der große Markt für die Kulturnationen, war besser mit Stoffen aus Fernost versorgt. Wie stets bei seltenen Dingen wurden diese Luxuswaren rasch Mode, doch gab es viel zu wenige, da die Einfuhr trotz allem beschränkt war. Das eigene Interesse und die Unmöglichkeit, die Wünsche der Kundschaft zu erfüllen, bewog die

— 266 —

XVIIe siècle

SOIERIES : COPIES CHINOISES À VENISE ET À LYON

Les relations commerciales avec la Chine prirent dès la première moitié du XVIIe siècle une importance plus grande, un cours plus actif et plus régulier. La marine européenne tentait plus fréquemment ce lointain voyage, et Venise, ce grand marché des nations civilisées, se trouvait mieux approvisionnée en tissus de l'Extrême-Orient. Le goût qui s'en répandit alors, comme se répand toujours la mode des choses rares, montra bientôt l'insuffisance d'un produit qu'un usage exagéré pour son importation rendait impossible à livrer au public.

demand. The self-interest of manufacturers, combined with the impossibility of meeting all their orders, led them to apply their looms and their weaving skills to the task of imitating Chinese designs. Did they do so slavishly, or did they simply borrow the effects required by the garment industry for which their fabrics were destined? We cannot say for sure. However, while formally acknowledging the Chinese origins of the six designs illustrated here, we are inclined to the view that these sumptuous, gold-brocaded damasks all underwent some slight modification to bring them more into line with Western fashion. Fabrics like these were for the most part manufactured in Venice, but we believe that Lyons, too, can claim to have played a part in introducing this oriental style. The last sample (bottom right) is quite definitely a French product.

Hersteller, die einheimische Produktion zu erhöhen und auf die Nachahmung der chinesischen Muster auszurichten. Imitierten sie sklavisch genau, oder passten sie die Effekte an die Kleidung an, für die der Stoff bestimmt war? Wir sind außerstande, auf diese Frage zu antworten. Indem wir den chinesischen Ursprung der sechs auf unserer Tafel vereinten Muster eindeutig bejahen, neigen wir zu der Annahme, dass ihre Komposition leicht verändert wurde, um sie an die Vorlieben des Westens anzupassen, wo sich die goldbroschierten Damaste rasch ausbreiteten. Sie wurden vor allem in Venedig hergestellt; doch auch Lyon hat unseres Erachtens das Recht, seinen Anteil an dieser Produktion im orientalischen Stil zu fordern. Das letzte Beispiel in der rechten unteren Ecke ist eindeutig ein französisches Erzeugnis.

L'intérêt des fabricants et l'impossibilité où ils se trouvaient de satisfaire à leurs commandes les engagèrent à employer leurs métiers et à diriger leurs efforts vers l'imitation des dessins chinois. Le firent-ils servilement ou s'approprièrent-ils les effets aux besoins du costume auquel on destinait ces étoffes ? Nous ne saurions nous prononcer positivement à ce sujet. Mais tout en constatant formellement l'origine chinoise des six dessins que représente notre planche, nous tendons à penser que tous ont subi dans leur disposition un léger changement, les appropriant au goût de l'Occident où l'on vit se répandre de si riches damas brochés d'or. Ces étoffes furent particulièrement exécutées à Venise ; mais nous pensons que Lyon aussi a le droit de réclamer sa part dans cette fabrication de style oriental. Le dernier échantillon, à droite en bas de la page, est à coup sûr un produit français.

267

17th Century

SILKS (ITALY): TYPES USING IRREGULAR MOTIFS AND CURVED LINES

The type we seek to define here – a kind of confused, sometimes virtually indecipherable jumble of lines that lacks overall composition and for that very reason resists classification – is nevertheless one of the creations that the 17th-century Venetians produced by taking an incoherent selection of motifs copied from China and executing them with maximum opulence. The plain gold or silver portions mask the inferiority of the design

267

17. Jahrhundert

SEIDE (ITALIEN): MUSTER MIT UNREGELMÄSSIGEN UND SCHLANGENLINIEN

Das hier vorgestellte Muster, ein unübersichtliches, kaum zu entwirrendes Durcheinander ohne präzises Dessin, für das folglich auch schwer ein Name zu finden ist, gehört zu den venezianischen Erfindungen des 17. Jahrhunderts, die einzelne, nach chinesischen Vorlagen geschaffene Motive zusammenfügten und mit größtem Reichtum ausführten. Die Partien in reinem Gold oder Silber verbergen die Mittelmäßigkeit des Dessins, dessen

267

XVIIe siècle

SOIERIES (ITALIE) : TYPES IMPARILIGNES ET LIGNES SERPENTINES

Le type que nous voulons qualifier ici, sorte d'imbroglio linéaire confus, presque indécomposable, sans dessin défini, et par cela même fort difficile à nommer, est cependant l'une des créations que les Vénitiens du XVIIe siècle composèrent, en prenant ça et là des motifs incohérents, copiés de la Chine, pour être exécutés avec la plus grande richesse. Les parties de plein or ou d'argent y dissimulent l'infériorité du dessin, en réduisant

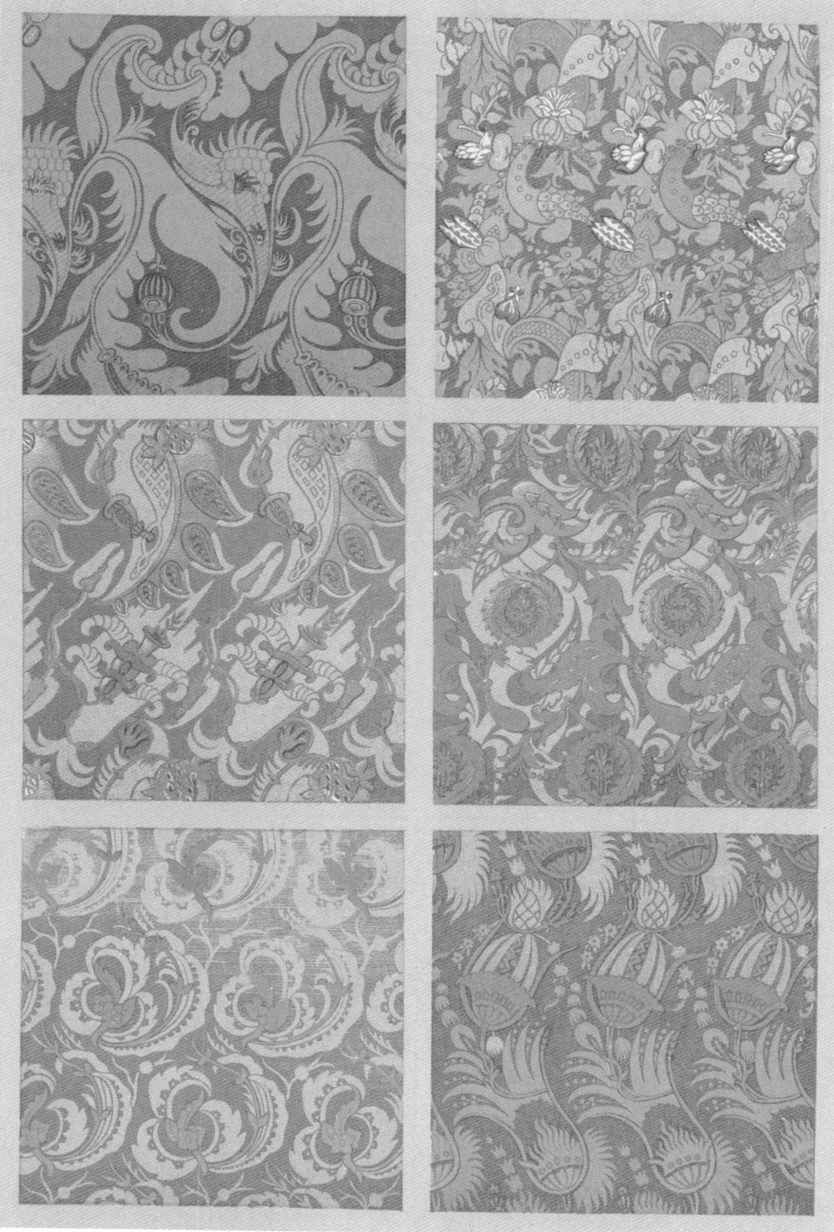

by reducing its role to a simple colour value that breaks up or highlights the metal with a pleasing contrast of shades.
Despite its opulence, this struck us as a type sufficiently worthy of serious consideration to merit a plate to itself. Just how pleasing an effect it can produce is shown by the red, blue, and gold sample we reproduce here (**no. 3**). Travelling diagonally upwards, the eye will encounter motifs of the lace variety coupled with the kind of confusion already alluded to (**no. 2**). Next to that, with gold and silver motifs depicted on a grey-green ground, is a sample combining lace elements with curved lines and an imparilinear motif (**no. 1**). Our last, predominantly green specimen finally emerges from the confusion to create a type with wavy stripes (**no. 4**). All these mixtures point to periods lying very close to one another but difficult to define precisely in the context of this vast and chaotic task of classification that we have undertaken.

Funktion auf die eines reinen Farbwerts reduziert ist, um die Wirkung des Metalls durch glückliche Kontraste zu verstärken oder zu mildern.
Trotz seiner augenscheinlichen Fülle scheint es dieses Muster kaum wert zu sein, ihm eine ganze Tafel zu widmen. Die angenehme Wirkung, die es ausstrahlt, kommt in dem rotgoldenen Stoff in der linken unteren Ecke der Tafel gut zum Ausdruck (**Nr. 3**). Wandert das Auge von dort in die rechte obere Ecke (**Nr. 2**), wird es Elemente des Spitzenmusters erkennen, die dem Wirrwarr des zuerst genannten Beispiels gleichen. Sein Nachbar zur Linken, mit gold- und silberfarbener Zeichnung auf grauem Grund (**Nr. 1**), vereint Spitzenmotive sowie Schlangen- und unregelmäßige Linien. Das vierte Beispiel in Grün (**Nr. 4**) hat nichts Verwirrendes mehr an sich und ist durch ein Muster aus bogenförmigen Streifen gekennzeichnet. All diese Mischformen stehen sich zeitlich sehr nahe, lassen sich jedoch kaum näher bestimmen, obwohl wir uns bemühten, etwas Ordnung in dieses Durcheinander zu bringen.

son rôle à une simple valeur de couleur, rompant ou relevant le métal par un heureux contraste de nuances.
Ce type, si riche qu'il soit, ne nous a pas paru digne de retenir assez sérieusement l'attention, pour consacrer à son examen la totalité d'une de nos planches. Nous en avons indiqué l'effet agréable dans un échantillon rouge et or, placé à l'angle gauche du bas de la planche (**n° 3**). Si de là l'œil se reporte à l'angle supérieur de droite (**n° 2**), il y rencontrera des motifs du type de la dentelle, alliés à la confusion du premier échantillon décrit. Son voisin de gauche, fond gris (**n° 1**), à dessin d'or et d'argent, réunit les motifs de la dentelle et ceux de la ligne serpentine, avec les imparilignes. Enfin le quatrième spécimen, à ton vert (**n° 4**), sort définitivement de la confusion pour créer un type de rayures serpentines.
Tous ces mélanges indiquent des époques très voisines les unes des autres, mais difficiles à bien préciser dans ce vaste chaos de restitution que nous avons entrepris.

1	2
3	4

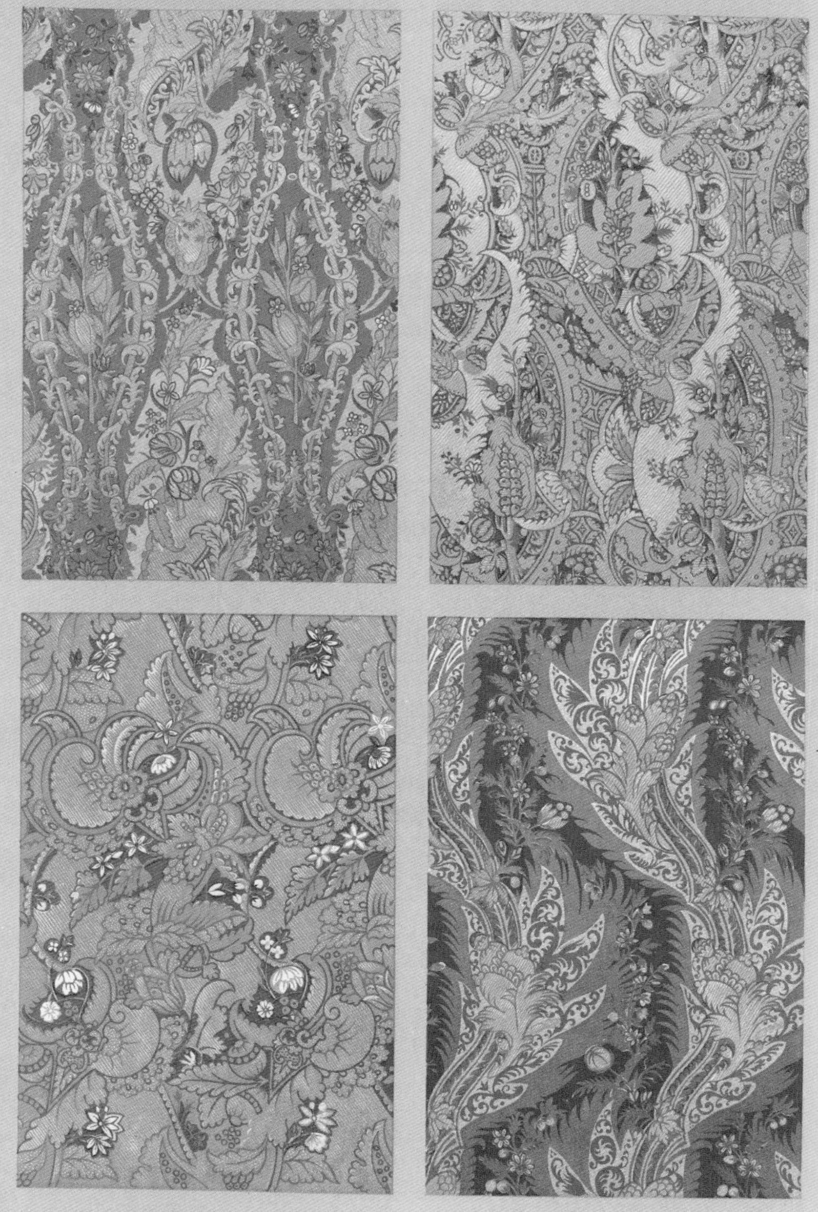

17th Century

TYPE USING POMEGRANATES INTERSPERSED WITH FLOWERS

It is very obvious that compositions employing pomegranates interspersed with flowers, such as we reproduce here, belong to the 17th century. Nevertheless, classifying these specimens provoked a great deal of uncertainty on our part. The point requiring clarification was this: should they be regarded as dating from an earlier or a later period than the lace types, among which we find similar arrangements?
We should probably still be in a state of uncertainty were it not for the fact that a piece we had the good fortune to come across recently banished our doubts on this subject and settled the matter for good. Unfortunately, we are no longer in a position to reproduce the design in question; a description will have to do. This is a composition of scattered flowers on a satin ground that, in its flexibility, resembles the weave of fabrics we have definitely assigned to the early years of the 17th century, the edges or 'selvedges' of which are satinised with white stripes, whereas the fabrics we illustrate here have narrow selvedges consisting of protruding threads. This style was adopted in the years that followed use of the former method. However, the purest lace types usually have flat and rather wider selvedges in imitation of coarse-grained damasks. From these observations we conclude that the scattered-flower type is earlier than the one we are comparing it with. Similarly, we would

17. Jahrhundert

MUSTER MIT GRANATÄPFELN UND STREUBLUMEN

Die Muster mit Granatäpfeln und Streublumen, die wir hier abbilden, gehören unbezweifelbar zu den Schöpfungen des 17. Jahrhunderts. Dennoch war ihre Klassifizierung für uns mit starken Bedenken verbunden. Dabei ging es um folgendes Problem: Sind sie vor oder nach den Spitzenmustern einzuordnen, bei denen man ähnlichen Kompositionen begegnet? Unsere Zweifel wären sicherlich noch nicht ausgeräumt, hätten wir nicht vor kurzem das Glück gehabt, ein Stück zu prüfen, das unserem Zögern ein Ende bereitet und das Problem gelöst hat. Leider ist es uns heute nicht mehr möglich, es zu reproduzieren, so dass wir es mit Worten beschreiben müssen. Es handelt sich um ein Streublumenmuster auf Satingrund, das aufgrund seiner Geschmeidigkeit mit der Webtechnik der Stoffe verwandt ist, die wir mit Sicherheit in das frühe 17. Jahrhundert datieren und deren Borten aus weißen Satinstreifen bestehen, während der hier vorgestellte Stoff eine schmale, doch leicht erhabene Borte besitzt. Diese Technik kam erst nach der anfangs beschriebenen auf. Die Stoffe mit Spitzenmuster im reinsten Stil sind gewöhnlich mit flachen und breiteren Borten versehen, die einen groben Damast nachahmen. Aus diesen Beobachtungen lässt sich schließen, dass das Streublumenmuster früher ist als jenes unseres Vergleichsstücks. Des Weiteren sei darauf hingewiesen, dass die drei Beispiele im unteren Teil der Tafel Vorläufer

XVIIe siècle

TYPE DE GRENADES ET DE FLEURS SEMÉES

Il est de toute évidence que les compositions de grenades et de fleurs semées, dont nous donnons ici les reproductions, appartiennent aux créations du XVIIe siècle. Néanmoins, le classement de ces spécimens a été de notre part le sujet de vives incertitudes. Le point à éclaircir était celui-ci : devaient-ils prendre rang en les faisant précéder ou bien suivre les types de la dentelle parmi lesquels on rencontre des dispositions analogues ? Nous en serions, sans doute, encore réduits à nos hésitations, si l'examen d'une pièce que nous avons eu la bonne fortune de rencontrer dernièrement n'eût dissipé nos doutes à ce sujet et résolu la question. Il ne nous est malheureusement plus possible aujourd'hui d'en reproduire le dessin ; nous y suppléerons par la description. C'est un semé de fleurs sur fond de satin, qui se rapproche, par la souplesse, du tissage des étoffes que nous avons classées avec certitude au commencement du XVIIe siècle et dont les lisières sont satinées à rayures blanches, tandis que celle que porte l'étoffe dont nous nous occupons est étroite et composée de fils saillants sur le tissu. Cette manière a été adoptée dans les années qui ont suivi l'emploi de la première méthode. Or les types de la dentelle du goût le plus pur sont généralement accostés de lisières plates plus larges, imitant le damas à gros grains. De ces observations nous concluons que le type des fleurs semées a l'antériorité sur celui que nous lui comparons. Remarquons

point out that the three samples occupying the lower part of our plate are earlier in date than the Chinese copies we have just been looking at.

des nach chinesischen Vorlagen kopierten Musters sind.

de même que les trois échantillons qui garnissent le bas de la planche sont des spécimens précurseurs des types de la copie chinoise.

269

17th Century

SILKS (FRANCE): LACE TYPE

This plate is laid out in such a way as to furnish proof of what we have alleged elsewhere, namely that the lace type of ornamentation never belonged to the early part of the 17th century but dates from after the middle of that century – that is to say, it belongs to the reign of Louis XIV (1643–1715) rather than having come into use under Louis XIII (1610–1643), as is generally claimed.
Even judging by the type of lace used in this style of decoration, we find an imitation of reticulated lace, of which special use was made in dress at quite a late stage of Louis XIV's reign. Portraits of the king as a young man and at the height of his power show us only, for the most part, reproductions of Venetian bride-lace. Furthermore, a good many etchings in France's Bibliothèque nationale reproduce this type of ornament as being used to decorate both male and female court dress in the period we have indicated. So much evidence must prove that we are right.
All our specimens here are silk or gold brocades. Most typical of them all is the purple and white sample (bottom right), in which the lace motif appears more clearly

269

17. Jahrhundert

SEIDE (FRANKREICH): SPITZENMUSTER

Die vorliegende Tafel soll den Beweis für eine Behauptung erbringen, die wir anderenorts aufstellten, dass nämlich das Spitzenmuster keinesfalls im frühen 17. Jahrhundert, sondern erst nach der Mitte dieses Jahrhunderts entstand; folglich ist es in die Regierungszeit Ludwigs XIV. (1643–1715) zu datieren und nicht in jene Ludwigs XIII. (1610–1643), wie dies gewöhnlich getan wird.
Wenn wir die Spitzentechnik betrachten, die den hier gezeigten Mustern zugrunde liegt, entdecken wir eine Nachahmung der Netzspitzen, die in der späteren Regierungszeit Ludwigs XIV. in der Kleidermode aufkamen. Die Jugendporträts des Königs und die Bildnisse seines Premierministers Mazarin zeigen uns im Prinzip nur venezianische Spitzen mit Speichen. Außerdem ist hinzuzufügen, dass auf zahlreichen Stichen der französischen Nationalbibliothek höfische Damen- und Herrenkleider aus der gleichen Zeit wie jener zu sehen sind, die wir für das Spitzenmuster angaben. Diese Beweise dürften genügen, um uns Recht zu geben.
All unsere Modelle sind mit Seide oder Gold broschierte Brokate. Am typischsten ist der Stoff in Violett und Weiß, der die rechte untere

269

XVIIe siècle

SOIERIES (FRANCE) : TYPE DE LA DENTELLE

Cette planche est disposée de façon à servir de preuve à ce que nous avons avancé d'autre part à savoir que le type de la dentelle n'a jamais appartenu au commencement du XVIIe siècle, et que sa création est postérieure au milieu de ce même siècle, c'est-à-dire, qu'il appartient au règne de Louis XIV (1643–1715), au lieu d'avoir vu le jour sous celui de Louis XIII (1610–1643), comme on le prétend généralement.
Si nous en jugeons même par l'espèce de dentelle employée dans cette ornementation, nous y découvrons une imitation de la dentelle à réseaux, dont l'usage devint particulier dans le costume, à une date déjà avancée du règne de Louis XIV. Les portraits de la jeunesse du roi et ceux de son ministre ne nous montrent, dans le principe, que des reproductions de dentelles à brides de Venise. Ajoutons à ces observations, que bon nombre de gravures de notre bibliothèque nationale reproduisent ce type employé à l'époque que nous indiquons, en vêtements de cour à l'usage d'hommes ou de femmes. Ces preuves accumulées suffisent pour nous donner raison.
Tous nos modèles sont des brocards de soie ou d'or. Le plus caractéristique de tous est celui qui fi-

than in any of the others. Notice, too, the one in the upper row (top centre) featuring a cockle shell, so often used by Jean Bérain around this time.

Ecke füllt und die Spitze am deutlichsten hervortreten lässt. Schließlich sei darauf hingewiesen, dass das Muster in der oberen Mitte, in dem ein Muschelmotiv zu erkennen ist, zu jener Zeit häufig vom Ornamentstecher Jean Bérain verwendet wurde.

gure en ton violet et blanc à l'angle de droite du bas de la planche, et dans lequel la dentelle apparaît avec plus de netteté qu'en aucun autre. Nous signalons aussi la pièce du milieu dans le haut, où se remarque la coquille, si fréquemment employée par Jean Bérain à cette époque.

270

17th Century

SILKS (FRANCE): LACE TYPE WITH INTERSPERSED FLOWERS

Among the various transformations undergone by the lace type (or rather by the design that characterises this kind of ornament) is one whose style clearly marks the start of its decline. We mean the type illustrated here, in which pieces of fruit or flowers, used in isolation in vertical lines, are accompanied (on the selvedges only) by a band of lace – as can be seen clearly in the pink-on-green specimen (bottom right). The same sample shows, at the centre of the diamond that constitutes the main motif of the design, the fruit that we have agreed to refer to uniformly as the pomegranate. In another piece, where greens and reds flow over a dark ground (bottom left), the flowers scattered individually in the border recur in the central portion as part of a more complicated composition; this places them amid wreaths of flowers and foliage that end in further branches bearing yet more flowers. These two elements – on the one hand the pomegranate, on the other the arrangement just

270

17. Jahrhundert

SEIDE (FRANKREICH): SPITZENMUSTER MIT STREUBLUMEN

Unter den verschiedenen Abwandlungen, die das Spitzenmuster oder besser das Dessin, das diese Gattung kennzeichnet, erfuhr, gibt es einige, deren Stil eindeutig einen Niedergang erkennen lässt. Dabei denken wir vor allem an das hier vorgestellte Muster, in dem die Früchte und Blumen, die einzeln stehen oder senkrechte Reihen bilden, in den Borten von einem Spitzenband begleitet werden, das in dem grüngrundigen Stoff mit rosa Muster in der rechten unteren Ecke deutlich zu erkennen ist. Auf demselben Stoff sieht man zudem im rautenförmigen Zentrum die Frucht, die man gemeinhin Granatapfel nennt. In der entgegengesetzten Ecke befindet sich ein Stoff mit grünen und roten Farben auf schwarzem Grund; hier wachsen die in der Borte einzeln gestreuten Blumen im Zentrum in die Höhe und sind von reichem Blattwerk umgeben, das nach oben in schlanken, ebenfalls Blüten tragenden Ranken ausläuft. Dieses Muster und der Granatapfel werden bald einen neuen Typ begründen. Nur

270

XVIIe siècle

SOIERIES (FRANCE) : TYPE DE LA DENTELLE À SEMIS DE FLEURS

Parmi les diverses transformations qu'a subi le type de la dentelle, ou plutôt le dessin qui en caractérise le genre, il en est dont le style indique nettement les débuts de son déclin. Nous voulons parler du type que nous représentons ici, dans lequel les fruits, ou les fleurs, semés isolément et en lignes verticales, sont accompagnés, seulement sur les lisières, d'un courant de dentelle, tel qu'on le remarque distinctement dans l'échantillon fond vert, à dessin rosé placé à l'angle de droite de la planche, et dans lequel se voit également, au centre du réticule losange du motif, l'espèce de fruit que nous sommes convenus d'appeler uniformément grenade. A l'angle opposé, nous remarquons une autre pièce où les tons verts et rouges courent sur fond noir ; ici, les fleurs semées isolément dans la bordure, s'élancent dans la partie du milieu et se compliquent d'un entourage de branches fleuries et feuillées, que surmontent et terminent des rameaux élancés et également garnis de fleurs. Ces deux caractères : d'une part la grenade,

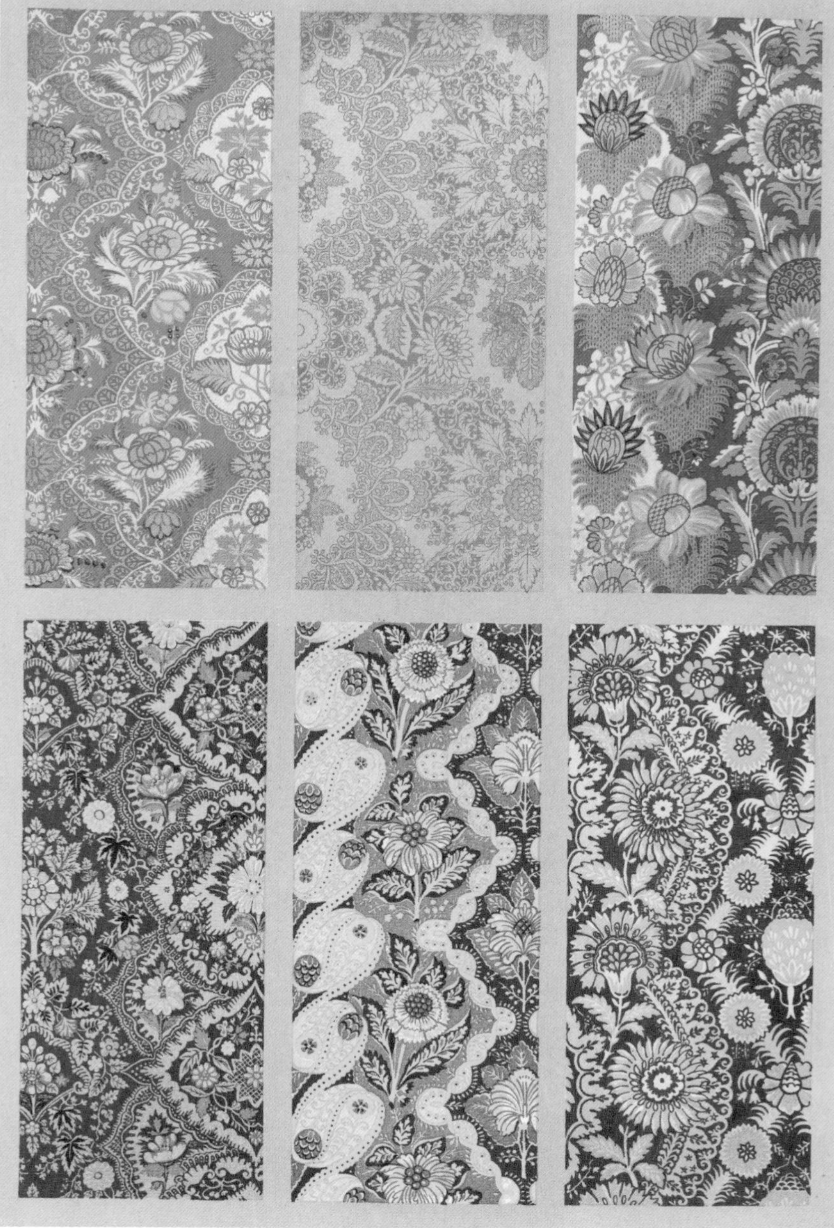

described – were soon to constitute a fresh genre. A mere step away, we shall soon see the reappearance of a type of pomegranate adapted to 17th-century taste that would resume the honoured place it had forfeited for so long. The four specimens that make up the rest of our plate are also damasks brocaded with silk or gold; they present other varieties of the same ornamental type.

271

17th Century

SILKS: LACE TYPE

Before disappearing from the circle of fashion's favourites and losing all right ever to return, the lace type enjoyed one final moment of glory. It bowed out, so to speak, by deploying dancetté ('toothed' or 'indented') strips, borders of wavy lines, and stripes applied to solid grounds, bidding farewell to a stylish age that had sustained and developed its use for what, in an essentially ephemeral environment, was quite a considerable time.
Our first sample (**no. 1**) presents a toothed border borrowed from the lace type, although the rising flowers of the central part of the composition already belong to the type that was to replace it.
The sample below it (**no. 3**), where the wavy line incorporates a small lace design, marks a transitional period, with the flowers of the central composition clearly pointing to a successor.
The other two specimens (**nos. 2 and 4**) are even more typical, if

noch ein Schritt ist zu vollziehen, und das Granatapfelmuster tritt wieder in Erscheinung, um, dem Geschmack des 17. Jahrhunderts angepasst, die Vorrangstellung zurückzugewinnen, die es lange vorher verloren hatte. Die vier Stücke, die mit den beiden bereits erwähnten die Tafel füllen, sind wie diese seiden- oder goldbroschierte Damaste, die mit verschiedenen Varianten desselben Musters gschmückt sind.

271

17. Jahrhundert

SEIDE: SPITZENMUSTER

Bevor das Spitzenmuster endgültig aus der Mode verschwand und in Vergessenheit geriet, fand es in Zickzackstreifen, schlangenförmigen Bordüren und aufgesetzten Bändern noch einmal Bedeutung in einer Zeit, die im kurzlebigen Bereich der Modetorheiten erstaunlich lange für seine Beliebtheit gesorgt hatte.
Das erste Stück oben links (**Nr. 1**) zeigt eine Zickzackbordüre. Die stehenden Blumen in der Mitte der Komposition gehören bereits zu dem Muster, das die Spitzen ersetzen sollte.
Die schlangenförmige Linie mit kleinteiligem Spitzendessin links unten (**Nr. 3**) stellt ein Übergangsmotiv dar, für das die Streublumen im Zentrum einen Nachfolger bezeichnen.
Die beiden übrigen Stücke der Tafel (**Nrn. 2 und 4**) kennzeichnen wenn möglich noch besser diese Periode der Mischformen, die von ungemusterten oder mit Leisten

de l'autre la disposition que nous signalons, vont bientôt constituer un genre nouveau. Il n'y a plus qu'un pas à faire, et nous verrons reparaître un type de grenade, approprié au goût du XVIIe siècle, qui reprendra ainsi une place de faveur qu'il avait depuis longtemps perdue. Les quatre spécimens qui joignent leur effet d'ensemble aux deux que nous avons analysés sont, comme ceux-ci, des damas, brochés de soie ou d'or, qui présentent une étude variée du même type.

271

XVIIe siècle

SOIERIES : TYPE DENTELLES

Avant de disparaître du cercle des élus de la mode et de perdre entièrement ses droits sur elle, le type des dentelles eut encore ses derniers jours de faveur. Ce fut par l'emploi des bandes vivrées, des bordures à lignes serpentines et des rayures appliquées en pleine étoffe qu'il fit ses adieux aux élégances d'un temps qui en avait soutenu et fixé le goût pendant une période assez longue, dans le domaine éphémère du caprice.
Le premier échantillon à gauche, en haut de notre page (**n° 1**), se montre avec une bordure vivrée empruntée au type de la dentelle. Les fleurs montantes du milieu de la composition appartiennent déjà au type qui va le remplacer.
A gauche, en bas de la feuille (**n° 2**), la ligne serpentine à petit dessin de dentelles marque un dessin de transition, auquel les fleurs semées du centre désignent un successeur.
Les deux autres échantillons qui complètent la planche (**n°s 2 et 4**)

that were possible, of this mixed period that was to be replaced by solid or beaded stripes and floral courants.

The reason we stress this description is that it is invariably a useful (albeit tricky) exercise to look at what series of fresh introductions disturbing the unity of a type cause it to disappear and thus avoid the mistakes to which blends of styles, which are transitional in nature, may give rise in the minds of those who study them.

geschmückten Streifen oder von Blumenmotiven abgelöst wurden.

Wir legen besonderes Gewicht auf diese Beschreibung, weil es stets von besonderem Interesse und Nutzen ist zu untersuchen, wie sich ein Muster durch die Einführung neuer Motive auflöst und allmählich verschwindet, um auf diese Weise die Irrtümer zu vermeiden, die stilistische Misch- und Übergangsformen bei jenen, die sie untersuchen, hervorrufen.

caractérisent mieux encore, s'il est possible, cette époque mixte qui va être remplacée par des rayures pleines ou à baguettes et des courants de fleurs.

Si nous avons insisté sur cette description, c'est qu'il est toujours délicat et utile d'étudier par quelles suites d'introductions nouvelles et désagrégeantes un type vient à disparaître, et d'éviter ainsi les causes d'erreurs que les mélanges de styles, qui sont les types de transition, peuvent faire naître dans l'esprit de ceux qui se livrent à leur examen.

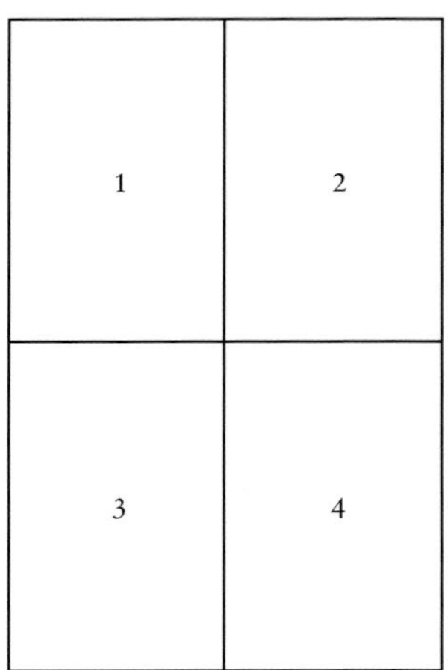

17th Century

SILKS (FRANCE): LACE TYPE – INTERPRETATION OF POMEGRANATE

The pomegranate, having been abandoned around the middle of the 16th century, reappeared in fabric ornamentation in the 17th century, when it underwent an almost radical transformation. Looking back at specimens of the pure lace type illustrated on the last plate but one, it is easy to foresee this transformation and to predict its brief return. There, the fruit we are talking about occupies certain secondary portions of the design, while in the samples that make up this plate the pomegranate is borne on stems bearing leaves and becomes the principal decorative motif, whether spread generously in the middle of the fabric or deployed towards the sides, where it links up with the selvedges.

An example of the former arrangement is the lower of the two large illustrations (**nos. 2 and 5**), a brown specimen decorated in lighter shades of brown (**no. 5**). Very striking in every aspect of its execution, this is above all remarkable for the exquisite economy of means employed to produce so perfect a decorative effect, with the pomegranate clearly depicted at the top of the composition. The latter arrangement is shown above it in the piece of rich golden fabric with the design picked out in red (**no. 2**). We have exaggerated the width here; the illustration should in fact terminate to right and left in the exact centre of the fruits.

17. Jahrhundert

SEIDE (FRANKREICH): SPITZENMUSTER MIT GRANATÄPFELN

Um die Mitte des 16. Jahrhunderts in Vergessenheit geraten, tauchte der Granatapfel im 17. Jahrhundert erneut in der Stoffdekoration auf, nachdem er eine beinahe vollständige Umwandlung erfahren hatte. Betrachtet man die Beispiele für das reine Spitzenmuster auf der entsprechenden Tafel, lassen sich diese Umwandlung und die zeitweilige Rückkehr leicht vorhersagen; in ihnen spielt der Granatapfel eine Nebenrolle, während er hier, versehen mit Stielen, die Blättchen tragen, das Hauptmotiv bildet, entweder in der Mitte des Stoffes oder an dessen Rand im Bereich der Leisten.

Die zuerst erwähnte Anordnung bestimmt die beiden Muster, die in der Mitte der Tafel untereinander stehen (**Nrn. 2 und 5**). Das Stück in braunem Camaieu mit broschiertem Grund (**Nr. 5**) ist von hervorragender Ausführung und überzeugt vor allem durch die Einfachheit der einen vollkommenen dekorativen Effekt erzeugenden Mittel; hier bildet der deutlich gezeichnete Granatapfel die Spitze der Komposition. Die an zweiter Stelle genannte Anordnung weist der schwere Goldstoff auf, dessen rotes Dessin das soeben beschriebene Muster dominiert (**Nr. 2**). Wir haben dessen Breite überbetont, da es eigentlich rechts und links auf der Mittellinie der Früchte enden müsste, um auf diese Weise das, was wir zeigen wollten, deutlicher hervorheben zu können.

XVIIe siècle

SOIERIES (FRANCE) : TYPE DENTELLE – INTERPRÉTATION DE LA GRENADE

La grenade, abandonnée vers le milieu du XVIe siècle, reparut dans la composition ornementale des tissus dans le courant du XVIIe où elle subit une transformation presque radicale. En examinant les spécimens du type pur de la dentelle sur la planche qui les reproduit, on en prévoit aisément la transformation et le retour momentané ; en effet, dans ceux-ci, le fruit dont nous parlons occupe certaines parties accessoires du dessin, tandis que dans les modèles que nous avons sous les yeux, la grenade se trouve portée par des tiges garnies de feuilles et devient le principal motif de la décoration, soit qu'il s'épanouisse en pleine étoffe, soit qu'il prenne son développement sur les bords par le raccord des lisières.

La première disposition que nous signalons trouve son exemple dans les deux dessins (**nos 2 et 5**) qui occupent verticalement le centre de la planche. L'échantillon à fond brun broché (**no 5**), ton sur ton, remarquable dans toute son exécution, surtout par l'exquise sobriété des moyens employés pour produire un effet décoratif aussi parfait, montre au sommet de la composition la grenade nettement dessinée. L'autre genre, de raccord en lisière, se voit dans le riche drap d'or, dont le dessin tracé en couleur rouge domine celui que nous venons de décrire (**no 2**) ; nous en avons exagéré la largeur qui doit s'arrêter précisément à droite et à

However, by doing so we felt we could better set off the effect to which we wished to draw attention.

The other specimens (**nos. 1, 3, 4, and 6**) are various developments of these two arrangements. We came across only one velvet sample of this sort of fabric – and that was of the uncut variety sometimes known as 'terry'; coloured in matching shades of purple, it would have looked (when reproduced) exactly like a simple silk, which is why we do no more than mention it.

Die übrigen Beispiele (**Nrn. 1, 3, 4 und 6**) zeigen verschiedene Varianten beider Anordnungsweisen. Wir fanden übrigens nur ein einziges Belegstück in Samt, wobei es sich zudem nicht um einen geschorenen Typ, sondern um so genannten Rippsamt handelt; in violettem Camaieu ausgeführt, hätte er in der Reproduktion auf unserer Tafel wie eine schlichte Seide gewirkt, so dass wir uns hier darauf beschränken, im Text auf seine Existenz hinzuweisen.

gauche sur la moitié des fruits. Mais nous avons cru, en agissant ainsi, accuser et faire valoir davantage ce que nous voulions constater.

Les autres spécimens (**nos 1, 3, 4 et 6**) sont des développements variés de ces deux genres. Nous n'avons trouvé dans ce caractère qu'un seul échantillon de velours, encore appartient-il au genre non coupé que l'on nomme velours épingle ; il est traité en couleur violette, ton sur ton, et sa reproduction eût produit sur notre planche un effet identique à un simple tissu de soie. C'est pourquoi nous nous contentons de le signaler.

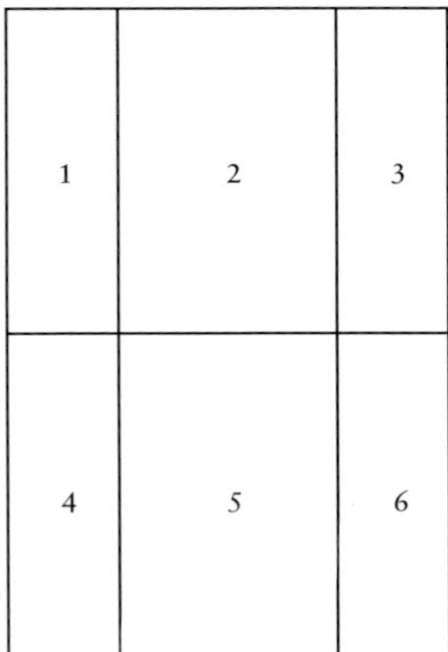

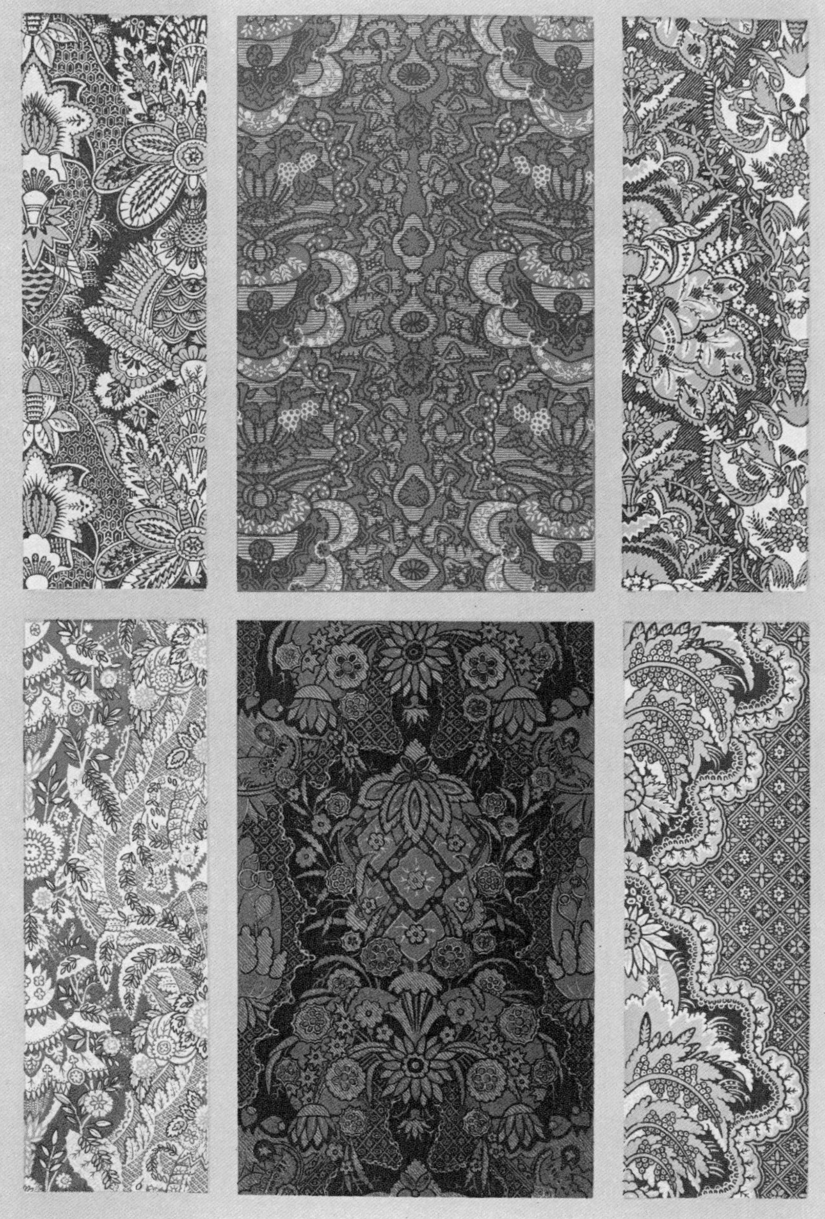

17th Century

ARCHITECTURAL AND LANDSCAPE TYPES

The 17th century was a fertile period in architecture. Louis XIII having started to make Versailles a hunting lodge, Louis XIV turned it into the palace we know today. And he asked the great landscape designer André Le Nôtre (1613–1700) to lay out the grounds. Le Nôtre filled the park with summerhouses, pavilions, pyramids, arbours, and so on, his inventive genius concocting a whole host of decorative items to adorn the royal residence. The entire court was keen to imitate such luxury, and many members of it surrounded their own residences with large numbers of outbuildings designed in this light-hearted architectural manner, which used a variety of forms drawing upon both the national style and a range of foreign influences.
Inspired by this example, fabric designers too, as we shall see, reproduced the same decorative motifs amid their floral compositions: trees, shrubs, pavilions, vistas, stone and marble tables, little towers with pointed roofs – everything, in short, that met the visitor's eye as chance or the opportunity for a stroll led him or her to traverse the estate of some nobleman or princeling.
This plate illustrates some of these decorative schemes in much the same order as we have just listed them. In fact, so widely were they used during the course of the 17th century that one need only describe the composition to establish the type quite adequately. Everyone is

17. Jahrhundert

MUSTER MIT ARCHITEKTUREN UND LANDSCHAFTEN

Das 17. Jahrhundert war eine Blütezeit der Architektur. Ludwig XIII. hatte damit begonnen, Versailles in ein Jagdschloss zu verwandeln, und Ludwig XIV. errichtete den Palast, den wir heute noch bewundern. Er beauftragte André Le Nôtre (1613–1700) mit der Gestaltung der Gärten. Der Künstler füllte den Park mit Kiosken, Pavillons, Pyramiden, Hainbuchenalleen und allen weiteren Dekorationen, die seine Fantasie zur Verschönerung des königlichen Schlosses erdenken konnte. Der gesamte Hof beeilte sich, diesen Luxus nachzuahmen, und alle Nebenbauten der Adelssitze folgten dem Vorbild dieser leichten Architektur mit ihren vielfältigen Formen, die teils ausländische Stile nachahmten, teils im französischen Nationalstil gehalten waren.
Rasch findet man auch auf den Stoffen diese Dekorationen wieder, die der Künstler, dem realen Vorbild folgend, inmitten von Blumen und Pflanzen darstellt: Zu sehen sind Bäume, Sträucher, Pavillons, Aussichten, Stein- und Marmortische, Türmchen mit Spitzhelmen, kurz alles, was sich dem Blick des Besuchers darbot, wenn ihn der Zufall oder ein Spaziergang dazu brachte, durch einen Park zu lustwandeln.
Die vorliegende Tafel gibt fast in der gleichen Reihenfolge wie die soeben aufgezählten Elemente einen Teil dieser Dekorationen wieder, die im Übrigen während des 17. Jahrhunderts so häufig Verwendung fanden, dass man nur

XVIIe siècle

TYPE D'ARCHITECTURE ET DE PAYSAGES

La période du XVIIe siècle fut féconde en créations architecturales. Louis XIII avait commencé à faire de Versailles un rendez-vous de chasse, Louis XIV en fit le palais que nous connaissons. Il chargea André Le Nôtre (1613–1700) d'orner ses jardins. L'artiste remplit le parc de kiosques, de pavillons, de pyramides, de charmilles et de toutes les décorations que son génie inventif sut trouver pour embellir la demeure royale. La Cour entière s'empressa d'imiter ce luxe, et toutes les dépendances des demeures s'édifièrent à l'envi de cette architecture légère, aux formes variées, empruntées tantôt au goût étranger, tantôt au style national. Nous retrouvons bientôt sur les étoffes ces mêmes décorations, que l'artiste, sollicité par l'exemple, reproduit au milieu d'un ensemble de fleurs : ce sont des arbres, des buissons, des pavillons, des vues, des tables de pierre et de marbre, des tourelles à toitures élancées, enfin tout ce qui s'offrait aux yeux du visiteur quand le hasard ou la promenade l'amenait à parcourir quelque demeure seigneuriale ou princière.
La planche que nous décrivons reproduit à peu près, dans l'ordre d'énumération que nous venons d'en faire, une partie de ces sortes de décorations qui, d'ailleurs, sont si fréquemment employées pendant la durée du XVIIe siècle, qu'il n'y a qu'à en signaler la composition pour que le type en soit suffisamment établi ; chacun les connaît, ces gros de Lyon et de

familiar with these coarse fabrics from Lyons and Tours, so strong and so heavy and bearing so many architectural designs. Occasionally, too, the park will be enlivened by the figure of a huntsman or resound to the barking of dogs as they cross an avenue, possibly followed by horsemen at full gallop. The designer is there, taking it all in, and on his return sets it down in a composition like the one illustrated here on a green ground (bottom right).

ihre Komposition zu beschreiben braucht, um ihren Typ zu identifizieren. Jeder kennt sie, diese starken, groben Seiden aus Lyon und Tours, die mit Architekturmotiven verziert sind. Gelegentlich zog ein Jäger durch den Park, man vernahm das Gebell von Hunden, die einen Weg überquerten, gefolgt von Reitern im Galopp. Der Zeichner war zur Stelle, um die Szene zu erfassen und in allen Details festzuhalten; nach seiner Rückkehr schuf er einen Entwurf wie jenen, der auf grünem Grund in der rechten unteren Ecke zu sehen ist.

Tours, si forts, si épais, et que l'on voit chargés de dessins d'architecture. Parfois, pourtant, le parc s'animait du passage de quelque chasseur, il retentissait de la voix de chiens franchissant une avenue, suivis de chevaux lancés au galop. Le dessinateur est là, et, prompt à tout saisir et à tout rappeler, il exécute au retour un dessin tel que celui sur fond vert placé au bas de la planche.

274

17th Century

SILKS (FRANCE): UPROOTED-TREE TYPE

What could be more French than this creation from the Lyons manufactory? Having tried everything – vases, buildings, flowers, branches – designers now took the whole tree, either leaving it in its natural state or showing it torn from the soil while still bearing its foliage, fruit, and flowers.

Both varieties are reproduced here: one with the tree shown upright, the trunk shooting skyward (**no. 3**); another (the sample woven on a brown ground; **no. 5**) using the same arrangement but more strictly designed and rather closer to nature, showing the tree heavy with red fruit and really springing from the soil. The latter specimen, with its scattered flowers accompanying the decorative scheme of planted trees, is able by comparison to help us with the chronological classification of the type that

274

17. Jahrhundert

SEIDE (FRANKREICH): MUSTER MIT EINZELNEN BÄUMEN

Nichts ist französischer als diese Schöpfung der Lyoner Werkstätten. Alles hatte man bereits ausprobiert und verwendet: Vasen, Architekturen, Blumen, Äste und Zweige. So wandte man sich nun dem vollständigen Baum zu, sei es, dass man ihn in seinem natürlichen Umfeld beließ, sei es, dass man ihn mit all seinen Blättern, Früchten und Blüten aus dem Boden riss. Beide Arten sind auf der Tafel abgebildet: die erste in der Tafelmitte mit einem Stamm, der gerade aus dem Boden hervorwächst (**Nr. 3**). Ein zweites Beispiel liefert der Stoff mit braunem Grund (**Nr. 5**), dessen Baum in einem korrekteren und naturnäheren Dessin rote Beeren trägt und in einem echten Terrainstück wurzelt. Die Streublumen, die diese Bäume begleiten, geben uns einen Hinweis auf die zeitliche Einordnung des vorlie-

274

XVIIe siècle

SOIERIES (FRANCE) : TYPE DES ARBRES ARRACHÉS

Rien de plus français que cette création de la fabrique de Lyon. On avait tout employé, tout essayé, les vases, les architectures, les fleurs, les branches, on employa l'arbre tout entier, soit en le laissant dans son état de végétation, soit en le représentant arraché du sol, porteur de ses feuilles, de ses fruits et de ses fleurs.

Ces deux genres sont reproduits sur la planche : le premier, dans le spécimen du milieu (**n° 3**), où l'arbre se voit debout, le tronc s'élançant sur le sol ; un second exemple de cette disposition se trouve dans l'échantillon à fond brun (**n° 5**), où l'arbre, d'un dessin plus correct et plus voisin de la nature, est chargé de fruits rouges ; là, il prend naissance sur un véritable terrain. Cet échantillon, si l'on considère les fleurs semées qui accompagnent sa décoration d'arbres

concerns us here: we can see that it is slightly earlier than what we have called the 'scattered flowers' type.

The other three pieces making up our plate (**nos. 1, 2, and 4**) are interpretations of trees of various species, uprooted and placed in a variety of positions in order to constitute a decorative element reproducing the same motif. In one of them (**no. 2**), a vine bearing a heavy crop of grapes can be clearly distinguished; in the others, the composition is entirely imaginative. Sometimes this type covered a considerable area; for instance, in the sample that occupies the centre of our plate (**no. 3**) the pattern occupies no less than one metre before repeating. All the samples illustrated here are splendid damasks from Lyons, the heaviness of which is as striking as the beauty of their manufacture.

genden Musters, das den Streublumen um ein paar Jahre vorausgeht. Die drei weiteren Stücke der Tafel (**Nrn. 1, 2 und 4**) zeigen einzeln stehende Bäume verschiedener Arten und in unterschiedlichen Stellungen als Teil einer vielfältigeren Dekoration. So erkennt man im oberen Bereich einen mit Trauben behangenen Rebstock (**Nr. 2**), während die Komposition der anderen Muster allein der Fantasie folgt. Manchmal entwickelt sich das Muster über eine erhebliche Fläche, bevor es sich wiederholt; im Stoff der Tafelmitte nimmt der Musterrapport beispielsweise eine Breite von nicht weniger als einem Meter ein. Sämtliche Stoffe sind herrliche Damaste aus Lyon, deren Stärke ebenso erstaunt wie ihre hohe Herstellungsqualität.

plantés, peut, par le rapprochement de dessin, nous montrer le classement chronologique du type qui nous occupe, comme précédant de peu d'années celui des fleurs semées.

Les trois autres pièces (**n°s 1, 2 et 4**), qui complètent les modèles de la planche, sont des interprétations d'arbres de diverses espèces, arrachés et placés dans diverses positions pour en constituer un élément décoratif, reproduisant le même motif. Ainsi, dans la partie haute (**n° 2**), on distingue parfaitement une vigne chargée de raisins, tandis que dans les autres parties, la composition est purement fantaisiste. Ce type prenait quelquefois un développement considérable, et le raccord du dessin n'occupe pas moins d'un mètre dans l'échantillon du milieu (**n° 3**). Tous ces tissus sont de magnifiques damas de Lyon, dont l'épaisseur étonne autant que la beauté de la fabrication.

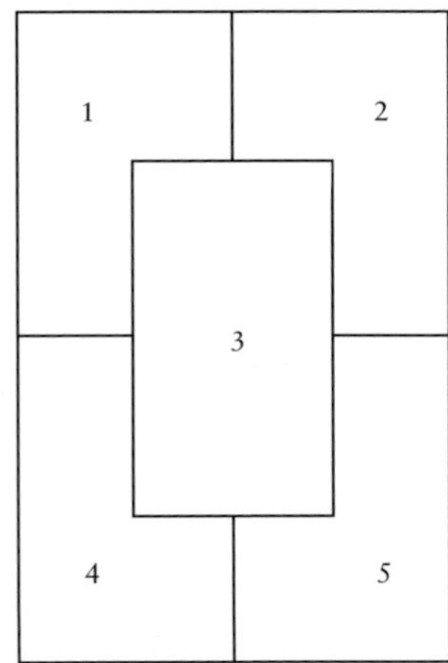

17th Century

SILKS: VASE TYPE

The vase, which had featured in fabric decoration since at least the late 14th century, enjoyed an initial return to popularity around 1525 and became one of the most widely-used ornamental motifs in the Renaissance period. Subsequently it once again fell into an oblivion from which it was rescued by French artists of the reign of Louis XIV, who employed it to decorate an important series of brocaded damasks that emerged from the Lyons manufactory. It is no doubt superfluous to add that each of these periods gave its vases the form that best suited its particular taste at the time: low and often with cut-off corners throughout the 14th and 15th centuries; taller and more oval in shape during the Renaissance.
Here we see vases with fluted mouldings, concave bulges, and tall, slender feet in the manner of precious-metal work designed by Jean Lepautre. This has remained the ultimate and most typical expression of the vase, and if from time to time it cropped up again, either under Louis XVI or in the early years of the Empire, in the form of the Greek vase, its use was purely accidental; only in so far as it stays in fashion for a while does it merit special mention as a type.
The five specimens illustrated here are all silk damasks, some brocaded with gold, others brocaded with silk. They were also all made in Lyons, and close examination of the various designs presented will be more rewarding than any description we might offer.

17. Jahrhundert

SEIDE: VASENMUSTER

Die Vase, deren Gebrauch in der Stoffdekoration bis ins ausgehende 14. Jahrhundert zurückreicht, hatte um das Jahr 1525 eine erste Blütezeit erlebt und gehörte zu den Dekorelementen, die in der Renaissance immer wieder verwendet wurden. Aus der Vergessenheit, in die sie anschließend fiel, zogen sie die Lyoner Künstler der Zeit Ludwigs XIV. wieder hervor, die sich ihrer in einer umfangreichen Serie broschierter Damaste bedienten. Zweifellos ist es müßig, darauf hinzuweisen, dass jede dieser Epochen der Vasenform eine ganz besondere, für sie typische Ausprägung gab. Niedrig und mit eckiger Wandung im 14. und 15. Jahrhundert, wurden die Vasen in der Renaissance schlanker und näherten sich der Eiform an.
Die hier abgebildeten Vasen haben einen bauchigen Körper mit godronierter Wandung und geschweiftem Fuß nach Art der vom Ornamentstecher Jean Lepautre gezeichneten Goldschmiedearbeiten. Bis heute war dies die letzte typische Vasenform; wenn man ihr noch einige Male begegnet, in der Zeit Ludwigs XVI. wie in den ersten Jahren des Empire, als sie die Form griechischer Vasen annahm, so waren dies nur Einzelfälle, die es nicht rechtfertigen, einen alle Zeiten überdauernden Typ einzuführen.
Die fünf auf unserer Tafel vereinten Beispiele sind teils mit Gold, teils mit Seide broschierte Damaste. Alle wurden in Lyon gefertigt, und die eingehende Betrachtung ihrer verschiedenen Dessins bringt mehr als jede Beschreibung, die wir von ihnen geben könnten.

XVIIe siècle

SOIERIES : TYPE DU VASE

Le vase, dont l'emploi dans la décoration des tissus remonte au moins à la fin du XIVe siècle, avait reconquis une première fois sa faveur vers l'an 1525, et fut un des éléments décoratifs dont on fit le plus habituel usage pendant la Renaissance. De nouveau retombé dans l'oubli, il en fut retiré par les artistes français du règne de Louis XIV, qui s'en servirent pour la décoration d'une importante série de damas brochés de la fabrique de Lyon. Il est inutile, sans doute, d'ajouter que chacune de ces époques imprima à la forme des vases qu'elle employa l'empreinte de son goût particulier ; bas et souvent à pans coupés pendant les XIVe et XVe siècles, ils s'élancèrent et prirent la forme ovoïde pendant la Renaissance.
Nous les voyons ici composés de moulures gaudronnées, de panses évidées, de pieds élancés à la manière des orfèvreries dessinées par Jean Lepautre. Ce fut jusqu'à nos jours la dernière expression typique du vase, et si on le rencontre encore quelquefois, soit à l'époque de Louis XVI, soit pendant les premières années de l'Empire, revêtant la forme de vases grecs, son emploi ne fut qu'accidentel, et il ne constitue pas par la durée de sa vogue un type qui mérite une mention spéciale.
Les cinq échantillons réunis sur notre planche sont tous des damas de soie ; les uns brochés d'or, les autres brochés de soie. Tous aussi appartiennent à la fabrique de Lyon, et l'examen de leurs divers dessins leur sera plus avantageux que la description que nous pourrions en faire.

17th Century

SILKS: THE MULTIFLORA TYPE, ALSO KNOWN AS THE GARDEN OR FLOWERED TYPE

These brightly-coloured fabrics, incorporating a large number of flowers in their ornamental composition, ought, it seems to us, to have a more expressive name to denote the type represented. We have felt obliged on several occasions to explain why popular custom has so hallowed the use of the first two terms quoted in our title. Adding the third word suggested will surely obviate this need by resolving the question automatically. It was in the 17th century that fabrics such as these were used for dresses and wall-hangings. Brocaded silks were used for apparel, velvets for furnishings. Velvets covered walls or decorated those high-backed, heavily sculpted chairs found in Italy or the more tasteful, simpler chairs that were used in France during the early part of the reign of Louis XIV. Woven in Lyons, they had to compete with those manufactured in Italy, the superiority of French taste coming to the fore in the harmonious choice of colours and the general layout of the design.
Our plate presents five varieties of the type – two in silk and three in velvet. The two gold-brocaded damasks are at the top of the page; the three velvets are shown in the centre and at the bottom. We have nothing to add to what we have already said of these fabrics; in fact, they can be summed up in one word: they have a great deal of impact.

17. Jahrhundert

SEIDE: VIELBLUMIGES, SO GENANNTES JARDINIERE-MUSTER

Diese Stoffe in kräftigen, bunten Farben, die man aufgrund der zahlreichen Blumen, die sie bedecken, mit Ausdrücken wie „Jardiniere" oder „Blumenbeet" zu kennzeichnen pflegt, haben einen treffenderen Namen zur Bezeichnung ihres Musters verdient. Bereits mehrmals sahen wir uns veranlasst zu erklären, warum der Gebrauch der beiden soeben erwähnten Ausdrücke gerechtfertigt ist. Indem wir in Zukunft das Wort „vielblumig" hinzufügen, können wir jede Uneindeutigkeit aus der Welt schaffen. Im 17. Jahrhundert bediente man sich dieser Stoffe, um Kleider und Wandbehänge herzustellen. Broschierte Seiden wurden zu Gewändern verarbeitet, Samte bedeckten die Wände oder jene hochlehnigen Sessel, die in Italien mit reichem Schnitzwerk geschmückt sind und in Frankreich während der frühen Regierungszeit Ludwigs XIV. in einer stilistisch besseren und einfacheren Variante existierten. Die Stoffe wurden in Lyon angefertigt und konkurierten mit denen aus Italien; die Überlegenheit des französischen Geschmacks zeigt sich in der Harmonie der Farben und der überzeugenden Gesamtwirkung.
Unsere Tafel zeigt fünf Spielarten des Musters, zwei in Seide, drei in Samt. Die beiden goldbroschierten Damaste füllen den oberen Teil der Tafel, die drei Samte befinden sich darunter. Dem, was wir bereits über diese Stoffe sagten, haben wir nichts hinzuzufügen, es sei denn ein Werturteil: Stoffe mit großer Wirkung.

XVIIe siècle

SOIERIES : TYPE MULTIFLORE DIT JARDINIÈRE

Ces étoffes aux couleurs vives, que la désignation usuelle a qualifiées des divers noms de jardinière ou à parterres, à cause des nombreuses fleurs qui en couvrent la composition, nous semblent devoir prendre un nom plus expressif pour en désigner le type. Plusieurs fois déjà, nous avons été dans l'obligation d'expliquer pourquoi l'usage avait consacré les deux termes que nous avons cités. Il nous semble qu'en y joignant le mot que nous proposons dans notre titre, on évitera désormais une demande qu'il résout de lui-même.
Ce fut au XVIIe siècle que l'on se servit de ces étoffes pour robes et tentures ; les soieries brochées étaient employées en vêtements, les velours en mobiliers ; ils recouvraient les murs ou ornaient ces fauteuils à haut dossier, qui se rencontrent en Italie, chargés de sculptures, ou ceux d'un goût meilleur et plus simple dont on se servait en France pendant la première période du règne de Louis XIV. Elles s'exécutèrent à Lyon, en concurrence avec celles fabriquées en Italie, et, dès lors, la supériorité du goût français se remarque dans l'harmonie de la couleur, dans la distribution générale de l'ensemble.
Nous avons composé notre planche de cinq variétés de ce type, deux de soie, trois de velours.Les deux damas brochés d'or occupent la tête de la page ; les trois velours sont distribués au milieu et au bas de la feuille. Nous n'avons rien à ajouter à ce que nous avons dit sur ces étoffes, qu'on peut qualifier de Tissus de beaucoup d'effet.

277

17th Century

TYPE USING FLYING OR PERCHING BIRDS

Birds were used in the 17th century to enliven ornamentation, to brighten it and to fill the spaces left by the bouquets and floral branches with which designers were in the habit of decorating the fabrics of the period. In origin, of course, they were Chinese, and they were all copied from a few pieces of porcelain and a few items of lacquer furniture. But if the influence of Chinese or Japanese taste is unmistakable, particularly in the sample with a light-coloured ground (top left), there is no mistaking the modification imposed by French taste upon the other pieces that make up our plate. All the fabrics illustrated here are silks, damasks, or satins, and they were all produced in Lyons; they were copied from originals in our own collection.
The reason why we have not yet taken anything of this kind from the Musée historique des tissus in Lyons, France's premier fabric-producing city, is that we hope, with the aid of its most intelligent director, Mr Brossard, to be able to devote some very special plates entirely to it in the very near future.

277

17. Jahrhundert

MUSTER MIT FLIEGENDEN ODER RUHENDEN VÖGELN

Vögel wurden im 17. Jahrhundert verwendet, um die Flächen rund um die Blumenarrangements oder Blütenzweige, mit denen man die Stoffe jener Zeit gerne schmückte, zu beleben, zu füllen oder aufzulockern. Sie sind offensichtlich chinesischen Ursprungs und nach bestimmten Porzellanen oder Lackmöbeln kopiert. Doch selbst wenn man den Einfluss des chinesischen oder japanischen Kunsthandwerks erkennt, insbesondere in dem weißgrundigen Stoff in der linken oberen Ecke der Tafel, lassen sich die durch französische Künstler vorgenommenen Änderungen in den übrigen Beispielen nicht verleugnen. Die Stoffe entstanden in den Lyoner Werkstätten. Reproduziert sind ausschließlich Damast- oder Satinstoffe. Alle sind nach den Originalen unserer eigenen Sammlung kopiert.
Wenn wir noch kein einziges Stück dieser Art aus dem Musée historique des tissus in Lyon, unserer Hauptstadt der Stoffproduktion, gezeigt haben, so liegt das daran, dass wir hoffen, diesem Museum demnächst mit Hilfe seines geschätzten Direktors Brossard einige besondere Tafeln widmen zu können.

277

XVIIe siècle

TYPE D'OISEAUX VOLANT OU REPOSANT

Les oiseaux furent employés au XVIIe siècle pour animer, égayer et remplir les espaces laissés vides par les semis de bouquets ou les branches courantes garnies de fleurs dont on avait coutume de décorer les étoffes à cette époque. Leur origine est évidemment chinoise, et c'est à quelques porcelaines, à quelques meubles de laque que la copie doit en être due. Mais si l'on reconnaît, à ne pas s'y tromper, l'influence du goût chinois ou japonais, surtout dans l'échantillon à fond blanc que nous donnons à l'angle gauche de notre page, on ne saurait nier non plus la modification que lui a fait subir le goût français dans les autres pièces qui complètent notre planche. C'est à la fabrique de Lyon que l'on doit ces créations. Ce sont toutes des étoffes de soie, damas ou satins, que nous reproduisons. Toutes sont aussi copiées sur nos originaux.
Si nous n'avons rien emprunté encore dans ce genre au Musée historique des tissus de Lyon, notre première ville manufacturière, c'est que nous espérons, avec l'aide de son intelligent directeur, M. Brossard, lui consacrer bientôt des planches spéciales.

17th *Century*

FLAT EMBROIDERY

The original pieces reproduced in this plate belong to the second half of the 17th century. Designed in the context of French national taste, they show the further influence of the great Jean Bérain. These various specimens were artistically embroidered flat and without a 'wrong' side, using very fine gold and silver thread.

The two borders that head the page (**nos. 1 and 2**) are executed on coloured cloth. The square specimen on blue silk (**no. 5**) bears the emblem of the 'Sun King', surrounded by various ornaments. The two panels on pink silk (**nos. 3 and 6**) join to form a larger composition. Above the central square, on crimson silk, is part of the border of a chalice pall (**no. 4**). The last piece (**no. 7**), embroidered on red silk, has the section inside the border filled with a design of

17. Jahrhundert

PLATTSTICKEREI

Die Originale dieser Tafel datieren aus der zweiten Hälfte des 17. Jahrhunderts. Sie zeigen einen französischen Einfluss, der vor allem auf den Ornamentstecher Jean Bérain zurückgeht. Die verschiedenen Stücke wurden mit feinen Gold- und Silberfäden in Plattstichen ausschließlich auf der Oberseite bestickt.

Die Stickarbeit der beiden Zierstreifen, die zuoberst stehen (**Nrn. 1 und 2**), wurde auf farbigem Tuch ausgeführt. Das zentrale Stück in blauer Seide (**Nr. 5**) trägt das Symbol des Sonnenkönigs, umgeben von verschiedenen Dekorationen. Zwei Streifen aus rosa Seide, die zusammen eine breitere Komposition bilden, rahmen unsere Tafel links und rechts (**Nrn. 3 und 6**). Über dem mittleren Stück ist die Umrahmung eines Kelchvelums in karmesinroter Seide zu sehen (**Nr. 4**). Den unteren Abschluss

XVIIe siècle

BRODERIE PLATE

Les pièces originales qui composent cette feuille appartiennent à la seconde moitié du XVIIe siècle. Elles ont été conçues sous l'influence de notre goût national, du goût français, dont Jean Bérain a spécialisé plus particulièrement le genre. Ces différents morceaux ont été artistement brodés à plat et sans envers, au moyen de fils d'or et d'argent d'un numéro assez fin.

Les deux bordures en tête de la page (**n°s 1 et 2**) ont été exécutées sur drap de couleur. Le spécimen en soie bleue (**n° 5**) qui en occupe le centre est chargée de l'emblème du Roi Soleil, contourné de divers ornements.

Deux panneaux sur soie rosée (**n°s 3 et 6**), dont la réunion peut permettre une plus large composition, se trouvent à droite et à gauche de notre feuille. L'encadrement d'une pale de calice sur soie cramoisie (**n° 4**) domine la pièce

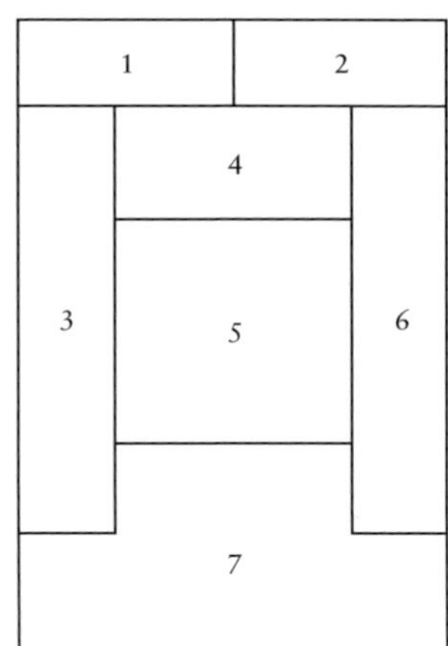

little flowers facing in alternate directions.

bildet ein Teppich aus roter Seide mit seiner Bordüre (**Nr. 7**), deren Innenteil abwechselnd nach links und rechts gewandte Blumen schmücken.

centrale. Enfin, au bas de la page (**n° 7**), se voit un tapis de soie rouge avec sa bordure dont la partie interne est remplie de fleurettes à dessin alternant.

279

Late 17th Century

ROCAILLE TYPE

Before we close what is already a very lengthy catalogue of 17th-century types, in the latter part of the century French taste borrowed from Italian art a new and strangely whimsical composition that provided the basis for craft decoration almost throughout the 18th century. This sort of composition, consisting of branches bearing flowers and linked by curiously meandering ties that are pierced with holes and adorned with shells and clumps of curly moss, came to be called rocaille ('rockery') because of the way it invites comparison with those parts of gardens where pieces of jagged rock are whimsically arranged to present the same natural accidents. In France, the design was both used and interpreted with some restraint. Despite the more extravagant than pleasing nature of this style, the works that it inspired during the regency of the child Louis XV and most of his reign as a man (1715–1774) are not without charm and grace, whereas in Italy the same principle led to a gross over-use of such ornamentation that even the coarsest taste found offensive. It was Gian Lorenzo Bernini, the painter, sculptor, and architect (1598–1680), who held the destiny of this style in his hands. By then the era of grandeur and nobility in

279

Ende 17. Jahrhundert

ROCAILLE-MUSTER

Zum Abschluss der bereits umfangreichen Reihe von Mustern des 17. Jahrhunderts ist die Rocaille zu nennen. Mit diesem ursprünglich italienischen Motiv übernahm das französische Kunsthandwerk eine neue, ziemlich eigenwillige Komposition, die ihm während fast des ganzen 18. Jahrhunderts als Grundlage diente. Dieses Muster aus Blütenzweigen, die durch seltsam gestaltete, durchbrochene und mit Muscheln oder krausem Moos besetzte Elemente verbunden sind, wurde aufgrund seiner Ähnlichkeit mit gewissen Felsformationen, deren bizarre Formen die gleichen natürlichen Zufälligkeiten aufweisen, Rocaille genannt. In Frankreich machte man von der Rocaille zurückhaltend Gebrauch, und obwohl dieser Stil eher wunderlich als angenehm wirkt, fehlt es den Werken, die während der Regentschaft und fast der ganzen Regierungszeit Ludwigs XV. (1715–1774) entstanden, weder an Reiz noch an Anmut. In Italien dagegen wurde die Rocaille bis zum Überdruss überladen, was Augen und Kunstverstand peinlich berührt. Der Cavaliere Gian Lorenzo Bernini, Maler, Bildhauer und Architekt (1598–1680), bestimmte über das Geschick dieses Stils. Mit ihm ging die Zeit der Größe und Würde in

279

Fin du XVIIe siècle

TYPE ROCAILLE

Avant de clore la série déjà si nombreuse des types du XVIIe siècle, le goût français emprunta à l'art italien une nouvelle composition étrangement fantaisiste, qui servit de base à l'ornementation industrielle de presque toute la durée du XVIIIe siècle. Ce genre de décoration, composé de branches garnies de fleurs reliées par des brides d'attache bizarrement contournées, percées de jours, garnies de coquilles et de mousses frisées, emprunta le nom de Rocaille au rapprochement qu'on en pouvait faire avec certaines parties de roches rocailleuses, capricieusement disposées et présentant les mêmes accidents naturels. L'emploi en fut interprété sobrement en France ; et, malgré le goût plutôt baroque qu'agréable de ce style, les œuvres qu'il fit éclore pendant la période de la régence de la minorité de Louis XV (1715–1774) et pendant la majeure partie du règne de ce prince, ne manquent ni de charme ni de grâce, tandis que le même principe, traité en Italie, s'y voit chargé jusqu'à l'excès, et ce contresens choque les yeux et le goût le moins délicat. C'est Le Bernin (Cavaliere Bernini), peintre, statuaire, architecte (1598–1680), qui tint entre ses mains les destinées de ce style. C'en était alors fini de

French art was at an end, and Italian artificiality was to find an easy refuge in her northern neighbour. This plate illustrates various versions of the rocaille style used as fabric ornamentation. The last sample (bottom right) shows the sort of thing that was in common use around 1750, in the middle of the reign of Louis XV.

der französischen Kunst zu Ende; der falsche italienische Geschmack fand nun allzu leicht Eingang in Frankreich. Die vorliegende Tafel zeigt verschiedene Möglichkeiten von Rocaille-Dekorationen, und das Beispiel in der rechten unteren Ecke dokumentiert die Manier, die um 1750 unter Ludwig XV. in Mode war.

l'époque de grandeur et de noblesse dans l'art français : le faux goût italien devait y trouver un facile refuge. La composition de cette planche montre les diverses variations sur le tissu du style des rocailles, et la dernière pièce, placée à l'angle à droite, au bas de la page, fixe la manière usitée sous Louis XV, vers 1750.

280

17th and 18th Centuries

CERAMICS: FRENCH FACTORIES

This plate comprises a number of decorative motifs taken from French ceramics, as follows:
Nos. 1–14. Rouen ware. It was not until the mid 17th century that the first potteries were set up at Rouen under the patronage of Jean-Baptiste Colbert. As a result of his influence they were commissioned by the king to work on designs by the finest artists of the day. The motifs reproduced here have been

280

17. und 18. Jahrhundert

FAYENCEN FRANZÖSISCHER MANUFAKTUREN

Die Dekorationen auf dieser Tafel stammen von französischen Keramiken und lassen sich wie folgt ordnen:
Nrn. 1–14: Fayencen aus Rouen. Erst gegen Mitte des 17. Jahrhunderts wurden auf Veranlassung Jean-Baptiste Colberts in Rouen die ersten Fayence-Manufakturen gegründet. Der Protektion von höchster Seite wegen konnten sie nach den Zeichnungen der besten

280

XVIIe et XVIIIe siècles

FAÏENCES DE FABRICATION FRANÇAISE

La planche ci-contre réunit un certain nombre de motifs de décoration empruntés à la céramique d'origine française. On peut les classer ainsi :
Nos 1–14 : Faïences de Rouen. Ce n'est que vers le milieu du XVIIe siècle que, sous la protection de Jean-Baptiste Colbert, se fondèrent à Rouen les premières fabriques de faïences. Cette haute protection leur valut de travailler pour le roi

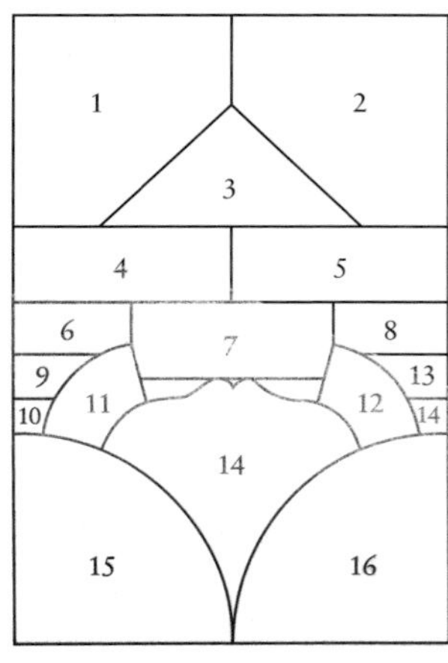

chosen as representing Rouen's best periods.
No. 15. Piece bearing the monogram of Féburier Borne, potter at Lille, 1716.
Nos. 16 and 17. Moustiers ware.

zeitgenössischen Künstler für den König arbeiten. Die abgebildeten Motive gehören zur Blütezeit dieser Fabrikation.
Nr. 15: Fayence mit dem Monogramm von Féburier Borne, Töpfer in Lille, 1716.
Nrn. 16 und 17: Fayencen aus Moustiers.

sur les dessins des meilleurs artistes de l'époque.
Les motifs que nous reproduisons ont été choisis comme spécimens des meilleures époques de cette fabrication.
N° 15 : Fabrication au monogramme de Féburier Borne, potier à Lille, en 1716.
N°s 16 et 17 : Faïences de Moustiers.

281

17th and 18th Centuries

BOULLE MARQUETRY

Boulle marquetry, one of France's proudest achievements in the field of ornamentation, has today recovered the well-deserved popularity it enjoyed in the late 17th and early 18th centuries. André-Charles Boulle died in 1732 at the age of ninety (cf. plate 259). He brought to cabinet-making all the skills of a true artist. Appointed first cabinet-maker to the king by a warrant that described him as 'architect, sculptor, and engraver' and accommodated in the Louvre, he put together one of the finest collections then known of drawings, engravings, and *objets d'art*, part of which was unfortunately destroyed by fire and the rest sold at the request of his creditors. The fact that Boulle had such precious materials in his possession goes some way towards explaining the perfection of the original works produced by this consummate craftsman. Boulle's work was continued by Jean-Jacques Caffieri (1725–1792) and Crescent, and the type of ornament that bears his name is practised successfully even in our own day.

281

17. und 18. Jahrhundert

EINLEGEARBEITEN IN BOULLES MANIER

Das Boulle'sche Verfahren, das dem französischen Kunsthandwerk hohes Ansehen brachte, erlangte im 19. Jahrhundert erneut die Beliebtheit, die es Ende des 17. und Anfang des 18. Jahrhunderts besessen hatte. André-Charles Boulle, der 1732 mit 90 Jahren starb, widmete sein großes künstlerisches Talent der Kunsttischlerei (vgl. Tafel 259). Er wurde zum ersten Kunsttischler des Königs ernannt, erhielt eine Urkunde, die ihm die drei Berufe eines Architekten, Bildhauers und Graveurs zuerkannte, und durfte im Louvre wohnen. Es gelang ihm, eine der größten damals bekannten Sammlungen von Zeichnungen, Stichen und Kunstgegenständen zusammenzutragen, eine Sammlung, die zum Teil ein Brand vernichtete, während der Rest auf Drängen der Gläubiger verkauft werden musste. Der Besitz wertvoller Gegenstände erklärt teilweise die Vollendung der von ihm selbst geschaffenen Werke. Boulle machte Schule und gab einem Genre seinen Namen, das nach ihm Jean-Jacques Caffieri

281

XVIIe et XVIIIe siècles

INCRUSTATIONS GENRE BOULLE

Le genre Boulle, un de ceux qui aient fait le plus d'honneur à la fabrication française, a retrouvé de nos jours la faveur méritée qu'il avait rencontrée à la fin du XVIIe et au commencement du XVIIIe siècle. Mort en 1732, à l'âge de 90 ans, André-Charles Boulle appliqua à l'ébénisterie toutes les facultés d'un véritable artiste (cf. planche 259). Nommé premier ébéniste du roi par un brevet qui lui donne la triple qualité d'architecte, de sculpteur et de graveur, et logé au Louvre, il avait su réunir une des plus riches collections alors connues en dessins, gravures et objets d'art, collection dont une partie, malheureusement, fut détruite par un incendie, et dont l'autre fut vendue à la requête de créanciers. La possession de si précieux matériaux explique en partie la perfection des œuvres originales sorties de cette main habile. Boulle fit école et donna son nom au genre, continué après lui par Jean-Jacques Caffieri (1725–1792) et Crescent, et imité de nos jours avec succès.

Boulle marquetry, which is distinguished not only by its beauty and richness of design but above all by its harmonious use of woods of various colours in conjunction with different metals, constitutes an essential part of polychrome ornament. The specimens reproduced here are from four different sources:

Nos. 1–5. Clock case, copper ground with tortoiseshell ornament. In this piece the silvered effect produced by the copper ground, as indicated in our plate, is obtained with the aid of a special varnish applied to the copper and giving a silvery, pearly sheen.

Nos. 6–10. Marquetry commodes, tortoiseshell ground with engraved copper ornaments.

Nos. 11–14. General view and details of a large and very fine Louis XIV piece; ebony, with copper ornaments, the main subject representing Hercules overcoming the Lernean Hydra.

Nos. 15–17. Various marquetry motifs.

(1725–1792) und Crescent weiterführten und das immer wieder erfolgreich nachgeahmt worden ist. Dieses Genre, das sich nicht nur durch schöne und reiche Zeichnungen, sondern vor allem durch die glückliche Zusammenstellung verschiedenfarbiger Hölzer oder unterschiedlicher Metalle auszeichnet, bildet einen der wesentlichen Bestandteile der polychromen Ornamentik. Die abgebildeten Beispiele stammen aus vier verschiedenen Quellen:

Nrn. 1–5: Uhrgehäuse mit Kupfergrund und Schildpattverzierungen. Die silberne Wirkung des Kupfers, wie sie die Tafel zeigt, wird mit Hilfe eines besonderen Lacks erzielt, der auf dem Kupfer silbrig schillernde Spiegelungen hervorruft.

Nrn. 6–10: Einlegearbeiten von Kommoden, Schildpattgrund und gravierte Kupferverzierungen.

Nrn. 11–14: Gesamtansicht und Details eines schönen Möbels im Stil Ludwigs XIV., von großen Ausmaßen, Ebenholz, mit Kupferverzierungen; Hauptsujet: Herakles besiegt die Lernäische Hydra.

Nrn. 15–17: Verschiedene Intarsien.

Ce genre, qui se distingue non seulement par la beauté et la richesse des dessins, mais surtout par l'heureuse combinaison des bois de diverses couleurs ou des différents métaux, fait essentiellement partie de l'ornementation polychrome. Les spécimens reproduits ont pour origine quatre sources différentes.

N°s 1–5 : Armoire à horloge, à fond de cuivre, avec ornements en écaille. Dans ce meuble, l'effet argenté que produit le fond de cuivre, tel qu'il est indiqué dans notre planche, est obtenu à l'aide d'un vernis particulier étendu sur le cuivre et donnant des reflets argentins et nacrés.

N°s 6–10 : Commodes en marqueterie, à fond d'écaille, avec ornements en cuivre gravé.

N°s 11–14 : Ensemble et détails d'un très beau meuble Louis XIV, de grande dimension, en ébène, avec ornements de cuivre, et représentant pour sujet principal Hercule terrassant l'hydre de Lerne.

N°s 15–17 : Motifs d'ornementation divers en marqueterie.

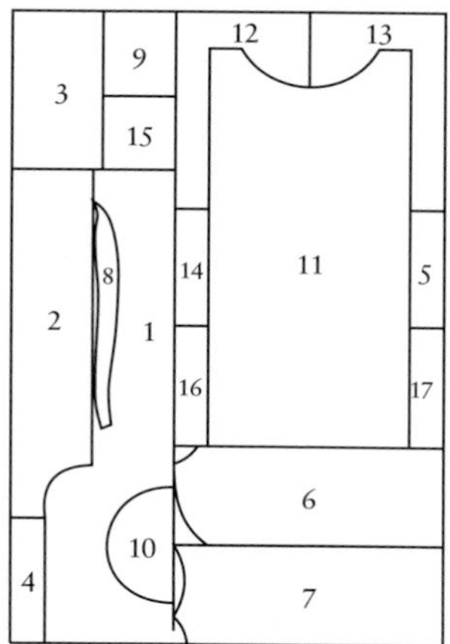

XVIIth & XVIIIth CENTURY
XVIIe XVIIIe SIÈCLE
XVII^tes & XVIII^tes JAHRHUNDERT
Lith. par Bauer
FIRMIN-DIDOT FRÈRES, FILS & Cie ÉDITEURS
Imp. Lemercier & Cie Paris

XVIIth XVIIIth CENTURY

XVIIe & XVIIIe SIÈCLE (1re Partie)

XVII^tes XVIII^tes JAHRUNDERT

1

8

5

7

4

6

Lith par Dufour & F. Durin.

FIRMIN DIDOT FRÈRES FILS & Cie EDITEURS

Imp. Lemercier & Cie Paris

282

17th and 18th Centuries

GILDED LEATHERWORK WITH BORDERS

We have already said something about the origin and manufacture of these stamped leathers with gilding and printed colours (cf. plate 244). The greater variety of colour used here, and particularly the reliance on lighter, more delicate shades than those of the Louis XIII style, typify the daintier, more contrived, yet always intelligent manner that achieved popularity in the 18th century. The beauty of the ornamentation comes as no surprise when one remembers that the designs for these extremely expensive, luxury articles were usually commissioned from the finest decorative artists of the period – artists like Gilles-Marie Oppenord (1676–1742) or Juste-Aurèle Meissonnier (1695–1750).

282

17. und 18. Jahrhundert

VERGOLDETE LEDERARBEITEN MIT BORDÜREN

Herkunft und Herstellungsweise dieser vergoldeten Lederarbeiten mit aufgedruckten Farben wurden schon beschrieben (vgl. Tafel 244). Eine größere Vielfalt in den Tönen und der Gebrauch zarterer, leichterer Farben als jene aus der Zeit Ludwigs XIII. kennzeichnen hier die zierlichere und manieristischere, aber stets geistreiche Epoche, die mit dem 18. Jahrhundert beginnt. Die besonders schönen Ornamente erklären sich dadurch, dass für diese teuren Luxusarbeiten die Entwürfe im Allgemeinen von den besten Künstlern der Zeit, wie Gilles-Marie Oppenord (1676–1742) oder Juste-Aurèle Meissonnier (1695–1750), geliefert wurden.

282

XVIIe et XVIIIe siècles

CUIRS DORÉS ET LEURS BORDURES

Nous avons déjà donné quelques explications sur l'origine et la fabrication de ces cuirs frappés, à dorure et couleurs imprimées (cf. planche 244). Ici la plus grande variété des tons et l'emploi de couleurs plus tendres et plus légères que celles employées dans le style Louis XIII, caractérisent l'époque plus coquette et plus maniérée, mais toujours si intelligente, qui s'ouvre avec le XVIIIe siècle. La beauté des ornements n'étonnera personne si l'on n'oublie pas que, pour cette fabrication de luxe très coûteuse, les dessins étaient en général demandés aux meilleurs artistes décorateurs de l'époque, comme Gilles-Marie Oppenord (1676–1742) ou Juste-Aurèle Meissonnier (1695–1750).

283

17th and 18th Centuries

TAPESTRY

These fine Gobelins tapestries belong to the most characteristic French style. We have no hesitation in attributing their design to Claude Gillot (1673–1722), Watteau's teacher, who as we know often turned his rare talent to this kind of work.
The central subject (**no. 5**) is a chair back and belongs apparently to a series depicting the *Fables* of La Fontaine; it represents "The Oak and the Reed". In the other details we find, mingled with sym-

283

17. und 18. Jahrhundert

TAPISSERIEN

Diese schönen Gobelins sind in einem typisch französischen Stil gehalten. Man darf sie durchaus Claude Gillot (1673–1722), dem Lehrer Watteaus, zuschreiben, der sich oft für solche Arbeiten zur Verfügung stellte.
Das Sujet in der Mitte (**Nr. 5**) ziert eine Sessellehne und scheint zu einer Folge zu gehören, die die Fabeln La Fontaines darstellt; hier könnte es sich um die Fabel „Die Eiche und das Schilf" handeln. Auf den anderen Mustern findet man

283

XVIIe et XVIIIe siècles

TAPISSERIES

C'est au style français le plus caractérisé qu'appartiennent ces belles tapisseries des Gobelins, dont nous ne craignons pas d'attribuer la composition à Claude Gillot (1673–1722), le maître de Watteau, qui, on le sait, employa souvent son rare talent à des travaux de ce genre.
Le sujet du milieu (**n° 5**) est un dossier de fauteuil qui paraît faire partie d'une suite tirée des Fables de la Fontaine, où il figurerait le Chêne et le Roseau. Dans les autres fragments on trouve, mêlées à des

XVIIIth CENTURY

XVIIIe SIÈCLE

XVIII^tes JAHRHUNDERT

2

3

5

4

1

Lith par G. Samer.

FIRMIN-DIDOT FRÈRES, FILS & Cie ÉDITEURS

Imp. Lemercier & Cie Paris

bols treated in masterful fashion, a number of strange half-serious, half-grotesque figures of enormous character that are in line with contemporary ideas about barbarians, Asians, etc. and recall the great heroic-comic spectacles staged at Versailles and Sceaux.
Motifs **nos. 1–3** joined together form a whole border. Notice the typically Gobelins procedure of extending and isolating a lower border (**no. 6**) by using a raised foreground, here representing some espaliered foliage, and the same effect achieved on the upper border (**no. 4**) by hanging pendants from it.

neben meisterhaft erfassten Motiven halb ernste, halb groteske Figuren, deren Fremdartigkeit – gemäß der Vorstellung, die man sich von barbarischen und asiatischen Völkern machte – an die heroisch-komischen Spektakel der Feste in Versailles oder Sceaux erinnert.
Die **Nrn. 1–3** bilden zusammen eine vollständige Bordüre. Typisch für diese Stücke ist das Verfahren, die untere Bordüre zu vergrößern und hervorzuheben (**Nr. 6**), indem man einen erhöhten Vordergrund einführt, der hier durch ein Spalier mit Blattwerk gebildet wird. Die gleiche Wirkung erzielt man für die obere Bordüre (**Nr. 4**) mit Hilfe von Pendentifs.

attributs magistralement traités, des figures semi-sérieuses, semigrotesques, d'un grand caractère, dont le type étrange, conforme à l'idée que l'on se faisait alors des peuples barbares et asiatiques, rappelle les cérémonies héroï-comiques des fêtes de Versailles ou de Sceaux.
Les **nos 1–3** se font suite, et leur réunion donne l'ensemble complet d'une bordure. On remarquera le procédé, typique dans cette fabrication, d'agrandissement et d'isolement d'une bordure inférieure (**no 6**), par l'emploi d'un premier plan surélevé, qui représente ici un feuillage en espalier, et le même effet réalisé pour une bordure supérieure (**no 4**), à l'aide des pendentifs qui s'y rattachent.

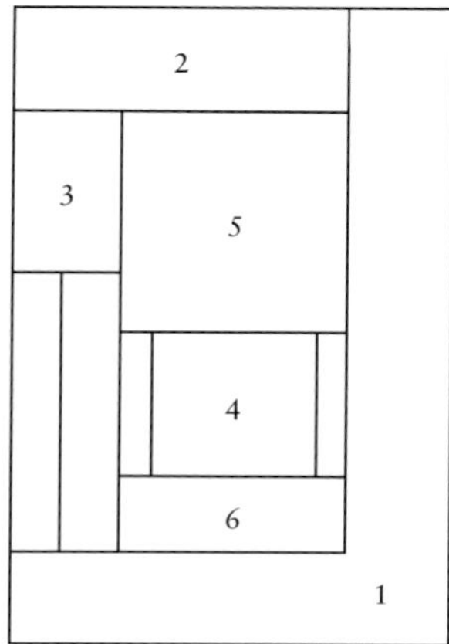

17th and 18th Centuries

DECORATIVE TAPESTRY AND MINIATURES

This tapestry (**no. 7**), which in the original measures 12.3 ft. in height by 8.2 ft. in width, belongs to a type of which numerous sets were made in the late-17th and early-18th century. They had very much the character of furnishings, forming part of the winter decor of apartments; in summer they were replaced by taffetas. In a context of princely luxury they were used as door curtains. The four doors of Louis XIV's bedroom at Versailles, which was decorated as late as 1701, were adorned with hangings representing the Four Seasons.
In this type of more or less architectonic composition, the artist's imagination, though still bound by an overall symmetry, began to take a few liberties. It was sufficient merely to suggest the relevant architectural principles, with which the educated artist was

17. und 18. Jahrhundert

DEKORATIVER BILDTEPPICH UND MINIATUREN

Der Bildteppich (**Nr. 7**), der im Original 3,75 mal 2,50 m misst, gehört zu einem Genre, von dem Ende des 17. und Anfang des 18. Jahrhunderts zahlreiche Folgen hergestellt wurden. Teppiche dieser Art gehörten zum Mobiliar, mit dem man im Winter die Räume ausstattete. Im Sommer wurden sie durch Taftstoffe ersetzt. In luxuriösen Gemächern dienten sie als Türvorhänge. Die vier Türen des Schlafzimmers Ludwigs XIV. in Versailles, dessen Dekoration aus dem Jahre 1701 stammt, schmückten Teppiche mit der Darstellung der vier Jahreszeiten.
In diesen mehr oder weniger architektonischen Kompositionen ordnete sich die künstlerische Fantasie noch einer allgemeinen symmetrischen Ordnung unter, begann sich jedoch auch schon freier zu entfalten. Es genügte, an die Prinzipien

XVIIe et XVIIIe siècles

TAPISSERIE DÉCORATIVE ET MINIATURES

La tapisserie (**n° 7**), dont l'original a une hauteur de 3,75 m et une largeur de 2,50 m, appartient à un genre dont il a été fait de nombreuses suites vers la fin du XVIIe siècle et la première partie du XVIIIe. Ce sont véritablement des pièces du mobilier ; ces tapisseries faisaient partie de la toilette d'hiver des appartements ; en été, on les remplaçait par des taffetas. Dans les chambres d'un luxe princier, on en faisait des portières. Les quatre portes de la chambre à coucher de Louis XIV, au château de Versailles, dont la décoration ne date que de 1701, étaient ornées de tentures représentant les quatre saisons.
Dans ces compositions, d'un aspect plus ou moins architectonique, le caprice, encore soumis à la symétrie d'une ordonnance générale, commençait à s'épanouir ; il y suffisait

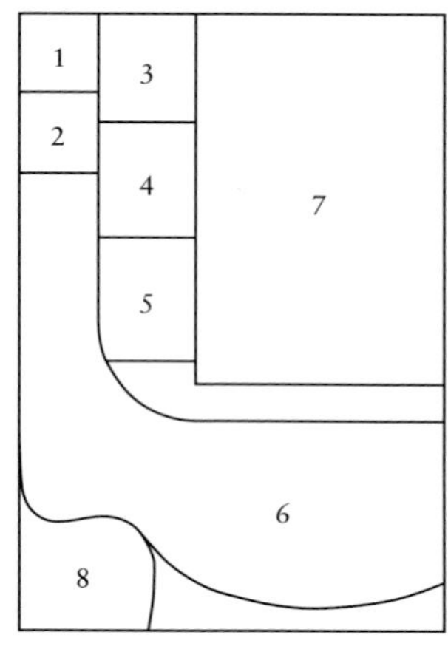

familiar but which in his hands became a kind of game. In short it was the decorator's personal taste that was paramount in these purely conventional ornaments, which included classical-style figures, cameos, medal effigies, and a certain amount of foliage. The structural components have the look of delicate joinery work on which one finds hanging carpets of the sort used so often by the French ornamentist Jean Bérain (cf. plate 248), although here they are treated, together with the whole Bérain-derived ornamental construction, with an elegant delicacy suggestive of the School of Claude Gillot. We recognize Gillot's hand in the character of the figures as well as in his much broader understanding of decoration, compared with what we find in Bérain's hangings, an example being the satisfying solidity of the central group, well set off by the relative fragility of the surround; at the same time the boldness of the grounds stamps this as the work of a decorative artist in a class above Bérain.

These sumptuous tapestries were woven in wool, silk, gold, and sometimes also silver thread. The weaver whose name occurs most frequently in connection with them is Gérard Audran (1640–1703). The diamond-patterned field is a piece of damask incorporating threads of metal.

The large fragment (**no. 6**), taken from the frame of a page decorated with miniature illuminations, basically is an example of painted woodwork. The initials, one of which stands out from a landscape painted in camaïeu, a fashionable technique at the time, sometimes blue as here, sometimes burnt

der Architektur zu erinnern, die der erfahrene Künstler zwar genau kannte, doch immer spielerischer einsetzte. Der Geschmack des Dekorateurs gab bei diesen konventionellen Ornamenten den Ausschlag, in die man klassische, nach der Natur gemalte Figuren, Kameen, Medaillenbildnisse und einige Pflanzen einsetzte. Die baulichen Elemente erinnern an feine Holzarbeiten, auf denen aufgehängte Teppiche wie jene dargestellt waren, die Jean Bérain (vgl. Tafel 248) häufig verwendete; hier zeichnen sie sich jedoch wie die gesamte ornamentale Konstruktion durch ihre feine Eleganz aus, die an die Schule Claude Gillots erinnert. Im Charakter der Figuren erkennt man seine Hand und auch sein Dekorationsverständnis, das großzügiger ist als jenes der Bérain'schen Teppiche. Deutlich wird dies bei der zentralen Gruppe, die durch ihre fein gestaltete Umgebung hervorgehoben ist. Zusammen mit der Linienführung des Grundes ergibt sich eine Einheit, die einen echten, von Bérain weit entfernten Dekorationsmaler erkennen lässt.

Die prunkvollen Teppiche wurden aus Wolle, Seide, Gold und manchmal auch Silber gewirkt. Unter den Namen der Ausführenden sieht man vor allem jenen von Gérard Audran (1640–1703) auftauchen. Der Grund im Rautenmuster, von dem sich das Hauptmotiv abhebt, ist ein mit Metallfäden hergestellter Damast.

Das große Fragment (**Nr. 6**) stammt vom Rahmen eines mit Miniaturen verzierten Handschriftenblatts. Es entspricht im Prinzip dem Dekor einer bemalten Holzarbeit. Die Initialen, von denen eine sich von einer in Camaieu gemalten

d'un rappel des principes de l'architecture que connaissait l'artiste instruit, mais qui devenait un jeu entre ses mains. En somme, c'était le goût du décorateur qui présidait à ces ornements de pure convention, dans lesquels on faisait entrer des figures de caractère classique peintes au naturel, des camées, des effigies de médailles, et quelques végétaux. Les éléments de la construction avaient l'aspect de fines boiseries sur lesquelles on voit figurer des tapis en pendentifs, de la famille de ceux dont Jean Bérain avait fait un si fréquent emploi (cf. planche 248), mais qui sont traités ici, ainsi que toute la construction ornementale de même origine, avec une délicatesse élégante qui indique l'école de Gillot. On y reconnaît sa main dans le caractère des figures, et aussi son entente de la décoration beaucoup plus large que celle des tentures à la Bérain, comme on en peut juger par la belle masse du groupe central que les délicatesses de la construction d'entourage contribuent à faire valoir, en même temps que la franchise du parti pris des fonds donne un ensemble conçu par un véritable peintre décorateur, d'une autre essence que celle de Bérain.

Ces tapisseries, de caractère somptueux, étaient tissées de laine, de soie, d'or et parfois aussi d'argent. Parmi les noms des exécutants on voit surtout figurer celui de Gérard Audran (1640–1703). Le fond quadrillé, sur lequel se détache notre motif principal, est un damassé formé de fils métalliques.

Le grand fragment (**n° 6**), emprunté à un encadrement de page traité en miniature offre, en principe, un décor de menuiserie peinte. Les initiales, dont une se détache sur un paysage peint en camaïeu (**n°**

sienna, blood-red. or greenish, together with the little cartouche (**no. 8**) with an episcopal coat-of-arms and the fragment of page-frame, take up the sequence begun by the initials and large cartouche shown in plate 262.

Landschaft abhebt (**Nr. 4**) – eine zu jener Zeit weit verbreitete Technik, wobei das Camaieu blau, erdfarben, blutrot oder grünlich sein konnte –, die kleine Kartusche mit einem bischöflichen Wappen (**Nr. 8**) und der Rahmenteil schließen sich an die Initialen und die große Kartusche der Tafel 262 an.

4), ce qui était alors un mode fréquent, le camaïeu étant tantôt bleu comme celui-ci, terre-brûlée, rouge-sanguin ou verdâtre, ainsi que le petit cartouche armoyé aux emblèmes épiscopaux (**nº 8**), et le fragment d'encadrement de page, forment suite aux initiales et au grand cartouche qui figurent dans la planche 262.

285

17th and 18th Centuries

TAPESTRY BORDERS

The border detail at the top of the plate (**no. 1**) represents the lower cartouche containing the title of the main subject of the Jason and Medea series of hangings designed by Jean-François de Troy (1679–1752). The border is made to look like a gilded frame in rocaille. This high-warp tapestry of wool and silk is signed G. Audran, 1751 (Gobelins Factory).

The detail **no. 2** is from the so-called 'Constantine' hanging attributed in part to Giulio Romano and in part to Rubens; this was woven in wool, silk, gold, and silver at the Royal Paris factory around 1610.

Motif **no. 3** shows a border detail from Jean-François de Troy's 18-part hanging depicting the story of Esther. These high-warp works in wool and silk were made at the Gobelins Factory by Pierre-François Cozette (1749–1771) and a weaver named Monmerqué, whose names they bear together with dates ranging from 1738 to 1752.

No. 4 is from the nine-piece *History of Alexander* series designed by Charles Le Brun; the borders of

285

17. und 18. Jahrhundert

TEPPICHBORDÜREN

Das Motiv zuoberst auf der Tafel (**Nr. 1**) zeigt die untere Kartusche, die in der Teppichfolge von *Jason und Medea* nach Jean-François de Troy (1679–1752) den Titel des Sujets enthält. Die Bordüre ahmt einen vergoldeten Rocaille-Rahmen nach. Dieser hochlitzige Bildteppich aus Wolle und Seide ist von G. Audran signiert und auf 1751 datiert (Manufacture des Gobelins).

Das Motiv **Nr. 2** stammt vom so genannten Konstantin-Teppich, er für einen Teil Giulio Romano, für den Rest Rubens zugeschrieben wird. Die ganze Bildteppichfolge aus Wolle, Seide, Gold und Silber wurde um 1610 in der Fabrique royale in Paris hergestellt.

Nr. 3 zeigt einen Teil der Bordüre einer achtzehnteiligen Teppichfolge mit der Geschichte Esthers, zu der Jean-François de Troy die Vorlagen lieferte. Die Teppiche wurden von Pierre-François Cozette (1749–1771) und Monmerqué signiert und mit Jahreszahlen versehen, die von 1738 bis 1752 reichen; hohe Litze, Wolle, Seide (Manufacture des Gobelins).

Nr. 4 gehört zu einer neunteiligen Folge mit der *Geschichte Alexanders*

285

XVIIe et XVIIIe siècles

BORDURES DES TAPISSERIES

Le motif **nº 1**, en commençant par le haut de la planche, est le cartouche du bas, qui dans la suite de la tenture de *Jason et Médée*, d'après Jean-François de Troy (1679–1752), contient le titre du sujet central. La bordure imite un cadre doré rocaille ; cette tapisserie de haute lisse, laine et soie, est signée G. Audran, 1751 (Manufacture des Gobelins).

Le second fragment (**nº 2**) provient de la tenture dite de Constantin, attribuée en partie à Jules Romain, et pour le reste à Rubens. Cette suite, laine, soie, or et argent, est de la fabrique royale de Paris, vers 1610.

Le motif **nº 3** est un fragment de la bordure de la suite en dix-huit pièces de la tenture de l'histoire d'Esther, dont de Troy a fait les modèles. Les tapisseries ont été exécutées par Pierre-François Cozette (1749–1771) et par Monmerqué, dont elles portent les noms avec des dates qui varient de 1738 à 1752 ; haute lisse, laine et soie (Manufacture des Gobelins).

Le fragment **nº 4** appartient à la série de neuf pièces, dite histoire d'Alexandre, d'après Le Brun. Les

XVIIth CENTURY
XVII^tes JAHRHUNDERT.
1
2
3
4
5
Brandin, lith.
Imp. Firmin-Didot & Cie, Paris

this series are varied. These broad leaves wrapped around a garland of flowers recur in several subjects, e. g. Alexander visiting Darius' family, a cavalry skirmish, another battle scene, etc. Another Gobelins work, it is executed in wool, silk, gold, and silver.
Finally, in **no. 5** we show the border of a garment taken from the second piece of the Artemesia series designed by Antoine Caron (1521–1599), a wool and silk tapestry made at the Royal Paris factory towards the end of the 16th century.

des Großen nach Charles Le Brun. Die Bordüren dieser Folge sind unterschiedlich gestaltet. Die breiten Blätter, die sich um ein Blumenband rollen, findet man mehrmals, zum Beispiel auf den Teppichen, die Alexanders Besuch bei der Familie des Darius, einen Reiterkampf oder eine Schlachtenszene darstellen. Hochlitzige Tapisserie aus Wolle, Seide, Silber und Gold (Manufacture des Gobelins).
Beim Motiv **Nr. 5** handelt es sich um die Bordüre eines Kleids, das sich auf dem zweiten Teppich der Artemisia-Folge nach Antoine Caron (1521–1599) befindet. Dieser Bildteppich aus Wolle und Seide wurde Ende des 16. Jahrhunderts in der Fabrique royale in Paris hergestellt.

bordures de cette suite sont variées. On retrouve ces larges feuilles enroulées autour d'une bande de fleurs dans plusieurs sujets. Tels qu'Alexandre visitant la famille de Darius, un combat de cavaliers, un autre fragment de bataille, etc. Tapisserie de haute lisse, laine, soie, argent et or (Manufacture des Gobelins).
La cinquième bande (**nº 5**) est une bordure de vêtement, empruntée à la deuxième pièce de la tenture d'Artémise, d'après Antoine Caron (1521–1599). Cette tapisserie, laine et soie, a été faite à la fabrique royale de Paris, vers la fin du XVIe siècle.

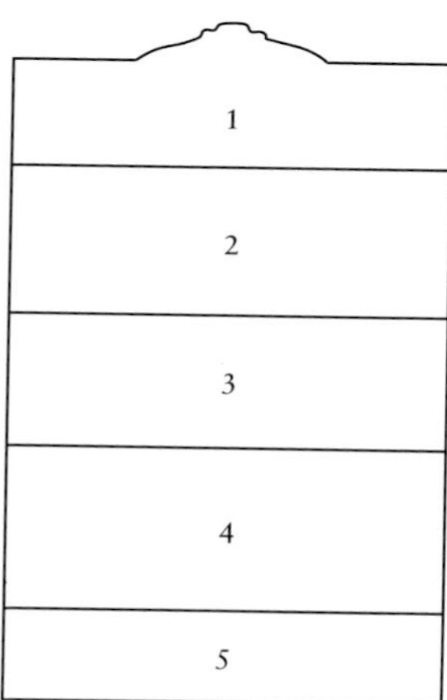

286

18th Century

CARPET – LOUIS XIV STYLE

The carpet pattern reproduced here is taken from the manuscript work of Robert de Cotte (1657–1735), a brother-in-law and pupil of Jules Hardouin-Mansart (1646–1708). De Cotte had a great reputation as an architect during the reign of Louis XIV. His principal works include the completion of the chapel at Versailles, the Ionic colonnade of the Trianon, the fountain in the place du Palais-Royal (destroyed in 1848), the gallery of the Hôtel de la Vrillière (now the Bank of France), the plans of the place Bellecour, Lyons, the Abbey of St. Denis, and the portal of the church of St. Roch, Paris.

286

18. Jahrhundert

TEPPICH – STIL LUDWIGS XIV.

Der hier abgebildete Teppich gehört zum überlieferten Werk von Robert de Cotte (1657–1735), einem Schwager und Schüler Jules Hardouin-Mansarts (1646–1708), der ein berühmter Architekt zur Zeit Ludwigs XIV. war. Die Vollendung der Kapelle von Versailles, die ionische Kolonnade des Trianon, der Brunnen auf dem Platz des Palais-Royal (1848 zerstört), die Galerie im Hôtel de la Vrillière (heute Banque de France), die Pläne für die Place Bellecour in Lyon, für die Abtei Saint-Denis und das Portal der Kirche Saint-Roch in Paris gehören zu seinen wichtigsten Werken.

286

XVIIIe siècle

TAPIS – STYLE LOUIS XIV

Le modèle de tapis que nous reproduisons fait partie de l'œuvre manuscrit de Robert de Cotte (1657–1735), beau-frère et élève de Jules Hardouin-Mansart (1646–1708), jouit d'une grande réputation comme architecte pendant le règne de Louis XIV. L'achèvement de la chapelle de Versailles, la colonnade ionique de Trianon, la fontaine de la place du Palais-Royal (démolie depuis 1848), la galerie de l'hôtel de la Vrillière (aujourd'hui Banque de France), les plans de la place Bellecour à Lyon, de l'abbaye de Saint-Denis, du portail de Saint-Roch à Paris, sont au nombre de ses principaux ouvrages.

287

18th Century

TAPESTRY

These six tapestry patterns also appear in Robert de Cotte's work. The only comment we have to make about them is that in our view the four motifs in the lower part of the plate can hardly be attributed to the same hand as the ones above, which are by the artist responsible for the magnificent carpet that forms the subject of plate 286. With this reservation they can be attributed to the same school, characterized by a kind of architectural layout and by the stately opulence of the ornamentation.

287

18. Jahrhundert

TAPISSERIEN

Diese sechs Tapisserie-Vorlagen gehören zum Werk von Robert de Cotte. Es sieht so aus, als ob die vier Motive zuunterst auf der Tafel nicht derselben Hand zugeschrieben werden können wie die oberen, die der Schöpfer des herrlichen Teppichs auf Tafel 286 anfertigte. Mit diesem Vorbehalt versehen, lassen sie sich jedoch seiner Schule zuordnen, die sich durch eine architektonische Gestaltung und den Reichtum der Ornamentik auszeichnet.

287

XVIIIe siècle

TAPISSERIES

Ces six modèles de tapisserie font partie de l'œuvre de Robert de Cotte. Nous n'avons rien à en dire de particulier, sinon qu'il nous semble que les quatre motifs du bas de notre planche ne paraissent pas pouvoir être attribués à la même main que ceux du haut, produits par l'auteur de ce magnifique tapis qui compose la planche 286 que nous venons de rappeler. Sous cette réserve, on peut les rattacher à la même école, caractérisée par une sorte de disposition architecturale et par la richesse imposante de l'ornementation.

XVIIIth CENTURY

XVIIIe SIÈCLE

XVIII[tes] JAHRUNDERT

Lith par Bauer

FIRMIN DIDOT FRÈRES FILS & Cie EDITEURS

Imp Lemercier & Cie Paris

288

18th Century

DECORATIVE PAINTING

The camaïeu painting reproduced here dates from the early years of the 18th century. It decorates the ceiling of a former bathroom in the Versailles residence of the Princess of Conti, daughter of Louis XIV and Madame de La Vallière, and bears her monogram. It is a delightful piece of work from an interesting period of French ornamentation. The elegant details reveal the hand of a master.

288

18. Jahrhundert

DEKORATIVE MALEREI

Die hier abgebildete Decke entstand in den ersten Jahren des 18. Jahrhunderts. Es handelt sich um die in Camaieu ausgeführte Dekoration eines ehemaligen Badezimmers, das zum Wohnhaus der Prinzessin Conti, Tochter Ludwigs XIV. und der Madame de La Vallière, in Versailles gehörte. Dieses reizvolle und elegante Werk, das die Initialen der Prinzessin aufweist, datiert aus einer interessanten Zeit der französischen Ornamentik und ist meisterhaft gemalt.

288

XVIIIe siècle

PEINTURE DÉCORATIVE

Le plafond qui compose cette planche date des premières années du XVIIIe siècle. C'est le décor peint en camaïeu d'une ancienne salle de bains dépendant de la maison d'habitation à Versailles de la princesse de Conti, fille de Louis XIV et de Mme de La Vallière, dont il porte le chiffre. Il s'agit là d'un charmant morceau d'une époque intéressante de l'ornementation française, peint de main de maître dans ses élégants détails.

289

18th Century

DECORATIVE PAINTING

This plate is made up of details that, with repetitions, constitute virtually the whole exterior decor of a grand harpsichord dating from the first half of the 18th century. This magnificent instrument is today in the Musée de Cluny, Paris. The decoration is painted on gilded wood. The air of elegant improbability characterizing the composition was a favourite effect with artists like Claude Gillot or Jean-Antoine Watteau (1684–1721). The two details in the upper part of the plate run into each other (right of top detail into left of middle one). The reversed elements flanking each of the motifs, together with variants on the figures and flower garlands, complete the frieze; the trellised arbour forms the centre. The lower part

289

18. Jahrhundert

DEKORATIVE MALEREI

Diese Tafel besteht aus repetitiven Motiven, die fast die gesamte Bemalung eines Cembalos aus der ersten Hälfte des 18. Jahrhunderts bilden. Dieses prachtvolle Instrument steht im Musée de Cluny in Paris; die Dekoration ist auf vergoldetes Holz gemalt. Ihre Atmosphäre des Elegant-Unwahrscheinlichen gehört zu den bevorzugten Eigentümlichkeiten von Künstlern wie Claude Gillot oder Jean-Antoine Watteau (1684–1721).
Die beiden oberen Motive werden durch die Leiste verbunden, mit der das eine aufhört und das andere beginnt. Die umgekehrten Verdoppelungen zur Rechten und zur Linken eines jeden Motivs mit wechselnden Figuren und Blumengirlanden vervollständigen den Fries, dessen Mitte vom Gitterwerk

289

XVIIIe siècle

PEINTURE DÉCORATIVE

Cette planche est composée de fragments, dont la répétition développée donne l'ensemble presque intégral de la peinture extérieure d'un clavecin à queue, de la première partie du XVIIIe siècle. Ce magnifique meuble se trouve au Musée de Cluny ; le décor est peint sur bois doré. L'agencement, si élégamment invraisemblable, qui le caractérise, appartient aux modes favoris des Claude Gillot ou Jean-Antoine Watteau (1684–1721).
Les deux fragments du haut se raccordent au montant qui finit l'un et commence l'autre ; les doublures en renversement, à droite et à gauche de chacun des motifs, avec variantes des figures ainsi que des guirlandes de fleurs, complètent la frise, dont le berceau charpenté forme le milieu. Le bas de la

of the plate shows the decoration of the part of the lid that is not depressed.

der Laube gebildet wird. Die Malereien des unteren Tafelteils schmücken den nicht zurückgeklappten Teil des Deckels.

planche est le décor du couvercle du meuble dans sa partie non déprimée.

290

18th Century

TAPESTRY, BOOKBINDING, AND PANELLING

The two large motifs in the upper part of the plate (**nos. 1 and 2**) are Beauvais tapestries. These frames for subjects from La Fontaine's *Fables* blend well with the shaped and gilded woodwork of the couches whose seats and backs they decorate. The ground (in so-called Louis XV red) is outlined by the woodwork; its role is confined to that of intermediary between the gilding of the latter and the subject itself. The magnificent ornamentation is early 18th century.
The motif in gold on a green ground (**no. 7**) is from a binding by Padeloup the Younger (1695–1758), one of the most highly

290

18. Jahrhundert

TAPISSERIEN, BUCHEINBAND UND TAFELWERK

Die beiden Motive im oberen Teil der Tafel (**Nrn. 1 und 2**) stellen Tapisserien aus der Manufaktur von Beauvais dar. Diese Einrahmungen von Sujets, die den Fabeln La Fontaines entnommen sind, passen sich dem geschwungenen und vergoldeten Holz der Sofas an, deren Sitz und Rückenlehne sie verzieren. Der Grund im so genannten Rot Ludwigs XV. folgt den Formen des geschwungenen Holzes und spielt als Übergang zwischen äußerer Vergoldung und Sujet nur eine untergeordnete Rolle. Diese prachtvolle Dekoration datiert aus der ersten Hälfte des 18. Jahrhunderts.

290

XVIIIe siècle

TAPISSERIES, RELIURE ET BOISERIES

Les deux grands motifs qui occupent le haut de la planche (**nos 1 et 2**) sont des tapisseries de la manufacture de Beauvais. Ces encadrements de sujets, empruntés aux Fables de la Fontaine, se marient avec les bois contournés et dorés des canapés, auxquels ils servent de décor pour le siège et pour le panneau du dossier. Le fond, de couleur dite rouge Louis XV, est découpé selon le dessin des bois contournés et ne joue qu'un rôle restreint, intermédiaire entre la dorure extérieure et le sujet lui-même. Cette magnifique ornementation est de la première partie du XVIIIe siècle.

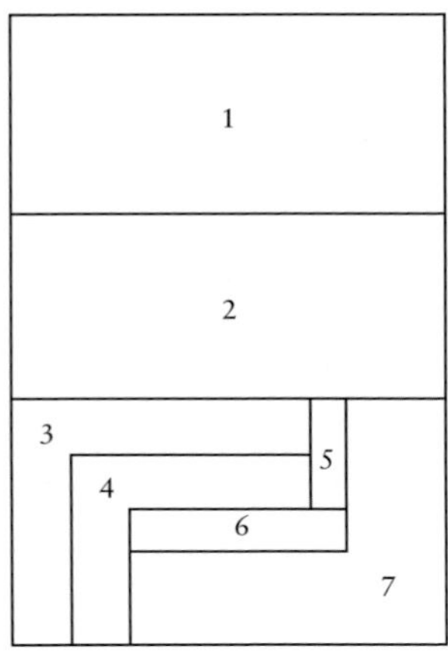

respected bookbinders of the period. The two corner motifs (**nos. 3 and 4**) are from the coronation ceremony of Louis XV, which took place in 1722. The designs are by Pierre d'Ulin of the Royal Academy of Painting and Sculpture and by Pierre-Josse Perrot (active 1724–1735), painter of the Menus-Plaisirs. The mouldings and brackets (**nos. 5 and 6**) are from the same period. The running dog with fleurs-de-lys is particularly characteristic of the type of elaboration used by the ornamentists of the day.

Der Bucheinband mit Goldzeichnung auf grünlichem Grund (**Nr. 7**) stammt von Padeloup dem Jüngeren (1695–1758), einem der hoch geschätzten zeitgenössischen Meister in diesem Genre. Die beiden Eckmotive aus Holz (**Nrn. 3 und 4**) sind einer Darstellung der Krönungszeremonie Ludwigs XV. entnommen, die im Jahre 1722 stattfand. Die Entwürfe wurden von Pierre d'Ulin, Mitglied der königlichen Akademie für Malerei und Plastik, und Pierre-Josse Perrot (tätig 1724–1735), Maler der „Menus-Plaisirs", geschaffen. Die Zierleisten und der Deckenzierrat (**Nrn. 5 und 6**) entstanden zum gleichen Zeitpunkt. Das Lilienmotiv gehört zu den in dieser Zeit besonders beliebten dekorativen Elementen.

La reliure à dessin d'or sur fond verdâtre (**n° 7**) est de Padeloup le jeune (1695–1758), un des maîtres du genre les plus estimés de l'époque. Les deux boiseries en angles (**n°s 3 et 4**) sont tirées de la cérémonie du sacre de Louis XV, lequel eut lieu en 1722. Ces dessins en sont dus aux sieurs Pierre d'Ulin, de l'Académie royale de peinture et sculpture, et Pierre-Josse Perrot (actif de 1724–1735), peintre des Menus-Plaisirs. Les moulures et culs-de-lampe (**n°s 5 et 6**) sont de la même époque. La poste à fleurs de lis procède particulièrement des habitudes d'enrichissement familières aux ornemanistes de cette époque.

291

18th Century

CARTOUCHES

This is the last in our series dealing with the various stages in the history of the cartouche, a genre that we have already defined in broad outline.

No. 1. From a sacred book painted in Paris in 1740 for the church of St. Gervais; it frames a monochrome painting in blue.

Nos. 2 and 3. These motifs are by Bernard Picart (1673–1733) and also frame monochrome paintings. These first three cartouches as well as **nos. 12 and 13** are still in the fashion of the late 17th century.

Nos. 4–7. These subjects belong to a more equivocal style characterized by the sinuous lines that

291

18. Jahrhundert

KARTUSCHEN

Die verschiedenen Entwicklungsphasen der Kartuschen, deren allgemeine Kennzeichen schon beschrieben worden sind, werden mit dieser Tafel abgeschlossen:

Nr. 1: Aus einem Kirchenbuch, das 1740 für die Kirche Saint-Gervais in Paris angefertigt wurde; es handelt sich um den Rahmen eines blauen Camaieu-Bilds.

Nrn. 2 und 3: Diese Motive stammen von Bernard Picart (1673–1733) und umrahmen ebenfalls Camaieu-Malereien. Die ersten drei Nummern sowie die **Nrn. 12 und 13** zeigen noch den Stil des ausgehenden 17. Jahrhunderts.

Nrn. 4–7: Diese Sujets gehören zu einem weniger einheitlichen Stil

291

XVIIIe siècle

CARTOUCHES

Nous terminons ici la série dans laquelle nous avons successivement présenté les diverses phases de ce genre particulier du cartouche dont nous avons déjà défini les caractères généraux.

N° 1 : Provient d'un livre d'église peint à Paris en 1740 pour l'église Saint-Gervais ; c'est l'encadrement d'un camaïeu bleu.

N°s 2 et 3 : Ces motifs sont dus à Bernard Picart (1673–1733) et encadrent aussi des camaïeux. Ces trois premiers numéros, ainsi que les **n°s 12 et 13**, appartiennent encore aux modes de la fin du XVIIe siècle.

N°s 4–7 : Ces sujets appartiennent à un style plus équivoque et au

XVIIIth CENTURY
XVIIIe SIÈCLE
XVIII^tes JAHRHUNDERT
Launay lith.
FIRMIN-DIDOT FRÈRES FILS & Cie ÉDITEURS.
Imp. Lemercier & Cie Paris.

opposed and almost did away with the straight line in ornamentation during part of this century.
No. 8. Stand of painted, glazed faience.
No. 9. *Ex libris* painted in 1752 by Elias Nilson (dubbed 'the Great'), head of the Augsburg Academy.
Nos. 10 and 11. Emblematic cartouches after de la Joue. The four masks are after Abraham Bosse (1602–1676) and date from the previous century.
Nos. 2, 3, and 8. Damascene motifs, 1720–1730.

und zu jenem ausschwingenden Genre, das die gerade Linie in der Ornamentik während geraumer Zeit fast zum Verschwinden brachte.
Nr. 8: Untersatz aus glasierter und bemalter Fayence.
Nr. 9: Exlibris, das Elias Nilson, genannt der Große, Leiter der Augsburger Akademie, 1752 malte.
Nrn. 10 und 11: Emblematische Kartuschen nach de la Joue. Die vier Masken sind nach Abraham Bosse (1602–1676) gestaltet und datieren aus dem 17. Jahrhundert.
Nrn. 2, 3 und 8: Motive von Tauschierarbeiten, 1720–1730.

genre contourné qui vint combattre et presque détruire la ligne droite dans l'ornementation, pendant une partie du siècle.
N° 8 : Support en faïence émaillée et peinte.
N° 9 : *Ex-libris* peint en 1752 par Elias Nilson, directeur de l'Académie d'Augsbourg, dit le grand Nilson.
N°s 10 et 11 : Cartouches emblématiques, d'après de la Joue. Les quatre mascarons sont d'après Abraham Bosse (1602–1676) et du siècle précédent.
N°s 2, 3 et 8 : Motifs de damasquinure, 1720–1730.

292

17th and 18th Centuries

JEWELLERY

Some of the clasps (or chatelaines) illustrated here are of the convoluted type in fashion between 1719 and 1745, popularised by Gilles-Marie Oppenord and Juste-Aurèle Meissonnier and taken to such lengths by the famous goldsmith Babel. The others are later. In that period jewellery and its dependent arts, particularly chasing, made advances that have not been improved on since. The French school, taking over the freedom of form that characterized the new Italian style, managed to invest it with a unique blend of delicacy, charm, and wit.
Nos. 1–8, 10, and 11. Chains by Gilles L'Egaré. These belong to the style of decoration practised by people like Bérain and Marot in the late 17th and early 18th centuries.
No. 9. Seal by Gilles l'Egaré.

292

17. und 18. Jahrhundert

JUWELIERKUNST

Die Gürtelspangen auf dieser Tafel, so genannte Hängeketten, sind teilweise in jener geschwungenen Manier gehalten, die zwischen 1719 und 1745 in Mode war. Gilles-Marie Oppenord und Juste-Aurèle Meissonnier trugen zu ihrer Verbreitung bei, der berühmte Goldschmied Babel verfeinerte sie; die anderen Spangen datieren aus späterer Zeit. Die Juwelierkunst und das von ihr abhängige Handwerk, vor allem die Ziselierkunst, machten zu jener Zeit Fortschritte, die nicht wieder übertroffen wurden. Die französische Schule übernahm die freien Formen, die den neuen Stil italienischer Herkunft kennzeichneten, und verlieh ihnen einen leichten und spielerischen Charakter.
Nrn. 1–8, 10 und 11: Ketten von Gilles l'Egaré. Sie gehören zu den Dekorationen in der Art von

292

XVIIe et XVIIIe siècles

ORFÈVRERIE, JOAILLERIE

Les agrafes de ceinture, dites châtelaines, qui remplissent cette planche, appartiennent en partie au genre contourné à la mode de 1719 à 1745, propagé par Gilles-Marie Oppenord et Juste-Aurèle Meissonnier, et porté si loin par Babel, le célèbre orfèvre ; les autres sont postérieures.
La joaillerie et les arts qui en dépendent, surtout la ciselure, firent alors des progrès qu'on n'a pas dépassés depuis. L'école française, en adoptant la liberté de formes qui régnait dans le nouveau style d'origine italienne, sut lui donner un caractère tout particulier de légèreté, de grâce et d'esprit.
N°s 1–8, 10 et 11 : Chaînes de Gilles l'Egaré. Elles appartiennent au genre de décoration pratiqué par les Bérain et les Marot à la fin du XVIIe siècle et au commencement du XVIIIe.

Nos. 12–19. These pieces form an almost complete set of women's jewellery from the Louis XVI period: main clasp with watch and seals, clasps, pins, and aigrettes of various sizes for clothing and hair. Each of the other large clasps represents a set of men's or women's jewellery made up of similar pieces.

Bérain und Marot vom Ende des 17. und Anfang des 18. Jahrhunderts.

Nr. 9: Petschaft von Gilles l'Egaré.

Nrn. 12–19: Diese Motive bilden einen fast vollständigen Damenschmuck aus der Zeit Ludwigs XVI.; Hauptspange mit Uhr und Petschaft, Spangen, Nadeln und Federbüsche in verschiedenen Größen für Kleidung und Frisur. Jede der anderen großen Spangen steht stellvertretend für einen vollständigen Herren- oder Damenschmuck.

N° 9 : Cachet de Gilles l'Egaré.

N°s 12–19 : Forment une parure presque complète, époque Louis XVI, à usage de femme : agrafe principale avec sa montre et ses cachets, agrafes, épingles et aigrettes de diverses dimensions pour le vêtement et la coiffure.
Chacune des autres grandes agrafes représente dans son type isolé autant de parures composées de pièces analogues à usage féminin ou masculin.

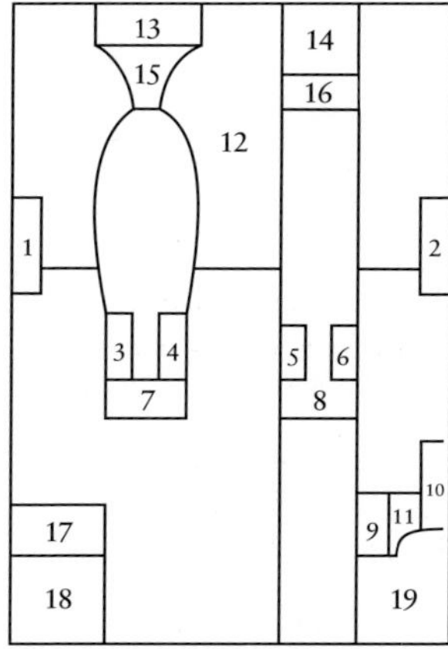

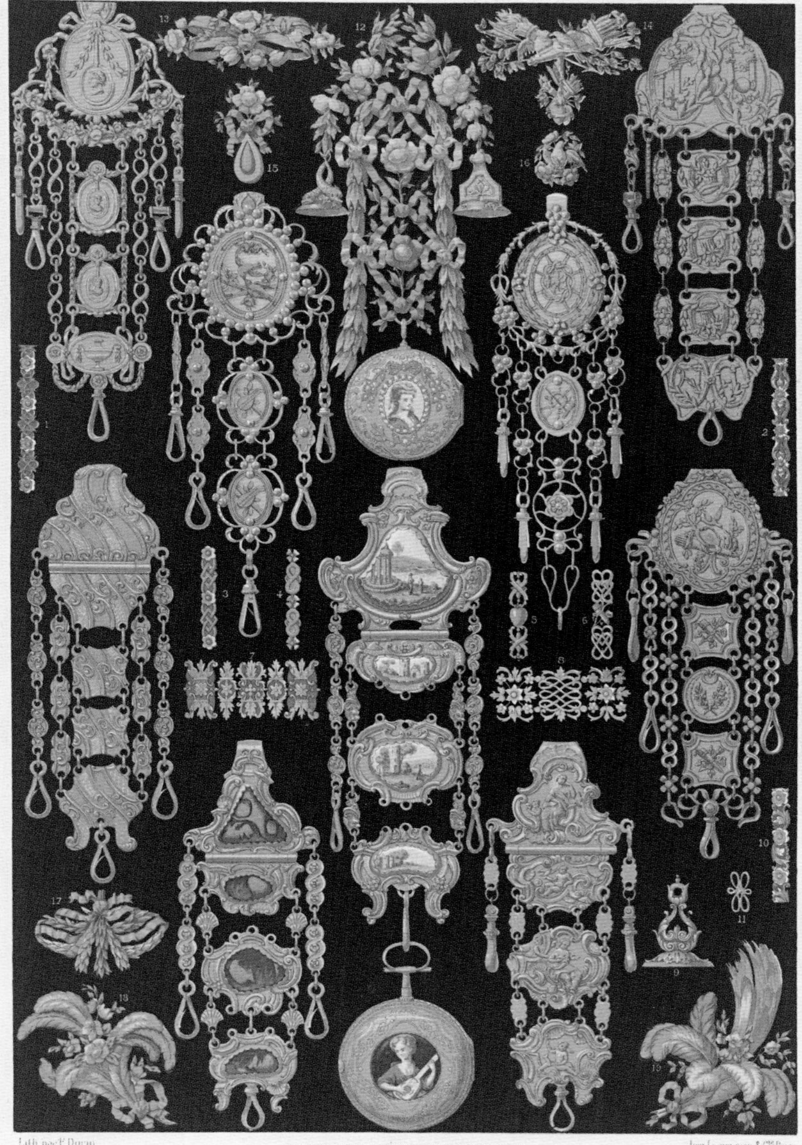
XVIIth XVIIIth CENTURY
XVIIe XVIIIe SIECLE
XVII^tes XVIII^tes JAHRHUNDERT
Lith. par F. Durin
FIRMIN-DIDOT FRÈRES FILS & Cie EDITEURS
Imp. Lemercier & Cie Paris

18th Century

SILK FABRICS FROM ORIGINALS: PANEL AND FURNITURE HANGINGS, GARMENTS

All these silk fabrics are from the French mills to which Colbert gave such powerful backing under Louis XIV. The twelve details reproduced here are of four types, as follows:

1) Furniture and wall hangings, skirts for Court dress: **nos. 1–6.**

2) The same (two-colour, Louis XVI): **nos. 7–9.**

3) Light silks (Louis XVI): **nos. 10 and 11.**

4) Border (Louis XVI): **no. 12.**

Motifs **nos. 1–4** illustrate the influence exerted on French products by the example of Asian art. Special attention is due to the system of ornamentation used in **nos. 3**

293

18. Jahrhundert

SEIDENSTOFFE NACH ORIGINALEN: WAND-, MÖBEL- UND KLEIDERSTOFFE

Die Seidenstoffe, deren Muster die Motive dieser Tafel bilden, stammen aus jener französischen Fabrikation, die bereits durch Jean-Baptiste Colbert unter Ludwig XIV. mächtigen Auftrieb erhalten hatte. Die zwölf Stücke lassen sich wie folgt einordnen:

1. Wand- und Möbelstoffe, Prunkgewänder: **Nrn. 1–6.**

2. Dieselben, zweifarbig (Stil Ludwigs XVI.): **Nrn. 7–9.**

3. Leichte Seidenstoffe (Stil Ludwigs XVI.): **Nrn. 10 und 11.**

4. Bordüre (Stil Ludwigs XVI.): **Nr. 12.**

In den **Nrn. 1–4** sind gewisse asiatische Einflüsse zu erkennen. Bei

293

XVIIIe siècle

SOIERIES D'APRÈS LES ORIGINAUX : TENTURES DE PANNEAUX, DE MEUBLES, VÊTEMENTS

Les soieries dont les dessins ont fourni les motifs de la planche ci-contre, sont toutes de cette fabrication française à laquelle Colbert avait déjà donné, sous Louis XIV, une impulsion si puissante. Voici comment on peut classer, suivant leur genre particulier, les douze fragments reproduits :

1. Tentures de meubles et de parois, encaissées ou encastrées, jupes d'apparat : **nos 1–6.**

2. Idem, bichromes (Louis XVI) : **nos 7–9.**

3. Soies légères (Louis XVI) : **nos 10 et 11.**

4. Bordure (id.) : **no 12.**

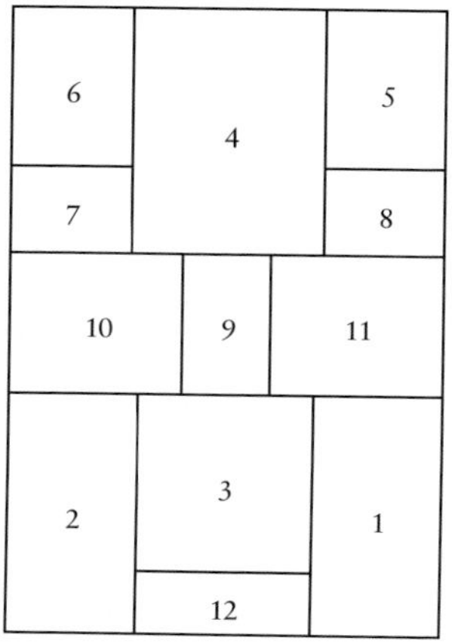

6 4 5
7 8
10 9 11
3
2 1
12

and 4, where a ground shimmering with reflections and counter-reflections lends very simple primary motifs an opulence and breadth they would not otherwise have achieved. Finally, as far as manufacturing technique is concerned, notice in **nos. 2–4, 10, and 11** the use of brocaded silks with zonal dying.

den **Nrn. 3 und 4** ruft eine besondere Dekorationsweise, die im Spiel von Spiegelung und Widerspiegelung einfache Motive reich erscheinen lässt, den Eindruck von Fülle hervor.
Die **Nrn. 2–4, 10 und 11** zeigen broschierte Seidenstoffe mit Streifenmuster.

Dans les **n°s 1–4**, une certaine influence exercée sur ces produits de notre goût national par l'exemple de l'art asiatique. Les **n°s 3 et 4** méritent une attention particulière par un système d'ornementation qui, à l'aide de dessous jouant en reflet et contre-reflet, communique à des motifs primaires très simples une richesse et une ampleur qu'ils n'offriraient pas par eux-mêmes. Dans les **n°s 2–4, 10 et 11**, l'emploi des soies brochées à teinture zonale.

294

18th Century

CHASING, ENAMELLING, AND PAINTING

No. 1. Fan mount, 1750–1760. This fan is chiefly remarkable for the delicacy of its workmanship. The tiny slivers of ivory and mother-of-pearl, despite their number, are laid one above the other in such a way as to leave the ornamentation clearly legible as it unfolds without any break in continuity.
The composition evinces the graceful style of the engraver Babel, and we believe it is at least from his workshop.
Nos. 2–4. Snuff box (top, bottom, and sides, 1769). Executed in chased gold with an enamelled ground, this is the work of the famous goldsmith Auguste Laterre.
Nos. 5–7. Snuff box (top, bottom and side, 1780). The chasing on this box must be counted among the masterpieces of Mathis de Beaulieu, goldsmith to Louis XVI; it provides the setting for one of Jean Petitot's (1756–1812) finest enamels, a portrait of Turenne

294

18. Jahrhundert

MALEREIEN, ZISELIER- UND SCHMELZARBEITEN

Nr. 1: Fächer, 1750–1760. Dieser Fächer ist so fein gearbeitet, dass die unzähligen übereinander liegenden feinen, mit Perlmutt besetzten Elfenbeinblätter die sich fortlaufend entwickelnde Dekoration nicht verdecken können.
Der Fächer ist im spielerischen Stil des Graveurs Babel gehalten und dürfte zumindest aus seiner Werkstatt stammen.
Nrn. 2–4: Tabaksdose (Ober-, Unter- und Seitenansicht, 1769). Diese ziselierte und emaillierte goldene Dose ist das Werk des bekannten Goldschmieds Auguste Laterre.
Nrn. 5–7: Tabaksdose (Ober-, Unter- und Seitenansicht, 1780). Die Ziselierung dieser Dose ist ein Meisterwerk von Mathis de Beaulieu, dem Goldschmied Ludwigs XVI.; sie dient einer der schönsten Schmelzarbeiten von Jean Petitot (1756–1812) mit dem Porträt Turennes als Fassung, dessen Bild hier nur

294

XVIIIe siècle

CISELURES, ÉMAUX ET PEINTURES

N° 1 : Monture d'éventail (1750–1760). Cet éventail est surtout remarquable par une délicatesse de travail telle que la superposition des menus feuillets d'ivoire mêlés de nacre, en si grand nombre qu'ils soient, n'empêche pas de lire facilement l'ornementation qui se déroule sans aucune solution de continuité.
La composition rentre dans le style gracieux du graveur Babel, et nous pensons qu'elle est au moins de son atelier.
N°s 2–4 : Boîte à tabac (faces, revers et développement latéral, 1769). Cette boîte en or, ciselée et à fond émaillé, est l'ouvrage du célèbre orfèvre Auguste Laterre.
N°s 5–7 : Boîte à tabac (faces, revers et développement latéral, 1780). La ciselure de cette boîte est un chef-d'œuvre de Mathis de Beaulieu, orfèvre de Louis XVI ; elle sert de monture à l'un des plus merveilleux émaux de Jean Petitot (1756–

XVIIIth CENTURY
XVIIIe SIÈCLE
XVIII^tes JAHRHUNDERT
Lithographié par Painlevé.
FIRMIN-DIDOT FRÈRES, FILS & Cie ÉDITEURS.
Imp. Lemercier & Cie Paris

(which we can only sketch in here to show its position).
Nos. 8–10. Snuff boxes, 1780–1790. These enamelled gold boxes are decorated with monochrome paintings.
Nos. 11–14. Borders after Deneufforge.

an dem Platz, den es im Original einnimmt, skizziert werden konnte.
Nrn. 8–10: Tabaksdosen, 1780–1790. Diese emaillierten Tabaksdosen sind mit Camaieu-Malereien verziert.
Nrn. 11–14: Randleisten nach Deneufforge.

1812), représentant le portrait de Turenne, dont nous n'avons pu qu'esquisser la figure à la place qu'elle occupe dans l'original.
N°s 8–10 : Boîtes à tabac (1780 à 1790). Ces boîtes, en or et émaillées, sont ornées de peintures en camaïeu.
N°s 11–14 : Bordures d'après Deneufforge.

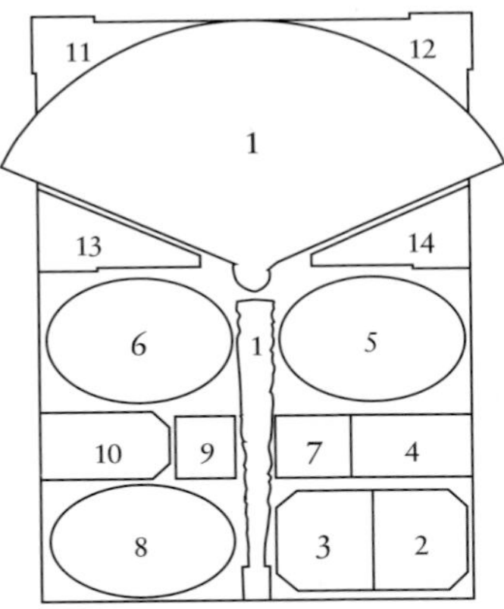

— 295 —

18th Century

TAPESTRY AND DAMASCENING

Motifs **nos. 1–8** belong to the first half of the 18th century, when they were published by Pierre-Jean Mariette (1694–1774).
No. 9, from the same period, is taken from Bernard Picart.
No. 10 is a tapestry panel from the second half of the 18th century.
Nos. 11 and 12 join up to form a single motif; this is the tapestry decoration on a late 18th-century valance. Notice here the difference between the styles of ornamenta-

— 295 —

18. Jahrhundert

TAPISSERIEN UND TAUSCHIERARBEITEN

Die Muster der **Nrn. 1 bis 8** wurden in der ersten Hälfte des 18. Jahrhunderts geschaffen und von Pierre-Jean Mariette (1694–1774) veröffentlicht.
Die **Nr. 9** datiert aus derselben Zeit und ist nach Bernard Picart wiedergegeben.
Die **Nr. 10** stellt eine Tapisserie aus der zweiten Hälfte des 18. Jahrhunderts dar.
Die **Nrn. 11 und 12** bilden ein gemeinsames Motiv, es handelt

— 295 —

XVIIIe siècle

TAPISSERIES ET DAMASQUINURES

Les motifs qui occupent les **n°s 1 à 8** appartiennent à la première partie du XVIIIe siècle ; ils ont été publiés à cette époque par Pierre-Jean Mariette (1694–1774).
Le **n° 9**, de la même époque, est reproduit d'après Bernard Picart.
Le **n° 10** est un panneau en tapisserie de la seconde partie du XVIIIe siècle.
Les **n°s 11 et 12** forment un seul motif à surajouter ; c'est la décoration en tapisserie d'une canton-

XVIIIth CENTURY
XVIIIe SIÈCLE
XVIII^tes JAHRUNDERT
11
12
13
14
1
6
5
9
7
10
4
8
2
3
Lith. par F. Durin.
FIRMIN DIDOT FRÈRES FILS & Cie EDITEURS
Imp. Lemercier & Cie Paris

tion of the first half of the century and that prevalent in the second, a difference brought about by the momentous discoveries of Herculaneum and Pompeii.

sich um die Dekoration eines Fensterbehangs aus dem Ende des 18. Jahrhunderts. Zwischen der Ornamentik der ersten und der zweiten Jahrhunderthälfte ist ein deutlicher Unterschied zu erkennen, der mit der Entdeckung von Herculaneum und Pompeji zusammenhängen dürfte.

nière de la fin du XVIIIe siècle. Nous constatons ici la différence de l'ornementation affectée de la première partie de ce siècle avec celle qui prévalut dans la seconde, différence due au fait si considérable de la découverte d'Herculanum et de Pompéi.

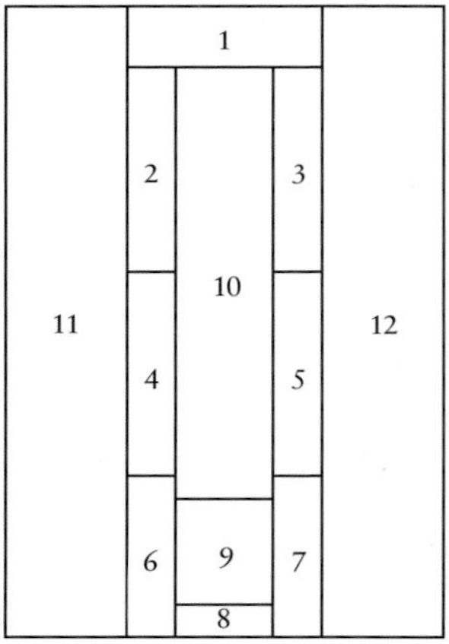

296

18th Century

PAINTING ON PORCELAIN

It was not until 1769, after many vicissitudes, that the chemist Macquer of Sèvres was able to read the French Academy a complete paper on French hard porcelain and to present perfect examples. Subsequently the industry expanded enormously under Alexandre Brogniart (1770–1847). The kind of translucent painting possible in this medium led to the production of colossal quantities. Nevertheless, although hard porcelain was much

296

18. Jahrhundert

PORZELLANMALEREIEN

Erst nach vielen Versuchen konnte der Chemiker Macquer aus Sèvres im Jahre 1769 der Akademie einen vollständigen Bericht über das französische Hartporzellan vorlegen und fehlerlose Stücke zeigen. Unter Alexandre Brongniart (1770–1847) fand diese Fabrikation die größte Verbreitung. Die Unterglasurmalereien, die sie ermöglichte, führten zu einer riesigen Produktion. Auch wenn sich das Hartporzellan für den Gebrauch

296

XVIIIe siècle

PEINTURES SUR PORCELAINES

Ce n'est qu'en 1769, et après bien des péripéties, que le chimiste Macquer, de Sèvres, put lire à l'Académie un mémoire complet sur la porcelaine dure française, et montrer des types parfaits. Depuis, sous Alexandre Brongniart (1770–1847), cette fabrication a reçu la plus grande extension. La mode des peintures translucides qu'on en obtient en a fait produire un nombre incalculable. Du reste, bien que la porcelaine dure fût beaucoup plus

more practical to use, fashion remained loyal to soft-paste ware.
No. 1. Plate belonging to the 'Buffon birds' service, which that famous French natural historian called his 'Sèvres edition.' It consisted of no less than 100 pieces representing all the birds described in Buffon's work.
Nos. 2–5. The monogram of Mme. Dubarry can be seen in **no. 5**.
Nos. 6–9. Plates from various services.
Nos. 10 and 11. Inside corners of basket-plates.
Nos. 12 and 13. Bottoms of plates.
Nos. 14–17. Openwork borders of basket-plates.

als vorteilhafter erwies, war das Frittenporzellan weitaus beliebter.
Nr. 1: Teller aus dem Service „Buffons Vögel", das der Autor der berühmten Naturgeschichte seine „Sèvres-Edition" nannte; es umfasst etwa hundert Stücke und zeigt alle im Buch beschriebenen Vögel.
Nrn. 2–5: Nr. 5 trägt das Monogramm der Gräfin Dubarry.
Nrn. 6–9: Beispiele für verschiedene Service.
Nrn. 10 und 11: Innere Eckflächen von Korbschalen.
Nrn. 12 und 13: Schalenboden.
Nrn. 14–17: Durchbrochene Randleisten von Korbschalen.

avantageuse pour l'usage, la vogue reste acquise à la pâte tendre.
N° 1 : Assiette faisant partie du service dit des oiseaux de Buffon, que l'illustre auteur de l'*Histoire naturelle* appelait son édition de Sèvres, et qui ne compte pas moins de cent pièces, où sont représentés tous les oiseaux décrits dans l'ouvrage.
N°s 2–5 : Le **n° 5** est au chiffre de la Dubarry.
N°s 6–9 : Types de services divers.
N°s 10 et 11 : Angles intérieurs de plateaux-corbeilles.
N°s 12 et 13 : Fonds de plateaux.
N°s 14–17 : Bordures à claire-voie de plateaux-corbeilles.

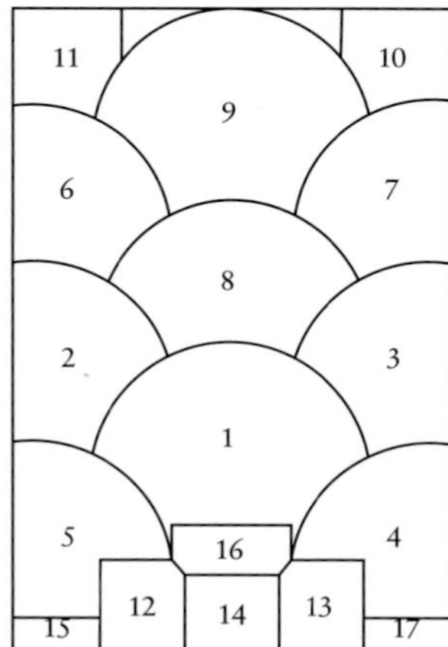

297

18th Century

TROPHIES AND BOUQUETS

The three motifs on a gold ground in the lower half of this plate (**nos. 6–8**) are pastoral trophies painted and varnished by a process that was much in vogue in the 18th century and that a contemporary author describes as follows: "Using processes similar to those of the Chinese and Japanese, the famous Martin, varnisher to the King, carried out various tests on cardboard vases and snuff boxes, which in 1745 caused such a stir and became so popular. However, since the processes involved were not difficult, in the space of six years Paris was inundated with people working in this genre, who in seeking to do one another down reduced the price of such snuff boxes to nothing. Martin and his brothers alone preserved the fashion as well as the art of renovating old Japanese lacquer work, a talent far surpassing that required to var-

297

18. Jahrhundert

TROPHÄEN UND BOUQUETS

Die drei Motive auf Goldgrund (**Nrn. 6–8**) zeigen Hirtentrophäen, die in einer Technik gemalt und lackiert sind, die im 18. Jahrhundert weit verbreitet war und von einem Zeitgenossen folgendermaßen beschrieben wurde: „Nach Verfahren, die chinesischen und japanischen ähnlich sind, stellte der berühmte Martin, königlicher Lackierer, verschiedene Muster auf Vasen und Tabaksdosen her, die im Jahre 1745 großen Anklang fanden. Da die Verfahren leicht nachzuahmen waren, sah sich Paris im Zeitraum von sechs Jahren mit Arbeiten dieser Art überschwemmt. Um sich gegenseitig zu schaden, suchten die Produzenten den Preis der Tabaksdosen immer weiter zu senken. Allein die Werke von Martin und seinen Brüdern waren weiterhin gesucht, wie auch ihre Methode, die alten japanischen Lackarbeiten zu restaurieren, was sie weit über

297

XVIIIe siècle

TROPHÉES ET BOUQUETS

Les trois motifs sur fond d'or (**n°s 6–8**) sont des trophées pastoraux peints et vernissés par un procédé fort à la mode au XVIIIe siècle, et sur lequel nous trouvons les détails suivants chez un auteur contemporain : « C'est d'après des procédés analogues à ceux des Chinois et des Japonais que le fameux Martin, vernisseur du roi, fit différentes épreuves sur des vases de carton et des tabatières, qui eurent en 1745 tant de réputation et de vogue ; mais comme les procédés pour les faire n'étaient pas difficiles, Paris se vit, dans l'espace de six années, inondé d'ouvriers de ce genre, qui, en cherchant à se nuire les uns aux autres, réduisirent le prix de ces tabatières à rien. Martin seul et ses frères conservèrent la vogue, ainsi que la manière de raccommoder les vieux laques du Japon, talent fort au-dessus de celui de vernir des carrosses et d'inventer des taba-

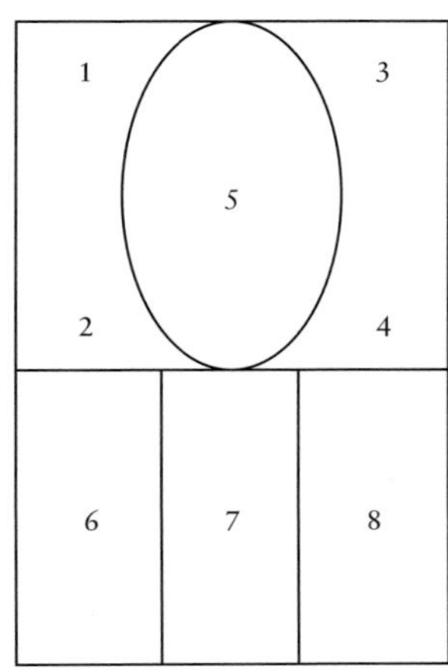

XVIIIth CENTURY

XVIIIe SIECLE.

XVIIItes JAHRHUNDERT

Lithographié par Launay

FIRMIN DIDOT FRÈRES, FILS & Cie EDITEURS.

Imp. T. DUPUY, 22 Rue des Petits-Hôtels. Paris

nish carriages and contrive mother-of-pearl snuff boxes." (Watin, *L'art du peintre doreur et vernisseur*, Paris, 1776.) Martin varnishes, which have become extremely rare, are still greatly prized. One of the motifs reproduced here bears the monogram of Marie-Antoinette.
The four grisaille motifs (**nos. 1–4**) are taken from panels and represent the Four Seasons. The freedom and sober ingenuity of these compositions struck us as being of some interest.
The vase of flowers accompanied by foliated scrolls at top centre of our plate (**no. 5**) is signed 'Carlle' and belongs to the changed decorative style that, following the excavation of Pompeii, characterized the Louis XVI period.

jene stellte, die Kutschen lackierten und Tabaksdosen in Perlmutter entwarfen." (Watin, *L'Art du peintre doreur et vernisseur*, Paris 1776.) Die seltenen Martin-Lacke blieben sehr geschätzt. Eines der abgebildeten Motive trägt die Initialen von Königin Marie Antoinette.
Die vier Grisaillemotive (**Nrn. 1–4**) stammen von Täfelungen mit Darstellung der vier Jahreszeiten. Ihre freie, schlichte Komposition dürfte nicht uninteressant sein.
Die mit Rankenwerk verzierte Blumenvase in der Tafelmitte (**Nr. 5**) ist von Carlle signiert und gehört zu jenem neuen Dekorationsstil, der nach der Ausgrabung Pompejis die Zeit Ludwigs XVI. kennzeichnet.

tières en nacre de perle. » (*L'Art du peintre doreur et vernisseur*, par le sieur Watin, Paris, 1776.) Les vernis Martin, fort rares, sont restés très estimés. Un des motifs que nous donnons est au chiffre de Marie-Antoinette.
Les quatre motifs en grisaille (**n°s 1–4**) sont détachés de panneaux où ils représentaient les quatre saisons. La liberté et la sobriété ingénieuse de ces compositions nous ont paru mériter quelque intérêt.
Quant au vase de fleurs mélangé de rinceaux ornemanesques occupant le milieu de notre planche (**n° 5**) et signé du nom de Carlle, il appartient au style décoratif modifié qui, à la suite de l'exhumation de Pompéi, caractérise l'époque de Louis XVI.

298

18th Century

DECORATIVE PAINTING

This delightful work is from the brush of Gérard van Spaendonck (1746–1822), a famous Dutch painter. Born in Tilburg in Holland, he lived in France and died in Paris. His work is distinguished mainly by its very artistic composition. He could reproduce exactly the bloom on a peach and the shape and carriage of a flower; his colouring is delicate, light, transparent, and full of freshness and harmony. These qualities are all splendidly in evidence in the panels reproduced here.

298

18. Jahrhundert

DEKORATIVE MALEREIEN

Diese Dekoration stammt vom berühmten holländischen Maler Gérard van Spaendonck (1746–1822), der in Tilburg geboren wurde, in Frankreich lebte und in Paris starb. Die Werke dieses Künstlers zeichnen sich durch ihre besondere Kompositionsweise aus. Mit großer Genauigkeit sind der Glanz der Früchte sowie die Form und der Wuchs der Blumen wiedergegeben; die Farbgebung ist spielerisch leicht, frisch und harmonisch. All diese Qualitäten finden sich auf den hier abgebildeten Tafeln wieder.

298

XVIIIe siècle

PEINTURES DÉCORATIVES

Cette charmante décoration est due au pinceau de Gérard van Spaendonck (1746–1822), célèbre peintre hollandais, établi en France, né à Tilbourg, mort à Paris. Les ouvrages de ce peintre se distinguent surtout par l'art de la composition. Il reproduit avec la plus grande fidélité le velouté des fruits, la forme et le port des fleurs ; son coloris est fin, léger, transparent, plein de fraîcheur et d'harmonie. Ces qualités brillent au plus haut degré dans la composition du panneau que nous reproduisons.

299

18th Century

ORNAMENTAL PANEL: CORNERS AND BORDERS OF TAPESTRIES

This panel (**no. 6**), a rustic composition in the style of a triumph (it is in fact entitled *The Triumph of Pomona*), was designed by François Boucher (1703–1770) and engraved by Charles-Nicolas Cochin the Younger (1715–1790). It is a large-format engraving (more than 20 in. high) that has preserved the character of an improvisation, as we see from the variation between the two top corners, dictated by the need to leave more room for the crowning arbour motif suspended in mid-air above the composition.

Cochin was the son of an engraver. For all his precosity, the earliest we can date a work of this importance is around 1735, when Boucher was at the height of his career (having received the French Academy's first prize for painting in 1724, when little more than twenty).

299

18. Jahrhundert

DEKORATIVE TAFEL: TEPPICHBORDÜREN UND ECKEN

Diese ländliche Szene (**Nr. 6**) triumphalen Charakters – das Bild trägt den Titel *Der Triumph der Pomona* – ist ein von Charles-Nicolas Cochin dem Jüngeren (1715–1790) gestochenes Bild François Bouchers (1703–1770). Es handelt sich um einen Stich von mehr als 50 cm Höhe, der den Charakter einer Improvisation bewahrt hat. Das zeigt sich etwa bei den Abänderungen in den oberen Ecken, die dem in der freien Luft hängenden, bekrönenden Laubenbogen mehr Raum als zuerst vorgesehen verschaffen sollen.

Auch wenn Cochin, der Sohn eines Stechers, schon sehr früh Meisterschaft erlangte, muss man ein Blatt dieser Bedeutung frühestens ins Jahr 1735 setzen, als Boucher auf der Höhe des Erfolges stand. Mit knapp zwanzig Jahren hatte dieser im Jahre 1724 den ersten Preis der

299

XVIIIe siècle

PANNEAU DÉCORATIF : ANGLES ET BORDURES DES TAPISSERIES

Le panneau (**n° 6**), du genre agreste et du caractère triomphal (il est intitulé *Triomphe de Pomone*), est une composition de François Boucher (1703–1770), gravée par Charles-Nicholas Cochin le Jeune (1715–1790). C'est une gravure de grand format, plus d'un demi-mètre en hauteur, qui a conservé le caractère d'une improvisation, ainsi qu'on le voit au repentir des angles supérieurs, dicté par le besoin de dégager, plus largement qu'au premier coup, le berceau en couronnement suspendu dans le plein air.

Quelque précoce que Cochin, fils de graveur, ait été, on doit reporter au plus loin une page de cette importance vers 1735, alors que Boucher était dans sa pleine carrière ; à peine âgé de vingt ans, il avait obtenu en 1724 le premier prix à l'Académie de peinture. Il se peut toutefois que l'esquisse du maître soit d'une époque

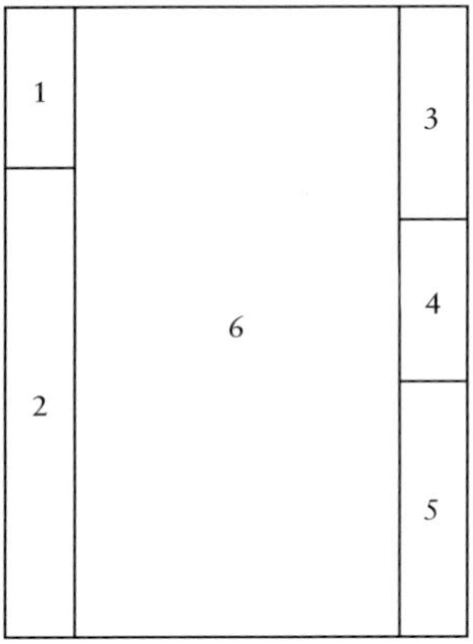

1
3
6
4
2
5

Boucher may have made the sketch at an earlier date, however, because we find on examining this composition that, at the time when he drew it, the artist was still using exclusively pre-existent motifs for his decorative effects, motifs that he borrowed from other artists. Possibly it could be said that Boucher always did this, but here it was without any attempt to weld them into a whole; he added them to his composition without blending them together. When Boucher sketched this composition the decorative style (that of Louis XV) really came to light, and the painter, obviously as an ornamentist still in his formative years, gave it right from the start one of its most delightful expressions.
Tapestry borders in the 18th century mainly simulated gilded wooden picture frames. Basically the corner motif (**nos. 1 and 3**) provided welcome relief from the straight horizontal and vertical lines of the frame. It covered the corners and enriched them with its breadth of design, any extension spilling over inwards, since of course on a piece of tapestry it could not go outwards. Another type of border had an indented inside edge, which offered the advantage that it could be integrated with the design of the piece. This system was particularly suitable for upright pieces such as door curtains. **No. 2** gives an idea of the kind of effect that could be produced, simultaneously rich and delicate.

Akademie für Malerei gewonnen. Es ist jedoch möglich, dass der Entwurf aus einer früheren, jugendlicheren Zeit des Malers stammt. Bei näherer Untersuchung des Werkes ist festzustellen, dass Boucher in seiner Zeichnung, was die dekorative Ordnung und die eigentliche Ornamentik betrifft, lediglich vorgefundene Elemente verschiedenen Ursprungs verwendete. Vielleicht ging er in dieser Beziehung immer so vor, doch hier sind die einzelnen Elemente ohne großen Zusammenhang eingesetzt. Mit diesem Werk steht Boucher am Anfang des Dekorationsstils der Zeit Ludwigs XV., und der als Ornamentkünstler noch eher unerfahrene Maler liefert dennoch sofort eines der anziehendsten Beispiele für diesen Stil.
Während des 18. Jahrhunderts nehmen die Teppichbordüren im Allgemeinen das Aussehen vergoldeter Holzrahmen in der Art von Gemälderahmen an. Das Eckmotiv dieser Bordüren (**Nrn. 1 und 3**) unterbricht auf angenehme Weise die horizontalen und vertikalen Linien am Punkt ihrer Begegnung. Es füllt und bereichert die Ecken vom Rahmeninneren her, da es den Teppichrand nicht nach außen überschreiten kann. Nach diesem Typ gibt es Bordüren, die sich auf der Innenseite in Unterbrechungen entwickeln. Dieser Typ, der den Vorzug besitzt, die Bordüren in den Gesamtentwurf zu integrieren, passt besonders gut zu Stücken, die, etwa wie Portieren (Türvorhänge), ausgesprochen hoch sind. Das Fragment **Nr. 2** liefert dafür ein gutes Beispiel.

antérieure. En effet, on est amené à reconnaître, en examinant cette composition, que Boucher, lorsqu'il en fit le dessin, n'en était encore à employer pour ses agencements décoratifs, et en ce qui concerne l'ornementation proprement dite, que des éléments d'un caractère préexistant, dont la formule particulière provenait de différents auteurs. Boucher, sous ce rapport, n'a peut-être jamais fait qu'en user de cette façon. Seulement ici c'est sans les fusionner que le compositeur emploie ces éléments empruntés ; il les fait concourir à son ensemble sans les mélanger entre eux. Lorsque cette composition fut esquissée par Boucher, le style décoratif, dit de Louis XV, se trouva véritablement mis au jour, et le peintre, évidemment encore jeune comme ornemaniste, lui fournissait, dès l'abord, une de ses plus attrayantes expressions.
Les bordures des tapisseries, pendant le XVIIIe siècle, affectèrent surtout la physionomie des encadrements en bois doré, c'est-à-dire d'une nature semblable au cadre des peintures. En principe, le motif d'angle de ces bordures (**nos 1 et 3**) en rompt avec avantage les lignes horizontales et verticales au point de rencontre. Il couvre les coins en les enrichissant de son ampleur, qui prend son extension au dedans du cadre, ne la pouvant prendre, d'ailleurs, à l'extérieur de la pièce de tapisserie. A côté de ce type on rencontre des bordures se profilant à l'intérieur en découpures. Ce système, qui a l'avantage de faire des bordures de cette sorte une partie intégrante du décor, convient particulièrement aux pièces en hauteur, comme le sont les portières. On peut se rendre compte de leur effet par notre fragment **no 2**, à la fois riche et délicat.

300

18th Century

TAPESTRY HANGINGS AND CORNERS OF BORDERS

Reproduced in the upper part of this plate is one piece of a four-part *Subjects of Fables* series made at the Gobelins factory to designs by François Boucher and ornamentation by Charles Tessier. The composition dates from 1757, and each hanging measures 13.9 ft. in height. The pieces imitate broad, rococo-style architectural panels and are laid out as follows: a central medallion with a painted subject surrounded by an oval frame of gilded wood hangs against a piece of pink silk worked like a furnishing fabric. The pink silk is stretched in a delicate frame that stands against another ground of patterned silk, this one dark red in colour. The whole thing is enclosed within another ornate frame, rectangular this time but also imitating gilded wood.

A vase (it looks like a Sèvres vase) stands on a base arranged for it in the middle of the bottom of this outer frame. Various garlands of flowers, birds shown either in flight or perched in arbitrary positions, and two curious animal figures (a monkey armed with a shot gun, a porcupine stalking a bird) add colour and movement to the decor, and if they all threw shadows on the silk ground as the oval frame of the central subject does (Aurora and Cephalus), the *trompe l'œil* effect would be complete.

The two corners of borders below were manufactured at Beauvais. The imitation gilded frame with the oak leaves appears around a

300

18. Jahrhundert

BILDTEPPICHE, GROSSER WANDBEHANG, BORDÜRENECKEN

Das Hauptmotiv bildet einer der Bildteppiche aus der vierteiligen Folge *Sujets aus Fabeln*, die in der Manufacture des Gobelins nach Vorlagen von François Boucher und für die Ornamente nach Charles Tessier angefertigt wurden. Sie datieren aus dem Jahr 1757, und ihre Höhe beträgt 4,25 m. Jedes dieser Stücke täuscht eine breite Architekturtäfelung aus der Zeit des Rokoko vor und trägt in der Mitte ein Medaillon mit einem gemalten Sujet. Das Medaillon ist an einer Tafel aufgehängt, die mit rosa, in der Art eines Möbelstoffs gearbeiteter Seide bespannt ist. Die Tafel ist mit einem Rahmen aus schmalen Leisten versehen und auf einen weiteren Grund aus bunter Seide montiert, der dem ersten ähnlich, doch dunkler gehalten ist. Das Ganze umschließt ein reich verzierter rechteckiger Rahmen aus vergoldetem Holz.

In der Mitte des äußeren Rahmens, dessen untere Leiste als Auflage gestaltet ist, steht eine Vase, die jenen von Sèvres gleicht. Zahlreiche Blumengirlanden, fliegende und ruhende Vögel, Tiere, die Fabelrollen übernehmen, auf der einen Seite ein Affe, der mit einem Jagdgewehr bewaffnet ist, auf der anderen ein Stachelschwein, das eine gefiederte Beute belauert, beleben mit ihren Farben und Bewegungen die Szenerie. Diese wäre völlig als Trompe-l'œil angelegt, wenn die Girlanden und die Tierwelt ebenfalls ihren Schatten auf den Seidengrund würfen, wie

300

XVIIIe siècle

TAPISSERIES, GRANDE PIÈCE DE TENTURE, ANGLES DE BORDURES

Le motif principal représente l'une des pièces de la tenture, dite des *Sujets de la Fable*, qui, au nombre de quatre, furent exécutées à la manufacture des Gobelins d'après les modèles de F. Boucher, et pour la partie ornementale d'après ceux de Tessier. La composition date de 1757. La hauteur de ces tapisseries est de 4,25 m. La disposition de chacune de ces pièces, simulant un large lambris architectonique de l'époque des rocailles, comporte un médaillon central représentant un sujet peint, entouré d'un cadre ovale en bois doré, suspendu sur un trumeau tendu d'une soie rose ouvrée en tissu de meuble. Ce trumeau, monté sur un cadre en baguettes légères, se trouve isolé sur un autre fond de soie diaprée de même nature que le premier, mais d'un ton beaucoup plus foncé. Le tout est renfermé sous un riche encadrement rectangulaire, et aussi de bois doré.

Un vase, ressemblant à ceux de Sèvres, occupe le milieu du cadre extérieur, dans le bas, disposé pour lui servir d'assise. De nombreuses guirlandes de fleurs, des oiseaux, voletant ou perchés capricieusement, des animaux aux rôles fantastiques, là, un singe armé d'un fusil pour la chasse, ici un porc-épic épiant une proie ailée, animent quelque peu de leur coloration ou de leur mouvement ce décor. Celui-ci serait complètement conçu en trompe-l'œil, si les guirlandes et le petit monde des animaux projetaient leur ombre

grotesque hanging in the Bérain vein, so it is at least early 18th century. The other border, with its corner cartouche featuring a fleur-de-lys, dates from the reign of Louis XV.

das bei dem ovalen Rahmen der Fall ist, der das zentrale Sujet, *Aurora und Kephalos*, umschließt. Die beiden Bordürenecken stammen aus der Manufaktur von Beauvais. Die Bordüre, die einen vergoldeten Eichenblattrahmen nachahmt, dient als Umrahmung für einen Teppich mit Grotesken in der Art Bérains und datiert folglich aus der ersten Hälfte des 18. Jahrhunderts. Der andere Rahmen mit seiner lilienbesetzten Eckkartusche wurde unter Ludwig XV. gefertigt.

sur le fond du trumeau comme le fait le cadre ovale qui renferme le sujet central, *Aurore et Céphale*. Les deux angles de bordures proviennent de la manufacture de Beauvais. La bordure en imitation de cadre doré à feuilles de chêne, sert de cadre à une tenture grotesque dans le genre de Bérain ; cette ornementation est donc au moins de la première partie du XVIIIe siècle. L'autre cadre avec son cartouche d'écoinçon fleurdelisé date de l'époque de Louis XV.

301

18th Century

DECORATED PANELLING, GILDED CARVING, MOULDINGS, TROPHIES

The motifs in this plate are from the lesser apartments of Louis XV at Versailles. Louis XV, weary of living in the vast apartments of Louis XIV, carried out extensive alterations to the layout of the palace and created for himself 'a nice middle-class residence' in which he could throw off the rigours of the old court etiquette and feel more at ease. The change was far-reaching, and a whole new style of architecture and decoration replaced that of Mansart, Lepautre, Marot, and Bérain.
The most widely-used material for this type of ornamentation was wood painted white with the motifs gilded, because this gave the most brilliant effect. It was a medium that suited the new forms that a wealth of decorating talent now produced, particularly for

301

18. Jahrhundert

TAFELWERK, VERGOLDETE SKULPTUREN, ZIERLEISTEN UND TROPHÄEN

Die Beispiele auf dieser Tafel stammen aus dem Schloss Versailles und befinden sich in den Kleinen Appartements Ludwigs XV. Bekanntlich wollte dieser König nicht mehr in den weitläufigen Räumen leben, die Ludwig XIV. bewohnt hatte. Er ließ einen großen Teil des Schlosses umbauen und für sich ein bürgerliches Haus einrichten, in dem er, frei von der alten starren Etikette, nach seinem Belieben leben konnte. Der Wandel war in allen Dingen tief greifend; ein neuer Architektur- und Dekorationsstil trat an die Stelle des Stils der Mansart, Lepautre, Marot und Bérain.
Weiß bemaltes Holz mit vergoldeten Verzierungen ist nun das am meisten verwendete Material, da es besonders prachtvoll wirkt. Diese Dekoration entspricht den neuen

301

XVIIIe siècle

ORNEMENTATION DES LAMBRIS, SCULPTURES DORÉES, MOULURES ET TROPHÉES

Les documents de cette planche proviennent du château de Versailles, et se trouvent dans les petits appartements de Louis XV. On sait que ce roi, fatigué de vivre dans les appartements de grande dimension que Louis XIV avait habités, fit remanier en bonne partie l'ancienne distribution du palais et s'y organisa une belle maison bourgeoise, dans laquelle il put avoir ses aises en s'affranchissant des rigueurs de la vieille étiquette. Le changement fut profond ; un nouveau style d'architecture et de décoration remplaça le style de Mansart, de Lepautre, de Marot et de Bérain. Le bois peint en blanc dont les ornements sont dorés est la matière qui est le plus en usage, parce qu'elle a le plus d'éclat. Ce mode convient à la nouveauté des formes qu'un génie abondant a produites,

show apartments, which were treated with the utmost magnificence, a good example being the salon of Madame Adélaide, daughter of Louis XV, from which **nos. 1–4 and 6** are taken. This is one of the more richly decorated of the lesser apartments, all carved and gilded wood and stucco. It dates from around 1750.

There are plenty of prints available from this period, and our examples are meant to show how the trophies of this series are used.

No. 1 is made up of musical instruments associated with the opera concerto; **no. 3** has the musical instruments proper to singing and dancing of a pastoral type. **No. 2** consists of fishing tackle, **no. 4** of gardening tools; **no. 6** reproduces the ornamentation on the bottom of a pilaster in the same room.

No. 7, also a detail of the bottom of a pilaster, is from the so-called 'Clock Room,' another very fine salon in the lesser apartments with decoration dating from 1748.

The other two trophies shown here (**nos. 5 and 8**) adorn panels flanked by bookcases. They are

Formen, die von üppiger Fantasie zeugen. Der Salon von Madame Adélaide, der Tochter Ludwigs XV., aus dem die **Nrn. 1–4 und 6** stammen, gehörte zu den am reichsten dekorierten Prunkgemächern der Kleinen Appartements; die 1750 geschaffene Einrichtung bestand hauptsächlich aus vergoldeten Skulpturen aus Holz oder Stuck. Die Abbildungen dieser Tafel stehen stellvertretend für den freien Gebrauch einer prunkvollen Dekoration, wie sie auf Täfelungen zu finden ist, die reich mit Trophäen verziert sind. Jede dieser Trophäen weist eigene Züge auf: **Nr. 1** zeigt Musikinstrumente für Opernaufführungen, **Nr. 3** setzt sich aus Instrumenten für Gesänge und Schäfertänze zusammen. **Nr. 2** stellt Angelzeug, **Nr. 4** Gartenwerkzeuge dar. Bei **Nr. 6** handelt es sich um den unteren Teil eines Pilasters aus demselben Raum. Bei **Nr. 7** handelt es sich ebenfalls um ein Pilaster-Detail, aus dem Salon der Pendeluhren, einem weiteren schönen Raum der Kleinen Appartements, dessen Dekoration 1748 geschaffen wurde.

et particulièrement aux chambres de parade, traitées avec une extrême magnificence. Ce sont là les conditions mêmes du salon doré de Madame Adélaïde, fille de Louis XV, d'où sont tirés les **n°s 1–4 et 6**. Cette salle est l'une des plus richement décorées des petits appartements ; tout y est sculpté et doré, en bois et en stuc. Le travail date de 1750 environ.

Les gravures de ce temps abondent, et ce que nous donnons ici servira d'exemple pour l'emploi des trophées de cette série. Chacun de ces trophées a un caractère distinct ; le **n° 1** se compose d'instruments de musique propres au concerto d'opéra, le **n° 3** est formé d'instruments convenant au chant et à la danse, d'un caractère pastoral. Le **n° 2** est composé d'instruments de pêche, le **n° 4** d'instruments de jardinage. Le **n° 6** est l'ornementation du bas d'une colonne en pilastre de cette même pièce. Le **n° 7** est aussi le décor d'un pilastre du salon des pendules, une autre des plus belles pièces des petits appartements, et dont la décoration date de 1748. Les trophées **n°s 5 et 8**, qui

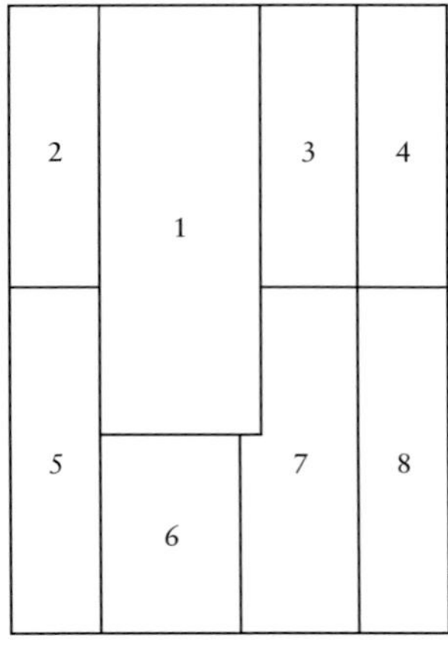

noticeably different from the rest. This is the Louis XVI style coming out – and with a certain opulence that it did not always possess. The technique is *trompe-l'œil* painting, the effect that of gilded carving. **No. 5** is devoted to music, lyric poetry, and dance; **no. 8** deals with oratory, comedy, burlesque, satirical and epic poetry.

Die Trophäen **Nrn. 5 und 8**, die eine Zwischentäfelung zwischen zwei Bibliotheksschränken zieren, unterscheiden sich deutlich von den anderen. Hier ist der Stil Ludwigs XVI. von einem Reichtum gekennzeichnet, den er nicht immer aufwies. Es handelt sich um Trompe-l'œil-Malereien, die wie vergoldete Skulpturen wirken. **Nr. 5** ist der Musik, dem Gesang, der Pastorale und dem Tanz gewidmet, **Nr. 8** der Vortragskunst, der Komödie, Burleske, Pastorale, Satire und dem Epos.

décorent chacun un lambris intermédiaire entre deux corps de bibliothèque, appartiennent à un style sensiblement modifié. L'ère du style Louis XVI se montre là, avec une opulence qu'il n'a pas toujours conservée ; c'est une peinture en trompe-l'œil, qui fait l'effet de la sculpture dorée. Le **n° 5** est consacré à la musique, à la lyrique, à la pastorale et à la danse. Le **n° 8** l'est à la déclamation, à la comédie, à la poésie burlesque, à la pastorale, à la satire et à l'épique.

302

18th Century

DECORATIVE TAPESTRIES: BAS-RELIEFS AND FRETS

The larger of these two tapestry motifs (**no. I**) is shown in its entirety; the other (**no. II**) is a detail; so we shall concentrate on the first in our examination of the decorative principle involved here. Their bright, relaxed, wholly ornamental appearance differs essentially from that of any kind of tapestry that had gone before, including those of the first half of the 18th century. The art of tapestry decoration underwent a revolution during the course of the century, a revolution arising out of the widespread use of the delicately and richly carved and moulded woodwork that was such a feature of contemporary interior decoration. Inevitably designers became aware of the pleonasm involved in giving a tapestry that was enclosed within an actual frame carved in relief a woven frame that it had become customary to do in mock relief.

302

18. Jahrhundert

DEKORATIVE BILDTEPPICHE: FLACHRELIEFS UND MÄANDER

Der größere dieser beiden Bildteppiche (**Nr. I**) ist vollständig wiedergegeben, der andere (**Nr. II**) wurde beschnitten. Im Folgenden wird auf das obere Stück Bezug genommen, um das dekorative Prinzip dieser Wandteppiche zu erläutern. Ihr klarer, freier, ganz ornamentaler Charakter unterscheidet sie von allen Tapisserien früherer Zeiten, auch von jenen aus der ersten Hälfte des 18. Jahrhunderts. Die Kunst, Bildteppiche als Dekoration einzusetzen, erfuhr während dieses Jahrhunderts einen grundlegenden Wandel, der auf die Verwendung fein geschnitzter Holzarbeiten in Innenräumen zurückzuführen ist. Man wurde sich bewusst, wie überflüssig es war, einen Wandteppich, der in einem echten Reliefrahmen steckte, mit einem gewirkten Rahmen zu versehen, der ein Relief und eine weitere, nutzlose Umrahmung vortäuschte; das Ergebnis

302

XVIIIe siècle

TAPISSERIES DÉCORATIVES : BAS-RELIEFS ET MÉANDRES

De ces deux tapisseries, la plus importante (**n° I**) offre un ensemble complet, l'autre (**n° II**) a été réduite par des coupures ; nous nous attacherons donc à l'ensemble complet pour examiner le principe décoratif de ces tentures. Leur physionomie claire, dégagée, tout ornementale, diffère essentiellement de celle de toutes les tapisseries des temps précédents, et y compris la première partie du XVIIIe siècle lui-même. L'art de la décoration par les tapisseries subit, pendant le cours de ce siècle, une révolution qui fut une conséquence de l'emploi des menuiseries moulurées, finement et richement sculptées, dont on fit un si large usage dans l'intérieur des maisons. Il devait arriver, et il advint, en effet, que l'on s'aperçut du pléonasme, lorsque la tapisserie encastrée dans un encadrement en relief réel portait, en outre, un encadrement tissé, simulant, comme

Not only was this woven frame no longer necessary; it was positively in the way. Consequently it was abolished, and this very sensible change left more room for the tapestry designer to produce his effects. A tapestry ceased to be a picture nailed to the wall and became a free decor, wholly ornamental and of absolutely independent construction.
Our principal motif belongs to the type known as the 'noble pastoral'. Its subject is an allegory, the perpetual, unrelenting allegory of the 18th century. Of the two medallions, one shows a bare landscape, barren because uncultivated; its opposite number, a flower garden, extols the delights of civilization.
The other pastoral (**no. 11**), called "The Sacrifice to Love", weds allegory and reality. Stone statues still came alive in those days; one finds pictures of Cupid listening in from the top of his pedestal to the confidences of a pair of lovers and placing his finger on his lips to assure them that their secret is safe with him. Rather precious in character and lacking grandeur, but very pretty for all that, these hangings are among the finest works to come from the Beauvais factory. They are made with a mixture of silk and wool, the latter being used for the shadows and halftones, the former for the bright areas and highlights. The workers at Beauvais were so enamoured of this type of ornamentation that in 1783 they revolted when it was suggested that they should work on different models, which in their view could only be inferior (as in all probability they were).
The bas-relief motifs (**nos. 2–5, 7, 9, 12, 14, and 16**) date from the Louis XVI period and reflect a step back

war schwerfällig und unerfreulich. Die gewirkte Bordüre wurde zugunsten des Holzrahmens aufgegeben. Die Teppichfläche vergrößerte sich dadurch und konnte wirkungsvoller gestaltet werden. Da der Teppich nicht mehr ein an die Wand gehängtes Bild darstellte, wurde es von allen Zwängen befreit und zum reinen Ornament. Der größere der hier abgebildeten Teppiche gehört zum Genre, das man „vornehme Pastorale" nannte, und es ist die Allegorie des 18. Jahrhunderts, die ihm durch die menschliche Figur einen nicht allzu komplizierten Sinn verleiht. Die beiden zusammengehörigen Medaillons bilden einen Gegensatz: Das erste zeigt eine dürre, unfruchtbare, da unkultivierte Landschaft, das zweite, das die Vorzüge der Kultur ausdrücken soll, einen Blumengarten.
Die zweite Pastorale (**Nr. 11**) verbindet Allegorie und Wirklichkeit, sie trägt den Titel „Das Liebesopfer". Zu jener Zeit erwachten die steinernen Statuen noch zu Leben, und auf manchem Bild sieht man beispielsweise Amor, der von seinem Sockel herab die Bekenntnisse eines Liebespaars belauscht und den Finger auf seine Lippen legt zum Zeichen, dass er das Geheimnis wahren werde. Diese hübschen, wenig bedeutenden und etwas preziösen Erzeugnisse aus Seide und Wolle – letztere für die Schatten und Halbtöne, erstere für die helleren Partien und Glanzlichter reserviert – gehören zum Besten, was die Manufaktur von Beauvais bieten konnte. Die Mitarbeiter dieses Hauses waren so von ihrer Produktion überzeugt, dass sie im Jahre 1783 protestierten, als man ihnen andere Modelle vorlegte, die ihrer Meinung nach nur schlechter sein

on en avait pris l'habitude, un autre relief et un autre encadrement plus qu'inutile, car l'effet en était lourd et tout à fait fâcheux. On supprime donc entièrement la bordure tissée en acceptant le cadre en bois, et l'aire de la tenture s'agrandit et devint d'un meilleur effet par ce changement rationnel. Notre principale tenture appartient à ce qu'on appelait « La noble pastorale », et c'est l'allégorie, cette allégorie perpétuelle et sans trêve du XVIIIe siècle qui, sous la figure humaine, lui donne son sens, heureusement peu compliqué. Les deux médaillons qui se font pendant s'opposent l'un à l'autre, le premier avec la nudité d'un terrain infertile, parce qu'il est inculte ; le second, avec son jardin fleuri, exprimant les charmes de la culture. L'autre pastorale (**n° 11**) allie l'allégorie à la réalité ; elle a pour titre « L'offrande à l'amour ». En ce temps-là les statues de pierre s'animaient encore, et dans tel tableau, par exemple, on voit Cupidon assistant du haut de son piédestal aux confidences d'un couple d'amoureux, porter le doigt à ses lèvres pour leur assurer qu'il gardera bien leur secret.
En définitive, ces productions de jolie physionomie, mais sans grandeur, d'un caractère précieux, et dans lesquelles on combinait l'emploi de la soie et de la laine, cette dernière servant aux ombres et aux demi-teintes, les clairs et les rehauts étant en soie, comptent parmi les meilleures de celles qui sont sorties de la manufacture de Beauvais. Les ouvriers de cette maison s'étaient tellement engoués de ce genre d'ornementation qu'on les voit alors se révolter en 1783, parce qu'on voulait leur donner d'autres modèles qui, à leur sens, ne pou-

in the direction of classical inspiration. The remaining motifs (**nos. 6, 8, 10, 13, 15, and 17**) represent continuous designs taken from panel ornamentation.

konnten – was vermutlich den Tatsachen entsprach.
Die Motive in Flachrelief (**Nrn. 2–5, 7, 9, 12, 14 und 16**) stammen aus der Zeit Ludwigs XVI.; sie zeigen die Vorliebe der Zeit für antike Dinge. Alle anderen Motive mit laufenden Zeichnungen (**Nrn. 6, 8, 10, 13, 15 und 17**) gehören zum Tafelwerk von Wohnungen.

vaient être qu'inférieurs ; ce qui était, au reste, probablement vrai.
Les motifs en bas-relief (**nos 2–5, 7, 9, 12, 14 et 16**) sont de l'époque de Louis XVI, et leur caractère se rattache à l'évolution du temps vers l'Antiquité. Tous les autres motifs (**nos 6, 8, 10, 13, 15 et 17**) donnant l'étalon de dessin courants sont tirés des appartements.

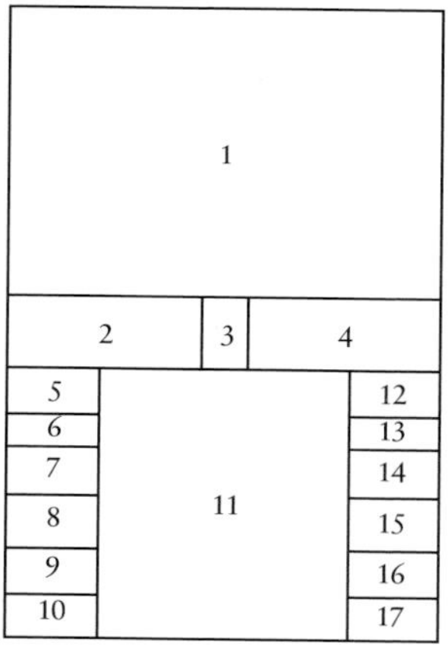

1

2 3 4

5 6 7 8 9 10

11

12 13 14 15 16 17

303

18th Century

PAINTING UNDER GLASS

These panels are from the jewel cabinet presented to Queen Marie-Antoinette by the city of Paris in 1787 and regarded as one of the greatest masterpieces of French craftsmanship. It is made of mahogany and stands on a table with eight legs. The body of the cabinet is in three sections separated by caryatids representing the Seasons. The outer sections, narrower than the middle one, are decorated with paintings under

303

18. Jahrhundert

HINTERGLASMALEREI

Diese Tafeln gehören zu jenem Schmuckschrank, den die Stadt Paris im Jahre 1787 der Königin Marie Antoinette schenkte. Das Möbel gilt als ein Meisterwerk des französischen Kunsthandwerks. Der Kabinettschrank besteht aus Mahagoni und ist auf einen achtfüßigen Tisch montiert. Er setzt sich aus drei Flügeln zusammen, die durch Karyatiden, die die Jahreszeiten darstellen, voneinander getrennt sind. Die beiden äußeren

303

XVIIIe siècle

LA PEINTURE SOUS VERRE

Ces panneaux proviennent de l'armoire à bijoux offerte en 1787 à la reine Marie-Antoinette par la ville de Paris. On considère ce meuble comme un des chefs-d'œuvre de l'industrie artistique nationale. Ce cabinet est en bois d'acajou, monté sur une table à huit pieds. Le corps de l'armoire est à trois vantaux séparés par des caryatides symbolisant les saisons. Les vantaux de droite et de gauche, plus étroits que celui du milieu, sont décorés de

glass set in mother-of-pearl and gilt frames edged with pearls. Similar panels of the same size fill the sides of the piece. Of the two reproduced here, the one with the medallion in the centre is from one of the sides and the other from the front.
The panels are simply painted on paper, as can be seen where on one of them the glass has been broken (it happened at the Tuileries and the glass has been missing since the Revolution of 1830). Pressed tightly against the ornamentation, the glass creates the illusion that these paintings are themselves glazed. Degault, the artist who signed these panels, showed consummate skill in painting his ornamentation on paper and laying glass on top, giving his work a discreet opulence that painting directly on the glass could hardly have matched.
In style these panels naturally reflect the main inspiration of the period, which came from the classical revival and more particularly the influence of Pompeii. Interestingly the law of symmetry is observed while being handled with the utmost gracefulness. It is by a purely rhythmic link that the male and female figures emerging from the acanthus foliage, balancing their movements in the golden atmosphere, are attached to the ornamental structure proper.

Flügel sind schmaler als der mittlere und mit Hinterglasmalereien verziert. Diese sind von Perlmutt umgeben, das als Band eines Goldrahmens mit Perlenbordüren dient. Beide Seiten des Möbels weisen je eine Tafel gleicher Art und Größe auf. Jene der beiden abgebildeten Dekorationen, deren Mitte ein rundes Medaillon einnimmt, befindet sich auf der einen Seite, während die andere zur Vorderansicht gehört.
Die Tafeln sind auf Papier gemalt, wie man dies bei einer Tafel durch das zerbrochene Glas hindurch sehen kann, eine Beschädigung, die der Schrank während der Revolution von 1830 in den Tuilerien erlitt. Das direkt auf der Malerei liegende Glas täuscht vor, diese sei emailliert. Mit großem Geschick setzte Degault, der die Tafeln signierte, diese Technik der Papiermalerei ein. Seine Dekorationen wirken auf diese Weise reicher als die direkte Glasmalerei.
Der Stil der Tafeln hängt natürlich vom Zeitgeist, von der Orientierung an der Antike und der damaligen pompejanischen Tagesmode ab. Diese kleinen regelmäßigen Dekorationen bieten viele Vorzüge. Das Gesetz der Symmetrie wird beachtet und mit Anmut gehandhabt. Auf eine rhythmische Weise sind die Figuren, die aus dem Akanthus hervorwachsen, die Mädchen oder Genien, die sich in einer goldfarbenen Atmosphäre hin- und herbewegen, die Figuren und das sich mit ihnen entwickelnde Blattwerk mit den Elementen der eigentlichen dekorativen Konstruktion verbunden.

peintures sous verre, entourées de nacre formant la plate-bande d'un cadre doré à bordures de perles. Sur chaque côté en retour du meuble, se trouve un panneau de même nature et de même dimension. Celui de nos deux décors dont le centre est occupé par un médaillon rond se trouve sur le côté en retour ; l'autre appartient à la façade.
Ces panneaux sont simplement peints sur papier, comme on le voit par la glace brisée de l'un d'eux, blessure reçue aux Tuileries et restée béante depuis la révolution de 1830. Le verre intermédiaire étroitement appliqué sur ces ornements fait illusion et donne à croire que ces peintures sont directement émaillées. C'est avec une habileté consommée que Degault, qui a signé ces panneaux, a recouru au stratagème de la peinture sur papier, émaillée par la superposition d'une glace. Il a procuré ainsi à son décor une richesse discrète que la peinture directe sur verre aurait peine à égaler dans sa juste mesure.
Le style de ces panneaux découle, naturellement, du souffle inspirateur de l'époque, le renouveau antique, le courant pompéien du jour. On rencontre dans ces petits décors réguliers des qualités à signaler. La loi de la symétrie y est respectée, mais elle est maniée avec une grâce très réelle. Ce n'est que par un lien tout rythmique, que les figures issues de l'acanthe, filles ou génies, balançant leur mouvement dans l'atmosphère d'or, se trouvent rattachées, elles et les évolutions de leurs rinceaux, aux éléments de la construction ornementale, proprement dite.

18th Century

BROCADED DAMASKS: TYPES USING RIBBONS COURANT WITH RESERVES

Fashion is a despotic ruler, imposing its taste or rather its whims everywhere. Fashion has its favourites, and they become everybody's favourites. This type, with ribbons courant framing floral reserves inside their flowing curls, was one of the most successful creations of the Lyons manufactory around the end of the 17th century. It became a universal craze, with France contributing to that success by lending its patronage, as the size and superiority of its output certainly justified.

The specimens illustrated here were chosen from among a large quantity of fabrics displaying a similar arrangement, with preference being given to examples offering either more variety or greater opulence. The gold-brocaded damask with a white

304

18. Jahrhundert

BROSCHIERTER DAMAST: MUSTER MIT LAUFENDEN BÄNDERN

Als despotische Herrscherin setzt die Mode überall ihren Geschmack oder, besser, ihre Launen durch; sie hat ihre Günstlinge, die von allen akzeptiert werden. Das Muster mit laufenden Bändern, die mit Blüten und Blattwerk besetzt sind, war im späten 17. Jahrhundert eine der Schöpfungen der Lyoner Werkstätten, die größten Anklang fand. Die Begeisterung war allgemein, und Frankreich trug dazu bei, den Erfolg zu vergrößern, indem es die Schirmherrschaft übernahm, was im Übrigen durch die Bedeutung und die Überlegenheit der französischen Manufakturen durchaus gerechtfertigt war.

Die auf unserer Tafel zusammengestellten Beispiele wurden aus einer Vielzahl ähnlicher Stoffe ausgewählt. Wir gaben jenen den Vorzug, die eine größere Vielfalt oder

304

XVIIIe siècle

DAMAS BROCHÉS : TYPES DES RUBANS COURANTS À RÉSERVE

La mode, en souveraine despotique, impose partout ses goûts ou plutôt ses fantaisies ; elle a ses favoris que tout le monde accepte. Le type des rubans courants à réserve de fleurs encadrées dans les replis de leurs enroulements, fut, à la fin du XVIIe siècle, une des créations de la fabrique de Lyon, qui obtint le plus de succès. L'engouement fut universel, et la France contribua à en propager le succès en lui accordant un patronage, d'ailleurs justifié par l'importance et la supériorité de ses manufactures.

Les spécimens reproduits sur notre feuille sont choisis parmi un grand nombre d'étoffes de semblable disposition. Nous avons donné la préférence à celles qui offraient ou plus de variété ou plus de richesse. Le damas broché d'or à fond blanc, placé à l'angle gauche du haut de

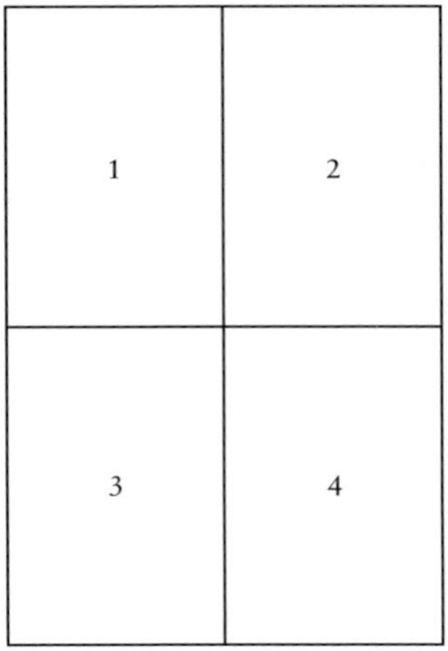

1	2
3	4

ground (**no. 1**) is more elegant than its neighbour with a purple ground (**no. 2**), which strikes us as richer but also heavier in terms of its decorative effect. On the sample having a red ground (**no. 4**), notice how the decoration on the ribbon reproduces the precise design of one of those fine fabrics dating from the same period. Finally, we felt we must set opposite the latter sample one using the same type but with the ribbon replaced by a meandering stem of flowers (**no. 3**).

einen größeren Reichtum bieten. Der goldbroschierte Damast auf weißem Grund in der linken oberen Ecke (**Nr. 1**) ist eleganter und kunstvoller gezeichnet als sein Nachbar mit violettem Grund (**Nr. 2**), der uns reicher, doch in dekorativer Hinsicht schwerfälliger erscheint. Das Stück mit rotem Grund (**Nr. 4**) weist ein verziertes Band auf, das dasselbe Dessin wie einer jener feinen Stoffe aus der gleichen Zeit besitzt; wir stellten ihm einen Damast gegenüber, bei dem das Band durch einen Blütenzweig ersetzt ist (**Nr. 3**).

la page (**nº 1**), est plus élégant, plus savamment dessiné que cet autre à fond violet (**nº 2**), son voisin, qui nous semble plus riche, mais aussi plus lourd d'effet décoratif. On doit remarquer, dans l'échantillon à fond rouge (**nº 4**), un ruban agrémenté qui reproduit le dessin exact d'un de ces menus tissus de la même époque ; enfin, nous avons cru devoir mettre en regard de celui-ci le même type, où le ruban se trouve remplacé par une branche courante de fleurs (**nº 3**).

305

18th Century

SILKS: TYPE USING CHINESE COPIES

Louis XV is known to have sent a deputation to the Ruler of the Celestial Empire with orders to present to him, among other gifts, the richest fabrics produced by France's weaving workshops, notably a magnificent Gobelins tapestry representing a Chinese market. Incidentally, it was the same tapestry that, when the French army took Beijing in October 1860, our soldiers recovered from the Summer Palace. These splendid gifts were to further boost trade relations between the two countries – relations that had already undergone substantial expansion in the 17th century. It became a mark of the highest taste for people to place orders in China (and subsequently in Japan) for luxury porcelain services produced to designs executed in France. And the cabinets of collectors still contain large quantities of such ceramic

305

18. Jahrhundert

SEIDE: MUSTER MIT CHINOISERIEN

Bekanntlich schickte Ludwig XV. eine Gesandtschaft an den Kaiser von China, dem sie neben weiteren Geschenken die reichsten Stoffe unserer Werkstätten und insbesondere einen herrlichen Gobelin-Wandbehang mit der Darstellung eines chinesischen Marktes zu überreichen hatte. Nebenbei sei bemerkt, dass unsere Truppen diesen Behang im Oktober 1860 bei der Einnahme von Beijing und der Plünderung des Sommerpalasts wiederfanden. Diese prachtvollen Geschenke sollten dazu beitragen, die gegenseitigen Handelsbeziehungen, die im 17. Jahrhundert bereits ein beträchtliches Ausmaß angenommen hatten, weiter zu fördern. So wurde es Mode, in China und später in Japan luxuriöse Porzellanservice nach französischen Entwürfen in Auftrag zu geben. In den Sammlerkabinetten sind noch heute

305

XVIIIe siècle

SOIERIES : TYPE DE COPIES CHINOISES

On sait que Louis XV envoya une députation au souverain du Céleste Empire et qu'elle fut chargée de lui remettre, entre autres présents, les plus riches tissus de nos manufactures, et, notamment, une magnifique tenture des Gobelins, représentant un marché chinois. Disons, en passant, que c'est cette même tenture que, lors de la prise de Pékin (Octobre 1860), notre armée retrouva dans le palais d'Été. Ces magnifiques présents devaient augmenter, entre les deux nations, les rapports commerciaux qui, dès le XVIIe siècle, avaient déjà pris une extension considérable. Il devint du plus haut goût de commander en Chine, et par la suite au Japon, ces services de porcelaine de luxe sur des dessins exécutés en France ; et les cabinets d'amateurs nous montrent encore aujourd'hui bon nombre de ces céramiques ornées

ware adorned with the arms of France's greatest families.
In the midst of this craze for so costly a fashion, there was inevitably no shortage of imitations. Copies of Chinese designs on earthenware, furniture, and especially material became almost commonplace. We need only reproduce a single example of the type at issue here (we have chosen one of the finest) in order to bring to the attention of the artistic community compositions that are quite widespread today. The gold-brocaded fabric reproduced here was, we believe, designed by the draftsman Jean-Baptiste Pillement (1728–1808), who excelled at this kind of composition.

zahlreiche dieser mit den Wappen der vornehmsten Familien Frankreichs geschmückten Keramiken zu bewundern.
Es verwundert nicht, dass angesichts einer so kostspieligen Mode zahlreiche Kopien geschaffen wurden. Die Nachahmungen chinesischer Dessins auf Fayencen, auf Möbelstücken und vor allem auf Stoffen lassen sich kaum zählen. Wir beschränken uns hier darauf, ein einziges Beispiel abzubilden, das wir unter den schönsten auswählten, um diese heute weit verbreiteten Kompositionen der Aufmerksamkeit der Künstler zu empfehlen. Unseres Erachtens lässt sich der Entwurf dieses goldbroschierten Damasts dem Zeichner Jean-Baptiste Pillement (1728–1808) zuschreiben.

des armes des plus grandes familles de France.
Au milieu de l'engouement d'une mode si coûteuse, les copies ne durent pas manquer. Les imitations des dessins chinois sur les faïences, sur les meubles et surtout sur les étoffes se multiplièrent à l'infini. Il nous suffira de donner un spécimen du type en question, choisi parmi les plus beaux, pour signaler à l'attention des artistes ces sortes de compositions assez communes aujourd'hui. C'est au crayon du dessinateur Jean-Baptiste Pillement (1728–1808), qui excellait dans ce genre de dessins, que nous croyons devoir attribuer celui de l'étoffe brochée d'or que reproduit notre planche.

306

18th Century

SEASHELL TYPE

Jean-Baptiste Pillement, a painter, engraver, and designer who was born in Lyons, is generally considered to have been the author of a series of designs that include the seashell type represented here. Clearly these are very simple creations such as could only have been conceived by a young mind, so the artist has to have given birth to them, so to speak, in the early days of his never-ending struggle between self, work, and reputation. Yet Pillement stamped so unmistakable a seal of originality on all his creations that his work stands out clearly from that of his contemporaries. Is it the fact that his designs are invariably executed on a white-satin ground that gives

306

18. Jahrhundert

MUSTER MIT MUSCHELWERK

Jean-Baptiste Pillement, Maler, Kupferstecher und gewerblicher Zeichner, in Lyon geboren, gilt gewöhnlich als Urheber einer Reihe von Entwürfen, zu denen auch das hier abgebildete Muster mit Muschelwerk gehört. Zweifellos handelt es sich noch um ziemlich schlichte Entwürfe, die nur ein junger Kopf ersonnen haben kann; zudem dürfte sie der Künstler in der Frühzeit seines Bemühens um Aufträge und Ruhm geschaffen haben. Sein Werk besitzt jedoch einen unverwechselbaren Charakter, der so anziehend ist, dass man es sofort von anderen zeitgenössischen Arbeiten unterscheiden kann. Gewinnen seine Muster dadurch, dass sie stets auf einem wei-

306

XVIIIe siècle

TYPE DES COQUILLES

Jean-Baptiste Pillement, peintre, graveur, dessinateur d'art industriel, né à Lyon, passe généralement pour être l'auteur d'une série de dessins parmi lesquels on englobe le type des coquilles, que reproduit la planche que nous décrivons. Ce sont là, sans doute, des créations bien simples et dont la conception ne peut émaner que de l'inspiration d'une jeune tête ; aussi l'artiste dut-il les exécuter dans les premiers temps de la lutte ouverte entre lui, le travail et la réputation. Il imprima, cependant, à toute son œuvre, un si saisissant cachet d'originalité, qu'on la distingue des créations contemporaines. Est-ce que ses dessins, toujours exécutés sur fond de satin blanc, y acquièrent une quali-

them more life? Is that what makes their spiky abruptness and unique composition stand out with such prominence? I do not know. What is beyond dispute is that, leafing through a stack of specimens, one spots a Pillement immediately. Such was the reputation this designer acquired that he soon quit fabrics altogether and took up painting. He painted landscapes, floral compositions, and above all portraits – enjoying such success in this field that he became court painter to Queen Marie-Antoinette. With the advent of the Revolution he lost everything. He went to live first in Bordeaux, where he produced a number of works before returning to see out his days in the city of his birth. He left a son, Victor Pillement, who as well as his father's name inherited his artistic career, going on to become a distinguished engraver.

ßem Satingrund ausgeführt sind, einen stärkeren Ausdruck? Sind es ihre deutlichen Umrisse, die das Besondere dieser Kompositionen ausmachen? Unbestreitbar ist, dass man beim Betrachten von Stoffmustern jene dieses Meisters sofort erkennt. Der Ruhm, den sich der Künstler im Laufe der Zeit erwarb, führte dazu, dass er sich von diesen bescheidenen Beschäftigungen ab- und der Malerei zuwandte. Er malte Landschaften, Blumen und insbesondere Porträts. Aufgrund seiner Erfolge in diesem Genre wurde er zum Maler der Königin Marie Antoinette ernannt, ein Titel, den er wie seine Stellung mit der Revolution verlor. Er verließ Paris und zog nach Bordeaux, wo er einige bekannte Werke schuf, bevor er seine letzten Lebensjahre in seiner Geburtsstadt verbrachte. Er hinterließ einen Sohn, Victor Pillement, Erbe seines Namens und seines Berufs, der sich ebenfalls als Stecher auszeichnete.

té plus nerveuse ? Est-ce que, brusquement traités à arêtes coupantes, ils y détachent mieux la singularité de leur composition ? Je ne sais mais, ce qui est incontestable, c'est qu'en parcourant une série d'échantillons, s'il en passe un de ce maître, on dira spontanément, en l'apercevant : voici Pillement. La réputation acquise par l'artiste l'enleva bientôt à ses modestes occupations, qu'il abandonna pour la peinture. Il fit du paysage, des fleurs et surtout des portraits ; ses succès en ce genre lui méritèrent d'obtenir le titre de peintre de la reine Marie-Antoinette, charge qu'il perdit à la Révolution, avec toute sa position. Il quitta Paris et se fixa à Bordeaux, où il exécuta quelques ouvrages, et vint enfin finir ses jours dans la ville qui l'avait vu naître, laissant un fils, Victor Pillement, héritier de son nom et de sa carrière artistique, qui se distingua comme graveur.

— 307 —

18th Century

SILKS, SATINS, AND DAMASKS: SERPENTINE AND SNAKING-BRANCH TYPE

While retaining the decorative use of branches bearing leaves and flowers arranged in serpentine lines, the 18th century thinned the design down in such a way as to make it look quite different from the compositions of previous centuries, although the basic design remains the same. It combined this characteristic with another one, which consisted in breaking the regularity of the vertical wavy

— 307 —

18. Jahrhundert

SEIDE, SATIN UND DAMAST: MUSTER MIT SCHLANGENLINIEN UND RANKENWERK

Das 18. Jahrhundert behielt zwar in seinen Dekorationen das mit Blättern und Blüten besetzte Rankenwerk bei, vereinfachte es jedoch, so dass es sich trotz des gleich bleibenden Dessins grundlegend von den Kompositionen der früheren Jahrhunderte unterscheidet. Ein weiterer Unterschied ist die Aufgabe der regelmäßigen, vertikal angeordneten Schlangenlinien. Einzelne Ranken werden nun unregelmäßig

— 307 —

XVIIIe siècle

SOIERIES, SATINS ET DAMAS : TYPE DE SERPENTINS ET BRANCHES SERPENTINES

Le XVIIIe siècle, tout en conservant dans l'usage de sa décoration les branches garnies de feuilles et de fleurs, disposées en lignes serpentines, les amaigrit de façon à leur donner un aspect tout différent des compositions des siècles précédents, dont la donnée du dessin est la même. A ce caractère il en joignit un autre qui consista à rompre la régularité des lignes serpentines verticales, et à en semer les tron-

lines, distributing the sections in an uneven fashion, and rearranging the bunches of flowers and the leaves in such a way as to fill up the empty spaces in the composition. From these divisions sprang the serpentines and the types we find in the sample at the bottom of our plate (**no. 5**), where they can be seen in green and red accompanied by red roses that fill the said spaces. At the top of the page we find two similar arrangements (**nos. 1 and 2**), one of which is a product of bringing the two genres together. The other three specimens (**nos. 3, 4, and 6**) are all brocaded satins where the same curved line, either regular or interrupted, constitutes the central element. Fabrics of this kind were manufactured around 1775.

verstreut und die leeren Flächen der Komposition mit Blumensträußen und Blattwerk gefüllt. Daraus entwickeln sich die Schlangenlinien und die Muster, die in der linken unteren Ecke unserer Tafel zu sehen sind (**Nr. 5**); dort füllen sie in Grün und Rot, begleitet von Rosarot, die erwähnten leeren Flächen. In der obersten Reihe der Tafel finden wir zwei ähnliche Anordnungen (**Nrn. 1 und 2**), von denen die linke auf der Verschmelzung der beiden Spielarten beruht. Die drei übrigen Stücke (**Nrn. 3, 4 und 6**) sind broschierte Satins, auf denen die Schlangenlinie in regelmäßiger oder unregelmäßiger Form das Grundelement bildet. Stoffe dieser Art wurden um 1775 angefertigt.

çons irrégulièrement, en agençant les bouquets et les feuilles, de manière à leur faire remplir les espaces vides de la composition. De ces divisions naquirent les serpentines et les types que nous remarquons en bas, à gauche, de notre planche (**n° 5**), où on les voit en couleurs verte et rouge accompagnées de rosés rouges remplissant les espaces que nous avons signalés ; nous retrouvons en tête de la page deux dispositions analogues (**n°s 1 et 2**), dont l'une, celle de gauche, procède de la réunion des deux genres. Les trois autres échantillons (**n°s 3, 4 et 6**) sont tous des satins brochés, dont la ligne serpentine, régulière ou tourmentée, est l'élément constitutif. C'est vers la date de 1775 que l'on doit reporter la fabrication de ces sortes d'étoffes.

1	2
3	4
5	6

18th Century

SILKS: TYPES USING WINDING RIBBONS AND STRIPES

The painter Louis Tocqué (1696–1772) painted a portrait of Maria Leszczynska (1703–1768), Queen of France and wife of Louis XV, thus providing us with irrefutable proof of the year in which the decorative type described here was launched upon the fashionable world. It was in 1740 that the artist painted this canvas. Her royal majesty is shown standing; the decoration on her dress consists of poppy blooms entwined in gold ornaments that echo their serpentine pattern, very much in the style of the six specimens that make up our plate. In the excellent Louvre Museum catalogue covering the paintings of the French School, writing under no. 577, the late Frédéric Villot (1809–1875) has left us a description of this portrait together with a critical note on the artist who painted it: "Louis Tocqué," he wrote, "showed exceptional skill in rendering the brilliance of gold and silver fabrics as well as the shimmering effect of floral satins and embroideries." Villot's verdict is so perfectly accurate that even someone not particularly versed in identifying fabrics will immediately recognise the material of the dress worn by Maria Leszczynska as a white satin brocaded with gold and adorned with variously-coloured flowers. It was manufactured in Lyons in the way that only that city, capital of the realm of silk, knew and still knows how. Having said which, is there any need to analyse more closely a

18. Jahrhundert

SEIDE: MUSTER MIT SCHLANGENFÖRMIGEN BÄNDERN UND STREIFEN

Der Maler Louis Tocqué (1696–1772) hinterließ uns im Bildnis von Maria Leszczynska (1703–1768), Königin von Frankreich und Gemahlin Ludwigs XV., einen sicheren Beweis und ein eindeutiges Datum für die Zeit, in der das hier vorgestellte Muster in Mode war. Tocqué schuf das Porträt im Jahr 1740. Die Königin ist stehend dargestellt und trägt eine Robe, deren Muster aus Mohnblüten zwischen schlangenförmigen Goldverzierungen in der Art der sechs hier wiedergegebenen Beispiele besteht. Der von allen betrauerte Konservator der Gemäldesammlung des Louvre, Frédéric Villot (1809–1875), hat uns in seinem Bestandskatalog der Gemälde der Französischen Schule unter Nummer 577 die Beschreibung des Bildnisses und einige Angaben zum Maler hinterlassen. „Louis Tocqué", heisst es bei ihm, „hat mit außergewöhnlichem Geschick den Glanz der Gold- und Silberstoffe und das Schillern des mit Blumen geschmückten Satins und der Stickereien wiedergegeben." Diese Würdigung ist so präzise, dass ein Betrachter, selbst wenn er kein Stoffkenner sein sollte, in Maria Leszczynskas Kleid sofort einen goldbroschierten weißen Satin mit buntem Blumenmuster erkennen wird, der aus Lyon stammt und in seiner Art den Stoffen entspricht, die man in dieser Hauptstadt des Reiches der Seide herzustellen wusste und immer noch weiß. Nach diesen Ausführungen dürfte

XVIIIe siècle

SOIERIES : TYPES DE RUBANS ET RAYURES SERPENTANT

Le peintre Louis Tocqué (1696–1772) nous a laissé, dans le portrait de Marie Leszczynska (1703–1768), reine de France et femme de Louis XV, une preuve certaine, une date irréfutable de l'époque où fut mis à la mode le type que nous décrivons ici. C'est en 1740 que l'artiste peignit cette toile. Sa Majesté Royale y est représentée debout, vêtue d'une robe dont le dessin est composé de pavots fleuris, enlacés dans des ornements d'or serpentant avec eux, dans le goût des six spécimens que contient notre planche. Le regretté M. Frédéric Villot (1809–1875), sous le n° 577 du remarquable livret du Musée du Louvre qui comprend les peintures de l'Ecole française, nous a laissé la description de ce portrait et une notice critique sur l'artiste qui le peignit. « Louis Tocqué », dit-il, « a rendu avec une singulière habileté le brillant des étoffes d'or et d'argent, ainsi que le chatoiement des satins à fleurs et des broderies. » Cette appréciation est si parfaitement juste, qu'un spectateur, même peu habitué à la connaissance des tissus, reconnaîtra de suite, dans la robe que porte Marie Leszczynska, un satin blanc broché d'or et de fleurs de couleurs variées, provenant de la fabrique de Lyon, et traité comme on savait, et comme on sait encore, les faire dans cette ville, capitale du royaume de la soie. Après ce qui précède, est-il nécessaire d'analyser une planche qui ne

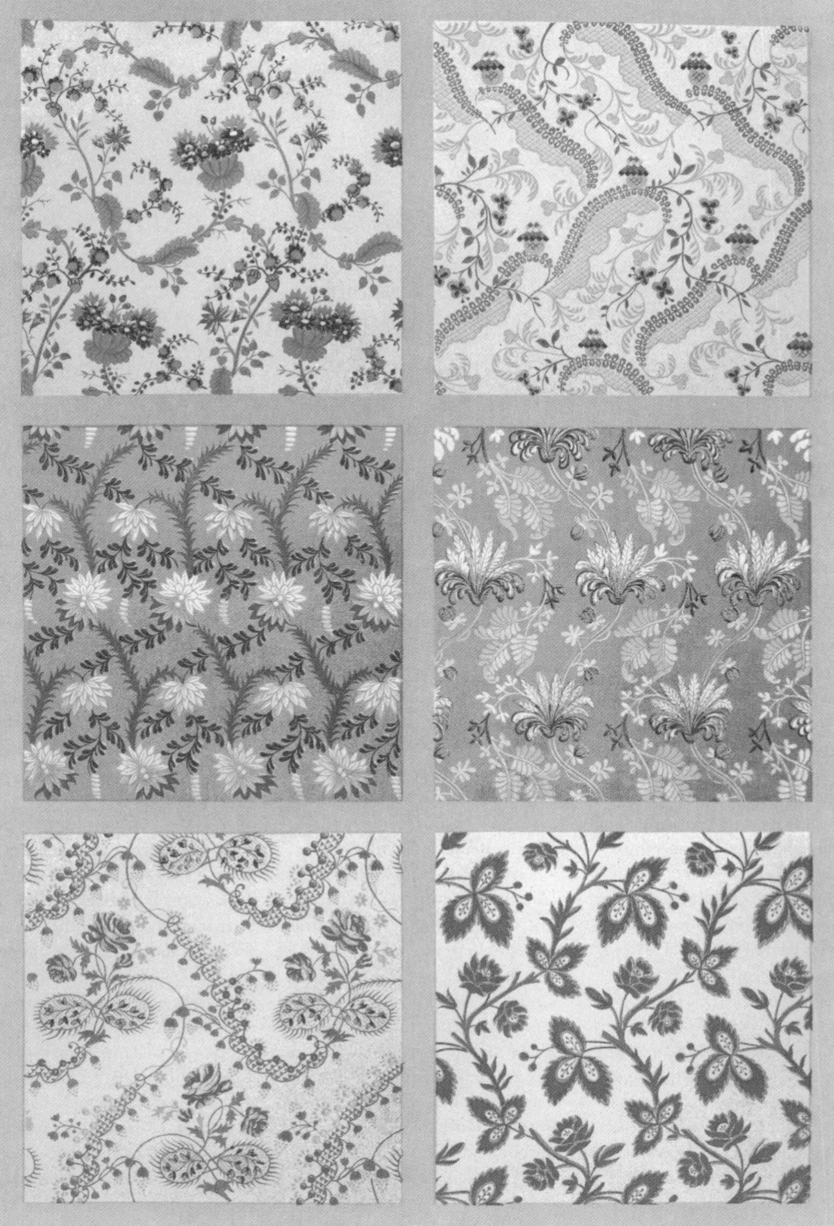

plate that simply illustrates varieties of the type just described?

es nicht mehr nötig sein, eine Tafel zu beschreiben, die lediglich Abwandlungen des soeben beschriebenen Musters präsentiert.

fournit que des variétés du type que nous venons de décrire ?

309

18th Century

SILKS (FRANCE): DAUPHINES AND DAMASKS, BROCADED WITH GOLD AND SILVER

In 1770 the grandson of Louis XV, the Duc de Berry (who of course became Louis XVI), married Marie-Antoinette of Austria. Seizing upon so popular an event as the marriage of the Dauphin, the heir to the throne, industry bestowed the name 'Dauphine' on a kind of heavy silk fabric brocaded with flowers or flowering branches; the ground was twilled, divided into barleycorn squares, or simply laid, depending on the weaving method selected for each piece of this new fabric that the Lyons manufactory had just discovered and was now exploiting. Close inspection of the ground of the specimens placed at the head of our plate (top left and top right) will reveal two of these barleycorn fabrics that, together with several other similar examples reproduced in plate 308, would constitute a full set of what we have termed the 'Dauphine' genre. In this fresh set of models, note that the serpentine lines are combined with straight stripes, as in one of the barleycorn samples (**no. 2**) and in the one with the blue ground (**no. 3**). Note also that, in the two samples occupying the lower part of our plate (**nos. 5 and 6**), all that remains of this layout is

309

18. Jahrhundert

SEIDE (FRANKREICH): GOLD- UND SILBERBROSCHIERTER „DAUPHINE" UND DAMAST

Der Enkel Ludwigs XV. und spätere König Ludwig XVI. hatte 1770 als Herzog von Berry Marie Antoinette von Österreich geheiratet, und die Stoffindustrie nahm diese Hochzeit eines französischen Dauphins zum Anlass, einen Stoff auf den Namen „Dauphine" zu taufen. Dabei handelt es sich um eine schwere, broschierte Seide mit Blumen und Blütenzweigen auf einem Grund in grobem Korn oder Vergé, je nach der Webtechnik, die für diese neuen, in Lyon entwickelten Stoffe gewählt wurde. Wenn man den Grund der in der obersten Reihe abgebildeten Stoffe genauer betrachtet, kann man zwei dieser grobkörnigen Stoffe erkennen, die zusammen mit jenen der vorhergehenden Tafel einen vollständigen Überblick über die Gattung des „Dauphine" ermöglichen.
Wie das Stück in der rechten oberen Ecke (**Nr. 2**) und der blaue Stoff der mittleren Reihe (**Nr. 3**) zeigen, können die Schlangenlinien mit geraden Streifen gemischt werden. In den beiden Beispielen der unteren Reihe (**Nrn. 5 und 6**) erinnert nur noch ein gerader geflochtener Streifen an diese Anordnung, ein Motiv, das in jener Zeit so sehr in Mode kam, dass Sébastien Mercier

309

XVIIIe siècle

SOIERIES (FRANCE) : DAUPHINES ET DAMAS, BROCHÉS D'OR ET D'ARGENT (FRANCE)

Le petit-fils de Louis XV, le duc de Berry, venait d'épouser, en 1770, Marie-Antoinette d'Autriche, et l'industrie, profitant d'un fait aussi populaire que celui du mariage d'un dauphin de France, s'en empara pour donner le nom de Dauphine à un genre d'étoffes de soie épaisses, brochées de fleurs ou de branches fleuries, à fond croisé, quadrillé à grain d'orge ou simplement vergé, suivant le tissage adopté pour chacune des pièces de ces tissus nouveaux, dont la découverte venait d'être mise en œuvre par la fabrique de Lyon. Si l'on examine attentivement le fond des spécimens placés en tête de la planche, on y distinguera deux de ces étoffes à grain qui, rapprochées de plusieurs autres semblables, reproduites dans la planche précédente, formeraient un ensemble complet du genre auquel on avait donné le nom de Dauphine.
Dans cette nouvelle série de modèles, remarquons que les lignes serpentines se mélangent de rayures droites, comme dans l'échantillon placé à l'angle à droite du haut de la page (**n° 2**) et dans celui à fond bleu du milieu (**n° 3**). Signalons aussi que dans les deux échantillons qui occupent la partie basse de la feuille (**nos 5 et 6**), cette disposition n'est

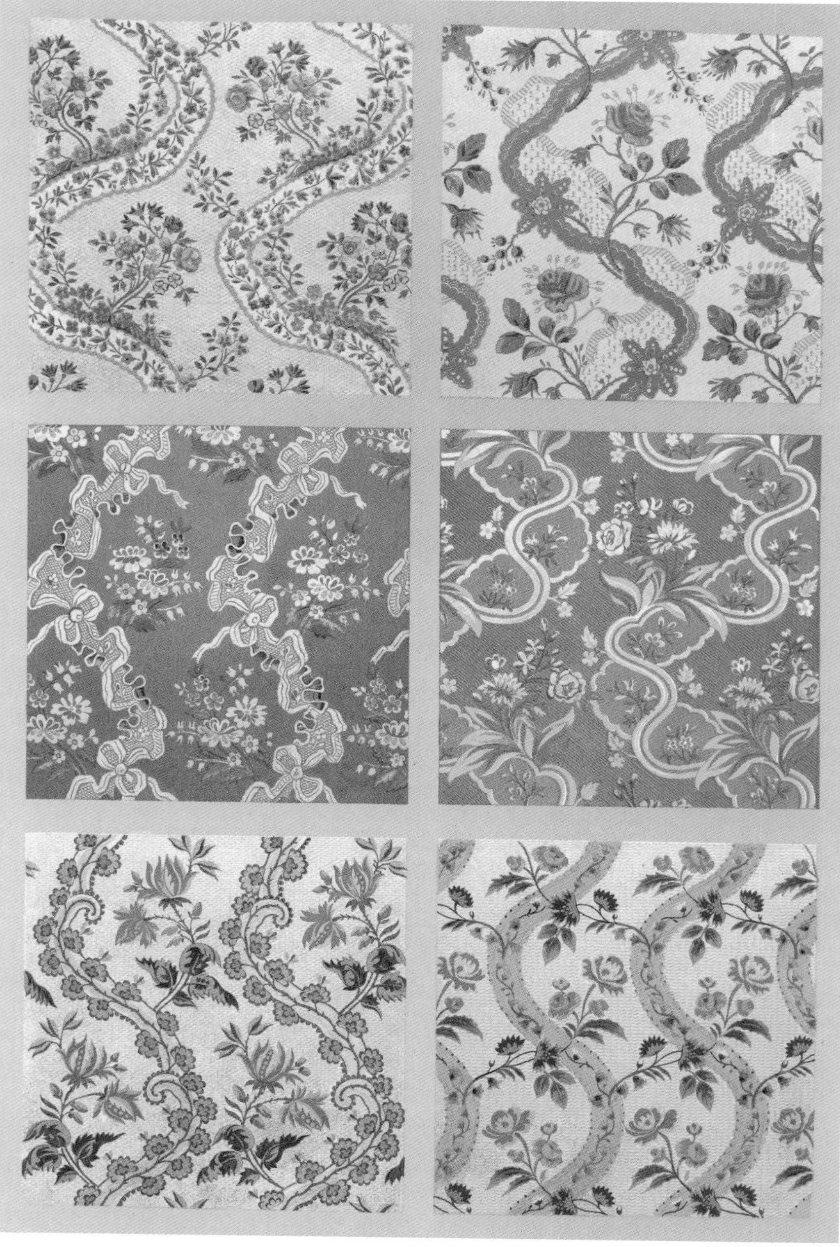

an interlaced arrangement forming a straight stripe. This type tended to be the most popular at the time, prompting Sébastien Mercier, author of the 1788 *Tableau de Paris*, to write "that everyone looks like the Zebra of the King's Chambers". The fact is, sumptuous fabrics were still much in demand. Whether decorated with interlacing or with rectilinear stripes, they were either brocaded or lamé with gold and silver. Of the last two specimens we have just been discussing, one is brocaded and the other enhanced by the lamé technique, using both of those metals.

1788 in seinem *Tableau de Paris* behaupten konnte, dass nun „alle Welt dem Zebra aus dem Cabinet du Roi glich". Noch waren reiche Stoffe sehr gesucht, und ihre Muster aus verschlungenen oder geraden Streifen waren entweder broschiert oder mit Gold und Silber lamiert, wie die beiden zuletzt erwähnten Stücke belegen.

plus rappelée que par un enlacement qui forme une rayure droite, type qui tend à devenir le favori de l'époque, si bien que Sébastien Mercier, dans son *Tableau de Paris* en 1788, pourra dire « que tout le monde ressemble au Zèbre du Cabinet du Roi. » Toutefois les étoffes riches sont encore recherchées, et leurs dispositions tant d'entrelacs que de rayures droites, s'exécutent soit brochées, soit lamées d'or et d'argent. Les deux derniers échantillons mentionnés sont : l'un broché, l'autre lamé de chacun de ces métaux.

1	2
3	4
5	6

18th Century

SILKS: FEATHER TYPE (FRANCE)

In 1774 Princess de Lamballe of the house of Carignan, a friend of Queen Marie-Antoinette, was made Superintendant, and her accession to that office brought with it a fashion innovation. Lacking more precise clues, we shall use the date supplied by this fact of history to determine very approximately the period when the feather type made its first appearance. We classify this as a separate type although strictly speaking it merely constitutes the introduction of an extra element into the pattern of winding lines and rectilinear stripes; however, that gives it a particular originality that had a specific cause, which is why we have to single it out.
There is no doubt whatsoever that this type of fabric ornamentation grew out of the new trend that the Queen and her friend had introduced into court hair-styles. Both woman had boldly provoked the whims of fashion by seeking that little extra something to set off their beauty. As a result, powdered *coiffures* had for some time been growing in a manner quite unheard-of hitherto. In fact, the fashion for tall wigs and prodigious chignons had reached the point where one contemporary caricature depicts the 'artist' responsible for constructing such edifices perched atop a step-ladder, tool in hand, putting the finishing touches to the topmost reaches of a lady's *coiffure*.
It had then become necessary to fill in the gaps left by this moun-

310

18. Jahrhundert

SEIDE: FEDERMUSTER (FRANKREICH)

Im Jahr 1774 wurde Louise von Savoyen-Carignan, Fürstin von Lamballe, eine Freundin Marie Antoinettes, zur Intendantin des königlichen Haushalts ernannt. Ihr Aufstieg war mit der Einführung neuer Moden verbunden. Da uns genauere Daten fehlen, bedienen wir uns hier dieses historischen Ereignisses, um in annähernder Weise die Zeit zu bezeichnen, in der das Federmuster auftauchte. Wir behandeln es hier als eigenen Typ, obwohl eigentlich nur ein einziges neues Element dem Muster aus Schlangenlinien und geraden Streifen hinzugefügt wurde. Es zeichnet sich jedoch durch eine Besonderheit aus, die eine bestimmte Ursache hat, und deshalb konnten wir nicht umhin, es als eigenen Typ vorzustellen.
Dieses Stoffmuster beruht zweifellos auf einer neuen Frisurmode, die von der Königin und ihrer Freundin bei Hof eingeführt wurde. Alle beide besaßen die Kühnheit, mit ihren Einfällen Moden zu lancieren und durch neue Accessoires die eigene Schönheit zu steigern. So hatten die gepuderten Perücken gewaltige Dimensionen angenommen; die Mode der aufgetürmten Haare und riesigen Chignons ging so weit, dass uns eine zeitgenössische Karikatur einen Haarkünstler zeigt, der auf einer Leiter die Spitze einer solchen Perücke mit dem Eisen bearbeitet.
Um die leeren Flächen dieser turmartigen Gebilde zu füllen, griff man auf Federn zurück. So

310

XVIIIe siècle

SOIERIES : TYPE DES PLUMES (FRANCE)

En 1774, la princesse de Lamballe, de la maison de Carignan, amie de Marie-Antoinette, fut promue à la charge de surintendante, et son avènement à cette fonction fut aussi celui de nouvelles modes. A défaut d'indications plus précises, nous nous servirons de la date que nous fournit ce fait historique pour déterminer, d'une manière très approximative, l'époque où apparut le type des plumes que nous classons à part, bien qu' il ne soit qu'un nouvel élément apporté dans la décoration des lignes serpentines et des rayures droites. Il constitue cependant une originalité particulière, qui eut une cause déterminée et, pour cette raison, nous ne pouvions nous abstenir de le signaler.
Cette décoration sur étoffe, procède sans aucun doute du goût nouveau que la reine et son amie avaient introduit dans la coiffure de cour. Toutes deux avaient la hardiesse de provoquer les fantaisies de la mode, en relevant par quelque ajustement nouveau l'éclat de leur beauté. Depuis quelque temps, les coiffures poudrées avaient pris, grâce à cela, des développements ignorés jusqu'alors ; la mode des cheveux relevés et des chignons prodigieux, était poussée si loin, qu'une caricature du temps nous montre l'artiste, auquel on confiait la construction de ces sortes d'édifices, monté tout en haut d'une échelle, le fer en main, appliqué à parfaire le sommet de la coiffure.

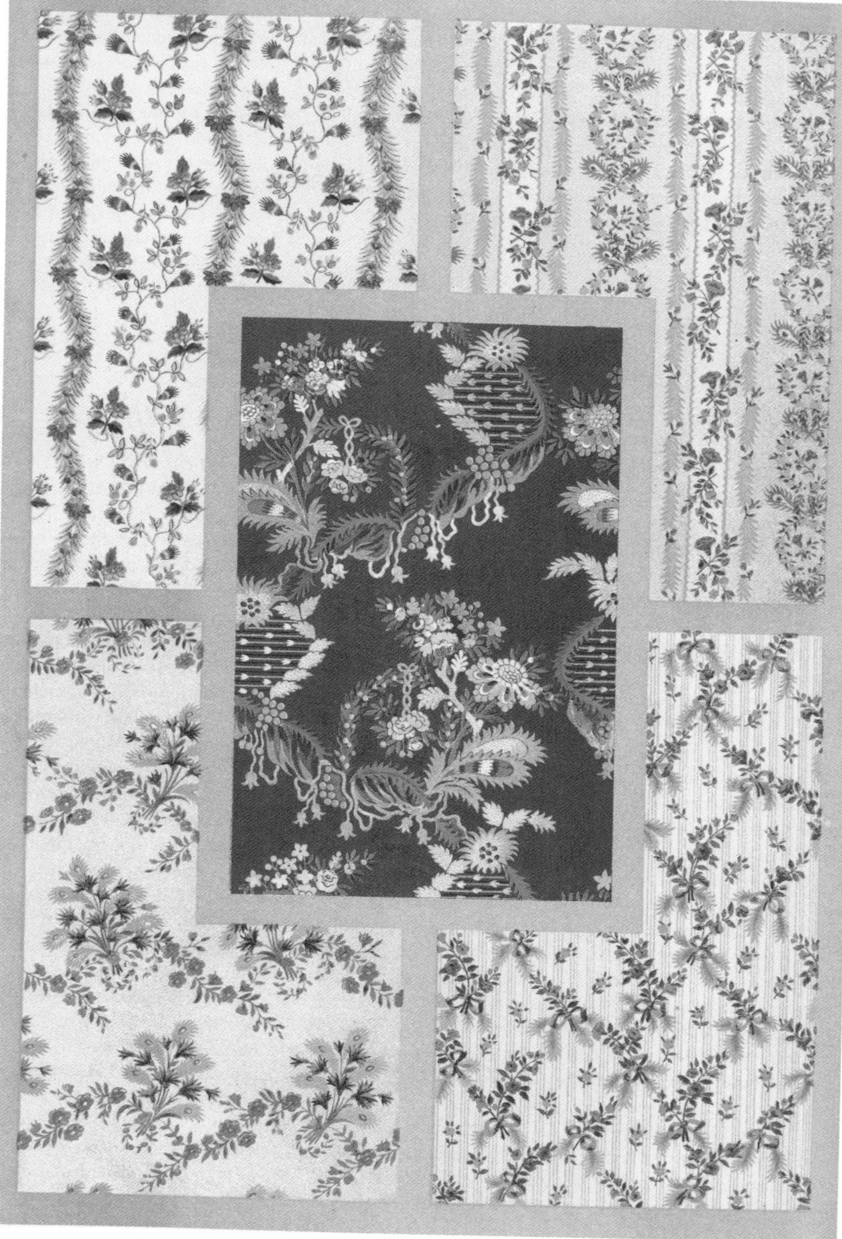

tainous pile, and for that people had recourse to feathers. The marabout had entered the world of fashion, and the feathers of this species now appeared everywhere – in furniture decoration, in fabric design, and in accessories, as we see in the portraits of society women of the time, particularly those depicting the Queen and her friend the princess.

verwendete man die Form der damals sehr beliebten Marabufedern nicht nur zur Verzierung von Möbeln und Stoffen, sondern auch als Haarschmuck, wie uns die Damenporträts jener Zeit, insbesondere die Bildnisse der Königin und ihrer fürstlichen Freundin, anschaulich zeigen.

Afin de remplir les vides que causait ce montagneux fardeau on eut recours aux plumes ; les marabouts étaient devenus de mode, on employa leur forme partout : dans la décoration mobilière, dans celles des tissus et dans le rajustement, comme nous l'indiquent les portraits des femmes de qualité de cette époque, et notamment ceux de la reine et de la princesse, son amie.

311

18th Century

THE PASTORAL-ATTRIBUTES TYPE

The fashion for pastoral attributes began under Louis XIV and reached its heyday under Louis XV and Louis XVI – but how it persisted! Not even the Revolution, which sought to abolish all privilege, entirely succeeded in doing away with it. Even under the Republic the type lived on, as popular ceramics testify. Weavers, too, were not afraid to blend its effects with the stripes that covered all the fabrics of the period.

The specimens reproduced here are taken from a very wide variety of genres. If we look at the first one (**no. 1**), we see there the attributes of the *Berger Fidèle*, the 'Faithful Shepherd': the wreath, the crook, and the dog sitting patiently at the foot of a tree. Below (**no. 3**), we find attributes of the meadows and of country pursuits: the scythe, the rake, the garland of wildflowers, and the instruments of archery. The third sample (**no. 5**) shows attributes of pastoral music: panpipes, horn, and chalumeau. Mov-

311

18. Jahrhundert

MUSTER MIT SCHÄFERMOTIVEN

Die Mode der Schäfer- und Hirtenmotive begann unter Ludwig XIV. und erlebte ihren Höhepunkt unter Ludwig XV. und Ludwig XVI.; obwohl die französische Republik sämtliche Privilegien abschaffte, gelang es ihr nicht, die Schäfermotive aus der Welt zu schaffen, wie die volkstümliche Keramik belegt. Der Tuchweber mischte sie ohne Bedenken mit den Streifen, die damals sämtliche Stoffe bedeckten.

Die hier abgebildeten Beispiele sind allen Genres entnommen. In der linken oberen Ecke der Tafel (**Nr. 1**) sehen wir die Attribute des *Treuen Hirten*: Kranz, Hirtenstab und Hund, der zu Füßen eines Baums wartet; darunter (**Nr. 3**) erkennt man ländliche Werkzeuge, wie Sense und Rechen, aber auch den Kranz aus Wildblumen, ferner Pfeile und Bogen, ganz unten (**Nr. 5**) die Musikinstrumente der Hirten: Oboe, Schalmei und Horn. In der rechten Spalte mit den für das späte 18. Jahrhundert typischen Streifenmustern finden wir gekno-

311

XVIIIe siècle

TYPE D'ATTRIBUTS PASTORAUX

Que de temps n'a-t-elle pas vécu cette mode des attributs pastoraux, née sous Louis XIV, de haut goût sous Louis XV et Louis XVI ; la République, en fauchant tous les privilèges, put à peine parvenir à la priver du sien. A cette époque même ce type résista, comme la céramique populaire nous le montre. Le tisserand ne craignit pas d'en mélanger l'effet aux rayures, dont on couvrait alors tous les tissus.

Les spécimens que nous reproduisons sont empruntés un peu à tous les genres. Le premier d'entre eux, placé dans l'angle gauche du haut de la planche (**nº 1**), montre les attributs du *Berger Fidèle*, la couronne, la houlette et le chien attendant au pied d'un arbre ; au-dessous (**nº 3**), les attributs des prairies et des jeux champêtres : la faux, le râteau, la couronne de fleurs des prés, puis les instruments du tir à l'arc ; au-dessous encore (**nº 5**), se voient les attributs de la musique pastorale : la musette, le chalumeau et le cornet à bouquin.

ing to the right-hand column, where we find more of the stripes typical of late 18th century fabrics, we see ribbons and doves (**no. 2**), baskets of flowers (**no. 4**), and finally (**no. 6**) two symbols of a more sentimental kind of music: lute and lyre. How redolent are all these specimens of a society that each step brought inexorably closer to ruin!

tete Bänder und Tauben (**Nr. 2**), Körbe voller Blumen (**Nr. 4**) sowie Leier und Gitarre als Symbole der empfindsameren Musik (**Nr. 6**). All dies verweist auf eine Gesellschaft, die Schritt für Schritt dem Untergang entgegengeht

Alors, reprenant la travée de droite composée du genre à rayures, marquant la fin du XVIIIe siècle, nous y trouvons les nœuds de ruban et les colombes (**nº 2**), les paniers emplis de fleurs (**nº 4**) ; enfin, des emblèmes de la musique plus sentimentale, la lyre et la guitare (**nº 6**). Tout cela ne répand-il pas le parfum d'une société que chaque pas conduit incessamment à sa ruine.

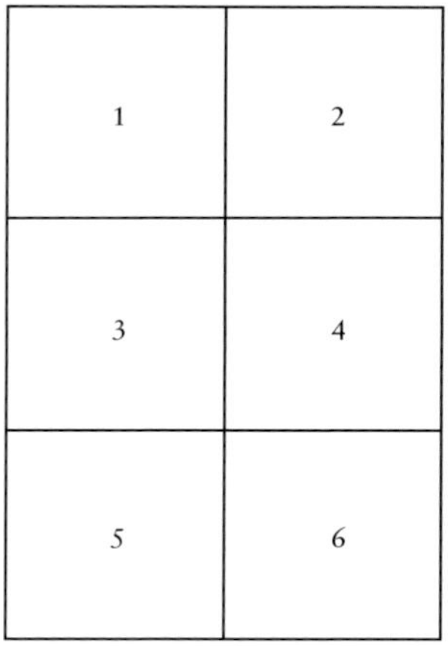

1	2
3	4
5	6

312

18th Century

TYPE USING COMPARTMENTS AND FLOWERS

A new type of fabric ornamentation featuring curious compartments formed by a network of wavy lines (some layered, some broken) appeared around the middle of the 18th century. Only rarely do fabrics covered with this sort of decoration seem to have been called upon to play the role of the renowned enchantresses that fash-

312

18. Jahrhundert

MUSTER MIT BLUMENFELDERN

Ein Muster mit Feldern einer neuen Art, gebildet aus sich kreuzenden Schlangenlinien, die einen fortlaufend, die anderen unterteilt, tauchte um die Mitte des 18. Jahrhunderts auf, und obwohl die Stoffe, die damit geschmückt waren, nur selten zur Anfertigung höfischer Gewänder dienten, erwarben sie doch in der Damentoilette der

312

XVIIIe siècle

TYPE DE COMPARTIMENTS ET DE FLEURS

Un type de singuliers compartiments d'un genre nouveau, fourni par l'entrecroisement de lignes serpentines, les unes couchées, les autres rompues, apparut vers le milieu du XVIIIe siècle et, bien que les étoffes, qui se couvrirent de ce genre de décoration, ne semblent que rarement avoir été appelées à jouer le rôle de ces célèbres en-

ion dictated should clothe the young ladies of the court. Nevertheless, they enjoyed high status in the female apparel of the 17th century, and occasionally the composition even appears on furnishing fabrics. When made up as dresses, they tended to use darker shades and were worn only by women of a certain age; even where such designs were superimposed on a lighter ground, they can hardly have served to clothe youthful bodies. For the most part, these were fabrics for town wear and daytime use, with the possible exception of those specimens woven in gold thread.
One of these, with a crescent moon topped by a star (**no. 1**), was undoubtedly made for export to the East. Turkey will have ordered it directly from Lyons, or the work will have been produced as a gift for the Sultan. Both hypotheses are admissible, because we know it was the custom to present gifts to foreign courts, and we also know that Turkey placed large orders with French weavers. The second

Mitte des 17. Jahrhunderts einen beachtlichen Rang. Manchmal war dieses Muster auch auf Möbelstoffen zu finden. Waren die Farben dunkel getönt, so handelte es sich ausschließlich um Kleider für ältere Damen, und selbst geblümte Stoffe in helleren Tönen wurden fast nie von der Jugend getragen. Meist waren es Stoffe für die Stadt- und Tagesgarderobe, wobei die golddurchwirkten Stücke die einzige Ausnahme bildeten.
Ein mit Halbmonden und Sternen geschmückter Stoff (**Nr. 1**) war gewiss für den Export in den Orient bestimmt, sei es, dass ihn ein türkischer Käufer direkt in Lyon in Auftrag gegeben hatte oder dass er als Geschenk für den Sultan gedacht war. Beide Hypothesen haben eine gewisse Wahrscheinlichkeit, da man weiß, dass zum einen Geschenke an ausländische Höfe durchaus üblich waren und zum anderen die Türken große Bestellungen aufgaben. Der zweite golddurchwirkte Stoff auf weißem Satingrund (**Nr. 5**) war zweifellos für ein Kleid bestimmt, während

chanteresses, dans lesquelles la mode fit tailler les robes de cours, elles n'en tinrent pas moins un rang notable dans la toilette des femmes vers la moitié du XVIIe siècle ; quelquefois même on vit figurer cette disposition parmi les tissus d'ameublement. Toutefois, les robes taillées dans la gamme des tons foncés ne se rencontrent jamais qu'en vêtements de femmes âgées, et même si ces dessins courent sur un fond de nuances plus claires on ne les voit guère servir de cadre à la jeunesse. Ce furent la plupart du temps des tissus fabriqués pour la ville et pour les usages de la journée ; les spécimens tissés d'or font peut-être seuls exception.
L'un d'eux, où se voient des croissants surmontés d'étoiles (**nº 1**), fut certainement destiné à l'exportation orientale, soit que la Turquie en ait fait à Lyon directement la commande, soit que le travail ait été exécuté pour être offert au Sultan. Il était en effet d'usage de faire des présents aux cours étrangères, et l'on sait aussi que la Turquie nous a

1	2
3	4
5	6
7	8

specimen, using gold thread on a white-satin ground (**no. 5**), was no doubt dress material, as the one in the last row – red ground, gold decoration, entwined ivy (**no. 7**) – was one of the furnishing-fabric designs. The other five samples (**nos. 2–4, 6, and 8**) were cut into dresses, waistcoats, or jackets.

das darunter abgebildete Muster (**Nr. 7**) mit verschlungenen Efeuranken und Golddekor auf rotem Grund einen Möbelstoff schmückte. Die fünf übrigen Beispiele (**2–4, 6 und 8**) wurden zu Röcken oder Westen verarbeitet.

fait de grandes commandes. Le second spécimen tissé d'or, à fond de satin blanc (**n° 5**), fut sans doute une étoffe de costume, comme celui placé en dessous à fond rouge (**n° 7**), à décors d'or et de lierres enlacés, fut une des dispositions des étoffes d'ameublement. Les cinq autres (**n°s 2–4, 6 et 8**) ont été taillés en robes, gilets ou habits.

313

18th Century

SILKS: ENTWINED-RIBBON TYPE

This type is usually combined with the medallion type; occasionally, the medallions are replaced with ingenious interlacing, and graceful lines of ribbon themselves serve to frame the flowers or trophies displayed in the gap.

The portraits of Louis XVI and Marie-Antoinette on a piece of white satin (top centre) make it superfluous to put a more precise date upon the samples illustrated in this plate. They all belong so uniformly to the type defined here that it seemed unnecessary to expand on the individual character of each composition; all we need say is that Philibert de la Salle created most of these designs for the Lyons manufactory.

We are deeply obliged to the Marquis de Selve for making it possible for us to grace our plate with these portraits of the King and Queen. The Marquis was kind enough to part – temporarily – with this little picture, which he kept in his Villiers château.

313

18. Jahrhundert

SEIDE: MUSTER MIT VERSCHLUNGENEN BÄNDERN

Dieses Muster ist meistens mit dem Medaillonmotiv verknüpft, das es gelegentlich mittels kunstvoller Verschlingungen ersetzt. Die anmutigen Konturen des Bandes dienen als Rahmen für Blumen oder Trophäen, mit denen die leeren Flächen gefüllt sind.

Die auf weißen Satin geprägten Bildnisse von König Ludwig XVI. und Marie Antoinette in der oberen Mitte unserer Tafel entbinden uns von der Pflicht, den hier zusammengestellten Stücken ein präziseres Datum zu geben. Sie gehören alle so eindeutig zu demselben Typ, dass es uns überflüssig erscheint, ihre besonderen Merkmale hervorzuheben; die Feststellung, dass die meisten dieser Kompositionen vom Ornamentzeichner Philibert de la Salle für die Werkstätten von Lyon geschaffen wurden, benötigt keiner weiteren Ergänzung.

Wir verdanken es Marquis de Selve, dass wir unser Buch mit den Porträts des Königspaars schmücken können; er trennte sich vorrübergehend von diesem kleinen Bild, das er in seinem Schloss Villiers aufbewahrt.

313

XVIIIe siècle

SOIERIES : TYPE DES RUBANS ENLACÉS

Ce type s'allie le plus souvent à celui des médaillons qu'il remplace quelquefois au moyen d'ingénieux enlacements. Les gracieux contours du ruban servent seuls de cadre aux fleurs ou trophées qui en remplissent le vide.

Les portraits de Louis XVI et de Marie-Antoinette, imprimés sur satin blanc qui figurent en tête de notre planche, nous dispensent d'assigner une date plus précise aux pièces qui la composent. Elles appartiennent toutes si uniformément au type que nous avons voulu indiquer, qu'il nous a paru inutile de faire ressortir le caractère particulier de chacun de ces dessins ; il nous suffira de dire que Philibert de la Salle créa pour la fabrique de Lyon la majeure partie de ces compositions.

Nous devons à l'extrême obligeance de M. le marquis de Selve, d'avoir pu orner notre livre des portraits du roi et de la reine ; il a bien voulu se priver en notre faveur de ce ravissant petit tableau qu'il conservait dans son château de Villiers.

18th Century

SILKS: VOLUTED ORNAMENT

We reproduce the design running down the centre of our plate in its full width in an attempt to render the composition of all the other specimens comprehensible, since their size prevents us from showing them all in this way. Nearly always comprising two subjects, sometimes three, they repeat only at long intervals. They thus form whole panels of ornamentation (we call them 'uprights') often remarkable in terms of their composition as well as being perfectly executed, with the weaver drawing upon the whole gamut of the marvellous secrets of his trade.
At the time when this design type was created (namely, towards the end of the reign of Louis XVI), the acanthus-leaf volute represented the height of fashion in furniture. It was used to adorn friezes of gilded bronze. The finest pieces made of rosewood or Santo Domingo mahogany were covered with this kind of decoration – so felicitously and so tastefully that they are valued at least as highly today as when they were made. The demands of decorative harmony obliged the fabric manufacturer to commission designs that would match this kind of luxurious interior, resulting in these lovely compositions that, a revival of taste having drawn inspiration from the well-springs of the past, weavers so successfully reproduced.
Two motifs can be seen alternating in the central specimen (**no. 7**), where brocading on white satin is

314

18. Jahrhundert

SEIDE: VOLUTENMUSTER

Indem wir den Stoff in der Tafelmitte in voller Höhe des Musterrapports reproduzieren, möchten wir zugleich die Komposition aller anderen Stücke verständlich machen, die nicht vollständig abgebildet werden können. Fast immer aus zwei, manchmal aus drei Sujets zusammengesetzt, wiederholen sie sich erst in einer so großen Distanz, dass sie echte Ziertafeln bilden. Ihre häufig kunstvolle Komposition geht mit einer perfekten Ausführung einher, die von der handwerklichen Meisterschaft der Weber zeugt.
Als man dieses Muster gegen Ende der Regierungszeit Ludwigs XVI. kreierte, waren Akanthusvoluten ein beliebtes Motiv in der Möbelkunst, das vor allem Beschläge aus vergoldeter Bronze zierte. Die herrlichsten Möbel in Rosenholz oder Mahagoni aus Santo Domingo waren mit solchen Voluten geschmückt und werden aufgrund der Formschönheit ihrer Details heute noch genauso geschätzt wie damals. Um die dekorative Harmonie zu wahren, sahen sich die Stofffabrikanten genötigt, Dessins in Auftrag zu geben, die zu dieser luxuriösen Innenausstattung passten, und so entstanden diese reizvollen Kompositionen, die unsere Betriebe heute, da das kunsthandwerkliche Niveau durch die Anlehnung an die Vergangenheit wieder gestiegen ist, mit Erfolg reproduzieren.
Im mittleren Stoff (**Nr. 7**) alternieren zwei auf weißem Satin broschierte Motive, die von sich ein-

314

XVIIIe siècle

SOIERIES : D'ORNEMENTS À VOLUTES

Nous essayons, en reproduisant le dessin du milieu de la planche dans toute son ampleur, de faire comprendre la composition de tous les autres spécimens, leur développement ne nous permettant pas de reproduire la totalité de chacun d'eux. Composés presque toujours de deux sujets, quelquefois de trois, leur alternance ne revient qu'à de si longues distances, qu'elle en forme de véritables panneaux ou montants d'ornements, dont la composition est souvent remarquable et se joint à une exécution parfaite, que le tisserand a enrichie de toute la variété des secrets de ses admirables procédés.
A l'époque où l'on créa ce genre de dessin, c'est-à-dire vers la fin du règne de Louis XVI, la volute à feuilles d'acanthe était fort à la mode dans le mobilier ; on en ornait les frises en bronze doré. Les plus beaux meubles de bois de rosé ou d'acajou de Saint-Domingue étaient recouverts de ces décorations, avec tant de bonheur et de goût, qu'ils sont pour le moins autant estimés aujourd'hui qu'autrefois. L'harmonie décorative obligea le fabricant d'étoffes à commander des dessins en rapport avec ce luxe intérieur, et il en naquit ces belles compositions que nos métiers reproduisent avec succès, depuis que le goût s'est relevé en s'inspirant aux sources du passé.
Une alternance de deux motifs se voit dans le spécimen du milieu (**nº 7**) ; ce sont des brochés sur satin blanc enfermés dans des volutes tournantes. Nous avons dis-

enclosed within twisting volutes. We have arranged the other models around it a way that we hope will help to determine the precise period of the plate as a whole. They include a group of musical instruments (**no. 1**), two women in classical costume (**no. 2**), cocks' heads (**no. 3**), griffins with eagles' beaks (**no. 4**), and a helmeted Minerva (**no. 6**) – all obligatory motifs in the late 18th century.

rollenden Voluten umschlossen sind. Die übrigen Beispiele sind so angeordnet, dass ihre Gesamtheit die präzise Datierung der Tafel erlaubt, denn alle Motive, wie die Leier (**Nr. 1**), Frauen in antiken Gewändern (**Nr. 2**), Hahnenköpfe (**Nr. 3**), Greife mit Adlerschnabel (**Nr. 4**) und die behelmte Minerva (**Nr. 6**), sind typisch für das ausgehende 18. Jahrhundert.

posé tous les autres modèles de façon à les faire concourir à déterminer l'époque précise de l'ensemble de la planche. On y voit alternativement la lyre (**nº 1**), les femmes en costume antique (**nº 2**), les têtes de coq (**nº 3**), les griffons à bec d'aigle (**nº 4**), la Minerve casquée (**nº 6**). Ce sont là autant de matériaux obligés de la fin du XVIIIe siècle.

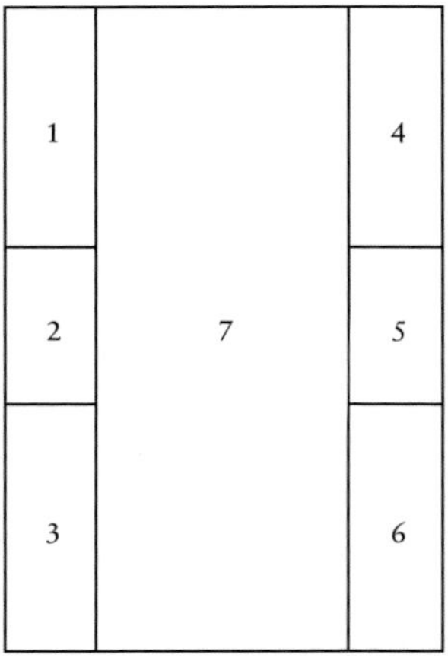

1		4
2	7	5
3		6

18th Century

SILKS (FRANCE): RECTILINEAR-STRIPES TYPE

The type using rectilinear stripes, different specimens of which fill the whole of this plate, belongs to the second half of the 18th century. Preoccupied with fresh ideas, in part already a prey to the fearful commotion those ideas had produced, the world had taken its eye off artistic matters and turned it towards the unknown horizons of politics, to the irritation of some and the enthusiastic delight of others. These plain straight lines, almost naively decorated with scatterings of tiny flowers, appeared in the final years of the reign of Louis XVI and the Republic, and the Consulate that followed adjusted to them for the eccentric originality of their fashions. The textile industry had absorbed the message that, henceforth, opulence was no longer a desideratum in fabric design. Social upheavals produce few luxurious creations; instead they force artists and craftsmen to emigrate, leaving behind them not the conquests that centuries of labour have painfully acquired for civilisation but an impoverishment, a partial return to barbarism.

This state of affairs lasted until the Empire was proclaimed, and the Empire, it has to be said, made prodigious efforts to bring about a fresh Renaissance, both by commissioning art on a grand scale and by providing artists and craftsmen with inspiration in the form of Egyptian and Grecian artefacts and the many models that a victo-

18. Jahrhundert

SEIDE (FRANKREICH): MUSTER MIT SENKRECHTEN STREIFEN

Das Muster mit senkrechten Streifen, von dem unsere Tafel verschiedene Beispiele vereint, gehört in die zweite Hälfte des 18. Jahrhunderts. Von neuen Ideen umgetrieben, wandte sich die Welt von künstlerischen Dingen ab, um ihren Blick auf die unbekannten Horizonte der Politik zu werfen, die bei den einen Verärgerung, bei den anderen Begeisterung auslösten. Diese einfachen Streifen, die mit ihrem Blumenstreumuster naiv erscheinen, tauchten in den letzten Jahren der Regierungszeit Ludwigs XVI. auf; die Republik und das Konsulat passten sie an die exzentrische Originalität ihrer jeweiligen Moden an. Die Stoffindustrie hatte erkannt, dass die kostbaren Materialien keine Daseinsberechtigung mehr hatten, dass die sozialen Umwälzungen kaum Platz für Luxuskreationen ließen, und dass sie Künstler und Arbeiter zwangen, ins Ausland auszuwandern, während in der Heimat die von den Nationen in jahrhundertelanger Arbeit gewonnenen Errungenschaften verloren gingen, um einer verminderten Qualität und verschiedenenorts einer Rückkehr zur Barbarei Platz zu machen.

Dieser Zustand dauerte bis zum Beginn des Empire, das sich entschieden um eine Erneuerung bemühte, indem es mehr Aufträge vergab und den Künstlern mit den Andenken aus Ägypten und Griechenland sowie zahlreichen weiteren Vorlagen, die im Gefolge der siegreichen französischen Armeen

XVIIIe siècle

SOIERIES (FRANCE) : TYPE DES RAYURES DROITES

Le type des rayures droites, qui remplit entièrement notre planche de spécimens différents, appartient à la dernière moitié du XVIIIe siècle. Le monde, travaillé alors d'idées nouvelles, ou même déjà en proie à la terrible commotion qu'elles avaient produites, détournait les yeux des choses artistiques, pour les jeter vers les horizons inconnus de la politique, qui irritaient les uns et passionnaient les autres. Ces simples rayures, naïves dans leur décoration de semis de petites fleurettes, apparurent dans les dernières années du règne de Louis XVI, et la République, comme le Consulat, s'en accommodèrent pour l'excentrique originalité de leurs modes. L'industrie avait compris, dès lors, que la richesse du tissu n'avait plus de raison d'être, que les bouleversements sociaux sont peu féconds en créations luxueuses, que leurs résultats sont d'obliger l'artiste et l'ouvrier à émigrer sur le sol étranger, en laissant, à la place des conquêtes que des siècles de travail ont acquis aux nations, un amoindrissement, un retour partiel vers la barbarie.

Cet état de choses se prolongea jusqu'à la proclamation de l'Empire, qui, il faut le dire, fit de prodigieux efforts pour provoquer une renaissance nouvelle, soit en multipliant ses commandes, soit en donnant comme sujets d'inspiration aux artistes les souvenirs de l'Egypte, de la Grèce, et les nombreux modèles dont les campagnes d'une armée victorieuse dotaient

rious army brought home with them. The fabrics we reproduce here call for no individual commentary. They all represent a general type, varying it in ways that are not only simple but easy to grasp.

ins Land kamen, neue Inspirationsquellen zur Verfügung stellte. Die hier abgebildeten Stoffe bedürfen keines besonderen Kommentars; alle weisen dasselbe allgemeine Muster auf, dessen Varianten einfach und leicht zu erkennen sind.

notre pays. Les étoffes que nous avons reproduites n'ont pas besoin d'un commentaire spécial ; toutes appartiennent à un type général, dont les variations sont simples et faciles à saisir.

— 316 —

18th Century

EMBROIDERY (GERMAN ART)

Everyone knows how good Germans are at needlework and what care German educational establishments take over that particular part of what they teach young ladies. The kingdom of Württemberg alone has professional institutions in almost every town and city in its territory, designed to improve the condition of working-class girls. Such institutions keep style models in a monitoring capacity, as it were, using them as examples for their young apprentices. The 1876 Brussels Exhibition presented a large number of works of this kind, executed in German colleges. The custom is an old one, and the three series of designs illustrated in our plate are three such style models ('samplers') made towards the end of the 18th century for use in German colleges. Their origin is not in doubt, since the hand that made them at the same time stitched the lines of German poetry at the top of our first specimen.

Our specimens illustrate a large number of motifs in use at the time for decorating fabrics manufactured for men's jackets and waistcoats as well as the plain sat-

— 316 —

18. Jahrhundert

STICKEREI (DEUTSCHE KUNST)

Alle kennen die Geschicklichkeit der deutschen Frauen, was Hand- und Nadelarbeiten betrifft, und wissen, welchen Stellenwert die Schulen diesem Bereich der Mädchenerziehung geben. In fast allen Städten Württembergs gibt es Fachschulen zur Verbesserung der Lage der Arbeiterklassen. Sie besitzen zahlreiche überlieferte Modelle und Vorlagen, die der Jugend als Vorbild dienen. Anlässlich der Internationalen Ausstellung in Brüssel 1876 waren zahlreiche Arbeiten dieser Art aus deutschen Schulen zu sehen.

Die drei Reihen, aus denen sich unsere Tafel zusammensetzt, stellen drei dieser Stickvorlagen aus dem späten 18. Jahrhundert vor. Ihre Herkunft steht zweifelsfrei fest, da die Hand, die sie schuf, auch die beiden deutschen Verse zuoberst auf unserer Tafel mit der Nadel festgehalten hat. Man findet hier eine große Zahl der Motive, die damals zur Verzierung der Stoffe für Westen und andere Herrenkleider sowie der für Damenkleider bestimmten Satins verwendet wurden. Diese Begeisterung für die Stickerei war umso größer, als die Herstellungskosten

— 316 —

XVIIIe siècle

BRODERIE (ART ALLEMAND)

Personne n'ignore l'aptitude dont sont douées les Allemandes pour les travaux d'aiguille, et quel soin les maisons d'éducation donnent à cette partie de l'instruction des jeunes filles. Le seul royaume de Wurtemberg possède, dans presque toutes les villes de son territoire, des instituts professionnels destinés à améliorer la condition des classes ouvrières. Ces instituts conservent des modèles, sortes de moniteurs, qui servent d'exemples à la jeunesse. A l'exposition de Bruxelles de 1876, on pouvait apprécier un grand nombre de travaux de ce genre exécutés dans les écoles allemandes. Cet usage date de loin, et les trois séries des dessins que reproduit notre planche sont trois de ces patrons (exemples de broderies) exécutés à la fin du XVIIIe siècle, pour servir dans les écoles allemandes. Leur origine n'est absolument pas douteuse, puisque la main qui les a exécutés y a tracé en même temps, avec l'aiguille, dans sa langue maternelle, le fragment de poésie qui se lit en tête de la page.

On y trouve réunis un grand nombre des motifs qu'on employait alors pour l'ornementation

Raube nie Freyheit
Und schütze die deinige
MF
AS

ins used for female dress. The reason for this infatuation with embroidery stemmed from the fact that the experience of luxury, hitherto out of people's reach unless they were able to invest much time and money, could now be made available far more cheaply, thanks to the recent introduction (from China) of the embroidery frame. In France, it was Lyons that made a speciality of embroidered fabrics. We see from the models reproduced here that Germany, by turning out similar fabrics, rivalled even Lyons. I need hardly mention the vast range of different ways in which the models reproduced here could be applied in industrial compositions.

durch die Einführung eines neuen Stickrahmens aus China erheblich gesunken waren, während man sich diesen Luxus zuvor nur um den Preis unzähliger Arbeitsstunden oder für viel Geld hatte leisten können. In Frankreich wurden diese gestickten Stoffe vor allem in Lyon hergestellt. Wie uns die Muster dieser Tafel zeigen, bildete Deutschland eine ernsthafte Konkurrenz. Es ist müßig, darauf hinzuweisen, dass solche Vorlagen zahlreiche Anwendungsmöglichkeiten für gewerbliche Zwecke bieten.

des étoffes fabriquées pour habits et gilets d'hommes, ainsi que pour orner les satins unis dont on se servait pour le costume des femmes. La raison de cet engouement pour la broderie venait de ce que l'introduction récente du métier, appelé tambour, venu de la Chine, en permettait l'exécution à beaucoup moins de frais. Lyon prit en France la spécialité de ces étoffes brodées. Nous voyons, par les modèles de cette planche, que l'Allemagne rivalisait par des productions analogues. Il est superflu de faire ressortir la quantité d'applications diverses que peuvent recevoir nos modèles dans les compositions industrielles.

317

Late 18th Century

ROUND-MEDALLION TYPES

Here we have assembled a number of different versions of a type of fabric ornamentation in which medallions are garlanded with circular forms. What is new about this type is that locating it chronologically is made easier by the fact that many other craft industries employed the same motifs, setting them in compositions that, by distancing themselves from what had gone before, create a transitional style between the Louis XVI and Empire periods.
Among those industries, first mention should go to the manufactories turning out popular ceramics, an interesting peculiarity of which is that ceramic ware often confirms a precise year, decorators fre-

317

Ende 18. Jahrhundert

MUSTER MIT KREISRUNDEN MEDAILLONS

Das Muster der mit Blumengewinden umzogenen kreisrunden Medaillons, von dem die vorliegende Tafel verschiedene Spielarten vereint, weist ein neues Kennzeichen auf, das umso leichter präzise zu datieren ist, als sich auch andere Kunsthandwerker dieses Motivs bedienten und es mit Formen umrahmten, die es erlauben, zwischen der Zeit Ludwigs XVI. und dem Empire einen Übergangsstil anzusetzen. Zu nennen sind insbesondere volkstümliche Töpferwerkstätten, deren Erzeugnisse häufig mit dem Entstehungsjahr gekennzeichnet sind.
Die mit Vögeln, Attributen des Landlebens oder Blumen gefüllten Kreise eigneten sich im Übrigen

317

Fin du XVIIIe siècle

TYPES À MÉDAILLONS CIRCULAIRES

Le type des médaillons enguirlandés de formes rondes, dont cette planche groupe un ensemble de modèles différemment disposés, présente un caractère nouveau dont il est d'autant plus facile de préciser la date que maintes autres industries se sont servi des mêmes motifs, en leur donnant pour cadre des formes qui, en s'éloignant de celles qui les ont précédées, créent un style de transition entre l'époque de Louis XVI et celle de l'Empire. Il faut citer ici en première ligne les fabriques de céramique populaire, qui ont l'intéressante particularité de confirmer la date précise, par le soin qu'a pris le décorateur de l'inscrire fréquemment en dessous de ses composi-

quently taking pains to date their compositions. Moreover, a round object decorated with birds, rural attributes, or flowers lent itself marvellously to filling the centres of plates, where the raised rim constituted a natural ornamental border. Look at any collection of popular earthenware from the late 18th century; you will find most of it reminiscent of these medallions, and the pieces stamped with the year of their manufacture will for the most part fall between 1780 and 1800.

That indeed is the window of time we must assign to the fabrics that make up the type described here. Starting our description at the top of the plate, we find that the first four specimens belong either to the beginning or to different times during those two decades, while the last two samples date from the very end of the 18th century. In adopting ceramic products as our yardstick we have simply chosen the best comparison possible; we might equally well have gone for one of the other industries making use of the art of decoration: jewellery, wallpaper, bronzes, and so on.

besonders gut, um den Spiegel von Tellern zu schmücken, deren Fahne eine Art natürliche Bordüre für die Dekoration bildete. Wenn man eine Reihe dieser volkstümlichen Fayencen aus dem späten 18. Jahrhundert betrachtet, wird man feststellen, dass die meisten an diese Medaillons erinnern und dass jene, die ein Datum tragen, zwischen 1780 und 1800 geschaffen wurden. Die gleiche Entstehungszeit ist den Stoffen zuzuschreiben, die das hier vorgestellte Muster aufweisen; wir finden es immer wieder in diesen zwanzig Jahren, in deren Verlauf sich sein Gebrauch festigte. So datieren die ersten vier Beispiele aus dem Beginn oder der Mitte dieser zwanzig Jahre, während die beiden letzten Stücke in den allerletzten Jahren des 18. Jahrhunderts entstanden sind. Anstelle der genannten Fayencen, die sich besonders gut zu einem Vergleich eignen, hätten wir auch andere kunstgewerbliche Erzeugnisse, wie Schmuck, Tapeten oder Bronzearbeiten, heranziehen können.

tions. La circonférence ornée d'oiseaux, d'attributs champêtres ou de fleurs, se prêtait d'ailleurs merveilleusement à remplir le centre d'assiettes, dont les marlis formaient naturellement bordure à la décoration. Si donc on jette les yeux sur une réunion de ces faïences populaires de la fin du XVIIIe siècle, on trouvera que la majeure partie rappelle ces médaillons, et que celles qui portent le millésime de l'année de leur fabrication sont comprises entre 1780 et 1800.

C'est bien la date qu'il faut attribuer aux étoffes qui déterminent le type que nous décrivons et que nous retrouvons échelonnées pendant les vingt années qui en consacrèrent l'usage. Si nous commençons la description par la partie supérieure de la planche, nous remarquons que les quatre premiers spécimens appartiennent, soit au commencement, soit au cours de ces vingt années, tandis que les deux derniers motifs sont de la fin même du XVIIIe siècle. En adoptant comme point de comparaison ces produits céramiques, nous n'avons fait que choisir le meilleur témoignage, car nous aurions pu montrer le même emploi dans les autres industries ayant rapport à l'art décoratif, telles que la bijouterie, les papiers peints, le bronze, etc.

Late 18th and 19th Centuries

POMPEIAN TYPES (CONSULATE AND EMPIRE)

In 1709 a peasant digging a well on the edge of the Bay of Naples, some distance from the shore, came across some fragments of classical marbles. Six years later, workers building a summerhouse in the same village (near Portici) for the Prince of Elbeuf uncovered an entire vault, beneath which they found several bronze and marble statues. Finally, when a royal villa was being erected on the same site, further finds were made. The more serious excavations that the ensuing string of discoveries persuaded the King of the Two Sicilies to put in hand led eventually to the discovery of Herculaneum, buried more than 60 feet deep beneath the lava of Vesuvius. The prodigious number of classical works unearthed during the dig were displayed in a room of the palace that the king set aside to receive them.
This fabulous discovery of a city founded by Hercules (according to the historian Dionysius of Halicarnassus), occupied by the Greeks, then conquered by the Romans caused a great stir throughout the academic world. Not only were political historians interested; historians of the arts and crafts also derived a great deal of information therefrom, and figures from Herculaneum were being reproduced by French artists as early as 1750. So it is not hard to understand the provenance of the return to Greek forms that came increasingly to dominate French fashions

318

Ende 18. und 19. Jahrhundert

POMPEJANISCHE MUSTER (KONSULAT UND EMPIRE)

Im Jahr 1709 entdeckte ein Bauer in der Bucht von Neapel, als er etwas landeinwärts bei Portici einen Sodbrunnen grub, einige antike Marmorfragmente. Kurz darauf stießen Arbeiter, die im Auftrag von Maurice de Lorraine, Prince d'Elbeuf, an diesem Ort ein Lustschloss errichteten, bei Grabungen auf ein Gewölbe, unter dem Bronze- und Marmorstatuen lagen. Schließlich kam es beim Bau eines königlichen Landhauses an derselben Stelle zu weiteren Funden, so dass sich Karl III. von Bourbon, König beider Sizilien, 1738 veranlasst sah, systematischere Ausgrabungen zu unternehmen, die schließlich zur Wiederentdeckung von Herculaneum führten, einer mehr als 20 m tief unter der Lava des Vesuvs begrabenen Stadt. Die zahllosen Antiquitäten, die ans Tageslicht kamen, wurden in einen besonderen Raum gebracht, den der König in seinem Palast einrichten ließ. Die fantastische Entdeckung einer Stadt, die laut dem Geschichtsschreiber Dionysios von Halikarnassos von Herkules gegründet, von den Griechen besetzt und von den Römern erobert wurde, löste in der Gelehrtenwelt ein großes Echo aus. Nicht nur die Vertreter der Völkergeschichte, sondern auch die Kunsthistoriker fanden hier wertvolle Auskünfte, und ab 1750 erschienen in Frankreich Bücher mit zahlreichen Reproduktionen. So lässt sich der Grund für die Rückkehr zu griechischen Formen leicht verstehen, eine Ent-

318

Fin du XVIIIe et XIXe siècles

TYPES POMPÉIENS (CONSULAT ET EMPIRE)

Vers 1700, à quelque distance du rivage, sur les bords de la baie de Naples, un paysan en creusant un puits rencontra quelques fragments de marbres antiques. Plus tard, en 1706, les ouvriers du prince d'Elbeuf, qui faisait construire en ce même lieu, près de Portici, une maison de plaisance, parvinrent, dans les fouilles qu'ils entreprirent, jusqu'à une voûte sous laquelle ils trouvèrent des statues de bronze et de marbre ; enfin, à l'occasion de la construction d'une villa royale qu'on érigea à cet endroit, ces trouvailles se renouvelèrent, et les découvertes successives engagèrent le roi des Deux-Siciles à faire entreprendre des fouilles plus sérieuses, qui amenèrent la découverte d'Herculanum, enfouie sous les laves du Vésuve à plus de vingt mètres de profondeur. La quantité prodigieuse de modèles de l'Antiquité qui sortirent de ces excavations vint se grouper dans un cabinet que le roi ouvrit dans son palais pour les recueillir. Ce fait merveilleux, cette découverte fabuleuse d'une ville créée par Hercule, au dire de Denys d'Halicarnasse, occupée par les Grecs, conquise par les Romains, eut un grand retentissement dans le monde savant. Non seulement l'histoire des peuples était intéressée, mais l'histoire des arts et de l'industrie y trouvait aussi de précieux renseignements, et, dès 1750, des ouvrages français en reproduisaient les figures. On conçoit facilement, dès lors, l'ori-

under Louis XVI (1774–1791) and held absolute sway in the Consulate (1799–1804) and Empire (1804–1814) periods.
A second discovery, very similar to the one before, gave a further boost to the general tendency towards classical ornamentation. Pliny the Younger had spoken of another city that lay not far from Herculaneum and had likewise disappeared completely, not beneath the lava of Vesuvius but beneath its *lapilli* or ash. Formal excavations of this city, called Pompeii, had begun in 1748, when French soldiers stationed in Naples were set to work clearing the streets and houses. Many works reached France at the time and every craft turned the new models to advantage, with fabric manufacturers incorporating motifs from Pompeii and Herculaneum in borders, panels, hangings, and compartments in the ornamental style illustrated here.

wicklung, die sich am Ende der Regierungszeit Ludwigs XVI. (1774–1791) verstärkte, um unter dem Konsulat (1799–1804) und während des Empire (1804–1814) zur absoluten Mode zu werden.
Eine weitere Entdeckung, die der vorhergehenden in vielerlei Hinsicht glich, führte zu einer verstärkten Beschäftigung mit antiken Dekorationen. Plinius der Jüngere hatte von einer zweiten Stadt unweit von Herculaneum gesprochen, die ebenfalls vollständig verschwunden war, zwar nicht unter der Lava, doch unter der Vulkanasche des Vesuv. Diese Stadt, die Pompeji hieß, wurde ebenfalls im 18. Jahrhundert wieder entdeckt, und die in Neapel stationierten französischen Soldaten legten ab 1748 Straßen und Häuser frei. Zahlreiche Modelle und Vorlagen gelangten nach Frankreich und wurden im gesamten Kunstgewerbe kopiert; die Stoffhersteller verwendeten diese Motive, nicht nur für Bordüren und zentrale Felder, sondern auch für ganze Wandbehänge.

gine du retour vers les formes grecques, que le goût accentua à la fin du règne de Louis XVI (1774–1791), et qui devint la mode absolue sous le Consulat (1799–1804) et l'Empire (1804–1814).
Une nouvelle découverte, presque analogue à la précédente, servit encore à exagérer la tendance générale à la décoration antique. Pline le Jeune avait parlé d'une autre ville située à peu de distance d'Herculanum et qui, elle aussi, avait disparu entièrement, sinon sous les laves, du moins sous les *lapilli* du Vésuve. Cette ville, qui se nommait Pompéi, venait d'être retrouvée, et nos soldats, cantonnés à Naples, s'occupaient de déblayer les rues et les maisons. De nombreux modèles nous parvinrent alors en France, et chaque industrie les mit à profit ; nos manufactures de tissus employèrent ces motifs en bordures, panneaux, tentures et compartiments, dans le goût des décorations que montre cette planche.

319

19th Century

FABRICS AND WALLPAPERS: ENDLESS-DESIGN FIELDS USING PLANT MOTIFS

In all the varied output of the fabric and wallpaper industries we find more often than not a dominant field or ground. And without even going into the merits of the design or the quality of the execution we are able to say three things: that there exist certain relative proportions between the colours used to decorate that field,

319

19. Jahrhundert

STOFFE UND TAPETEN: ENDLOSMUSTER MIT PFLANZENMOTIVEN

Bei den vielfältigen Produkten der Stoff- und Tapetenindustrie fällt zuerst der dominierende Grund auf. Ohne die Vorzüge der Zeichnung und Ausführung zu bedenken, stellt man fest, dass die Farben, die den Grund zieren, nach der Art und Weise ihrer Anordnung in besondere Beziehungen zueinander treten, dass diese Werke

319

XIXe siècle

ÉTOFFES ET PAPIERS PEINTS : FONDS SANS FIN, COMPOSÉS DE VÉGÉTAUX

Dans les productions si variées de l'industrie des étoffes et des papiers peints nous voyons d'abord un fond dominant ; puis, sans considérer aucunement le mérite du dessin ni la perfection de l'exécution, nous pouvons remarquer qu'il existe des proportions relatives entre les couleurs qui ornent les fonds, qu'elles sont réparties en

that they are distributed in subordinate quantities, and that the better the law of chromatic proportion has been observed, the more pleasing the result. Harmony can be said to be the product of variety in unity. To give unity to a variety of juxtaposed colours, a dominant assimilatory shade is called for, i. e. one that all the colours used participate in, a colour that serves as a link between them, cushioning the individual impact of each one in the interests of the whole.
We give five examples of variation on a chromatic scale, examples in which the law of proportions that applies to both form and colour is judiciously observed. These are actual patterns of designs to be printed on fabrics. They suggest the hand and experience of a true master. We know that the process is the same as that used to print wallpaper, and that basically it is that of any large-scale decoration obtained by superposition of flat colours – giving, if required, an illusion of blending, depending on the skill with which it is used. Genuinely decorative painting seeks no other method.

umso wirkungsvoller sind, je genauer das Gesetz der chromatischen Proportionen beachtet wird. Die Harmonie entsteht durch Vielfalt in der Einheit. Um nun Einheit in der Vielfalt nebeneinander gesetzter Farben zu erzielen, braucht es einen dominant gesetzten Farbton mit assimilierender Wirkung, das heißt, alle verwendeten Farben müssen an diesem Ton teilhaben, der sie miteinander verbindet und der jeweils ihren individuellen Charakter zugunsten des Ganzen zurücknimmt.
Bei den hier vereinten Mustern finden sich Beispiele für solche Farbspiele, Beispiele, bei denen das Gesetz der Proportionen, das Form und Farbe gemeinsam ist, genau befolgt wird. Es handelt sich dabei um die Vorlagen für auf Stoff gedruckte Zeichnungen. Man spürt in ihnen die Hand und Erfahrung eines echten Meisters. In der Verkleinerung wurde ihre besondere Art durch genauesten Faksimiledruck zu bewahren versucht. Bekanntlich findet sich die gleiche Gestaltungsweise bei den Tapeten. Es handelt sich in allen Fällen um eine großzügige Dekoration, die durch das Übereinanderlegen matter Farbtöne erzielt wird; je nach der Geschicklichkeit, mit der man sich dieser Technik zu bedienen weiß, scheinen die Töne miteinander zu verfließen. Die echte dekorative Malerei bedarf dazu keiner anderen Verfahren.

quantités subordonnées ; que l'aspect de ces œuvres plaît d'autant plus que la loi des proportions chromatiques aura été mieux observée. L'harmonie résulte de la variété dans l'unité. Pour obtenir l'unité dans la variété de couleurs juxtaposées, une teinte dominante assimilatrice est nécessaire, c'est-à-dire que toutes les couleurs employées doivent participer de cette teinte qui leur sert de lien, et qui absorbe l'éclat individuel de chacune d'elles au profit de l'ensemble.
Nous trouvons dans les échantillons réunis ici des exemples de la variation des gammes chromatiques, exemples dans lesquels la loi des proportions communes à la forme et à la couleur est judicieusement observée. Ces spécimens sont les modèles mêmes de dessins imprimés sur étoffes. On y sent la main et l'expérience d'un véritable maître. Sous leur réduction, la facture en est conservée par le plus étroit facsimilé.
On sait que cette facture est la même que celle des papiers peints, et, en somme, qu'elle est celle du large décor obtenu par la superposition de tons plats, procurant, au besoin, l'illusion du fondu, selon l'adresse avec laquelle on sait en user. La peinture véritablement décorative ne recherche point d'autres procédés.

19th Century

PRINTED FABRIC: ENDLESS-DESIGN FIELDS USING PLANT MOTIFS

These examples are a continuation of the ones in the last plate. They are patterns for decorating *mousseline-de-laine* or French muslin, reproduced from the original drawings, and they show every evidence of being the work of very fine artists indeed. They should be looked at in the light of the particular manufacture for which they were intended. French muslin is not one of those fabrics that are glossed with special finishes to make the colours vibrate. Its delicate matt quality absorbs part of the colour values, and the starkest contrasts are not without a certain harmony, which tends to mitigate their harshness. The pattern, however, must indicate the full intensity of the values to be printed, which the artist knows will be toned down in the end product. We mentioned in connection with plate 319 the law of chromatics whereby a dominant shade is required to link the various colours used in such decors as these. All we need add is that the 19th century knows the flora of our fields and gardens better than any age that has gone before, and we can only marvel at the delightful simplicity of these compositions of pansy, daisy, convolvulus, sweet pea, narcissus, and roses of all varieties. Never have these motifs been used more straightforwardly or to greater decorative effect.

Pages / Seiten / pages 806–807:
Detail, plate / Tafel / planche 88

320

19. Jahrhundert

BEDRUCKTE STOFFE: ENDLOSMUSTER MIT PFLANZENMOTIVEN

Die Beispiele dieser Tafel schließen sich an jene der vorhergehenden an. Es handelt sich um Vorlagen für die Verzierung von Wollmusselinstoffen, die nach den Originalzeichnungen abgebildet sind und alle Vorzüge von Werken eines erfahrenen Künstlers aufweisen. Sie müssen hinsichtlich der besonderen Art der Stoffe, für die diese Vorlagen bestimmt sind, betrachtet werden. Bei Wollmusselin handelt es sich nicht um einen jener Stoffe, deren besonderer Glanz die Farben zum Schwingen bringt. Seine Mattheit absorbiert einen Teil der Farbwerte, und die auf einem leichten Stoff lebhaftesten Oppositionen treten hier in ein Verhältnis, das gewissermaßen alle Härten dämpft. Die Vorlage hingegen muss die Intensität der zu druckenden Farbwerte hervorheben, da der Stoff, wie der Künstler wohl weiß, alle Härten ausgleicht.
Die Überlegungen zu den Regeln der Farbgebung, nach denen ein Wert dominant zu setzen ist, um die verschiedenen Töne zu verbinden, finden sich in den Anmerkungen zur vorhergehenden Tafel und müssen hier nicht wiederholt werden. Eine allgemeine Feststellung soll noch folgen. Zu keiner Zeit war man mit der Flora der Felder und Gärten vertrauter als nun, und diese kleinen Dekorationen vereinen Stiefmütterchen, Gänseblümchen, Winden, Wicken, Narzissen und unzählige Rosenarten. Noch nie sah man sie so einfach und gelungen zugleich gestaltet, in einer Weise, die für Verzierungen am besten geeignet ist.

320

XIXe siècle

TISSUS IMPRIMÉS : FONDS SANS FIN DU PRINCIPE VÉGÉTAL

Ces documents font suite à ceux de nature analogue de la planche précédente. Ce sont aussi des modèles pour la décoration des mousselines laines, reproduits d'après les dessins originaux, ayant toutes les qualités de la main d'un maître-expert et d'un véritable artiste. Il convient d'examiner ces échantillons sous le jour particulier de la fabrication à laquelle ces modèles sont destinés. La mousseline laine n'est pas une étoffes que l'on brillante par des apprêts faisant vibrer les colorations. Sa fine matité absorbe une partie de la valeur des tons, et les oppositions les plus vives sur la trame légère restent toujours en un certain accord qui tamise, en quelque sorte, toutes les crudités. Mais le modèle doit affirmer l'intensité des valeurs à imprimer, l'artiste sachant que le tissu en modérera tous les accents. Nous ne répéterons pas les quelques considérations sur la loi des chromatiques auxquelles une note dominante est nécessaire pour servir de lien entre les tons divers, cela étant suffisamment indiqué dans la notice de l'autre planche ; nous n'y ajouterons donc qu'une appréciation sur le genre, en général. En aucun temps on n'a mieux connu la flore que de nos jours, et c'est par une heureuse simplicité que l'on voit composer ces petits décors avec des pensées, des pâquerettes, des liserons, des pois de senteur, des narcisses et le peuple des roses aux cent espèces. Jamais on ne l'a mieux et aussi simplement formulée avec l'accent qui convient au décor.

9
11
13
12

17
18
19
20
23
22

4
6

Index

Detail, plate / Tafel / planche 93

Register

Detail, plate / Tafel / planche 1

Index

Detail, plate / Tafel / planche 32

Selected Bibliography

of Ornament Books of the 19th Century

ZAHN, WILHELM
Ornamente aller klassischen Kunstepochen, Berlin, Reimer, 1831

JONES, OWEN
Details and Ornaments from the Alhambra, 2 vols., London, 1836/1845

JONES, OWEN / GOURY, M. JULES
Plans, elevations, sections and details of the Alhambra, 2 vols., London 1842–1845

SHAW, HENRY
The Encyclopaedia of Ornament, London, Pickering, 1842

PUGIN, AUGUST
Glossary of Ecclesiastical Ornament and Costume, London, Bohn, 1846

PUGIN, AUGUST
Floriated Ornament, London, Bohn, 1849

JOURNAL MANUEL DE PEINTRES
Paris, A. Morel, 1850–1886

SHAW, HENRY
The Decorative Arts, Ecclesiastical and Civil of the Middle Ages, London, Pickering, 1851

GRUNER, LEWIS
Fresco Decorations and Stuccos of Churches & Palaces of Italy during the Fifteenth & Sixteenth Centuries with Descriptions, London, McLean, 1854

JONES, OWEN
The Grammar of Ornament, London, Day & Sons, 1856

JONES, OWEN
One Thousand and One Initial Letters, London, Day & Sons, 1864

RACINET, AUGUSTE
L'ornement polychrome. Cent planches en couleur or et argent, Paris, Firmin-Didot, 1869

VIOLLET-LE-DUC, EUGÈNE EMMANUEL
Peintures murales des chapelles de Notre-Dame de Paris, Paris, Morel, 1870

DRESSER, CHRISTOPHER
Studies in Design, Cassel, Petter and Calpin, London/Paris, 1874–1876

DUPONT-AUBERVILLE, M.
L'ornement des tissus. Recueil historique et pratique, Paris, Ducher & Cie., 1877

PRISSE D'AVENNES, EMILE
L'Art arabe après les Monuments du Caire, Paris, Morel 1877

LACROUX, J. / DETAIN, C.
Constructions en briques. La brique ordinaire du point de vue décoratif, 2 vols., Paris, Ducher & Cie., 1878–1884

DUPONT-AUBERVILLE, M. / GAY, V.
Catalogue descriptif des tissus et broderies exposés au Musée des arts décoratifs en 1880, Paris, Ducher & Cie., 1880

AUDSLEY, WILLIAM JAMES / AUDSLEY, GEORGE ASHDOWN
Polychromatic Decoration as Applied to Buildings in the Mediaeval Styles, London, 1882

COLLINOT, E. / BEAUMONT, A. DE
Encyclopédie des Arts Décoratifs de l'Orient. Recueil de dessins pour l'art et l'industrie, Paris, Canson, 1883

DUPONT-AUBERVILLE, M.
Catalogue des tissus et tapisseries précieux, échantillons du VIIIe au XVIIIe siècle et composant la collection de M. Dupont-Auberville, Paris, Hôtel Drouot 13/14 Fev., 1885

RACINET, AUGUSTE
L'ornement polychrome. Deuxième série. Cent vingt planches en couleur or et argent, Paris, Firmin-Didot, 1885–1888

DEKORATIVE VORBILDER
Eine Sammlung von figürlichen Darstellungen, (...) für Zeichner, Maler, Graphische Künstler, Dekorateure, Bildhauer, Architekten, Stuttgart, Julius Hoffmann, 1890–1928

AUDSLEY, MAURICE ASHDOWN / AUDSLEY, GEORGE ASHDOWN
The Practical Decorator and Ornamentist, Glasgow, Blackie & Son, 1892

GRASSET, EUGÈNE
La Plante et ses applications ornementales, 2 vols. Folio, Berlin, Kanter & Mohr, 1896

DOLMETSCH, HEINRICH
Der Ornamentenschatz. Ein Musterbuch stilvoller Ornamente aus allen Kunstepochen, Stuttgart, Julius Hoffmann, 1897
The historic Styles of Ornament containing 1500 examples from all countries and all periods, London, Batsford, 1912

GRASSET, EUGÈNE
Méthode de composition ornementale, Paris, 1905

Encyclopaedia
Anatomica

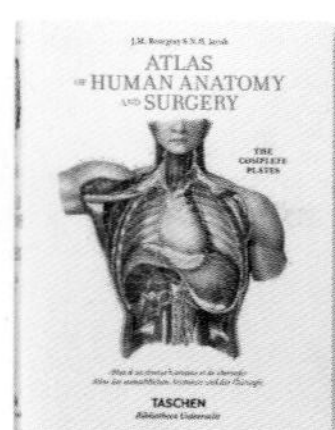

Bourgery. Atlas of
Anatomy & Surgery

Alchemy & Mysticism

Basilius Besler's
Florilegium

A Garden Eden

Martius.
The Book of Palms

Piranesi.
Complete Etchings

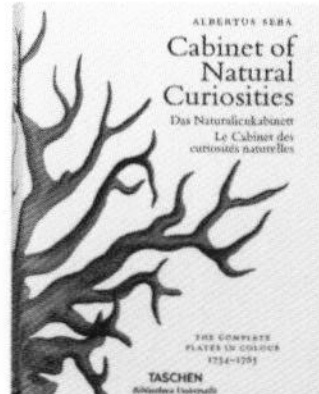

Seba. Cabinet of
Natural Curiosities

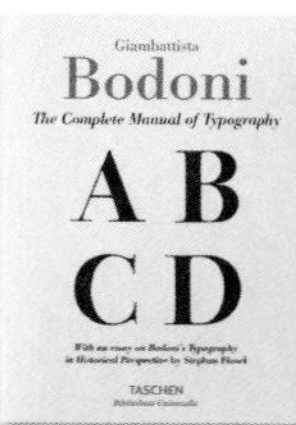

Bodoni. Manual of
Typography

Byrne. Six Books
of Euclid

The World
of Ornament

Racinet.
The Costume History

Karl Blossfeldt

Eugène Atget. Paris

Curtis. The North
American Indian

Eadweard Muybridge

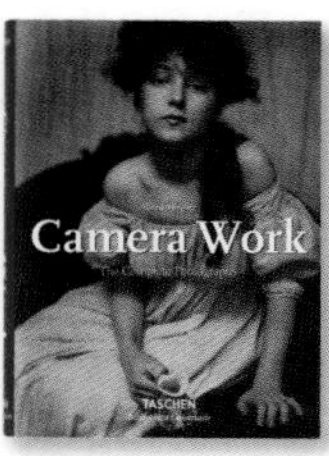

Stieglitz.
Camera Work

20th Century
Photography

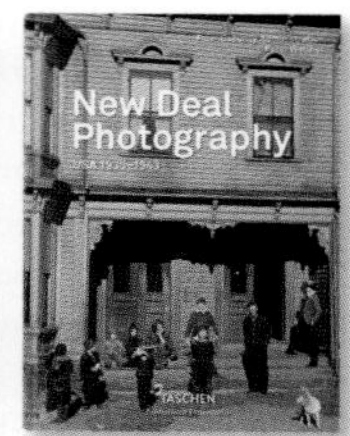

New Deal
Photography

A History of
Photography

Photographers A–Z

Film Posters of the
Russian Avant-Garde

The Circus.
1870s–1950s

Architectural Theory

Modern
Architecture A-Z

Imprint

EACH AND EVERY TASCHEN BOOK PLANTS A SEED!
TASCHEN is a carbon neutral publisher. Each year, we offset our annual carbon emissions with carbon credits at the Instituto Terra, a reforestation program in Minas Gerais, Brazil, founded by Lélia and Sebastião Salgado. To find out more about this ecological partnership, please check: www.taschen.com/zerocarbon
Inspiration: unlimited. Carbon footprint: zero.

TASCHEN ARBEITET KLIMANEUTRAL.
Unseren jährlichen Ausstoß an Kohlenstoffdioxid kompensieren wir mit Emissionszertifikaten des Instituto Terra, einem Regenwaldaufforstungsprogramm im brasilianischen Minas Gerais, gegründet von Lélia und Sebastião Salgado. Mehr über diese ökologische Partnerschaft erfahren Sie unter: www.taschen.com/zerocarbon
Inspiration: grenzenlos. CO_2-Bilanz: null.

UN LIVRE TASCHEN, UN ARBRE PLANTÉ !
TASCHEN affiche un bilan carbone neutre. Chaque année, nous compensons nos émissions de CO_2 avec l'Instituto Terra, un programme de reforestation de l'État du Minas Gerais, au Brésil, fondé par Lélia et Sebastião Salgado. Pour plus d'informations sur ce partenariat environnemental, rendez-vous sur : www.taschen.com/zerocarbon
Inspiration : illimitée. Empreinte carbone : nulle.

To stay informed about TASCHEN and our upcoming titles, please subscribe to our free magazine at www.taschen.com/magazine, follow us on Instagram and Facebook, or e-mail your questions to contact@taschen.com.

The original volumes were digitally reproduced by the Digitalisierungszentrum der Staats- und Universitätsbibliothek Göttingen. We wish to thank Martin Liebetruth of GDZ for his kind support.

Hohenzollernring 53, D–50672 Köln
www.taschen.com

Project management:
Petra Lamers-Schütze, Cologne
English translation: J. A. Underwood, Hastings
German translation: Hubertus von Gemmingen, Villars-sur-Glâne
French translation (introduction):
Michèle Schreyer, Cologne

Printed in China
ISBN 978-3-8365-5625-5